春秋左傳今註今譯（上）

李宗侗註譯
葉慶炳校訂
王雲五主編

臺灣商務印書館

永恆的經典，智慧的泉源

馬英九
（總統暨文化總會會長）

中國傳統經典是民族智慧與經驗的結晶。在五千年的歷史中，這些典籍經歷戰亂的傷害，飽受文革的摧殘，然而書中蘊含的哲理，不只啟迪世世代代的炎黃子孫，且遠播於東亞及世界各國。如今學習國學經典同在兩岸盛行，並非偶然，反映這些古籍的價值跨越了時空，對二十一世紀兩岸人民，依然發揮積極的引導作用。

古人從小開始的經典教育，對一個孩子建立正確的人生觀，有非常重要的意義。而古文最迷人的地方，正在於它能將博大精深的知識，凝煉為言簡意賅的文字；將複雜的人生經驗，濃縮為一語道破的智慧。而這些修身、齊家、治國、平天下的理念，即使經過千百年的時空變遷，仍能與現代生活相結合。

我念小學二年級的時候，跟著在石門水庫任職的母親住在桃園龍潭。民國四十七年的臺灣，沒有電視可看，也沒有電晶體收音機可聽。晚上沒事，媽媽常常燈下課子，教我念古文。啟蒙的第一課是《左傳》的〈鄭伯克段於鄢〉，其中我記得最牢的一句話，就是鄭莊公對他從小被母親寵壞、長大後又驕縱謀反的弟弟共叔段所作的評語：「多行不義必自斃，子姑待之。」這句話我一直作為自惕與觀人的警語。放在今天的臺灣與世界的時空中，不也是很適用嗎？

上高中後，父親常常以晚清名臣曾國藩的家訓「唯天下至誠能勝天下至偽，唯天下至拙能勝天下至巧」來訓勉我。當初覺得陳義過高，似乎不切實際，但年紀愈大，閱歷愈多，愈覺得有道理。「尚誠尚拙、去偽去巧」的理念，也成為我為人處事的哲學。

民國八十年（一九九一）十二月，聯合國大會通過決議，要求各國全面禁止漁民在海洋使用「流刺網」（driftnet）捕魚，以免因為網目太小，造成大小通吃而使漁源枯竭。讀過《孟子》梁惠王篇的人，一定會覺得這個國際規範似曾相識。這位兩千多年前的亞聖不早就說過「數罟不入洿池，魚鱉不可勝食也」嗎？我不能不承認，孟子的保育觀念，實在非常先進。同樣的，他對齊宣王所說大小諸侯之間交往的原則，也可適用到今天的兩岸關係：「惟仁者為能以大事小……惟智者為能以小事大……以大事小者，樂天者也，以小事大者，畏天者也。樂天者，保天下；畏天者，保其國。」兩岸真能照辦，臺海還會不和平繁榮嗎？

民國九十五年（二〇〇六）十月，臺灣被貪腐的烏雲籠罩，民怨沸騰，當時總統府前廣場群眾豎起兩層樓高的海報標語，上面寫的就是「禮義廉恥」四個大字。二十一世紀臺灣街頭群眾運動的訴求，居然是二千五百多年前春秋時代齊國宰相管仲的名言，這是民主化後的臺灣，人生觀與價值觀的回歸，同時也是古典智慧的再現！

國家文化總會的前身是「中華文化復興運動推行委員會」（文復會），四十多年前曾與國立編譯館、臺灣商務印書館邀集國內多位國學大師共同出版《古籍今註今譯》系列，各界評價甚高，一時洛陽紙貴。如今重新刊印，邀我作序，實不敢當，忝為會長，礙難不從。謹在此分享一些讀經的親身感受，並期待古典文化的智慧，就像在歷史長河中的一盞明燈，繼續照亮中華民族的未來。

在時間的長河中

楊渡
（文化總會祕書長）

時間是殘酷的，因為它會淘洗去所有的肉體與外在，虛華與偽飾。所有的慶典，權柄和武器，都有寂寞、生鏽、消逝的一天。

時間是溫柔的，因為它也留存了文明的光。唐朝沒有了宮殿，卻為我們留下李白和李商隱的詩句。長安的美麗，不是存在於西安，而是存在於詩句裡。所有的政治風暴都會消逝，所有的權力都會轉移，所有的歷史，都見證著朝代的不斷更迭，才是進步的必然。然而到最後，什麼會留存下來？

文化總會的前身是「文化復興總會」，它是為了因應文化大革命對中國傳統文化的破壞，以「復興中華文化」為宗旨，而設立起來的。為了反制文革，總會特地請當時最好的學者，對四書、詩經、周易、老莊、春秋等進行今註今譯，以推廣典籍閱讀。當時聘請的學者，包括了南懷瑾、屈萬里、林尹、王夢鷗、史次耘、陳鼓應等，堪稱一時之選，連續出版了諸子百家的經典。這工作也持續了好幾年。

文化大革命的風暴過去之後，文復會性質慢慢改變，直到李登輝時代，它變成民間文化團體，舉辦一些文化活動。等到民進黨執政，由於去中國化，這些傳統文化的研究被忽略，束之高閣。然而，歷史多麼反諷。當文革過去，在經濟富裕後的現代大陸，由於缺少思想的指引，人們卻開始重讀古代典籍，而有諸子百家講堂與各種當代閱讀，古書今讀，竟成顯學。當年搞文革的卻已經悄悄的「復興中華文化」了。

反觀臺灣，這些由學養深厚的專家所寫的典籍今註今譯，卻因政治原因未受到重視。現在回頭看經典，細心體會古代的智慧，而不是用政治符號去切割知識典籍，我們才會開始懂得謙卑。歷史這樣長，而我們只是風中的塵埃。一如聖嚴法師所留下的偈：「無事忙中過，空裡有哭笑。」能留下的，只是無形的智慧，美麗的詩句，和千年的夢想。

當政治的風暴過去之後，什麼會留存下來？時間有多殘酷，我不知道。我只知道，中國傳統經典的生命，一定會生存得比政權更遠，更深，更厚。

我只知道，當古老的「禮義廉恥」，成為二十一世紀反貪腐抗議群眾運動的標語時，整個中華文明已經走向另一個階段。那是作為人的價值觀的百劫回歸，那是自信自省的開端。古老的，或許比現代更新、更有力，更象徵著數千年文明的總結。

而我們，只是千年文明裡的小小學生，仍在古老的經籍中，探詢著生命終極的意義，並且，尋找前行的力量。

《古籍今註今譯》總統推薦版序

中華文化精深博大，傳承頌讀，達數千年，源遠流長，影響深遠。當今之世，海內海外，莫不重新體認肯定固有傳統，中華文化歷久彌新、累積智慧的價值，更獲普世推崇。

語言的定義與運用，隨著時代的變動而轉化；古籍的價值與傳承，也須給予新的註釋與解析。商務印書館在先父王雲五先生的主持下，民國一〇年代曾經選譯註解數十種學生國學叢書，流傳至今。

臺灣商務印書館在臺成立六十餘年，繼承上海商務印書館傳統精神，以「宏揚文化、匡輔教育」為己任。五〇年代，王雲五先生自行政院副院長卸任，重新主持臺灣商務印書館，仍以「出版好書，匡輔教育」為宗旨。當時適逢國立編譯館中華叢書編審委員會編成《資治通鑑今註》（李宗侗、夏德儀等校註），委請臺灣商務印書館出版，全書十五冊，千餘萬言，一年之間，全部問世。

王雲五先生認為，「今註資治通鑑，雖較學生國學叢書已進一步，然因若干古籍，文義晦澀，今註之外，能有今譯，則相互為用，今註可明個別意義，今譯更有助於通達大體，寧非更進一步歟？」

因此，他於民國五十七年決定編纂「經部今註今譯」第一集十種，包括：詩經、尚書、周易、周禮、禮記、春秋左氏傳、大學、中庸、論語、孟子，後來又加上老子、莊子，共計十二種，改稱《古籍今註今譯》，參與註譯的學者，均為一時之選。

臺灣商務印書館以純民間企業的出版社，來肩負中華文化古籍的今註今譯工作，確實相當辛苦。中華文化復興運動總會（國家文化總會前身）成立後，一向由總統擔任會長，號召推動文化復興重任，素有成效。六〇年代，王雲五先生承蒙層峰賞識，委以重任，擔任文復會副會長。他乃將古籍今註今譯列入文復會工作計畫，廣邀文史學者碩彥，參與註解經典古籍的行列。文復會與國立編譯館中華叢書編審委員會攜手合作，列出四十二種古籍，除了已出版的第一批十二種是由王雲五先生主編外，文復會與國立編譯館主編的有二十一種，另有八種雖列入出版計畫，卻因各種因素沒有完稿出版。臺灣商務印書館另外約請學者註譯了九種，加上《資治通鑑今註》，共計出版古籍今註今譯四十三種。茲將書名及註譯者姓名臚列如下，以誌其盛：

序號	書名	註譯者	主編	初版時間
1	尚書	屈萬里	王雲五（臺灣商務印書館）	五八年九月
2	詩經	馬持盈	王雲五（臺灣商務印書館）	六〇年七月
3	周易	南懷瑾	王雲五（臺灣商務印書館）	六三年十二月
4	周禮	林尹	王雲五（臺灣商務印書館）	六一年九月
5	禮記	王夢鷗	王雲五（臺灣商務印書館）	七三年一月
6	春秋左氏傳	李宗侗	王雲五（臺灣商務印書館）	六〇年一月
7	大學	宋天正	王雲五（臺灣商務印書館）	六六年二月
8	中庸	宋天正	王雲五（臺灣商務印書館）	六六年二月
9	論語	毛子水	王雲五（臺灣商務印書館）	六四年十月
10	孟子	史次耘	王雲五（臺灣商務印書館）	六二年二月
11	老子	陳鼓應	王雲五（臺灣商務印書館）	五九年五月

12	莊子	陳鼓應	王雲五（臺灣商務印書館）	六四年十二月
13	大戴禮記	高明	文復會、國立編譯館	六四年四月
14	春秋公羊傳	李宗侗	文復會、國立編譯館	六二年五月
15	春秋穀梁傳	薛安勤	文復會、國立編譯館	八三年八月
16	韓詩外傳	賴炎元	文復會、國立編譯館	六一年九月
17	孝經	黃得時	文復會、國立編譯館	六一年七月
18	列女傳	張敬	文復會、國立編譯館	八三年六月
19	新序	盧元駿	文復會、國立編譯館	六四年四月
20	說苑	盧元駿	文復會、國立編譯館	六六年二月
21	墨子	李漁叔	文復會、國立編譯館	六三年五月
22	荀子	熊公哲	文復會、國立編譯館	六四年九月
23	韓非子	邵增樺	文復會、國立編譯館	七一年九月
24	管子	李勉	文復會、國立編譯館	七七年七月
25	孫子	魏汝霖	文復會、國立編譯館	六一年八月
26	史記	馬持盈	文復會、國立編譯館	六八年七月
27	商君書	賀凌虛	文復會、國立編譯館	七六年三月
28	太公六韜	徐培根	文復會、國立編譯館	六五年二月
29	黃石公三略	魏汝霖	文復會、國立編譯館	六四年六月
30	司馬法	劉仲平	文復會、國立編譯館	六四年十一月
31	尉繚子	劉仲平	文復會、國立編譯館	六四年十一月
32	吳子	傅紹傑	文復會、國立編譯館	六五年四月
33	唐太宗李衛公問對	曾振	文復會、國立編譯館	六四年九月
34	資治通鑑今註	李宗侗等	國立編譯館	五五年十月
35	春秋繁露	賴炎元	文復會、國立編譯館	七三年五月

36	公孫龍子	陳癸淼	文復會、國立編譯館	七五年一月
37	晏子春秋	王更生	文復會、國立編譯館	七六年八月
38	呂氏春秋	林品石	文復會、國立編譯館	七四年二月
39	黃帝四經	陳鼓應	臺灣商務印書館	八四年六月
40	人物志	陳喬楚	文復會、國立編譯館	八五年十二月
41	近思錄、大學問	古清美	文復會、國立編譯館	八九年九月
42	抱朴子內篇	陳飛龍	文復會、國立編譯館	九〇年一月
43	抱朴子外篇	陳飛龍	文復會、國立編譯館	九一年一月
44	四書（合訂本）	楊亮功等	王雲五（臺灣商務印書館）	六八年四月

已列計畫而未出版：

序號	書名	譯註者	主編	
1	國語	張以仁	文復會、國立編譯館	
2	戰國策	程發軔	文復會、國立編譯館	
3	淮南子	于大成	文復會、國立編譯館	
4	論衡	阮廷焯	文復會、國立編譯館	
5	楚辭	楊向時	文復會、國立編譯館	
6	文心雕龍	余培林	文復會、國立編譯館	
7	說文解字	趙友培	國立編譯館	
8	世說新語	楊向時	國立編譯館	

民國七十年，文復會秘書長陳奇祿先生、國立編譯館與臺灣商務印書館再度合作，將當時已出版的二十九種古籍今註今譯，商請原註譯學者和適當人選重加修訂再版，使整套古籍今註今譯更加完善。

九十八年春，國家文化總會秘書長楊渡先生，約請臺灣商務印書館總編輯方鵬程研商，計議重新編輯出版《古籍今註今譯》，懇請總統會長撰寫序言予以推薦，並繼續約聘學者註譯古籍，協助青年學子與國人閱讀古籍，重新體認固有傳統與智慧，推廣發揚中華文化。

臺灣商務印書館經過詳細規劃後，決定與國家文化總會、國立編譯館再度合作，重新編印《古籍今註今譯》，首批十二冊，以儒家文化四書五經為主，在今年十一月十二日中華文化復興節出版，以後每三個月出版一批，將來並在適當時機推出電子版本，使青年學子與海內外想要了解中華文化的人士，有適當的版本可研讀。二十一世紀必將是中華文化復興的新時代，讓我們共同努力。

臺灣商務印書館董事長**王學哲**謹序　民國九十八年九月

編纂古籍今註今譯序

由於語言文字習俗之演變，古代文字原為通俗者，在今日頗多不可解。以故，讀古書者，尤以在具有數千年文化之我國中，往往苦其文義之難通。余為協助現代青年對古書之閱讀，在距今四十餘年前，曾為本館創編學生國學叢書數十種，其凡例如左：

一、中學以上國文功課，重在課外閱讀，自力攻求；教師則為之指導焉耳。惟重篇巨帙，釋解紛繁，得失互見，將使學生披沙而得金，貫散以成統，殊非時力所許；是有需乎經過整理之書篇矣。本館鑒此，遂有學生國學叢書之輯。

一、本叢書所收，均重要著作，略舉大凡；經部如詩、禮、春秋；史部如史、漢、五代；子部如莊、孟、荀、韓，並皆列入；文辭則上溯漢、魏，下迄五代；詩歌則陶、謝、李、杜，均有單本；詞則多采五代、兩宋；曲則擷取元、明大家；傳奇、小說，亦選其英。

一、諸書選輯各篇，以足以表見其書，其作家之思想精神、文學技術者為準；其無關宏旨者，概從刪削。所選之篇類不省節，以免割裂之病。

一、諸書均為分段落，作句讀，以便省覽。

一、諸書均有註釋；古籍異釋紛如，即采其較長者。

一、諸書較為罕見之字，均注音切，並附注音字母，以便諷誦。

一、諸書卷首，均有新序，述作者生平，本書概要。凡所以示學生研究門徑者，不厭其詳。

然而此一叢書，僅各選輯全書之若干片段，猶之嘗其一臠，而未窺全豹。及民國五十三年，余謝政後重主本館，適國立編譯館有今註資治通鑑之編纂，甫出版三冊，以經費及流通兩方面，均有借助於出版家之必要，商之於余，以其係就全書詳註，足以彌補余四十年前編纂學生國學叢書之闕，遂予接受。甫歲餘，而全書十有五冊，千餘萬言，已全部問世矣。

余又以今註資治通鑑，雖較學生國學叢書已進一步，然因若干古籍，文義晦澀，今註以外，能有今譯，則相互為用，今註可明個別意義，今譯更有助於通達大體，寧非更進一步歟？

幾經考慮，乃於五十六年秋，決定編纂經部今註今譯第一集十種，其凡例如左：

一、經部今註今譯第一集，暫定十種，其書名及白文字數如左。

詩　　經	三九一二四字
尚　　書	二五七〇〇字
周　　易	二四二〇七字
周　　禮	四五八〇六字
禮　　記	九九〇二〇字
春秋左氏傳	一九六八四五字

大學　一七四七字
中庸　三五四五字
論語　一二七〇〇字
孟子　三四六八五字
以上共白文四八三三七九字
二、今註仿資治通鑑今註體例，除對單字詞語詳加註釋外，地名必註今名，年份兼註公元，衣冠文物莫不詳釋，必要時並附古今比較地圖與衣冠文物圖案。
三、全書白文四十七萬餘字，今註假定佔白文百分之七十，今譯等於白文百分之一百三十，合計白文連註譯約為一百四十餘萬言。
四、各書按其分量及難易，分別定期於半年內，一年內或一年半內繳清全稿。
五、各書除付稿費外，倘銷數超過二千部者，所有超出之部數，均加送版稅百分之十。稍後，中華文化復興運動推行委員會制定工作實施計畫，余以古籍之有待於今註今譯者，不限於經部，且此種艱鉅工作，不宜由獨一出版家擔任，因即本此原則，向推行委員會建議，幸承接納，經於工作計畫中加入古籍今註今譯一項，並由其學術研究出版促進委員會決議，選定第一期應行今註今譯之古籍約三十種，除本館已先後擔任經部十種及子部二種外，徵求各出版家分別擔任。深盼羣起共鳴，一集告成，二集繼之，則於復興中華文化，定有相當貢獻。

本館所任之古籍今註今譯十有二種，經慎選專家定約從事，閱時最久者將及二年，較短者不下一年，則以屬稿諸君，無不敬恭將事，求備求詳；迄今祇有尚書及禮記二種繳稿，所有註譯字數，均超出原預算甚多，以禮記一書言，竟超過倍數以上。玆當第一種之尚書今註今譯排印完成，問世有日，謹述緣起及經過如右。

王雲五

民國五十八年九月二十五日

自序

王雲五先生近年有古籍今註今譯的提議，嘉惠後學實在並非淺鮮。今註這兩個字實在是十二年前，我對張曉峯先生注資治通鑑時所建議的，經過十一年的工夫，由我及朋友同學生合力完成，但後任教育部長並無充足的校刊費用能將全書刊行，於是就商諸商務印書館，王雲五先生欣然答應為之完成。就是因為這種原因，他也用今註這個名字。至於今譯乃為王老先生所獨創。我所擔任的是春秋左傳今註今譯，對此書我當在序中略有說明。

㈠隋書經籍志載有春秋左氏解誼三十一卷，漢九江太守服虔注。他所分卷數與杜預的春秋左傳經傳集解三十卷不同。杜預書亦載於隋書經籍志，自唐作正義就用了他，遂為唐後學者通用的書。今也照服虔例分為三十一卷，所不同的是莊公杜預只有一卷，而我分為二卷，其餘如僖公三卷，襄公六卷，昭公七卷，與杜預相同。我固然不能詳悉服虔的分卷方法，但我只能想到莊公可以分為二卷而已。

㈡至於左氏春秋的作者，是否即論語公冶長篇之「左丘明恥之，丘亦恥之」所說的左丘明？據姚鼐說：左氏之書，非出一人所成。自左丘明作傳以授曾申，申傳吳起，起傳其子期，期傳楚人鐸椒，椒傳趙人虞卿，虞卿傳荀卿。蓋後人屢有附益，其為丘明說經之舊，及為後所益者，今不知孰為多寡矣。余考其書，於魏氏事造飾尤甚，竊以為吳起為之者蓋尤多。夫魏絳在晉悼公時，甫佐新軍，在七人下耳，安得平鄭之後，賜樂獨以與絳？魏獻子合諸侯於位之人，而述其為政之美，詞不恤其夸，此豈信史所為論本事而為之傳者耶？國風之魏，至季札時，亡久矣，與邶、鄘、鄶等，而札胡獨美之曰：「以德輔此，則明主也」。此與「魏大名」「公侯子孫必復其始」之談，皆造飾以媚魏君者耳。又明主之稱，乃三晉簒位後之稱，非季札時所宜有，適以見其誣焉耳。自東漢以來，其書獨重，世皆溺其文詞，宋儒頗知其言之不盡信，然遂以譏及左氏，則過矣。彼儒者親承孔子學以授其徒，言亦約耳，烏知後人增飾若是之多也哉！若乃其文既富，則以存賢人君子之法言，三代之典章，雖不必丘明所記，而固已足貴，君子擇焉可也。（見左傳補注序）

㈢孔子春秋與左氏春秋實在是兩部書，所以顧炎武日知錄也說：「春秋因魯史而修者也；故所書晉事，自文公主夏盟，交於中國，則以創列之史參之，而一從周正；自惠公以前，則間用夏正，其不出一人明矣。」左氏春秋是集合各國的史書而成，此種議論實由唐朝趙匡發其端，他在「春秋集傳纂例」一書中說：「蓋左氏廣集諸國之史釋春秋，傳成以後，蓋其弟子及門人見嘉謀事迹多不入傳或有雖入而復不同，故各隨國編之而成此書，以廣異聞爾。」所說集諸國之史甚確，但說「以釋春秋」則非，然較為春秋作傳比較更近於真象。不如說他們是兩部書更可靠。並且左邱明雙姓與左氏春秋的左不同，所以朱熹在「語類」中就以為「左氏倚相之後」，所以後來記載楚事甚多。並且比如隱公元年，春秋所記共七條，而左氏春秋就有十三條，有時春秋有而左氏春秋沒有的。也有相反的時候。這些皆能證兩書的不同。

細看春秋與左氏春秋皆開始自魯隱公，而所書紀年只以晉國事而論，亦始於晉文侯，早過於曲沃莊伯，而杜預曾見過真本紀年，他在後序中說：「曲沃莊伯三十一年十一月，魯隱公之元年正月也。」就是公元前七百二十二年，從此以後各國史料始見豐富，這也不足為奇怪的事。觀詩經中，雅多作於西周，彼時東方列國尚無國風，衛武公所作抑篇尚用雅的詩調，即因衛尚無他自有的詩調。國風的開始在於平王東遷以後，由此可見。東遷是在公元前七百七十年。再以出土的銅器而論，東周時代者多屬列國的作品，與西周銅器多屬王室者不同。由此觀之，東遷以後，文化中心也隨著政治中心而漸向東方轉移，列國的史料開始愈加發達，這也是自然的現象。漢書藝文志尚載有「公羊外傳五十篇，公羊雜記八十三篇，穀梁外傳二十篇」，內容雖然不能詳細知道，大約也是記載同左氏春秋相類的故事。

㈣再細研究，兩書不太相連，並非如公羊傳穀梁傳的為的解釋春秋而作。茲舉一兩條為例作證據比如桓公元年末尾說：⑴「宋華父督見孔父之妻于路，目逆而送之，曰『美而艷。』」而二年開首就說⑵「宋華督攻孔氏，殺孔父而取其妻。」可見⑴同⑵兩條本來相連，後經劉歆或杜預兩書相合後，始有現在的現象。又如桓公五年⑴「冬，淳于公如曹，度其國危，遂不復。」六年就說：⑵「春，自曹來朝，書曰『實來』，不復其國也」此類尚多，舉此例以概其餘。

所謂左氏春秋是「以列國之史參之」，這話甚有道理。比如宋國的事常舉六官的姓名，晉事常舉三軍或六軍帥佐的姓名，必是抄自宋晉各國史官所記載的。

至於漢以後又發生劉歆請立左氏傳於學官的問題，見漢書三十六卷楚元王傳，劉向是楚元王的玄孫，而劉歆是他的兒子。他移書太常博士書責讓他們，他又將左氏傳與公羊穀梁二傳並列為釋經的傳。其實漢朝學官已近於功名的途徑，多立一科目則舊者必有所畏懼，因此必引起爭端，所謂「利祿之途然也」就是這種理由，書甚長現在不能博引，閱者可翻楚元王傳即能明白，所以在此不必細講。因為這種原因，劉歆必須將左氏春秋改為春秋左氏傳，而博士弟子必說「左氏不傳春秋」，以不抵制。至西晉杜預更「分經之年與傳之年相附」（見杜預春秋序）遂成現行的體系，杜並解釋為「故傳或先經以始事，或後經以終義（見上序中）以辨別兩書的不同各點，而不欲說他們是兩部書。自唐以後遂相仍而不改，商務此書也不好例外；若獨創一格，反使讀者莫名其妙了，只在序中略說明我的見解。

至於編纂的經過亦當略述如後，最初今註由我口述而由文長徐女士筆錄，至於今譯則由劉翠溶女士擔任，這是僖公二十八年城濮之戰以前的情形。這時劉女士往美國哈佛大學讀書，自隱公元年至僖公二十八年共九十一年，恰與春秋二百四十二年的三分之一相近。以後我自己寫了幾年就由我口述而由李敏慧女士筆錄，輔以其妹李素貞襄助抄寫，以底於成，特記於此並誌對諸位的感謝。後又請中央研究院史語所黃慶樂技士為畫得春秋時代全圖，以成全書。

民國五十九年二月夏正元旦高陽**李宗侗**序

目次

【上冊】

卷一　隱公　一
卷二　桓公　七六
卷三　莊公上　一五九
卷四　莊公下　二〇九
卷五　閔公　二六九
卷六　僖公上　二九三
卷七　僖公中　三九一
卷八　僖公下　四七四
卷九　文公上　五四七
卷十　文公下　六一七
校訂後記　六八四

【中冊】

卷十一　宣公上　六八七

卷十二　宣公下　七四九
卷十三　成公上　八一五
卷十四　成公下　九〇六
卷十五　襄公一　九九九
卷十六　襄公二　一〇七〇
卷十七　襄公三　一一三五
卷十八　襄公四　一一九八
卷十九　襄公五　一二五〇
卷二十　襄公六　一三一一
校訂後記　一三六六

【下冊】

卷二十一　昭公一　一三六九
卷二十二　昭公二　一四二三
卷二十三　昭公三　一四八六
卷二十四　昭公四　一五三二
卷二十五　昭公五　一五九〇

卷二十六　昭公六　一六五〇
卷二十七　昭公七　一七〇三
卷二十八　定公上　一七五四
卷二十九　定公下　一八〇四
卷三十　哀公上　一八五八
卷三十一　哀公下　一九四六
附錄一　二〇一七
附錄二　二〇二八
校訂後記　二〇三四

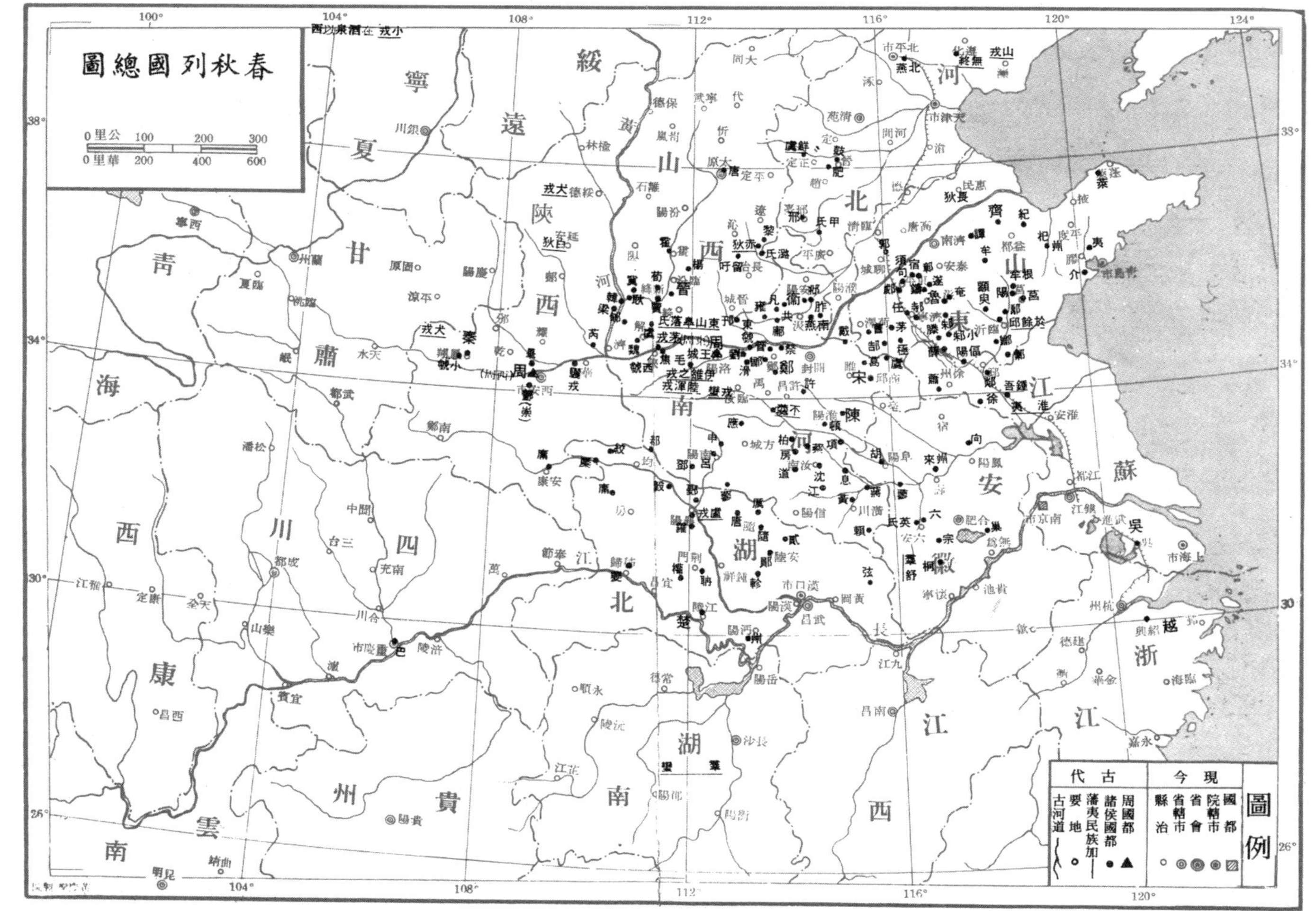
春秋列國總圖
公里 0 100 200 300
華里 0 200 400 600
圖例
現今
國都
院轄市
省會
省轄市
縣治
古代
周國都
諸侯國都
蕃夷民族
要地
古河道

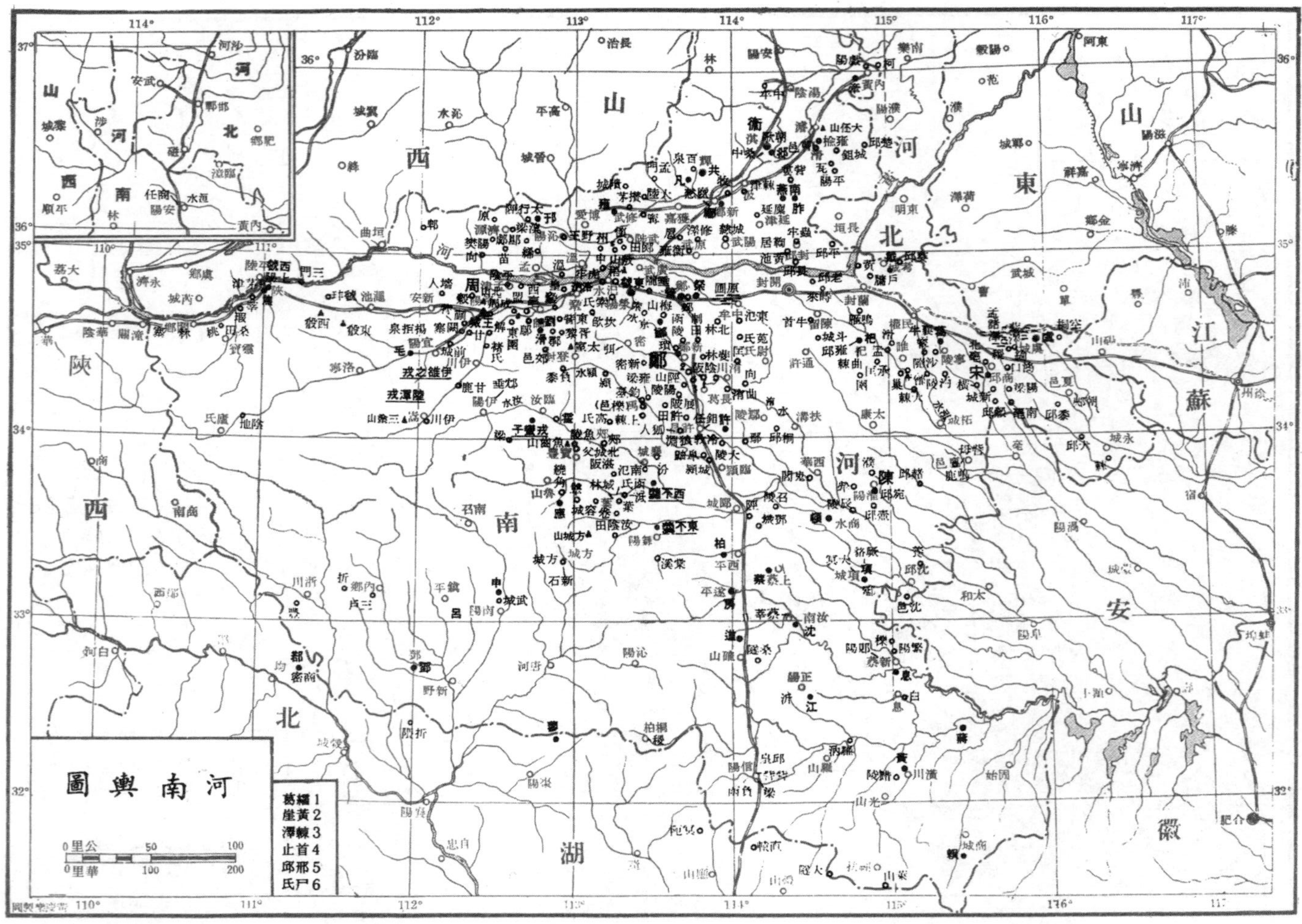
河南輿圖
公里 0 50 100
華里 0 100 200

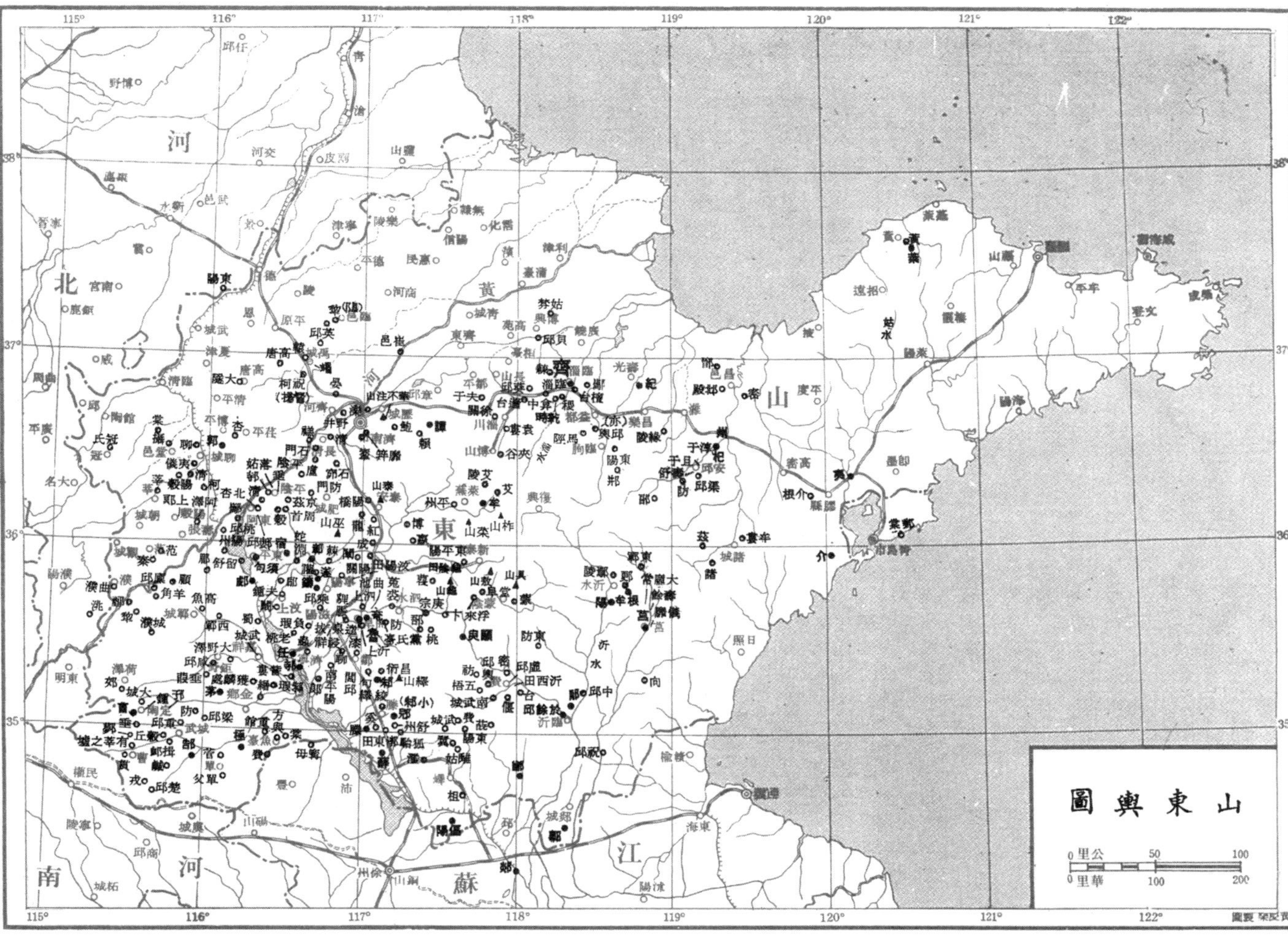
山東輿圖
公里 0 50 100
華里 0 100 200
河北
河南
江蘇
山東
115°
116°
117°
118°
119°
120°
121°
122°
35°
36°
37°
38°

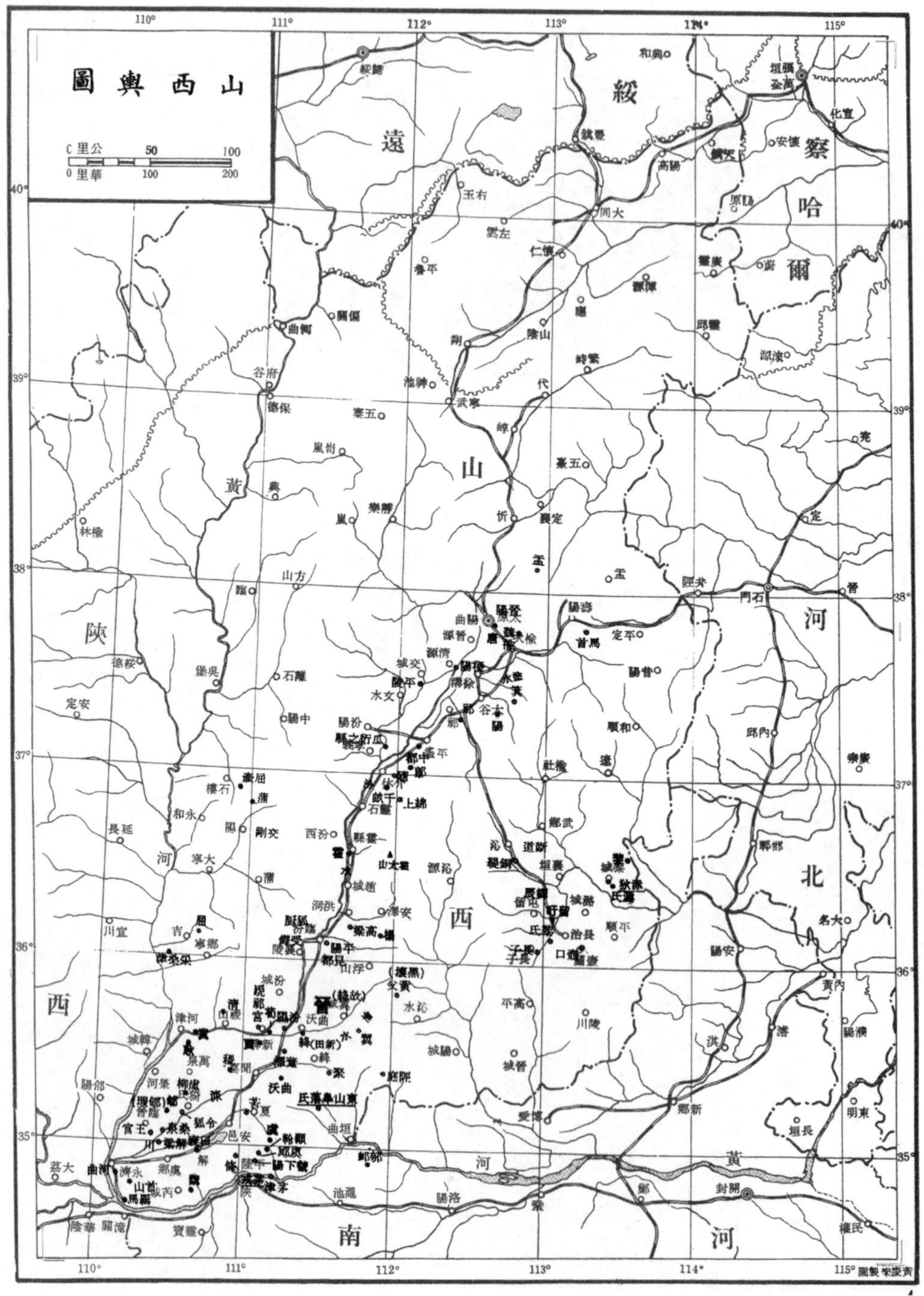

山西輿圖
公里 0 50 100
華里 0 100 200
綏遠
察哈爾
山西
河北
河南
陝西
黃河
太原
大同
綏遠
張家口
開封
110°
111°
112°
113°
114°
115°
35°
36°
37°
38°
39°
40°

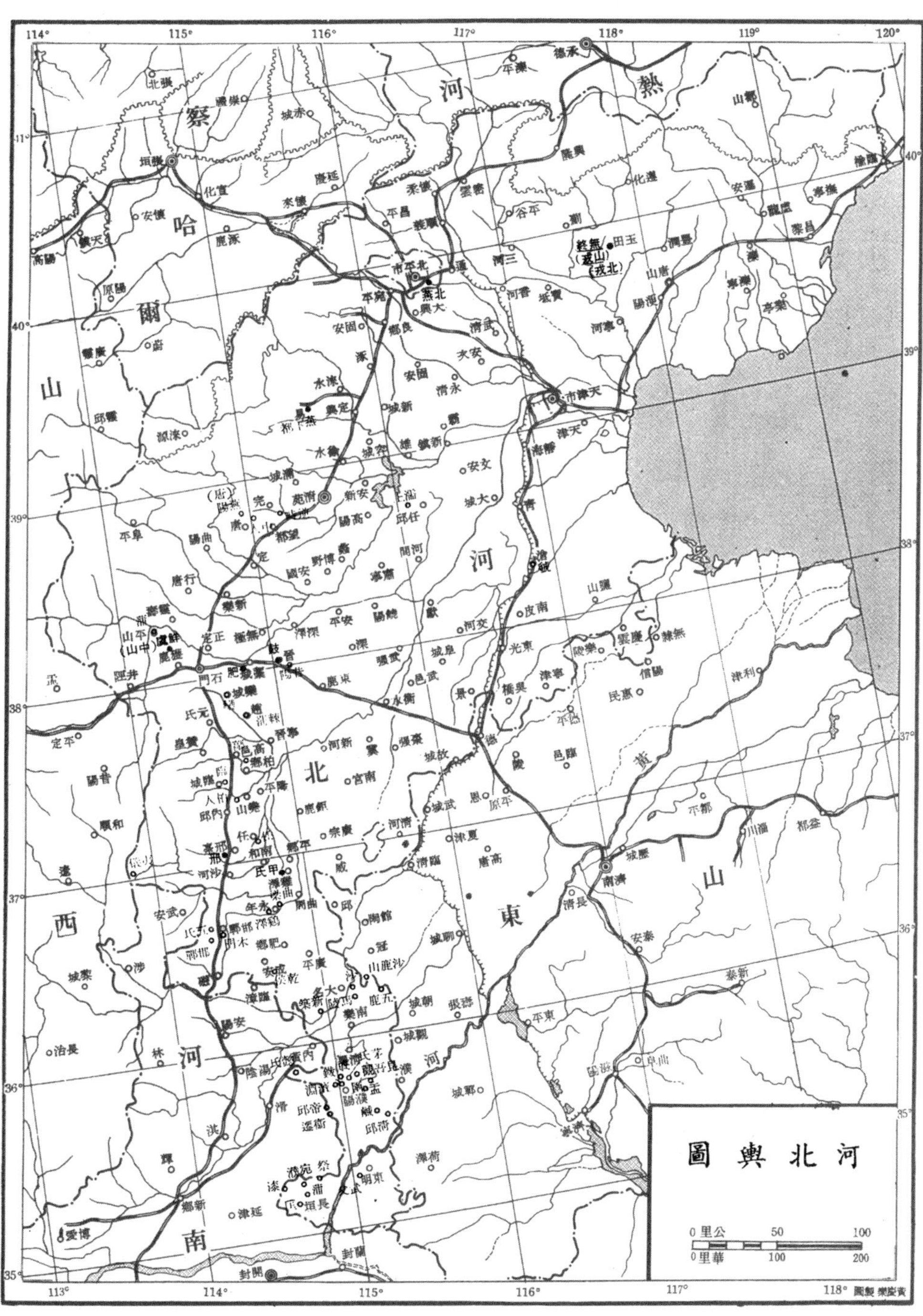
河北輿圖
公里 0 50 100
華里 0 100 200
察哈爾
熱河
山西
河北
山東
河南
北平市
天津市

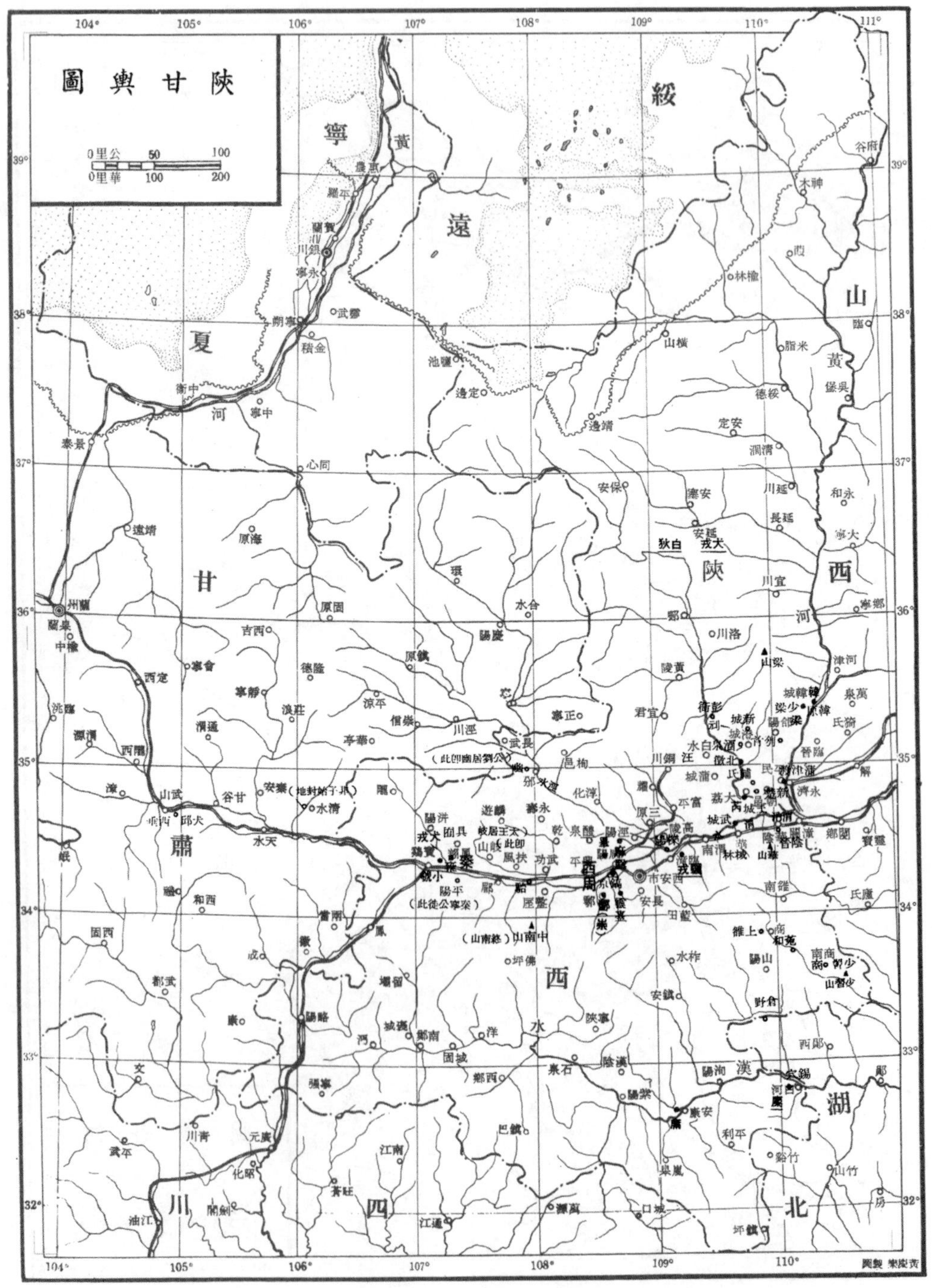
陝甘輿圖
黃樹棠製圖

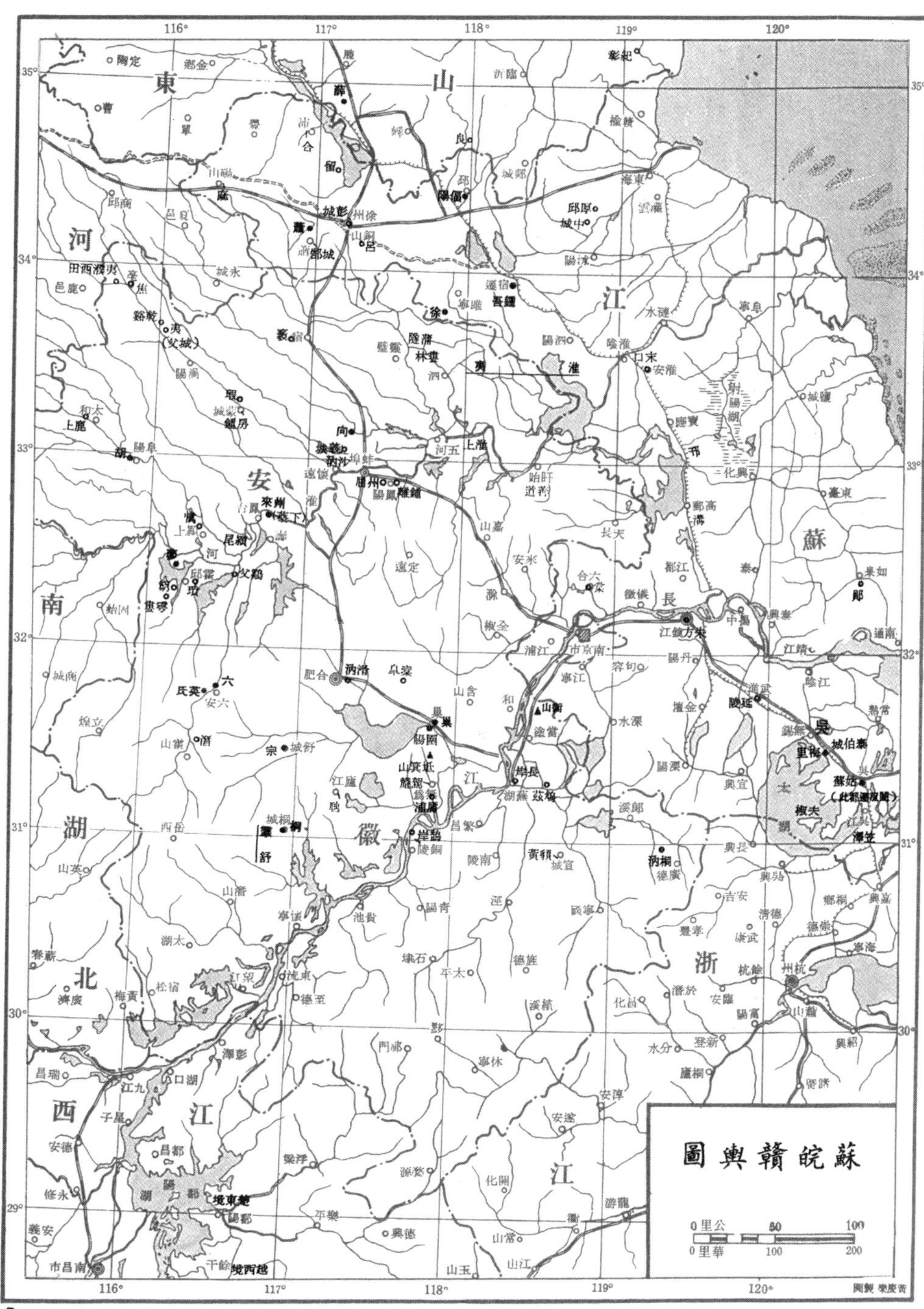
蘇皖贛輿圖
公里 0 50 100
華里 0 100 200
黃慶樂製圖
山東
江蘇
安徽
河南
湖北
江西
浙江
長江
116°
117°
118°
119°
120°
35°
34°
33°
32°
31°
30°
29°

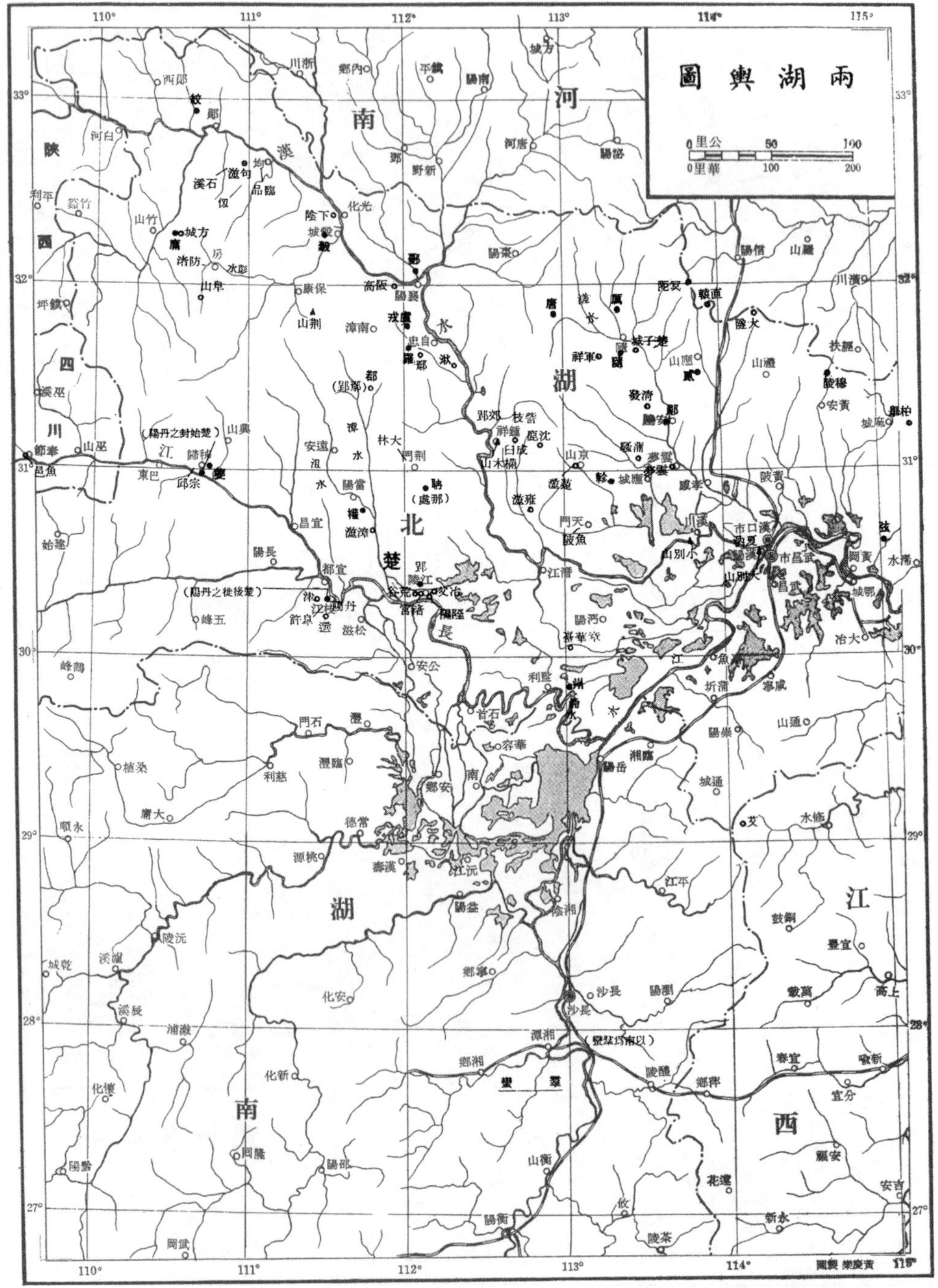
兩湖輿圖
公里 0 50 100
華里 0 100 200
河南
湖北
湖南
江西
陝西
四川
楚
漢水
長江
(楚始封之丹陽)
(楚後徙之丹陽)
襄陽
宜城
江陵
宜都
宜昌
當陽
荊門
遠安
南漳
保康
秭歸
巴東
巫山
奉節
魚邑
長陽
五峰
松滋
公安
石首
監利
華容
安鄉
澧
石門
慈利
桑植
大庸
永順
常德
桃源
漢壽
沅江
益陽
湘陰
岳陽
臨湘
長沙
湘潭
湘鄉
醴陵
萍鄉
瀏陽
寧鄉
安化
新化
漵浦
辰谿
沅陵
乾城
懷化
黔陽
隆回
邵陽
武岡
衡山
衡陽
攸
茶陵
永新
吉安
安福
宜春
分宜
新喻
上高
宜豐
萬載
銅鼓
修水
通城
通山
崇陽
蒲圻
咸寧
嘉魚
大冶
鄂城
黃岡
浠水
武昌市
漢口市
漢陽
孝感
雲夢
應城
京山
天門
沔陽
潛江
隨
棗陽
信陽
應山
禮山
黃安
麻城
羅山
新野
唐河
南陽
方城
內鄉
淅川
鄧
竹山
竹谿
房
黃慶樂製圖
110° 111° 112° 113° 114° 115°
27° 28° 29° 30° 31° 32° 33°

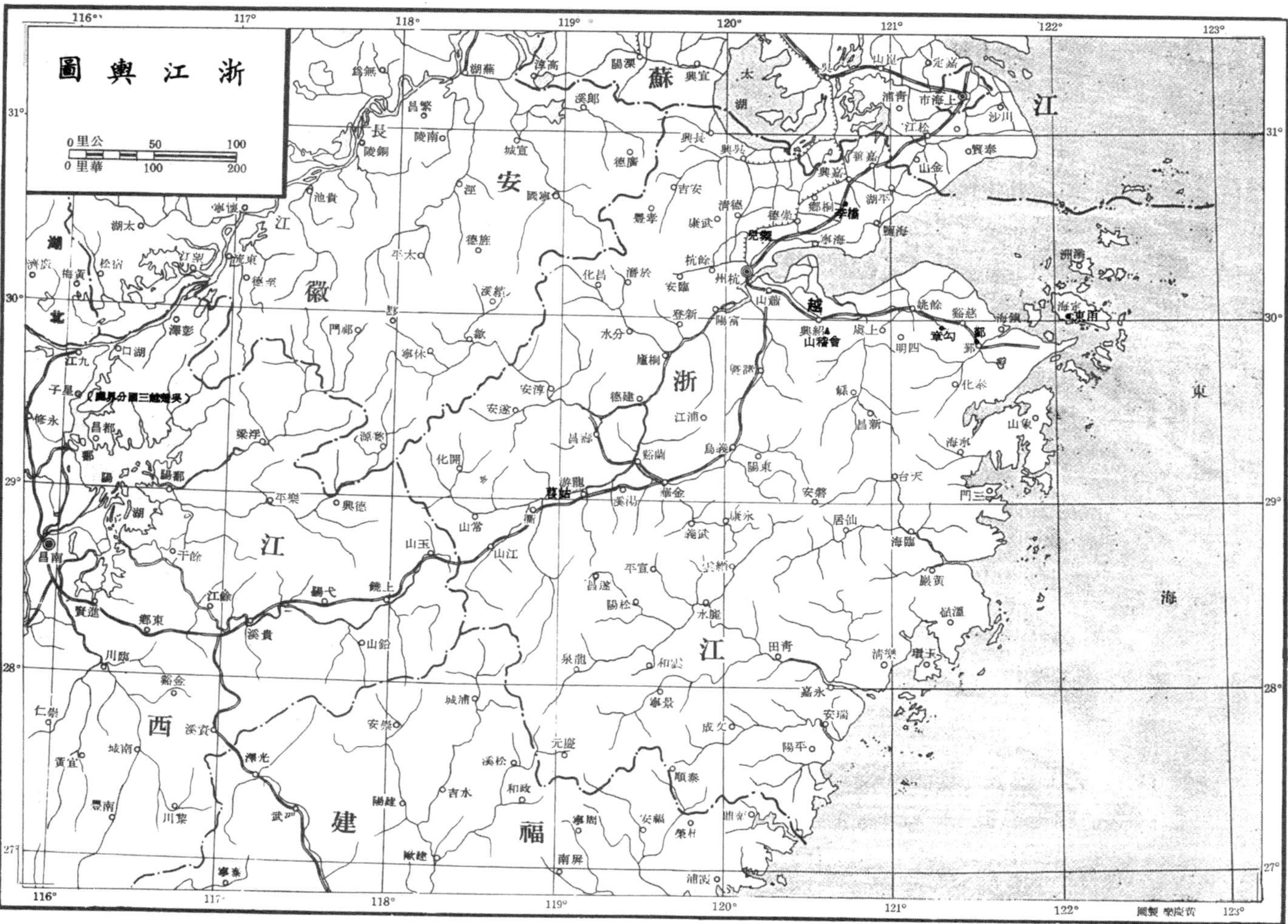
浙江輿圖
公里 0 50 100
華里 0 100 200
黃慶樂製圖

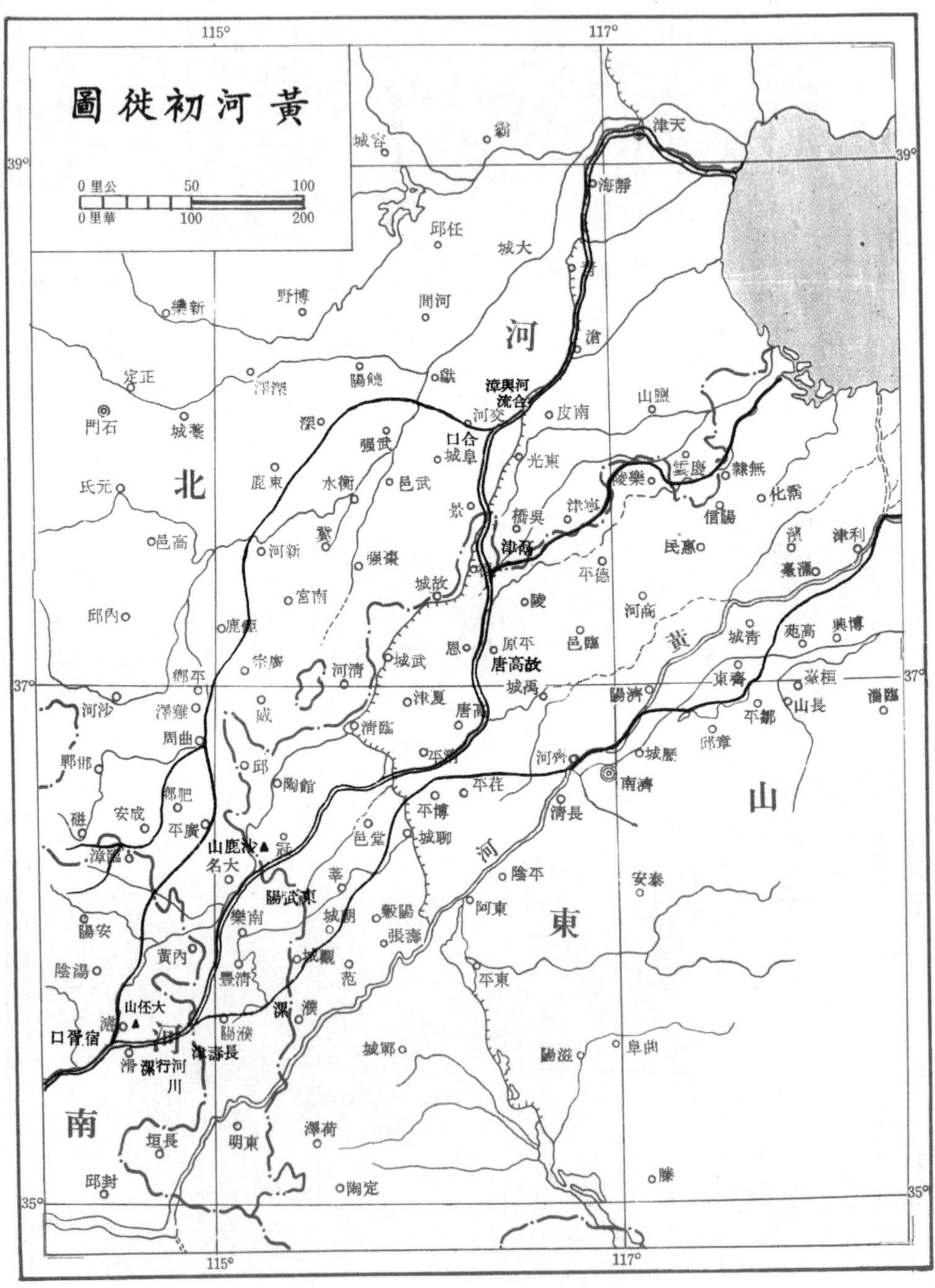

黃河初徙圖
公里 0 50 100
華里 0 100 200
115°
117°
39°
37°
35°
容城
天津
靜海
任邱
大城
河間
博野
新樂
正定
深澤
饒陽
獻
漳與河合流
交河
南皮
鹽山
石門
藁城
深
武強
合口
阜城
東光
元氏
北
東鹿
衡水
武邑
景
吳橋
寧津
樂陵
慶雲
無棣
霑化
陽信
高邑
新河
冀
棗強
南宮
故城
德平
惠民
利津
蒲臺
內邱
鉅鹿
廣宗
清河
武城
陵
恩
平原
臨邑
商河
高苑
青城
博興
故高唐
平鄉
雞澤
沙河
曲周
威
夏津
高唐
禹城
濟陽
齊東
桓臺
長山
臨淄
邯鄲
邱
臨清
清平
齊河
歷城
鄒平
章邱
肥鄉
館陶
濟南
磁
成安
廣平
茌平
博平
長清
山
沙鹿山
冠
堂邑
聊城
臨漳
大名
莘
平陰
泰安
東武陽
南樂
朝城
陽穀
東阿
東
安陽
內黃
壽張
觀城
湯陰
清豐
范
東平
濬
濮
濮陽
宿胥口
河
長壽津
滑
鄆城
滋陽
曲阜
南
長垣
東明
荷澤
封邱
定陶
滕

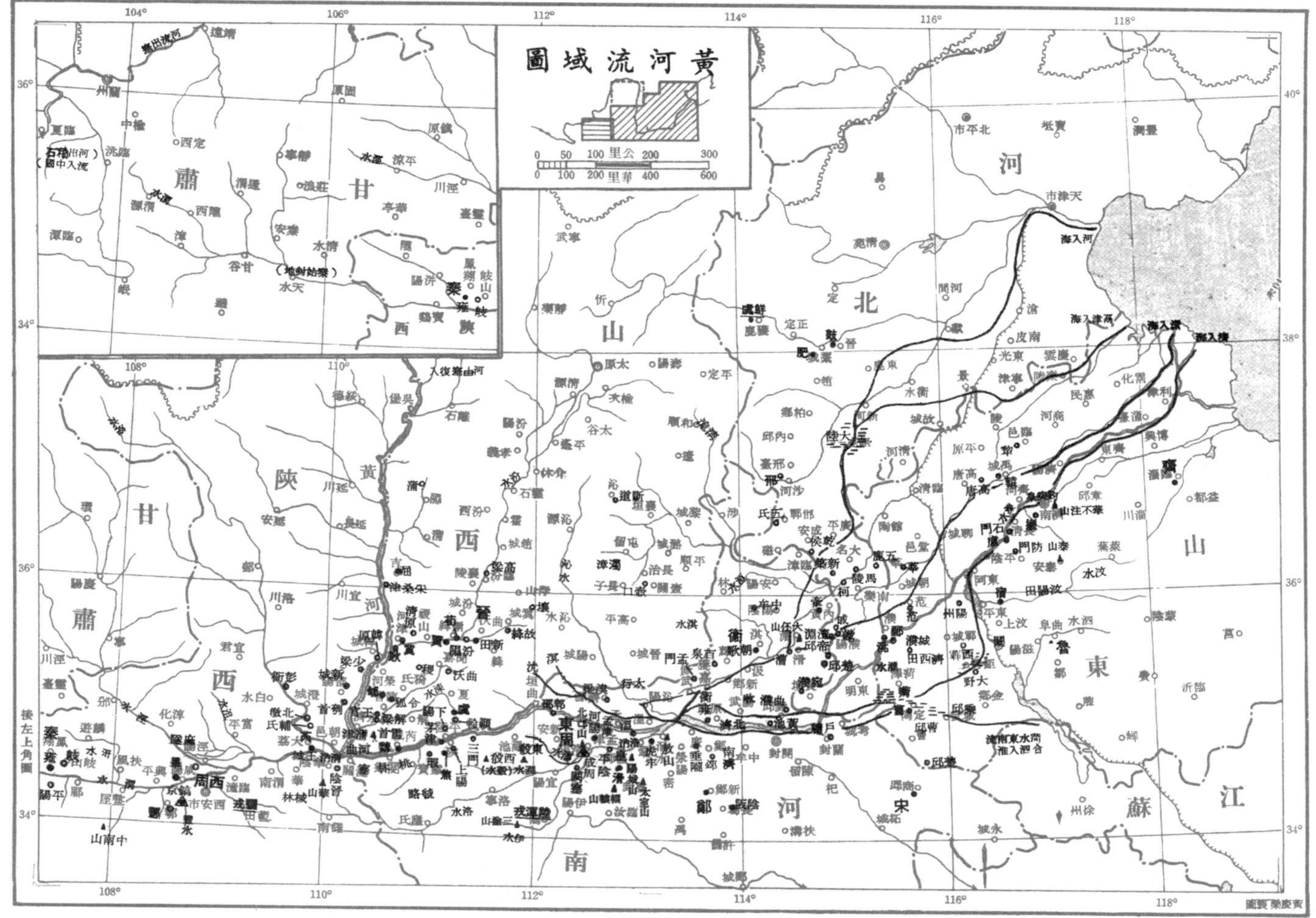
黃河流域圖
0 50 100 公里 200 300
0 100 200 華里 400 600
甘肅
陝西
山西
河南
河北
山東
江蘇
黃慶樂製圖

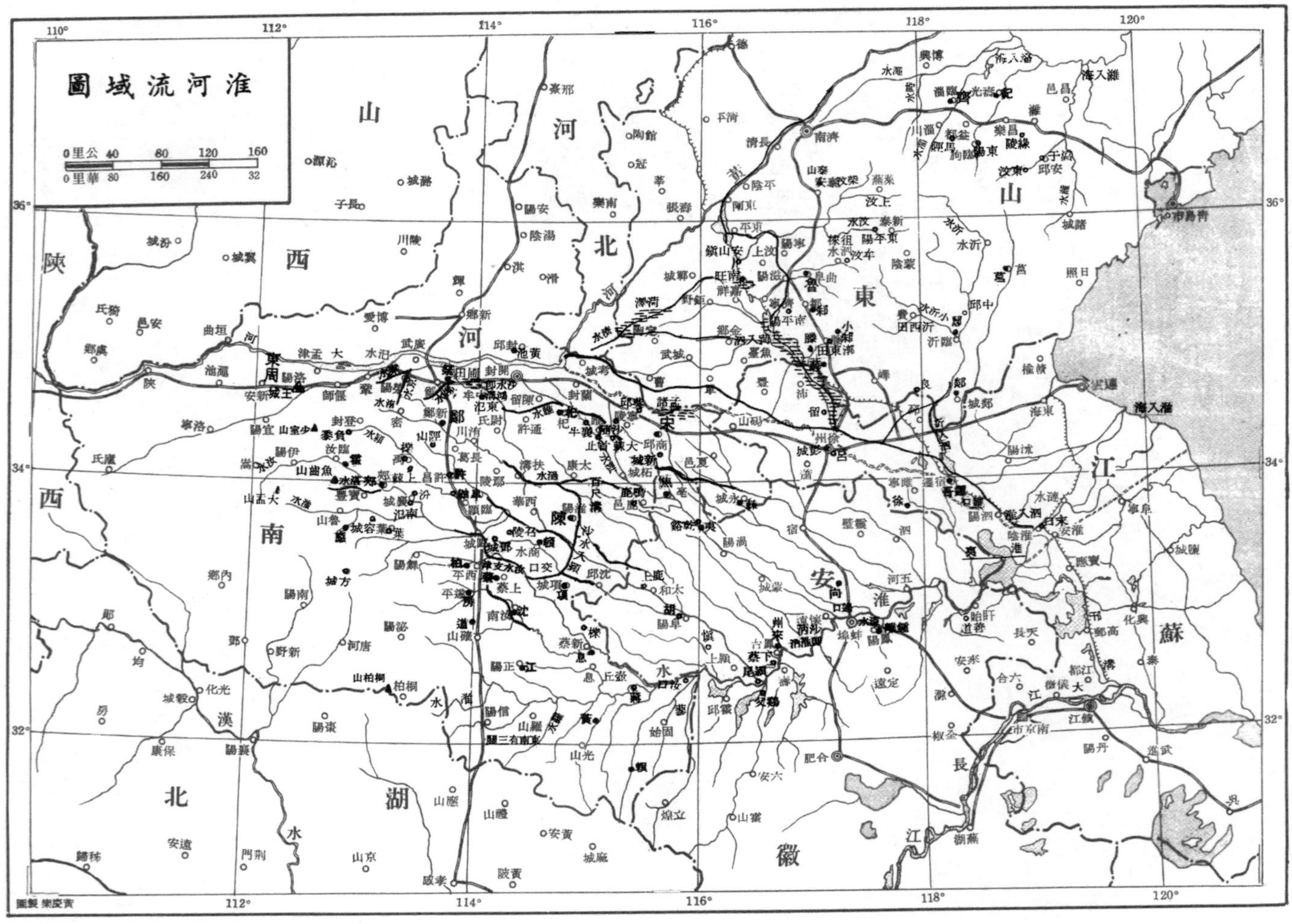
淮河流域圖
公里 0 40 80 120 160
華里 0 80 160 240 32
黃慶樂製圖

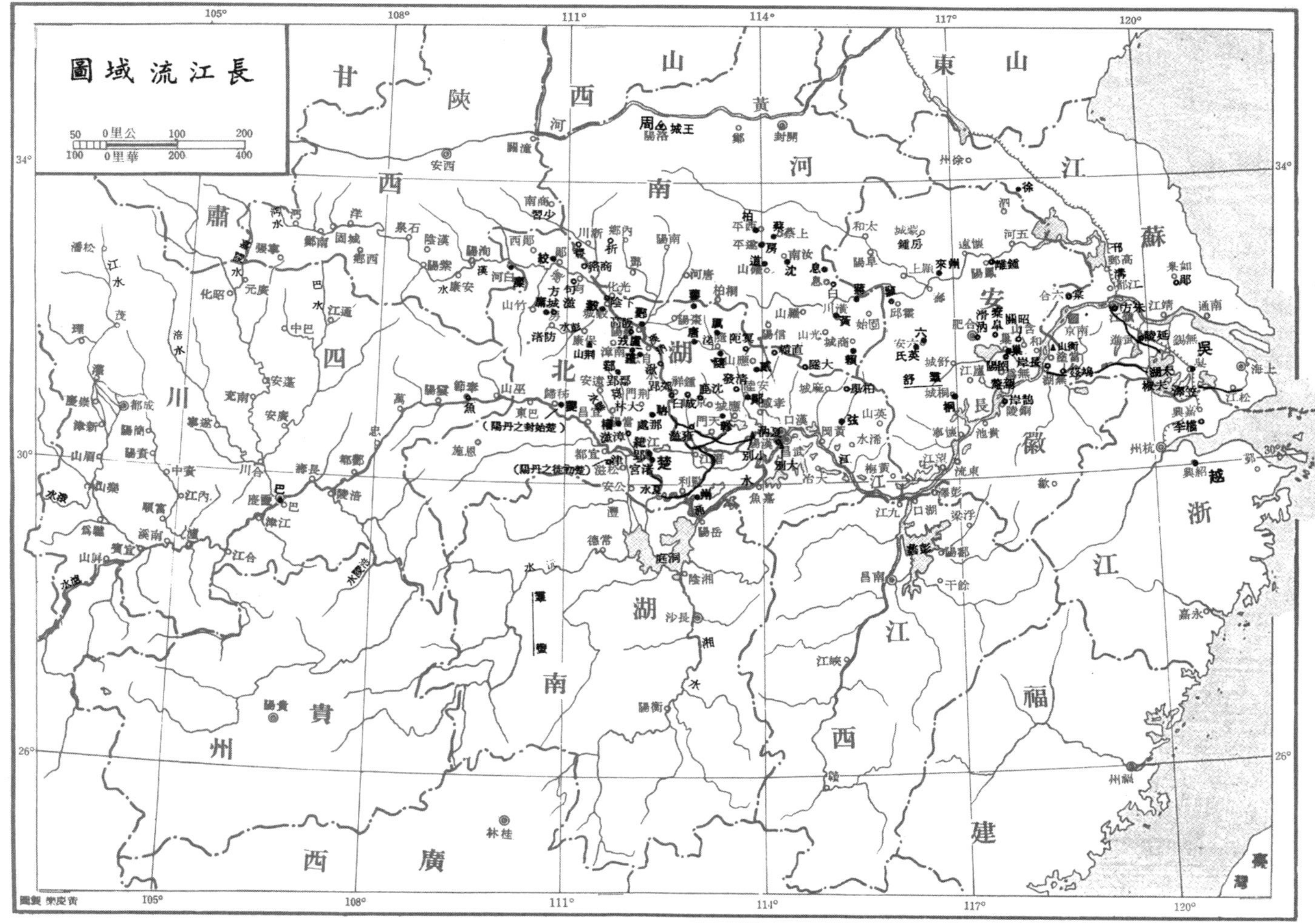

長江流域圖
公里 0 50 100 200
華里 0 100 200 400
甘肅
陝西
山西
河南
山東
江蘇
安徽
四川
湖北
浙江
湖南
江西
福建
貴州
廣西
臺灣

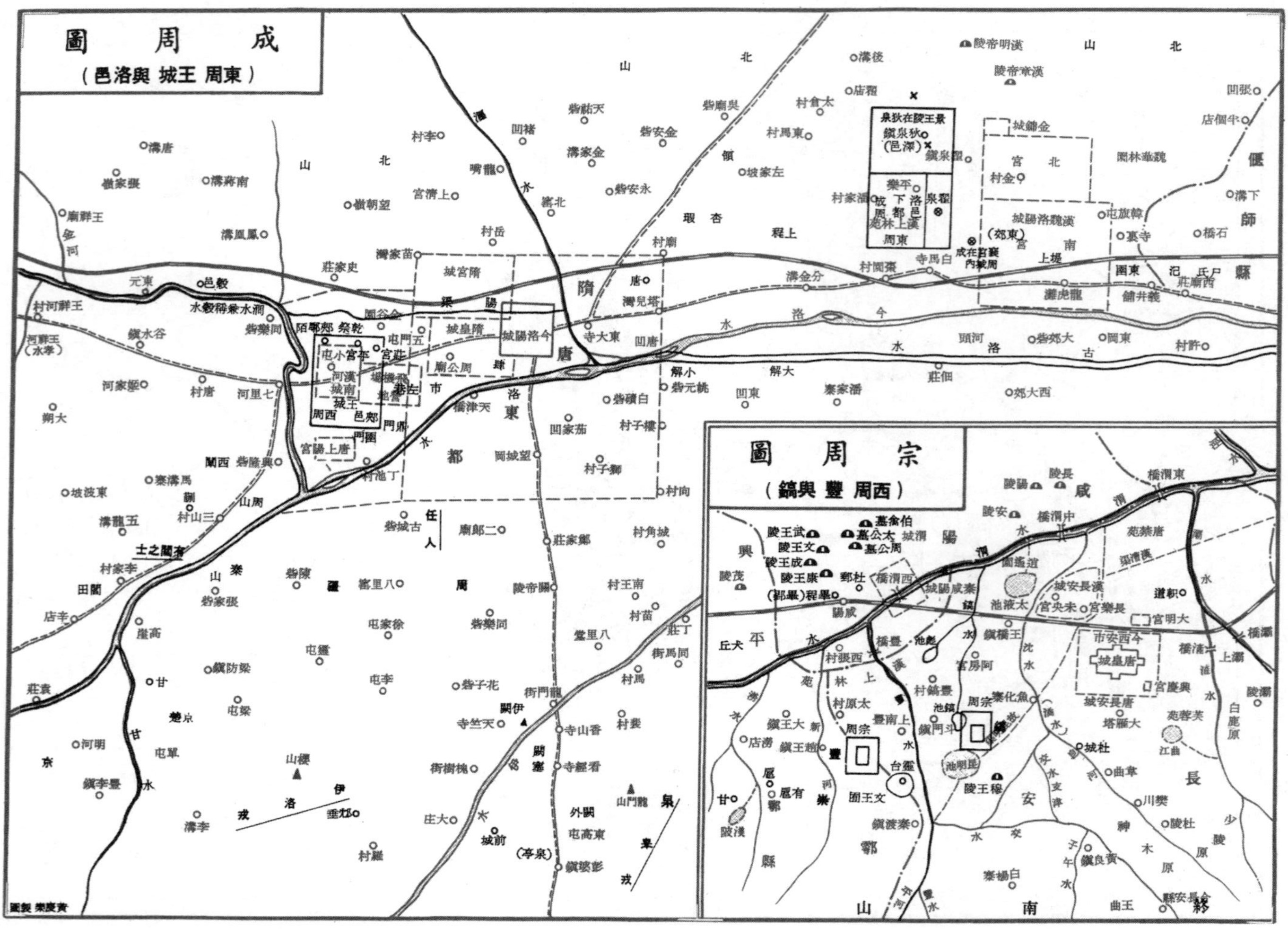
成周圖
（東周王城與洛邑）
宗周圖
（西周豐與鎬）
黃慶樂製圖

卷一　隱公

隱公元年

傳 惠公①元妃②孟子③。孟子卒④，繼室⑤以聲子⑥生隱公⑦。宋⑧武公⑨生仲子⑩，仲子生而有文⑪在其手⑫，曰為魯夫人⑬，故仲子歸⑭於我⑮。生桓公而惠公薨⑯，是以隱公立而奉之⑰。

【今註】㈠魯惠公：魯為周文王第四子周公旦之子伯禽所封，初封在今河南省魯山縣；及成王滅武庚踐奄以後，遂改封於今山東省曲阜縣，國名仍舊曰魯不改，以上皆見傅斯年先生「大東小東說」。伯禽至惠公凡十二君。惠公為孝公子，名弗皇（此據杜註，史記魯世家作「弗湟」），諡法「愛人好與曰惠」。㈡元妃：嫡夫人。㈢孟子：宋、子姓，長女為孟子。㈣卒：就是死。㈤繼室：古者貴族娶夫人時，以姪或娣從嫁，名曰媵。姪是兄的女兒，娣是女弟。及夫人卒後，則以媵治內室曰繼室。㈥聲子：孟子之妹或姪，諡法「不生其國曰聲」。㈦隱公：惠公及聲子所生之子，名息姑，諡法「不尸其位曰隱」。㈧宋：子姓，周公成王滅武庚以後，封殷帝乙之子微子啟為宋公，在今河南省商丘縣。㈨武公：為微子九世孫。㈩仲子：孟子之妹。⑪文：手紋亦曰文。⑫手：手掌。⑬

魯夫人：按石經古文魯作歨、魯夫人作「歨夫人」，手紋或有近似之者。㈣歸：女子謂嫁人為歸。㈤我：指魯而言。㈥生桓公而惠公薨：生男以後而惠公死，非同年的事。諸侯謂死曰薨。㈦立而奉之：隱公攝政而奉獻桓公。

【今譯】　魯惠公的嫡夫人叫孟子。孟子死後，以聲子為繼室，聲子生了隱公。宋武公生次女仲子，仲子生來手中就有手紋說：「為魯夫人」，所以仲子嫁到我魯國。仲子生了桓公。惠公薨以後，隱公雖嗣立。但因攝政的緣故，仍奉敬桓公。

㈠經　元年，春王正月。

傳　元年（公元前七百二十二年），春王周正月①不書即位②攝也③。

【今註】㈠周正月：杜注，言周以別夏殷。所以說周正月者，因為春秋的時代，各國各用他自己的正朔；比如：晉國就是用的夏正，以正月為歲首。宋國是用的殷正，以十二月為歲首；而只有遵守周正者，方用周正，以十一月為歲首。這些個我們皆是根據左傳本身就可以考察明白。㈡不書即位：不修即位之禮，故史不書於策。㈢攝也：鄭玄周禮注：攝，訓為代，或云：攝、假也。洪亮吉說，杜預本此。

【今譯】　元年，春，王周的正月，經上不記載魯隱公即位，是因為他攝政的緣故。

(二)經三月，公及邾儀父盟于蔑。

傳三月，公及邾①儀父②盟于蔑③，邾子克④也。未王命，故不書爵⑤，曰「儀父」，貴之⑥也，公攝位而求好於邾，故為蔑之盟。

【今註】㊀邾：曹姓，祝融八姓之一，周武王封邾俠為附庸。今為山東省鄒縣。㊁儀父：是邾子克的字。㊂蔑：魯地，據春秋傳說彙纂說，今泗水縣東北四十五裏有姑蔑故城。㊃邾子克：是儀父的名。㊄爵：是周王所封的爵位。㊅貴之：是尊敬他。

【今譯】三月，隱公及邾儀父結盟於蔑。邾儀父就是邾子，名字叫克。因他尚未受周王的賜命，所以不記他的爵位。稱他的字儀父，是尊敬他。隱公攝位，想要尋求和好於邾國，所以締結蔑之盟。

(三)傳夏，四月，費伯①帥師城郎②，不書，非公命也③。

【今註】㊀費伯：魯大夫。費庈夫食邑於費，讀如字，與季氏費邑讀曰祕者有別，在今山東省魚臺縣西南。㊁城郎：魯邑，在今山東省魚臺縣東北九十里。說文：郎，魯亭也。洪亮吉說，杜預本此。㊂非公命也：不寫在策上，也因這不是遵守魯侯的命令。

【今譯】夏，四月，費伯率領軍隊去築郎城，經上不記載，因為這不是出於隱公的命令，不記於策書上。

(四) 經 夏，五月鄭伯克段于鄢。

傳 初，鄭①武公②娶于申③，曰武姜④，生莊公及共叔段⑤。莊公寤生⑥，驚⑦姜氏，故名曰寤生，遂惡之⑧。愛共叔段欲立⑨之，亟⑩請於武公，武公弗許，及莊公即位，為之請制⑪，公曰：「制，巖邑也，虢叔死焉⑫，佗邑唯命⑬。」請京⑭。使居之，謂之京城大叔。祭仲⑮曰：「都城過百雉⑯，國之害也，先王之制，大都不過三國之一⑰，中五之一⑱，小九之一⑲，今京不度⑳，非制㉑也，君將不堪㉒。」公曰：「姜氏欲之，焉辟害㉓？」對曰：「姜氏何厭㉔之有，不如早為之所㉕。無使滋蔓㉖，蔓難圖也㉗。蔓草猶不可除，況君之寵弟㉘乎？」公曰：「多行不義，必自斃㉙，子姑㉚待之。」既而大叔命西鄙㉛，北鄙貳㉜於己。公子呂㉝曰：「國不堪貳，君將若之何？欲與大叔，臣請事之，若弗與，則請除之，無生民心㉞。」公曰：「無庸㉟，將自及。」大叔又收貳以為己邑㊱，至于廩延㊲。子封㊳曰：「可矣！厚㊴將得眾㊵。」公曰：「不義不暱㊶，厚將崩[42]。」大叔完聚[43]，繕[44]甲兵[45]，具[46]卒乘[47]，將襲鄭[48]，夫人將啟[49]之，公聞其期[50]，曰：「可矣！」[51]命子封帥車二百乘[52]以伐京。京叛大叔段，段入于鄢[53]。公伐諸鄢，五月辛丑，大叔出奔共[54]。書曰：「鄭伯克段于鄢，段不弟[55]，故不言弟；如二君，故曰克[56]，稱鄭伯[57]譏失教[58]也。謂之鄭志[59]，不言[60]出奔難之[61]也。」遂寘[62]姜氏于城潁[63]，而誓之曰：「不及黃泉[64]無相見也。」既而悔之，潁考叔[65]為潁谷[66]封人[67]。聞之有獻[68]於公，公賜之食，食舍肉[69]。公問之。對曰：「小人[70]有母，皆嘗小人之食矣，未嘗君之羹[71]，請以遺[72]之。」公曰：「爾有母遺，繄[73]我獨無。」潁考叔曰：「敢問何謂也。」公語之故，且告之悔。對曰：「君何患[74]焉？若闕[75]地及泉，隧[76]而相見，其誰曰不然。」公從之。公入而賦[77]：「大隧之中，其樂也融融[78]！」姜出而賦：「大隧之外，其樂也洩洩[79]。」遂為母子如初，君子曰：「潁考叔純[80]孝也！愛其母施及莊公。」詩曰：「孝子不匱[81]，永錫[82]爾類[83]，其是之謂乎[84]。」

【今註】㊀鄭：在今河南省新鄭縣。最初是周宣王封他的弟弟桓公友於鄭，在今陝西的華縣，至幽王時周亂，桓公遂寄帑於虢、檜，他的兒子武公與平王一齊東遷，遂住於其地，所以名之為新鄭。㊁武公：桓公友之子。㊂申：故城在河南省南陽縣北二十里。㊃武姜：因為申是出於伯夷，見於國語，所以他是屬於姜姓。㊄共叔段：共叔並非謚法，因為他失敗以後出奔共國，所以稱為共叔。㊅寤生：應劭風俗通曰：「兒墮地能開目視者為寤生」。又一說：說文：「牾，逆也」。凡婦人產子，首先出者為順，足先出者為逆。㊆驚：使她害怕。㊇惡之：就給他取個名字叫寤生，因此就不喜歡他。㊈立：立以為太子。㊉亟：屢次。⑪制：巖邑也。今河南氾水縣。⑫虢叔死焉：杜注：虢叔是東虢君也。恃制巖險而不脩德，鄭滅之。⑬佗邑唯命：隨便你找其他的城皆可以。⑭京：在今河南省滎陽縣東南二十里。⑮祭仲：祭音同蔡，是鄭國大夫。⑯雉：據孔疏：賈逵、馬融、鄭玄、王肅之徒，為古學者，皆云雉長三丈。據禮記疏：古春秋左氏說云：百雉當長三百丈，方五百步。左氏說：「一丈為板，板廣二尺，五板為堵，一堵之牆，長丈高丈。三堵為雉，一雉之牆，長三丈，高一丈，以度其長者用其長，以度其高者用其高也。」孔疏是引五經異義，按諸說不同，杜預本賈說。⑰大都不過參國之一：最大的城不能超過都城的三分之一。⑱中五之一：中等的城不超過都城的五分之一。⑲小九之一：小城不超過都城的九分之一。⑳不度：不合法度。㉑非制：非先王的制度。㉒不堪：不能忍受。㉓焉辟害：安能躲避禍害。㉔厭：滿足。㉕早為之所：顧炎武說「言及今制之」。㉖無使滋蔓：服虔說「滋是益也。蔓是延也。」謂無使其益延長也。㉗蔓難圖也：延長以後，就很難想辦法。(28)寵弟：喜愛的弟弟，指共叔段。(29)斃：韋昭國語注，斃，踣也，亦即前覆。杜注本此。(30)姑：姑且。(31)鄙：指鄭國的邊邑。(32)貳：有貳心。(33)公子呂：字子封，鄭大夫。(34)無生民心：不要使人民發生禍心。(35)無庸：不用。(36)己邑：自己的屬邑。(37)廩延：鄭地名，在今河南省延津縣北十五里。(38)子封：即公子呂。(39)厚：土地廣大。(40)得眾：收得民眾。(41)不義不暱：不義於君，不親於兄。(42)崩：高大而壞的意思。(43)完聚：服虔注以聚為聚禾黍也。按完聚以服說為長。完指修城郭，聚指聚食糧。(44)繕：修整。(45)甲兵：盔甲與武器。(46)具：預備。(47)卒乘：步兵及車輛。(48)襲鄭：暗中攻鄭都城。(49)啟：開城門。(50)期：日期。(51)可矣：時間到了。(52)二百乘：司馬法，兵車一乘，甲士三人，步卒七十二人。杜注本此。二百乘共一萬五千人。(53)鄢：在今河南省鄢陵縣西南四十里。(54)共：在今河南省輝縣。(55)弟：音同悌。(56)克：甲國戰勝乙國之稱。(57)鄭伯：所以稱莊公為鄭伯亦同此意。(58)教：教誨之道。(59)鄭志：鄭伯的本志。(60)不言：不書。(61)難之：很難說明。(62)寘：寘同置。(63)城潁：鄭地，在今河南省臨潁縣西北十五里。(64)黃泉：地中之泉。(65)潁考叔：潁是氏，考叔是名字。(66)潁谷：在今河南省登豐縣。(67)封人：典封疆的小官。(68)獻：貢獻。(69)舍肉：置肉不吃。(70)小人：潁考叔自稱。(71)羹：羹湯。(72)遺：同餽，贈送。(73)繄：語首助詞。(74)患：憂慮。(75)闕：同掘。(76)隧：隧道。(77)賦：賦詩。(78)融融：和樂相得貌。(79)洩洩：舒散貌。(80)純：篤厚。(81)不匱：不缺乏，不斷絕。(82)錫：賞賜給。(83)爾類：你的族類。(84)其是之謂乎：指此而說。

【今譯】起初，鄭武公娶於申國，名叫武姜，生了莊公及共叔段。莊公生時足先首而出（或說墮地而能開目視物），因此驚嚇了姜氏，就給他取個名字叫寤生，因此就不喜歡他，而喜愛共叔段，想立共叔段為太子，屢次向武公請求，武公不允許。等到莊公即位，便為共叔段請求封於制邑。莊公說：「制是巖險的地方，從前虢叔恃險而死在那裏。若是請求別的城邑，一定聽命。」於是請求京城，便令他去住在那裏，稱為京城大叔。鄭大夫祭仲說：「一個都城的城牆超過百雉，是國家的禍害。先王的制度，大都不超過國都的三分之一，中都不超過五分之一，小都不超過九分之一。現在京城不合法度，不是先王的制度。君將要不能忍受的。」莊公說：「姜氏要這樣，我怎能避免禍害呢？」祭仲回答說：「姜氏有什麼能使她滿足的呢？不如早一點處置他，不要讓他滋長蔓延。延長以後就很難想辦法了。蔓草都還不容易斬除，何況君所寵愛的弟弟呢！」莊公說：「他做了許多不義的事，必定自取滅亡，你姑且等著看吧！」過了不久，大叔命令西鄙、北鄙兩個地方一面服屬於莊公，一面服屬於自己。鄭大夫公子呂就向莊公說：「一國不能有兩個君，您打算怎麼辦呢？若要把君位給大叔，臣請求去服事於他，若不要給他，那麼請立刻消除他，不要使人民發生禍心。」莊公說：「不必消除他，禍患將自己臨到他身上。」大叔又收兩屬的地方做為自己的城邑，並且延伸到廩延。子封（即公子呂）又說：「時機到了，他的土地日漸廣大以後，將會得到眾多的人民。」莊公說：「他不義於國君，又不親愛兄長，土地廣大正是自取毀滅。」大叔整頓城郭，聚集禾黍，修整盔甲和武器，備配步兵和車輛，準備去偷襲鄭國都城。姜氏將為他開啟城門。莊公聽到了他舉事的日期，說：「時機到了！」命子封帥領戰車二百輛去討伐京城。京城人民背叛大叔段，大叔段逃入鄢，莊公又向鄢進兵，五月辛丑，大叔出奔到共國。經上記載說：「鄭伯克段於鄢。」段不守做弟弟的本份，故不說他是莊公的弟弟。他們兩兄弟就像兩個國君一樣，故說是「克」。稱莊公為鄭伯，是譏刺他失教誨之道。共叔段明明是出奔，但不書「出奔」，而書「克」，是表明鄭伯的本志，所以很難直說。於是鄭莊公把姜氏安置在城潁，而發誓說：「不到黃泉，不再相見！」不久他就後悔了。潁考叔是典守潁谷的封人，聽到了這件事，就藉著貢獻的機會來見莊公。莊公賜他飲食，他捨肉不吃，莊公問他原因。他回答說：「小人有母親，只曾嘗過小人奉養的食物，不曾嘗過君所賜的羹湯。請讓我把它帶回贈送母親。」莊公說：「你有母親讓你贈送，啊！我卻沒有！」潁考叔說：「敢問你的話是什麼意思？」莊公把原由告訴他，並且把自己的悔意告訴他。潁考叔回答說：「您有什麼要憂慮的呢？若是掘開地面而達到地下的泉水，在隧道中相見，有誰說不可以呢？」莊公便照他的話去做。莊公走入隧道賦詩說：「在大隧道裏面，我感到其樂融融。」姜氏走出隧道而賦詩說：「在大隧道外面，我感到其樂洩洩。」於是又恢復了從前母子的感情。君子說：「潁考叔真是純篤的孝子。他愛自己的母親，又把孝心推及莊公。有一句詩說：『孝子的心不匱乏，甚至於把孝心賜給你的族類。』就是指潁考叔而說的吧！」

(五) 經 秋，七月，天王使宰咺來歸惠公仲子之賵。

傳 秋，七月，天王①使宰②咺③來歸惠公④仲子⑤之賵⑥，緩⑦，且子氏⑧未薨⑨，故名⑩。天子七月而葬，同軌⑪畢至，諸侯五月⑫，同盟⑬至，大夫三月，同位至⑭，士踰月、外姻⑮至。贈死不及尸⑯，弔生不及哀⑰，豫凶事⑱非禮也⑲。

【今註】㈠天王：指周天子，是時為平王四十九年。㈡宰：天子的太宰。㈢咺：宰之名。㈣惠公：隱公之父。㈤仲子：桓公之母。㈥賵：音風，助喪的物品。㈦緩：惠公已故。㈧子氏：仲子。㈨未薨：未死。㈩故名：所以稱他的名字。⑪同軌：鄭玄服虔皆以軌為車轍，同軌以表示別於四夷國家。⑫五月：五月指五月而葬，下三月及踰月皆同。⑬同盟：曾同會盟者。⑭同位至：同爵位者。⑮外姻：是親戚。⑯尸：未葬以前為尸。⑰哀：孝子哭泣的時候。⑱豫凶事：人未死而贈賵是預料凶事。⑲非禮也：不合於常禮。

【今譯】秋七月，天王使宰咺來贈送惠公及仲子的賵，時間甚遲緩，並且仲子未死，所以稱他的名字。天子死後七月下葬，車同軌道的全都到，諸侯死後五月下葬，曾同過會盟的全都到，大夫死後三月下葬，同等官位的全都到，士死後一個月下葬，親戚全都到。未葬以前不能有所贈，生者哭哀的時候不加以弔，事先預備凶事是不合禮。

㈥傳　八月，紀①人伐夷②，夷不告③，故不書④。有蜚⑤不為災，亦不書。

【今註】㊀紀：在今山東省壽光縣。至莊公四年，為齊所滅。㊁夷：在今山東省即墨縣西。㊂不告：不通知魯國。㊃不書：史官不書在春秋上。㊄蜚：廣雅謂之蜚蠊，小蟲也，形圓而薄，氣臭，每緣稻莖上，食稻花，令不成實。

【今譯】八月，紀國侵伐夷國，但夷國不告魯國，故魯國史官不寫在春秋上。有蜚但不成災害，也不寫在竹簡上。

(七)

經　九月及宋人盟於宿。

傳　惠公之季年①敗宋師于黃②，公立而求成③焉。九月及宋人盟于宿④始通⑤也。

【今註】㊀季年：末年。㊁黃：宋邑，在今河南省考城縣西三十六里。㊂成：和平。㊃宿：在今山東省東平縣東二十里。㊄始通：始通和好。

【今譯】在惠公末年的時候，曾敗宋國的軍隊於黃，隱公即位後就請求和好。九月，盟會於宿，兩國始通如舊。

㈧ 傳 冬十月庚申，改葬惠公，公弗臨①故不書。惠公之薨也，有宋師②，太子少，葬故有闕③，是以改葬。

【今註】㊀弗臨：不親往葬地。㊁宋師：服虔以為宋師即黃之師也。是時宋來伐魯，公自與戰。㊂有闕：葬禮缺乏。

【今譯】冬十月，庚申，改行葬惠公。公弗親往葬地，所以也不寫在春秋上。惠公死的時候，恰遇到與宋人打仗，太子又年少，葬禮甚有缺，所以改行葬禮。

㈨ 傳 衛侯①來會葬，不見公，亦不書。

【今註】㊀衛侯：衛始封於武王弟康叔。衛都在今河南省汲縣東北。

【今譯】衛侯來魯國參加葬禮，不會見隱公，故史官也不寫在春秋上。

㈩ 傳 鄭共叔之亂，公孫滑①出奔衛，衛人為之伐鄭取廩延②，鄭人以王師③虢師④，伐衛南鄙⑤。請師於邾，邾子使私⑥於公子豫⑦。豫請往，公弗許，遂行，及邾⑧人鄭人盟于翼⑨，不書非公命也。

【今註】㊀公孫滑：共叔段之子。㊁廩延：在今河南省延津縣北十五里。㊂王師：周王師。㊃虢師：虢自東遷以後，在今山西平陸縣東五十里。㊄南鄙：南境。㊅私：私自請求。㊆公子豫：魯大夫。㊇邾：邾地，在今山東省費縣西南。㊈翼：在今山東省費縣西南。

【今譯】鄭國共叔段亂的時候，他的兒子公孫滑逃奔衛國，衛人就為他伐鄭國，佔據了廩延。鄭國的人用周王的軍隊及虢國的軍隊伐衛國南境，鄭又向邾國請幫助軍隊，邾國的君私求魯大夫公子豫，豫請帥軍隊前往，但隱公不允許，可是他自己竟行，及邾人會盟於翼。因為隱公未曾命令他，所以史官不寫在春秋上。

(十)傳 新作南門①，不書亦非公命也。

【今註】㊀南門：魯都城之門，亦曰稷門，至僖公二十五年更高而大之，故亦曰高門。

【今譯】新作魯都城的南門，不寫在竹簡上，也因為這不是出自隱公的命令。

(十一)經 冬十有二月，祭伯來。

傳 十二月，祭伯①來非王命也。

【今註】㊀祭伯：周公子舊封於祭，在今河北省長垣之祭城，為周王卿士，東遷後，遂遷於河南省之管城，在今河南省鄭縣左近。

【今譯】十二月，周王的宰祭伯來，不寫在竹簡上，因為這不是出自周王的命令。

(十三)經 公子益師卒。

傳 眾父①卒，公不與小斂②故不書日。

【今註】㊀眾父：公子益師字。㊁小斂：以衣冠為斂為小斂，然後置於棺中為大斂。

【今譯】公子益師字叫眾父的死了，隱公不參加他的小斂，所以史官不寫他死的日期。

隱公二年

(一)經 二年春，公會戎于潛。

傳 二年（公元前七百二十一年）春，公會戎①于潛②，脩惠公之好也。戎請盟③，公辭④。

【今註】㊀戎：今山東省曹縣故戎城，春秋時稱非夏族皆曰戎、狄、夷或蠻。㊁潛：魯地，蓋近戎者，當在魯國之西南境。㊂盟：盟須有禮節及誓辭。㊃辭：只許脩好而辭謝其盟。

【今譯】春，隱公在潛與戎人會見。這是為了重修惠公時代和好的關係。但戎人請求結盟，隱公推辭不許。

(二) 經 夏五月，莒人入向。

傳 莒子娶于向①，向姜②不安莒③而歸。夏，莒人④入⑤向。以姜氏還。

【今註】㊀向：據世本「向，姜姓。」孔疏所引。江永春秋地理考實說：「向地在山東者二，寰宇志莒州南七十里有向城……以近莒言之此是也。」㊁向姜：向國之女。㊂莒：據世本「莒巳姓，」同為孔疏所引。在今山東省莒縣。㊃人：將爵位低而所帥軍隊少則稱人。㊄入：襄公十三年孔疏說：「人謂入其都邑，制其人民。」

【今譯】莒子娶妻於向國，向姜不安於莒國而回到向國。夏，莒人攻入向國，把姜氏帶回。

(三) 經 無駭帥師入極。

傳 司空①無駭②入極③，費④庈父⑤勝之。

【今註】㊀司空：魯國共有三卿，即司徒，司馬，司空。㊁無駭：魯卿。㊂極：魯附庸小國。今山東省魚臺縣西有極亭。㊃費：魯邑讀如字，在今山東省魚臺縣西南，與季孫氏所封之費，讀如祕者不同地。㊄庈父：庈音琴。魯大夫，食邑於費者。

【今譯】魯國的司空無駭攻入極城，費庈父（即費伯）把他打敗。

㈣經　秋八月庚辰，公及戎盟于唐。

傳　戎請盟，秋，盟于唐①，復脩戎好也。

【今註】㈠唐：魯地，在今山東省魚臺縣東十二里。

【今譯】戎人請求締結盟約。秋，結盟於唐。這是再度與戎人修好。

㈤經　九月，紀裂繻來逆女。

傳　九月，紀①裂繻②來逆女，卿為君逆③也。

【今註】㈠紀：姜姓，侯爵，今山東省壽光縣東南有紀城。㈡裂繻：是紀卿名。㈢逆：迎接。

【今譯】九月，紀大夫裂繻來迎接魯隱公的女兒，這是大夫為國君迎娶的例子。

㈥經　冬十月，伯姬①歸于紀。

【今註】㈠伯姬：是隱公的長女。

【今譯】冬，十月，魯隱公的長女伯姬嫁到紀國。

㈦經　紀子帛，莒子盟于密。

傳 冬，紀子帛①莒子盟于密②，魯故也③。

【今註】㊀子帛：是紀裂繻的字。公羊、穀梁兩傳皆作子伯。㊁密：今山東省昌邑縣東南十五里有密鄉故城。㊂因為魯與莒不太和好，故紀與盟以便調停。

【今譯】冬，紀大夫子帛（即裂繻）與莒子結盟於密。這是為了調停魯國與莒國和好的緣故。

(八) 經 十有二月，乙卯，夫人子氏①薨②。

【今註】㊀子氏：即桓公之母仲子。㊁薨：小君得從君例，故亦曰薨。

【今譯】十二月，乙卯，魯桓公的母親子氏薨。

(九) 經 鄭人伐衛。

傳 鄭人伐衛，討公孫滑之亂也①。

【今註】㊀衛人為公孫滑伐鄭取廩延，見隱公元年。

【今譯】鄭國人討伐衛國，這是為了討伐公孫滑的變亂。

隱公三年

(一)經 三年(公元前七百二十年),春王二月,己巳,日有食之①。

【今註】㊀日有食之:即現在所謂的日食。有經無傳。

【今譯】春,周王歷二月己巳,有日蝕現象。

(二)經 三月庚戌,天王崩。

傳 三年,春王三月壬戌,平王崩①。赴以庚戌故書之。

【今註】㊀平王崩:庚戌是比壬戌早十天。因為周室希望諸侯趕緊來,所以赴告將它提早十天。

【今譯】春,周王曆的三月,壬戌,周平王駕崩。以庚戌赴告,所以經上就記為庚戌。

(三)經 夏,四月辛卯,君氏卒。

傳 夏,君氏①卒,聲子也。不赴②於諸侯。不反哭於寢③不祔于姑④,故不曰薨⑤,不稱夫人,故不言葬。不書姓⑥,為公故曰君氏⑦。

【今註】㊀君氏:公羊、穀梁皆看見段爛的春秋經,誤作尹氏。㊁赴:照例應該寫到竹簡上送往各諸侯國。㊂不反哭於寢:葬後不回到正寢去哭。㊃不祔于姑:因為最初的禮節,並非合葬,所以禮記檀弓篇說：「合葬非古也。」按最古為二部制，互通婚姻，下代的妻恰與其姑同姓，故必須祔于姑而不能祔於夫。㊄薨：夫人等於諸侯亦曰薨。㊅不書姓：以避免為正夫人。㊆君氏：因為隱公現在為君，所以稱他為君氏。

【今譯】夏，隱公的母親聲子死了。不赴告於諸侯各國；葬後從墓地回來，不到正寢哭祭；並且不祔祭於祖姑。聲子的喪禮缺少了這三種禮節，故不說是薨。並且因為不稱她夫人，故經上不說是葬。不寫她的姓，然而為了隱公的緣故，稱她為君氏。

㈣傳鄭武公莊公為平王卿士①，王貳于虢②，鄭伯怨王，王曰無之③，故周鄭交質④，王子狐⑤為質於鄭，鄭公子忽⑥為質於周。王崩，周人將畀⑦虢公政。四月，鄭祭足⑧帥師取溫⑨之麥，秋又取成周⑩之禾，周鄭交惡⑪。君子曰：「信不由中⑫，質無益⑬也：明恕⑭而行，要之以禮⑮，雖無有質，誰能間⑯之，苟有明信⑰，澗、谿、沼、沚⑱之毛⑲，蘋、蘩，蘊、藻⑳之菜，筐、筥、錡、釜㉑之器，潢、汙、行、潦㉒之水，可薦㉓於鬼神，可羞㉔於王公，而況君子結二國之信，行之以禮，又焉㉕用質？風㉖有采蘩采蘋㉗，雅㉘有行葦泂酌㉙，昭㉚忠信也。」

【今註】㊀卿士：就是六卿。㊁貳于虢：在今河南陝縣東南有虢城。王欲分政于虢，不復專任鄭伯。㊂無之：沒有分政的事。㊃交質：交換人質。㊄王子狐：平王之子。㊅公子忽：鄭伯之子。㊆畀：音，ㄅㄧˋ，給予。㊇祭足：鄭大夫。㊈溫：周地，在今河南省溫縣西南三十里。㊉成周：即今之洛陽。⑪交惡：互相怨惡。⑫中：心中。⑬無益：沒用處。⑭明恕：明察的恕道。⑮要之以禮：加之以合禮。⑯間：離間。⑰明信：明定的誠信。⑱澗、谿、沼、沚：山夾水曰澗，山瀆無所通曰谿，沼池曰沼，小渚曰沚。⑲毛：毛草。⑳蘋、蘩、蘊、藻：蘋音頻，大蓱也。蘩音煩，皤高也。藻，水草。顧炎武曰蘊亦水草。㉑筐、筥、錡、釜：詩毛傳：「方曰筐，員曰筥，有足曰錡，無足曰釜。」洪亮吉說：「杜注本此。」㉒潢、汙、行、潦：服虔說：「畜小水謂之潢；水不流謂之汙；行潦，道路之水是也。」㉓薦：備品物。㉔羞：致滋味。㉕焉：安。㉖風：詩經國風。㉗采蘩采蘋：國風篇名，義取於不嫌薄物。㉘雅：詩經大雅。㉙行葦泂酌：大雅篇名，行葦篇意在取忠厚；泂酌篇意取雖行潦亦可以共祭祀。㉚昭：表示。

【今譯】鄭武公和莊公父子兩人皆做過周平王的卿士。平王想把他們的政權分給西虢公。因此鄭伯怨恨平王。平王說：「沒這回事。」因此周室與鄭國互相交換人質。王子狐到鄭國做人質，鄭公子忽到周室做人質。平王駕崩後，周人將把政權給予虢公。四月，鄭大夫祭足率領軍隊去芟踐溫地的麥田；秋天，又去踐踏成周的禾田。於是周室與鄭國互相疾惡。君子說：「誠信若不是出於心中，交換人質也是沒有用處的。只要明察恕道，並且以禮節約束，雖然沒有人質，誰又能夠離間他們呢？假使有明定的誠信，水澗、山谿、池沼、小渚裏生長的毛草；蘋、蘩、薀、藻一類的水草；方的筐，圓的筥，有足的錡，無足的釜，無論那一種器物；潢汙的止水，或行潦的流水，都可以上薦於鬼神，進獻給王公。何況君子締結兩國的信約，只要照禮去做，又何必用人質呢？詩經國風有采蘩、采蘋兩篇，大雅有行葦、泂酌兩篇，都是表明只要有忠信的行為，微薄的禮物也是可用的。

㈤經 秋，武氏子來求賻。

傳 武氏子①來求賻②，王未葬也③。

【今註】㈠武氏子：平王崩，桓王未即位，不能命爵，故稱父族。㈡賻：音付，助葬的物品。㈢王未葬也：平王尚未下葬。

【今譯】周大夫武氏的兒子來魯國求取平王助葬的禮物，因平王尚未下葬，新王還不能行爵命，所以只稱武氏，並且不稱王使。

㈥經 八月庚辰，宋公和卒。

傳 宋穆公①疾，召大司馬②孔父③而屬④殤公⑤焉，曰：「先君⑥舍⑦與夷而立寡人⑧，寡人弗⑨敢忘，若以大夫⑩之靈⑪，得保首領以沒⑫，先君若問與夷，其將何辭以對？請子奉之以主社稷⑬，寡人雖死，亦無悔⑭焉。」對曰：「羣臣願奉馮⑮也。」公曰：「不可，先君以寡人為賢，使主社稷，若弃⑯德不讓，是廢先君之舉也，豈曰能賢？光昭⑰先君之令德⑱，不可務⑲乎？吾子其無廢先君之功⑳。」使公子馮出居於鄭。八月庚辰，宋穆公卒，殤公即位。君子曰：「宋宣公可謂知人㉑矣！立穆公，其子饗㉒之，命以義夫㉓！商頌㉔曰：『殷受命咸宜㉕，百祿是荷㉖！』其是之謂乎！」

【今註】 ㈠穆公：名和，宣公力之弟。㈡大司馬：宋官名。㈢孔父：名嘉，是孔子六代祖。見昭公七年杜注，茲附世系表於下：宋閔公┬弗父何─宋父周─世子勝─正考父─孔父嘉─木金父─皐夷
└宋厲公
父─宋厲公　防叔─伯夏─叔梁紇─孔子。㈣屬：託付。㈤殤公：宣公子名與夷。㈥先君：指宣公。㈦舍：放棄。㈧寡人：諸侯自稱。㈨不也。㈩大夫：指孔父。(一一)靈：廣雅：「靈、福也」。蓋蒙人的恩寵、猶如得神靈的保佑。(一二)沒：善終。(一三)社稷：社是土神，稷是穀神，古人連稱為社稷。社稷代表國家。(一四)悔：後悔。(一五)馮：音憑。是穆公子莊公。(一六)弃：即棄，廢棄。(一七)光昭：光大昭明。(一八)令德：美德。(一九)務：專力。(二〇)功：功勞。(二一)知人：知人能任。(二二)饗：享受。(二三)命以

義夫：這是由義來命令的。㉔商頌：詩經的一篇。㉕咸宜：皆合適。㉖百祿是荷：所以可以擔任百祿。

【今譯】宋穆公病危了，召見大司馬孔父，把殤公託付給他。對他說：「先君捨去與夷而立我為國君，我不敢忘記先君的恩惠。若是託大夫的福，我能夠保全首領而死，先君若是問起與夷，我要怎樣回答他呢？請你尊奉與夷，使他主持國家，我雖死，也就不後悔了。」孔父回答說：「大臣們願意尊奉馮為國君。」穆公說：「不可以。先君以為我賢明，故令我主持國家，若是我拋棄賢德而不退讓，就是白廢了先君的推舉，怎能說是賢明呢？為了光耀昭明先君的美德，可以不努力嗎？我的先生，請不要廢棄了先君的功勞。」於是叫公子馮離國去住在鄭國。八月，庚辰，宋穆公卒，殤公即位。君子說：「宋宣公可以說是知人善任的了。立了穆公，而他自己的兒子享受君位，這是由義而命令的。詩經商頌說：『殷代的湯和武丁受命都是合於正道，所以承受了天下的百祿。』這句詩就是指此而說的嗎？」

㈦經　冬，十有二月，齊侯鄭伯盟于石門。

傳　冬，齊。鄭盟于石門①尋盧②之盟也，庚戌③鄭伯之車僨④于濟⑤。

【今註】㈠石門：齊地，在今山東省長清縣西南。㈡盧：齊地，在山東省長清縣西南二十五里。

㊂庚戌：杜注，十二月無庚戌，日誤。㊃僨：翻。㊄濟：濟水，在山東。

【今譯】冬，齊國與鄭國結盟於石門。這是重修盧的盟約。庚戌，鄭伯的車子在濟水翻車。

(八)經　癸未、葬宋穆公①。

【今註】㊀此經無傳。

【今譯】癸未這天，給宋穆公行葬禮。

(九)傳　衛莊公①娶于齊東宮②得臣③之妹曰莊姜④。美而無子，衛人所為賦碩人⑤也。又娶于陳⑥，曰厲嬀⑦，生孝伯，早死。其娣⑧戴嬀生桓公⑨，莊姜以為己子，公子州吁，嬖人⑩之子也。有寵而好兵⑪，公弗禁⑫，莊姜惡之，石碏⑬諫曰：「臣聞愛之，教之以義方⑭，弗納⑮於邪⑯。驕奢，淫，泆⑰所自邪也。四者之來，寵祿⑱過也，將立⑲州吁，乃定⑳之矣，若猶未㉑也，階之為禍㉒。夫寵而不驕，驕而能降㉓，降而能憾㉔，憾而能眕㉕者鮮矣㉖。且夫賤妨㉗貴，少陵㉘長，遠間㉙親，新間舊，小加大㉚，淫破㉛義，所謂六逆㉜也。君義，臣行，父慈，子孝，兄愛，弟敬所謂六順也。去㉝順效㉞逆，所以速㉟禍也。君人者㊱，將禍是務去㊲，而速之，無乃不可乎？」弗聽，其子厚㊳與州吁遊，禁之，不可，桓公立，乃老㊴。

【今註】 ㈠衛莊公：名揚。㈡東宮：大子所住的宮曰東宮。㈢得臣：齊太子名。㈣莊姜：孔疏謂為齊莊公之女。春秋的習慣，女子用母家的姓，所以稱為莊姜。㈤碩人：詩篇名。㈥陳：在今河南省陳縣，虞舜之後。㈦媯：陳姓，武王女大姬適胡公滿，封於陳。㈧娣：從嫁女子。㈨桓公：名完。㈩嬖人：音ㄅㄧˋ，賤而為君所寵幸者。⑪好兵：喜戰鬪。⑫弗禁：不加以禁止。⑬石碏：音ㄑㄩㄝˋ，衛大夫。⑭義方：方正。⑮弗納：不入。⑯邪：非正曰邪。⑰驕、奢、淫、泆：驕傲，奢侈，淫亂，泆蕩。⑱寵祿：寵愛厚祿。⑲立：立為太子。⑳定：決定。㉑猶未：尚未定。㉒階之為禍：由此下去不至於禍患不止。㉓降：降心，抑制。㉔憾：恨。㉕眕：音ㄇㄧㄠˇ。按爾雅釋言：「眕，重也。」㉖鮮矣：很少。㉗妨：妨害。㉘陵：欺陵。㉙間：離間。㉚小加大：小國加兵於大國。㉛破：毀壞。㉜逆：與順相反謂之逆。㉝去：離開。㉞效：仿傚。㉟速：加快。㊱君人者：為人君者。㊲務去：努力去掉。㊳厚：石碏之子。㊴老：退休。

【今譯】 衛莊公娶了齊國太子得臣的妹妹為妻，她名叫莊姜，長得很美但沒有生子，衛國人為她賦了一首碩人的詩。衛莊公又娶於陳國，名叫厲媯，生了孝伯，而孝伯早死。厲媯從嫁的女子戴媯生了桓公，莊姜把桓公當作自己的兒子一般看待。公子州吁是莊公寵幸的人所生，他恃有莊公的寵愛而非常喜愛戰鬥。莊公不禁止他，但莊姜厭惡他。衛大夫石碏進諫說：「臣聽說愛護自己的兒子，要教導他方正的行為，不要使他陷入邪道。驕傲、奢侈、淫亂、泆蕩就是邪道所以發生的原因。這四種行為的發生就是因為寵愛和厚祿太過份的緣故。若是將要立州吁為太子，就請趕快決定；若還不決定，等於是給了他攀緣的階梯，不至於禍患必不止。受寵而不驕傲，驕傲而能抑制，抑制而不恨，雖恨而能自重，這種人是很少的。況且卑賤的人妨害高貴的人，年少的人欺陵年長的人，疏遠的人離間親密的人，新人離間舊人，小國而加兵於大國，淫亂而毀壞了正義，這就是所謂六種背逆的行為。國君有義，臣子行義，父親慈愛，兒子孝順，哥哥友愛，弟弟敬愛，這就是所謂六種和順的行為。摒棄和順而效法背逆，就是加速禍患的發生。做國君的人，應該把禍患努力除掉，反而去加速它，不是不可以嗎？」衛莊公不聽他的話。石碏的兒子石厚與州吁同游，石碏不能禁止他。等到衛桓公嗣位以後，石碏就告老退休了。

隱公四年

(一)經 四年（公元前七百一十九年），春王二月，莒①人伐杞②，取牟婁③④。

【今註】㊀莒：己姓，在今山東省莒縣。㊁杞：姒姓，武王克殷，求禹之後東樓公封於杞，在今河南省杞縣。㊂取：書取，表示甚容易。㊃牟婁：在今山東省諸城縣境內。有經無傳。

【今譯】四年，春，周王曆的二月。莒國人攻伐杞國取得牟婁。

(二)經 戊申，衛州吁，弒其君完。

傳 四年春，衛州吁弒桓公①而立②，公與宋公為會，將尋③宿之盟④，未及期⑤，衛人來告亂。

【今註】㊀桓公：名完。㊁而立：州吁遂自立為君。㊂尋：重申。㊃宿之盟：在隱公元年。㊄未及期：未到預約的日期。

【今譯】四年，春，衛國的州吁弒衛桓公而自立。魯隱公與宋殤公相會，將要追尋宿的盟約，還沒有到預約的日期，衛國人就來報告亂事。

(三)經 夏，公及宋公遇于清。

傳 夏，公及宋公遇①于清②。

【今註】㊀遇：未預約曰遇。㊁清：衛地，今山東省東阿縣有清亭。

【今譯】夏，隱公及宋殤公在清相遇。

㈣ 經 宋公，陳侯，蔡人，衛人伐鄭。

傳 宋殤公之即位①也，公子馮②出奔鄭，鄭人欲納③之。及衛州吁立，將脩先君④之怨於鄭，而求寵⑤於諸侯⑥，以和⑦其民。使告於宋曰：「君若伐鄭，以除君害⑧，君為主，敝邑⑨以賦⑩與陳⑪，蔡⑫從，則衛國之願也。」宋人許之，於是陳，蔡方睦⑬於衛，故宋公⑭，陳侯⑮蔡人，衛人伐鄭，圍其東門⑯，五日而還。公⑰問於眾仲⑱曰：「衛州吁其成乎？」對曰：「臣聞以德⑲和民不聞以亂⑳。以亂，猶治絲㉑而棼㉒之也。夫州吁阻兵㉓而安忍㉔，阻兵無眾，安忍無親，眾叛親離，難以濟㉕矣；夫兵猶火也，弗戢㉖將自焚也。夫州吁弒其君㉗，而虐用㉘其民，於是乎不務令德㉙，而欲以亂成㉚，必不免㉛矣！」

【今註】㈠即位：為君。㈡馮：音憑。㈢納：納入宋為君。㈣將脩先君之怨：這指隱公二年，鄭莊公伐衛的仇怨。㈤寵：會盟。㈥諸侯：各國。㈦和：安定。㈧君害：指公子馮。㈨敝邑：對諸侯自稱。㈩賦：是賦稅，但暗中指的是軍隊。(十一)陳：嬀姓。在今河南陳縣。(十二)蔡：姬姓。為文王子蔡叔度之後，蔡仲所封。在今河南省上蔡縣。(十三)睦：和好。(十四)宋公：指宋殤公。(十五)陳侯：指陳桓公。㉖東門：鄭國的都城的東門。㉗公：魯隱公。㉘眾仲：魯大夫。㉙德：德性。㉚亂：紛亂。㉛治絲：整理亂絲。㉜棼：更加亂。㉝阻兵：憑恃武力。㉞安忍：安於殘忍。㉟濟：成功。㊱戢：音ㄐㄧˊ，收斂也。㊲其君：指衛桓公。㊳虐用：虐待。㊴不務令德：不致力於美德的進脩。㊵成：成功。㊶不免：不免於禍害。

【今譯】 宋殤公即位的時候，公子馮出奔到鄭國，鄭國人想要接納他，使他為宋君，等到衛國州吁自立為君，將要重提先君時鄭莊公伐衛的仇怨，藉以尋求各國的會盟，藉以安定他的人民。於是便派人去告訴宋國說：「你若是討伐鄭國，以便除去你的禍害公子馮，你做主國，敝邑以全國的賦稅，與陳國、蔡國做從國，這是衛國所願意的。」宋國人答應了他。於是陳國、蔡國進行與衛國的和好。因此，宋殤公、陳桓公、蔡國人、衛國人一同去攻伐鄭國。包圍了鄭國都城的東門，圍了五天才退兵回去。魯隱公問大夫眾仲說：「衛國的州吁他能夠成功嗎？」眾仲回答說：「臣只聽說以德行來安定人民，不曾聽說以紛亂的辦法。以紛亂的辦法就好像整理亂絲而更加弄亂它。那個州吁，憑恃武力而安於殘忍。恃著兵威則將失去民眾，安於殘忍則將失去親人，民眾背叛而親人離心是難以成功的。兵事就好像火一樣，不消滅就會燒到自己。那個州吁弒了他的國君，而虐待他的人民，像這樣不致力於修養美德，而妄想以紛亂成事，必定不免於禍患敗亡的。」

㈤ 經 秋，翬帥師會宋公，陳侯，蔡人，衛人伐鄭。

傳 秋，諸侯復伐鄭，宋公使來乞①師。公辭②之，羽父③請以師會之，公弗許，固請④而行，故書曰：「翬帥師。」疾⑤之也。諸侯之師，敗鄭徒兵⑥，取其禾⑦而還。

【今註】㊀乞：請求。㊁辭：不允。㊂羽父：公子翬（音ㄏㄨㄟ）。㊃固請：堅持請求。㊄疾：貶責。㊅徒兵：步兵。㊆禾：莊稼。

【今譯】秋，各國再去攻伐鄭國，宋殤公派使者來魯國請求軍隊，隱公推辭不允。羽父（即公子翬）請求以軍隊去會戰，隱公不許。他堅持請求，而終於去了，所以經上記載：「翬帥師。」以責備他。各國的軍隊打敗鄭國的步兵，掠取鄭國的莊稼而回。

㈥ 經 九月，衛人殺州吁于濮。

傳 州吁未能和其民，厚①問定君②於石子③，石子曰：「王覲④為可。」曰：「何以得覲？」曰：「陳桓公方有寵⑤於王⑥，陳，衛方睦，若朝⑦陳使請⑧必可得也。」厚從州吁如⑨陳。石碏使⑩告于陳曰：「衛國褊小⑪，老夫耄⑫矣，無能為也。此二人者實弒寡君，敢即圖⑬之。」陳人執⑭之，而請涖⑮於衛。

九月，衛人使右宰醜⑯涖殺州吁于濮⑰。石碏使其宰⑱獳羊肩⑲涖殺石厚於陳。君子曰：「石碏，純臣⑳也。惡州吁而厚與㉑焉，大義滅親㉒，其斯之謂乎？」

【今註】㊀厚：石碏之子。㊁定君：安定君位。㊂石子：石碏。㊃王覲：朝見天子為覲。㊄寵：寵愛。㊅王：周桓王。㊆朝：往其他諸侯國為朝。㊇使請：請其為衛請覲王。㊈如：往。㊉使：派人。⑪褊小：狹隘。⑫耄：八十曰耄（音ㄇㄠˋ）。⑬圖：想辦法。⑭執：捕獲。⑮請涖：請派人來處置。⑯右宰醜：右宰是官名，醜是人名。⑰濮：陳地。⑱宰：石碏家宰。⑲獳（ㄋㄡˇ）羊肩：是人名。⑳純臣：正直的臣。㉑與：波及。㉒大義滅親：為國家的利益而犧牲自己的兒子。

【今譯】州吁不能夠安定他的人民，石厚向他的父親石碏請問安定君位的方法。石碏說：「只有覲見周天子才可以定君位。」石厚說：「怎樣才得覲見？」石碏說：「陳桓公正受周天子的寵信，而陳國與衛國正互相和好。若是朝見陳國的國君，求他為衛國請求覲見，必定可以得見。」石厚隨從州吁到陳國。石碏暗中派人告訴陳國說：「衛國領土狹隘，而老夫年紀老耄，不能有所作為。這兩個人實在是弒殺了我的國君，敢請立刻想辦法處置他們。」陳國人捉住了他們，而請求衛國人自己來處置。九月，衛國派右宰醜來把州吁殺死於濮。石碏派他的家宰獳羊肩來殺石厚於陳。君子說：「石碏真是一位純篤正直的大臣，因厭惡州吁而波及自己的兒子石厚。為了國家大義而犧牲自己的親人，不就是這個意思嗎？」

(七)經　冬，十有二月，衛人立晉。

傳　衛人逆①公子晉②于邢③。冬十二月，宣公④即位。書曰：「衛人立晉。」眾⑤也。

【今註】㈠逆：迎接。㈡公子晉：即宣公。㈢邢：周公之子所封。今河北邢臺縣。㈣宣公：即公子晉。㈤眾：是眾人的意思。

【今譯】衛國人迎接公子晉於邢國。冬，十二月，衛宣公即位。經上記載說：「衛人立晉」，表示衛宣公是眾人所立的。

隱公五年

(一)經　五年（公元前七百一十八年），春，公矢魚于棠。

傳　五年春，公將如棠①觀魚者②。臧僖伯③諫④曰：「凡物⑤不足以講大事⑥，其材不足以備器用⑦，則君不舉⑧焉。君將納⑨民於軌⑩物者也。故講事以度軌量謂之軌，取材以章物采謂之物，不軌不物，謂之亂政⑪。亂政亟行，所以敗⑫也！故春蒐⑬夏苗⑭秋獮⑮冬狩⑯。皆於農隙⑰以講事也。三年而治兵⑱入而振旅⑲，歸而飲至⑳以數軍實㉑，昭文章㉒，明貴賤㉓，辨等列㉔，順少長㉕，習威儀㉖也。鳥獸之肉，不登於俎㉗，皮革、齒牙㉘，骨角毛羽㉙不登於器㉚，則公不射㉛，古之制也㉜。若夫山林川澤之實㉝，器用之資，皁隸之事㉞，官司之守㉟，非君所及也㊱。」公曰：「吾將略地㊲焉！」遂往陳魚而觀之㊳，僖伯稱疾不從。書曰：「公矢魚于棠。」非禮也㊴，且言遠地㊵也。

【今註】㈠棠：魯邑，在今山東省魚臺縣北十三里。水經注說：有高台二丈許，下臨菏水。㈡觀魚者：自從宋代孫覺，葉夢得、朱熹等皆討論過矢魚的問題，直到最近民國二十五年中央研究院史語所集刊第七本第二分發表了陳槃「春秋公矢魚于棠說」，方才解決了矢魚是射魚。他並且又引用了朱起鳳辭通說：「射」字，古文作「䠶」。左氏脫其左旁，遂譌為「矢」字。本來矢就是射，周禮「矢其魚鼈而食之」即同此意。㈢臧僖伯：是孝公之子，名彄。僖伯是諡法。㈣諫：諫諍。㈤物：傅斯年在陳粲文跋中說：「物為圖騰標識，更顯而易見。」在我所著的「中國古代社會史」中說明，我國所謂姓就是圖騰又所有物也是圖騰，皆與此意亦相合。(六)大事：在左傳的另條中說：「國之大事在祀與戎」。祀是祭祀，戎是戰爭。(七)器用：器用者是為大事之用。(八)則君不舉：人君就不親自舉行。(九)納：歸納。(一〇)軌：軌道。(一一)亂政：政治被擾亂。(一二)敗：失敗。(一三)春蒐：爾雅，春獵為蒐。(一四)夏苗：爾雅，夏獵為苗。(一五)秋獮：爾雅，秋獵為獮。(一六)冬狩：爾雅，冬獵為狩。(一七)農隙：不種田的時候。(一八)治兵：整治軍隊。(一九)振旅：振理眾軍。(二〇)飲至：飲酒。(二一)數軍實：數軍隊所獲的食物。(二二)昭文章：服虔引司馬法「文章是旌旗所建用」。(二三)明貴賤：軍隊中亦以貴賤為分別。(二四)辨等列：等列等於行伍。(二五)順少長：出師少者在前，還師少者在後。(二六)習威儀：練習威儀。(二七)俎：是祭宗廟所用器。(二八)皮革、齒牙：皮革是獸皮，齒牙是就廣義而言。狹義而言，頷上大齒謂之為牙。(二九)骨角毛羽：骨、角、毛皆屬獸類。羽屬鳥類。(三〇)器：亦是祭宗廟的器物。(三一)公不射：公不自己射。(三二)古之制也：古代的制度。(三三)若夫山林川澤之實：正義說：「山林之實謂材木樵薪之類；川澤之實謂菱芡魚蟹之屬。」若夫即至於。(三四)皁隸之事：是奴隸的事情。(三五)官司之守：官司是小臣。此指小臣的職務。(三六)非君所及也：不是人君所親自管理的。(三七)略地：巡行邊境。(三八)觀之：觀魚。(三九)非禮也：不合於古禮。(四〇)遠地：不在魯國都城左近。

【今譯】五年，春，魯隱公將往棠邑射魚。臧僖伯諫諍說：「凡是一種圖騰標識不能用於講習祭祀和戰爭，一種材料不能用於設備祭祀和戰爭的器用，那麼國君就不舉行。國君是要把人民納入軌道和圖騰的人，所以講習大事而合於軌道法度就叫做上軌道；取用適當的材料以章明圖騰的特色就叫做認識圖騰。不上軌道不認識圖騰，就是紛亂政事。屢次舉行亂政的事，因此才會失敗。所以，春、夏、秋、冬各有合時的田獵，都要在農閒時舉行。三年舉行一次大演習以整治軍隊。演習完畢，整理隊伍回宗廟舉行飲酒禮，同時計算軍隊所獲的食物。標明旌旗，分明貴賤，辨明行伍，調順少長，以練習威儀。鳥獸的肉不放在祭祀宗廟的器物上面，皮革、齒牙、骨角、毛羽不用於裝飾合度的器物。那麼，公自己不射獵是古代的制度。至於那些山林川澤裏的實物，取來做為器用，則是奴隸的事情，是小官所掌管的職務，不是國君所要親自管理的。」隱公說：「我將要到邊地去巡行哩！」於是就動身前往，陳列了設備來射魚。僖伯假託生病，沒有隨同前往。經上記載說：「公矢魚于棠」，表示這件事不合於禮，並且暗示棠邑是邊境的地方。

(二)

傳 曲沃①莊伯②以鄭人邢人③伐翼④，王使尹氏武氏⑤助之，翼侯奔隨⑥。

【今註】㊀曲沃：在今山西省聞喜縣。㊁莊伯：成師之子。㊂邢人：邢是姬姓，周公之子所封。在今河北省邢台縣西南。㊃翼：今山西省翼城縣東南有古翼城。㊄尹氏武氏：二人，皆周大夫。㊅隨：今山西省介休縣有古隨城，後為晉士會食邑。

【今譯】晉國的曲沃莊伯藉著鄭人和邢人去攻伐翼都，而周桓王派了尹氏及武氏去幫助他，結果翼侯逃奔到隨邑。

(三) 經 夏四月，葬衛桓公。

傳 夏，葬衛桓公①，衛亂②，是以緩③。

【今註】㈠衛桓公：是宣公之父。㈡衛亂：指州吁之亂。㈢緩：衛桓公死後，經過十四月乃葬。

【今譯】夏，下葬衛桓公，因衛國有州吁之亂，因此延遲下葬。

(四) 傳 四月，鄭人侵衛牧①，以報東門之役②，衛人以燕師③伐鄭。鄭祭足，原繁④，洩駕⑤以三軍軍⑥其前，使曼伯⑦與子元⑧潛軍軍其後，燕人畏鄭三軍而不虞制人⑨，六月鄭二公子以制人敗燕師于北制⑩。君子曰：「不備不虞⑪不可以師⑫。」

【今註】㈠衛牧：牧是衛邑，在今河南省汲縣。按即武王伐紂之牧野。㈡東門之役：東門役在隱公四年。㈢燕師：燕有南燕、北燕。北燕為姬姓，南燕為姞姓。今河南省汲縣西有古燕城。㈣原繁：是鄭大夫。㈤洩駕：亦鄭大夫。㈥軍：是動詞，即駐軍。㈦曼伯：鄭大夫。曼音萬。㈧子元：顧炎武疑即鄭厲公之字。㈨不虞制人：虞是畏懼，制人是北制。所指不畏懼制人的軍隊。㈩北制：即制人。㈡不備不虞：不準備也不畏懼。㈢不可以師：不可以打仗。

【今譯】　四月，鄭人侵入衛國的牧邑，為了報復東門之役。衛人藉著燕國軍隊去討伐鄭國。鄭國的祭足、原繁、洩駕率領三軍攻擊燕軍的前面，又派曼伯與子元帶領軍隊駐紮在燕軍的後面。燕國人雖畏懼鄭國的三軍，但不畏懼鄭國制邑的人民。六月，鄭國的曼伯與子元兩位公子利用制邑的軍隊，把燕軍打敗於北制。君子說：「既不戒備又不畏懼，是不可以打仗的。」

(五)傳　曲沃叛王。秋，王命虢公伐曲沃，而立哀侯①于翼。

【今註】　㈠哀侯：晉之君。

【今譯】　曲沃莊伯背叛了周桓王。秋天，桓王命令虢公討伐曲沃，扶立哀侯於翼都。

(六)經　秋，衛師入郕。

傳　衛之亂也①，郕②人侵衛，故衛師入郕。

【今註】　㈠衛之亂也：州吁之亂。㈡郕：音成，文王子郕叔武始封，為伯爵。今山東寧陽縣北有盛鄉城。

【今譯】　衛國州吁之亂時，郕國人曾侵入衛國，故現在衛師侵入郕國。

(七)經　九月考仲子之宮，初獻六羽。

傳 九月，考①仲子②之宮③將萬④焉。公問羽⑤數於眾仲，對曰：「天子用八⑥，諸侯用六⑦，大夫四⑧，士二⑨。夫舞所以節八音⑩，而行八風⑪，故自八以下。」公從之，於是初獻六羽⑫，始用六佾⑬也。

【今註】㈠考：行落成禮。㈡仲子：是桓公之母，惠公之妃。㈢宮：廟。㈣萬：大舞。㈤羽：舞者所執的羽毛。㈥天子用八：天子用八八等於六十四人。㈦諸侯用六：諸侯用六八等於四十八人。㈧大夫用四：大夫用四八等於三十二人。㈨士用二：士用二八等於十六人。此用服虔說及顧炎武左傳杜解補正說。㈩八音：指金、石、絲、竹、匏、土、革、木而言。⑪八風：指閶闔風、不周風、廣莫風、融風、明庶風、清明風、景風、涼風而言。本賈逵說。⑫六羽：舞時執用六羽，為四十八羽毛。⑬六佾：即四十八人。

【今譯】九月，仲子的廟舉行落成典禮，將進獻萬舞。隱公問眾仲跳舞執羽的人數。眾仲說：「天子用八八等於六十四人，諸侯用六八等於四十八人，大夫用四八等於三十二人，士用二八等於十六人。跳舞的目的是要協調八種音調而表現八方的風情，所以數目從八以下。」隱公聽從他的話。於是第一次進獻六羽，這是魯國宗廟採用六佾的開始。

(八)

經 邾人鄭人伐宋。

傳 宋人取邾田①，邾人告於鄭曰：「請君②釋憾③於宋，敝邑④為道⑤。」鄭人以王師⑥會之，伐宋入其郛⑦，以報東門之役⑧。宋人使來告命⑨。公聞其入郛也，將救之⑩。問於使者曰：「師何及⑪？」對曰「未及國⑫。」公怒乃止，辭使者曰：「君命寡人同恤社稷之難⑬，今問諸使者曰：『師未及國。』非寡人之所敢知⑭也！」

【今註】㈠邾田：音朱，邾國的田地。㈡君：指鄭君。㈢釋憾：釋四年再見伐之恨。㈣敝邑：邾國自稱。㈤道：導引或嚮導。㈥王師：周王的軍隊。㈦郛：是郭。㈧東門之役：東門役在隱公四年。㈨告命：請求幫助。㈩將救之：將去救宋國。⑪師何及：敵軍已到何處？⑫未及國：沒到國都。⑬同恤社稷之難：共同撫恤國家的患難。⑭敢知：不敢知道。

【今譯】宋人奪取了邾國的田地，邾國派人去鄭國請求幫助說：「您鄭君若去攻宋國以消釋您的仇恨，我國願做您的嚮導。」鄭人便以周王的軍隊去會合邾國的軍隊，攻伐宋國，攻進了宋國都的城郭，以報復東門之役。宋國派人到魯國請求幫助，隱公早聽說軍隊攻入宋國都的城郭，將要派兵去援救。他便問使者說：「敵軍已到達什麼地方？」使者故意說：「還沒有到達國都。」隱公很生氣，就停止派兵，辭退使者說：「你來請求我同去救助國家的危難，現在我問你，你反而說敵軍尚未到達國都。這就不是我敢知道的了。」

(九) 經 冬十有二月，辛巳，公子彄卒。

傳 冬十二月辛巳，臧僖伯卒。公曰：「叔父①有憾②於寡人，寡人弗敢忘③。」葬之加一等④。

【今註】 ㊀叔父：曲禮說、諸侯稱同姓曰伯父、叔父。這種現象與近代初民社會頗相彷彿，我曾細加以研究，所謂伯父、叔父者皆指始封的大夫，是當時諸侯的長或幼而定稱為伯父或叔父。如長者的大夫，其後代永遠是伯父，而幼者則永遠是叔父。並且臧氏出自孝公，恰是隱公的叔父。㊁有憾：指諫矢魚而言。㊂弗敢忘：不敢忘記。㊃葬之加一等：葬禮加命服一等。

【今譯】 冬，十二月，辛巳，魯大夫臧僖伯死了。隱公說：「叔父曾規勸我不要去觀棠射魚，我沒有聽從，他對我有遺恨，我也不敢忘記。現在就用加一等的命服來葬他。」

(十) 經 宋人伐鄭圍長葛。

傳 宋人伐鄭圍長葛①，以報入郛之役也。

【今註】 ㊀長葛：鄭邑。在今河南省長葛縣北十二里。

【今譯】宋人攻伐鄭國，包圍了長葛，用以報復前次入郛的戰役。

隱公六年

㈠經　六年（公元前七百一十七年）春，鄭人來渝平。

傳　六年春，鄭人來渝平①，更成②也。

【今註】㊀渝平：服虔曰：公為鄭所獲，釋而不結平，於是更為約束以結之，故曰渝平。㊁更成：更恢復以前的和平。

【今譯】六年，春，鄭人來魯國「渝平」，就是重新恢復兩國和好的關係。

㈡傳　翼①九宗②五正③頃父之子嘉父④，逆晉侯于隨⑤，納諸⑥鄂⑦，晉人謂之鄂侯⑧。

【今註】㊀翼：晉舊都也，周武王子，唐叔始封。在今山西省翼城縣東南十五里。㊁九宗：成王封唐叔時，以唐之餘民懷姓九宗。㊂五正：並以職官五正，蓋為五官之長。「懷姓九宗，職官五正。」亦見定公四年左傳。㊃頃父之子嘉父：晉國的大夫。㊄隨：晉地。在今山西省介休縣東。㊅納諸：入於。㊆鄂：晉地。在今山西省吉縣的東南，近黃河。㊇鄂侯：以別於從前所稱的翼侯。

【今譯】晉國翼都的懷姓九宗、五官之長，及頃父的兒子嘉父到隨去迎接晉侯，把他安置在鄂邑，晉人便稱他為鄂侯。

(三) 經 夏五月辛酉，公會齊侯盟于艾。

傳 夏，盟于艾①，始平②于齊③也。

【今註】㊀艾：在今山東省蒙陰縣西北。㊁平：講和。㊂齊：太公之後，初封於河南省呂縣，及成王滅武庚踐奄以後，始封於齊。在今山東省臨淄縣，見傅斯年先生「大東小東說」。

【今譯】夏，魯國與齊國結盟於艾，開始與齊國和好。

(四) 傳 五月庚申，鄭伯①侵陳，大獲②。往歲③，鄭伯請成④于陳，陳侯⑤不許⑥。五父⑦諫曰：「親仁善鄰⑧，國之寶⑨也。君其許鄭⑩。」陳侯曰：「宋、衛實難⑪，鄭何能為⑫？」遂不許。君子曰：「善不可失⑬，惡不可長⑭，其陳桓公之謂乎？長惡不悛⑮，從自及⑯也。雖欲救之，其將能乎⑰？商書⑱曰：『惡之易也⑲，如火之燎于原⑳，不可鄉邇㉑，其猶可撲滅㉒。』周任㉓有言曰：『為國家者，見惡㉔如農夫之務去草㉕焉。芟㉖夷㉗

蘊㉘崇㉙之，絕其本根，勿使能殖㉚，則善者信㉛矣。』」

【今註】 ㈠鄭伯：鄭莊公。㈡大獲：全勝。㈢往歲：指前年陳與諸侯同伐鄭的舊怨。㈣請成：請求和平。㈤陳侯：陳桓公。㈥不許：不允許。㈦五父：陳公子佗，桓公之弟。㈧親仁善鄰：親近仁者同時陳與鄭為鄰國應當親善。㈨寶：原則。㈩君其許鄭：應當允許鄭國的要求。⑪實難：實在為陳國的禍患。⑫鄭何能為：鄭為小國，不足為患。⑬善不可失：善德不可以失掉。⑭惡不可長：過誤不可聽任其生長。⑮悛：音詮，止也。⑯從自及：將自臨於禍害。⑰其將能乎：安能有辦法。⑱商書：指尚書盤庚篇。⑲惡之易也：惡事的蔓延。王念孫說：「案易者延也，謂惡之蔓延也。」杜謂為難易非。⑳燎于原：平原中起火。㉑鄉邇：離近。㉒其猶可撲滅：不可以撲滅。按莊公十五年傳亦同引商書皆有「惡之易也」，但今本尚書盤庚篇無此句。㉓周任：周大夫。㉔見惡：看見惡事。㉕務去草：努力去掉野草。㉖芟：除草曰芟。音衫。㉗夷：滅，平。㉘蘊：積累。㉙崇：聚在一起。㉚殖：生長。㉛信：等於申。

【今譯】 五月，庚申，鄭莊公侵入陳國，獲得全勝。前年，鄭莊公曾向陳國要求講和，陳侯不答應，陳大夫五父曾進諫說：「親近仁者友善鄰國，是國家的原則，您還是允許鄭國的請求吧！」陳侯說：「宋衛兩國才是陳國的禍患，鄭國能有什麼作為呢？」於是不肯答應。君子說：「善德不可失去，惡事不可滋長，這是針對陳桓公而說的吧？滋長惡事而不知停止，只有自臨於禍害，雖想要挽救，還能有辦法嗎？商書說：『惡事的蔓延，正如火在原野上焚燒，不可以接近，不容易撲滅。』周任也有話說：『為國謀事的人，見了惡事要像農夫見了莠草必要努力除掉一樣，把它們割斷除掉，堆積起來，斷絕它們的本根，不要使它們再繁殖，然後善事才能伸張。』」

(五)經　秋七月①。

【今註】㊀秋七月：杜注、雖無事而書首月，具四時以成歲。

【今譯】秋天，七月。

(六)經　冬，宋人取長葛。

傳　秋，宋人取長葛。

【今註】㊀長葛：今河南省長葛縣北十二里有故城。

【今譯】秋，宋國人取得了長葛。

(七)傳　冬，京師來告饑①，公為之請糴②於宋，衛，齊，鄭，禮也③。

【今註】㊀告饑：無食曰饑。來告無食。㊁請糴：糴音笛，是買穀。請求買穀。㊂禮也：左傳中所記禮也或非禮也在昭公以前皆常有，但是到了昭公以後，可以說是等於零，無論是禮或非禮，史官全都不加以批評。可以說到了春秋的末代，對於傳統的尊重漸漸的愈來愈少，這我在「史官制度—附論對傳統之尊重」一文中已經詳細的說過，這是中央研究院史語所所發表的中國上古史待定稿第一篇，亦見於台大文史哲學報第十四期，讀者可以參考。

【今譯】冬，京師有人來魯國報告發生饑荒。隱公為此向宋、衛、齊、鄭四國請求糴穀。這是合於禮的。

(八) 傳 鄭伯如①周，始朝桓王②也。王不禮③焉，周桓公言於王：「我周之東遷，晉鄭焉依④。善鄭⑤以勸來者⑥，猶懼不蔇⑦，況不禮焉，鄭不來矣。」

【今註】㈠如：往。㈡桓王：周平王之子。㈢不禮：不以禮敬。㈣晉鄭焉依：唯依靠晉及鄭兩國。㈤善鄭：善與鄭交誼。㈥勸來者：獎勸將來的人。㈦猶懼不蔇：蔇（音既）等於至。猶恐怕他不來。

【今譯】鄭伯到周，第一次朝見周桓王。周桓王不以禮敬接待他。周桓公就對桓王說：「我們周王室的東遷，是依靠了晉鄭兩國。對鄭國友善以便獎勵以後來朝見的人，這樣都還怕各國不肯來，何況對他不禮貌呢？鄭國將從此不再來朝見了。」

隱公七年

(一)經 七年（公元前七一六年）春王三月，叔姬歸于紀①。

【今註】㈠叔姬歸于紀：叔姬是伯姬之娣。古時女弟從姐同嫁，但女弟年過幼的時候，就在母國等候，所謂「待年於國」。等至年齡及時，就獨自嫁過去，叔姬就是遵行此禮。此經無傳。

【今譯】七年，春，周王曆三月，魯國的叔姬嫁到紀國。（無傳）

(二)經 滕侯卒。

傳 七年春，滕侯①卒。不書名②，未同盟③也。凡④諸侯同盟，於是稱名，故薨則赴⑤以名，告終稱嗣⑥也。以繼好⑦息民⑧，謂之禮經⑨。

【今註】㈠滕侯：文王子叔繡所封，今山東省滕縣西南十五里有古滕城。後至戰國為田齊所滅。㈡不書名：只寫滕侯而不寫其名。㈢盟：劉熙釋名：「盟、明也，告其事於神明也。」因告神必須用名，且必須歃血為誓言。㈣凡：凡者以為例，左傳中言凡者前後共五十見，以後不再贅注。㈤赴：用竹簡記其事以送往各國曰赴。㈥告終稱嗣：通知君之終及嗣君之立，宋刊本及相臺岳刻本皆作「告終稱嗣」，後刊本作「告終嗣」非，可見兩事雖相連但仍宜分為兩件。㈦繼好：繼續兩國的和好。㈧息民：和好則兩國人民皆得安息。㈨禮經：杜注以為「此言凡例乃周公所制禮經。」或有人疑之，以為非是。然細思之，魯為極保守的國家，雖然在昭公之時已漸變化，（顧炎武日知錄週末風俗條下引李康運命論云：「文薄之弊漸於靈景。」景王正與魯昭公同時。）但在昭二年左傳尚載有「晉韓宣子來（魯）聘，觀書於太史氏，見易象與魯春秋，曰：『周禮盡在魯矣！吾乃今知周公之德與周之所以王也！』」可見在對傳統尊重漸衰的時候，仍然「周禮盡在魯」。因為吾人不可忘記，在伯禽初封之時，分以「祝、宗、卜、史，備物典策」（皆見定公四年左傳。）史所以記事，而典策為「春秋之制」，即此節所謂「禮經」就是。

【今譯】 七年，春，滕侯死了。只寫滕侯而不寫他的名字，因為滕國沒有和魯國締結同盟。凡是諸侯各國同盟，就稱名以告於神。因此國君薨也就以名赴告。一面赴告死者之終，一面稱嗣位君主的名，以便繼續兩國的和好，從而安息兩國的人民，這是周公所制定的禮經。

(三) 經 夏城中丘。

傳 夏，城中丘①，書不時也②。

【今註】 ㈠中丘：今山東省臨沂縣東北三十里有中丘城。㈡書不時：因不合農時故寫在春秋上。

【今譯】 夏，修築中丘的城牆，因為不合農時所以把這件事寫在春秋上。

(四)經 齊侯使其弟年來聘。

傳 齊侯使夷仲年①來聘②，結艾之盟③也。

【今註】㈠夷仲年：齊僖公的母弟，名年，夷仲是謚法。㈡來聘：來魯國聘問。㈢艾盟：在隱公六年。

【今譯】齊侯派夷仲來魯國聘問，因兩國已經締結艾的同盟。

(五)經 秋，公伐邾。

傳 秋，宋及鄭平①。七月庚申，盟于宿②。公伐邾，為宋討③也。

【今註】㈠平：和平。㈡宿：在今山東省東平縣東二十里。㈢為宋討：邾人導鄭伐宋在隱公五年，現宋鄭既盟，魯乃為宋討邾以見好於宋。

【今譯】秋，宋國與鄭國講和。七月庚申，宋鄭兩國結盟於宿。魯隱公討伐邾國，這是為了求好於宋的緣故。

(六)經 冬，天王使凡伯來聘。戎伐凡伯于楚丘以歸。

傳 初戎①朝于周，發幣②于公卿③，凡伯④弗賓⑤。冬王使凡伯來聘⑥，還⑦，戎伐之于楚丘⑧以歸。

【今註】㈠戎：在今山東省曹縣附近。㈡發幣：獻布幣。㈢公卿：周之公卿。㈣凡伯：周公之子始封於凡，在今河南省輝縣西南二十里。㈤弗賓：不用對賓客的禮節招待他。㈥來聘：來魯國聘問。㈦還：回去洛陽。㈧楚丘：戎邑，在今山東省曹縣東南五十里，與衛文公所遷之楚丘同名而異地。

【今譯】起初，戎人朝見周桓王，獻布幣給公卿做禮物。凡伯不用對賓客的禮招待他。這一年的冬天，周桓王派凡伯來魯國聘問。他回洛陽的途中，戎人在楚丘攻擊他，把他捉了回去。

㈦

傳　陳及鄭平①，十二月陳五父②如鄭涖盟③。壬申及鄭伯盟，歃如忘④。洩伯⑤曰：「五父必不免⑥，不賴盟⑦矣！」鄭良佐⑧如陳盟，辛巳及陳侯盟，亦知陳之將亂也。

【今註】㈠陳及鄭平：平是講和。六年鄭侵陳大獲，今始談和。㈡陳五父：即陳公子佗。㈢盟涖：涖臨盟會。㈣歃如忘：歃血的時候，意不在盟，如忘卻此事。㈤洩伯：鄭大夫洩駕。㈥不免：不免於難。㈦不賴盟：對盟事不仰仗。㈧良佐：鄭大夫。

【今譯】陳國與鄭國講和，十二月，陳國的五父到鄭國去涖臨盟會。壬申，與鄭伯盟誓。歃血的時侯，五父不專心。鄭大夫洩伯說：「五父必定不免於禍患，他對盟事毫不仰賴！」鄭大夫良佐到陳國去涖臨盟會，辛巳，與陳侯盟誓。他也看出陳國將發生亂事。

(八)傳 鄭公子忽在王所①，故陳侯請妻之②，鄭伯許之，乃成昏③。

【今註】 ㈠王所：隱公三年周、鄭交質，鄭公子忽曾為質於周王都城。㈡陳侯請妻之：陳侯誤以為鄭得王寵，故請成婚姻。㈢成昏：昏同昏。古代成昏於夜晚，故用昏以名禮。

【今譯】 鄭公子忽正在周桓王那裏做人質，陳侯誤以為他得周王的寵信，就請求把女兒嫁給他。鄭伯允許了，於是陳、鄭就成婚。

隱公八年

(一)經 八年（公元前七一五年）春，宋公衛侯遇于垂。

傳 八年春，齊侯將平宋衛①，有會期②。宋公以幣③請於衛，請先相見④，衛侯許之，故遇⑤于犬丘⑥。

【今註】 ㈠平宋衛：使宋衛與鄭國講和。㈡有會期：已有會盟的日期。㈢幣：布幣。㈣請先相見：在會期以前見面。㈤遇：相會。㈥犬丘：犬丘即垂，一地有兩名。在今山東省曹縣北句陽店。

【今譯】八年，春，齊侯將使宋衛兩國同鄭國講和，已有了會盟的日期。宋殤公用布幣請求衛侯先期相會，衛侯答應了，所以宋公與衛侯相遇於犬丘。

㈡經 三月，鄭伯使宛來歸祊。庚寅我入祊。

傳 鄭伯請釋①泰山之祀②，而祀周公，以泰山之祊③易許田④。三月，鄭伯使宛⑤來歸祊，不祀泰山也。

【今註】㈠請釋：請求免除。㈡泰山之祀：鄭桓公初封時，有助祭泰山之儀在祊，鄭以天子現在不能更東巡到泰山，所以請求免除泰山之祀。㈢祊：在今山東省費縣故祊城。㈣許田：近許昌之田。寰宇志謂在許昌城南四十里。魯頌所謂「居常與許，復周公之宇」即此。㈤宛：鄭大夫。

【今譯】鄭伯請求免除泰山的祭祀，而改為祭祀周公，便把祭泰山的祊田來交換許附近的田。三月，鄭伯派大夫宛來歸還祊田，因為他不再祭泰山。

㈢傳 夏，虢公忌父①始作卿士于周。

【今註】㈠忌父：虢公之名。

【今譯】夏，虢公忌父開始做周王的卿士。

(四)傳 四月甲辰，鄭公子忽如陳，逆婦嬀①。辛亥，以嬀氏歸。甲寅，入于鄭。陳鍼子②送女，先配而後祖③。鍼子曰：「是不為夫婦，誣其祖矣④！非禮也⑤，何以能育⑥。」

【今註】㈠婦嬀：公子忽之夫人，陳女嬀姓。㈡陳鍼子：陳大夫。㈢先配而後祖：迎接夫人者，必先告於祖廟而後行婚禮。如楚公子圍曾告於莊王、共王之廟。㈣誣其祖矣：對祖先不恭敬。㈤非禮也：不合於正禮。㈥何以能育：如何能養育子孫。

【今譯】四月，甲辰，鄭公子忽往陳國去迎娶他的夫人嬀氏。辛亥，帶著嬀氏歸國。甲寅，進入鄭國國都。陳國的大夫鍼子給嬀氏送嫁。因為先行婚禮再回鄭國去告祖廟，所以鍼子說：「這是不成夫婦的。對祖先不恭敬，是非禮的，怎能養育子孫呢！」

(五)經 夏六月己亥、蔡叔考父①卒。辛亥宿男②卒。

【今註】㈠蔡叔考父：蔡為祭仲所封，曾為周公卿士，在今河南省新蔡縣。考父即蔡叔名。㈡宿男：隱公元年，宋、魯大夫盟于宿，宿亦必參與盟。宿為男國故稱宿男。按此經無傳。

【今譯】夏六月，己亥，蔡叔考父死了。辛亥，宿國的男爵死了。（無傳）

㈥ 經 秋七月庚午，宋公齊侯，衛侯盟于瓦屋。

傳 齊人卒①平宋衛于鄭。秋，會②于溫③，盟④于瓦屋⑤，以釋東門之役，禮也⑥。

【今註】㈠卒：終於。㈡會：會見。㈢溫：今河南省溫縣西南三十里有古溫城。㈣盟：盟誓。㈤瓦屋：鄭地。在今河南省洧川縣南二十里。㈥禮也：雖然鄭國未來與盟，所以三國自己盟誓，以表示三國的原意，所以說是合禮。

【今譯】齊人終於使宋衛兩國同鄭國講和。秋，會見於溫，盟誓於瓦屋，從此放棄東門之役的仇恨，這是合禮的。

㈦ 經 八月、葬蔡宣公。①

【今註】㈠此經無傳。

【今譯】八月，下葬蔡宣公。（無傳）

㈧ 傳 八月丙戌①，鄭伯以齊人朝王，禮也②。

【今註】㈠丙戌：杜注，謂七月庚午、九月有辛卯，故八月不得有丙戌，似有誤。㈡禮也：鄭伯雖以虢公得政，而反以齊人朝王，故稱為合禮。

【今譯】八月，丙戌，鄭伯陪著齊人朝見周桓王，這是合禮的。

(九)經 九月辛卯，公及莒人盟于浮來。

傳 公及莒人盟于浮來①，以成紀好②也。

【今註】㈠浮來：今山東省莒縣西二十里有浮來，但是浮來為莒邑。杜注說是紀邑為誤。㈡成紀好：為的完成魯與紀的和好。

【今譯】魯隱公與莒國人結盟於浮來，為的完成魯國與紀國的和好。

(十)經 螟①。

【今註】㈠螟：音ㄇㄧㄥˊ。食穀之蟲，有災故寫於簡上。有經無傳。

【今譯】發生螟蟲的災害。（無傳）

(土)傳 冬，齊侯使來告成三國①。公使眾仲對曰：「君釋三國之圖②，以鳩其民③，君之惠④也，寡君聞命⑤矣！敢不承君之明德⑥。」

【今註】㈠告成三國：使宋、衛、鄭三國和平相處。㈡釋三國之圖：解釋三國的圖謀。㈢以鳩其民：使三國人民能夠安聚。㈣惠：恩惠。㈤聞命：從命。㈥明德：聰明的德惠。

【今譯】冬，齊國派人來魯國報告調和了宋、衛、鄭三國。隱公派眾仲對他說：「您齊君和解了三國的圖謀，安聚了他們的人民，這是您齊君的恩惠。我國國君當要從命的，豈敢不承受您齊君的賢明德惠呢？」

(十二)

經　冬十有二月，無駭卒。

傳　無駭①卒，羽父請諡與族②。公問族於眾仲，眾仲對曰：「天子建德，因生以賜姓③，胙之土而命之氏④，諸侯以字為諡⑤，因以為族，官有世功則有官族⑥，邑亦如之，⑦。」公命以字為展氏⑧。

【今註】㈠無駭：為魯卿，是公子展之孫。㈡族：諸侯之子稱公子，再次一輩稱公孫，再次一輩則須賜族。㈢因生以賜姓：因所生如禹的母親，吞薏苡而生禹，故姓姒。商因吞玄鳥卵而生，故姓子。㈣胙之土而命之氏：周語說「胙四岳國，賜姓曰姜，氏曰有呂。」㈤諡：孫志祖說：「禮記檀弓魯哀公誄孔子。鄭注云『誄其行以為諡也，尼父因其字以為之諡。』明用左傳此語。」㈥官有世功則有官族：比如晉的士氏。㈦邑亦如之：比如韓、趙、衛，皆由於他們的封邑。㈧展氏：因為他是公子展之孫，故為展氏。按所以用其祖的字，而不用其父者，因祖孫同昭穆而父子異昭穆。

【今譯】魯大夫無駭死了。羽父請求賜給他謚號及族氏。隱公問眾仲賜族氏的原則。眾仲回答說：「天子立有德的人為諸侯，因他所由生而賜他的姓；分給他土地而命他的氏。諸侯的臣子則以他的字做謚號，並且用來賜給他的孫子做族氏。若是做官有世代的功勞，則可用官名為族氏，也可用舊有封邑的名為族氏。」於是，隱公便以無駭的祖父公子展的字，命他的族為展氏。

隱公九年

(一)經 九年（公元前七一四年）春，天王使南季①來聘。

【今註】㈠南季：天子的大夫。南是氏，季是字。

【今譯】九年，春，周桓王派大夫南季來魯國聘問。（無傳）

(二)經 三月癸酉，大雨震電。庚辰，大雨雪。

傳 九年春王三月癸酉，大雨霖①，以震②書始③也。庚辰，大雨雪④，亦如之⑤，書時失⑥也。凡雨自三日以上為霖⑦，平地尺為大雪⑧。

【今註】㊀霖：爾雅云：「久雨謂之淫，淫雨謂之霖。」㊁以震：震是打雷。有雷震。㊂書始：記載雷的開始。㊃雨雪：雪落如雨。㊄亦如之：也記其開始。㊅書時失：言曆法之錯誤。㊆凡雨自三日以上為霖：這是解釋寫明霖雨的用意。㊇平地尺為大雪：落雪地上高一尺以上稱為大雪。

【今譯】九年，春，周王曆三月，癸酉，淫雨成霖並有雷電。經上記載了開始下雨的日子。庚辰，下大雪，也是一樣記載了開始的日子。這是說曆法有錯誤之處。凡是下雨，三天以上就叫做霖，下雪而地上積雪一尺以上就叫做大雪。

(三)經　挾①卒。

【今註】㊀挾：魯大夫。有經無傳。

【今譯】魯大夫挾死了。（無傳）

(四)經　夏城郎。

傳　夏，城郎①書不時②也。

【今註】㊀郎：此郎非隱公元年之郎。此郎與曲阜相近，所謂近郊之地。㊁書不時：不合農時。

【今譯】夏，修築郎城，記這件事表示築城不合時。

㈤經秋七月①。

【今註】㈠左氏春秋之經與公羊穀梁兩傳不同，左氏雖無事可記，仍須四時皆備，並非有深文大意存在。

【今譯】秋，七月。（這一條經文下無記事，因左氏春秋每年必使四時全備，雖無事只寫四時。）

㈥傳宋公不王①，鄭伯為王左卿士②，以王命③討之，伐宋，宋以入郛之役④怨公不告命，公怒絕宋使。

【今註】㈠不王：王念孫說：「猶言宋公不朝。」㈡左卿士：王有左右二卿士。㈢以王命：用王的命令。㈣入郛之役：在隱公五年。

【今譯】宋殤公不往周朝朝見王，鄭伯做周王的左卿士，便藉著周王的命令聲討他，而攻伐宋國。宋國因為入郛那次戰役而怨恨魯隱公，便不來通告。隱公很生氣，也謝絕了宋國派來的使者。

㈦傳秋，鄭人以王命來告伐宋①。

【今註】㈠鄭人以王命來告伐宋：鄭人伐宋沒能戰勝，所以又派人往告魯國。

【今譯】秋，鄭人用周王的命令來魯國通告討伐宋國。

(八) 經 冬，公會齊侯于防。

傳 冬，公會齊侯于防①，謀②伐宋也。

【今註】㈠防：公羊傳，防作邴。㈡謀：討論。

【今譯】冬，魯隱公在防會見了齊侯，謀劃討伐宋國。

(九) 傳 北戎①侵鄭，鄭伯禦之，患②戎師。曰：「彼徒我車③，懼其侵軼④我也。」公子突曰：「使勇而無剛者，嘗寇⑤而速去之。君為三覆⑥以待之。戎輕而不整⑦，貪而無親，勝不相讓，敗不相救，先者見獲，必務進⑧，進而遇覆⑨必速奔，後者不救則無繼⑩矣！乃可以逞⑪。」從之⑫，戎人之前遇覆者奔，祝聃⑬逐之⑭，衷戎師⑮，前後擊之，盡殪⑯，戎師大奔⑰。十一月甲寅，鄭人大敗戎師⑱。

【今註】㈠北戎：大約在今河北省地方。㈡患：憂慮。㈢彼徒我車：戎人用步兵，而鄭人用戰車。㈣侵軼：侵略突襲。㈤嘗寇：引誘戎兵。㈥三覆：三批埋伏。㈦戎輕而不整：戎人性格輕浮而隊伍又不整齊。㈧務進：服虔以為「各自務進，言其貪利」。㈨遇覆：碰見伏兵。㈩無繼：沒有後援。㈡逞：戰役可勝。㈢從之：照公子突的話去做。㈢祝聃：聃音ㄉㄢ，鄭大夫。㈣逐之：追逐。㈤衷戎師：將戎師切為兩段。㈥盡殪：殪音ㄧˋ，全殺死。㈦戎師大奔：所餘戎師皆大逃奔。㈧鄭人大敗戎師：至此戎師遂完全為鄭師所敗。

【今譯】北戎侵略鄭國，鄭伯出兵抵禦。他很憂慮戎人的軍隊，因而說：「他們用徒兵，我們用戰車，我恐怕他們會侵略突襲我們。」公子突說：「先派那些勇敢而不剛毅的人為前鋒，引誘戎人入寇，就迅速退後。您準備三批伏兵等待戎人深入。戎人性情輕浮而隊伍又不整齊，貪婪而不互相親愛，勝利不相退讓，失敗不相援救，前面的戎人看到有所獲，必定努力前進，前進而碰見伏兵，必定迅速逃奔，後面的戎人又不肯援救，就不再有後援了，於是我們就可以得勝。」鄭伯聽從了他的話。果然，戎人的前鋒遇到伏兵就奔逃，鄭大夫祝聃帶兵從後追趕，把戎師從中切為兩段，然後前後夾擊，全部殲滅。所餘的戎師就都趕緊大奔。十一月，甲寅，鄭國人大敗了戎人的軍隊。

隱公十年

㈠經　十年（公元前七一三年）春王二月公會齊侯鄭伯于中丘。

傳　十年春王正月①，公會齊侯、鄭伯于中丘②。癸丑，盟于鄧③為師期④。

【今註】㊀正月：經作二月疑誤。㊁中丘：今山東省臨沂縣東北三十里有中丘城。㊂鄧：魯地。㊃為師期：為決定出兵的日期。

【今譯】十年，春，周王的正月，隱公與齊侯、鄭伯會見於中丘。癸丑，結盟于鄧，為決定出兵的日期。

(二)經　夏，翬帥師會齊人，鄭人伐宋。

傳　夏五月，羽父①先會齊侯，鄭伯伐宋。

【今註】㊀羽父：魯大夫公子翬。

【今譯】夏，五月，魯大夫羽父在約定的日期以前先會合齊侯，鄭伯攻伐宋國。

(三)經　六月壬戌，公敗宋師于菅，辛未取郜，辛巳取防。

傳　六月戊申，公會齊侯，鄭伯于老桃①。壬戌，公敗宋師于菅②。庚午，鄭師入郜③，辛未歸于我④。庚辰，鄭師入防⑤，辛巳歸于我。君子謂：「鄭莊公於是乎可謂正矣！以王命討不庭⑥，不貪其土⑦以勞王爵⑧，正之體也。」

【今註】㊀老桃：杜注為宋地，但彙纂以為既在濟寧縣北六十里，當在齊、魯邊境上。今山東省濟寧縣北有桃鄉城。㊁菅：菅音堅，當在山東省單縣北。㊂郜：為文王子所封，在山東城武縣東南二十里。㊃歸于我：鄭國將郜歸給魯國。㊄防：防宋地，在今山東省金鄉縣西六十里，後入魯謂之西防。㊅王命討不庭：因為鄭伯彼時方任王卿士，故以王的命令討不服王命者。㊆不貪其土：鄭國自身並不貪婪他的土地。㊇勞王爵：因為魯國的爵位，長於鄭國的伯爵，所以鄭國將他得的土地全贈給魯國。

【今譯】六月，戊申，隱公會見齊侯、鄭伯於老桃。壬戌，隱公打敗宋國的軍隊於菅。庚午，鄭國軍隊進入郜邑，辛未，鄭國把郜邑歸給魯國。庚辰，鄭國軍隊攻入防邑，辛巳，鄭國又把防邑歸給魯國。君子說：「鄭莊公這樣就可以說是方正的了。用周王的命令去討伐不服王命的宋國，然而自己並不貪婪所得的土地，而用以贈給爵位較尊的魯國，這是方正的本體。」

㈣傳 蔡人、衛人、郕人不會王命①。

【今註】㊀不會王命：不遵從王命，會同伐宋。

【今譯】蔡人、衛人，郕人沒有遵從周王的命令會同討伐宋國。

㈤經 秋，宋人衛人入鄭，宋人蔡人衛人伐戴，鄭伯伐取之。

傳 秋，七月庚寅，鄭師入郊①，猶在郊。宋人衛人入鄭，蔡人從之伐戴②。八月壬戌，鄭伯圍戴。癸亥克之，取三師③焉。宋衛既入鄭，而以伐戴召蔡人，蔡人怒④故不和而敗⑤。

【今註】㊀郊：鄭都的郊外。㊁戴：在今河南省考城縣東南五里有考城故城。㊂取三師：取得宋、衛、蔡三國的軍隊。㊃怒：不滿意。㊄不和而敗：因蔡與宋、衛兩國不和，而為鄭所擊敗。

【今譯】秋，七月，庚寅，鄭國軍隊剛回到國都的遠郊，當他們還在郊外，宋人和衛人就乘虛侵入鄭國。蔡人則隨從宋、衛兩國去攻伐戴國。八月，壬戌，鄭伯帶兵包圍戴國，癸亥，攻克戴國，取得宋、衛、蔡三國的軍隊。宋衛兩國的軍隊既已侵入鄭國，而又為了攻伐戴國才召集蔡人，蔡人因此很不滿意，所以三國失和而為鄭國所敗。

(六)傳　九月戊寅①，鄭伯入宋②。

【今註】㊀戊寅：據長曆推算九月無戊寅，恐日期有錯誤。㊁鄭伯入宋：以報宋入鄭的仇恨。

【今譯】九月，戊寅，鄭伯攻入宋國。

(七)經　冬十月壬午，齊人鄭人入郕。

傳　冬，齊人，鄭人入郕，討違王命①也。

【今註】㈠討違王命：討伐違反不參與伐宋的王命。

【今譯】冬，齊人及鄭人攻入郕國，以討伐郕國違反周王的命令。

隱公十一年

㈠經　十有一年（公元前七一二年）春，滕侯薛侯來朝。

傳　十一年春，滕侯，薛侯①來朝②，爭長③。薛侯曰：「我先封④。」滕侯曰：「我，周之卜正⑤也。薛，庶姓⑥也，我不可以後之⑦。」公使羽父請於薛侯曰：「君與滕君，辱在寡人⑧。周諺⑨有之曰：『山有木，工則度之⑩。賓有禮⑪，主則擇之⑫。』周之宗盟⑬，異姓為後，寡人若朝于薛⑭，不敢與諸任齒⑮。君若辱貺⑯寡人，則願以滕君為請⑰。」薛侯許之⑱，乃長⑲滕侯。

【今註】㈠薛侯：薛是任姓，為黃帝之後。在今山東省滕縣南四十里。㈡來朝：朝覲魯隱公。㈢爭長：爭執行禮的先後。長音ㄓㄤˇ。㈣我先封：薛祖奚仲為夏代所封，所以說我封在先。㈤卜正：卜正，卜官之長。㈥庶姓：不是同姓。㈦不可以後之：不可在他後行禮。㈧辱在寡人：不以到寡人處存問為羞辱。王引之說：「在，存也；存問之也。」(九)周諺：周代的諺語。(十)工則度之：工匠就去度量它。(十一)賓有禮，賓客的舉止合度。(十二)主則擇之：主人則選擇所宜而行使。(十三)宗盟：定公四年，祝佗所引踐土之盟的載書中說：晉重、魯申一直到鄭捷共五人皆同姓，然後方有齊、宋、莒皆庶姓，可以證明。可見同姓在前，而異姓在後。(十四)若朝于薛：若往薛國朝見。(十五)不敢與諸任齒：因為魯隱公是異姓，所以不敢與任姓爭行禮的先後。(十六)辱貺：不以相賜為羞辱。(十七)以滕君為請：請滕君先行禮。(十八)許之：答應。(十九)乃長：長音ㄓㄤˇ。於是先請滕侯行禮。

【今譯】十一年，春，滕侯與薛侯來朝見魯隱公，兩人爭執行禮的先後。薛侯說：「我受封在先。」滕侯說：「我是周的卜正。而且薛是庶姓，我不可以在他的後面行禮。」隱公派羽父請求薛侯說：「您和滕君屈辱自己來存問我寡人。周代的諺語說：『山裏有木材，則由工匠去度量；賓客有合宜的禮節，則由主人加以選擇。』周的同姓盟國應在先，異姓的應在後。我寡人若是朝見於薛國，必定不敢與各任姓的國家爭執行禮的先後，您若是屈辱自己賜惠給我寡人，那麼願意向您請求由滕君先行禮。」薛侯允許了。於是就先請滕侯行禮。

(二)

經　夏公會鄭伯于時來。

傳　夏，公會鄭伯于郲①，謀伐許②也。鄭伯將伐許，五月甲辰，授兵③于大宮④。公孫閼⑤與潁考叔爭車，潁考叔挾輈⑥以走。

子都⑦拔棘⑧以逐之，及大逵⑨，弗及⑩，子都怒。

【今註】㊀郲：經作時來，鄭地，在今河南省滎陽縣東四十里有故釐城。㊁許：姜姓，周武王封其苗裔文叔于許。在今河南省石樑縣東三十里。㊂授兵：出征之前交兵器予軍隊。㊃大宮：是鄭國的祖廟。大音泰。㊄公孫閼：閼音ㄜˋ，鄭大夫。㊅挾輈：輈音舟，是車轅。用兩手拉著車轅。㊆子都：即公孫閼的字。㊇拔棘：棘就是戟。㊈大逵：路寬能容九輛車並走。㊉弗及：沒有趕上。

【今譯】夏，隱公會見鄭伯於郲，謀劃討伐許國。鄭伯將討伐許國，五月甲辰，先在大宮授兵器給軍隊。公孫閼與潁考叔爭一輛車子，潁考叔用手挾著車轅而走，子都拔出戟來追趕他，追到大路上都沒有趕上，子都很發怒。

(三)經　秋七月壬午，公及齊侯鄭伯入許。

傳　秋七月，公會齊侯，鄭伯伐許。庚辰傅①于許。潁考叔取鄭伯之旗蝥弧②以先登③，子都自下射之，顛④。瑕叔盈⑤又以蝥弧登，周麾⑥而呼曰：「君登矣⑦！」鄭師畢登。壬午，遂入許，許莊公奔衛。齊侯以許讓公⑧，公曰：「君謂許不共⑨，故從君討之。許既伏其罪⑩矣，雖君有命⑪，寡人弗敢與聞⑫。」

乃與鄭人⑬。鄭伯使許大夫百里⑭奉許叔⑮以居許東偏⑯，曰：「天禍許國，鬼神實不逞⑰于許君，而假手于我⑱寡人，寡人惟是一二父兄⑲，不能共億⑳，其敢以許自為功乎！寡人有弟㉑，不能和協，而使餬其口於四方㉒，其況能㉓久有許乎？吾子其奉許叔以撫柔此民㉔也，吾將使獲㉕也佐吾子。若寡人得沒于地㉖，天其以禮悔禍㉗于許，無寧茲㉘許公復奉其社稷㉙，惟我鄭國之有請謁㉚焉，如舊昏媾㉛，其能降以相從㉜也，無滋他族㉝，實偪處此㉞，以與我鄭國爭此土㉟也。吾子孫其覆亡㊱之不暇，而況能禋祀㊲許乎？寡人之使吾子處此，不惟許國之為㊳，亦聊以固吾圉㊴也。」乃使公孫獲處許西偏㊵，曰：「凡而器用㊶財賄㊷，無寘於許，我死乃亟去之。吾先君新邑於此㊸，王室而既卑㊹矣！周之子孫，日失其序㊺，夫許，大岳之胤㊻也。天而既厭周德㊼矣，吾其能與許爭乎？」君子謂：「鄭莊公於是乎有禮。禮，經國家㊽，定社稷㊾，序民人㊿，利後嗣(51)者也。許無刑而伐之(52)，服而舍之(53)，度德而處之(54)，量力而行之55，相時而動56，無累後人57，可謂知禮矣。

【今註】㊀傳：軍隊附著於城牆邊。㊁蝥弧：鄭伯所使用旗的名。蝥音烏，弧音胡。㊂先登：第一個人上城。㊃顛：由城上墜下而死。㊄瑕叔盈：鄭大夫。㊅周麾：遍揮旗而呼。㊆君登矣：因為這是鄭伯的旗，所以表示鄭伯已經登城。㊈齊侯以許讓公：齊侯將許國讓給隱公。㊈不共：不共職貢。㊉伏其罪：許君已逃，等於受到處罰。⑪雖君有命：你雖然有命令給我。⑫弗敢與聞：不敢接受。⑬乃與鄭人：乃將許國給予鄭莊公。⑭百里：許大夫的名字。⑮許叔：是許莊公弟。⑯東偏：許國的東鄙。⑰不逞：不滿意。⑱假手于我：假借我的力量。⑲父兄：同姓群臣。⑳共億：相安。王念孫說：「共字當讀去聲，猶今人言相安也。」㉑寡人有弟：指共叔段。㉒餬其口於四方：在它國尋求飲食。㉓其況能：怎麼能夠。㉔撫柔此民：安撫柔和許國的人民。㉕獲：即鄭大夫公孫獲。㉖得沒于地：壽終。㉗悔禍：後悔加禍害。㉘無寧茲：不但如此。㉙復奉其社稷：重新治理國家。㉚請謁：請求謁見。㉛舊昏媾：等於是舊親戚。㉜降以相從：降心往來。㉝無滋他族：不要滋聚他族。㉞實偪處此：除此沒有旁的辦法。㉟此土：指許國。㊱覆亡：即亡國。㊲禋祀：絜節齋戒以祭祀謂為禋祀。㊳不惟許國之為：不只是為的許國。㊴圉：音ㄩˇ，邊陲。㊵西偏：許的舊西鄙。㊶器用：用具。㊷財賄：錢財。㊸先君新邑於此：先君指鄭武公，與平王同時東遷，居於鄭國的新都。㊹王室而既卑：周室現已漸漸的趨於卑下。㊺周之子孫，日失其序：於是周的子孫，日漸失掉他的行列。㊻大岳之胤：大音泰。大岳的後嗣。㊼厭周德：厭是厭煩。固然鄒衍的五德相代之說是較後的說法，但是恐怕在春秋時代已經有了新德代舊德之說，所以方有天既厭煩周德的說法，這種思想與前面的幾句「王室而既卑矣，周之子孫，日失其序」相互呼應。所以晉文公請隧，周王就回答說：「未有代德，而有二王，亦叔父之所惡也。」可見是同樣的思想。㊽經國家：經理國家。㊾定社稷：安定社稷。㊿序人民：使人民貴賤有次序。(51)利後嗣：對後嗣有利。(52)無刑而伐之：鄭征伐許，因為許沒有法度。(53)服而舍之：他服從就赦免他。(54)度德而處之：鄭莊公知道天的既厭周德，而知所以自處。(55)量力而行之：因此他不行極端而滅許國。(56)相時而動：相度情形而動作。(57)無累後人：即是他對公孫獲說：「我死乃亟去之」故謂無累後。

【今譯】秋，七月，隱公會合齊侯及鄭伯攻伐許國。庚辰，軍隊附著在許國都城的牆邊。潁考叔取了鄭伯的旗幟蝥弧首先登城，子都從下面射他，潁考叔從城上墜下而死。瑕叔盈又拿著蝥弧登城，四向揮動著旗幟而呼喊道：「國君登城了！」鄭國的軍隊便都登城。壬午，於是就進入許國都城。許莊公逃奔到衛國。齊侯把許國讓給魯隱公。隱公說：「您說許國不共職貢，所以我隨您來討伐他。現在許國既已接受了責罰。雖然您有命令給我，我也不敢接受。」於是把許國給了鄭莊公。鄭莊公派許國大夫百里尊奉許叔去住在許國的東鄙，說：「天降禍於許國，鬼神實不滿意許君的作為，因而借著我的力量來討伐許國。但是我連一兩位同姓的臣子都不能相安，怎麼敢以討伐許國作為自己的功勞呢？我有一個弟弟，但不能同心協力，而讓他在別國尋求飲食，像這樣能夠永久保有許國嗎？請你尊奉許叔以安撫懷柔許國的人民。我將派公孫獲輔佐你。若是我能夠以壽終，天或要以禮對待許國而後悔從前的加禍，不但如此，還會使許公重新治理他的國家。到那時若是我鄭國有所請求謁見，好像舊親戚一樣，希望您許國能降心來往，不要滋聚他族，我不能讓他族來與我爭許國土地。我的子孫為了挽救自己的傾覆敗亡都怕來不及了，何況還能祭祀許國的山川嗎？我所以要把你安置在這裏，不但是為了許國，而且為了想鞏固我鄭國的邊陲哩！」於是派公孫獲居住在許國的西邊，對他說：「凡是你的器具和錢財，不要放在許國。我死後，就要立刻離開許國。我的先君武公在這新鄭地方設立新都，周王室既已卑微，周的子孫也日漸失掉他們的行列。許國是大岳的後嗣，天既然已厭倦周德，我還能夠與許國爭勝嗎？」君子說：「鄭莊公這樣做是有禮的。禮，是用以經理國家，安定社稷，序列人民，造福後嗣的。因為許國沒有法度而討伐他，一旦服罪就赦免他。度量自己的德而自處，估量自己的力量而施行，相度時機而行動，不牽累後人，可以說是知禮的了。」

(四)

傳 鄭伯使卒①山豭②，行③出犬雞④，以詛⑤射潁考叔者。君子謂：「鄭莊公失政刑矣！政以治民⑥，刑以正邪⑦，既無德政，又無威刑，是以及邪。邪而詛之，將何益矣！」

【今註】 ㈠卒：司馬法說：百人為卒。㈡豭：音加。說文，豭、牡豕也。廣雅，豭、豕也。㈢行：音ㄏㄤˊ。韋昭國語注，行，行列也。㈣犬雞：用犬或用雞。㈤詛：鄭玄周禮注、詛，謂祝之使詛敗也。㈥政以治民：用政以治理人民。㈦刑以正邪：用刑法以正邪鄙。

【今譯】鄭伯命令每一卒出一隻豬，每一行出犬或出雞，以詛咒射死潁考叔的人。君子說：「鄭莊公錯失了政治和刑法。政治是要治理人民的，刑法是要規正邪惡的。既沒有德惠的政治，又沒有威嚴的刑法，所以才會招致邪惡。邪惡不正而反用詛咒，將有什麼益處呢？」

㈤

傳 王取鄔①、劉②、蔿③、邘④之田于鄭，而與鄭人蘇忿生⑤之田溫，原⑥，絺⑦，樊⑧，隰郕⑨，攢茅⑩，向⑪，盟⑫，州⑬，陘⑭，隤⑮，懷⑯。君子是以知桓王之失鄭也：恕而行之⑰，德之則也⑱，禮之經也⑲，己弗能有，而以與人⑳，人之不至㉑，不亦宜乎！

【今註】㈠鄔：在河南省偃師縣西南五十里。㈡劉：在河南省偃師縣南十五里。㈢蔿：在今河南省偃師縣與孟縣之間。㈣邘：在今河南省河內縣西北三十里。㈤蘇忿生：在武王時為周司寇，尚書立政篇所謂「司寇蘇公」即此人。㈥原：在今河南省濟源縣西北十五里原鄉。㈦絺：在河南省河內縣西南三十二里。㈧樊：亦名陽樊，在今河南省濟源縣西南十五里。㈨隰郕：在河南省河內縣西三十里。亦名隰城。㈩攢茅：在今河南省修武縣西北二十里的大陸村。(十一)向：在河南省濟源縣西南向城。(十二)盟：在河南省孟津縣西南三十里。(十三)州：在河南省河內縣東南五十里。(十四)陘：音刑。在河南省河內縣西北三十里。(十五)隤：在河南省修武縣西北故隤城。(十六)懷：今河南省武陟縣西南十一里有懷鄉故城。(十七)恕而行之：以寬恕之道來行。(十八)德之則也：進德的規則。(十九)禮之經也：禮所經的軌路。(二十)己弗能有，而以與人：蘇忿生的田非周王所有，而周王反以與鄭人。(二十一)人之不至：鄭伯不肯來朝覲周王。

【今譯】周王向鄭國取得鄔、劉、蔿、邘、四邑的田，而把蘇忿生的溫、原、絺、樊、隰郕、攢茅、向、盟、州陘、隤、懷十二邑的田給鄭國。君子由此知道周桓王失去鄭國的原因。以恕道行動，是進德的準則，禮節的規則。把自己不能保有的地方給予他人，人家不再來朝見，不是應該的嗎？

㈥ 傳 鄭息①有違言②，息侯伐鄭，鄭伯與戰于竟③，息師大敗而還。君子是以知息之將亡也：不度德④，不量力⑤，不親親⑥，不徵辭⑦，不察有罪⑧，犯五不韙⑨：而以伐人，其喪師⑩也，不亦宜乎！

【今註】㈠息：姬姓國，侯爵。在今河南省新息縣。㈡違言：言語之間有違忤處。㈢竟：鄭國境內。㈣不度德：不忖度鄭莊公之賢。㈤不量力：息國小無力。㈥不親親：息與鄭是同姓之國。㈦不徵辭：因言語雖相恨，應當證明話的真假。㈧不察有罪：不細考察鄭國是否有罪。㈨不韙：韙音ㄨㄟˇ。不對的事。㈩喪師：喪滅軍力。

【今譯】 鄭、息兩國言語之間有互相違忤的地方，因此息侯去伐鄭伯，鄭伯和他交戰於境內，息國軍隊大敗而回。君子由此知道息國將要滅亡。因他不量度鄭莊公的賢德，不估量自己的力量，不親愛親戚，不證明言辭的真假，不察明罪惡的曲直，自己犯了五種不對的事，反而去討伐別人，喪失了軍力，不也是應該的嗎？

(七) 傳 冬十月，鄭伯以虢師①伐宋。壬戌，大敗宋師，以報其入鄭②也。宋不告命③，故不書。凡諸侯有命，告則書，不然則否④。師出臧否亦如之⑤。雖及滅國⑥，滅不告敗，勝不告克⑦，不書于策⑧。

【今註】 ㊀以虢師：用虢國的軍隊。㊁以報其入鄭：入鄭之役在隱公十年。㊂宋不告命：勝敗是國家的大事，而宋不以相告魯國。㊃不然則否：不告則不書在竹簡上。㊄師出臧否亦如之：出兵的得或失也照這樣辦。㊅雖及滅國：就是到了國家被滅。㊆滅不告敗，勝不告克：被滅的國不以他戰敗相告，勝利的國家亦不以戰勝相告。㊇不書于策：就不寫在竹簡上。

【今譯】 冬，十月，鄭伯以虢國軍隊討伐宋國。壬戌，大敗了宋國軍隊，藉此報復宋國侵入鄭國的恨事。宋國不派人來魯國通告，故不把這件事寫在竹簡上。凡是諸侯國家有大事和政令，來通告的就記載，不然就不記載。出兵不論勝敗也是一樣，就是到了國家被滅，被滅的國家不以失敗相告，勝利的國家不以勝利相告，也就不記在竹簡上。

(八)經　冬十有一月壬辰公薨。

傳　羽父請殺桓公，將以求大宰①。公曰：「為其少故也②，吾將授之矣③。使營菟裘④，吾將老焉⑤。」羽父懼，反譖⑥公于桓公而請弒之。公之為公子也，與鄭人戰于狐壤⑦，止焉⑧。鄭人囚諸尹氏⑨，賂⑩尹氏而禱于其主鍾巫⑪，遂與尹氏歸，而立其主⑫。十一月，公祭鍾巫，齊于社圃⑬，館于寪氏⑭。壬辰，羽父使賊⑮弒公於寪氏，立桓公，而討寪氏，有死者⑯，不書葬⑰，不成喪⑱也。

【今註】㊀大宰：大音太。按昭公四年左傳稱「季孫為司徒，叔孫為司馬，孟孫為司寇」可見魯只有三卿，並無大宰。可能就是因為羽父請求太宰的官而發生隱公被弒的事件，因此魯國始終未設此官。㊁為其少故也：因為他太年輕。㊂吾將授之矣：吾將以君位授給桓公。㊃使營菟裘：菟裘公羊傳作塗裘，在今山東省泗水縣西北。使營菟裘：派人營造菟裘的宮室。㊄吾將老焉：以為退休之地。㊅反譖：音ㄗㄣˋ，反過來向桓公說隱公的壞話。㊆狐壤：鄭地。在今河南省。㊇止焉：因為魯國諱言被擒，所以稱為止。㊈尹氏：鄭大夫。㊉賂：以錢財相賄賂。⑪其主鍾巫：主是尹氏所主祭的。鍾巫是其主之名。㊂而立其主：立鍾巫之祭於魯國。㊂齊于社圃：齊同齋。社圃是園名。㊃寪氏：音ㄨㄟˊ，魯大夫。㊄使賊：羽父使其黨羽。㊅有死者：因為隱公是死在寪氏家裏，故誣賴寪氏為弒君，遂殺了寪氏幾個人。㊆不書葬：經只書公薨，而不書葬，可見是未行葬禮。㊇不成葬：沒能正式舉行喪禮。

【今譯】羽父請求殺死桓公，藉以請求做大宰。隱公說：「因為桓公年紀太輕我才攝政。我將把君位授給桓公。派人去營造菟裘的宮室，我將要告老退休了。」羽父很恐懼，反過來向桓公說隱公的壞話，請求弒殺隱公。隱公從前做公子的時候，曾和鄭人交戰於狐壤，在那裏被俘而停戰。鄭人把他囚在尹氏家裏。隱公用錢財做賄賂而祈禱於尹氏所祭的神鍾巫，於是隱公便帶著尹氏回國，而立鍾巫的神主於魯國。十一月，隱公要祭祀鍾巫，齋戒於社圃，而住在大夫寪氏家裏。壬辰，羽父派他的黨羽弒殺隱公于寪氏家，立桓公為魯君，而討伐寪氏，有幾個人被殺死。經上不記載這件事，因為沒有正式舉行喪禮。

卷二　桓公

桓公元年

(一)經元年春王正月，公即位。

傳元年（公元前七一一年）春，公①即位②，修好于鄭，鄭人請復祀周公，卒易祊田③，公許之。

【今註】㊀公：指桓公；名軌，為惠公的兒子，隱公的弟弟，母仲子。謚法，辟土服遠曰桓。史記魯世家說他名允。㊁即位：行即位的典禮。㊂卒易祊田：此事已見隱公八年。

【今譯】元年，春，桓公行即位典禮。桓公即位後，修治魯國與鄭國的和好，鄭人請求恢復周公的祭祀，完成祊田的交換，桓公允許了。

(二)經三月，公會鄭伯于垂，鄭伯以璧假許田。

傳三月，鄭伯以璧假許田①，為周公祊故也。

【今註】㊀以璧假許田：璧是玉璧。用璧來假借許田。

【今譯】三月，鄭伯用玉璧來假借許田，為的交換祭周公的祊田。

(三)經 夏四月丁未，公及鄭伯盟于越。

傳 夏四月丁未，公及鄭伯盟于越①，結祊成也②。盟曰：「渝盟無享國③。」

【今註】㈠越：即經所云之垂，一名犬邱，在山東省曹縣北三十里。而越在垂左近。㈡結祊成也：為的完結用許田與祊相換的事件。㈢渝盟無享國：這是盟辭。若變易此盟，就不許享有國家。

【今譯】夏，四月，丁未，桓公與鄭伯盟誓於越，以完成許田與祊田交換的事件。盟辭說：「若是變易了這個盟誓，就不能享有國家。」

(四)經 秋大水。

傳 秋，大水，凡平原出水為大水①。

【今註】㈠凡平原出水為大水：廣平之地出水，並非泉水湧出，則為大水。

【今譯】秋，發生大水。凡是廣平的地上出水彌漫，就叫做「大水」。

(五)經 冬十月①。

【今註】㈠此經只剩三字，後人遂有種種的忖測之辭，我則以為這竹簡因年久而朽爛，遂餘下三個字，並無特別的說法。

㈥傳 冬，鄭伯拜盟①。

【今註】㈠拜盟：拜謝越之盟。

【今譯】冬，鄭伯來拜謝越的盟約。

㈦傳 宋華父督①見孔父之妻于路②，目逆而送之③曰：「美而豔④。」

【今註】㈠華父督：是宋國的卿，為宋戴公之孫。㈡于路：在路上。㈢目逆而送之：先看見，一直用眼送她到遠處。㈣美而豔：貌美而姿色鮮艷。

【今譯】宋國的華父督在路上碰見孔父的妻子，眼看著他走近又一直目送他走遠，說：「貌美而姿色鮮艷。」

桓公二年

㈠經 二年（公元前七一〇年）春王正月，戊申，宋督弒其君與夷及其大夫孔父。

傳 二年春，宋督①攻孔氏②，殺孔父而取其妻③。公怒④，督懼，遂弒殤公⑤。君子以督為有無君之心，而後動於惡，故先書弒其君⑥，會于稷⑦，以成宋亂⑧，為賂故，立華氏⑨也。宋殤公立，十年十一戰⑩，民不堪命⑪，孔父嘉為司馬⑫，督為大宰⑬，故因民之不堪命，先宣言曰：「司馬則然。」已殺孔父而弒殤公，召莊公⑭于鄭，而立之以親鄭⑮，以郜大鼎⑯賂公，齊、陳、鄭皆有賂，故遂相宋公⑰。夏四月，取郜大鼎于宋。戊申，納於大廟⑱，非禮也。臧哀伯⑲諫曰：「君人者將昭德塞違⑳，以臨照百官㉑，猶懼或失之㉒，故昭令德㉓以示子孫，是以清廟茅屋㉔，大路越席㉕，大羹不致㉖，粢食不鑿㉗，昭其儉㉘也。袞㉙冕㉚黻㉛珽㉜，帶㉝裳㉞幅㉟舄㊱，衡㊲紞㊳紘㊴綖㊵，昭其度㊶也。藻㊷率㊸鞞㊹鞛㊺，鞶㊻厲㊼游㊽纓㊾，昭其數㊿也。火(51)龍(52)黼黻(53)，昭其文(54)也。五色比象(55)昭其物(56)也，鍚(57)鸞(58)和(59)鈴(60)，昭其聲(61)也，三辰旂旗(62)昭其明(63)也。夫德儉而有度

(64)，登降有數(65)，文物以紀之(66)，聲明以發之(67)，以臨照百官(68)，百官於是乎戒懼(69)，而不敢易紀律(70)：今滅德立違(71)，而寘其賂器(72)於大廟，以明示(73)百官，百官象之(74)，其又何誅(75)焉？國家之敗由官邪(76)也，官之失德寵賂章(77)也。郜鼎在廟，章孰甚(78)焉？武王克商，遷九鼎(79)于雒邑(80)，義士(81)猶或非之(82)，而況將昭違亂之賂器於大廟，其若之何(83)？」公不聽，周內史(84)聞之曰：「臧孫達其有後於魯(85)乎？君違(86)不忘諫之以德。」

【今註】㈠宋督：指華父督。㈡攻孔氏：古代各族皆有軍隊，故華父督用他的軍隊攻孔氏。㈢殺孔父而取其妻：故先殺孔父而目的在娶其妻。㈣公怒：宋殤公因此發怒。㈤督懼，遂弒殤公：華父督因殤公發怒，遂有所懼，而弒殤公。㈥先書弒其君：事實上殺孔父在先，殺殤公在後，但因他先有無君之心，故先書弒其君。㈦稷：在今河南省商邱縣左近。㈧以成宋亂：以平定宋國的亂。㈨為賂故，立華氏：因為華父督對各國皆有賄賂，所以才立華督主持宋政。㈩十年十一戰：殤公以隱公四年立，十一戰皆在隱公的時代。(一一)民不堪命：人民不能忍受。(一二)司馬：是主兵之卿。(一三)大宰：宋卿名。大音泰。(一四)莊公：是公子馮。(一五)立之以親鄭：因為在隱公三年，公子馮出居於鄭。(一六)以郜大鼎：郜為文王子所封，今山東省城武縣東南有北郜城。用郜國所造的銅器。(一七)遂相宋公：春秋時代，相字最初為臨時的名稱，比如孔子在夾谷相禮，尚是用的原意。至戰國時代方有宰相的名稱。「相宋公」這種字樣是頭一次見於春秋時代。⑱納于大廟：大音泰。安置在魯國的祖廟內。⑲臧哀伯：魯大夫，是臧僖伯之子。⑳昭德塞違：昭明德性，閉塞違邪。㉑臨照百官：專門做給百官看，做為榜樣。㉒猶懼或失之：恐怕尚不能成功。㉓昭令德：昭明好的德性。㉔清廟茅屋：清廟就是祖先的廟。其屋上以茅草覆蓋，以示節儉。㉕大路越席：大路是祀天的玉路。以結草為席，也所以示儉。㉖大羹不致：大羹是宗廟祭祀尸所用，只用肉汁，不加五味。㉗粢食不鑿：粢音ㄗˋ，祭祀所用的穀皆不精鑿。㉘昭其儉：以上四類皆是表示儉省。㉙袞：是用玄色而畫以龍。㉚冕：是禮帽。㉛黻：音弗，是用皮所作，為蔽膝之用。㉜珽：音停，用玉所作的笏板。㉝帶：皮帶。㉞裳：古人謂衣以下為裳，等於現在的裙子。㉟幅：音逼，若晉朝人所謂的行縢。㊱舄：音昔，等於現在的鞋。㊲衡：以玉做成，是用來維持冠冕與髮的。㊳紞：音ㄉㄢ，以線織成，垂於冠下。㊴紘：從下而上的纓。㊵綖：以木為幹，上面蓋以玄顏色的布，稱為綖。㊶昭其度：因為尊卑各有制度，所以表示。㊷藻：即畫藻，以皮做成。㊸率：音律，即刷巾。據傳遜說，率帶諸侯大夫皆五彩，士二彩。㊹鞞：音ㄆㄧˇ。詩毛傳，佩刀削下的裝飾曰鞞。㊺鞛：音ㄅㄥˇ。詩毛傳說佩刀削上的裝飾曰鞛。㊻鞶：音盤，是紳帶。㊼厲：是大帶之垂者。㊽游：是旌旗的穗子。㊾纓：是馬胸前的五彩裝飾物。㊿昭其數：表示尊卑各有等級。(五一)火：畫有火形。(五二)龍：畫有龍形。(五三)黼：音ㄈㄨˇ，白與黑名謂黼，形若斧頭。黻：音ㄈㄨˊ黑青名謂黻，它是兩己相背的形狀。(五四)昭其文：以表示他的文章貴賤。(55)五色比象：〈考工記〉說「東青、南赤、西白、北黑、天玄、地黃是其比象。」此是六色，而稱為五色，因為玄色是在赤色與黑色之間。(56)昭其物：以昭明器物的不虛設。(57)錫：音揚，安在馬面上，有聲響。(58)鸞：是在馬口兩邊所繫的鈴鐺。(59)和：附在車軾上的鈴鐺。(60)鈴：是在旂旗上的鈴鐺。(61)昭其聲：昭示它的聲音。(62)三辰旂旗：將日、月、星畫在旗子上面。(63)昭其明：所以昭示天的光明。(64)儉而有度：儉省而有制度。(65)登降有數：王引之說「登謂增其數，降謂減其數。」杜註為上下尊卑不對。(66)文物以紀之：文物所以記載它。(67)聲明以發之：聲音與顏色來發展它。(68)臨照百官：用以訓示所有的官吏。(69)戒懼：警惕遂害怕。(70)易紀律：改易紀律。(71)滅德立違：王念孫說「違，邪也。與回邪之回聲近而義同。」按上文昭德塞違；下文又說昭違亂之賂器於大廟，違全作為邪字講。(72)賂器：指郜鼎。(73)明示：明白的告示。(74)百官象之：百官以它為表像。(75)何誅：如何懲罰。(76)官邪：官的行為不正。(77)寵賂章：所得的恩寵及賄賂很彰顯。(78)章孰甚：何事再比它更彰明顯著。(79)九鼎：為夏人所鑄。(80)雒邑：雒音洛。雒邑是周公所營，後謂之王城，在今河南省洛陽縣。(81)義士：守正義的人士。(82)猶或非之：不以為然。(83)其若之何：又怎麼辦。(84)周內史：周國的史官。(85)有後於魯：他的後人必可以維持住職位於魯國。(86)君違：君若有邪政。

【今譯】二年，春，宋華父督攻擊孔氏，殺死孔父而奪取他的妻子。宋殤公很生氣，華父督很恐懼，於是就弒殺殤公。君子以為華父督先存有「無君」的心，然後才動弒君的惡念，所以經上先寫「弒其君」。魯桓公與齊侯及陳侯會見於稷邑，以平定宋國的亂事，這是為了接受賄賂的緣故，而立華氏主持宋政。宋殤公在位十年發生十一次戰爭，宋國的人民不能忍受。孔父嘉為司馬，華父督為大宰，所以他利用人民不能忍受的心理，先公開宣佈說：「這些戰爭實在都是司馬造成的。」既已殺了孔父而且又弒殺殤公。從鄭國召回宋莊公而立為國君。藉此親於鄭國，用郜國的大鼎賄賂魯桓公，齊、陳、鄭三國也都有賄賂，所以華父督就做了宋莊公時掌政權的人。夏，四月，魯國從宋國取來郜國的大鼎。戊申，安置在太廟裏面，這是不合禮的。臧哀伯諫諍說：「做國君的人，要昭明德性閉塞違邪，以便做為百宮的榜樣來影響他們。還恐怕也許不能成功，所以要昭明良好的德性以告示子孫。這就是祖先的廟只用茅草蓋屋頂，祀天的玉路只結草做蓆，肉汁不加五味，祭祀用的黍稷都不用精鑿，以這四種來表示他的儉省。畫著龍的上衣、禮帽、蔽膝、玉笏、皮帶、裙子、纏腿、鞋子、以及禮帽上的衡、紞、紘、綖，都有一定，以表示他的制度。襯玉的畫藻、刷巾、佩刀削下的裝飾、紳帶和垂下的大帶、旌旗的穗子、馬胸前的纓索，也都有一定，以表示合於尊卑的數目。用火、龍、黼、黻等花紋圖案做裝飾，以表示他的文章。車服器械用五色來象徵，以表示器物的實體。馬額上的錫，馬口兩邊的鸞，車軾上的和，以及旌旗上的鈴，以表示他的聲音。用畫有日、月、星的旗幟，以表示他的明德如天的光明一樣。所謂德，就是要能做到儉省而有制度，增加或減少有一定的數目，用文章與器物來記載，用聲音和光明來發揮，這樣來訓示百官，百官就能警戒畏懼，而不敢改變紀律。現在滅了有德的人而立了違邪的人，並且把他所賄賂的器物安置在大廟，公開展示給百官，百官若是仿傚了這種行為，又怎能處罰他們呢？國家的敗亡，由於官員行為不正，官員的喪失德行，是由於寵愛賄賂彰明顯著的緣故。現在郜國的大鼎放在大廟裏，有比這個更明顯的嗎？周武王克服商朝以後，把九鼎遷移到雒邑，守正義的人士都還不以為然，何況把表示邪惡亂政的賂器放在太廟，又怎麼辦呢？」桓公不聽他的話。周的內史聽到了這件事，說：「臧孫達的後人必可以維持住他們的職位於魯國。國君有邪政，不忘用德行諫諍。」

㈡經 滕子來朝。

【今註】此經無傳。

【今譯】滕子來魯國朝見。（無傳）

㈢經 三月公會齊侯，陳侯，鄭伯于稷，以成宋亂。

【今註】此經之傳見傳一。

【今譯】三月，魯桓公會見齊侯、陳侯、及鄭伯於稷邑，以平定宋國的亂事。（傳見㈠）

㈣經 四月，取郜大鼎于宋，戊申納於大廟。

【今註】此經之傳亦見傳一。

【今譯】四月，魯國向宋國取來郜國的大鼎。戊申，安置在大廟裏。（傳見㈠）

(五)經 秋七月，杞侯來朝。

傳 秋七月，杞侯①來朝，不敬。杞侯歸，乃謀伐之。

【今註】㊀杞侯：杞是姒姓，周武王伐紂求禹之後得東樓公，而封於杞。在今河南省雍邱縣。

【今譯】秋，七月，杞侯來魯國朝見，沒有禮敬。杞侯歸國，魯國就謀劃要討伐他。

(六)經 蔡侯，鄭伯會于鄧。

傳 蔡侯，鄭伯會于鄧①，始懼楚也。

【今註】㊀鄧：在今河南省郾城縣東南三十五里有鄧城。

【今譯】蔡侯與鄭伯會見於鄧，開始畏懼楚國的勢力。

(七)經 九月入杞。

傳 九月入杞，討不敬①也。

【今註】㊀討不敬：因為杞侯來朝不敬。

【今譯】九月，攻入杞國，討伐杞侯的不敬。

(八) 經 公及戎盟于唐，冬，公至自唐。

傳 公及戎盟于唐，脩舊好①也。

【今註】㊀脩舊好：指惠公與隱公的舊盟誓。

【今譯】魯桓公及戎人會盟於唐，以修治舊時的和好。

(九) 傳 冬，公至自唐，告于廟①也。凡公行，告于宗廟。反，行飲至②舍爵策勳③焉，禮也。特相會，往來稱地④，讓事⑤也。自參以上⑥，則往稱地⑦，來稱會⑧，成事⑨，也。

【今註】㊀告于廟：告于祖廟。㊁行飲至：行飲的禮節。㊂舍爵策勳：爵是飲酒所用的器皿。既飲之後，放下酒杯，則將隨從的人的勳勞寫到竹簡上。㊃往來稱地：寫上會盟的地方。㊄讓事：因為兩國相會，莫肯為主人，互相謙讓，所以只寫會盟的地方。㊅自參以上：由三國會盟以上。㊆則往稱地：去時稱所往的地名。㊇來稱會：回來時就稱會盟。㊈成事：表示會盟已經成功。

【今譯】冬，魯桓公從唐回國，告於祖廟。凡是公出國，要告於祖廟，回國，舉行飲至禮，放下酒杯，就將隨從人員的功勞記在竹簡上，這是合禮的。只有兩國會盟，去時回時都寫上會盟的地名，因為兩國會盟，彼此謙讓，不肯做主，會盟不成，所以只寫會盟的地方；由三國以上會盟，則去時稱所要去的地名，回時就稱會盟，表示會盟成功。

㈩傳初，晉穆侯①之夫人姜氏，以條②之役生大子③，命之曰仇④。其弟以千畝之戰⑤生，命之曰成師。師服⑥曰：「異哉君之名子也。夫名以制義⑦，義以出禮⑧，禮以體政⑨，政以正民，是以政成而民聽，易則生亂⑩。嘉偶曰妃⑪，怨耦曰仇⑫，古之命也⑬。今君命大子曰仇，弟曰成師，始兆亂⑭矣。兄其替⑮乎！」惠⑯之二十四年，晉始亂⑰，故封桓叔⑱于曲沃⑲。靖侯⑳之孫欒賓傅之㉑。師服曰：「吾聞國家之立也，本大而末小㉒，是以能固㉓。故天子建國，諸侯立家，卿置側室㉔，大夫有貳宗㉕，士有隸子弟㉖，庶人、工、商，各有分親㉗，皆有等衰㉘，是以民服事其上㉙，而下無覬覦㉚。今晉，甸侯㉛也，而建國，本既弱矣，其能久乎？惠之三十年，晉潘父㉜弒昭侯㉝，而立桓叔，不克，晉人立孝侯㉞。惠之四十五年，曲沃莊伯㉟伐翼㊱，弒孝侯，翼人立其弟鄂侯，鄂侯生哀侯㊲，哀侯侵陘庭㊳之田，陘庭南鄙㊴，啟㊵曲沃伐翼。

【今註】 ㈠晉穆侯：為晉獻侯之子，他為成王封其弟叔虞於唐的第九君。晉是姬姓。㈡條：在今山西省安邑縣北三十里鳴條岡。㈢大子：大音太，即後之晉文侯。㈣命之曰仇：命等於名。命之曰仇即等於名之曰仇。㈤千畝之戰：千畝在今山西省界休縣。據國語說「宣王三十九年，戰于千畝，王師敗績於姜氏之戎。」據史記周本紀也說：宣王三十九年有千畝之戰。㈥師服：晉大夫。㈦名以制義：名以制定義法。㈧義以出禮：禮自義而來。㈨禮以體政：政由禮而成。㈩易則生亂：變易禮及義，亂就生出來。⑪嘉偶曰妃：好的配偶就叫做妃。⑫怨偶曰仇：相怨的配偶就叫做仇。⑬古之命也：這是古人用的名稱。⑭兆亂：亂的預兆。⑮兄其替：音替，替即廢。兄將來被廢。⑯惠：魯惠公。⑰晉始亂：指晉文侯卒。⑱桓叔：即成師諡法。⑲曲沃：在今山西聞喜縣。⑳靖侯：桓叔的高祖父。㉑欒賓傅之：欒賓為公孫，任桓叔的師傅。㉒本大而末小：根本粗大而末枝細小。㉓是以能固：所以能牢固。㉔卿置側室：側室所出為庶子。㉕大夫有貳宗：大夫的嫡子為小宗。貳宗是庶子的後人。㉖士有隸子弟：士低於大夫，以他的子弟為僕隸。㉗庶人、工、商、各有分親：在春秋時士與庶人尚不並稱，自孟子時，方才開始士與庶人連稱，由此可看出春秋與戰國的分野。庶人與工商皆在貴族與小人之間。㉘皆有等衰：皆有等級高下。㉙民服事其上：百姓聽從上面的命令。㉚覬覦：音（ㄐㄧˋ ㄩˊ）。下希望上的位置。㉛甸侯：其爵位為侯，而封的地位為甸服。㉜潘父：晉大夫。㉝昭侯：晉文侯子。㉞孝侯：昭侯之子。㉟莊伯：桓叔子。㊱翼：在今山西省翼城縣東南十五里。㊲哀侯：鄂侯之子。㊳陘庭：史記晉世家庭作廷。陘庭即熒庭在山西省翼城縣東南七十五里。㊴南鄙：南郊。㊵啟：開啟。

【今譯】　起初，晉穆侯的夫人姜氏在條之役時生下了太子，命名叫做仇，他的弟弟在千畝之戰時出生，命名叫做成師。晉大夫師服說：「奇怪呀！國君竟這樣給他的兒子起名字。命名以制定義法，從義法而生出禮節，用禮節以完成政治，用政治以匡正人民，所以政治才有成效而人民聽命服從。變易禮節和義法就要發生亂事。好的配偶叫做妃，相怨的配偶叫做仇，這是古人用的名稱。現在國君叫他的太子做仇，太子的弟弟叫成師，這就開始預兆亂事的發生。做哥哥的將來豈不被廢嗎？」在魯惠公的二十四年，晉國開始發生亂事，所以封桓叔於曲沃，由靖侯的孫子欒賓做他的師傅。師服說：「我聽說一個國家的成立，根本大而末枝小，才能夠鞏固。所以天子封建諸侯，諸侯封建卿大夫，卿設置眾子，大夫除嫡子外另立貳宗，士有他的子弟做僕隸，庶人及工商各有分別的親戚，親疏都有等差，這樣人民才服從他的長上，而下面的人不敢覬覦上位。現在晉國只是甸侯的國家，而封建另一個侯國，根本既已衰弱了，還能長久存在嗎？」在魯惠公的三十年，晉大夫潘父弒殺昭侯而接納桓叔，沒有成功。晉國人立景侯為國君。在魯惠公的四十五年，曲沃莊伯攻伐翼都，弒殺孝侯，翼都的人立他的弟弟鄂侯為國君。郡侯生哀侯，哀侯侵佔陘庭地方的田，陘庭就是翼都的南鄙。這件事開啟了曲沃攻擊翼都的事端。

桓公三年

㈠傳　三年（公元前七〇九年）春，曲沃武公①伐翼，次②于陘庭，韓萬③御戎，梁弘為右，逐翼侯于汾隰④，驂絓而止⑤，夜獲之及欒共叔⑥。

【今註】㈠曲沃武公：是曲沃莊伯之子。㈡次：久留，據莊公三年傳說「再宿為信，過信為次。」㈢韓萬：莊伯之弟。㈣汾隰：音ㄈㄣˊ ㄒㄧˊ，在汾水邊上。㈤驂絓而止：驂是駕車的第三匹馬。絓：馬遇到樹。此指全車都被停止了。㈥欒共叔：桓公的叔父，欒賓的兒子。

【今譯】三年，春，曲沃武公攻伐翼都，久留在陘庭。韓萬駕戎車，梁弘做車右，追逐翼侯於汾水邊，直到驂馬絆住，戎車不能前進才停止。到了夜裏，他們俘獲了翼侯及欒共叔。

㈡經　三年春正月，公會齊侯于嬴。

傳　會于嬴①，成昏②于齊也。

【今註】㈠嬴：今山東省泰安縣東南五十里。㈡成昏：聘娶齊女為桓公夫人。

【今譯】魯桓公與齊侯會見於嬴，和齊侯訂成婚約。

(三)經 夏，齊侯衛侯，胥命于蒲。

傳 夏，齊侯，衛侯胥命①于蒲②，不盟也。

【今註】㊀胥命：只是申明約言，而不歃血。㊁蒲：是衛地，在河北省長垣縣故蒲城。

【今譯】夏，齊侯與衛侯在蒲互申約言，沒有歃血盟誓。

(四)經 六月，公會杞侯于郕。

傳 公會杞侯於郕，杞求成①也。

【今註】㊀求成：求和平。

【今譯】魯桓公會見杞侯於郕，因杞侯請求和平。

(五)經 秋七月壬辰朔，日有食之，既①。

【今註】既：完全看不到。有經無傳。

【今譯】秋，七月，壬辰朔，日蝕，太陽完全看不到。（無傳）

(六)經 公子翬如齊逆女。九月，齊侯送姜氏于讙，公會齊侯于讙，夫人姜氏至自齊。

傳 秋，公子翬如齊逆女①，修先君之好②，故曰公子。齊侯送姜氏，非禮也。凡公女嫁于敵國③，姐妹則上卿送之，以禮於先君④；公子則下卿送之，於大國，雖公子亦上卿送之；於天子，則諸卿⑤皆行，公不自送，於小國則上大夫送之。

【今註】㊀逆女：迎接來嫁之女。㊁修先君之好：婚禮說：「合二姓之好」先君遂代表女姓，故曰「修先君之好」。㊂敵國：同等的國家。㊃禮於先君：尊禮姐妹的父親。㊄諸卿：各卿士。

【今譯】秋，魯大夫公子翬到齊國迎接來嫁的小姐。名義上是修先君的和好，所以稱說「公子」。齊侯送姜氏出嫁，是不合禮的。凡是公國的女兒嫁到同等的國家，公的姊妹則由上卿送嫁，以表示尊禮於她們的父親，公的女兒則由下卿送嫁。對於大國，雖是公的女兒，也由上卿送嫁。對於天子，則各位卿士都出動，公不自己送嫁。對於小國，則由上大夫送嫁。

(七) 經 冬，齊侯使其弟年來聘。

傳 冬，齊仲年來聘，致夫人①也。

【今註】㊀致夫人：為的表示送至文姜。

【今譯】冬，齊侯的弟弟仲年來魯國聘問，為了桓公夫人的緣故來致殷勤的問候。

(八)經 有年①。

【今註】五穀皆熟為有年。有經無傳。

【今譯】今年五穀都熟。（無傳）

(九)傳 芮伯萬①之母芮姜，惡芮伯之多寵人②也，故逐之，出居于魏③。

【今註】㊀芮伯萬：芮音ㄖㄨㄟˋ是姬姓，在今陝西省朝邑縣有芮故城，在黃河西岸。伯是伯爵，名萬。㊁多寵人：很多寵愛的人。㊂魏：姬姓，在今山西省芮城縣河北故城。

【今譯】芮伯萬的母親芮姜，不喜歡芮伯有很多寵愛的人，所以驅逐他。芮伯只好離開去住在魏國。

桓公四年

(一)經 四年（公元前七〇八年）春正月，公狩于郎。

傳 四年春正月，公狩于郎，書時禮①也。

【今註】㊀書時禮：周之春天等於夏曆的冬天，這種狩獵不妨害農時，所以稱為合禮。

【今譯】四年，春，正月，魯桓公狩獵於郎，記載狩獵的時間，是合禮的。

(二)經 夏，天王使宰渠伯糾來聘。

傳 夏，周宰渠伯糾①來聘，父在故名②。

【今註】㈠渠伯糾：渠是氏，伯糾是名，其父為宰而以其子攝位出聘，所以書於竹簡，以示譏諷。

㈡父在故名：因為他是攝父位，所以竹簡稱他的名字。

【今譯】夏，周王的宰渠伯糾來魯國聘問。因他的父親尚在，所以寫了他的名字。

(三)傳 秋，秦師侵芮敗焉，小之①也。

【今註】㈠小之：秦以芮軍隊為少，故輕之，遂為芮所敗。

【今譯】秋，秦國軍隊侵略芮國，結果失敗，因為秦國小看了芮國的力量。

(四)傳 冬，王師秦師圍魏，執芮伯以歸①。

【今註】㈠執芮伯以歸：蓋欲納芮伯於其國。

【今譯】冬，周王的軍隊及秦國的軍隊包圍魏國，捉著芮伯而回。

【別註】按臧琳經義雜記之公穀不具四時條下：「初學記文部引劉歆七略曰：『春秋兩家文，或具四時，或不於古文無事不必具四時。』案春秋兩家，謂今文公羊、穀梁也，古文謂左氏也。或不當句，不讀為否，不必具四時，不衍字也。謂公、穀之經，或有不具四時，左氏雖無事必具也。」

桓公五年

(一)經 五年（公元前七〇七年）春正月甲戌，己丑，陳侯鮑卒。

傳 五年春正月，甲戌己丑①陳侯鮑②卒，再赴③也。於是陳亂，文公子佗④殺太子免⑤而代之。公疾病⑥，而亂作，國人分散，故再赴。

【今註】㈠甲戌己丑：甲戌是首次赴的日期，己丑是再赴。㈡陳侯鮑：魯侯未予同盟，照例不寫名字，而這次寫名者，因為陳國的兩次赴告皆稱名字。㈢再赴：所以有兩個日期。㈣公子佗：是桓公之弟五父。㈤太子免：桓公太子。㈥疾病：鄭元論語注，病謂疾困也。按白虎通巡狩篇：傳曰「甲戌之日亡，己丑之日死，而得有狂易之病蜚亡而死由不絕也。」

【今譯】五年，春，正月，甲戌和己丑，陳國兩次來赴告陳侯鮑死了。於是，陳國發生內亂，陳桓公的弟弟文公子佗殺死太子免而自己代為國君。陳桓公病危而亂事發生，陳國人分散，所以再來赴告一次。

(二)經 夏，齊侯，鄭伯如紀。

傳 夏，齊侯，鄭伯朝于紀，欲以襲之①，紀人知之②。

【今註】㊀欲以襲之：不明著宣戰曰襲。㊁紀人知之：紀人已經暗中知道，所以戒備來告魯國。此乃魯國史書所書齊鄭襲紀的原故。

【今譯】夏，齊侯與鄭侯到紀國朝見，想乘機偷襲紀國。紀國人暗中知道了，而求援於魯國，所以魯國的史書記載這件事。

(三)經 天王使仍叔之子來聘。

【今譯】周桓王派仍叔的兒子來魯國聘問。（無傳）

(四)經 葬陳桓公①。

【今註】㊀陳桓公：即陳侯鮑。有經無傳。

【今譯】安葬陳桓公。（無傳）

(五)經 城祝丘①。

【今註】㊀祝丘：在今山東省臨沂縣東南五十里，即邱城。

【今譯】修築祝丘的城牆。（無傳）

㈥傳 王奪鄭伯政①，鄭伯不朝。

【今註】㊀王奪鄭伯政：自從鄭武公，莊公為平王卿士，鄭國時常參予周王的政策，後來王又分鄭權予虢公林父，所以說王奪鄭伯政。按周自從立國以後，就始是兄弟共權制度，如周公為太宰，康叔為司寇，聃季為司空，見於定公四年的記載，皆為王室的卿士。又如尚書顧命篇列舉：「保奭、芮伯、彤伯、畢公、衛侯、毛公」皆足證。

【今譯】周桓王奪掉鄭莊公參與王政的權力，所以鄭莊公不朝見周王。

㈦經 秋，蔡人，衛人，陳人從王伐鄭。

傳 秋，王以諸侯伐鄭，鄭伯禦之，王為中軍①，虢公林父將②右軍，蔡人衛人屬焉；周公黑肩將左軍③，陳人屬焉。鄭子元④請為左拒⑤，以當⑥蔡人衛人；為右拒⑦，以當陳人，曰：「陳亂，民莫有鬬心，若先犯之⑧，必奔；王卒顧之⑨，必亂；蔡衛不枝⑩，固將先奔；既而萃⑪於王卒，可以集事⑫。」從之。

曼伯⑬為右拒，祭仲足⑭為左拒，原繁，高渠彌⑮以中軍奉公，為魚麗之陳⑯，先偏後伍，伍承彌縫⑰，戰于繻葛⑱。命二拒曰：「旝動而鼓⑲。」蔡，衛，陳皆奔，王卒亂。鄭師合以攻之⑳，王卒大敗，祝聃㉑射王中肩，王亦能軍㉒，祝聃請從之㉓。公曰：「君子不欲多上人㉔，況敢陵㉕天子乎？苟自救也，社稷無隕多矣㉖！」夜，鄭伯使祭足勞王，且問左右㉗。

【今註】㈠王為中軍：王親率領中軍。㈡將：率領。㈢周公黑肩將左軍：周公黑肩即周桓公，為王卿士，率領左軍。㈣子元：杜注為鄭公子。顧炎武則謂為鄭厲公。㈤左拒：等於左軍，專以抵抗周王的右拒。㈥當：同擋。㈦右拒：等於右軍，以抵抗周王的左軍。㈧若先犯之：要先去攻打他。㈨王卒顧之：王率領的軍隊看見。㈩不枝：中軍及左軍既敗，右軍也沒方法支持。⑪萃：聚。⑫集事：成事。⑬曼伯：鄭大夫檀伯。曼音萬。⑭祭仲足：即祭仲，鄭大夫。⑮原繁，高渠彌：二人皆鄭大夫。⑯魚麗之陳（音陣）：陣名。⑰先偏後伍，伍承彌縫：司馬法，二十五乘為偏，五人為伍。車居前而步卒居後，步兵當車的空隙之處，使兩車中間無缺縫。⑱繻葛：鄭地，今河南省長葛縣北十二里有故城。繻音ㄒㄩ。⑲旝動而鼓：賈逵以旝（音ㄎㄨㄞˋ）為發石，一曰飛石。鼓即鳴鼓。⑳鄭師合以攻之：鄭軍全體進攻。㉑祝聃：鄭大夫。㉒王亦能軍：王引之說：「亦當為不字，形相似而誤，此言王之餘師不復能成軍耳。」㉓請從之：請求追逐。㉔君子不欲多上人：君子不願意多在人上。㉕陵：欺凌。㉖社稷無隕多矣：不使社稷墜落，就甚滿意了。㉗左右：周王的群臣。

【今譯】周桓王用諸侯的軍隊討伐鄭國。鄭莊公抵禦。周桓王親自率領中軍，虢公林父率領右軍，蔡國人及衛國人隸屬於他。周公黑肩率領左軍，陳國人隸屬於他。鄭國的子元請求組成左拒以抵擋蔡人和衛人；組成右拒以抵擋陳人，他說：「陳國剛發生亂事，人民沒有戰鬥的心意，若是先攻擊他們，他們必定逃奔，周王率領的軍隊看見了，必定發生紛亂，蔡人和衛人不能互相支持，固然將會先逃奔。然後我們集中力量攻擊周王率領的軍隊，這樣便可以成功。」鄭莊公依照他的話去做。由曼伯率領右拒，蔡仲足率領左拒，原繁和高渠彌奉鄭莊公率領中軍，排成魚麗的陣式。前面安排二十五輛戰車，接著是步卒，五人一排，排在兩車間空隙的地方，形成不能中斷的陣式。交戰於繻葛。命令二拒說：「飛石一動就打起戰鼓。」蔡、衛、陳三國人都逃奔。周王的軍隊大亂，鄭國軍隊合力攻擊，周王的軍隊大敗。祝聃射中周王的肩部，周王的餘軍不再能成軍。祝聃請求追逐，鄭莊公說：「君子不願意多在人之上，何況敢欺陵天子嗎？假如能夠自救，不使社稷墮落，已經很夠了。」夜裏，鄭莊公派祭足慰勞周王，並且慰問他左右的人。

(八) 經 仍叔①之子弱也。

【今註】㊀仍叔：天子之大夫。其經見第三。

【今譯】仍叔的兒子，還是一位幼弱的童子。

(九)經　大雩。

傳　秋，大雩①，書不時②也。凡祀，啟蟄而郊③，龍見而雩④，始殺而嘗⑤，閉蟄而烝⑥，過則書⑦。

【今註】㊀大雩：雩音于，一種祭祀的名稱。㊁書不時：書寫以表示祭祀的不是時侯。㊂啟蟄而郊：啟蟄是夏正建寅之月。郊是祭天。㊃龍見而雩：龍見是建巳之月。雩是求雨。㊄始殺而嘗：始殺是建酉之月，穀方熟，嘗以祭祖先。㊅閉蟄而烝：閉蟄是建亥之月。烝亦祭祖先之名。㊆過則書：時間不對，就寫在竹簡上。

【今譯】秋，舉行大雩的祭典。經上記載這件事的不合時宜。凡是祭祀，啟蟄時舉行郊祭，龍見時舉行雩祭，始殺時舉行嘗祭，閉蟄時舉行烝祭。過時舉行就記載，表示時間不對。

(十)經　螽①。

【今註】㊀螽：音終。蝗蟲類，因為為災，所以寫到竹簡上。

【今譯】發生螽災。（無傳）

(十一)【經】冬，州公如曹。

【傳】冬，淳于公①如曹，度其國危②，遂不復③。

【今註】㊀淳于公：淳于即州國。州是姜姓。淳于在今山東省安邱縣東北三十里有淳于城。㊁度其國危：測度他的國很危險。㊂遂不復：就不再回到本國。

【今譯】冬，淳于公到曹國，測度他的國將有危難，就不再回國。

桓公六年

(一)【經】六年（公元前七〇六年）春正月寔來。

【傳】自曹來朝，書曰：「寔來①」，不復其國②也。

【今註】㊀寔來：寔等於實，就住在魯國。㊁不復其國：不再回到州國。

【今譯】六年，春，淳于公從曹國到魯國來朝見。經上記載「寔來」，表示他實在是來住在魯國，不再回到他自己的國家。

(二)【傳】楚①武王侵隨②，使薳章③求成④焉。軍於瑕⑤以代之⑥，隨人使少師⑦董成⑧。鬬伯比⑨言于楚子曰：「吾不得志於漢東⑩

也，我則使然⑪。我張吾三軍而被⑫吾甲兵，以武臨之⑬。彼則懼而協以謀我⑭，故難間⑮也。漢東之國，隨為大，隨張，必弃小國⑯。小國離⑰，楚之利也；少師侈⑱，請羸師以張之⑲。」熊率且比⑳曰：「季梁㉑在，何益？」鬭伯比曰：「以為後圖，少師得其君㉒。」王毀軍而納少師㉓，少師歸，請追楚師，隨侯將許之。季梁止之曰：「天方授楚㉔，楚之羸，其誘我也，君何急焉？臣聞小之能敵大也，小道大淫㉕。所謂道忠於民，而信於神也；上思利民忠㉖也，祝史正辭信㉗也，今民餒㉘而君逞欲㉙，祝史矯舉以祭㉚，臣不知其可也。」「公曰：『吾牲牷肥腯㉛，粢盛豐備㉜；何則不信？』」對曰：「夫民，神之主也，是以聖王先成民㉝，而後致力於神㉞，故奉牲以告曰：『博碩肥腯㉟』謂民力之普存㊱也，謂其畜之碩大蕃滋㊲也，謂其不疾瘯蠡㊳也；謂其備腯咸有㊴也。奉盛㊵以告曰：『絜粢豐盛』謂其三時不害㊶，而民和年豐㊷也。奉酒醴㊸以告曰：『嘉栗旨酒㊹』，謂其上下皆有嘉德而無違心㊺也；所謂馨香無讒慝㊻也，故務其三時㊼，修其五教㊽，親其九族㊾，以致其禋祀㊿，於是乎民和而神降之福。故動則有成(51)，今民各有心(52)，而鬼神乏主(53)，君雖獨豐(54)，其何福之有？君姑修政而親兄弟之國(55)，庶免於難(56)。」隨侯懼而修政，楚不敢伐。

【今註】㊀楚：是羋姓，春秋稱為子爵，但楚自己稱王，他是祝融八姓之一。最初據丹陽，在湖北省秭歸縣東七里。至楚文王時，遷都於郢在今湖北省江陵縣北十里紀南城。㊁隨：姬姓，後為楚所滅，在今湖北省隨縣南有古隨城。㊂薳章：楚大夫。薳音ㄨㄟˇ。㊃求成：求和平。㊄瑕：隨地。㊅以待之：以等侯薳章。㊆少師：隨大夫。㊇董成：辦理和平的交涉。㊈鬬伯比：楚大夫，是令尹子文的父親。㊉漢東：漢水以東。⑪我則使然：是我的政策使其如此。⑫被：裝備。⑬以武臨之：用武力來威脅他們。⑭協以謀我：聯合起來計算我。⑮故難間：所以不易離間他們。⑯隨張必弃小國：隨國自己以為侈大，必定捨棄四圍小國。⑰小國離：小國要離棄。⑱少師侈：少師本人很侈大。⑲請羸師以張之：羸音ㄌㄟˊ。請削弱我們的軍隊，以使少師自我張大其心。⑳熊率且比：楚大夫。率音律，且音ㄐㄩ。㉑季梁：隨賢臣。㉒少師得其君：少帥很得隨侯的信任。㉓王毀軍而納少師：王削減軍隊然後迎接少師。㉔天方授楚：天正授楚以天命。㉕小道大淫：小國很合道理而大國卻淫亂。㉖上思利民忠：在上的人想使民有利，就合於忠道。㉗祝史正辭信：廟祝及史官祝告的辭很合於正派，就叫做誠信。㉘民餒：民飢餓。㉙君逞欲：人君逞快他的私欲。㉚矯舉以祭：虛言辭在祭祀的時候。㉛牲牷肥腯：牲牷（音全）是純顏色的牛羊豕。腯音ㄊㄨˊ，同肥。㉜粢盛豐備：盛在祭器中的食糧完備而豐盛。㉝先成民：先造福他的人民。㉞致力於神：專力對神。㉟博碩肥腯：廣大而肥壯。㊱民力之普存：人民的力量普遍的存在。㊲碩大蕃滋：壯大並且生產很茂盛。㊳不疾瘯蠡：皮毛並沒有皮膚病，音ㄘㄨˋ ㄌㄧˊ。㊴備腯咸有：各種條件全都具備了。㊵奉盛：奉音ㄆㄥˇ。裝著食品的祭器。㊶三時不害：三時即春、夏、秋。不害是對食物皆沒有妨害。㊷民和年豐：人民和善因此各種穀類也豐收。㊸奉酒醴：奉音捧。酒醴即酒。㊹嘉栗旨酒：恭敬的敬獻美酒。㊺無違心：不存有邪心。㊻馨香無讒慝：酒味可遠聞，足證人心並無邪僻。慝音ㄊㄜˋ。㊼務其三時：在春、夏、秋三時皆盡力。㊽修其五教：修即修整。五教即父義、母慈、兄友、弟恭、子孝。㊾親其九族：親近他的九族。九族是由高祖到玄孫各成一族，此據鄭康成說法，與杜預釋九族不同。㊿禋祀：禋音因。潔淨的祭祀為禋祀。(51)動則有成：凡有舉動皆能成功。(52)民各有心：因為饑饉，所以人各有心。(53)鬼神乏主：因為民是神的主，所以鬼神就沒有主人。(54)雖獨豐：雖然獨自豐滿。(55)親兄弟之國：即所謂親近九族。(56)庶免於難：庶幾可以免於患難。

【今譯】 楚武王侵略隨國，派薳章去求和，親自駐軍在瑕等待。隨國派少師辦理和平的交涉。楚大夫鬬伯比對楚王說：「我國不能得志於漢水以東，是由於我國的關係。我擴張我國的三軍，而裝備我國的甲兵，用武力威臨他們，他們就畏懼而聯合起來計算我，所以不容易離間他們。漢水以東的國家，以隨國最大，隨國誇張自己的力量，必定捨棄其他小國，小國離心，就是楚國的利益。隨國的少師很自大，請削弱我們的軍隊，以使少師張大他的野心。」熊率且比說：「隨國有賢臣季梁在，這樣做有什麼益處呢？」鬬伯比說：「季梁的意見隨侯總認為是末後的不急之務，而少師正得著他國君的信任哩！」楚王削弱了軍隊，然後迎接少師。少師回到隨國，請求追逐楚國的軍隊，隨侯將要准許他，季梁阻止說：「天正要把命授給楚國，楚國的羸弱，是他誘騙我國的，您為什麼這樣著急呢？臣聽說小國所以能敵得過大國，是因為小國有道而大國淫亂。所謂道，就是忠於人民而信於神。在上的人想造福人民，就是忠；廟祝史官的言辭正直，就是信。現在人民飢餓而國君只想逞快他的私慾，廟祝和史官用虛偽的言辭祭祀，臣不知道像這種情形是可以成功的。」隨侯說：「我的犧牲毛色純而身體肥，盛在祭器裏的黍稷豐美而完備，為什麼不算誠信呢？」季梁回答說：「人民是鬼神的主人，因此聖王先造福人民然後專力對神。所以奉獻犧牲而祝告說：『廣大而肥壯。』這表示人民的富力普遍存在，表示他的牲畜壯大而生產蕃滋，表示他的牲畜皮毛沒有癬疥，表示他各種條件都具備了。奉獻裝著黍稷的祭器而祝告說：『黍稷潔淨而豐盛。』這表示春夏秋三時都沒有災害，而人民和洽年歲豐收。奉獻酒醴而祝告說：『嘉善恭敬的敬獻美酒。』這表示他的國家上下都有嘉善的德行，而不存邪心。所謂酒香可以遠聞，足證人心沒有邪僻。所以，春夏秋三時都勤力工作，修整五教，親愛九族，以致獻潔敬的祭祀。像這樣人民和洽而神祇降福給他，因此有所行動則能成功。現在人民各懷異心，而鬼神沒有主人，國君雖然自己很豐盛，他有什麼幸福呢？您姑且修明政治，而親近兄弟之國，庶幾可以免於患難。」隨侯畏懼而修明政治，楚國便不敢攻伐。

(三) 經 夏，四月公會紀侯于成①。

傳 夏，會于成，紀來諮謀齊難②也。

【今註】㈠成：魯地。今山東省寧陽縣東北九十里有故城社，就是古成城。㈡來諮謀齊難：紀被齊威脅，有被齊滅的可能，故與魯商議。

【今譯】魯桓公會見紀侯於成邑。紀侯來諮詢謀劃應付齊國的威脅。

(四) 傳 北戎①伐齊，齊侯使乞師于鄭②，鄭大子③忽帥師救齊。六月，大敗戎師，獲其二帥大良，少良④，甲首三百⑤，以獻於齊。於是諸侯之大夫戍齊，齊人饋之餼⑥，使魯為其班⑦，後鄭⑧。鄭忽以其有功也，怒，故有郎之師⑨。公之未昏於齊也，齊侯欲以文姜妻鄭大子忽，大子忽辭。人問其故，大子曰：「人各有耦⑩，齊大非吾耦⑪也。詩云：『自求多福⑫』在我而已，大國何為？」君子曰：「善自為謀⑬。」及其敗戎師也，齊侯又請妻之，固辭。人問其故，大子曰：「無事於齊，吾猶不

敢⑭；今以君命奔齊之急⑮，而受室以歸⑯，是以師昏⑰也，民其謂我何⑱？」遂辭諸鄭伯⑲。

【今註】㈠北戎：春秋時候齊國的邊界，當北到河北省無棣縣，更以北皆為北戎地。㈡使乞師于鄭：派人去要求鄭國的軍隊幫助。㈢大子：大音太。㈣大良少良：戎國二帥的名字。㈤甲首三百：披甲的軍隊，被割下來的首級有三百個。㈥饋之餼：餼音ㄒㄧˋ，未煮熟的食物。饋是贈送。㈦使魯為其班：使魯國戍齊的大夫為送餼的班次。㈧後鄭：把鄭國列在最後。㈨郎之師：在桓公十年十二月。㈩人各有耦：每人各有合適的配偶。⑪齊大非吾耦：齊是大國，不適合做我的配偶。⑫自求多福：詩經大雅文王篇句。⑬善自為謀：自己謀算的甚好。⑭無事於齊，吾猶不敢：對齊沒有幫助，我尚且不敢。⑮奔齊之急：齊國有急難，而跑去奔救。⑯受室以歸：接受夫人歸國。⑰師昏：藉著軍隊來成婚。⑱民其謂我何：人民對我將如何的批評。⑲遂辭諸鄭伯：於是假託鄭伯之名而辭謝。

【今譯】北戎攻伐齊國。齊國派使者向鄭國乞求援軍。鄭太子忽率領軍隊去救齊國。六月，大敗北戎的軍隊，把俘獲兩位將領大良和少良，以及披甲的軍隊被割下的首級三百個，獻給齊國。當時諸侯各國的大夫戍守齊國，齊國人用生的食物贈送他們，派魯國大夫負責分送，把鄭國列在最後，鄭太子忽因自己有功勞，因此很生氣，所以魯桓公十年有郎的戰役。當魯桓公還沒有成婚於齊國以前，齊侯想把文姜嫁給鄭太子忽，太子忽拒絕了。人家問他拒絕的理由，太子說：「每個人各有合適的配偶，齊是大國，不適合做我的配偶。詩經大雅說：『自求多福。』追求幸福靠我自己罷了，大國有什麼好處呢？」君子說：「太子忽很會替自己打算。」等到他打敗北戎的軍隊，齊侯又請求把別的女兒嫁給他，他堅持推辭，人家又問他理由，太子說：「對齊國沒有幫助，我尚且不敢接受。現在為了國君的命令奔援齊國的急難，因而接受妻室才回國，是仗著軍隊而結婚，人民將怎樣批評我呢？」於是假託鄭伯的名義而辭謝。

(五)經　秋八月壬午大閱，蔡人殺陳佗。

傳　秋，大閱①，簡車馬②也。

【今註】㈠大閱：檢閱軍隊。㈡簡車馬：檢閱車馬的數目。因為鄭太子忽怒魯國班後鄭，因此魯人懼而備戰，故檢閱軍隊。又按經曰：蔡人殺陳佗：陳佗立未會諸侯，故不稱爵位。

【今譯】秋，舉行大檢閱，為的是檢閱車馬。

(六)經　九月丁卯，子同生。

傳　九月丁卯，子同①生，以大子生之禮舉之②，接以大牢③，卜士負之④，士妻食之⑤，公與文姜宗婦命之⑥。公問名於申繻

⑦，對曰：「名有五：有信、有義、有象、有假、有類，以名生為信⑧，以德命為義⑨，以類命為象⑩，取於物為假⑪，取於父為類⑫。不以國⑬，不以官⑭，不以山川⑮，不以隱疾⑯，不以畜牲⑰，不以器幣⑱。周人以諱事神⑲，名終將諱之⑳。故以國則諱名㉑，以官則廢職㉒，以山川則廢主㉓，以畜牲則廢祀㉔，以器幣則廢禮㉕，晉以僖侯廢司徒㉖，宋以武公廢司空㉗，先君獻武廢二山㉘，是以大物不可以命㉙。」公曰：「是其生也，與吾同物㉚，命之㉛曰同。」

【今註】㈠子同：莊公名。㈡以大子生之禮舉之：大音太。舉之是接待的意思。㈢大牢：大音太。指牛、羊、豕。㈣卜士負之：禮記內則篇說：卜士扶著他，以桑弧蓬矢射天地四方。㈤士妻食之：卜士的妻也以乳餵他。㈥公與文姜宗婦命之：宗婦是同宗的夫人。命之是取名字的意思。㈦申繻：繻音須，魯大夫。㈧以名生為信：比如唐叔虞魯公子友及鄭穆公蘭。㈨以德命為義：比如文王名昌，武王名發。㈩以類命為象：比如孔子首像尼丘，故名丘字仲尼。⑪取於物為假：比如孔子之子叫孔鯉字伯魚。生時遇人恰好送來鯉魚，故名鯉字伯魚 ⑫取於父為類：比如子同與他的父親同一天生，故名叫子同。⑬不以國：不能拿本國的名字為名。⑭不以官：不能拿職官為名。⑮不以山川：

不拿山或河流的名曰為名。⑯不以隱疾：不拿隱痛疾患為名。⑰不以畜牲：不以馬、牛、羊、豕、犬、雞六畜的名字為名。⑱不以器幣：不拿銅器玉幣為名字。⑲周人以諱事神：周人對於祖先的名字避諱。⑳名終將諱之：對於新死的名字將避諱。㉑故以國則諱名：要用本國的名字，只好更易國名。㉒以官則廢職：用官為名，只好把官的職務去掉。㉓以山川則廢主：每個山水皆有他的主神。㉔以畜牲則廢祀：若以六畜為名，則當用的畜牲祭禮時不能用，如名豬則廢豬，名豐則廢羊。㉕以器幣則廢禮：祭祀或者盟誓所用的器物及玉幣要以為名，皆不能用，所以說是廢禮。㉖晉以僖侯廢司徒：晉僖侯名司徒，改為中軍。㉗宋以武公廢司空：宋武公名司空，改為司城。㉘先君獻武廢二山：魯獻公名具，武公名敖，就將具山同敖山改名。㉙大物不可以命：大物就指的以上所說的國、官、山川、畜牲及器幣。不可以命是不可以給人起名　㉚同物：史記魯世家也作同日。㉛命之：給他起名。

【今譯】九月，丁卯，子同出生。用太子出生的禮迎接他的誕生，準備了牛羊豕的大牢來迎接。出生三天，由卜士背負著他，由卜士的妻子以乳喂他。出生三月，桓公與文姜以及同宗的夫人給太子取名。桓公向申繻問取名的原則，申繻回答說：「取名有五種原則：信、義、象、假、類。以出生時身上的字紋取名，就是信；以他的德性取名，就是義；以他身體的特殊形狀取名，就是象；取物品的名做他的名，就是假；取和他父親有關的事為名，就是類。不用國名為名，不用官名為名，不用山川的名為名，不用隱痛疾病的名為名，不用畜牲的名為名，不用銅器玉帛的名為名。周人對於祀奉祖先避諱而不稱名，一個人的名字，終究將要避諱。所以用國名為名就要廢去國名，用官名為名就要廢去職官，用山川的名字做人名就要廢去山川的主神，用畜牲的名字做人名就要廢去祭祀，用銅器玉帛的名字做人名就要廢去禮節。晉國為了僖侯名司徒的緣故，而廢去司徒的官名，宋國為了武公名司空的緣故，而廢去司空的官名，我們魯國為了先君獻公和武公的名字而廢去二山的名字，所以重大的事物不能拿來取名。」桓公說：「那麼他出生和我同一天，就叫他做同。」

(七)經 冬，紀侯來朝。

傳 冬，紀侯來朝，請王命①，以成求于齊②，公告不能。

【今註】㈠請王命：請魯國代求王的命令。㈡求成于齊：求于齊國講和。

【今譯】冬，紀侯來魯國朝見，請魯國代他求得周王的命令，以便求和於齊國。桓公告訴他不能辦到。

桓公七年

(一)經 七年（公元前七〇五年）春二月己亥，焚咸丘①。

【今註】㈠焚咸丘：焚即燒。咸丘：魯地、在今山東省鉅野縣南有咸亭。無傳。

【今譯】七年，春，二月己亥，在咸丘地方打獵，用火焚燒原野。（無傳）

(二)經 夏穀伯綏來朝。

經 鄧侯吾離來朝。

傳 七年春，穀伯①鄧侯②來朝，名賤之③也。

【今註】㊀穀伯：伯爵，在今湖北省穀城縣北。㊁鄧侯：侯爵，在今河南省鄧縣。㊂名賤之也：稱他們的名字是看他們兩國為卑賤。

【今譯】七年，春，穀國的伯爵，鄧國的侯爵來魯國朝見。經上稱呼他們的名字，是賤視他們。

(三)傳 夏，盟①向求成于鄭，既而背之②。

【今註】㊀盟：音孟。㊁既而背之：後來又翻悔。

【今譯】夏，盟邑和向邑求和於鄭國，後來又翻悔。

(四)傳 秋，鄭人，齊人，衛人伐盟向，王遷盟向之民於郟①。

【今註】㊀郟：又名王城，在今河南省洛陽縣西的郟鄏陌，也稱作郟山。

【今譯】秋，鄭人、齊人和衛人討伐盟邑和向邑。周王把盟邑和向邑的人民遷徙到郟。

㈤傳 冬，曲沃伯①誘晉小子侯②殺之。

【今註】㊀曲沃伯：曲沃武公。㊁小子侯是哀侯子。

【今譯】曲沃武公誘騙晉國的小子侯而把他殺死。

桓公八年

㈠經 八年（公元前七〇四年）春正月己卯烝①。

【今註】㊀烝：是冬天祭祀。無傳。

【今譯】八年，春，正月己卯，舉行烝祭。（無傳）

㈡經 天王使家父①來聘。

【今註】㊀家父：是周天子的大夫，無傳。

【今譯】周桓王派家父來魯國聘問。（無傳）

㈢ 傳 八年春，滅翼①。

【今註】㊀滅翼：實在是被曲沃武公所滅。

【今譯】八年，春，曲沃武公消滅翼都。

㈣ 經 夏五月丁丑烝①。

【今註】㊀烝：烝祭。無傳。

【今譯】夏，五月，丁丑，舉行烝祭。（無傳）

㈤ 經 秋，伐邾。

【今註】有經無傳。

【今譯】秋，魯國討伐邾國。（無傳）

㈥ 傳 隨少師有寵，楚鬬伯比曰：「可矣，讎有釁不可失①也。」夏，楚子合諸侯于沈鹿②，黃③隨不會，使薳章讓黃。楚子伐隨，軍於漢淮④之間，季梁請下之⑤，弗許，而後戰，所以怒我而怠寇⑥也。少師謂隨侯曰「必速戰，不然將失楚師。」隨侯禦之，望楚師⑦。季梁曰：「楚人上左，君必左⑧，無與王遇，且攻其右，右無良⑨焉，必敗，偏敗⑩，眾乃攜⑪矣。」少師曰：「不當王，非敵也。」弗從⑫。戰于速杞⑬，隨師敗績⑭，隨侯逸⑮。鬬丹⑯獲其戎車⑰與其戎右⑱少師，秋，隨及楚平。楚子將不許，鬬伯比曰：「天去其疾⑲矣！隨未可克也。」乃盟而還。

【今註】㈠讎有釁不可失：讎國有間隙，機會不可丟掉。㈡沈鹿：楚地。在今湖北省鍾祥縣東六十里有鹿湖，池深不可測。㈢黃：國名，在今河南省潢川縣西潢城。㈣漢淮：指漢水淮水。㈤請下之：請先服從。㈥怒我而怠寇：這是為的使我軍隊激怒振奮，而使敵人懈怠。㈦望楚師：遙望楚師。㈧君必左：楚君必在左面。㈨右無良：楚君既在左邊，他的右邊必定沒有良好的軍隊。㈩偏敗：右邊一偏敗了。⑪眾乃攜：眾軍必定四散。⑫弗從：不從梁的計謀。⑬速杞：隨地，當在今湖北省應山縣境。⑭敗績：全軍覆沒。⑮逸：逃遁。⑯鬬丹：楚大夫。⑰戎車：是隨侯所乘的兵車。⑱戎右：古代兵車上共有甲士三人，一是將，一是御者，一是戎右。⑲天去其疾：這是指著隨少師被擒獲而死。

【今譯】隨國的少師得隨侯的寵信。楚國鬬伯比說：「可以了，我們的敵國內部有了間隙，機會不可失去。」夏天，楚子會合諸侯於沈鹿。黃國與隨國沒有到會。楚子便派薳章去責問黃國，而親自討伐隨國。駐軍在漢水與淮水間的地方。季梁請求隨侯先向楚國表示服從，若不允許然後才戰，這樣做為的是使我國的軍隊激怒振奮，而使敵人的軍隊懈怠。但是少師對隨侯說：「必定要速戰，不然，將會失去打敗楚軍的機會。」隨侯聽了少師的話率兵抵禦。遙望楚國軍隊。季梁說：「楚國人以左邊為上位，國君必定在左邊。我們不要與楚王正面衝突，姑且攻擊他的右邊，右邊沒有精良的軍隊，必定要敗，右邊一偏敗了，眾軍就會四散。」少師說：「不正面對付楚王，不算是對付敵人。」隨侯不聽季梁的話。兩軍交戰於速杞，隨軍敗戰，隨侯逃走。楚大夫鬬丹獲得了隨侯的戎軍和他的戎右少師。秋天，隨國與楚國講和，楚子將不答應，鬬伯比說：「天已經除去了他的禍患，隨國還是不可以被克服的。」於是才會盟而回。

(七)經 冬十月雨雪①。

【今註】㊀十月雨雪：周正的十月，就是夏正的八月。有經無傳。

【今譯】冬，十月，下雪。（無傳）

(八)傳 冬，王命虢仲①立晉哀侯之弟緡②于晉。

【今註】㈠虢仲：是王卿士虢公林父。㈡緡：是哀侯之弟的名字。緡音民。

【今譯】冬，周桓王命令虢仲到晉國，立晉哀侯的弟弟緡為國君。

(九)經　祭公來，遂逆王后于紀。

傳　祭公①來，遂逆②王后③于紀，禮也④。

【今註】㈠祭公：祭是周公子所封，現為天子的三公，因為周王使魯國為他主婚，所以祭公來受命于魯。㈡逆：迎接。㈢王后：桓王的后。㈣禮也：這樣做法，甚為合禮。

【今譯】祭公到魯國來受命，然後到紀國迎接王后，這是合於禮的。

桓公九年

(一)經　九年（公元前七〇三年）春，紀季姜歸于京師。

傳　九年春，紀季姜歸于京師①，凡諸侯之女行②，唯王后書③。

【今註】㈠歸于京師：嫁與周王為后。㈡諸侯之女行：諸侯的女兒出嫁。㈢唯王后書：只有關於王后方寫在竹簡上。

【今譯】九年，春，紀國的季姜嫁到京師為周王之后。凡是諸侯的女兒出嫁，只有關於王后才記載在竹簡上。

(二)經夏四月。

(三)經秋七月。

【今註】經二與經三，左氏春秋照例，凡無事只書事實，例見桓公元年冬十月註。

【今譯】經二與經三，皆無記事。

(四)傳巴子①使韓服②告于楚，請與鄧為好③。楚子使道朔④將巴客⑤以聘於鄧，鄧南鄙⑥鄾人⑦，攻而奪之幣⑧，殺道朔及巴行人⑨，楚子使薳章讓⑩於鄧，鄧人弗受⑪。夏，楚使鬬廉⑫帥師及巴師圍鄾，鄧養甥聃甥⑬帥師救鄾，三逐巴師不克⑭。鬬廉衡陳其師⑮於巴師之中，以戰而北⑯，鄧人逐之⑰，背巴師而夾攻之⑱，鄧師大敗，鄾人宵潰⑲。

【今註】㈠巴子：巴是姬姓國、子爵、在今四川省巴縣。㈡韓服：是巴國的行人官。㈢為好：相為和好。㈣道朔：楚大夫。㈤將巴客：率領著韓服。㈥南鄙：南郊。㈦鄾人：在今河南省襄城縣東北十二里。㈧攻而奪之幣：攻擊他們，奪到他們所拿的貨幣。㈨巴行人：即韓服。㈩讓：責讓。㈡鄧人弗受：鄧人不承認是鄾人所奪。㈢鬬廉：楚大夫。㈢養甥聃甥：皆是鄭大夫。㈣三逐巴師不克：三次追逐巴國的軍隊未能成功。㈤衡陳其師：將他的軍隊橫著排列在巴國的軍隊中。㈥以戰而北：作戰中偽裝戰敗。㈦鄧人逐之：鄧人追逐楚國軍隊。㈥背巴師而夾攻之：鄧師在其中，遂為巴師及楚師兩面夾攻。㈨宵潰：在夜中崩潰。

【今譯】巴國子爵派外交官韓服通告於楚國，請求幫助巴國與鄧國相為和好。楚子派道朔率領著巴國的客人去鄧國聘問。鄧國南部邊境的鄾人攻擊他們，奪取他們的幣帛，殺死道朔和巴國的外交官。楚子派薳章責讓鄧國。鄧國人不肯承認。夏天，楚國派鬬廉率領軍隊，同巴國的軍隊圍攻鄾人。鄧大夫養甥及聃甥率領軍隊援救鄾人，三次追逐巴軍而不能成功。鬬廉把他的軍隊橫陳在巴國軍隊的中間，與鄧軍接戰而佯裝失敗，鄧人追逐楚軍，而背對巴軍，於是楚軍與巴軍兩面夾攻，鄧國軍隊大敗。到了夜裏，鄾人終於崩潰。

㈤傳　秋虢仲，芮伯，梁伯①，荀侯②，賈伯③伐曲沃。

【今註】㈠梁伯：梁國嬴姓，在今陝西省韓城縣南二十里，古少梁城。㈡荀侯：荀據世本說是姬姓，在今山西省絳縣西十五里。㈢賈伯：亦是姬姓，今山西省臨汾縣有賈鄉。

【今譯】秋，虢仲、芮伯、梁伯、荀侯及賈伯一起討伐曲沃。

(六)經 冬，曹伯使其世子射姑來朝。

傳 冬，曹大子①來朝，賓之以上卿②，禮也③。享曹大子，初獻④，樂奏而歎。施父⑤曰：「曹太子其有憂乎，非歎所也⑥。」

【今註】㊀大子：大音泰名射姑，射音ㄧˋ。㊁賓之以上卿：以上卿之禮來對待他。㊂禮也：這很合於禮。㊃初獻：開始獻酒。㊄施父：魯大夫。㊅非歎所也：這不是嘆息的地方。

【今譯】冬，曹國太子來魯國朝見，用上卿的禮接待他，是合禮的。饗宴曹太子，開始獻酒，奏起音樂，而曹太子歎息。施父說：「曹太子他難道將有憂患嗎？這不是該歎息的所在啊！」

桓公十年

(一)經 十年（公元前七〇二年）春王正月庚申，曹伯終生卒。

傳 十年春，曹桓公①卒。

【今註】㊀曹桓公：就是曹伯終生。

【今譯】十年，春，曹桓公逝世。

(二)經 夏五月葬曹桓公①。

【今註】㈠曹桓公：即曹伯終生的謚號。無傳。

【今譯】夏，五月，安葬曹桓公。（無傳）

㈢ 傳 虢仲譖①其大夫詹父②於王，詹父有辭③，以王師伐虢。夏，虢公出奔虞④。

【今註】㈠譖：音ㄗㄣˋ。以讒誣的話告愬他人。㈡詹父：虢仲所屬下的周大夫。㈢詹父有辭：詹父有理由可以訴說。㈣虞：姬姓，周武王封太王之子仲雍之後於虞。在今山西省解縣東北四十里古虞城。

【今譯】虢仲向周王譖害他的大夫詹父。詹父有理由可以解釋。就用周王的軍隊討伐虢國。夏，虢公出奔到虞國。

㈣ 經 秋，公會衛侯于桃丘①弗遇②。

【今註】㈠桃丘：在今山東省東阿縣西五十里桃城舖，旁有一丘，高可數仞，即桃丘。㈡弗遇：先有約會相會，但未能遇見。有經無傳。

【今譯】秋，魯桓公依照約定到桃丘會衛侯，結果沒有遇到。（無傳）

(五)傳　秦①人納芮伯萬②于芮。

【今註】㈠秦：嬴姓，伯爵，出自顓頊裔孫女修。其後人非子為周孝王養馬，周人封為附庸。㈡納芮伯萬：見桓公四年左傳，王師秦師圍魏執芮伯以歸，所執的君就是芮伯萬，現在方將他納歸到芮國。

【今譯】秋，秦人把芮伯萬納歸芮國。

(六)傳　初，虞叔①有玉，虞公求旃②，弗獻，既而悔之。曰：「周諺③有之『匹夫無罪④，懷璧其罪⑤』吾焉用此⑥，其以賈害⑦也。」乃獻之⑧，又求其寶劍。叔曰：「是無厭也，無厭將及我⑨，」遂伐虞公，故虞公出奔共池⑩。

【今註】㈠虞叔：虞公之弟。㈡求旃：旃代表玉。㈢周諺：周國習用的諺語。㈣匹夫無罪：匹夫等於平民。無罪指本來沒有罪過。㈤懷璧其罪：只因為他有玉就有了罪過。㈥吾焉用此：我何必保存這塊玉。焉等於安，此是指玉。㈦賈害：賈音ㄍㄨˇ。買來禍害。㈧乃獻之：就將玉獻給虞公。㈨無厭將及我：如此不滿足，就將殺我。㈩共池：杜預注地名闕，但春秋傳說彙纂說：共池在今山西省平陸縣西。共音洪，一音恭。

【今譯】起初，虞叔有一塊玉，虞公向他要那塊玉，他不肯獻出來。不久就後悔了，便說：「周國的諺語有一句話說：『一個人原本沒有罪，只因他懷有玉璧就有了罪。』我何必保有這塊玉，豈不是用它買來禍害嗎？」就將玉獻給虞公。虞公又向他要他的寶劍。虞叔說：「這簡直是不知道滿足。如此不滿足，就將會殺我。」於是他就攻伐虞公，所以虞公出奔到共池。

(七)

經 冬，十有二月丙午，齊侯，衛侯，鄭伯來戰于郎。

傳 冬，齊，衛，鄭來戰于郎，我有辭也①。初北戎病齊②，諸侯救之，鄭公子忽有功焉。齊人餼諸侯，使魯次③之，魯以周班後鄭④，鄭人怒，請師於齊，齊人以衛師助之，故不稱侵伐⑤，先書齊，衛，王爵也⑥。

【今註】㊀我有辭也：我有理由可說。㊁北戎病齊：北戎侵伐齊國，見桓公六年。㊂次：為班鄭餼的次序。㊃周班後鄭：鄭只是伯爵，論爵位的班次，在各侯爵的下面。㊄不稱侵伐：只言戰，而不言侵略。㊅先書齊衛王爵：雖然主持軍隊的是鄭人，但因為齊、衛皆是侯爵，所以竹簡上以王爵為高下。

【今譯】冬，齊國、衛國和鄭國來與魯國交戰於郎的地方。我們魯國有理由可以說明他們來戰的原因。起初，北戎侵伐齊國，諸侯派兵援救他，鄭公子忽最有功勞。當齊國人把食物贈送給諸侯，派魯國大夫負責排定分送的次序，他按照諸侯爵位的班次，把鄭國排在後面。鄭國人很生氣。所以就向齊國請求出兵，齊人又以衛國軍隊幫助他。所以經上不說是侵伐，並且鄭國主戰，而先寫齊、衛，是依照王爵為高下的緣故。

桓公十一年

㈠ 經 十有一年（公元前七〇一年）春正月，齊人，衛人，鄭人盟于惡曹。

傳 十一年春，齊，衛，鄭，宋盟于惡曹①。

【今註】㈠惡曹：服虔說、經不書宋，因為宋後盟。杜預注、惡曹地闕，不知今何地名。

【今譯】十一年，春，齊國、衛國、鄭國和宋國會盟於惡曹。

㈡ 傳 楚屈瑕①將盟貳軫②，鄖③人軍於蒲騷④，將與隨，絞⑤，州⑥，蓼⑦伐楚師，莫敖患之⑧。鬬廉曰：「鄖人軍其郊，必不誡⑨，且日虞四邑之至⑩也，君⑪次於郊郢⑫，以禦四邑，我以銳師宵加⑬于鄖，鄖有虞心⑭而恃其城⑮，莫有鬬志，若敗鄖師，四邑必離⑯。」莫敖曰：「盍⑰請濟師⑱於王？」對曰：「師克在和不在眾，商周之不敵⑲，君之所聞也。成軍以出⑳，又何濟焉？」莫敖曰：「卜之㉑。」對曰：「卜以決疑㉒，不疑何卜㉓？」遂敗鄖師於蒲騷，卒盟㉔而還。

【今註】㈠屈瑕：屈姓為楚大姓，楚武王生子瑕封於屈，因以為氏。㈡貳、軫：皆偃姓國，在今湖北省應山縣境。㈢鄖：鄖音雲，是國名，鄖姓。在今湖北省雲夢湖旁。㈣蒲騷：在今湖北省應城縣北三十里。㈤絞：國名，在今湖北省鄖陽縣西北。㈥州：國名，在今湖北省監利縣東三十里有州陵城。㈦蓼：音了，國名，在河南省唐河縣南八十里。㈧莫敖患之：莫敖是楚官名，就是屈瑕。患之指以鄖人這種辦法為憂患。㈨必不誡：必然沒有防備。㈩日虞四夷之至：王念孫說：「方言及廣雅皆曰『言日望四邑之至也。』」較杜注謂虞為度為優。⑪君：謂屈瑕。⑫郊郢：楚地，在今湖北省安陸縣有故郢城。⑬銳師宵加：精銳的軍隊夜中進兵。⑭鄖有虞心：鄖國有希望四邑來救的心。⑮而恃其城：而仗恃他的城近能守。⑯離：分離。⑰盍：何不。⑱濟師：增益軍隊。⑲商周之不敵：商指紂，周指武王，這是根據尚書泰誓篇「紂有億兆夷人，亦有離德；余有亂臣十人，同心同德。」⑳成軍以出：將軍隊組織成前進。㉑卜之：占卜。㉒卜以決疑：占卜是為了解決疑難。㉓不疑何卜：不疑難又何必占卜。㉔卒盟：終於與貳、軫兩國盟誓。

【今譯】楚國的屈瑕將要與貳國及軫國會盟。這時，鄖國人駐軍在蒲騷，將要與隨國、絞國、州國、蔡國一起攻伐楚國軍隊。莫敖屈瑕為此很發愁。鬬廉向他說：「鄖國人駐軍在他們的都城的郊外，必然沒有戒備，並且每天只盼望四國軍隊的來臨。你去駐軍在郊郢以抵禦四國的軍隊，我用精銳的部隊趁夜向鄖國進兵。鄖國人的心理希望著四國來救，而且仗恃著靠近自己的都城，因此不會有戰鬥的意志。若是擊敗了鄖國軍隊，四國必生離心。」莫敖說：「何不向國王請求援軍呢？」鬬廉回答說：「軍隊的勝利在於和協，不在於眾多。商紂和周武王兩人的軍隊數目相差很遠，是你所知道的。組成一支軍隊才前進，又為何要增兵呢？」莫敖說：「用占卜來決定吧！」鬬廉回答說：「占卜是為了解除疑慮，既沒有疑慮，何必要占卜！」於是，鬬廉擊敗了鄖國軍隊於蒲騷。莫敖完成了與貳國及軫國的會盟而後才回國。

(三)

傳 鄭昭公之敗北戎也①，齊人將妻之，昭公辭。祭仲曰：「必取之，君多內寵②，子無大援③，將不立④，三公子⑤皆君也。」弗從。

【今註】㈠鄭昭公之敗北戎也：已見桓公六年。㈡內寵：鄭莊公內寵的夫人甚多。㈢子無大援：沒有大國的援助。㈣將不立：因此不能即立為君。㈤三公子：指子突、子亹（音ㄨㄟˇ）、子儀。

【今譯】當年鄭昭公擊敗北戎以後，齊國將把女兒嫁給他，鄭昭公推辭。祭仲對他說：「必要娶了才好。我們的國君有很多的內寵，您若沒有大國的援助，恐怕將不能繼立為國君。三位公子都是和您競爭君位的人。」但鄭昭公沒有聽他的話。

(四)

經　夏五月癸未，鄭伯寤生卒。

傳　夏，鄭莊公①卒，初祭封人仲足②有寵於莊公，莊公使為卿，為公娶鄧曼③，生昭公，故祭仲立之。宋雍氏④女⑤於鄭莊公，曰：雍姞⑥，生厲公。雍氏宗⑦有寵於宋莊公。故誘祭仲而執之⑧。曰：「不立突⑨，將死。」亦執厲公而求賂⑩焉。祭仲與宋人盟，以厲公歸而立之。

【今註】㈠鄭莊公：即鄭伯寤生。㈡祭封人仲足：祭在今河南省中牟縣。封人是管封疆的小吏。㈢鄧曼：曼音萬，曼為鄧姓。㈣雍氏：姞姓，宋國的大夫。㈤女：以女嫁人曰女，是動詞。㈥雍姞：因為她是姞姓的女孩，女子稱姓不稱氏。姞，音吉。㈦雍氏宗：雍氏的宗祖。㈧故誘祭仲而執之：所以引誘祭仲往宋國而將他擒獲。㈨突：即厲公名。㈩求賂：要求賄賂。

【今譯】夏天，鄭莊公逝世。起初，祭地的封人仲足得到莊公的寵信，莊公派他做卿，代表莊公迎娶鄧萬，生了昭公，所以祭仲立昭公為國君。而宋國大夫雍氏也曾把女兒雍姞嫁給鄭莊公，生了厲公。雍氏的宗人得到宋莊公的寵信，所以誘騙祭仲到宋國，然後把他抓起來，對他說：「不立公子突（即厲公），就要你的性命。」同時也挾執厲公藉以求取賄賂。祭仲只好與宋人盟誓，然後帶著厲公回到鄭國，立他為國君。

(五) 經 秋七月，葬鄭莊公①。

【今註】㈠葬鄭莊公：鄭莊公卒方才三個月，就予以埋葬，可見甚速。無傳。

【今譯】秋，七月，安葬鄭莊公。（無傳）

(六) 經 九月，宋人執鄭祭仲，突歸于鄭，鄭忽出奔衛。

傳 秋九月丁亥，昭公①奔衛。己亥，厲公立。

【今註】㈠昭公：即公子忽。

【今譯】秋，九月丁亥，鄭昭公出奔到衛國。己亥，鄭厲公立為國君。

(七) 經 柔①會宋公，陳侯，蔡叔，盟于折②。

【今註】㈠柔：魯大夫。㈡折：魯地，今地名闕。

【今譯】魯大夫柔會見宋公，陳侯及蔡叔，與他們盟誓於折。（無傳）

(八) 經 公會宋公于夫鍾①。

【今註】㊀夫鍾：郕地，在今山東省寧陽縣盛鄉城北有夫鍾里。夫音扶。

【今譯】魯桓公會見宋公於夫鍾。（無傳）

(九)經 冬十有二月，公會宋公于闞①。

【今註】㊀闞：音ㄎㄢˇ。在今山東省汶上縣西有闞亭在南旺湖中。

【今譯】冬，十二月，魯桓公會見宋公於闞。（無傳）

桓公十二年

(一)經 十有二年（公元前七〇〇年）春正月。

【今註】左氏春秋每年必完備事實，此條仍沿此例，以後不再註。

【今譯】十二年，春，正月。（無傳）

(二)經 夏六月壬寅，公會杞侯莒子盟于曲池。

傳 十二年夏，盟于曲池①，平杞莒②也。

【今註】㊀曲池：魯地，在今山東省寧陽縣東北有曲水亭。㊁平杞莒：自從隱公四年莒人伐杞，自是遂由魯國出面為講和平。

【今譯】夏，會盟於曲池，為的使杞國與莒國講和。

(三)經 秋七月丁亥，公會宋公燕人盟于穀丘。

【今譯】秋，七月丁亥，魯桓公會見宋公和燕人，盟誓於穀丘。（按：這一條與下面的五、六、七、九各條並見於第十條傳內。）

(四)經 八月壬辰，陳侯躍①卒。

【今註】㊀陳侯躍：即陳厲公，名躍。無傳。

【今譯】八月，壬辰，陳侯躍逝世。（無傳）

(五)經 公會宋公于虛。

【今譯】魯桓公會見宋公於虛。

(六)經 冬十有一月，公會宋公于龜。

【今譯】冬，十一月，魯桓公會見宋公於龜。

(七)經　丙戌，公會鄭伯盟于武父。

【今譯】丙戌，魯桓公會見鄭伯，盟誓於武父。

(八)傳　丙戌，衛侯晉卒。

【今譯】丙戌，衛侯晉逝世。（無傳）

(九)經　十有二月及鄭師伐宋，丁未戰于宋。

【今譯】十二月，魯國和鄭國軍隊討伐宋國。丁未，交戰於宋。

(十)傳　公欲平宋鄭。秋，公及宋公盟于句瀆之丘①，宋成②，未可知也，故又會于虛③。冬，又會于龜④，宋公辭平⑤，故與鄭伯盟于武父⑥，遂帥師而伐宋，戰焉，宋無信也。君子曰：「苟信不繼，盟無益⑦也。詩云：『君子屢盟，亂是用長⑧。』無信也。」

【今註】㈠句瀆之丘：句音ㄍㄡˇ，瀆音豆，杜預與應劭皆謂即穀丘，宋地。在今山東省曹縣北三十里，今其地名句羊店。㈡宋成：和宋國的和平。㈢虛：宋地，據春秋傳說彙傳疑在今河南省睢縣境。㈣龜：宋地，春秋傳說彙傳亦疑在今河南省睢縣境。㈤辭平：拒絕講和。㈥武父：鄭地，在今河北省東明縣西南。㈦苟信不繼，盟無益：假使信用不能持久，會盟也沒用處。㈧君子屢盟，亂是用長：君子屢次會盟，而亂禍仍舊生長。長音ㄓㄤˇ。此據詩經小雅。

【今譯】魯桓公想要促成宋國和鄭國的和好。秋天，桓公與宋公會盟於句瀆之丘。因為宋國和平的誠意還不能確知，所以桓公又和宋公會盟於虛。到了冬天，桓公與宋公再會盟於龜。而宋公終於拒絕講和，所以桓公與鄭伯會盟於武父。於是就率領軍隊討伐宋國。與宋國交戰，因為宋國不講信用。君子說：「假使信用不能持久，會盟也沒有用處。詩經小雅說：『君子屢次會盟，而亂事仍舊滋長。』這是因為不講信用的緣故。」

(十一)傳　楚伐絞①，軍其南門②。莫敖屈瑕曰：「絞小而輕，輕則寡謀③，請無扞采樵者以誘之④。」從之，絞人獲⑤三十人，明日絞人爭出⑥，驅楚役徒⑦于山中，楚人坐其北門⑧，而覆諸山下⑨，大敗之，為城下之盟⑩而還。伐絞之役⑪，楚師分涉於彭⑫，羅⑬人欲伐之，使伯嘉⑭諜之⑮，三巡數之⑯。

【今註】㈠絞：國名，在今湖北省鄖陽縣西北。㈡軍其南門：列軍在絞國都城的南門。㈢絞小而輕，輕則寡謀：絞國很小，而又輕敵，就寡少計策。㊃無扞采樵以誘之：不要派軍隊保衛楚國採薪的人，來引誘絞人。扞音汗。㊄獲：捕獲楚人。㊅絞人爭出：絞人受了引誘，爭相出來。㊆驅楚役徒：驅逐楚國採薪的人。役徒是採薪的人。㊇坐其北門：看守都城的北門。㊈覆諸山下：設伏兵在山下。㊉城下之盟：不退兵而盟誓之謂，因為春秋時代，城下之盟是各國深以為恥的。⑪伐絞之役：役是戰役。⑫分涉於彭：彭是水名，後漢書地理志：「房陵有筑水」筑水就是彭水，房陵即今之湖北房縣。分涉指分批渡過。⑬羅：熊姓，在今之湖北省宜城縣西二十里羅川城。⑭伯嘉：是羅大夫。⑮諜之：暗中來窺伺。⑯三巡數之：分三次來數清楚國軍隊的數目。

【今譯】　楚國攻伐絞國，列軍在絞國都城的南門。莫敖屈瑕說：「絞國弱小而輕薄，輕薄就少有計謀。請不要派軍隊保衛我國採薪的人，以引誘絞國人。」就照他的話辦，絞國人捕獲了三十個楚國人。第二天，絞國人爭相出城，到山中去驅逐楚國的採薪人。楚國人就守住絞國的北門，而把軍隊埋伏在山下，終於大敗絞國人，訂立了城下之盟而回。在這次攻伐絞國的戰役時，楚國軍隊分批渡過彭水，羅國人想乘機攻擊他們，便派伯嘉去暗中窺伺，分三次才數清楚國軍隊的數目。

桓公十三年

㈠傳　十三年（公元前六九九年）春，楚屈瑕伐羅，鬬伯比送之，還謂其御①曰「莫敖必敗，舉趾高心不固矣②。」遂見楚子曰：「必濟師③。」楚子辭焉。入告夫人鄧曼④。鄧曼曰：「大夫其非眾之謂⑤，其謂君撫小民以信，訓諸司⑥以德，而威莫敖以刑⑦也。莫敖狃⑧於蒲騷之役⑨，將自用也⑩，必小羅，君若不鎮撫⑪，其不設備⑫乎？夫⑬固謂君訓眾而好鎮撫之⑭，召諸司而勸之以令德⑮，見莫敖而告諸天之不假易⑯也！不然，夫⑰豈不知楚師之盡行也。」楚子使賴⑱人追之，不及。莫敖使徇⑲于師曰：「諫者有刑⑳。」及鄢㉑，亂次以濟㉒，遂無次，且不設備㉓。及羅，羅與盧戎㉔兩軍之㉕，大敗之。莫敖縊㉖于荒谷㉗，羣帥囚于冶父㉘，以聽刑。楚子曰：『孤㉙之罪也，皆免之㉚。』」

【今註】㈠其御：鬬伯比的車夫。㈡舉趾高心不固也：腳抬的很高，證明他的心不定。㈢必濟師：必須增加軍隊。㈣鄧曼：是楚武王的夫人，鄧國之女，曼姓。㈤大夫其非眾之謂：大夫指鬬伯比。他所說並非指著增加軍隊。㈥諸司：指百官而言。㈦威莫敖以刑：用刑罰來威嚇莫敖。㈧狃：音ㄋㄧㄡˇ。習慣而不以為意。㈨蒲騷之役：在桓公十一年。㈩將自用也：自以為上次蒲騷之役的勝利，而信用自己。⑾鎮撫：鎮壓撫綏之謂，此有戒飭莫敖之意。⑿其不設備：將不備戰。⒀夫：指第三者，即鬬伯比而言。⒁訓眾而好鎮撫之：訓誡眾人而善於鎮壓撫綏他們。⒂勸之以令德：用美善的德性來規勸他。⒃天之不假易：王念孫說「假易，猶寬縱也。天不假易謂天道之不相寬縱也。」⒄夫：仍指鬬伯比。⒅賴：據春秋傳說彙纂，賴國在今河南省商城縣南名賴亭。⒆徇：徧佈命令。⒇諫者有刑：凡諫諍者即處以極刑。㉑鄢：現在湖北省宜城縣南有宜城故城即古鄢國。今按水經注，鄢水亦名宜水，此即洪亮吉所謂淇水。㉒亂次以濟：過河的時間，不按著軍隊的行列。㉓且不設備：並且不預為戒備。㉔盧戎：盧在今湖北省南漳縣東五十里。㉕兩軍之：兩邊軍隊來攻擊莫敖。㉖縊：初民社會相信身體若在生時受有傷害，其痕跡必帶在死後，英人弗來則（H. G. Frazer）對此有專文研究。所以春秋時，人仍不欲以劍器自殺，而必自縊，以保存屍體。這種思想一直至清代新刑律以前，歷代斬頭皆重於絞刑，即由於此。㉗荒谷：在湖北省江陵縣東，據荊州記州東三里，有三湖，湖東有水，名荒谷。㉘冶父：今湖北省江陵縣東。水經注「荒谷東岸有冶父城。」㉙孤：楚稱王，故自稱曰孤。㉚皆免之：赦免諸將領的罪。

【今譯】　十三年，春，楚國的屈瑕將去攻伐羅國。鬬伯比為他送行，回來以後，對他的車夫說：「莫敖必定要失敗的。他的腳抬得很高，證明他的心不定。」於是就去見楚子，對楚子說：「必要增加軍隊支援屈瑕才好。」楚子拒絕。楚子進到室內，把這件事告訴他的夫人鄧曼。鄧曼說：「他所說的並不是指增加軍隊，而是說您安撫小百姓要用誠信，訓示諸位官員要用德行，而威臨莫敖要用刑法。莫敖習慣於蒲騷之役的勝利，而信用自己的才幹，必定小看了羅國。您若不加以鎮壓撫綏，豈不是等於不備戰嗎？他的意思當然是說，您應該訓誡眾人而好好地鎮壓撫綏他們。召集諸位官員而用美德規勸他們。親見莫敖而告訴他天道的不相寬縱。不然，他難道不知道楚國軍隊已經都動員了嗎？」楚子就派賴國人去追莫敖屈瑕，沒有追到。莫敖派人在軍中徧佈命令說：「凡諍諫的人就處以極刑。」軍隊到達鄢水邊，渡河的時候，行列大亂，於是全軍就不再有秩序，並且毫無戒備。到達羅國，羅國與盧戎的軍隊兩面合攻莫敖，完全把他擊敗。莫敖上吊自殺於荒谷，其他諸位將領被囚在冶父，以聽候判罪。楚子說：「這是我的罪，把他們都赦免了吧！」

㈡ 經 十有三年春三月，公會紀侯，鄭伯。己巳，及齊侯，宋公，衛侯，燕人戰，齊師，宋師，衛師，燕師敗績。

傳 宋多責賂於鄭①，鄭不堪命②，故以紀魯及齊與宋，衛，燕戰，不書所戰③，後也④。

【今註】 ㈠宋多責賂於鄭：桓公十一年，宋執厲公而求賂，現在他要求的賂增加。㈡鄭不堪命：鄭人不能夠忍受。㈢不書所戰：不把作戰的地方寫出來。㈣後也：因為魯桓公到的時候甚晚。

【今譯】 宋國向鄭國要求增加賄賂，鄭國人不能忍受它的要求，所以就藉著紀國與魯國的軍隊和齊國、宋國、衛國、燕國的軍隊作戰。沒有記載會戰的地方，是因為魯桓公到得太遲。

(三) 經 三月葬衛宣公①。

【今註】 ㊀衛宣公：名晉。無傳。

【今譯】 三月，安葬衛宣公。（無傳）

(四) 經 夏大水。

【今註】 有經無傳。

【今譯】 夏，發生大水災。（無傳）

(五) 經 秋七月。

【今譯】 秋，七月。（無傳）

(六) 經 冬十月。

【今譯】 冬，十月。（無傳）

(七) 傳 鄭人來請脩好①。

【今註】㊀來請脩好：因為魯國幫助伐宋，所以要求重新脩好。

【今譯】鄭國人來魯國請求重新修訂兩國的和約。

桓公十四年

㈠經 十有四年（公元前六九八年）春正月，公會鄭伯于曹。

傳 十四年春，會于曹，曹人致餼①，禮也②。

【今註】㊀致餼：餼是未熟的食物；因為魯國與鄭公會于曹，曹伯當然與會。㊁禮也：因為曹是地主，其贈送食物，這是合於道理的。

【今譯】十四年，春，魯桓公與曹伯會見於曹。曹國人贈送生的食物，這是合於禮的。

㈡經 無冰①。

【今註】㊀無冰：表示不合於季節。有經無傳。

【今譯】沒有冰雪。（無傳）

㈢經 夏五①。

【今註】㊀夏五：竹簡因年久損壞，並非不書月，含有深文大義。

【今譯】夏五。（無傳）

㈣經 鄭伯使其弟語來盟。

傳 夏，鄭子人①來尋盟②，且脩曹之會③。

【今註】㊀子人：即弟語。㊁尋盟：重申以前的舊盟。㊂且脩曹之會：並且脩好最近與曹的盟會。

【今譯】夏，鄭伯的弟弟子人來魯國重申以前的舊盟，並且修訂最近在曹國的會盟。

㈤經 秋八月壬申，御廩災，乙亥嘗。

傳 秋八月壬申，御廩①災②。乙亥，嘗③，書不害④。

【今註】㊀御廩：魯侯親耕所得的食糧，儲藏的倉庫。㊁災：為火所焚。㊂嘗：祭祖先的意思。㊃書不害：穀被災，而能祭祀祖先，可見御廩災是未受災害的。

【今譯】秋，八月壬申，天火焚燒魯國的御廩。乙亥，祭祀祖先。記載這件事表示天火並未損害祭祀用的穀物。

㈥經 冬十有二月丁巳，齊侯祿父①卒。

【今註】㊀祿父：即齊僖公，隱公六年曾與魯國盟于艾。齊僖公的時候，齊國已經相當的強盛，所以國語、齊語稱他為「小霸」。

【今譯】冬，十二月丁巳，齊僖公祿父逝世。

(七)經 宋人以齊人，蔡人，衛人，陳人伐鄭。

傳 冬，宋人以①諸侯②伐鄭，報宋之戰③也。焚渠門④入及大逵⑤，伐東郊⑥取牛首⑦，以大宮⑧之椽⑨歸為盧門⑩之椽。

【今註】㊀以：藉。㊁諸侯：即經所說的齊、蔡、衛、陳各國的軍隊。㊂報宋之戰：宋之戰在桓公十二年。㊃渠門：是鄭國都城的城門。㊄大逵：是鄭國的大路，路寬度能容九輛車並行。㊅東郊：鄭國都城的郊外。㊆牛首：在今河南省陳留縣西南十一里有牛首城。今按水經注說：「鈙沙水所逕有牛首亭。」㊇大宮：大音泰。大宮是鄭祖廟。㊈椽：音船。上承屋瓦的圓木。㊉盧門：即宋城門。

【今譯】宋國人藉著諸侯的軍隊攻伐鄭國，用以報復桓公十二年的宋之戰。諸侯的軍隊焚燒鄭國都城的渠門，進軍到達寬大的車道，攻伐鄭國都城的東郊，佔領牛首，並帶回鄭國大宮的椽木做宋國盧門的椽木。

桓公十五年

(一)經　十有五年（公元前六九七年）春二月，天王使家父來求車。

傳　十五年春，天王使家父①來求車，非禮②也。諸侯不貢車服③，天子不私求財④。

【今註】㊀家父：是周天王的大夫。㊁非禮：不合於禮。㊂不貢車服：因為車及服皆由天子所賜，而不是諸侯可以上貢於天子的。㊃不私求財：諸侯有定規並經常的貢獻，除此以外，天子不能向他們索取。

【今譯】十五年，春，周桓王派他的大夫家父來魯國要求貢車，這是不合禮的。因為諸侯不能向天子進貢車輛和衣服，天子不能自己向諸侯索取財物。

(二)經　三月乙未，天王崩①。

【今註】㊀天王崩：天王即周桓王，共在位二十三年。有經無傳。

【今譯】三月乙未，周桓王崩逝。（無傳）

(三)經 夏四月己巳，葬齊僖公。

【今註】 無傳。

【今譯】 夏，四月己巳，安葬齊僖公。（無傳）

(四)傳 祭仲專①，鄭伯患之②，使其壻雍糾③殺之，將享諸郊④，雍姬⑤知之，謂其母曰：「父與夫孰親⑥？」其母曰：「人盡夫也。父一而已，胡可比⑦也。」遂告祭仲曰：「雍氏舍其室⑧，而將享子於郊，吾惑之以告⑨。」祭仲殺雍糾，尸諸周氏之汪⑩。公載以出⑪曰：「謀及婦人，宜其死也⑫。」

【今註】 ㈠祭仲專：鄭大夫祭仲很專權。㈡鄭伯患之：鄭伯是厲公；患之是以祭仲專權為患。㈢雍糾：是祭仲女壻的名字。㈣將享諸郊：在鄭都城郊外，享宴祭仲。㈤雍姬：祭仲之女，雍糾之妻。祭國是周公之後，故姬姓。㈥父與夫孰親：父親與丈夫誰比較與我親近。㈦胡可比：胡即何。何能相比較。㈧雍氏舍其室：雍氏指雍糾；舍其室指不在他的家中設宴。㈨吾惑之以告：我對這件事很疑心，所以將這件事告訴你。㈩尸諸周氏之汪：汪是水池，在鄭國都城中；周氏是鄭大夫；尸是動詞，將他雍糾被殺的尸首陳列出來以示眾。⑾公載以出：厲公將雍糾的屍體擱在車上，同離鄭國。㊂謀及婦人，宜其死也：假若與婦人相計謀，他的死也是應當的。

【今譯】　鄭國的大夫祭仲很專權，鄭厲公憂患他的專權，便派祭仲的女壻雍糾去殺他。雍糾將要在都城的郊外享宴祭仲，雍糾的妻子知道了這件事，便去問她的母親說：「父親與丈夫誰跟我關係比較親近。」她的母親說：「任何男子都可能成為一個婦人的丈夫，但父親卻只有一個而已，怎麼可以相比呢？」於是她告訴祭仲說：「雍糾不在家裏設宴請您，而將要在郊外設宴請您，我很疑惑，所以把它告訴您。」祭仲便殺死雍糾，把他的屍體暴露在周氏的水池邊。鄭厲公用車子載了雍糾的屍體離開鄭國，而說：「與婦人相計謀，他的死是應該的。」

㈤經　五月，鄭伯突出奔蔡。

傳　夏，厲公①出奔蔡。

【今註】　㊀厲公：即鄭伯突。

【今譯】　夏，鄭厲公出奔到蔡國。

㈥經　世子忽復歸于鄭。

傳　六月乙亥，昭公①入。

【今註】　㊀昭公：即經所言之鄭世子忽。

【今譯】六月乙亥，鄭昭公進入鄭國，恢復他的君位。

(七)經 許叔入于許。

傳 許叔①入于許。

【今註】㊀許叔：許莊公弟。隱公十一年，鄭莊公所說：「若寡人得沒于地，天其以禮悔禍于許，無寧茲許公復奉其社稷。」所以鄭莊公一死，許叔就入於許都城。

【今譯】許叔進入許國都城。

(八)經 公會齊侯于艾。

傳 公會齊侯于艾，謀定許①也。

【今註】㊀謀定許：因為許叔即入許都，所以魯齊兩公想安定許國。

【今譯】魯桓公會見齊侯於艾，謀劃安定許國的辦法。

(九)經 邾人，牟人①，葛②人來朝。

【今註】㊀牟人：牟在今山東萊蕪縣東二十里。㊁葛：在今河南省寧陵縣葛城，在汴水之南。

【今譯】邾人、牟人、和葛人來魯國朝見。

㈩經 秋九月，鄭伯突入于櫟。

傳 秋，鄭伯因櫟①人殺檀伯②，而遂居櫟。

【今註】㊀櫟：音ㄌㄧˋ。在今河南省禹縣，在新鄭縣西南九十里。㊁檀伯：鄭國守櫟的大夫。

【今譯】秋，鄭厲公利用櫟人殺死檀伯，因而就居住在櫟。

㈩㈠經 冬十有一月，公會宋公，衛侯，陳侯於袲，伐鄭。

傳 冬，會於袲①，謀伐鄭，將納厲公也，弗克而還②。

【今註】㊀袲：音移。宋地，在今安徽省宿縣。後漢志註「袲一名犖。」㊁弗克而還：仗不能打勝，就各回國。

【今譯】冬，魯桓公與宋公、衛侯、陳侯會見於袲，謀劃討伐鄭國，目的將要把鄭厲公納歸鄭國。但是戰事沒有成功而各自回國。

桓公十六年

㈠經 十有六年（公元前六九六年）春正月，公會宋，蔡侯，衛侯于曹。

傳 十六年春正月，會于曹，謀伐鄭①也。

【今註】㊀謀伐鄭：因為去年冬，曾謀伐鄭，納厲公，但是不能成功，所以現在更討論這件事。

【今譯】十六年，春，正月，魯桓公會見宋公、蔡侯、衛侯於曹，謀劃討伐鄭國。

㈡經 夏四月，公會宋公，衛侯，陳侯，蔡侯，伐鄭。

傳 夏伐鄭①。

【今註】㊀夏伐鄭：夏天各諸侯方實行伐鄭。

【今譯】夏，魯桓公會合宋公、衛侯、陳侯、蔡侯討伐鄭國。

㈢經 秋七月，公至自伐鄭。

傳 秋七月，公至自伐鄭，以飲至之禮①也。

【今註】㊀以飲至之禮：左傳桓公二年說：「凡公行，告于宗廟，反行飲至、舍爵策勳焉、禮也。」飲至的禮節亦應當在廟，所以史官就記載在竹簡上。

【今譯】秋，七月，魯桓公討伐鄭國以後回到魯國，舉行飲至的典禮。

(四)經　冬，城向。

傳　冬，城向，書時①也。

【今註】㊀書時：因為不妨害農時，所以書時。

【今譯】冬，修築向邑的城牆，記載這件事表示它合於時宜。

(五)經　十有一月，衛侯朔出奔齊。

傳　初，衛宣公烝於夷姜①，生急子。屬諸②右公子③，為之娶於齊而美，公取之，生壽及朔，屬壽於左公子④，夷姜縊⑤。宣姜⑥與公子朔構⑦急子，公使諸齊，使盜待諸莘⑧將殺之，壽子告之使行⑨，不可。曰：「棄父之命，惡用子矣⑩，有無父之國則可也。」及行，飲以酒，壽子載其旌以先⑪，盜殺之。急子至曰：「我之求也⑫，此何罪⑬？請殺我乎！」又殺之，二公子故怨惠公。十一月，左公子洩，右公子職⑭，立公子黔牟⑮，惠公⑯奔齊。

【今註】㊀烝於夷姜：在初民社會的時代，貴族是多妻制度，所以有媵娣制，由此而又發生了烝報制，這是兩件相連的制度。烝是在父親死後，除其生母外，皆可娶為己妻，所生的兒子，其地位亦同嫡子相等。至春秋時代，這種制度仍舊通行，但見於左傳所記載者只有六、七條，皆因為政治原因，而有所記載，其餘不發生政治問題的，而不見於記載的，想必不可勝數，其詳見我所著「中國古代社會史。」夷姜是宣公的庶母。㈡屬諸：託付給。㈢右公子：是右媵所生的兒子。㈣左公子：左媵所生的兒子。㈤夷姜縊：縊就是上吊自殺，是因為失寵的原故。縊亦見桓十三年「莫敖縊于荒谷。」註。㈥宣姜：即宣公先為急子所娶，而後又自娶的齊國女子。㈦構：用言語陷害。㈧莘：衛地，在今山東省莘縣北莘田故城。水經注說「莘亭道阨限蹊要。自衛適齊之道也。」㈨使行：使他趕緊離開衛國。㈩棄父之命，惡用子矣：惡即安能。捨棄父親的命令，這種兒子做何用處？⑪載其旌以先：旌是急子所用的旌旗，旗上繪有他所代表的標幟，就驅車先走。⑫我之求也：這是我所求的。⑬此何罪：此是指著壽子，他有什麼罪要被殺？⑭左公子洩，右公子職：左公子名洩，右公子名職。⑮黔牟：是宣公所庶出的公子。⑯惠公：即經所寫的衛侯朔。

【今譯】起初，衛宣公娶他的庶母夷姜，生急子，把急子託付給右公子。後來衛宣公為急子娶一位齊國的女子，因為她長得美，宣公便自己娶了她，生壽及朔兩人。把壽託付給左公子。夷姜因為失寵就上吊自殺。宣姜和公子朔陷害急子，宣公就派急子到齊國去。另外派一名惡盜在莘的地方等候！要把急子殺害。壽子知道這個陰謀，就告訴急子，要他趕緊離開衛國。急子不肯那麼做，說：「捨棄父親的命令，這種兒子做何用處？若是世界上有無父的國家，才可以那麼做呢！」等到他要出發去齊國時，壽子用酒為他餞行，讓急子喝醉，自己載著急子的旌旗先走，惡盜就把他殺了。等到急子趕到說：「要死的是我呀！他有什麼罪呢？請殺了我吧！」惡盜便又把他殺死。因此左右兩公子怨恨衛惠公（即公子朔）。十一月，左公子洩和右公子職立公子黔牟為國君，惠公出奔到齊國。

桓公十七年

㈠經十有七年（公元前六九五年）春，正月丙辰，公會齊侯，紀侯盟于黃。

傳十七年春，盟于黃①，平齊，紀，且謀衛②，故也。

【今註】㈠黃：春秋左傳彙傳說：博興左近有黃山，黃阜，黃大約在附近。㈡謀衛：因為衛國把惠公驅逐出來。

【今譯】十七年，春，魯桓公與齊侯及紀侯會盟於黃，使齊國與紀國講和，並且為了謀劃衛國的事。

㈡經二月丙午，公會邾儀父，盟于趡。

傳及邾儀父盟于趡①，尋蔑之盟②也。

【今註】㈠趡：音ㄘㄨㄟˇ。魯地，在今山東省泗水縣與鄒縣之間。㈡蔑之盟：在隱公元年。

【今譯】魯桓公及邾儀父會盟於趡，為的重申隱公元年在蔑地的盟約。

㈢經夏五月丙午，及齊師戰于奚。

傳夏，及齊師戰于奚①，疆事②也。於是齊人侵魯，疆吏③來告。公曰：「疆埸之事④，慎守其一⑤，而備其不虞⑥，姑盡所備⑦焉。事至而戰⑧，又何謁⑨焉？」

【今註】㈠奚：魯地，在今山東省滕縣南、奚公山下有奚水。水經注「夏車正，奚仲之國也。山下有奚仲冢。」㈡疆事：爭疆界的事。㈢疆吏：守疆界的官吏。㈣疆埸之事：埸音亦（ㄧˋ）。指疆界的事情。㈤慎守其一：對於一國的事情要謹慎守備，無使人來侵我。㈥不虞：不是意料中的事。㈦姑盡所備：暫且盡己力以防備。㈧事至而戰：意外的事發生，立刻就作戰。㈨又何謁：又何必來見我請命。

【今譯】夏，魯國軍隊與齊國軍隊交戰於奚，為了爭疆界的緣故。在那時，齊國人侵略魯國的邊疆，守疆的官吏來報告，魯桓公對他說：「疆界的事情，是你所要謹慎守備的，不要使人來侵犯，而且時時防備意外的事故。平時暫且盡你所能去防備，一旦意外的事故發生了，就要為保衛邊疆而戰，又何必來謁見請命呢？」

(四)經 六月丁丑，蔡侯封人卒。

傳 蔡桓侯①卒，蔡人召蔡季②于陳。

【今註】㈠蔡桓侯：即經說的蔡侯封人。㈡蔡季：是桓侯的弟弟。桓侯無子，故蔡人歡迎蔡季而立之。

【今譯】蔡桓侯逝世。蔡國人召請在陳國的蔡季回國。

(五)經 秋八月，蔡季自陳歸于蔡。

傳 秋，蔡季自陳歸于蔡，蔡人嘉之①也。

【今註】㈠蔡人嘉之：因為蔡人歡迎他，所以以字告魯國。

【今譯】秋，蔡季從陳國回到蔡國，蔡國人很歡迎他。

(六)經 癸巳，葬蔡桓侯。

【今註】有經無傳。

【今譯】癸巳，安葬蔡桓侯。（無傳）

(七)經及宋人，衛人伐邾。

傳伐邾，宋志①也。

【今註】㊀宋志：因為邾與宋兩國爭疆界，而魯國從宋國的要求，遂違背趡之盟而伐邾。

【今譯】魯國違背盟約討伐邾國，這是因為聽從了宋國的請求。

(八)經冬十月朔，日有食之。

傳冬十月朔，日有食之，不書日，官失之①也。天子有日官，諸侯有日御②，日官居卿③以底日④，禮也。日御不失日⑤，以授百官于朝⑥。

【今註】㊀官失之：是官記載的錯誤。㊁天子有日官，諸侯有日御：日官與日御這兩種官，皆是管理天象的。㊂居卿：等於卿的地位。㊃底日：底音旨，等於平。底日即是平曆數。㊄日御不失日：諸侯的日御也個失落曆書。㊅授百官於朝：交給諸侯的百官，公佈於朝廷。

【今譯】冬，十月朔日，發生日蝕，沒有記載日子的干支，因為官的記載錯失。天子有日官，諸侯有日御。日官雖不是六卿之一但地位等於卿，用這個職位平制曆數，是合於禮的。諸侯的日御不失落日官所制的曆書，用以授給百官，公佈於朝廷。

(九)傳 初，鄭伯①將以高渠彌②為卿，昭公惡之③，固諫不聽④，昭公立，懼其殺己也，辛卯，弒昭公而立公子亹⑤，君子謂昭公知所惡⑥矣。公子達⑦曰：「高伯⑧其為戮乎？復惡已甚⑨矣！」

【今註】㈠鄭伯：即新近卒的鄭莊公。㈡高渠彌：鄭大夫。㈢昭公惡之：昭公是公子忽。惡之是厭惡高渠彌。㈣固諫不聽：堅持的諍正，不為接受。㈤公子亹：昭公弟，亹音尾。㈥君子謂昭公知所惡：此言亦見韓非子。所以劉師培遂據此力駮左傳中所有君子曰皆為劉歆所加的說法。㈦公子達：魯大夫，韓非子作公子圉。㈧高伯：即高渠彌。㈨復惡已甚：復是報復。此指高渠彌報復的手段太過分。

【今譯】起初，鄭莊公將以高渠彌做卿，鄭昭公厭惡高渠彌，堅持地諫正，莊公不肯聽從。等到昭公立為國君，高渠彌畏懼昭公會殺他，就在辛卯那天，弒殺昭公，而立公子亹為國君。君子說，昭公深知自己所厭惡的人。魯國大夫公子達說：「高渠彌將來被殺是應該的。他報復昭公對他的厭惡實已太過份了。」

桓公十八年

(一)經 十有八年（公元前六九四年）春王正月，公會齊侯於濼，公與夫人姜氏遂如齊。

傳 十八年春，公將有行①，遂與姜氏如齊②。申繻③曰：「女有家，男有室，無相瀆④也，謂之有禮⑤，易此必敗。」公會齊侯於濼⑥，遂及文姜如齊，齊侯通焉⑦，公謫之⑧，以告⑨。

【今註】㈠公將有行：桓公將出國。㈡如齊：如是往。往齊國的意思。㈢申繻：魯大夫。㈣無相瀆也：不要相互的違背。㈤謂之有禮：如此則很合於傳統。㈥濼：音洛。濼水在今山東省歷城縣西北入濟水。㈦齊侯通焉：服虔說：旁淫曰通。㈧公謫之：桓公譴責她。㈨以告：文姜告訴齊襄公。

【今譯】十八年，春，魯桓公將出國，於是與夫人姜氏一起往齊國去。申繻說：「女子有夫家，男子有妻室，不互相違背，才叫做有禮。若改變了這個原則，必定要失敗的。」桓公與齊侯會見於濼水，然後就與文姜一起到齊國都城。齊侯與文姜通姦，桓公譴責她，她就告訴齊侯。

㈡

經 夏四月丙子，公薨于齊。

傳 夏四月丙子享公①，使公子彭生②乘公③，公薨于車④。

【今註】㈠享公：齊襄公為魯桓公設享燕的禮。㈡彭生：齊大夫。㈢乘公：為魯侯御車。㈣公薨于車：彭生多力，拉公幹（脇也），而殺桓公。

【今譯】夏，四月丙子，齊侯設宴款待桓公，派公子彭生為桓公駕車，桓公薨逝在車上。

㈢經丁酉，公之喪至自齊。

【今註】有經無傳。

【今譯】丁酉，桓公的靈柩從齊國送回魯國。（無傳）

㈣傳魯人告于齊曰：「寡君畏君之威①，不敢寧居②，來脩舊好，禮成而不反，無所歸咎③，惡於諸侯④，請以彭生除之⑤。」齊人殺彭生⑥。

【今註】㈠寡君畏君之威：我們的國君畏懼齊國君的威嚴。㈡不敢寧居：不敢安寧的居住在魯國。㈢禮成而不反，無所歸咎：他已經到了齊國行禮，而不回到魯國，不知道應當歸罪何人。㈣惡於諸侯：這種恥辱的壞聲名，使各國諸侯全知道。㈤請以彭生除之：請用彭生除去恥辱的壞聲名。㈥齊人殺彭生：魯史沒有寫在竹簡上，第一是因為彭生只是齊大夫，照例大夫被殺，不書在竹簡上；第二因為魯國認為牽連到桓公之死。

【今譯】魯國人通告齊國說：「我國的國君畏懼您齊君的威望，不敢安寧的居住在我國內，而來齊國修續兩國舊有的和好，行禮完畢而不能生返魯國。我們不知道應該歸罪於誰，這種恥辱的壞聲名，諸侯全都知道了。請用彭生來雪除我國這種恥辱。」齊國人就殺了彭生。

㈤ 經 秋七月。

傳 秋，齊侯師①于首止②，子亹會之，高渠彌相③。七月，戊戌，齊人殺子亹，而轘④高渠彌。祭仲逆鄭子于陳⑤，而立之。是行也，祭仲知之，故稱疾不往⑥。人曰：「祭仲以知免⑦。」仲曰：「信也⑧。」

【今註】㈠師：率領軍隊。㈡首止：衛地，在今河南省睢縣東南首鄉。春秋左傳彙傳以為此地屬宋，而非如杜預所說的屬衛。㈢相：相禮。㈣轘：即是車裂，為刑法的一種。㈤逆鄭子于陳：鄭子是昭公之弟子儀。往陳國去迎接昭公的弟弟子儀。㈥稱疾不往：自稱有病，不往相禮。㈦以知免：知音智，與祭仲「知之」的知音不同。用聰明而免除了殺身的禍害。㈧信也：說得很對。

【今譯】秋，齊侯率領軍隊駐在首止。鄭國的子亹與齊侯會見，高渠彌同去相禮。七月戊戌，齊國人殺死了亹，而車裂高渠彌。鄭大夫祭仲到陳國迎接鄭子，而立他為國君。這次子亹去會齊侯，祭仲知道齊侯的目的，所以自稱有病，不肯同往相禮。有人說：「祭仲因他的聰明而免除了殺身之禍。」祭仲說：「說得很對。」

(六)經冬有十二月，己丑，葬我君桓公①。

【今註】㈠葬我君桓公：距離桓公之被害，已經九個月，葬的甚為遲緩。有經無傳。

【今譯】冬，十二月己丑，安葬我魯國的國君桓公。（無傳）

(七)經周公①欲弒莊王②而立王子克③，辛伯④告王，遂與王殺周公黑肩。王子克奔燕⑤，初，子儀有寵於桓王，桓王屬諸⑥周公。辛伯諫曰：「並后⑦，匹嫡⑧，兩政⑨，耦國⑩，亂之本也。」周公弗從，故及⑪。

【今註】㈠周公：名黑肩，是王卿士。㈡莊王：是桓王太子。㈢王子克：是莊王弟子儀。㈣辛伯：周大夫。㈤燕：是姬姓伯爵，周武王封召公奭於燕，在今北平市。㈥屬諸：託付給。㈦並后：妾如后。㈧匹嫡：庶同嫡一樣。㈨兩政：王引之說：正與政相通，「兩政者，寵臣之權與正卿相敵也。」而認為杜註的兩政為臣擅命是不對的。㈩耦國：大都與都城相同。㈡故及：所以及於禍難被殺。

【今譯】周公黑肩想弒殺周莊王而立王子克。辛伯把消息告訴莊王，於是就與莊王殺死周公黑肩，而王子克出奔到燕國。起初，子儀（即王子克）得到周桓王的寵愛，把他託付給周公，辛伯曾勸諫周公說：「妾與后並位，庶子與嫡子匹敵，權臣與卿士爭政權，大都與國都一般大，這都是亂事的本源。」周公不聽他的話，所以及難被殺。

卷三　莊公上

莊公元年

㈠經 元年（公元前六九三年）春王正月。

傳 元年春，不稱即位①，文姜出故也②。

【今註】㈠不稱即位：沒有行即位禮。㈡文姜出故也：文姜與桓公俱出國，而至是時未回國，莊公因此不能行即位的禮，所以史官也不能寫到春秋上。

【今譯】元年，春天，魯莊公沒有舉行即位典禮，因為他的母親文姜出國尚未回來的緣故。

㈡經 三月，夫人孫于齊。

傳 三月，夫人①孫②于齊，不稱姜氏③，絕不為親④，禮也。

【今註】㈠夫人：即文姜，是莊公的母親。㈡孫：音遜，因為魯國對國內的事避諱，所以不稱為出奔，而稱為孫，意思說是讓位而去。㈢不稱姜氏：只稱夫人不稱夫人姜氏。㈣絕不為親：斷絕親屬的關係。

【今譯】三月，魯桓公夫人遜讓於齊國。經上只稱夫人，不稱姜氏，表示斷絕親屬關係，這是合於禮的。

㈢經 夏，單伯①送王姬②。

【今註】㈠單伯：天子卿士，單音善。㈡王姬：周王嫁女於諸侯，由同姓諸侯為主婚人。有經無傳。

【今譯】夏天，周王的卿士單伯送王姬出嫁，命魯國代表主持婚事。（無傳）

㈣經 秋，築王姬之館于外。

傳 秋，築王姬之館于外①，為外②，禮也。

【今註】㈠築王姬之館于外：建造王姬的住宅在魯國宮牆以外。㈡為外：在魯國現在的情形之下，所以變更禮節。

【今譯】秋天，為王姬在魯國宮牆外建築別館，因為魯桓公的喪事未完畢，所以採取例外的禮節，這是合禮的。

㈤經 冬十月，乙亥，陳侯林①卒。

【今註】㈠陳侯林：即陳莊公。有經無傳。

【今譯】冬天，十月乙亥，陳莊公林逝世。（無傳）

(六) 經 王使榮叔①來錫②桓公命③。

【今註】㈠榮叔：周大夫。榮是氏，叔是字。㈡錫：賞賜。㈢桓公命：追命桓公。有經無傳。

【今譯】周莊王派榮叔來魯國賞賜桓公，追稱他的德行。（無傳）

(七) 經 王姬歸于齊。

【今註】有經無傳。

【今譯】王姬于歸於齊國。（無傳）

(八) 經 齊師遷紀，郱①，鄑②，郚③。

【今註】㈠郱：音平。紀地，在今山東省臨朐（ㄑㄩˊ）縣東南。㈡鄑：音資。紀邑，今山東省昌邑縣十里有訾（ㄗˇ）亭社。㈢郚：音無。今山東省安丘縣西南六十里有郚城。以上三城皆屬紀國所有，齊國遷走他的人民，而取其土地。有經無傳。

【今譯】齊國遷徙紀國郱、鄑、郚、三邑的人民，佔領三邑的土地。（無傳）

莊公二年

(一)經 二年（公元前六九二年）春王二月，葬陳莊公①。

【今註】㊀葬陳莊公：即葬陳侯林。有經無傳。

【今譯】二年，春天，安葬陳莊公。（無傳）

(二)經 夏，公子慶父①帥師伐於餘丘②。

【今註】㊀公子慶父：是桓公庶子，後為孟孫氏。㊁於餘丘：在近於魯國的小國。無傳。

【今譯】夏天，魯莊公的庶兄公子慶父率領軍隊攻伐於餘丘國。

(三)經 秋，七月，齊王姬卒。

【今註】有經無傳。

【今譯】秋天，七月，嫁到齊國的王姬逝世。（無傳）

(四)經 冬十有二月，夫人姜氏會齊侯于禚。

傳 二年冬，夫人姜氏會齊侯于禚①，書姦也②。

【今註】㊀禚：音卓，齊邑。大約在今齊，魯，衛三國的分界上。㊁書姦也：文姜會齊侯，就證明了文姜與齊侯的通姦。

【今譯】冬天，十二月，魯桓公夫人姜氏與齊侯幽會於禚。記載這件事表明姜氏與齊侯的姦情。

㈤經 乙酉，宋公馮①卒。

【今註】㊀馮：音憑，即宋莊公。有經無傳。

【今譯】乙酉這一天，宋莊公馮逝世。（無傳）

莊公三年

㈠經 三年（公元前六九一年）春王正月，溺會齊師伐衛。

傳 三年春，溺①會齊師伐衛，疾之②也。

【今註】㊀溺：魯大夫。㊁疾之：因為他沒有請命於魯侯，故去他的氏，只寫他的名字在竹簡上，以表示不贊成的意思。

【今譯】三年，春天，魯大夫溺會合齊國軍隊攻伐衛國。因為他沒有請命於魯侯，所以只寫他的名字溺，而沒寫明他的姓，表示對他的疾視。

(二)經 夏四月，葬宋莊公①。

【今註】㊀宋莊公：即宋公馮。無傳。

【今譯】夏天，四月，安葬宋莊公。（無傳）

(三)經 五月，葬桓王。

傳 夏五月，葬桓王，緩也①。

【今註】㊀緩也：桓王崩於魯桓公十五年三月，到此時方葬，所以說葬的遲緩。

【今譯】夏天，五月，安葬周桓王，葬事舉行太遲。

(四)經 秋，紀季以酅入于齊。

傳 秋，紀季①以酅②入于齊，紀於是乎始判③。

【今註】㊀紀季：是紀侯之弟。㊁酅：音希。紀地，在今山東省臨淄縣東十九里，即戰國時代齊國的安平城。㊂始判：分裂成兩國。

【今譯】秋天，紀侯的三弟紀季把酅邑併入齊國，受齊國保護，紀國從這時開始分裂。

(五) 經 冬，公次于滑。

傳 冬，公次于滑①。將會鄭伯，謀紀故也②，鄭伯辭以難③。凡師一宿為舍④，再宿為信⑤，過信為次⑥。

【今註】㈠滑：鄭地，今河南省睢縣有滑亭。㈡謀紀故也：為的討論紀國的事情。㈢鄭伯辭以難：鄭伯是鄭厲公。辭以難是以為困難的意思。㈣凡師一宿為舍：凡是軍隊在住過一天的地方，即名為舍。㈤再宿為信：兩天就用信為名。㈥過信為次：再以上即名為次。

【今譯】冬天，魯莊公駐軍在滑，將會見鄭伯，謀劃紀國的事情。鄭伯告訴他有困難。凡是軍隊駐在一個地方，只過一夜叫做「宿」，再過一夜叫做「信」，超過兩夜就叫做「次」。

莊公四年

(一) 傳 四年（公元前六九〇年）春王正月①，楚武王荊尸②，授師孑焉③，以伐隨。將齊④，入告夫人鄧曼曰：「余心蕩⑤。」鄧曼歎曰：「王祿盡矣⑥！盈而蕩，天之道也⑦，先君其知之矣⑧！故臨武事，將發大命⑨，而蕩王心焉。若師徒無虧，王薨於行⑩，國之福也。」王遂行，卒於樠木之下⑪。令尹鬬祁，莫敖屈重⑫，除道梁溠⑬，營軍臨隨⑭，隨人懼，行成⑮。莫敖以王命⑯入盟隨侯，且請為會於漢汭⑰而還，濟漢而後發喪。

【今註】㈠春王正月：阮刻本及洪亮吉春秋左傳詁皆如此，但四部叢刊影刊宋本作「春王三月。」㈡荊尸：為楚國陣列軍隊的方式。㈢授師孑焉：方言說「戟謂之孑。」始用戟為戰陣。㈣將齊：齊音同齋，因為授兵器在廟中，故先齋戒。㈤余心蕩：賈逵說：蕩即搖。此句指我的心搖動不安。㈥王祿盡矣：王的壽命將結束。㈦盈而蕩，天之道也：盈滿就搖動，這是合乎天道的。㈧先君其知之矣：楚的先王大約已經知道。㈨故臨武事，將發大命：所以面臨戰事，立刻發佈號令的時候。㈩王薨於行：王死在行軍途中。⑪樠木之下：樠音瞞，木名。⑫令尹鬬祁，莫敖屈重：令尹，莫敖皆楚官名。鬬祁，屈重皆人名。⑬除道梁溠：溠音乍（ㄓㄚˋ），水名，在湖北省隨縣西北。除道梁溠是指修了一條道路，經過溠水，在水上架橋。⑭營軍臨隨：楚軍遂直到隨國都城。⑮行成：求和。⑯以王命：用王的命令表示王並沒有死。⑰漢汭：音銳。江永說：漢水入江之處，在今湖北省漢陽縣；杜注謂為漢西，實誤。

【今譯】四年，春天，周王曆正月，楚武王用新的陣式「荊尸」陣列軍隊，授戟給軍士，將以攻伐隨國。在授戟以前，將要在廟裏齋戒，他進入宮內告訴夫人鄧曼說：「我的心搖動不安。」鄧曼歎息說：「王的壽命將要結束了吧！盈滿就會動搖，是合乎天道的。楚國的先王大約已經知道了，所以在您面臨戰事，將要發佈號令的時候，而搖動您的心。若是軍隊不受到虧損，而王死在行軍的途中，這將是國家的福祉吧！」楚武王就動身出發，中途死在樠木的下面。令尹鬭祁及莫敖屈重，修了一條新的道路，架橋渡過溠水，率領軍隊逼近隨國：隨人畏懼，要求和平。莫敖就以楚王的命令進入隨國都城與隨侯訂立盟約，並且請隨侯到漢汭會盟，然後楚國軍隊才班師回國。等到渡過漢水而後方發佈楚王的死訊，開始行喪禮。

(二)經　**四年春王二月，夫人姜氏享齊侯于祝丘①。**

【今註】㈠祝丘：魯地，在今山東省臨沂縣東南五十里。有經無傳。

【今譯】四年，春天，周王曆二月，魯桓公夫人姜氏在祝丘設宴款待齊侯。（無傳）

(三)經　**三月，紀伯姬①卒。**

【今註】㈠紀伯姬：魯女，就是隱公二年紀裂繻所來迎者。

【今譯】三月，紀侯的夫人伯姬逝世。（無傳）。

(四)經　**夏，齊侯，陳侯，鄭伯遇于垂。**

【今註】有經無傳。

【今譯】夏天，齊侯、陳侯、鄭伯相遇於垂（無傳）

(五) 經 紀侯大去其國。

傳 紀侯不能下齊①，以與紀季。夏，紀侯大去其國②，違齊難③也。

【今註】㊀下齊：紀侯不能委曲事奉齊國，所以將全紀國給予他的弟弟紀季。㊁紀侯大去其國：紀侯離開他的國都，表示不返國的意思。㊂違齊難：躲避齊國對於紀國的壓迫。

【今譯】紀侯因為不甘委屈事奉齊國，所以把國家讓給紀季。夏天，紀侯斷然離開紀國，以避免齊國的壓迫。

(六) 經 六月，乙丑，齊侯葬紀伯姬①。

【今註】㊀齊侯葬紀伯姬：因為紀侯已經離開國都，而魯女伯姬逝，無人辦喪事，齊侯遂為她行葬禮。

【今譯】六月乙丑，齊侯為紀侯的夫人伯姬行葬禮。（無傳）

(七) 經 秋七月。

【今譯】秋，七月。（經文缺，亦無傳）

(八)經 冬，公及齊人狩于禚①。

【今註】㊀狩于禚：在禚地打獵。禚，音卓，齊邑。大約在今齊，魯，衛三國的分界上。

【今譯】冬，魯莊公與齊人在禚地狩獵。（無傳）

莊公五年

(一)經 五年（公元前六八九年）春王正月。

【今註】有經無傳。

【今譯】五年，春，周王曆正月。（無傳）

(二)經 夏，夫人姜氏如①齊師。

【今註】㊀如：往，去。

【今譯】夏天，魯桓公夫人姜氏到齊國的軍中去。（無傳）

(三)經 秋，郳犂來來朝。

傳 五年秋，郳①犂來②來朝，名③，未王命④也。

【今註】㊀郳：音泥，是魯的附庸國，在今山東省滕縣東六里。㊁犂來：是附庸國的君名。㊂名：春秋上只寫他的名字。㊃未王命：有王命以後，方能寫上爵位，至僖公七年、郳犂來始得王命，所以來朝時方在春秋上寫明「小邾子來朝。」

【今譯】秋天，郳國國君犂來來魯國朝見。因為他未受周王的爵命，所以只寫他的名字。

(四)經　冬，公會齊人、宋人、陳人、蔡人伐衛。

傳　冬伐衛，納惠公㊀也。

【今註】㊀納惠公：桓公十六年，惠公朔出奔齊，到現在方送他回國都。

【今譯】冬天，魯莊公會同齊人，宋人，陳人，蔡人討伐衛國。為的是送衛惠公回國。

莊公六年

(一)經　六年（公元前六八八年）春王正月，王人子突救衛。

傳　六年春，王人㊀救衛。

【今註】㊀王人：周王軍隊由微小的官吏所率領，所以稱王人。

【今譯】六年，春天，周王的軍隊由子突率領去援救衛國。

(二)經夏，六月，衛侯朔入于衛。

傳夏，衛侯入，放①公子黔牟于周，放⑦甯跪②于秦，殺左公子洩、右公子職，乃即位。君子以二公子之立黔牟為不度③矣。夫能固位者④，必度於本末⑤，而後立衷焉⑥，不知其本不謀⑦，知本之不枝弗強⑧，詩云：「本枝百世⑨。」

【今註】㈠放：赦免不殺，而使其去遠的國家為放。㈡甯跪：衛大夫。㈢不度：即所謂「不度於本末。」㈣夫能固位者：凡是能鞏固他的地位的人。㈤必度於本末：必定研究他的根本與枝末。㈥而後立衷焉：然後再予以適當的處理。㈦不知其本不謀：對於它的根本不知道，就是不曾計謀。㈧知本之不枝弗強：顧炎武說：「弗強，言不必強立之也。」假設知道本既無力量支持，就不必強立他。㈨本枝百世：詩大雅文王篇的句子。意指文王本枝俱茂盛，可以蕃延百世。

【今譯】夏天，衛惠公回到衛國國都，把公子黔牟放逐到周，把甯跪放逐到秦，殺了左公子洩及右公子職，然後即位。君子認為左右二公子的扶立黔牟為國君，是欠缺考慮的。凡是能夠鞏固他的地位的人，必要研究他的根本與枝末，然後順著情勢做適當的處理。若是不知道他根本的情形，而立他，就是不曾計謀；若是知道他的根本無力支持他的枝末，也就不必強立他。正如詩經大雅所說：「本枝繁盛，蕃延百世。」

(三)經 秋，公至自伐衛。

【今註】有經無傳。

【今譯】魯莊公討伐衛國以後回到魯國。（無傳）

(四)經 螟①。

【今註】㈠螟：蟲災為穀害。有經無傳。

【今譯】發生螟蟲的災害。（無傳）

(五)經 冬，齊人來歸衛俘。

傳 冬，齊人來歸衛寶①，文姜請之②也。

【今註】㈠衛寶：經作衛俘，公羊、穀梁兩傳皆言衛寶，與左傳同，這大概是經的誤字。㈡文姜請之：文姜對齊國的要求。

【今譯】冬天，齊國人送來伐衛所獲的珍寶。這是文姜向齊侯請求的。

(六)傳 楚文王伐申，過鄧，鄧祁侯①曰：「吾甥②也。」止而享之③，騅④甥，聃甥，養甥⑤請殺楚子，鄧侯弗許。三甥曰：「亡鄧國者，必此人⑥也。若不早圖，後君噬齊⑦，其及圖之乎⑧？圖之此為時矣⑨！」鄧侯曰：「人將不食吾餘⑩。」對曰：「若不從三臣，抑社稷實不血食⑪，而君焉取餘⑫？」弗從，還年⑬，楚子伐鄧。十六年⑭楚復伐鄧，滅之。

【今註】 ㊀鄧祁侯：鄧國君，杜預謂祁侯是諡法。㊁甥：姊妹之子曰甥。楚文王是武王之子，而武王的夫人鄧曼是鄧侯的姊妹，故稱文王曰甥。㊂止而享之：使他停到鄧國，來享宴他。㊃騅：音追。㊄騅甥、聃甥、養甥：騅，聃，養三甥，皆是鄧國的外甥。㊅此人：指楚文王。㊆若不早圖，後君噬齊：噬，音市。齊音臍。假若不趁早謀算他，以後必被楚吞噬。㊇其及圖之乎：那時還來得及圖謀嗎？㊈此為時矣：現在正是時候。㊉人將不食吾餘：旁人將不吃我所剩餘的肉食。⑪抑社稷實不血食：血食是指著肉食的意思，社稷指著土神與穀神。此句指若不能祭祀，則土神與穀神就不能吃到肉食。⑫君焉取餘：焉即安。你那能得到祭祀的魚肉。⑬還年：楚伐申回國的這一年。⑭十六年：指魯莊公十六年。

【今譯】 楚文王攻伐申國，經過鄧國，鄧祁侯說：「他是我的外甥。」就使他停在鄧國，設宴款待他。騅甥，聃甥和養甥請求鄧祁侯殺害楚文王，鄧祁侯不答應。三位外甥就說：「滅亡鄧國的，必定是這個人了。若不趁早謀算他，以後他來滅鄧國，就好像您的肚臍受噬，那時還來得及圖謀嗎？若要圖謀，現在正是時候。」鄧祁侯說：「我若是這樣做，人們將不吃我祭祀所餘的肉食了。」三位外甥回答說：「若是不聽我們三人的話，就連社神穀神都將不能受到祭祀，您將怎樣得到祭祀剩餘的肉食呢？」鄧祁侯始終不聽從。等到楚文王攻伐申國以後，回國的這一年，就攻伐鄧國。到了魯莊公十六年，楚國又攻伐鄧國，終於把鄧國消滅。

莊公七年

㈠經　七年（公元前六八七年）春，夫人姜氏會齊侯于防。

傳　七年春，文姜會齊侯于防①，齊志②也。

【今註】㈠防：魯地，魯有兩防，此所謂東防。在今山東省密縣東北六十里。㈡齊志：齊侯來到魯國相會，這是齊侯的要求。

【今譯】春天，魯桓公夫人文姜會見齊侯於防，這是由於齊侯的要求。

㈡經　夏四月，辛卯夜，恆星不見，夜中星隕如雨。

傳　夏，恆星不見①，夜明②也，星隕如雨③，與雨偕④也。

【今註】㊀恒星不見：常見的星星皆不顯露。㊁夜明：因為天不太黑。㊂星隕如雨：星星如雨般的墜落。㊃與雨偕：跟落雨同時。

【今譯】夏天，四月辛卯的夜裏，常見的星都不顯露，因為夜間天空很明亮。到了夜半，星如雨一樣地隕落，因為是伴著雨一同落下。

㈢經 秋大水。

【今註】有經無傳。

【今譯】秋天，發生大水。（無傳）

㈣經 無麥苗。

傳 秋，無麥苗不害嘉穀①也。

【今註】㊀無麥苗不害嘉穀：因為大水之後，麥苗皆被沖沒，不過黍稷還可以再種，所以說不害嘉穀。

【今譯】大水以後，麥苗不能生長，但還可種黍稷，所以並不妨害嘉穀的收穫。

㈤經 冬，夫人姜氏會齊侯于穀①。

【今註】㊀穀：齊地。在今山東省東阿縣故穀城。穀是姬姓，後為齊國所滅。

【今譯】冬天，魯桓公夫人姜氏會見齊侯於穀。（無傳）

莊公八年

㈠經 八年（公元前六八六年）春王正月，師次于郎，以俟①陳人，蔡人。

【今註】㊀俟：等候。有經無傳。

【今譯】八年，春天，周王曆正月，魯國軍隊駐紮在郎邑，以等候陳國人及蔡國人。（無傳）

㈡經 甲午，治兵。

傳 八年，春，治兵于廟①，禮也。

【今註】㊀治兵于廟：公羊傳作祠兵，更顯出在祖廟中練習發佈命令的禮節。

【今譯】八年，春天，在祖廟練習軍隊的號令，這是合於禮的。

㈢經 夏，師及齊師圍郕，郕降于齊師。

傳 夏，師及齊師圍郕①，郕降于齊師。仲慶父②請伐齊師。公曰：「不可。我實不德，齊師何罪？罪我之由③。夏書④曰：『皋陶邁種德⑤，德乃降⑥。』姑務脩德以待時乎⑦？」

【今註】㈠郕：是伯爵，文王子郕叔武始封。在今山東省寧陽縣北盛鄉城。㈡仲慶父：即桓公庶子，後為孟孫氏。㈢罪我之由：罪是由我而興起的。㈣夏書：是逸書。㈤皋陶邁種德：陶音遙。邁是指時間的遙遠。此句謂皋陶能夠在久遠的時間內樹立德行。㈥德乃降：假若有德行，才能被人所降服。㈦姑務脩德以待時乎：姑且脩整德行，以等待他人的降服。

【今譯】夏天，魯國軍隊和齊國軍隊圍攻郕國，郕國投降於齊國軍隊。仲慶父請求討伐齊國軍隊，魯莊公說：不可。我實在沒有德行，齊國軍隊有什麼罪過呢？罪是由我而起的。夏書記載說：『皋陶能夠深遠的樹立他的德行，就因為他有德行，人民才降服。』讓我姑且修整德行，以等待他人降服的時機吧！」

㈣

經 秋，師還。

傳 秋，師還。君子是以善①魯莊公。

【今註】㈠善，嘉許。

【今譯】秋天，魯國軍隊回國。君子因此嘉許魯莊公。

(五)經 冬十有一月，癸未齊無知，弑其君諸兒。

傳 齊侯使連稱，管至父①，戍葵丘②，瓜時③而往，曰：「及瓜而代④。」期戍⑤，公問不至⑥，請代弗許⑦，故謀作亂。僖公之母弟⑧曰夷仲年⑨，生公孫無知⑩，有寵於僖公，衣服禮秩如適⑪，襄公絀之⑫，二人因之以作亂⑬，連稱有從妹⑭在公宮，無寵，使間公⑮。曰：「捷⑯，吾以女為夫人⑰。」冬十二月，齊侯游于姑棼⑱，遂田于貝丘⑲。見大豕，從者⑳曰：「公子彭生㉑也。」公怒曰：「彭生敢見㉒！」射之㉓。豕人立而啼㉔，公懼，隊于車㉕，傷足喪屨㉖。反㉗，誅屨於徒人費㉘，弗得，鞭之見血㉙，走出㉚，遇賊于門，劫而束之㉛。費曰：「我奚御哉㉜？」袒而示之背㉝，信之。費請先入，伏公而出鬥㉞，死于門中㉟，石之紛如死于階下㊱。遂入殺孟陽于牀㊲。曰：「非君也，不類㊳。」見公之足于戶下㊴，遂弑之而立無知。初，襄公立，無常㊵，鮑叔牙㊶曰：「君使民慢，亂將作矣㊷。」奉公子小白㊸出奔莒。亂作，管夷吾，召忽㊹奉公子糾來奔㊺。初，公孫無知虐于雍廩㊻。

【今註】㈠連稱，管至父：二人皆齊大夫。㈡戍葵丘：戍是率領軍隊駐守。葵丘是齊地，在今山東省臨淄縣西三十里。㈢瓜時：瓜熟的時候。㈣及瓜而代：等到瓜熟的時候，就派人來代替你們。就所謂隔一年的時候。㈤期戍：駐守滿了一年。㈥公問不至：襄公的命令也不來。㈦請代弗許：他們請求派代理的人也不准許。㈧母弟：同母的弟弟。㈨夷仲年：夷仲是謚號，名年。㈩公孫無知：公子之子曰公孫，名無知，是僖公的孫子。⑪衣服禮秩如適：適音同嫡，即太子。此指公孫無知所穿的衣服與所用的禮節如同太子一樣。⑫絀之：削減的意思。⑬二人因之以作亂：二人指連稱、管至父，利用公孫無知來造反。⑭從妹：叔伯所生之女曰從妹。⑮使間公：間音見，窺覗。使她窺伺襄公。⑯捷：成功。⑰吾以女為夫人：女音汝。我將使妳作齊國夫人。⑱姑棼：在今山東省博興縣東北十五里博姑城。⑲田于貝丘：田是打獵。貝丘在今山東省博興縣南有貝中聚。⑳從者：隨從襄公打獵的人。㉑公子彭生：即桓公十八年，受齊襄公命令殺魯桓公，而後被齊襄公所殺者。㉒彭生敢見：見音現。彭生怎敢露面。㉓射之：向大豕射去。㉔豕人立而啼：如人般的站立著而哭。㉕隊于車：隊音墜。由車上掉下來。㉖傷足喪屨：腳受傷，丟掉了鞋。㉗反：返回宮中。㉘誅屨於徒人費：誅是向他要。王引之說「案徒當為侍字之誤也，侍人即寺人……。漢書古今人表作寺人費是其明證也。」此句的意思是向寺人費強要他的鞋子。㉙鞭之見血：拿鞭子打他，流了很多血。㉚走出：向宮外逃走。㉛劫而束之：將寺人費攔住，並綑起來。㉜我奚御哉：我不是侍候的人。㉝袒而示之背：將衣服解開，給他們看背上流的血。㉞伏公而出鬬：將襄公藏起來，就回去與賊相鬬。㉟死于門中。在門間相鬬而死。㊱石之紛如死於階下：石之紛如是齊國的小臣，在台階底下鬬死。㊲殺孟陽于牀：孟陽也是齊國小臣，替齊襄公睡臥在床上，被殺。㊳非君也，不類：不是君，不像。㊴戶下：在門板的底下。㊵無常：即政令常改變。㊶鮑叔牙：是齊桓公的師傅。㊷君使民慢，亂將作矣：君使民慢即指襄公的政令無常，所以亂將發作。㊸公子小白：是齊僖公的庶子，即後來的齊桓公。㊹管夷吾，召忽：二人全為公子糾的師傅。㊺公子糾來奔：公子糾是公子小白的庶兄。來奔是逃到魯國。㊻虐于雍廩：雍廩是齊大夫。公孫無知對他很暴虐。

【今譯】齊侯派連稱及管至父去戍守葵丘，他們在瓜熟的時候動身前往，齊襄公與他們約定說：「到明年瓜熟的時候就派人代替你們。」等到他們戍守的日期滿了，齊襄公的命令既不來，請求派人來代替也不許，所以他們就陰謀發動政變。齊僖公的同母的弟弟叫做夷仲年，他生了公孫無知，很得僖公的寵愛，所穿的衣服和所用的禮節都如同太子。襄公繼位後削減了他的待遇，所以連稱和管至父二人便利用公孫無知來發動政變。連稱有一位從妹在襄公的宮中，不得寵幸，就派她窺伺襄公，對她說：「如果事情成功了，我將使你成為齊侯的夫人。」到了冬天，十二月，齊襄公到姑棼游歷，於是就在貝丘打獵，看見了一隻大野豬，隨從的人說：「那是公子彭生。」襄公發怒，說：「彭生竟然敢顯現。」拔箭就射，野豬像人一樣站起來啼叫，襄公很害怕，從車上掉了下來，腳受傷，鞋失落。回到宮中，向侍人費強要鞋子，侍人費找不到鞋子，襄公拿鞭子打他，打到流血。侍人費逃到宮外，在宮門遇到亂賊，他們把他攔住，要把他綑綁起來，侍人費說：「我不是侍候的人。」就解開衣服，袒露背部給他們看，他們便相信了。侍人費就請求先進入宮內，他進去先把襄公藏起來，再出去與賊相鬥，在門間鬥死，小臣石之紛如則死在台階下面。亂賊進到宮內，把孟陽殺死在襄公的床上，說：「這決計不是國君，看起來不像。」看見襄公的腳露在門板下面，就把襄公弒殺，而立公孫無知為國君。起初，襄公立為國君以後，政令無常，鮑叔牙說：「國君的政令無常，使人民產生怠慢的心理，亂事將會發作的。」他就尊奉公子小白出奔到莒。現在亂事發生了，管夷吾和召忽尊奉公子糾逃到魯國。起初，公孫無知對大夫雍廩很暴虐。

莊公九年

㈠經　九年（公元前六八五年）齊人殺無知。

傳　九年春，雍廩殺無知①。

【今註】㈠雍廩殺無知：經作齊人殺無知，表示是齊人所同意，無知又未與諸侯盟誓過，所以不書爵。

【今譯】九年，春天，齊國大夫雍廩殺公孫無知。

(二) 經 公及齊大夫盟于蔇。

傳 公及齊大夫盟于蔇①，齊無君②也。

【今註】 ㈠蔇：音季。在今山東省嶧縣東八十里故繒城。㈡齊無君：因為齊國無君，所以與大夫盟。

【今譯】 魯莊公及齊大夫會盟於蔇，因為這時齊國沒有在位的國君。

(三) 經 夏，公伐齊納子糾，齊小白入于齊。

傳 夏，公伐齊，納子糾，桓公①自莒先入。

【今註】 ㈠桓公：即公子小白，為春秋五霸之一。

【今譯】 夏天，魯莊公討伐齊國，送公子糾回齊國。另一方面，齊桓公從莒國先進入齊國。

(四) 經 秋七月，丁酉，葬齊襄公①。

【今註】 ㈠葬齊襄公：九月乃葬，因為亂的原故。無傳。

【今譯】 秋天，七月丁酉，安葬齊襄公。（無傳）

(五) 經 八月，庚申，及齊師戰于乾時，我師敗績。

傳 秋，師①及齊師戰于乾時②，我師敗績，公喪戎路③，傳乘而歸④。秦子，梁子⑤以公旗辟于下道⑥，是以皆止⑦。

【今註】㈠師：魯師。㈡乾時：乾音干。齊地臨時水，在今山東省博興縣北，時水在縣南。㈢戎路：作戰的兵車。㈣傳乘而歸：就乘旁的車回都城。㈤秦子、梁子：皆是魯侯的御者與戎右。㈥以公旗辟于下道：用公的旗幟躲到另一條路上。㈦是以皆止：全都被捕獲。

【今譯】八月庚申，魯軍與齊軍交戰於乾時。魯軍崩潰失敗。魯莊公喪失了他的兵車，便乘著旁的車子回國。莊公的車夫和戎右秦子和梁子拿著莊公的旗幟在下道掩護，所以都為齊軍所獲。

㈥經 九月，齊人取子糾殺之。

傳 鮑叔①帥師來言②曰：「子糾親也，請君討之③。管召讎也④，請受而甘心焉⑤。」乃殺子糾于生竇⑥。召忽死之，管仲請囚⑦，鮑叔受之，及堂阜⑧而稅之⑨。歸而以告⑩曰：「管夷吾治於高傒⑪，使相可也⑫。」公從之。

【今註】㈠鮑叔：即鮑叔牙。㈡帥師來言：率領軍隊到魯都城來說。㈢子糾親也，請君討之：子糾是我們的親人，請你來討伐他。㈣管召讎也：管仲同召忽是我國的敵人。㈤請受而甘心焉：請接受他們到齊國再殺戮他們，以快齊國的意思。㈥生竇：齊地，史記作生瀆。在今山東省曹縣北句陽古城。㈦管仲請囚：管仲因為同鮑叔牙要好，知道鮑叔牙有釋放他的意思，所以請求齊國囚禁他。㈧堂阜：齊地。在今山東省蒙陰縣西北，其地有夷吾亭。㈨稅之：稅同脫，即放釋的意思。㈩以告：告訴齊桓公。㈡管夷吾治於高傒：高傒是齊卿高敬仲。此言管仲治理的能力高於高敬仲。㈢使相可也：可以使他做宰相。春秋的習慣，相是相禮，做宰相是戰國的現象，這是頭一次由相禮變為宰相的趨勢。

【今譯】鮑叔牙率領軍隊來魯國說道：「公子糾是桓公的親人，請您代表齊國討伐他。管仲和召忽是桓公的仇人，請您把他們送回齊國，我們就甘心滿意了。」於是就殺公子糾於魯國的生竇地方，召忽為他效死。管仲請求把自己囚起來，鮑叔接受了。回到齊國堂阜的地方，就把他釋放。回到國都，就告訴桓公說：「管夷吾治理的能力勝過高傒，可以使他做你的相。」桓公就聽從了他的話。

莊公十年

㈠經十年（公元前六八四年）春王正月，公敗齊師于長勺。

傳十年春，齊師伐我①，公將戰，曹劌②請見。其鄉人③曰：「肉食者謀之④，又何間焉⑤？」劌曰：「肉食者鄙，未能遠謀

⑥。」乃入見，問何以戰⑦。公曰：「衣食所安，弗敢專也⑧，必以分人。」對曰：「小惠未徧，民弗從也⑨。」公曰：「犧牲玉帛⑩，弗敢加也⑪，必以信⑫。」對曰：「小信未孚，神弗福也⑬。」公曰：「小大之獄⑭，雖不能察⑮，必以情⑯。」對曰：「忠之屬也⑰，可以一戰，戰則請從⑱。」公與之乘⑲，戰于長勺⑳。公將鼓之㉑，劌曰：「未可。」齊人三鼓，劌曰：「可矣。」齊師敗績㉒。公將馳之㉓，劌曰：「未可。」下視其轍㉔，登軾而望之㉕，曰：「可矣。」遂逐齊師，既克㉖，公問其故。對曰：「夫戰，勇氣也，一鼓作氣，再而衰，三而竭㉗，彼竭我盈㉘，故克之。夫大國難測也㉙，懼有伏焉㉚，吾視其轍亂，望其旗靡，故逐之㉛。」

【今註】㊀齊師伐我：齊國的軍隊違背了蔇之盟，不宣戰，就來伐魯國。㊁曹劌：魯人。史記作曹沬。音ㄍㄨㄟˋ。㊂鄉人：同鄉黨的人。㊃肉食者謀之：此指在高位的人出主意。㊄又何間焉：何必摻雜在其中。㊅肉食者鄙，未能遠謀：在高位的人鄙陋不堪，不能作長遠的計謀。㊆問何以戰：問如何去作戰。㊇衣食所安，弗敢專也：所有的衣食，皆不敢專為自己享受。㊈小惠未徧，民弗從也：此指衣食只是一種小的恩惠，所以不能遠及普通的人民，故人民不能全體服從魯國。⑩犧牲玉帛：犧牲是祭神所用的牛羊，玉帛也是祭神用的玉與布帛。⑪弗敢加也：照規定的數目，不敢增加。⑫必以信：祝辭不敢說的不實在，不能自己誇張。⑬小信未孚，神弗福也：這種小信，不能使天地鬼神皆滿意，所以不降福給他。⑭小大之獄：獄訟不管大或小。⑮察：審察。⑯必以情：必以情理來推定。⑰忠之屬也：這也屬於忠信。⑱戰則請從：作戰的時候願意隨從。⑲公與之乘：公同他共乘一輛兵車。⑳長勺：魯地，為殷遺民長勺氏所住的地方。長勺氏為殷民六族之一，見左傳定公四年。㉑公將鼓之：魯公將要敲戰鼓，以使軍隊前進。㉒敗績：軍隊崩潰為敗績。㉓馳之：以戰車追逐齊師。㉔下視其轍：下車去看齊國逃奔的車跡。轍是車跡。㉕登軾而望之：登上車前的橫木而向遠處望去。㉖既克：既然戰勝齊師。㉗一鼓作氣，再而衰，三而竭：一次敲鼓，使軍隊士氣振作，再次敲鼓，使軍隊士氣衰滅；三次敲鼓，使軍隊士氣瓦解。竭是用盡的意思。㉘彼竭我盈：齊人三鼓，士氣正竭盡，而我方一鼓，士氣正盛。㉙夫大國難測也：國大則難於臆測。㉚懼有伏焉：恐怕有伏兵，所以假裝大敗。㉛吾視其轍亂，望其旗靡，故逐之：我下車看齊軍的車跡，又登高望到他們的旗幟很亂，所以敢追逐齊師。

【今譯】 十年，春天，齊國軍隊攻伐我魯國。莊公將要出戰，曹劌請求謁見，他的同鄉人說：「那些在高位的人自會打算，你何必參與呢？」曹劌說：「在高位的人鄙陋不堪，不能深遠的打算。」於是就入見莊公。他問莊公將如何作戰。莊公說：「所有的衣服飲食，不敢專為自己享受，必要拿來分給別人。」曹劌回答說：「這種小恩惠不能普遍施與人民，人民不會全體服從的。」莊公說：「祭祀的牛羊和玉帛，不敢增加數目，必要以誠信的祝辭來祭祀。」曹劌回答說：「這種小誠信不能使鬼神滿意，鬼神不會降福的。」莊公又說：「大小的訟獄，雖不能都審察詳細，必要以情理來推定。」曹劌回答說：「這是忠信愛民的表現。可以一戰。出戰時，請准許我隨從。」莊公讓他同乘一輛兵車。和齊師交戰於長勺。莊公將敲響戰鼓，曹劌說：「還不可以。」等到齊人敲過三次戰鼓，曹劌才說：「可以了。」結果齊師崩潰戰敗。莊公想乘勝追逐齊師。曹劌又說：「還不可以。」他先下車去視察戰車的軌跡，又登上車軾去瞭望，然後說道：「可以了。」於是才追逐齊師。既戰勝了齊師，莊公問他理由，曹劌回答說：「戰爭，是勇氣的競賽。敲第一次戰鼓，士氣振作；敲第二次，士氣稍衰；敲第三次，士氣竭盡。他們的士氣已竭盡，而我們的士氣仍充盈，所以才能克服他們。再說，大國是難以測度的，我怕他們有埋伏，所以，我先看見他們的車轍混亂，望見他們的旌旗靡亂，才敢追逐他們。」

(二)**經**二月，公侵宋。

【今註】有經無傳。

【今譯】二月，魯莊公侵犯宋國。（無傳）

㈢ 經 三月，宋人遷宿①。

【今註】 ㈠宿：今江蘇省宿遷縣即宿人所遷之處。

【今譯】 宋人強行遷徙宿地的人民，而佔領宿地。（無傳）

㈣ 經 夏六月，齊師，宋師次于郎。

傳 夏，六月，齊師宋師次于郎①。公子偃②曰：「宋師不整③，可敗也。宋敗，齊必還，請擊之。」公弗許。自雩門竊出④，蒙皋比而先犯之⑤，公從之，大敗宋師于乘丘⑥，齊師乃還。

【今註】 ㈠郎：是魯國近都城之地，與下句乘丘相距甚近。㈡公子偃：魯大夫。㈢宋師不整：宋國的軍隊陣容不整齊。㈣自雩門竊出：從魯都出南門，沒奉命令，即偷著出去。㈤蒙皋比而先犯之：皋比是指虎皮。此指蒙馬以虎皮先犯宋師。㈥乘丘：今山東省滋陽縣西有故瑕丘城，即古乘丘城。

【今譯】 六月，齊師和宋師駐紮在郎。魯大夫公子偃說：「宋國的軍隊陣容不整，可以把他們打敗。宋國先敗了，齊師必定會撤退，請出兵攻擊。」莊公不答應。公子偃就偷偷地從雩門出去，蒙著虎皮先進犯宋國軍隊。莊公只好跟從他出戰，把宋國軍隊完全打敗於乘丘。齊國軍隊也就撤退了。

(五)經秋九月，荊敗蔡師于莘，以蔡侯獻舞歸。

傳蔡哀侯娶于陳，息侯①亦娶焉，息嬀將歸，過蔡，蔡侯曰：「吾姨也②。」止而見之③，弗賓④，息侯聞之怒，使謂楚文王曰：「伐我，吾求救於蔡而伐之。」楚王從之。秋九月，楚敗蔡師于莘⑤，以蔡侯獻舞歸⑥。

【今註】㈠息侯：息國，姬姓。在今河南省新息縣。㈡吾姨也：是我妻子的姊妹。㈢止而見之：請她留下，以見面。㈣弗賓：不以賓客的禮節來接待她。㈤莘：在今河南省汝陽縣境。㈥以蔡侯獻舞歸：獻舞是蔡侯的名字。楚人將蔡侯逮回楚國。

【今譯】蔡哀侯娶妻於陳國，息侯也娶妻於陳國。息嬀將要歸寧，路過蔡國。蔡侯說：「她是我的姨。」就請她留下來相見，但對待她頗不禮敬。息侯聽到了，非常生氣，派人去對楚文王說：「你來伐我，我去向蔡國求救，你就趁機攻伐他。」楚文王就聽從他的話。到了秋天，九月，楚國把蔡國軍隊打敗於莘，逮住蔡侯獻舞而回。

(六)經冬十月，齊師滅譚，譚子奔莒。

傳齊侯之出也①過譚②，譚不禮也③。及其入也④，諸侯皆賀，譚又不至。冬，齊師滅譚，譚無禮也。譚子奔莒，同盟故也⑤。

【今註】㊀齊侯之出也：此指齊桓公的出奔。㊁過譚：路過譚地。譚在今山東省歷城縣東南七十里有譚城。㊂譚不禮也：譚沒有招待他。㊃及其入也：入在莊公九年。㊄同盟故也：譚與莒國是同盟。

【今譯】齊桓公當年出奔的時候，經過譚國。譚國沒有招待他。等到他回到齊國，諸侯都去祝賀，譚國又不去。所以這年冬天，齊國軍隊把譚國消滅，因為譚國無禮。譚子出奔到莒國，因為莒和譚是同盟的國家。

莊公十一年

㈠經　十有一年（公元前六八三年）春王正月①。

【今註】㊀春王正月：左傳的經必記四季，所以無事也必記春王正月。有經無傳。

【今譯】十一年，春天，周王曆正月。（無傳）

㈡經　夏五月，戊寅，公敗宋師于鄑。

傳　十一年夏，宋為乘丘之役①，故侵我，公禦之。宋師未陳而薄之②，敗諸郚③，凡師敵未陳曰敗某師④，皆陳曰戰⑤，大崩曰敗績⑥，得儁曰克⑦，覆而敗之曰取某師⑧，京師敗，曰王師敗績于某⑨。

【今註】㈠乘丘之役：在莊公十年。㈡未陳而薄之：敵人沒有排成行列而迫近他。㈢郚：魯地，在今山東省曲阜縣左近，與莊公元年紀邑之郚在山東省都昌縣者為兩地。㈣未陳曰敗某師：未成行列就稱為將某軍打敗。㈤皆陳曰戰：兩方面皆已經成為行列就稱為戰。以上各陳字皆讀為陣，古字相通。㈥大崩曰敗績：軍隊全崩潰如山崩一般，則叫做敗績。㈦得儁曰克：儁音俊。戰勝並獲雄儁將士叫做克。㈧覆而敗之曰取某師：將對方的軍力全都掩覆，故以取某軍隊為名。㈨王師敗績于某：周王的軍隊若被打敗，則寫上王師為某人所敗。

【今譯】夏天，宋國為了乘丘之役的緣故，來侵犯我魯國。莊公率兵抵禦，趁宋國軍隊還未排好陣式就迫近，把他們在郚地打敗。凡是兩軍相對，敵軍還未排好陣式就把他打敗，叫做「敗某師」。敵我兩軍都排好陣式才交戰，叫做「戰」。軍隊完全崩潰，叫做「敗績」。戰勝並獲雄儁將士叫做「克」，把對方軍隊全部掩覆叫做「取某師」。周王的軍隊戰敗，叫做「王師敗績於某」。

㈢經　秋宋大水。

傳 秋，宋大水，公使弔焉①。曰：「天作淫雨，害于粢盛②，若之何不弔③？」對曰：「孤實不敬④，天降之災，又以為君憂，拜命之辱⑤。」臧文仲⑥曰：「宋其興乎？禹湯罪己，其興也悖焉⑦！桀紂罪人，其亡也忽焉⑧！且列國有凶，稱孤，禮也⑨。言懼而名禮⑩，其庶乎⑪？」既而聞之曰：「公子御說之辭也⑫！」臧孫達曰：「是宜為君，有恤民之心⑬。」

【今註】 ㈠公使弔焉：魯莊公派人去弔慰他。㈡天作淫雨，害於粢盛：淫雨是大雨。此謂天下大雨，有害於穀物。㈢若之何不弔：怎能不加以弔慰呢？㈣孤實不敬：普通諸侯自稱為寡人，遇凶災則改稱孤。我實在不恭敬上天。㈤拜命之辱：很拜謝你的派人來弔慰。㈥臧文仲：魯大夫，即臧孫達。㈦禹湯罪己，其興也悖焉：悖音貝，興盛的意思。夏禹商湯以自己有罪，所以興盛的很快。㈧桀紂罪人，其亡也忽焉：夏桀與商紂以旁人為有罪，所以他亡國的也很快。㈨稱孤禮也：各國有凶事，則照禮自稱孤。㈩言懼而名禮：說的話畏懼天，而自稱孤合於禮。⑪其庶乎：庶幾可以興盛。⑫是公子御說之辭也：說音悅。公子御說是宋莊公之子，即宋桓公。此謂這話是公子御說說的。⑬是宜為君，有恤民之心：他可以做君，因為他有愛惜人民的心。

【今譯】 秋天，宋國發生大水災。魯莊公派人去弔慰，說：「上天降下大雨，傷害了穀物，怎能不加以弔慰呢？」回答說：「孤實在不恭敬上天，所以上天降災，為此使你憂勞，很感謝你派人來弔慰。」魯大夫臧文仲說：「宋國將要興盛起來吧！禹和湯把罪歸於自己，他們的興起真是蓬勃。桀和紂把罪歸於旁人，他們的滅亡真是迅速。並且各國有了凶事，國君就自稱為孤，是合於禮的。言語有所戒懼而自稱合於禮節，他將要興盛的吧！」不久，聽說那是宋莊公的兒子公子御說所說的話，魯大夫臧孫達便說：「他是適合做國君的。他有體恤人民的心。」

㈣ 經 冬，王姬歸于齊。

傳 冬，齊侯①來逆共姬②。

【今註】㈠齊侯：齊桓公。㈡來逆共姬：逆是迎接。共姬是王姬的謚號，共音恭。

【今譯】冬天，齊桓公來魯國迎娶共姬。

㈤ 傳 乘丘之役，公以金僕姑①射南宮長萬②，公右歂孫③生搏之④，宋人請之⑤，宋公靳之⑥。曰：「始吾敬子⑦，今子魯囚也，吾弗敬子矣⑧，病之⑨。」

【今註】㈠金僕姑：魯國的箭名。㈡南宮長萬：宋大夫。㈢歂孫：歂音船。是魯大夫。㈣生搏之：活著把他逮回來。㈤宋人請之：宋人到魯國請將他放回。㈥宋公靳之：杜預說：「戲而相愧曰靳。」服虔說：「恥而惡之曰靳。」其實是兩種意思皆有，一方面恨他為魯國所囚，所以用戲言使他自覺慚愧。㈦始吾敬子：以前我敬重你。㈧今子魯囚也，吾弗敬子矣：現在你是魯國的囚犯，所以我不再對你敬重。㈨病之：南宮長萬不以此言為戲，而以為真正的恥辱。

【今譯】在乘丘之役的時候，魯莊公用金僕姑射擊宋大夫南宮長萬。莊公的戎右歂孫把他活捉回來。宋國人到魯國來請求把他放回。宋閔公用戲言使他自覺慚愧，說道：「從前我敬重你，現在你是魯國的囚犯，我不再敬重你了。」南宮長萬不以為這是戲言，而以為是真正的恥辱。

莊公十二年

㈠經 十有二年（公元前六八二年）春王三月，紀叔姬①歸于酅②。

【今註】㈠紀叔姬：是魯女嫁於紀國。㈡酅：音攜，已見莊公三年左傳經註。

【今譯】十二年春天，周王曆三月，嫁給紀侯的叔姬從魯國回到紀國的酅邑。（無傳）

㈡經 夏四月。

【今譯】夏天，四月。（無傳）

(三) 經 秋八月甲午，宋萬弒其君捷及其大夫仇牧。

傳 十二年秋，宋萬①弒閔公②于蒙澤③，遇仇牧④于門，批而殺之⑤，遇大宰督⑥于東宮⑦之西又殺之，立子游⑧，羣公子奔蕭⑨，公子御說⑩奔亳⑪。南宮牛⑫猛獲⑬帥師圍亳。

【今註】㈠宋萬：即南宮長萬。㈡閔公：即經之宋公捷。㈢蒙澤：宋地，在今河南省商邱縣縣北。㈣仇牧：宋大夫。㈤批而殺之：用手批打而再殺他。㈥大宰督：大音太，即華督，經不書殺華督，因為宋人不以告魯國。㈦東宮：是太子之宮。㈧子游：指宋國公子。㈨蕭：在今江蘇省徐州市北十里。㈩御說：說音悅。⑪亳：在今河南省商邱縣北有大蒙城，皇甫謐所謂蒙為北亳即是。⑫南宮牛，南宮長萬之子。⑬猛獲：是南宮牛黨羽。

【今譯】秋天，宋大夫南宮長萬弒殺閔公於蒙澤。在城門遇到大夫仇牧，用手批打他然後殺死他。又在東宮的西邊遇到太宰華督，也把他殺了。扶立子游為國君，其他的公子們逃奔到蕭邑，而公子御說逃奔到亳邑，南宮牛和猛獲率領軍隊去圍攻亳邑。

(四) 經 冬十月，宋萬出奔陳。

傳 冬十月，蕭叔大心①及戴，武，宣，穆，莊之族②，以曹師③

伐之，殺南宮牛于師④，殺子游于宋⑤，立桓公⑥，猛獲奔衛，南宮萬奔陳，以乘車輦其母⑦，一日而至⑧。宋人請猛獲于衛，衛人欲勿與。石祁子⑨曰：「不可。天下之惡一也，惡於宋而保於我，保之何補⑩？得一夫而失一國，與惡而弃好⑪，非謀也⑫。」衛人歸之，亦請南宮萬于陳，以賂⑬。陳人使婦人飲之酒，而以犀革裹之⑭。比及⑮宋，手足皆見⑯，宋人皆醢之⑰。

【今註】㊀蕭叔大心：蕭叔乃稱呼宋蕭邑大夫，大心是蕭大夫的名字。㊁戴，武，宣，穆，莊之族：皆是宋國各君的後代，只有殤公無後。㊂以曹師：用曹國的軍隊。㊃殺南宮牛于師：在軍隊陣前把南宮牛殺了。㊄于宋：在宋國的都城。㊅桓公：即公子御說，為閔公之弟。㊆以乘車輦其母：乘車是人乘的車，不是兵車。駕人曰輦。此謂他的母親坐在車上，而南宮萬自己用力駕車。㊇一日而至：宋都距陳都二百六十里，可見南宮萬之有力。㊈石祁子：衛大夫。㊉保之何補：保護他有什麼用。⑪與惡而弃好：同惡人相往來，而丟棄本來宋與衛的相好。⑫非謀也：這不是好的計策。⑬以賂：用賄賂。⑭犀革裹之：用犀牛的皮包裹它。⑮比及：等到。⑯手足皆見：手腳全都露出來。⑰皆醢之：醢音海。將猛獲與南宮長萬皆剁成肉醬。

【今譯】 冬天，十月，蕭邑的大夫大心以及宋戴公、武公、宣公、穆公、莊公的後代族人，藉著曹國軍隊討伐南宮長萬和他的黨羽。在軍隊陣前把南宮牛殺了，把子游殺死在宋國都城，扶立桓公。猛獲逃奔衛國，南宮萬逃奔陳國，用車子載著他母親，他親自駕車，一天就趕到陳國。宋國人向衛國要求交出猛獲，衛國想要不給，衛大夫石祁子說道：「不可不給。天下所厭惡的是一樣的。這個人既為宋國所厭惡，而要求我國保護，我們保護他有什麼用呢？得到一個人而失去一國的和好，同惡人往來而違棄與宋國的和好，這不是好計謀。」衛國人就把猛獲送回。宋國也向陳國請求南宮萬，用了賂賄。陳國人用婦人陪南宮萬飲酒，然後用犀牛皮把他包起來，到達宋國，手腳都露出來。宋國人把猛獲和南宮萬都剁成肉醬。

莊公十三年

㈠ 經 十有三年（公元前六八一年）春，齊侯，宋人，陳人，蔡人，邾人會于北杏。

傳 十三年春，會于北杏①，以平宋亂②，遂人不至③。

【今註】 ㈠北杏：齊地，在今山東省東阿縣境。㈡以平宋亂：因為宋國有弒君之亂。㈢遂人不至：遂國是宋的後人，在今山東省寧陽縣西北三十里遂鄉。

【今譯】十三年春天，齊侯與宋國人，陳國人，蔡國人，邾國人會盟于北杏，為的是平定宋國的內亂。遂國人沒有來參加。

㈡經　夏六月，齊人滅遂。

傳　夏，齊人滅遂而戍之①。

【今註】㊀齊人滅遂而戍之：齊桓公滅遂國，而派人戍守。

【今譯】夏天，齊國人消滅遂國，而派人去戍守。

㈢經　秋七月。

【今譯】秋天，七月。（無傳）

㈣經　冬，公會齊侯盟于柯。

傳　冬，盟于柯①，始及齊平②也。

【今註】㊀柯：在今山東省東阿縣境。㊁始及齊平：魯國始同齊桓公和好。

【今譯】冬天，魯莊公與齊侯會盟于柯。魯國才開始與齊桓公建立和平關係。

(五)傳 宋人背北杏之會①。

【今註】㊀背北杏之會：背音佩，此事是明年（莊公十四年）齊人伐宋的起因。

【今譯】宋國人背叛了北杏之會盟。

莊公十四年

(一)經 十有四年（公元前六八〇年）春，齊人，陳人，曹人伐宋。

傳 十四年春，諸侯伐宋，請師于周①，夏單伯②會之，取成于宋而還③。

【今註】㊀請師于周：請周室派軍隊參加。㊁單伯：周天子的卿士。㊂取成于宋而還：使宋國接受了和平。

【今譯】十四年春天，諸侯討伐宋國，向周王請求軍隊，夏天，周天子的卿士單伯來會師，使宋國接受和平然後回國。

(二)傳 鄭厲公自櫟①侵鄭，及大陵②，獲傅瑕③。傅瑕曰：「苟舍我，吾請納君④。」與之盟而舍之⑤。六月甲子，傅瑕殺鄭子⑥及其二子，而納厲公。初，內蛇與外蛇鬭於鄭南門中⑦，內蛇死。六年，而厲公入⑧。公聞之，問於申繻⑨曰：「猶有妖乎？」對曰：「人之所忌，其氣炎以取之⑩，妖由人興也⑪。人無釁焉，妖不自作⑫，人弃常，則妖興⑬，故有妖⑭。」厲公入，遂殺傅瑕，使謂原繁⑮曰：「傅瑕貳⑯，周有常刑，既伏其罪矣！納我而無二心者，吾皆許之上大夫之事，吾願與伯父圖之⑰。且寡人出，伯父無裏言⑱，入又不念寡人⑲，寡人憾焉⑳。」對曰：「先君桓公命我先人典司宗祏㉑，社稷有主而外其心，其何貳如之㉒！苟主社稷㉓，國內之民其誰不為臣？臣無二心，天之制也㉔，子儀在位十四年矣！而謀召君者，庸非貳乎㉕？莊公之子，猶有八人㉖，若皆以官爵行賂勸貳而可以濟事，君其若之何㉗？臣聞命矣㉘！」乃縊而死㉙。

【今註】 ㈠櫟：音歷。在今河南省禹縣，距離鄭國都城西南九十里。在桓公十五年，鄭厲公佔領了此城。㈡大陵：在今河南省臨潁縣北十里。㈢傅瑕：鄭大夫。㈣苟舍我，吾請納君：舍等於捨。假設捨我不殺，我就幫助你回國都。㈤與之盟而舍之：鄭厲公與他盟誓以後，就捨而不殺。㈥鄭子：即莊公的兒子子儀。㈦鄭南門中：在鄭都城的南門中間。㈧六年，而厲公入：六年以後，厲公就進入鄭國都城。㈨申繻：繻音須，魯大夫。㈩人之所忌，其氣炎以取之：由人的所畏懼，就能發出火苗引起蛇妖。⑪妖由人興也：蛇妖還是由人造成。⑫人無釁也，妖不自作：假使人自己沒有毛病，妖孽也就不能自己發作。⑬人弃常則妖興：人離棄常軌，妖就發生。⑭故有妖：所以有妖的存在。⑮原繁：鄭大夫。⑯傅瑕貳：傅瑕對我有貳心。⑰吾願與伯父圖之：伯父指原繁，春秋時仍舊稱同姓的為伯父。我想跟伯父商量。⑱伯父無裏言：王念孫說「左傳襄公二十六年，大叔文子對衛獻公曰：『臣不能貳通外內之言，以事君臣之罪也。』」無裏言即不通外內之言，杜注無納我之言為誤。⑲入又不念寡人：進入鄭國都城，你又不親附我。⑳寡人憾焉：使我感到不快。㉑宗祏：祏音石。是一種藏神主的石箱子。㉒其何貳如之：那又何等的有貳心。㉓苟王社稷：假設立為君。㉔天之制也：這是天所創的制度。㉕而謀召君者，庸非貳乎：打算召你回國，難道不是貳心嗎？㉖莊公之子，猶有八人：莊公的兒子，見於左傳者，只有五人，就是子忽、子亹、子儀、子語，其餘其名不詳。㉗君其若之何：那你要怎麼辦。㉘臣聞命矣：我接受你的命令了。㉙乃縊而死：春秋的時代，尚保存著初民社會的思想，所以貴族皆用上吊，以全屍而死。

【今譯】鄭厲公從櫟城入侵鄭國都城，到了大陵的地方，俘獲了鄭大夫傅瑕。傅瑕說：「若是捨我不殺，我就幫助你回國都。」便和他盟誓然後赦免了他。到了六月甲子，傅瑕殺死鄭子以及他的二個兒子，而接納鄭厲公為國君。起初，有門內的蛇與門外的蛇在鄭國南門的中間相鬪，門內的蛇鬪死。

這件事發生以後六年而鄭厲公進入鄭國都。魯莊公聽說這件事，就問申繻說：「厲公的復位與妖有關係嗎？」申繻回答說：「由於人有所畏懼，他的氣息發出火苗而引起妖孽。妖孽的發生是由於人造成的。人若自己沒有毛病，妖孽自己不會發作。人離棄了常軌就發生妖孽，所以才有妖的存在。」鄭厲公進入了國都，就殺傅瑕。又派人去對原繁說：「傅瑕有貳心，對於這種情形，周朝有常行的刑法，所以傅瑕得到了他應受的罪刑。凡是接納我而沒有二心的人，我都允許他們擔任上大夫的事，我願意與你商量。並且從前我去位離開鄭國，你並沒有通內外的話；我回來了，你又不親附我，使我感到不快。」原繁回答說：「你的先君桓公，命令我的先人典守宗祏，所以我家世代為宗廟的守臣。當國家有在位的國君，而做臣子的若是反而把心歸向在國外的人，那麼又有比這種二心更甚的嗎？若是立為國君而主社稷，國內的人民，有那一個人不是臣子呢？臣子沒有二心，是天所立的制度。子儀在位已經十四年了，而打算召你回國的人，難道不是有二心嗎？莊公的兒子還有八人，若是他們都用官爵行賄賂勸人二心，以達到他們的目的，那麼你將怎麼辦？我接受你的命令了。」原繁就自縊而死。

(三)

經 秋七月，荊入蔡。

傳 蔡哀侯為莘①故，繩息嬀②，以語楚子③，楚子如息，以食入享④，遂滅息，以息嬀歸，生堵敖⑤及成王焉。未言⑥，楚子問之，對曰：「吾一婦人，而事二夫，縱弗能死，其又奚言

⑦。」楚子以蔡侯滅息，遂伐蔡⑧，秋七月，楚入蔡。君子曰：「商書⑨所謂『惡之易也⑩，如火之燎于原⑪，不可鄉邇⑫，其猶可撲滅者。』其如蔡哀侯乎！」

【今註】㊀莘：莘之役在莊公十年。㊁繩息媯：繩即誇獎。洪亮吉根據說文作繩為譝。此處是誇獎息媯的貌美。㊂以語楚子：來告訴楚子。㊃以食入享：用宴享的方式。㊄堵敖：楚人稱未成王者為敖，史記作杜敖。㊅未言：不與楚王交談。㊆其又奚言：那又什麼可說的。㊇遂伐蔡：為的是使息媯喜悅，所以討伐蔡國㊈商書：盤庚篇。㊉惡之易也：惡事的延長。㊁如火之燎于原：等於火在平原上燃燒。㊂不可鄉邇：不可以向它離得太近。

【今譯】蔡哀侯為了報復莘之役的戰敗，就向楚子誇獎息媯的美貌。楚子就到息國去，帶著豐盛的食物去宴享息侯，於是消滅了息國，帶著息媯回楚國。息媯生了堵敖以及成王，不曾與楚王父談。楚子問她為什麼，回答說：「我一個婦人而事兩個丈夫，縱然不能為此而死，又有什麼可說的。」楚子為了聽蔡哀侯的話而消滅息國，於是就討伐蔡國。到了秋天七月，楚國人侵入蔡國。君子說：「商書所說：『惡事之蔓延，就好像火在原野上焚燒，不可接近，不可撲滅。』這句話不正是蔡哀侯的寫照嗎？」

(四)經 冬單伯會齊侯、宋公、衛侯、鄭伯于鄄。

傳 冬會于鄄①，宋服故也。

【今註】㊀鄄：音絹。在今山東省濮縣東二十里舊城集。

【今譯】冬天，會盟於鄄，因為宋國服從的緣故。

莊公十五年

(一)經 十有五年（公元前六七九年）春，齊侯，宋公，陳侯，衛侯，鄭伯會于鄄。

傳 十五年春，復會焉①，齊始霸②也。

【今註】㊀復會焉：因為去年會於鄄，現在仍舊在鄄會盟。㊁齊始霸：齊國方才為霸主。

【今譯】十五年春天，又會盟於鄄，齊國開始成為霸主。

(二)經 夏，夫人姜氏①如齊。

【今註】㊀姜氏：是桓公夫人，齊僖公之女文姜。

【今譯】夏天，魯桓公夫人姜氏到齊國去。（無傳）

(三)經宋人，齊人，邾人伐郳。

傳秋，諸侯為宋伐郳①。

【今註】㊀郳：音泥。在今山東省滕縣東六里。

【今譯】秋天，諸侯為宋國的緣故討伐郳國。

(四)經鄭人侵宋。

傳鄭人間之①而侵宋。

【今註】㊀間之：乘這個間隙。

【今譯】鄭國人乘這個機會而侵略宋國。

(五)經冬十月。

【今譯】冬天，十月。（無傳）

莊公十六年

(一)經十有六年（公元前六七八年）春王正月。

【今譯】十六年，春天，周王曆正月，（無傳）

㈡ 經 夏，宋人，齊人，衛人伐鄭。

傳 十六年夏，諸侯伐鄭，宋故也①。

【今註】㈠宋故也：因為鄭人侵了宋國。

【今譯】十六年，夏天，諸侯討伐鄭國，這是為了鄭國侵入宋國的緣故。

㈢ 經 秋，荊伐鄭。

傳 鄭伯自櫟入①，緩告于楚。秋，楚伐鄭，及櫟，為不禮故也。鄭伯治於雍糾之亂②者，九月殺公子閼，刖強鉏③，公父定叔④出奔衛，三年而復之。曰：「不可使共叔後於鄭。」使以十月入⑤，曰：「良月也，就盈數焉⑥。」君子謂強鉏不能衛其足。

【今註】㈠自櫟入：在莊公十四年。入是入鄭國都城。㈡雍糾之亂：在桓公十五年。㈢殺公子閼刖強鉏：公子閼及強鉏皆是祭仲的黨羽。斷足的刑罰刖（音ㄩㄝˋ）。㈣公父定叔：是共叔段的孫子。㈤入：入鄭國都城。㈥良月也，就盈數焉：因為數滿於十位，所以稱為盈數，故稱十月為良好的月份。

【今譯】鄭厲公從櫟城進入國都以後，太慢去通告於楚國。秋天，楚國討伐鄭國，軍隊抵達櫟城。

這是為了鄭國失禮的緣故。鄭厲公處置參與雍糾之亂的人，九月，殺了公子閼，斷了強鉏的腿，公父定叔出奔到衛國，但是三年以後又讓他回國，說：「不可以使共叔在鄭國沒有後人。」命他在十月進入鄭國國都，說：「這是好的月份，因為數目盈滿。」君子批評說，強鉏不能保全他的腿。

㈣ 經 冬十有二月，會齊侯，宋公，陳侯，衛侯，鄭伯，許男，滑伯，滕子同盟于幽。

傳 冬，同盟于幽①，鄭成②也。

【今註】㈠幽：在今河南省考城縣境。㈡鄭成：鄭國要求和平，所以參與盟誓。經中有滑伯曾經參與盟誓，今河南省偃師縣南二十里有緱氏故城就是從前的滑國。

【今譯】冬天，諸侯同盟於幽，因為鄭國要求和平。

㈤ 經 郳子克卒。

【今註】有經無傳。

【今譯】郳子克逝世。（無傳）

㈥ 傳 王①使虢公命曲沃伯以一軍為晉侯②。初，晉武公伐夷，執夷詭諸③，蔿國請而免之④，既而弗報⑤，故子國作亂⑥，謂晉人曰：「與我伐夷而取其地⑦。」遂以晉師伐夷，殺夷詭諸，周公忌父⑧山奔虢，惠王立而復之⑨。

【今註】㊀王：周僖王。㊁以一軍為晉侯：因為這時曲沃武公已經併吞了翼的晉國，所以使他有一軍的軍隊。㊂執夷詭諸：周大夫封在夷這地方。㊃蔿國請而免之：蔿音委，蔿國是周大夫。蔿國替他說情，就將夷詭諸赦免。㊄既而弗報：但是後來夷詭諸，對蔿國不報答這種恩惠。㊅故子國作亂：子國即蔿國的字。所以蔿國為此而叛亂。㊆與我伐夷而取其地：為我去攻打夷地，並且佔據他的地方。㊇周公忌父：周王的卿士。㊈惠王立而復之：惠王即位在魯莊公十八年，即公元前六七六年。惠王即位以後，就使周公忌父返回周國。

【今譯】周僖王派虢公賜命曲沃武公為伯爵，領有一軍的軍隊而成為晉侯。起初，晉武公討伐夷邑，捉住了夷邑的大夫詭諸。由於周大夫蔿國的請求而赦免他。後來夷詭諸不報答蔿國的恩惠，所以答蔿國的恩惠，他對晉國人說：「為我去討伐夷邑而佔取他的土地。」於是就以晉國的軍隊去討伐夷邑，殺了夷詭諸。周公忌父為了避亂出奔到虢國。等到周惠王即位，才使周公忌父回到周國。

卷四　莊公下

莊公十七年

(一)經 十有七年（公元前六七七年）春，齊人執鄭詹。

傳 十七年春，齊人執鄭詹①，鄭不朝也②。

【今註】㊀鄭詹：是鄭國的執政大臣。㊁鄭不朝也：因為鄭國不往齊國朝見。

【今譯】十七年的春天，齊國人捉住鄭詹，因為鄭國不到齊國朝見。

(二)經 夏，齊人殲于遂。

傳 夏，遂因氏，頜氏，工婁氏，須遂氏①饗齊戍醉而殺之②，齊人殲焉③。

【今註】㊀遂因氏、頜氏、工婁氏、須遂氏：四族皆是遂的彊宗。頜音ㄍㄜˊ。㊁饗齊戍醉而殺之：齊國滅遂而派軍隊去戍守他，在莊公十三年。㊂齊人殲焉：齊國的戍卒皆被殺死。

【今譯】夏天，遂因氏、頜氏、工婁氏、須遂氏用酒食招待在遂地戍守的齊國人。趁他們醉了殺死他們，齊國的戍卒全部被殺。

㈢經秋，鄭詹自齊逃來。

【今註】此經無傳。

【今譯】秋天，鄭詹從齊國逃來魯國。（無傳）

㈣經冬，多麋。

【今註】此經無傳。

【今譯】冬天，因為多麋而造成災害。（無傳）

莊公十八年

㈠經十有八年（公元前六七六年）春王三月，日有食之①。

【今註】㊀日有食之：不書何日，因為日官沒有記載。有經無傳。

【今譯】十八年，春天，周王曆三月，日蝕。（無傳）

(二)傳 十八年春，虢公晉侯朝王，王饗醴①，命之宥②，皆賜玉五瑴③，馬三匹④，非禮也。王命諸侯，名位不同，禮亦異數⑤，不以禮假人⑥。

【今註】㊀饗醴：用酒設宴享。㊁命之宥：宥音又。命虢、晉兩君出幣物以相助歡敬的意思。㊂五瑴：雙玉為瑴（音ㄐㄩㄝˊ）。㊃馬三匹：王引之說「三當為二二，二二古四字，脫去一畫耳。」王國維亦有同樣說法。㊄名位不同，禮亦異數：虢同晉有公與侯之不同，所以對於他們的禮數應該相異。㊅不以禮假人：不能夠拿禮儀借給人用。

【今譯】十八年，春天，虢公和晉侯朝見周王，王設酒宴享他們，命他們出幣物以助歡敬，王則賜給他們每人玉五雙，馬三匹，這是不合乎禮節的。王賜命諸侯，因為他們名位不同，所以禮數也不同，不能夠把禮儀假借給人。

(三)傳 虢公，晉侯，鄭伯使原莊公①逆②王后于陳，陳媯歸于京師③。

【今註】㊀原莊公：是周王的卿士。㊁逆：迎接。㊂歸于京師：到周朝的都城。

【今譯】虢公、晉侯和鄭伯使原莊公去陳國迎接王后。陳媯於是來到周的都城。

(四) 經 夏公追戎于濟西。

傳 夏公追戎于濟西①，不言其來②，諱之也③。

【今註】㈠濟西：在濟水的西邊，戎城在山東省曹縣，當在濟水之西。㈡不言其來：不先說他侵魯國。㈢諱之也：是避諱說這件事。

【今譯】夏天，魯莊公追逐戎人於濟水的西邊。不先說戎人來侵魯國，是避諱說這件事。

(五) 經 秋有蜮。

傳 秋有蜮①為災也②。

【今註】㈠蜮：音同蜮。食苗蟲、螟屬。㈡為災也：對苗類有災。

【今譯】秋天，有蜮蟲喫食禾苗，發生災害。

(六) 經 冬十月。

【今譯】冬天十月。

(七) 傳 初，楚武王克權①，使鬬緡尹之②，以叛，圍而殺之，遷權于那處③。使閻敖④尹之，及文王即位，與巴人伐申⑤而驚其師，巴人叛楚而伐那處，取之，遂門于楚⑥，閻敖游涌而逸⑦，楚子殺之，其族為亂⑧。冬，巴人因之以伐楚⑨。

【今註】㈠權：水經注「沔水東會權口，南流經權城北，古之權國也。」在今湖北省荊門縣東南。㈡鬪緡尹之：鬪緡是楚大夫，尹之是管理權地。緡音民。㈢那處：在今湖北省荊門縣東南。㈣閻敖：楚大夫。㈤巴人伐申：巴在今四川省巴縣。巴國大夫討伐申國。㈥遂門于楚：於是攻楚國的都城。㈦游涌而逸：涌音勇，水名，在湖北省監利縣南。水經注「江水又東，至華容縣又東，涌水注之，春秋所謂閻敖游涌而逸者也。」㈧其族為亂：閻敖之子為亂於楚。㈨巴人因之以伐楚：巴人利用閻族的亂事而攻打楚國。

【今譯】起初，楚武王征服了權國，派鬪緡去管理權地，鬪緡藉以反叛，楚武王就圍攻他把他殺死，並把權國的人民遷到那處，派閻敖去管理。等到楚文王即位，他和巴國大夫去討伐申國，而驚嚇了巴國的軍隊。巴國人就背叛楚國而攻伐那處，攻取了那處，於是進攻楚國的城門。閻敖游過涌水而逃逸，楚文王把他殺死，他的族人就因此作亂。冬天，巴國人就利用閻族以攻伐楚國。

莊公十九年

(一)經十有九年（公元前六七五年）春王正月。

【今譯】十九年，春，周王曆正月。（無傳）

(二)傳十九年春，楚子禦之①，大敗於津②，還③。鬻拳弗納④，遂伐黃⑤，敗黃師于踖陵⑥，還。及湫⑦，有疾，夏，六月庚申卒，鬻拳葬諸夕室⑧，亦自殺也，而葬於經皇⑨。初，鬻拳強諫⑩楚子，楚子弗從，臨之以兵，懼而從之⑪。鬻拳曰：「吾懼君以兵，罪莫大焉。」遂自刖⑫也。楚人以為大閽⑬，謂之大伯⑭，使其後掌之⑮。君子曰：「鬻拳可謂愛君矣！諫以自納於刑，刑猶不忘納君於善⑯。」

【今註】㊀楚子禦之：楚文王來防禦巴人。㊁津：楚地，在今湖北省枝江縣津鄉。㊂還：回師。㊃鬻拳弗納：鬻拳是把守城門的人。弗納是不許他進城。㊄黃：是嬴姓國，在今河南省潢川縣定城廢縣西十二里。㊅踖陵：踖音即，在今河南省潢川縣西南境。㊆湫：湫音秋，在湖北省宜城縣境。㊇夕室：杜注是地名，今地名不詳。㊈經皇：經音蝶。經皇是塚前的闕。㊉強諫：勉力堅持地規諫。⑪臨之以兵，懼而從之：兵是指著武器，用武器來威脅楚王，楚王畏懼他，使聽從其建議。⑫

自刖：以刀自斬腳為刖。㊂大閽：管宮門的官吏。㊃大伯：大音泰。㊄使其後掌之：使他以後的子孫永遠任此官。㊅納君於善：使君歸入於善事。

【今譯】　十九年，春天，楚文王抵禦巴國人的攻擊，大敗於津地，撤退回國。把守城門的鬻拳不讓他進城，於是轉而攻伐黃國，把黃國軍隊打敗於踖陵，回國，到達湫地，楚王發病。夏六月庚申，逝世。鬻拳把楚王葬在夕室，自己也自殺了。別人把他葬在楚王塚前的闕。起初，鬻拳曾強諫楚文王，楚文王沒有聽從；他用武器威脅楚王，楚王害怕便聽從了他。鬻拳說：「我用武器使國君害怕，沒有比這樣更大的罪了。」於是自己斬斷腿。楚國人就讓他做管宮門的官吏，稱他為大伯，令他的後人掌管這個官位。君子說：「鬻拳可以說是愛他的國君的了。因為規勸國君而自己刑罰自己，既刑罰了自己又仍舊不忘使國君納歸於善道。」

㈢經　夏四月。

【今譯】　夏，四月。（無傳）

㈣經　秋公子結①，媵②陳人之婦于鄄，遂及齊侯，宋公盟③。

【今註】　㈠公子結：魯大夫。㈡媵：公羊穀梁皆以為是魯女媵陳侯之婦。㈢遂及齊侯、宋公盟：公子結未得莊公的同意，就同兩國會盟。

【今譯】秋天，公子結送魯國的女兒去做陳侯夫人的媵，到了鄄地，公子結未得魯莊公的同意，就和齊侯同宋公會盟。（無傳）

(五) 經 夫人姜氏如莒。

【今註】有經無傳。

【今譯】魯桓公夫人姜氏到莒國去。（無傳）

(六) 傳 初，王姚①嬖②于莊王，生子頹。子頹有寵，蔿國為之師③，及惠王④即位，取蔿國之圃以為囿⑤。邊伯⑥之宮近於王宮，王取之，王奪子禽，祝跪與詹父⑦田，而收膳夫之秩⑧，故蔿國，邊伯，石速，詹父，子禽，祝跪作亂，因蘇氏⑨。

【今註】㈠王姚：莊王妾，姚姓。㈡嬖：得寵幸。㈢蔿國為之師：蔿國為子頹的師父。㈣惠王：周惠王是莊王的孫子。㈤取蔿國之圃以為囿：囿音又。圃園所以種樹果花草類，囿則築牆所以養禽獸，二者相類似，所以取圃為囿。㈥邊伯：周大夫。㈦子禽、祝跪與詹父：皆是周大夫。㈧膳夫之秩：膳夫是石速。秩是俸祿。㈨因蘇氏：蘇氏是周大夫。利用蘇氏的對王室的不滿意，自從桓王奪他的十二邑給鄭國，事見隱公十一年左傳，蘇氏遂與周室不合。

【今譯】起初，王姚得到周莊王的寵幸，生了子頹。子頹很得寵愛，蔿國做子頹的師傅。等到周惠王即位，拿了蔿國的種花果園圃做養禽獸的囿。邊伯的宮殿與王宮鄰近，周惠王取為己有。周惠王又奪取子禽、祝跪、與詹父的田，而收了膳夫石速的俸祿。所以蔿國、邊伯、石速、詹父、子禽、祝跪一起作亂，就利用蘇氏對王室的不滿。

(七)

傳 秋，五大夫①奉子頹以伐王，不克，出奔溫②，蘇子奉子頹以奔衛，衛師燕③師伐周。

【今註】㊀五大夫：指蔿國，邊伯，子禽，祝跪，詹夫。石速因是士，故不在五大夫之內。㊁不克出奔溫：溫是蘇氏的邑，在今河南省溫縣西南三十里。沒能成功，就逃回溫城。㊂燕：南燕。

【今譯】秋天，五位大夫尊奉子頹以討伐周惠王，沒有成功，就出奔到溫城。蘇子就遵奉子頹而逃奔到衛國。衛國軍隊和南燕軍隊就去攻伐周。

(八)

經 冬，齊人宋人陳人伐我西鄙①。

【今註】㊀西鄙：西邊的邊境。

【今譯】冬天，齊人，宋人和陳人來攻伐我魯國的西部邊境。（無傳）

(九) 傳 冬，立子頹①。

【今註】 ㊀立子頹：立子頹為周王與惠王形成兩派。

【今譯】 冬天，立子頹為周王，與周惠王對立。

莊公二十年

(一) 經 二十年（公元前六七四年）春王二月，夫人姜氏如莒。

【今註】 有經無傳。

【今譯】 二十年，春天，周王曆二月，魯桓公夫人姜氏到莒國去。（無傳）

(二) 傳 二十年春，鄭伯和王室①不克②，執燕仲父③。夏，鄭伯遂以王歸，處于櫟④。秋，王及鄭伯入于鄔⑤，遂入成周，取其寶器⑥而還。冬，王子頹享五大夫樂及徧舞⑦，鄭伯聞之見虢叔⑧。曰：「寡人聞之『哀樂失時，殃咎必至⑨。』今王子頹歌舞不倦，樂禍也⑩。司寇行戮⑪，君為之不舉⑫，而況敢樂禍乎⑬？奸王之位，禍孰大焉⑭？臨禍忘憂，憂必及之⑮，盍納王乎？」虢公曰：「寡人之願也⑯。」

【今註】㈠和王室：調停王室的兩派。㈡不克：不能成功。㈢執燕仲父：燕仲父是南燕伯，執即捉拿，因為燕仲父與衛國同伐周王城。㈣處于櫟：櫟是燕國別都。此指居住在鄭國的別都。㈤鄔：鄭邑，在今河南省偃師縣境。㈥寶器：周國祖傳的銅器或者玉器。㈦樂及徧舞：樂是音樂的樂。奏六代的舞，六代是指黃帝、堯、舜、夏、商、周的音樂並加以舞蹈。㈧虢叔：即虢公，叔是他的字。㈨哀樂失時，殃咎必至：樂音洛。哀樂不合於應當的時候，禍害必定來到。㈩樂禍也：對於禍害感覺到快樂。⑪司寇行戮：司寇是刑官，行戮是殺人。⑫君為之不舉：人君就去了好的飲食不吃。⑬而況敢樂禍乎：何況敢對於禍患高興。⑭奸王之位，禍孰大焉：不以正道取得王位，這種禍患那一種比他更大。⑮臨禍忘憂，憂必及之：當禍患來時，而忘掉憂愁，憂患必定臨到他。⑯寡人之願也：這是我的願望。

【今譯】二十年，春天，鄭伯調和周王室的爭亂，沒有成功，但捉住了南燕的仲父。夏天，鄭伯就挾著周惠王回國。周惠王就居住在櫟城。秋天，周惠王及鄭伯進入鄔邑，於是就進入成周，取得成周所有周國的寶器，然後回鄭國。冬天，王子穨用音樂及舞蹈款待五位大夫，鄭伯聽到了，就去見虢叔，說：「我聽說過，悲哀和歡樂不合於適當的時候，災殃禍害必定要來臨。現在王子穨不厭倦地歌舞，是喜歡禍事降臨。當司寇施行刑法殺人的時候，國君要為這件事省去美好的飲食，何況敢對於禍害感到高興？像這樣不用正道取得王位，有比這更大的禍事嗎？面臨著禍害而忘記憂愁，憂愁必隨著來臨，何不納歸周惠王呢？」虢公說：「這正是我的願望。」

㈢ 經 夏，齊大災①。

【今註】㊀齊大災：齊國都城失火。有經無傳。

【今譯】夏天，齊國發生大災害。（無傳）

㈣ 經 秋七月。

【今譯】秋天，七月。（無傳）

㈤ 經 冬，齊人伐戎。

【今註】有經無傳。

【今譯】冬天，齊國人討伐戎人。（無傳）

莊公二十一年

㈠經二十有一年（公元前六七三年）春王正月。

傳二十一年春，胥命於弭①。夏，同伐王城②，鄭伯將王③，自圉門④入，虢叔自北門⑤入，殺王子頹及五大夫，鄭伯享王于闕西辟⑥，樂備⑦，王與之武公之略⑧，自虎牢⑨以東。原伯⑩曰：「鄭伯效尤⑪，其亦將有咎⑫。」五月，鄭厲公卒，王巡虢守⑬，虢公為王宮于玤⑭，王與之酒泉⑮，鄭伯之享王也。王以后之鞶鑑⑯予之，虢公請器，王予之爵⑰，鄭伯由是始惡於王⑱。

【今註】㈠胥命於弭：胥音須。互相命令在弭。弭是鄭地，在今河南省密縣境。㈡王城：今河南省洛陽縣城內西偏即王城故址，周公營洛邑澗水東、瀍水西。自平王東遷至景王十一世皆居此，敬王遷成周。㈢將王：率領周惠王。㈣圉門：周都城的南門。㈤北門：亦曰乾祭門。㈥闕西辟：闕是象魏，在象魏的西邊。㈦樂備：六代的音樂全都齊備。㈧武公之略：略是界限，當時平王所給鄭武公的地界。㈨虎牢：在今河南省成皋縣。㈩原伯：周大夫。⑪效尤：仿傚子頹的樂及偏舞。⑫亦將有咎：他也要得到罪患。⑬王巡虢守：天子到諸侯的國都，名曰巡狩。⑭玤：音棒。虢地，今地名不詳。⑮酒泉：杜預注是周邑，但周季東遷，酒泉已在岐山以西，故非周轄地。以此推知，酒泉另指別地。㈥鞶鑑：帶有銅鏡子的腰帶。鞶音ㄆㄢˊ。㈦爵：飲酒的玉爵。㈧始惡於王：開始與周惠王交惡。

【今譯】二十一年，春天，鄭伯和虢叔在弭地互相命令。夏天，一同去討伐王城。鄭伯率領著周惠王從圉門進入王城，虢叔從北門進入王城，殺了王子頹和五位大夫。鄭伯宴享周惠王於象魏的西邊，六代的音樂全都齊備。周惠王給予鄭伯當年周平王給鄭武公的地界，包括從虎牢以東的地方。原伯批評道：「鄭伯仿傚王子頹備樂及徧舞，他也將要有禍患的吧！」五月，鄭厲公逝世。周惠王到虢國巡狩，虢公為王設備宮殿於玤，周惠王就給他酒泉的地方。當鄭伯宴享周惠王的時候，周王只把王后的鞶鑑送給他，現在虢公向周惠王請求器物，周惠王卻給他玉爵。鄭伯由於這樣開始和周惠王交惡。

㈡經　夏，五月辛酉，鄭伯突卒①。

【今註】㈠鄭伯突卒：在莊公十六年曾與魯大夫盟于幽。

【今譯】夏天，五月辛酉，鄭伯突逝世。（傳在㈠中）

㈢經　秋七月戊戌，夫人姜氏薨。

【今註】有經無傳。

【今譯】秋天，七月戊戌，魯桓公夫人姜氏薨。（無傳）

(四)經 冬十有二月，葬鄭厲公。

【今註】有經無傳。

【今譯】冬天，十二月，安葬鄭厲公。（無傳）

(五)傳 冬，王歸自虢①。

【今註】㊀王歸自虢：自從王巡虢守以後，至冬天方始回到王城，可見王對虢很信任。

【今譯】冬天，周惠王從虢國回到王城。

莊公二十二年

(一)經 二十有二年①（公元前六七二年）春王正月，肆大眚②。

【今註】㊀二十有二年：左傳經中自十有一年起，至三十有二年止，皆載有有字。阮刻本的經卻記二十有二年為二十二年。㊁肆大眚：眚音同省。赦免罪犯。無傳。

【今譯】二十二年，春天，周王曆正月，赦免罪犯。（無傳）

(二)經 癸丑，葬我小君文姜①。

【今註】㈠小君文姜：因為反哭於寢，完成喪禮，故稱小君。此經無傳。

【今譯】癸丑，安葬我魯國的小君文姜。（無傳）

㈢經　陳人殺其公子御寇。

傳　二十二年春，陳人殺其大子①御寇，陳公子完與顓孫②奔齊，顓孫自齊來奔③。齊侯使敬仲④為卿，辭曰：「羇旅之臣⑤，幸若獲宥⑥，及於寬政⑦，赦其不閑於教訓⑧，而免於罪戾，弛於負擔⑨，君之惠也，所獲多矣。敢辱高位，以速官謗⑩，請以死告⑪。詩云：『翹翹車乘⑫，招我以弓⑬，豈不欲往，畏我友朋⑭。』」使為工正⑮，飲桓公酒，樂⑯。公曰：「以火繼之⑰。」辭曰：「臣卜其晝，未卜其夜⑱，不敢。」君子曰：「酒以成禮，不繼以淫⑲，義也。以君成禮，弗納於淫⑳，仁也。」初，懿氏㉑卜妻敬仲，其妻占之㉒，曰「吉，是謂鳳皇于飛，和鳴鏘鏘㉓，有嬀之後，將育于姜㉔，五世其昌，并于正卿㉕，八世之後，莫之與京㉖。」陳厲公蔡出也㉗，故蔡人殺五父而立之㉘，生敬仲。其少也，周史㉙有以周易見陳侯者，陳侯使筮之㉚，遇觀䷓之否䷋㉛。曰：「是謂觀國之光，利用賓于王㉜，此其代陳有國乎？不在此，其在異國㉝，非此其身，在其子孫㉞，光遠而自他有耀者也㉟。坤土也㊱，巽風也㊲，乾天也㊳，風為天於土上㊴，山也；有山之材，而照之以天光㊵，於是乎居土上㊶，故曰：『觀國之光，利用賓于王。』庭實旅百㊷，奉之以玉帛，天地之美具焉，故曰：『利用賓于王。』猶有觀焉㊸，故曰：『其在後乎！』風行而著於土㊹，故曰：「其在異國乎㊺！」若在異國，必姜姓也。姜大嶽㊻之後也，山嶽則配天㊼，物莫能兩大，陳衰此其昌乎？」及陳之初亡㊽也，陳桓子㊾始大於齊，其後亡也㊿，成子得政(51)。

【今註】㊀大子：大音太。經稱公子，傳稱大子，因為御寇實在是太子。㊁公子完與顓孫：顓音專。公子完與顓孫皆是御寇的黨羽。㊂來奔：奔魯國，不書在春秋上，因為顓孫非卿。㊃敬仲：即陳公子完。㊄羈旅之臣：羈音雞。此指客寄的人。㊅幸若獲宥：宥是赦免。假設獲得赦免。㊆及於寬政：及於齊國寬大的政治。㊇赦其不閑於教訓：赦免他不熟習教訓。㊈免於罪戾，弛於負擔：

不計較其出奔的罪狀，並免除他背著行李到處奔走。弛音失。⑩敢辱高位，以速官謗：不敢以卿的高位，得到做官的譭謗。⑪請以死告：敢求死，以免除高位。⑫翹翹車乘：遠遠的一輛車。翹翹是遠貌。⑬招我以弓：古代聘請人用弓為禮。⑭豈不欲往，畏我友朋：心裡難道不願意去嗎？但心害怕我的朋友譏笑。這首詩不見於詩經。⑮工正：工正是管理百工的官長。⑯樂：齊桓公在他的酒宴上很快樂。⑰以火繼之：意思是點燈，在夜裡飲酒。⑱臣卜其晝，未卜其夜：關於白天宴客，我已經占卜過了，但是夜裡宴客，並未占卜過，表示謙辭的意思。⑲酒以成禮，不繼以淫：淫為夜飲。飲酒是為的成禮節，不可夜飲過度。⑳以君成禮，弗納於淫：對君是為的成禮節，而不可夜飲淫樂。㉑懿氏：陳大夫。㉒其妻占之：懿氏的妻子占卜。㉓鳳皇于飛，和鳴鏘鏘：雄曰鳳，雌曰凰，鳳凰並飛，並鳴唱的很有音節。鏘是聲音，音同槍。㉔有媯之後，將育于姜：媯是陳姓，姜是齊姓。陳的後人將生長在齊國。㉕五世其昌，並于正卿：等五代以後就昌盛，與正卿相等。㉖八世之後，莫之與京：京是大。在八代以後，沒有人再比他更大。㉗陳厲公蔡出也：陳厲公是蔡國的外孫。㉘殺五父而立之：五父即陳佗，陳佗被殺在左傳桓公六年。五父陳佗被殺，而立了陳厲公。㉙周史：是周朝的太史。㉚筮之：筮音尸，用蓍草來占卜。㉛遇觀䷓之否䷋：否音ㄆㄧˇ。觀否皆是二卦名，之等于變。㉜觀國之光，利用賓于王：這是觀卦的爻辭。意思是國家的光輝，而能做王的賓客。㉝不在此，其在異國：不能在陳國，而在旁的國家。㉞非此其身，在其子孫：不是在他的本身，而是在他的後代。㉟光遠而自他有耀者也：光輝很遠，由此地照耀到旁處。㊱坤土也：坤等於土。

㊲巽風也：巽等于風，巽音遜（ㄒㄩㄣˋ）。㊳乾天也：乾音前。乾等於天。㊴風為天於土上：風蓋在土上，即成山。㊵有山之材，而照之以天光：有山的木材，而以天的光輝來臨照他。㊶於是乎居土上：就住到土的上頭。㊷庭實旅百：門庭中陳列有百物。㊸猶有觀焉：有待觀望。㊹風行而著于土：風吹動而果實落地。㊺其在異國乎：必是在旁的國家。㊻大嶽：大音泰，嶽音岳。大嶽就是崧高。㊼山嶽則配天：顧炎武說：「言天之高大，惟山嶽足以配之。」㊽陳之初亡：昭公八年，楚滅陳。㊾陳桓子：是敬仲的五世孫陳無宇。㊿其後亡也：是在哀公十七年，楚再滅陳。(五一)成子得政：成子是敬仲的八世孫陳完，得齊國的政治。

【今譯】　二十二年，春天，陳國人殺了他們的太子御寇。陳公子完和顓孫逃奔到齊國，顓孫又從齊國逃奔魯國。齊侯想叫敬仲（即陳公子完）做卿，他推辭說：「我是客寄的人，假若幸運地獲得赦免，子受齊國寬大的政治，赦免我不熟習教訓，不計較我出奔的罪狀，並免除我背著行李到處奔走，這是您的大恩惠。我所得到的已經很多了，不敢再佔據卿的高位，以加速做官的譭謗，敢請一死以免除高位。有一首詩說：『遠遠的一輛車，用弓招呼我去，我心裏難道不願去嗎？但心中害怕我的朋友譏笑。』」齊侯便令他做管理百官的工正。他就在家裏請齊桓公飲酒，齊桓公很快樂，就說：「點上燈火，繼續喝酒吧！」陳公子完推辭說：「我只卜過白天宴客的事，沒有卜過夜裏宴客的事，所以不敢這樣做。」君子說：「酒用以完成禮節，不繼續夜飲淫樂，這是正當的。對國君只為的完成禮節，而不使他陷入淫樂，這是仁愛的。」起初，陳國的一位大夫懿氏占卜要把女兒嫁給敬仲。懿氏的妻子占卜，結果是說：「很好，這是說鳳凰並飛，鳴唱得鏘鏘有聲，陳的後人將生長在齊國，五代以後就會昌盛，地位與正卿一樣，八代以後，就沒有人能夠比他更大了。」陳厲公是蔡國的外孫，所以蔡國人殺了五父而立他做陳國的君主，他生了敬仲。當敬仲還小的時候，周朝有一位太史拿著周易去見陳侯，陳侯命他用蓍草占卜，占得的是觀䷓卦變到否䷋卦，太史解釋道：「這觀卦的意思是說國家的光輝，而能做王的賓客。這是他將代替您做陳國的君嗎？不，不是在陳國，而是在別的國家。並且不在他本身，而是在他的子孫。光輝照得很遠，從他這裏照耀到別處。坤，就等於是土；巽，就等於是風；乾，就等於是天；由巽變到乾，就是風變成天，在土之上面，就成為山。有山的木材，而以天的光輝臨照他，於是他就居在土上。所以說：『國家的光輝，而能做王的賓客。』門庭中陳列著百物，供奉著寶玉和絲綢，天地間一切美好的東西都具備了。所以說：『他能做王的賓客。』但是還有待觀望，所以說：『是在他後代身上吧？』風吹動而果實落地，所以說：『是要在別的國家。』若是在別的國家，必定是姜姓的國。姜是大嶽的後裔。山嶽高大，足以配天，凡事不可能兩大並立。陳國衰微以後，那麼姜姓要昌盛的吧？」等到昭公八年，陳國第一次為楚國所滅，敬仲的五世孫陳桓子才在齊國做大官。等到哀公十七年，陳國再度為楚所滅，敬仲的八世孫成子才得執掌齊國的政治。

㈣ 經 夏五月。

【今譯】 夏，五月。（無傳）

(五)經 秋七月丙申，及齊高溪①盟于防。

【今註】㊀齊高溪：是齊國的卿。有經無傳。

【今譯】秋天，七月丙申，魯國與齊國的卿高溪會盟於防。（無傳）

(六)經 冬，公如齊納幣①。

【今註】㊀納幣：是求婚的禮節。

【今譯】冬天，魯莊公到齊國去獻納求婚的禮物。（無傳）

莊公二十三年

(一)經 二十有三年（公元前六七一年）春，公至自齊①。

【今註】㊀公至自齊：莊公自去年納幣，至是方從齊回國。有經無傳。

【今譯】二十三年，春天，魯莊公從齊國回國。（無傳）

(二)經 祭叔來聘①。

【今註】㊀祭叔來聘：祭叔是周室的卿。來聘不是周天王所派。有經無傳。

【今譯】祭叔來魯國聘問。（無傳）

㈢經夏，公如齊觀社。

傳二十三年夏，公如齊觀社①，非禮也。曹劌諫曰：「不可。夫禮所以整民也②，故會以訓上下之則③，制財用之節④，朝以正班爵之義，帥長幼之序⑤，征伐以討其不然⑥，諸侯有王⑦，王有巡守⑧，以大習之⑨，非是君不舉矣⑩！君舉必書⑪，書而不法，後嗣何觀？」

【今註】㈠公如齊觀社：因為齊國行社祭的時候，訓練軍隊，以整理軍械，所以莊公往去看。㈡夫禮所以整民也：禮的功用，是所以整肅民風。㈢會以訓上下之則：開會是所以訓導上下等級的規則。㈣制財用之節：制定貢賦的多少。㈤朝以正班爵之義：王念孫說：「義讀為儀。」朝見是規定朝儀的等位及長幼的秩序。㈥征伐以討其不然：作戰是為的討伐不聽從命令者。㈦諸侯有王：諸侯來做王的事務。㈧王有巡守：王到各國去巡視。㈨以大習之：對於朝會的禮儀，常加練習。㈩非是君不舉矣：除此以外，人君就不再舉行。⑾君舉必書：凡君所行動的，必須記在竹簡上。

【今譯】二十三年，夏天，魯莊公到齊國去觀看社祭，這是不合於禮的。曹劌曾經諫諍說：「不可以去。禮的功用，是所以整肅民風。所以諸侯互相會見，是用以訓導上下等級的觀念，制定貢賦的多少；諸侯互相朝見，是為的規定朝儀的等位及長幼的秩序。出兵征伐以便聲討不聽從命令的諸侯。諸侯有義務做王的事務，王有到各國巡視的責任。對於朝會的禮儀要常加練習，除此之外，國君就不再有別的舉動。國君有所行動，都要記載下來；記載下來的事不足以傚法，後代用什麼做榜樣呢？」

㈣ 經 公至自齊。

【今註】 有經無傳。

【今譯】 魯莊公從齊國回魯國。（無傳）

㈤ 經 荊人①來聘。

【今註】 ㈠荊人：春秋時代，最初全稱楚為荊。

【今譯】 荊地的人來魯國聘問。（無傳）

㈥ 經 公及齊侯遇于穀。

【今註】 有經無傳。

【今譯】 魯莊公和齊侯相遇於穀。（無傳）

(七)經 蕭叔①朝公②。

【今註】㊀蕭叔：蕭是附庸國，叔是名字。㊁朝公：來朝見魯莊公。有經無傳。

【今譯】蕭叔來朝見魯莊公。（無傳）

(八)傳 晉桓莊之族偪①，獻公患之。士蔿②曰：「去富子③，則羣公子可謀也已。」公曰：「爾試其事④。」士蔿與羣公子謀⑤，譖⑥富子而去之⑦。

【今註】㊀晉桓莊之族偪：曲沃桓叔及莊伯的子孫，強盛壓迫晉公室。㊁士蔿：是晉大夫。㊂去富子：把有產業的人排斥掉。㊃爾試其事：你去試著作這件事。㊄士蔿與羣公子謀：士蔿同很多的公子相計謀。㊅譖：音ㄗㄣˋ。以讒誣之言愬人。㊆去之：去掉他們。

【今譯】晉國曲沃桓叔及莊伯的子孫強盛，壓迫晉的公室。晉獻公為此憂愁。士蔿說：『除掉二族中富強的人，那麼其他的公子就可謀算了。」獻公說：「你試著去做這件事。」士蔿就和公子們去謀劃，用讒言誣告富強的公子，而把他們去掉。

(九)傳 秋，丹①桓宮楹②。

【今註】㊀丹：塗以紅色。㊁桓宮楹：桓宮是桓公的廟，楹是廟的柱子。

【今譯】秋天，把桓公廟的柱子，漆上紅色。

(十)經 冬十有一月，曹伯射姑①卒。

【今註】㊀曹伯射姑：射音亦。即曹莊公。有經無傳。

【今譯】冬天，十一月，曹伯射姑逝世。（無傳）

(十一)經 十有二月甲寅，公會齊侯盟于扈①。

【今註】㊀扈：鄭地，在今河南省原武縣西北扈亭。有經無傳。

【今譯】十二月甲寅，魯莊公會合齊侯盟誓於扈。（無傳）

莊公二十四年

(一)經 二十有四年（公元前六七〇年）春王三月刻桓宮桷。

傳 二十四年春，刻其桷①，皆非禮也②。御孫③諫曰：「臣聞之，儉，德之共也④；侈，惡之大也⑤。先君有共德⑥，而君納諸大惡⑦，無乃不可乎⑧？」

【今註】㊀桷：音角。是廟椽。㊁皆非禮也：指去年丹桓宮楹與刻桷，皆是不合於禮。㊂御孫：魯大夫。㊃儉，德之共也：共同恭。勤儉是德行的最恭敬者。㊄侈，惡之大也：奢侈是惡行的最大者。㊅先君有共德：桓公有恭敬的德行。㊆君納諸大惡：你把先君納入惡行的最大者。㊇無乃不可乎：似乎是很不可以的。

【今譯】二十四年，春天，雕刻桓公廟的椽，這件事與去年把廟柱塗上紅色，都是不合禮的。御孫諫諍說：「臣聽說過，節儉是德行的最恭敬的一面；奢侈是惡行的最大的一面。先君有恭敬的德行，而您把他納入最大的惡行，這不是不可以的嗎？」

㈡經　葬曹莊公。

【今註】有經無傳。

【今譯】安葬曹莊公。（無傳）

㈢經　夏，公如齊逆女①。

【今註】㊀公如齊逆女：莊公親自到齊國迎接他的夫人。

【今譯】夏天，魯莊公親到齊國去迎接他的夫人。（無傳）

㈣經　秋，公至自齊。

【今註】有經無傳。

【今譯】秋天，魯莊公從齊國回到魯國。（無傳）

㈤經　八月丁丑，夫人姜氏入。

【今譯】八月丁丑，魯莊公的夫人姜氏進入魯國都城。（無傳）

㈥經　戊寅，大夫宗婦覿用幣。

傳　秋，哀姜至①，公使宗婦覿用幣②，非禮也。御孫曰：「男贄③大者玉帛④，小者禽鳥⑤，以章物也⑥。女贄不過榛栗棗脩⑦，以告虔也⑧。今男女同贄⑨，是無別也⑩。男女之別，國之大節⑪也。而由夫人亂之⑫，無乃不可乎？」

【今註】㈠哀姜至：據公羊傳說，哀姜要求公不同進國都，所以八月丁丑入，而以第二天朝祖廟。㈡公使宗婦覿（ㄉㄧˊ）用幣：宗婦是與公同宗的婦人。覿是見面，用布帛來見面。㈢男贄（ㄓˋ）：男人見面時所用的物品。㈣大者玉帛：最貴重的是玉或者是布帛。㈤小者禽鳥：次一點的是禽獸同鳥類。杜預說卿執羔是屬於禽類，又說大夫執鴈，士執雉是屬於鳥類。㈥以章物也：所以分別貴賤。㈦女贄不過榛栗棗脩：榛、栗、棗是果類，脩是肉乾。女贄是女子見面時所用的物品。㈧以告虔也：虔是敬，以表示敬意。㈨男女同贄：女子也用布帛做見面禮，等於男女不分。㈩是無別也：男女應該有別，同贄即是無別。㈡國之大節：是國的大禮節。㈢而由夫人亂之：夫人是指哀姜。而由夫人來亂了禮節。

【今譯】秋天，哀姜抵達魯國都城，莊公命同姓大夫的妻子用布帛來做見面禮，這是不合禮的。御孫說：「男子見面所用的物品，最貴重的是玉或布帛，次一點的用禽獸或鳥類，這樣用以分別貴賤。女子見面所用的物品，不過是用榛、栗、棗等果物或用肉乾，用以表示敬意。現在男女用同樣的見面禮，簡直是不分男女了。男女的分別，是國家的大禮節，而由夫人來亂了禮節，這不是不可以的嗎？」

㈦經大水。

【今註】有經無傳。

【今譯】發生了大水災。（無傳）

㈧經冬，戎侵曹。

【今註】有經無傳。

【今譯】冬天，戎人侵略曹國。（無傳）

(九)經 曹羈①出奔陳。

【今註】㊀曹羈：大約是曹國的世子。有經無傳。

【今譯】曹國的世子羈出奔到陳國。（無傳）

(十)經 赤①歸于曹。

【今註】㊀赤：是曹僖公名字，為戎人所納，故曰歸。有經無傳。

【今譯】曹僖公回到曹國。（無傳）

(土)經 郭公①。

【今註】㊀郭公：對此經無法解說，遂與夏五兩經各成疑案。有經無傳。

【今譯】郭公。（無傳）

(土)傳 晉士蔿又與羣公子謀，使殺游氏①之二子，士蔿告晉侯曰：「可矣！不過二年，君必無患②。」

【今註】㊀游氏：亦是桓叔莊伯的同族。㊁君必無患：你必定可以不再有禍患了。

【今譯】晉國的士蔿又與群公子謀劃，派人殺了游氏的二子。於是，士蔿告訴晉侯說：「行了，不出兩年，您必定可以不再有禍患了。」

莊公二十五年

(一)經　二十有五年（公元前六六九年），春，陳侯使女叔來聘。

傳　二十五年春，陳女叔①來聘，始結陳好也，嘉之故不名②。

【今註】㊀女叔：女音汝。女叔是陳卿，女是氏，叔是字。㊁嘉之故不名：因為他與季友甚要好，所以他來聘的時候，不稱他的名字，以表示嘉許的意思。

【今譯】二十五年，春天，陳國的卿女叔來魯國聘問，開始與陳國締結友好關係。因為嘉許他，所以只稱他的字，而不直稱他的名。

(二)經　夏五月癸丑，衛侯朔①卒。

【今註】㊀衛侯朔：是衛惠公的名字。

【今譯】夏天，五月癸丑，衛惠公朔逝世。（無傳）

㈢ 經 六月辛未朔，日有食之，鼓用牲于社。

傳 夏，六月辛未朔，日有食之，鼓用牲于社①，非常也②，唯正月之朔③，慝未作④。日有食之，於是乎用幣于社，伐鼓于朝⑤。

【今註】㈠鼓用牲于社：祭祀社的時候，敲鼓並用犧牲。㈡非常也：這是表示非常的意思。㈢唯正月之朔：正月指夏曆的四月，周曆的六月。㈣慝未作：慝音ㄊㄜˋ。此指陰惡氣尚未興起。㈤用幣于社，伐鼓于朝：在社祭上用布幣，在朝廷上打鼓，以明陰不應當侵犯陽，人臣不應當掩蔽君上。

【今譯】六月，辛未，是六月的第一天，發生日蝕。打鼓，並且用犧牲祭祀于社，表示這是非常的意思。只有當夏季第一個月份的第一天，這時陰氣尚未興起，若是發生日蝕，於是才用布幣祭祀於社，在朝廷打鼓。

㈣ 經 伯姬①歸于杞。

【今註】㈠伯姬：是魯國的女兒。

【今譯】魯國的女兒伯姬嫁到杞國。（無傳）

(五)經 秋大水，鼓用牲于社于門。

傳 秋大水，鼓用牲于社于門①，亦非常也。凡天災有幣無牲②，非日月之眚不鼓③。

【今註】㈠于門：在國門，國門就是城門。㈡凡天災有幣無牲：只用布幣來祈請，而不用犧牲。㈢非日月之眚不鼓：眚音同省，等於災。因為這災難與日月無關係，所以不敲鼓。

【今譯】秋天，發生大水，打鼓，並且用犧牲祭祀於神社及城門，這也是不合常禮的。凡是天災，只用布幣而不用犧牲，不是與日月的災難有關，就不打鼓。

(六)經 冬，公子友如陳①。

【今註】㈠公子友如陳：報女叔之聘。

【今譯】冬天，魯國公子友到陳國去報聘。（無傳）

(七)經 晉士蔿使羣公子盡殺游氏之族，乃城聚①，而處之②。冬，晉侯圍聚，盡殺羣公子③。

【今註】㈠聚：賈逵云，聚是晉邑。㈡而處之：使群公子皆住在聚邑。㈢盡殺羣公子：終於用士蔿的計謀。

【今譯】晉國的士蔿使令群公子把游氏的族人全體殺害。於是修築聚邑以安置群公子。冬天，晉侯圍攻聚邑，把群公子全部殺害。

莊公二十六年

(一)經 二十有六年（公元前六六八年）春，公伐戎。

【今註】有經無傳。

【今譯】二十六年，春天，魯莊公討伐戎人。（無傳）

(二)傳 二十六年春，晉士蔿為大司空①。

【今註】㈠大司空：是晉的卿官。

【今譯】二十六年，春天，晉國的士蔿成為晉的大司空。

(三)經 夏，公至自伐戎。

【今註】有經無傳。

【今譯】夏天，魯莊公討伐戎人以後回到魯國。（無傳）

㈣ 傳 夏，士蔿城絳①，以深其宮②。

【今註】㊀絳：據閻若璩考證說：「余親往其地，土人呼王宮城，距故晉城五十里。」㊁以深其宮：使他的宮室加深。

【今譯】夏天，士蔿修築絳城，使他的宮室加深。

㈤ 經 曹殺其大夫①。

【今註】㊀曹殺其大夫：不稱他的名字，因為他未曾犯罪，例在文公七年。

【今譯】㊀曹國殺死了一位大夫。（無傳）

㈥ 經 秋，公會宋人，齊人伐徐①。

【今註】㊀徐：在今江蘇省泗縣西北三十五里。寫宋在齊上，因為宋人主持軍事。

【今譯】秋天，魯莊公會合宋國人和齊國人討伐徐國。（無傳）

㈦ 傳 秋，虢人侵晉。冬，虢人又侵晉。

【今譯】秋天，虢國人侵略晉國，冬天，虢國人又侵略晉國。

(八) 經 冬，十有二月癸亥朔，日有食之。

【今註】有經無傳。

【今譯】冬天，十二月癸亥，初一，發生日蝕。（無傳）

莊公二十七年

(一) 經 二十有七年（公元前六六七年）春，公會杞伯姬于洮。

傳 二十七年春，公會杞伯姬①于洮②，非事也③。天子非展義不巡守④，諸侯非民事不舉⑤，卿非君命不越竟⑥。

【今註】㈠杞伯姬：魯女已嫁杞國。㈡洮：魯地，在今山東省卞縣東南桃墟，亦作桃。㈢非事也：非諸侯的事情。㈣天子非展義不巡守：天王不是宣佈德義，就不到各處巡守。㈤諸侯非民事不舉：諸侯要不是為人民的事就不舉行。㈥卿非君命不越竟：卿若非受君命不到旁的國去。

【今譯】二十七年，春天，魯莊公在洮會見嫁給杞國的伯姬，這不是諸侯應作的事情。天子若不是為了宣揚德義，就不巡守；諸侯若不是為了人民的福利，就不舉事；卿若不是由於國君的命令，就不越過國境。

(二)經 夏六月，公會齊侯，宋公，陳侯，鄭伯同盟于幽。

傳 夏，同盟于幽①，陳鄭服也②。

【今註】㊀幽：宋地，在今河南省考城縣境。㊁陳鄭服也：陳、鄭最初曾有貳心於齊，至是盟幽以後，始與齊和好。

【今譯】夏天，魯莊公會合齊侯、宋公、陳侯，及鄭伯同盟于幽地，於是，陳國和鄭國才服從齊國。

(三)經 秋，公子友如陳葬原仲。

傳 秋，公子友①如陳葬原仲②，非禮也。原仲，季友之舊也③。

【今註】㊀公子友：是莊公的同母弟。㊁原仲：為陳大夫，原是氏，仲是字。㊂原仲，季友之舊也：原仲是季友的老朋友。

【今譯】秋天，魯國公子友到陳國去參加原仲的葬禮，這是不合於禮的。因為原仲是公子友的老朋友。

(四)經 冬，杞伯姬來。

傳 冬，杞伯姬來，歸寧①也。凡諸侯之女歸寧曰來②，出曰來歸

③。夫人歸寧曰如某④，出曰歸于某⑤。

【今註】㈠歸寧：若父母在，則曰歸寧，歸問父母的安。㈡歸寧曰來：若是歸寧，則春秋上，只簡單的寫上來。㈢出曰來歸：被出等於現在的離婚，春秋上即寫上來歸，表示不再回她結婚的國家，與歸寧不同。㈣夫人歸寧曰如某：夫人回她的國家歸寧，春秋上就寫如某。㈤出曰歸于某：離婚則寫上歸于某。

【今譯】冬天，杞伯姬來魯國，她是來歸寧的。凡是諸侯的女兒歸寧，就記載說「來」，因離婚而回國，就記載說「來歸」。諸侯的夫人歸寧，就記載說「如某」，因離婚而回國，就記載說「歸于某」。

㈤經　莒慶①來逆叔姬②。

【今註】㈠莒慶：是莒大夫。㈡叔姬：是莊公女兒。有經無傳。

【今譯】莒國大夫慶來魯國迎接叔姬。（無傳）

㈥經　杞伯來朝。

【今註】有經無傳。

【今譯】杞國伯爵來朝見。（無傳）

(七)傳 晉侯將伐虢，士蔿曰：「不可。虢公驕，若驟得勝於我①，必弃其民②。無眾，而後伐之，欲禦我誰與③？夫禮樂慈愛，戰所畜也④；夫民讓事樂和，愛親哀喪，而後可用也⑤。虢弗畜也，亟戰將饑④。」

【今註】㊀若驟得勝於我：若馬上能戰勝我。㊁必弃其民：必定不養他的人民，等於捨棄。㊂欲禦我誰與：同誰能夠抵抗我。㊃禮樂慈愛，戰所畜也：禮，樂，慈，愛，這四件事，是戰爭所需要的事情。㊄夫民讓事樂和，愛親哀喪而後可用也：等到人民對於事情謙讓，而且安樂，這兩件事是指禮同樂。愛親所謂慈，哀喪等於愛，總說即是禮樂慈愛，這些條件具備，然後可用以戰。㊅虢弗畜也，亟戰將饑：虢公不保存義讓，極力打仗，將得到饑荒。

【今譯】晉侯將要討伐虢國，士蔿說：「不可。虢公很驕傲，若是他馬上戰勝了我國，必定會捨棄他的人民。等到他沒有民眾的支持，然後才討伐他，誰會同他一起抵禦我們呢？禮、樂、慈、愛四件事，是戰爭所需要的。人民能夠對事謙讓，安樂和洽，愛自己的親人，哀悼親人的喪亡，然後才能用他們。虢國沒有具備這些條件，又極力發動戰爭，將會導致饑荒。」

(八)傳 王使召伯廖①賜齊侯命②，且請伐衛，以其立子頹也③。

【今註】㈠召伯廖：是王卿士。㈡賜齊侯命：命齊桓公為侯伯。㈢立子頹：在莊公十九年。

【今譯】周惠王派召伯廖賜命齊桓公為侯伯，並且請齊桓公討伐衛國，因為衛國曾扶立王子頹。

(九)經 公會齊侯于城濮①。

【今註】㈠城濮：衛地。

【今譯】魯莊公會見齊桓公於城濮。（無傳）

莊公二十八年

(一)經 二十有八年（公元前六六六年），春王三月甲寅，齊人伐衛，衛人及齊人戰，衛人敗績。

傳 二十八年春，齊侯伐衛，戰，敗衛師，數之以王命①，取賂而還②。

【今註】㈠數之以王命：以王命責備衛人。㈡取賂而還：反倒受了衛國之賄賂，就旋師而歸。

【今譯】二十八年，春天，齊桓公討伐衛國，交戰的結果，把衛軍打敗。就用王命責備衛人，接受了衛國的賄賂，才班師回國。

㈡經夏四月丁未，邾子瑣①卒。

【今註】㊀邾子瑣：未同盟而赴以名。有經無傳。

【今譯】夏天，四月丁未，邾國子爵瑣逝世。（無傳）

㈢傳晉獻公①娶于賈②，無子。烝于齊姜③，生秦穆夫人④及大子申生⑤。又娶二女於戎，大戎狐姬⑥生重耳⑦，小戎子⑧生夷吾⑨。晉伐驪戎⑩，驪戎男，女以驪姬⑪，歸，生奚齊⑫，其娣生卓子⑬。驪姬嬖⑭，欲立其子，賂外嬖梁五⑮與東關嬖五⑯，使言於公曰：「曲沃，君之宗也⑰。蒲⑱與二屈⑲，君之疆也⑳。不可以無主。宗邑無主則民不威，疆埸無主則啟戎心㉑。戎之生心，民慢其政㉒，國之患也。若使大子主曲沃，而重耳，夷吾主蒲與屈，則可以威民而懼戎，且旌君伐㉓。」使俱曰：「狄之廣莫於晉為都㉔，晉之啟土，不亦宜乎㉕。」晉侯說㉖之。夏，使大子居曲沃，重耳居蒲城，夷吾居屈，羣公子皆鄙㉗。唯二姬之子㉘在絳㉙。二五率㉚與驪姬譖㉛羣公子而立奚齊。晉人謂之「二五耦㉜。」

【今註】㈠晉獻公：晉武公之子。㈡賈：姬姓國，侯爵。在今山西省臨汾縣賈鄉。㈢烝于齊姜：齊姜是晉武公的妾。納父之妾為烝。㈣秦穆夫人：是秦穆公的夫人。㈤大子申生：大音泰。因為他母親是姜姓，所以名曰申生。㈥大戎狐姬：唐叔子孫別在戎狄者，姬姓，以狐為氏。㈦重耳：即晉文公，晉獻公的次子。㈧小戎子：我幼年讀左傳時，以為子是子姓，而杜注以子為女疑誤，後始見顧亭林左傳杜解補正，始說明子是小戎的姓，與我所見相同。㈨夷吾：是獻公的第三子，晉惠公的名字。㈩驪戎：姬姓國，男爵。在今山西省臨潼縣東二十四里。⑪女以驪姬：以驪姬嫁獻公。⑫生奚齊：她的兒子名叫奚齊，後為里克所弒。⑬其娣生卓子：她的陪嫁女子生一子，名卓子。⑭驪姬嬖：驪姬得晉獻公的寵愛。⑮賂外嬖梁五：賄賂男嬖梁五。⑯東關嬖五：王引之說「東關是雙姓，漢書古今人表正作東關五。」⑰君之宗也：是你的宗廟所在地。⑱蒲：晉邑，在今山西隰縣西北。⑲二屈：晉邑，在今山西省吉縣有北屈廢縣。二屈蓋兼指南北二屈而言。⑳君之疆也：這兩個地方，全在你的疆界裡。㉑疆埸無主則啟戎心：埸音亦。邊疆若沒有人管理，容易引起戎狄侵略的野心。㉒民慢其政：人民對於政令就很怠慢。㉓且旌君伐：並且表示你的功勞。㉔狄之廣莫，於晉為都：顧炎武：「都者大邑之名，隱公元年傳曰『大都不過參國之一是也。』」杜注非。㉕晉之啟土，不亦宜乎：晉的開闢疆土，因此也不是很應當的。㉖說：音同悅。㉗皆鄙：全到邊鄙之邑。

㉘二姬之子：是驪姬之子奚齊，同其娣之子卓子。㉙絳：在今山西省新絳縣西北。㉚率：常常。㉛譖：音ㄗㄣˋ。在背後說壞話。㉜晉人謂之「二五耦」：顧炎武說：「言相比為奸也。古人共耕曰耦，共財亦曰耦。」

【今譯】 晉獻公娶賈侯的女兒為夫人，沒有生育子嗣。他就納了他父親的妾齊姜，生一個女兒她後來成為秦穆公夫人，和太子申生。又從戎狄中娶了二位女子，大戎狐姬生重耳，小戎子生夷吾。後來晉國攻伐驪戎，驪戎的男爵把女兒驪姬嫁給晉獻公，回到晉國，生了奚齊，她的陪嫁的女子生了卓子。驪姬得寵，想要立她自己的兒子作太子。她就賄賂獻公所寵信的兩位大夫梁五和東關五，讓他們向獻公說：「曲沃，是你的宗廟所在地，蒲和二屈，是你的二個邊疆重鎮，都不可以沒有管理人。宗廟所在地沒有管理人，人民就不感到威服的力量；邊疆重鎮沒有管理人，就容易引起戎狄侵略的野心。戎狄生了野心，人民怠慢政令，這兩件事都是國家的禍患。若是派太子去管理曲沃，而派重耳和夷吾分別管理蒲和二屈，那麼就可以使人民威服而戎狄畏懼，並且表章你的功勞。」又讓他們都說：「把戎狄廣大的土地變成晉國的一個都邑，晉國開闢疆土，不也是很應當的嗎？」晉獻公聽了很高興。夏天，他就派太子去住在曲沃，重耳住在蒲城，夷吾住在屈邑，群公子全住到邊疆各邑。只有二姬的兒子留在絳城。二個名叫五的嬖人終於和驪姬譖害了所有的公子，而立奚齊為太子。晉國人說這件事叫做「二個名叫五的人相比為奸。」

(四)經秋，荊伐鄭，公會齊人，宋人救鄭。

傳楚令尹子元①欲蠱文夫人②，為館於其宮側而振萬焉③，夫人聞之泣曰：「先君亦是舞也，習戎備也④。今令尹不尋諸仇讎⑤，而於未亡人之側，不亦異乎⑥！」御人⑦以告子元，子元曰：「婦人不忘襲讎⑧，我反忘之。」秋，子元以車六百乘伐鄭，入于桔柣之門⑨，子元，鬭御彊，鬭梧，耿之不比為旆⑩，鬭班，王孫游，王孫喜殿⑪。眾車入自純門⑫，及逵市⑬，縣門不發⑭，楚言而出⑮。子元曰：「鄭有人焉⑯？」諸侯救鄭，楚師夜遁，鄭人將奔桐丘⑰。諜⑱告曰：「楚幕有烏⑲，乃止。」

【今註】㈠令尹子元：是楚文王之弟。㈡蠱文夫人：蠱惑文王夫人息嬀。㈢為館於其宮側而振萬焉：在文王宮的旁邊，蓋一所房子，而大聲的演萬舞。㈣先君亦是舞也，習戎備也：先君指楚文王。以為這種萬舞是練習作戰。㈤令尹不尋諸仇讎：令尹不去尋找仇人。㈥於未亡人之側，不亦異乎：因為楚文王已死，所以息嬀自稱未亡人。不亦異乎：是表示很奇怪。㈦御人：是息嬀的侍人。㈧婦人不忘襲讎：一個女人反不忘對仇人的侵襲。㈨入于桔柣之門：進入鄭遠郊的城門。桔音結，柣音碟，桔柣是鄭遠郊的城門。⑽鬬禦彊，鬬梧，耿之不比為旆：鬬禦彊、鬬梧、耿之不比皆楚大夫。旆是大旗音ㄆㄟˋ。㈡鬬班，王孫游，王孫喜殿：鬬班等三人皆楚大夫。殿是殿後的意思。㈢純門：是鄭的外郭門。㈢逵市：鄭都城市名。㈣縣門不發：縣音同玄。門開著，鄭人表示從容的意思。㈤楚言而出：用楚國的音調來說話。㈥鄭有人焉：子元看見鄭國有戒備，說鄭國很有人能計劃。㈦桐丘：水經注說：「洧水東南逕桐邱城。」在今河南省許昌縣約三十五里。㈧諜：間細。㈨楚幕有烏：楚國的帳逢上有烏鴉。

【今譯】　楚國的令尹子元想要蠱惑文王夫人，在文王的宮殿旁蓋一座房子，而在那裏表演萬舞。文王夫人聽到了，哭泣著說：「先君用這種萬舞來練習打仗，現在令尹不用它去對付仇敵，而用在未亡人的旁邊，不也是很奇怪嗎？」夫人的侍者把這些話告訴子元，子元說：「一個女子不忘要擊襲敵人，我反而忘了。」秋天，子元用六百輛戰車去攻伐鄭國，進入了鄭國遠郊的桔柣門。子元、鬬御疆、鬬梧，及耿之不比拿著大旗走在最前，鬬班、王孫游，及王孫喜殿後，大隊兵車從外郭純門進入，到達郭內的逵市。然而，鄭國內城的門大開者，鄭國人說著楚國話走出城門。子元說：「啊！鄭國有人呢！」諸侯來救鄭國，楚國軍隊連夜逃遁。鄭國人原將要逃奔去桐丘，間諜告訴他們說：「楚國人的帳蓬上有烏鴉。」所以他們才停止逃奔。

㈤ 經 冬築郿。

傳 築郿①，非都也。凡邑有宗廟先君之主，曰都②，無曰邑，邑曰築，都曰城③。

【今註】㈠郿：音枚。公羊、穀梁皆作微。在今山東省東平縣西微鄉城。㈡凡邑有宗廟先君之王：凡是有先君之宗廟，就名曰都。㈢邑曰築，都日城：邑修的時候叫做築，都修的時候叫做城，以示區別。

【今譯】冬天，建築郿邑。郿不是一個都。凡是一個邑有宗廟供奉先君的神主，就叫做都，沒有的就叫做邑。修築邑城就說是「築」，修築都城就說是「城」。

㈥經 大無麥禾，臧孫辰告糴于齊。

傳 冬饑①，臧孫辰②告糴于齊③，禮也。

【今註】㈠冬饑：饑即沒有糧食。㈡臧孫辰：魯大夫。㈢告糴于齊：糴音笛，謂買入穀類。此指向齊國購買糧食。

【今譯】冬天，發生饑荒，臧孫辰到齊國去要求購買糧食，這是合禮的。

莊公二十九年

(一)經二十有九年（公元前六六五年）春，新延廄。

傳二十九年春，新作延廄①，書不時也②。凡馬日中而出，日中而入③。

【今註】㊀新作延廄：按經無作字，想必經中確有此字。延是馬廄的名字。㊁書不時也：因為記在竹簡上，是表示對農時不合時。㊂日中而出，日中而入：日中是表示日夜相等的時間，在日曆中就是春分及秋分。在秋分的時候，馬進到廄中，而在春分中，馬離廄，出到外面，現在是在春天修馬廄，所以書不時。

【今譯】二十九年，春天，重新修整延廄。記載這件事表示不合時。因為馬在春分時離開馬廄，秋分時進入馬廄。

(二)經夏，鄭人侵許。

傳夏，鄭人侵許，凡師有鐘鼓曰伐①，無曰侵②，輕曰襲③。

【今註】㊀凡師有鐘鼓曰伐：凡軍隊用鐘同鼓聲討其罪的，就稱曰伐。㊁無曰侵：沒有鐘鼓的聲音，就叫做侵。㊂輕曰襲：軍隊偷偷的進攻，就稱曰偷襲。

【今譯】夏天，鄭國人侵略許國。凡是軍隊帶著鐘鼓去聲討的叫做「伐」，沒有鐘鼓的叫做「侵」，迅速輕進的，就叫做「襲」。

㈢ 經 秋有蜚。

傳 秋，有蜚為災也①，凡物不為災不書②。

【今註】 ㈠有蜚為災也：蜚音同匪，害蟲名，體輕如蚊，食稻花。因為蜚蟲損害穀物，所以造成災害。㈡凡物不為災不書：凡是事物不造成災害，就不記載。

【今譯】 秋天，發生蜚蟲造成的災害。凡是事物不造成災害，就不記載。

㈣ 經 冬十有二月，紀叔姬卒。

【今註】 有經無傳。

【今譯】 冬天，十二月，紀叔姬逝世。（無傳）

㈤ 經 城諸及防。

傳 冬十有二月，城諸①及防，書時也②。凡土功③，龍見而畢務④，戒事也⑤。火見而致用⑥，水昏正而栽⑦，日至而畢⑧。

【今註】 ㈠諸：在今山東省諸城縣。㈡書時也：築城的時候，很合禮。㈢凡土功：興築的時候。

㈣龍見而畢務：龍見在今舊曆九月，龍星就是二十八宿中的角宿及亢宿。此句言就在九月間，完畢所有的事務。㈤戒事也：這是告訴大家工作要開始。㈥火見而致用：火是大火，亦名曰心星，它在天上顯露，次於角宿同亢宿。致用是說預備建築用的器材。㈦水昏正而栽：水昏正指今舊曆十月，就樹立板幹開始興作。㈧日至而畢：日至就是冬至，工務就做完。

【今譯】冬天，十二月，修築諸及防的城牆，記載這件事表示合時。凡是土木工程的興築，在龍星出現時（周曆十一月，今舊曆九月），完畢了所有的農事，就告訴大家工事要開始。等到心星出現時，就準備好建築用的器材。當水星在黃昏時在最高點（即周曆十二月，今舊曆十月）的時候，就樹立板幹而開始興作。到了冬至，工事全部完畢。

㈥傳樊皮①叛王。

【今註】㈠樊皮：周大夫。樊在今河南省濟源縣東南三十八里。樊是采邑，皮是名字。

【今譯】樊皮背叛周惠王。

莊公三十年

㈠經三十年（公元前六六四年）春王正月。

傳 三十年春，王命虢公討樊皮①。夏四月丙辰，虢公入樊，執樊仲皮歸于京師②。

【今註】㊀王命虢公討樊皮：因為樊皮在去年曾經叛王。㊁執樊仲皮歸于京師：將樊仲皮逮捕，送回周王京城。

【今譯】三十年，春天，周惠王命令虢公討伐樊皮。夏天，四月丙辰，虢公進入樊邑，逮捕樊仲皮，把他送回周王京城。

(二) 經 夏，次于成①。

【今註】㊀成：魯地。在今山東省寧陽縣東北九十里有故城社，即古城也。次于成是為的戒備齊國對於紀國的附庸國郚出兵。無傳。

【今譯】夏天，駐軍在成。（無傳）

(三) 經 秋七月，齊人降鄣①。

【今註】㊀鄣：在山東省東平縣東六十里有鄣城集，即故鄣城。有經無傳。

【今譯】秋天，七月，齊國人威迫鄣國投降。（無傳）

㈣ 經 八月癸亥，葬紀叔姬。

【今註】有經無傳。

【今譯】八月癸亥，安葬紀叔姬。（無傳）

㈤ 經 九月庚午朔，日有食之，鼓用牲于社。

【今註】有經無傳。

【今譯】九月庚午朔，發生日蝕，打鼓並用犧牲祭祀社神。（無傳）

㈥ 傳 楚公子元歸自伐鄭，而處王宮①，鬬射師諫②，則執而梏之③。

【今註】㈠而處王宮：就搬進王宮去居住，是為了蠱惑文夫人。㈡鬬射師諫：鬬射師是楚大夫鬬廉。諫是諫諍他。㈢執而梏之：就逮捕他，並以鐐加其手腕，

【今譯】楚國的公子元討伐了鄭國以後回到楚國，就住在王宮裏。鬬射師諫諍他，就把鬬射師逮捕並且用手鐐扣住他的手。

㈦ 傳 秋，申公鬬班①殺子元。鬬穀於菟②，為令尹，自毀其家③，

以紓④楚國之難。

【今註】㊀申公鬬班：當時楚國已經把舊申國滅為楚縣，鬬班在那裡做縣尹，所以稱為申公。㊁鬬穀於菟：於音同烏，菟音同徒。楚人稱虎為於菟，稱乳為穀，所以令尹子文就名鬬穀於菟。㊂自毀其家：把他自己的家毀掉。㊃紓：音同舒，緩和的意思。

【今譯】秋天，申縣的縣長鬬班殺了子元。鬬穀於菟繼為令尹，自己毀了他的家，以家財緩和楚國的危難。

㈧經 冬，公及齊侯，遇于魯濟。

經 齊人伐山戎。

傳 冬，遇于魯濟①，謀山戎也②，以其病燕③故也。

【今註】㊀魯濟：濟水先經過魯國，這段地方就叫做魯濟。㊁謀山戎也：山戎在今河北省灤縣。㊂病燕：燕在今北平。病燕是為患於燕國。

【今譯】冬天，魯莊公和齊桓公在魯國境內的濟水上相遇，謀畫攻伐山戎，因為山戎危害燕國的緣故。

莊公三十一年

㈠經 三十有一年（公元前六六三年）春，築台于郎①。

【今註】㊀築台于郎：台據公羊傳所說就是泉台。郎在今山東省曲阜縣左近。有經無傳。

【今譯】三十一年，春天，在郎邑修築泉台。（無傳）

㈡經 夏四月，薛伯卒。

【今註】有經無傳。

【今譯】夏天，四月，薛伯逝世。（無傳）

㈢經 築台于薛①。

【今註】㊀薛：魯地，在今山東省滕縣東南，築台必在薛國左近。

【今譯】在薛地築一個台。（無傳）

㈣經 六月，齊侯來獻戎捷。

傳 三十一年，夏六月，齊侯來獻戎捷①，非禮也②。凡諸侯有四夷之功，則獻于王③，王以警于夷④，中國則否，諸侯不相遺俘⑤。

【今註】㈠齊侯來獻戎捷：齊桓公來獻對北戎的戰利品。㈡非禮也：這是不合禮法的。㈢諸侯有四夷之功，則獻于王：凡諸侯對中國以外的戎敵勝利，就將戰勝品獻于王。㈣王以警于夷：王是去警戒夷敵，㈤諸侯不相遺俘：諸侯互相不送戰利品或打仗所得的俘虜。

【今譯】三十一年，夏天，六月，齊桓公來呈獻伐山戎的戰利品，這是不合禮的。凡是諸侯有了戰勝中國以外的四夷的功勞，就把戰利品呈獻周王，周王藉此警告夷狄。從另外一個中國的諸侯國家所得的戰利品，就不必呈獻周王，並且諸侯之間也不能互相贈送戰利品。

㈤經 秋，築台于秦①。

【今註】㈠秦：在今山東省范縣南三里秦亭。有經無傳。

【今譯】秋天，在秦地築一個台。（無傳）

㈥經 冬不雨。

【今註】有經無傳。

【今譯】冬天，沒有下雨。（無傳）

莊公三十二年

(一)經 三十有二年（公元前六六二年）春，城小穀。

傳 三十二年春，城小穀①，為管仲也②。

【今註】㊀城小穀：公羊、穀梁皆作城穀，在今山東省東阿縣治。㊁為管仲也：城中有管仲井。

【今譯】三十二年春天，修築小穀的城牆。這是為了管仲的緣故。

(二)經 夏，宋公，齊侯遇于梁丘。

傳 齊侯為楚伐鄭之故①，請會于諸侯。宋公請先見于齊侯②，夏，遇于梁丘③。

【今註】㊀楚伐鄭之故：楚伐鄭在莊公二十八年，謀為鄭報楚。㊁宋公請先見于齊侯：在開會以前，宋公請求先與齊侯相會。㊂梁丘：在今山東省城武縣東北三十里有梁丘山，山南三十里有梁丘城。

【今譯】齊桓公為了楚國攻伐鄭國的緣故，請求諸侯會盟。宋桓公請求在會前先與齊桓公相會。夏天，宋桓公與齊桓公相遇於梁丘。

㈢傳 秋七月，有神降于莘①。惠王②問諸內史過③，曰：「是何故也④？」對曰：「國之將興，明神降之，監其德也⑤。將亡，神又降之，觀其惡也⑥。故有得神以興，亦有以亡。虞，夏，商，周皆有之⑦。」王曰：「若之何？」對曰：「以其物享焉⑧。其至之日，亦其物也⑨。」王從之。內史過往⑩，聞虢請命⑪。反曰：「虢必亡矣。虐而聽於神⑫。」神居莘六月，虢公使祝應，宗區，史嚚⑬享焉，神賜之土田。史嚚曰：「虢其亡乎？吾聞之，國將興，聽於民⑭。將亡，聽於神⑮。神聰明正直而壹者⑯也，依人而行⑰。虢多涼德⑱，其何土之能得⑲？」

【今註】 ㈠莘：虢地，在今河南省陝縣。㈡惠王：惠王名閬（音ㄌㄤˇ），為周代的第十七王。㈢內史過：周大夫。㈣是何故也：這是什麼緣故？㈤國之將興，明神降之，監其德也：國家將興起來的時候，神就由天而降，這是為的觀察好的德性。㈥將亡，神又降之，觀其惡也：在國家將亡的時候，神又由天而降，為觀察他的罪惡。㈦虞，夏，商，周皆有之：國語周語說：「夏之興也，祝融降於崇山，其亡也，回祿信於黔隧。商之興也，檮杌次於丕山；其亡也，夷羊在牧。周之興也，鸑鷟鳴於岐山；其衰也，杜伯射宣王於鎬。」㊇以其物享焉：此處的物是指初民社會的個人圖騰。享是祭祀。用它的圖騰物來祭祀。㊈其至之日，亦其物也：由這一句話，我們可以明白商代為什麼以他所生的日子為名，比如以甲日所生者，則曰大甲或小甲。㊉內史過往：內史過往虢國去。⑪聞虢請命：聽見虢國使人求於神，請賜土地之命。⑫虐而聽於神：暴虐人民，而想聽命於神。⑬祝應，宗區，史嚚：祝是太祝，宗是宗人，史是大史。應、區、嚚皆人名。嚚讀如吟。⑭國將興，聽於民：國家將興的時候，政治就聽人民的話。⑮將亡，聽於神：國家將亡的時候，就聽神的話。⑯神聰明正直而壹者：神是聰明又正直，又能專一的。⑰依人而行：他是依靠人民的志願而去行事。⑱虢多涼德：涼德等於薄聽。此指虢國君多薄惡的德行。⑲其何土之能得：他會能夠得到何種土地。

【今譯】 秋天，七月，有神降臨在莘。周惠王問內史過說：「這是什麼緣故呢？」過回答說：「國家將要興盛的時候，神就降臨，觀察這國家的德行；將要滅亡的時候，神又降臨，觀察這國家罪惡。所以，有的因得到神降臨而興盛，有的因而滅亡。虞、夏、商、周四代都有神異。」周惠王說：「像這種情形要怎麼辦？』回答說：『用適合他的圖騰的祭品來祭祀。他降臨的日子，也就是他的圖騰。」惠王依照他的話去做。內史過到虢國去，聽到虢公向神祈求賜給土地。回來以後就說：「虢國必定要亡國了。對百姓暴虐，而聽命於神。」神停留在莘六個月。虢公派太祝應、宗人區，太史嚚祭神，神答應賜土田給虢國。太史嚚說：「虢國將要滅亡了嗎？我聽說過，國家將要興起，政治就聽人民的意見；將要滅亡，就聽神的話。神，是聰明正直而且專一的，他是依照人的志願而行事的。虢國國君有很多薄惡的德行，他怎麼能夠得到土地？」

(四)

經　秋，七月，癸巳，公子牙卒。

傳　初，公築台臨黨氏①，見孟任②，從之，而以夫人言，許之③，割臂盟公④，生子般焉⑤。雩⑥，講于梁氏⑦，女公子觀之⑧。圉人犖⑨，自牆外與之戲⑩，子般怒，使鞭之⑪。公曰：「不如殺之，是不可鞭，犖有力焉。能投蓋于稷門⑫。」公疾，問後於叔牙⑬。對曰：「慶父材⑭。」問於季友⑮，對曰：「臣以死奉般⑯。」公曰：「鄉者⑰，牙曰『慶父材。』」成季使以君命，命僖叔⑱待于鍼巫氏⑲，使鍼季酖之⑳。曰：「飲此，則有後於魯國㉑，不然，死且無後㉒。」飲之歸及逵泉㉓而卒，立叔孫氏㉔。

【今註】㊀黨氏：魯大夫。㊁孟任：黨氏女，姓任。㊂以夫人言，許之：告訴她將許立為夫人，孟任答應了。㊃割臂盟公：割破手臂出血，與公相盟誓。㊄生子般焉：生一小孩，名叫子般。㊅雩：祭天。㊆講于梁氏：在梁氏家裡演習。梁氏是魯大夫。㊇女公子觀之：女公子是指般妹。觀之是去看演習。㊈圉人犖：犖讀音洛，是圉人的名字。圉人是掌養馬者。㊉自牆外與之戲：自牆外用語言與女公子相戲。㈡使鞭之：用皮鞭打他。㈢能投蓋于稷門：稷門是魯都城南門名。顧炎武說「當從劉炫之說，以蓋為車蓋。」此句指因為圉人犖有力，故能將車蓋自稷門上投下。㈢問後於叔牙：叔牙是莊公弟，與慶父同母。㈣慶父材：慶父有本領。㈤季友：是莊公同母弟。㈥臣以死奉般：我拿性命來事奉子般。㈦鄉者：以前。㈧僖叔：即叔牙的謚法。㈨鍼巫氏：魯大夫。㈩鍼季酖之：酖音丹，鳥名，其羽有毒，入酒則能害人。此句意思是鍼季給僖叔飲毒酒。㈡有後於魯國：在魯國可以永遠有後代。㈢死且無後：死並不能夠立後代。㈢逵泉：魯地，在今山東省曲阜縣南五里。㈣立叔孫氏：就立他後人為叔孫氏，後成為三桓之一。

【今譯】 起初，魯莊公在黨氏家的附近築一個臺。他在臺上看到黨氏的大女兒任，就跟在她的後面，但她閉門不見。然後他告訴她將立她為夫人，她答應了，就割破手臂，以血和莊公盟誓。她生了一個兒子叫子般。有一次祭天的時候，在梁氏家裏演習，莊公的女兒去觀看，管養馬的人犖從牆外用語言戲弄她。子般看到了很生氣，叫人鞭打他。莊公說：「不如把他殺死。他不是可以鞭打的人。犖有很大的力氣，能夠把車蓋投過稷門。」後來，莊公病得很厲害，他問叔牙誰適合做他繼承人。叔牙回答說：「慶父有材幹。」又問季友，季友答道：「我願拿性命來事奉子般。」莊公就說：「剛才叔牙說，慶父有材幹。」成季（即季友）就派人帶著莊公的命令去命令僖叔（即叔牙）到鍼巫氏家裏去等候。又派鍼季給叔牙飲毒酒，並對他說：「喝了這個，那麼你在魯國可以永遠有後代，不然的話，你死了並不能立後代。」叔牙就喝下毒酒，回到逵泉就死了。於是立他的後人為叔孫氏。

(五) 經 八月癸亥，公薨于路寢。

傳 八月癸亥，公薨于路寢①，子般即位，次于黨氏②。

【今註】㊀路寢：人君之正寢謂之路寢。㊁次于黨氏：子般是黨氏的外孫，就住在黨氏家裡。

【今譯】八月癸亥，魯莊公在他的寢宮中逝世。子般即位，暫時住在黨氏家裏。

(六) 經 冬十月，己未，子般卒。

傳 冬十月，己未，共仲①使圉人犖賊②子般于黨氏。成季奔陳③，立閔公④。

【今註】㊀共仲：是慶父的謚法。㊁賊：是殺。㊂成季奔陳：成季是季友的謚號。奔陳是出奔到陳國。㊃立閔公：是莊公庶子。杜預云，閔公於是年八歲，而服虔卻作九歲。

【今譯】冬天，十月己未，共仲（即慶父）派管養馬的人犖在黨氏家裏殺死子般。成季出奔到陳國。魯國人立閔公為國君。

(七) 經 公子慶父如齊①。

【今註】㊀如齊：逃奔齊國。有經無傳。

【今譯】公子慶父到齊國去。（無傳）

(八)經 狄伐邢。

【今註】有經無傳。

【今譯】狄人侵伐邢國。（無傳）

卷五　閔公

閔公元年

(一)經 元年（公元前六六一年）春王正月。

傳 元年春，不書即位①，亂故也②。

【今註】㊀不書即位：不將即位典禮記載在竹簡上。㊁亂故也：因為魯國亂所以不能成禮。

【今譯】元年，春天，沒有記載即位，是因為國內有亂事，不能成禮。

(二)經 齊人救邢。

傳 狄人伐邢①，管敬仲②言於齊侯曰：「戎狄豺狼不可厭也③，諸夏親暱不可弃也④，宴安酖毒不可懷也⑤。詩云：『豈不懷歸，畏此簡書⑥。』簡書同惡相恤之謂也⑦，請救邢以從簡書。⑧」齊人救邢。

【今註】㊀邢：在河北省邢台縣西南。㊁管敬仲：即管夷吾。㊂戎狄豺狼不可厭也：戎狄等於豺狼，不能使他有滿足的時候。㈣諸夏親暱不可弃也：諸夏指著周所封的各國，他們全是與齊國非常接近，所以不可以拋棄他。㈤宴安酖毒不可懷也：酖讀音同震。宴安等於是毒藥，所以不可懷念他。㈥豈不懷歸，畏此簡書：難道不想回去，就是怕這個竹簡上寫的字。㈦簡書同惡相恤之謂也：就是說共同的災難要互相幫助。㈧請救邢以從簡書：請救邢國的災難，以表示尊重簡書的意思。

【今譯】狄人侵略邢國，管敬仲對齊桓公說：「戎狄好像是豺狼，不可能令他滿足；中國的國家互相親近，不可以把任何一國拋棄；宴安好像是毒藥，不可以懷念。詩經說：『難道不想回去嗎？就怕這竹簡上的記載哪！』竹簡上的記載，就是諸侯各國對於共同的災難要互相幫助的意思。請援救邢國以表示尊重竹簡的記載。」所以齊國人援救邢國。

㈢ 經 夏六月辛酉，葬我君莊公。

傳 夏六月，葬莊公，亂故是以緩①。

【今註】㈠亂故是以緩：因為魯國亂，所以經過十一個月乃葬。

【今譯】夏天，六月，安葬魯莊公，因為有亂事的緣故，所以延緩了安葬的日期。

㈣ 經 秋八月，公及齊侯盟于落姑，季子來歸。

傳 秋八月，公及齊侯盟于落姑①，請復季友②也，齊侯許之③，使召諸陳，公次于郎④以待之。季子來歸，嘉之也⑤。

【今註】㈠落姑：齊地。在今山東省東平縣與平陰縣相交接處。㈡請復季友：請齊侯准許使季友回國。㈢齊侯許之：齊侯答應他。㈣公次于郎：郎是近郊的地方。閔公等待在近郊的地方。㈤嘉之也：嘉許他重新回國。

【今譯】秋天，八月，魯閔公及齊桓公會盟於落姑，為的是請齊桓公允許季友回魯國，齊桓公答應了。就派人到陳國去召季友，閔公親在近郊的地方等待他。經上記載「季子來歸」，是嘉許他的意思。

㈤

經　冬，齊仲孫來。

傳　冬，齊仲孫湫①來省難②。書曰：「仲孫。」亦嘉之也。仲孫歸曰：「不去慶父，魯難未已③。」公曰④：「若之何而去之⑤？」對曰：「難不已，將自斃⑥，君其待之？」公曰：「魯可取乎？」對曰：「不可。猶秉周禮⑦，周禮所以本也。臣聞之，國將亡，本必先顛而後枝葉從之⑧。魯不弃周禮，未可動也，君其務寧魯難而親之⑨，親有禮，因重固⑩，間攜貳，覆昏亂⑪，霸王之器也⑫。」

【今註】㈠仲孫湫：齊大夫，仲孫是氏，湫是名字。㈡省難：來看視魯國的禍亂。㈢不去慶父，魯難未已：要不去掉慶父，魯難沒有完結的一天。㈣公曰：指齊桓公說的話。㈤若之何而去之：怎麼樣能去掉他？㈥難不已，將自斃：魯國的禍難要不完，慶父將自己倒下。㈦猶秉周禮：他還秉承著周國的禮節。㈧本必先顛而後枝葉從之：本必定先倒下，而後樹枝同樹葉就隨著躺下。㈨君其務寧魯難而親之：你務必安定魯國的禍亂而加以親善。㈩親有禮，因重固：親善猶秉周禮的，利用能重能堅固的。⑪間攜貳，覆昏亂：使不合的人，能夠發生離間而相疑，使昏亂的人能夠失敗。⑫霸王之器也：這是霸王所用的方法。

【今譯】冬天，齊國的大夫仲孫湫來看視魯國的禍亂，經上記載「仲孫」，也是表示嘉許他的意思。仲孫回到齊國說：「不把慶父除掉，魯國的災難沒有完結的一天。」桓公說：「怎樣才能去掉他呢？」回答說：「禍難不停止，他將會自己倒下去，你且等待著吧！」桓公說：「我們可以佔取魯國嗎？」回答說：「不可。魯國還秉承著周的禮法。周的禮法是國家的根本。我聽說，一個國家將要滅亡，它的根本必定先倒下，然後枝葉隨著倒下。魯國沒有放棄周的禮法，還不能去動搖它。你務必要安定魯國的禍亂而且親善於魯國。親善於有禮的，成全穩重堅固的，使不合而相疑的互相離開，使昏亂的失敗，這是霸王的方法。」

㈥傳晉侯作二軍①，公將上軍，大子申生將下軍，趙夙御戎②，畢萬為右③，以滅耿④滅霍⑤滅魏⑥。還，為大子城曲沃⑦，賜趙夙耿，賜畢萬魏，以為大夫。士蔿曰：「大子不得立矣。分之都城，而位以卿⑧，先為之極，又焉得立⑨？不如逃之，無使罪至⑩，為吳大伯⑪，不亦可乎！猶有令名，與其及也⑫。且諺曰：『心苟無瑕，何恤乎無家⑬？』天若祚大子⑭，其無晉乎！」卜偃⑮曰：「畢萬之後必大⑯。萬，盈數也；魏，大名也⑰。以是始賞，天啟之矣⑱！天子曰兆民，諸侯曰萬民，今名之大，以從盈數，其必有眾⑲。」初，畢萬筮仕於晉⑳，遇屯䷂之比䷇㉑，辛廖㉒占之曰：「吉。屯固比入㉓，吉孰大焉㉔。，其必蕃昌㉕。震為土㉖，車從馬㉗，足居之㉘，兄長之㉙，母覆之㉚，眾歸之㉛，六體不易㉜，合而能固，安而能殺㉝，公侯之卦㉞也。公侯之子孫，必復其始㉟。」

【今註】 ㊀二軍：晉本來是只有一軍，見莊公十六年左傳。㊁御戎：為公所乘車御者。㊂為右：照例古者御以外尚有車右以禦敵人。㊃耿：舊姬姓國，在今山西省河津縣東南耿鄉城。㊄霍：在今山西省霍縣西十六里。㊅魏：在今山西省芮城縣東北。㊆為大子城曲沃：大音泰。曲沃在今山西省聞喜縣。㊇分之都城，而位以卿：曲沃是從前晉國所被封的地方，所以稱之曰都城；下軍等於卿的位子，故曰「位以卿」。㊈先位之極，又焉得立：先使他到了極位，尚安能立為君？㊉不如逃之，無使罪至：不如逃走，以後就不使得到罪名。⑪吳大伯：大音泰。大伯是周太王嫡子，欲讓位而適吳。⑫猶有令名，與其及也：如是有好的聲名，勝過留在晉國而引出禍患。⑬心苟無瑕，何恤乎無家：假設我們心中並沒有錯誤可指，則不必憂患沒有國家。⑭祚大子：祚的本意是福，此處作動詞用，降福給太子。⑮卜偃：晉占卜大夫。⑯畢萬之後必大：因為畢萬是畢公高之後，他將來必能發達。⑰魏，大名也：魏等於巍，表示高大之意，所以說他是大名。⑱以是始賞，天啟之矣：以魏為封邑，開始賞賜他，這是天所啟發的。⑲今名之大，以從盈數，其必有眾：給他一個大名，又從萬的盈數，這必使他有眾的現象。⑳畢萬筮仕於晉：畢萬當初占卜到晉國做官的時候。㉑遇屯䷂之比䷇：遇見屯卦變到比卦。㉒辛廖：是晉大夫。㉓屯固比入：屯卦表示堅固，比卦表示親密。㉔吉孰大焉：這是沒有再比他吉利的卦。㉕其必蕃昌：他的後人必定很多且很昌盛。㉖震為土：震為長男，變為坤卦，坤是母親。㉗車從馬：震為車，坤為馬，震變為坤就等於車從馬。㉘足居之：震是足，震動而遇坤，安靜之象。㉙兄長之：震為長男，所以是長兄。㉚母覆之：坤為母，所以說母覆之。㉛眾歸之：坤也是眾，所以說眾歸之。㉜六體不易：由震為土到眾歸之共有六義，是不可以更改的。㉝合而能固，安而能殺：以比承屯的變化，所以說「合而能固」。震有雷殺的現象，以坤卦承震卦的變化，所以說「安而能殺」。㉞公侯之卦：比合屯固，坤安震殺，這是公侯的卦。㉟

公侯之子孫，必復其始：因為畢萬是畢公高之後，因為畢公高是侯爵，所以必定要恢復從前的地位。

【今譯】 晉獻公成立二軍。獻公自己統帥上軍，太子申生統帥下軍。趙夙擔任獻公戎車的御者，畢萬擔任車右。用了這些軍隊去消滅耿國、消滅霍國、消滅魏國。回國以後，獻公為太子修築曲沃的城牆。把耿國賜給趙夙，把魏國賜給畢萬，並且命他們為大夫。士蔿說：「太子不能夠被立為君了。分給他都城，而安置他卿的地位，既然先使他得到了最高的官位，又怎麼能夠立他為國君呢？不如逃走，以免將來罪名加到身上。做一個吳大伯，不也是很好的嗎？這樣做還可以保持美好的名譽，勝過留在晉國而受到禍害。並且諺語說：『心裏若是沒有瑕疵，何必擔心沒有國家。』天若是要降福給太子，會不為他保有晉國嗎？」卜偃說：「畢萬的後嗣必定要發達。萬，是充盈完滿的數字。魏，是高大的名稱。用這個開始他的封賞，是天所要啟發他。說到天子，我們說『兆民』；說到諸侯，我們說『萬民』。現在給他一個大名，以配合盈滿的數字，他必定將有眾人。」當初，畢萬占卜到晉國做官的時候，遇到屯卦䷂變到比卦䷇。辛廖解釋說：「很吉利。屯卦表示堅固，比卦表示親密，還有比這更吉利的嗎？將來必定會蕃盛昌大。再進一步說，由震變為坤，就等於是車從馬，又表示他的雙足站立在土地上，表示他是長兄，表示他受到母親的保護，表示眾人歸附。這六種意義是不能改變的。合和而能穩固，安靜而能有威嚴，這是預示公侯的卦。公侯的子孫，必定要恢復他祖先從前的地位。」

閔公二年

㈠ 經 二年（公元前六六〇年）春王正月，齊人遷陽①。

【今註】㊀陽：國名，在今山東省沂水縣有陽都城，即古陽國。孔穎達注疏：世本土地名闕。有經無傳。

【今譯】二年春天，周王曆正月，齊國人強遷陽國的人民。（無傳）

㈡ 傳 二年春，虢公敗犬戎①于渭汭②。舟之僑③曰：「無德而祿，殃也，殃將至矣④！」遂奔晉。

【今註】㊀犬戎：據穆天子傳說「犬戎胡觴天子于雷首之阿。」雷首山在今山西省永濟縣。㊁渭汭：是渭水入河的地方，在今陝西省華陰縣。㊂舟之僑：是虢大夫。㊃無德而祿，殃也，殃將至矣：沒有德性而得到好處，這是一種禍害，禍害也將來。

【今譯】二年春天，虢公在渭水流入黃河的地方打敗犬戎。舟之僑說：「沒有德性而得到好處，這是一種禍害。禍害將要到來了吧！」於是就逃奔到晉國。

(三) 經 夏五月乙酉，吉禘于莊公。

傳 夏，吉禘①於莊公，速也②。

【今註】 ㈠吉禘：將新近死者的牌位藏于廟中，將遠祖遷于祧廟，以審別昭、穆，是為吉禘。㈡速也：太快。

【今譯】 夏天，舉行禘祭，把莊公的主放在廟中。這件事做得太早了。

(四) 經 秋八月辛丑，公薨。

經 九月夫人姜氏孫于邾。

經 公子慶父出奔莒。

傳 初，公傅①奪卜齮②田，公不禁③。秋，八月辛丑，共仲④使卜齮賊公于武闈⑤。成季以僖公⑥適邾，共仲奔莒，乃入立之⑦，以賂求共仲于莒，莒人歸之，及密⑧，使公子魚⑨請⑩，不許⑪，哭而往。共仲曰：「奚斯之聲也。」乃縊。閔公，哀姜之娣叔姜之子⑫也，故齊人立之，共仲通於哀姜⑬，哀姜欲立之，閔公之死也，哀姜與知之⑭，故孫于邾⑮，齊人取而殺之于夷⑯，以其尸歸⑰，僖公請而葬之。

【今註】㊀公傅：是閔公的師傅。㊁卜齮：是魯大夫。齮音ㄧˇ。㊂公不禁：閔公不加以禁止他的師傅。㊃共仲：共音同恭。是公子慶父的謚號。㊄賊公于武闈：武闈是宮中小門的名字。賊公是指刺殺閔公。㊅僖公：是閔公庶兄，成風所生的兒子。㊆乃入立之：成季就回到魯都城，而立僖公。㊇密：魯地。水經注「沂水南逕東安縣故城東而南，合時密水，水出時密山，莒人歸共仲於魯及密而死，是也。」㊈公子魚：即是奚斯。㊉請：是請求不死。⑪不許：不應允他的要求。⑫哀姜之娣叔姜之子：哀姜的妹妹叔姜所生的兒子。⑬共仲通於哀姜：共仲與哀姜通姦。⑭與知之：與音同預。事先知道這件事。⑮孫于邾：孫音遜。指逃亡到邾國。⑯夷：杜註只說魯地。⑰以其尸歸：齊國把他的尸首運回都城。

【今譯】起初，閔公的師傅強奪卜齮的田地，閔公不加以禁止。今年秋天八月，辛丑，共仲派卜齮刺殺閔公於武闈。成季帶著僖公到邾國，後來，共仲逃奔到莒國，成季就回到魯國都城，立僖公為國君。然後，用賄賂要求莒國送共仲回魯國。莒人就把他送回。當他到達密地，他派公子魚去請求允許他不死，沒有准許他的要求，公子魚就哭著去回覆，共仲聽到了說：「那是奚斯的哭聲。」於是就自縊而死。閔公是哀姜的妹妹叔姜所生的兒子，所以齊國人支持他立為國君。共仲和哀姜通姦，所以哀姜想要立共仲為國君。閔公的死，哀姜事先知道，所以她逃亡到邾國。齊國人把她捉住，在夷的地方殺死，帶著她的尸首而回。僖公請求把尸首送到魯國都城，把她安葬。

㈤ 傳 成季之將生也，桓公使卜楚丘①之父卜之。曰：「男也，其名曰友②，在公之右③，間于兩社④，為公室輔，季氏亡則魯不昌⑤。」又筮之，遇大有䷍之乾䷀⑥曰：「同復于父，敬如君所⑦。」及生有文⑧在其手，曰友，遂以命之⑨。

【今註】㈠卜楚丘：魯掌卜大夫。㈡其名曰友：他名字叫友。㈢在公之右：言他的政權比君還高。㈣間于兩社：兩社指著周社與亳社，在兩社的中間是當政所在。㈤季氏亡則魯不昌：季氏要是不存在，則魯國就不發達。㈥大有䷍之乾䷀，大有在上面變成乾卦。㈦同復于父，敬如君所：他被別人恭敬如同君一樣。㈧有文：文同紋。手掌中有紋路。㈨遂以命之：遂以友為他的名字。

【今譯】成季將要出生的時候，魯桓公派掌卜大夫楚丘的父親占卜，他說：「將會生個男孩，他的名字叫做友。他的地位將在公的右邊，在周社和亳社之間，做公室的輔佐。季氏若是滅亡，那麼魯國也將不昌隆。」又用草筮這件事，遇到大有䷍變到乾䷀的卦，就說：「他將同他的父親一樣有名，別人尊敬他如同國君一樣。」等到他出生了，手中有「友」字的紋路，就用友命名。

㈥ 經 冬，齊高子①來盟。

【今註】㈠齊高子：為齊大夫高傒。有經無傳。

【今譯】冬天，齊國的大夫高子來會盟。（無傳）

㈦

經　十有二月，狄入衛。

傳　冬十二月，狄人伐衛。衛懿公①好鶴，鶴有乘軒者②。將戰，國人受甲者③皆曰：「使鶴。鶴實有祿位④，余焉能戰？」公與石祁子⑤玦⑥，與寧莊子⑦矢，使守，曰：「以此贊國，擇利而為之⑧。」與夫人繡衣，曰：「聽於二子⑨。」渠孔⑩御戎，子伯⑪為右，黃夷前驅⑫，孔嬰齊殿⑬，及狄人戰于熒澤⑭。衛師敗績，遂滅衛，衛侯不去其旗⑮，是以甚敗⑯，狄人囚史華龍滑與禮孔⑰，以逐衛人。二人曰：「我大史⑱也，實掌其祭⑲，不先，國不可得也⑳。」乃先之㉑。至則告守曰：「不可待也㉒。」夜與國人㉓出。狄入衛，遂從之㉔，又敗諸河㉕。初，惠公㉖之即位也少㉗，齊人使昭伯㉘烝於宣姜㉙，不可㉚，強之㉛，生齊子㉜，戴公㉝，文公㉞，宋桓夫人㉟，許穆夫人㊱。文公為衛之多患也㊲，先適齊。及敗，宋桓公逆諸河

㊳，宵濟㊴。衛之遺民男女七百有三十人，益之以共滕之民㊵為五千人，立戴公以廬于曹㊶。許穆夫人賦載馳㊷。齊侯㊸使公子無虧㊹帥車三百乘，甲士三千人，以戍曹㊺。歸公乘馬㊻，祭服五稱㊼，牛羊豕雞狗皆三百，與門材㊽。歸夫人魚軒㊾，重錦三十兩㊿。

【今註】㊀衛懿公：是惠公朔的兒子。㊁鶴有乘軒者：軒是大夫所乘的車。鶴能夠乘軒，等於有大夫的資格。㊂國人受甲者：在打仗時，衛君必要授戰士甲冑。㊃鶴實有祿位：鶴實在有資格，所以他乘軒等於大夫。㊄石祁子：衛大夫。㊅玦：讀如決。玉佩而比環多一個缺口。㊆寧莊子：是衛大夫寧速。㊇以此贊國，擇利而為之：衛侯給他們兩件東西，是為的使他們倆個幫助國家，選擇有利的事來做。㊈二子：指石祁子與寧莊子。㊉渠孔：衛大夫。⑪子伯：衛大夫。⑫黃夷前驅：黃夷是衛大夫。前驅是以車開道。⑬孔嬰齊殿：孔嬰齊是衛大夫，殿是殿後。⑭熒澤：在河南省的黃河以北。據春秋左傳彙纂說「與新鄭旁之熒澤不同。」⑮衛侯不去其旗：古人旗上必有其特別的標幟，因為衛侯不去掉他的旗幟，故敵人認為是攻擊的中心。⑯是以甚敗：所以敗得很厲害。⑰華龍滑與禮孔：二人皆為衛國太史。⑱大史：大音泰。⑲實掌其祭：實在管理他祖先的祭祀。⑳不先，國不可得也：要我不在前面走，就不能得到衛國的都城。㉑乃先之：乃使他在敵人前面走。㉒不可待也：不可再等待。㉓國人：春秋時所說的國人是指的貴族。㉔遂從之：就追趕衛國的貴族。㉕又敗諸河：又在河邊上將衛人打敗。㉖惠公：懿公的父親。㉗即位也少：惠公即位的時候，大約是十五、六歲，故曰少。㉘昭伯：是惠公的庶兄。㉙烝於宣姜：宣姜是宣公為急子所娶的夫人，而後來自娶的齊女。㉚不可：昭伯不願意。㉛強之：齊國人強迫昭伯。㉜生齊子：沒做衛君，就已死。㉝戴公：是齊子之弟。㉞文公：是在戴公以後的衛君。㉟宋桓夫人：是宋桓公御說的夫人。㊱許穆夫人：是許穆公新臣的夫人。㊲文公為衛之多患：因為怕衛國多外患。㊳逆諸河：在河邊上迎接衛國的敗軍。㊴宵濟：因為衛國人恐怕敵人的窺探，所以夜裡渡河。㊵益之以共滕之民：共是河北的小國。共及滕皆是衛的別支。增加共滕的人民。㊶曹：在楚丘的左近。在今河南省滑縣南二十里白馬城。㊷載馳：見於現在的詩經鄘風中。㊸齊侯：指齊桓公。㊹公子無虧：是齊桓公的庶出長子武孟。㊺戍曹：派軍隊來戍守曹地的衛。㊻歸公乘馬：歸是贈遺。贈遺給衛戴公駕車的馬四匹。㊼祭服五稱：衣單同夾的皆完備名曰稱，就等於一套。此指祭祀穿的衣服五套。㊽與門材：造作門戶的材料。㊾歸夫人魚軒：夫人是戴公夫人。魚軒是以魚皮來做裝飾的車。此句謂贈遺戴公夫人用魚皮裝飾的車。㊿重錦三十兩：熟細的錦為重錦，三十兩即三十匹，因古人稱錦一匹為一兩。

【今譯】冬天，十二月，狄人攻伐衛國。衛懿公喜好鶴，他的鶴坐太夫所乘的車子。將要應戰的時候，國人接受甲冑的，都說：「派鶴去吧！鶴實在享有祿位，我們怎能作戰呢？」衛懿公把玦給石祁子，把箭給寧莊子，要他們防守國都說：「用這兩樣東西來幫助處理國事，選擇有利的去做。」把繡衣給他的夫人，說：「聽從這兩人的決定。」然後，出發去作戰。渠孔為懿公駕戎車，子伯做車右，黃夷做前驅，孔嬰齊殿後。和狄人戰於熒澤，衛國軍隊全軍覆滅，於是狄人滅了衛國。衛侯不肯去掉他的旗幟，狄人因此有了攻擊的目標，所以衛國軍隊大敗。狄人囚住太史華龍滑和禮孔，帶著他們兩人追逐衛國人，他們兩人說：「我們兩人是太史，實在掌管衛國的祭祀，若不讓我們走在前面，就不能得到衛國。」就讓他們先走。到了衛國都城，就告訴防守的人說：「不可以等待觀望了。」那天夜裏，石祁子和寧莊子就與衛國的貴族離開都城。狄人進入衛都，又追趕已經逃離都城的衛國貴族，把他們打敗於黃河岸邊。起初，衛國惠公即位時年紀還小，齊國人叫昭伯與宣姜發生關係，昭伯不肯，齊國人就強迫他，生了齊子、戴公、文公、宋桓夫人，及許穆夫人。文公為了衛國多禍患，在狄人侵衛以前就到齊國去。等到這次衛國戰敗，宋桓公在河岸迎接衛國殘餘的軍民，在夜裏渡河。衛國的遺民，男女共有七百三十人，加上共國及滕國的人民，共為五千人，擁立戴公住在曹地的廬舍中。許穆夫人為此賦了載馳的詩篇。齊桓公派公子無虧率領兵車三百乘，披甲的戰士三千人，以戍守曹地。贈送戴公駕車的馬四匹，祭祀穿的衣服五套，牛、羊、豕、雞、狗每一種都三百隻，以及修造門戶的材料。贈送戴公夫人用魚皮裝飾的車子，以及熟細的錦三十匹。

(八) 經 鄭棄其師。

傳 鄭人惡高克①，使帥師次于河上②，久而弗召，師潰而歸③，高克奔陳，鄭人為之賦清人④。

【今註】 ㊀高克：是鄭大夫。㊁次于河上：駐軍在河邊上。㊂師潰而歸：軍隊就潰亂而逃回鄭。㊃清人：詩經鄭風清人篇。

【今譯】 鄭國人厭惡大夫高克，派他率領軍隊駐紮在河邊上，時間很久而不召他回來，軍隊就潰散而逃回鄭國，高克逃奔到陳國，鄭國人為他賦了清人的詩篇。

(九)

傳 晉侯①使大子申生伐東山皋落氏②。里克③諫曰：「大子奉冢祀社稷之粢盛④，以朝夕視君膳⑤者也。故曰冢子⑥。君行則守，有守則從⑦。從曰撫軍⑧，守曰監國⑨，古之制也。夫帥師，專行謀⑩，誓軍旅⑪，君與國政之所圖⑫也，非大子之事也。師在制命而已⑬。稟命則不威⑭，專命則不孝⑮。故君之嗣適，不可以帥師。君失其官⑯，帥師不威⑰，將焉用之⑱？且臣聞皋落氏將戰，君其舍之⑲？」公曰：「寡人有子，未知其誰立焉⑳。」不對而退。見大子。大子曰：「吾其廢乎㉑？」

對曰：「告之以臨民㉒，教之以軍旅㉓，不共是懼㉔，何故廢乎？且子懼不孝，無懼弗得立。修己而不責人㉕，則免於難。」大子帥師，公衣之偏衣㉖，佩之金玦㉗。狐突㉘御戎，先友㉙為右，梁餘子養御罕夷㉚，先丹木㉛為右，羊舌大夫㉜為尉㉝。先友曰：「衣身之偏㉞，握兵之要㉟，在此行也，子其勉之。偏躬無慝㊱，兵要遠災㊲，親以無災㊳又何患焉㊴？」狐突歎曰：「時，事之徵也㊵；衣，身之章也㊶；佩，衷之旗也㊷。故敬其事則命以始，服其身則衣之純㊸，用其衷則佩之度㊹。今命以時卒，閟其事也㊺；衣之尨服，遠其躬也㊻；佩以金玦，弃其衷也㊼。服以遠之，時以閟之，尨涼冬殺，金寒玦離㊽，胡可恃也㊾！雖欲勉之，狄可盡乎㊿？」梁餘子養曰：「帥師者受命於廟，受脤於社51，有常服矣。不獲而尨52，命可知也53。死而不孝，不如逃之。」罕夷曰：「尨奇無常54，金玦不復55，雖復何為，君有心矣56。」先丹木曰：「是服也，狂夫阻之57，曰盡敵而反58，敵可盡乎？雖盡敵，猶有內讒59，不如違之(60)。」狐突欲行。羊舌大夫曰：「不可。違命不孝，弃事不忠。雖知其寒，惡不可取(61)。子其死之(62)！」大子將戰，狐突諫曰：「不可。昔辛伯諗周桓公云：『內寵並后，外寵二政，嬖子配適，大都耦國，亂之本也(63)。』周公弗從，故及於難。今亂本成矣(64)，立可必乎(65)？孝而安民(66)，子其圖之，與其危身以速罪也(67)。」

【今註】㈠晉侯：晉獻公。㈡東山皋落氏：赤狄的別種，皋是他的部族名稱，在今山西省樂平縣東七十里有皋落山。㈢里克：晉大夫。㈣大子奉冢祀社稷之粢盛：大音泰，上同。冢祀指祭祖先，社稷指祭社稷。太子是主持祭祀祖先及社稷者。㈤朝夕視君膳：禮記內則說文王有視其父膳饈的禮節。㈥冢子：是表示與旁的普通兒子不同。㈦君行則守，有守則從：君出國則留守國都，要有人守國則從君出國。㈧撫軍：從君出國率領軍隊則名曰撫軍。㈨監國：監理國家的政治。㈩帥師，專行謀：率領軍隊，就專門管軍隊的進退同謀算軍事。⑪誓軍旅：命令軍隊。⑫君與國政之所圖：這是君同正卿所圖謀的。國政即正卿。⑬師在制命而已：軍隊的責任在專制命令罷了。⑭稟命則不威：太子要去問君的命令，就不威風。⑮專命則不孝：要不請示君的命令，他就是不孝順。⑯君失其官：君用的官職不對。⑰帥師不威：太子率領軍隊沒有威嚴。⑱將焉用之：焉等於安。將何能用他？⑲

君其舍之：那麼你就舍了太子。⑳未知其誰立焉：我尚不知道要立誰為君。㉑吾其廢乎：我是否將被廢。㉒告之以臨民：因為太子居曲沃，這是教給他管理人民。㉓教之以軍旅：因為太子統率下軍，等於教給他管理軍隊的事情。㉔不共是懼：只怕不能勝任。㉕修己而不責人：整修自己而不責備旁人。㉖偏衣：是左右不同顏色的衣服，而一半頗似君的衣服。㉗金玦：用金質做的玦，玦是如環而不相連。㉘狐突：晉大夫，為文公重耳的外祖父。㉙先友：晉大夫。㉚梁餘子養御罕夷：罕夷是晉下軍的卿。梁餘子養為罕夷駕車。㉛先丹木：晉大夫。㉜羊舌大夫：晉大夫。㉝為尉：任軍尉。㉞衣身之偏：穿君的半邊衣服。㉟握兵之要：謂統率上軍。㊱偏躬無慝：有君的半身，這不是惡意。慝音ㄊㄜˋ。㊲兵要遠災：掌握兵權必能遠離災害。㊳親以無災：又能與君親近，又無災害。㊴又何患焉：那有什麼可怕的？㊵時，事之徵也：時間就是事情的現象。㊶衣，身之章也：衣服所以表章貴賤。㊷佩，衷之旗也：所佩的物，是表現藏於中心的思想。㊸服其身則衣之純：給他穿衣服，必定是穿純身的衣服。㊹用其衷則佩之度：用他的中心，就必須給他應當合法的東西佩帶。㊺今命以時卒，閟其事也：因為命令是在十二月下的，可見是在閟盡的時候。㊻衣之尨服，遠其躬也：尨音忙。給他穿雜色的衣服，使與太子的身份不合。㊼佩以金玦，弃其衷也：用金玦來佩帶，是不合於他的身份。㊽尨涼冬殺，金寒玦離：尨雜就是涼薄，十二月就有肅殺的意思。金屬於秋天，其性寒，玦不如環，所以說離。㊾胡可恃也：尚有什麼可依靠的。㊿雖欲勉之，狄可盡乎：這是回答先友的話，就是雖然勉力作戰，狄人如此多，還可殺盡嗎？(51)帥師者受命於廟，受脤於社：

率領軍隊的人先在祖廟接受命令，受祭肉於祭社稷的時候。(五二)不獲而尨：不能夠穿這種常服，而穿上雜色的衣服。(五三)命可知也：命運由此可以知道。(五四)尨奇無常：雜色奇怪非常的衣服。(五五)金玦不復：是表示不讓太子回來的意思。(五六)雖復何為，君有心矣：就是回來又有什麼用，君已經另有心處理。(五七)是服也，狂夫阻之：這種衣服，就是遇到瘋狂的人也會加以攔阻。(五八)盡敵而反：這是獻公的話。說消滅敵人就回來。(五九)雖盡敵，猶有內讒：雖然殺盡敵人，內部仍然會有譭謗的話。(六〇)不如違之：違是去。此謂不如躲開，有不要打仗的意思。(六一)雖知其寒，惡不可取：雖然知道他的寒薄，但是不忠不孝的惡名，不可取得。(六二)子其死之：你就盡力戰死。(六三)內寵並后，外寵二政，嬖子配適，大都耦國，亂之本也：內寵並后是指著驪姬得寵與君夫人相同。外寵二政是指著二五相連，所以政令旁分。嬖子配適是指著奚齊得寵，地位等於太子。大都耦國是指太子居於曲沃，曲沃與國都相等，這些全與辛伯諫周公的話相同，所以說禍亂已經將成。(六四)今亂本成矣：現在亂的事實已經將成功。(六五)立可必乎：準能立為君嗎？(六六)孝而安民：孝順父親而又安定人民。(六七)與其危身以速罪也：指危害自身而招來禍害，不如孝而能安民。

【今譯】　晉獻公派太子申生征伐東山皋落氏。里克進諫說：「太子是主持祭祀祖先和社稷，朝夕省視國君膳饈的人，所以又叫做塚子。國君有事出國，就由太子留守國都。有人留守，太子就要隨從國君出國。隨從出國，叫做撫軍，留守國都，叫做監國。這是古時的制度。那率領軍隊的事，是要專於謀劃軍事，宣佈軍隊的號令，是國君和正卿所圖謀的，不是太子的事。軍隊的責任只是在於制定軍令罷了，假如太子要去稟從命令，那麼他就不能顯出威風；他要專制命令，那麼就成為不孝，所以國君的嫡傳繼承人，不可以率領軍隊。國君任官既已失誤，率領軍隊的人又沒有威風，這怎麼能用他呢？並且我聽說皋落氏將要力戰，你就捨了太子吧！」獻公說：「我有幾個兒子，還不知道要立誰呢？」里克沒有回答就退出了。他去見太子，太子說：「我將被廢立的吧？」回答說：「既然教你管理人民，又教你管理軍隊，只怕你不能勝任。用什麼理由廢你呢？並且做兒子的人只怕不孝，不怕不能得立，脩整自己而不責備他人，就能夠免於禍難。」太子率領軍隊，獻公給他穿的衣服左右顏色不同，而一半類似獻公自己的衣服，給他佩帶金的玦。由孤突為太子駕戎車，先友為車右。梁餘子養為罕夷駕戎車，先丹木為車右，羊舌大夫為軍尉。先友說：「穿了國君半邊的衣服，掌握了帶兵的大權，一切就在這一次了，你要勉力去做。有了君的半身，這不是惡意，掌握了兵權，可以遠離災害。親於國君，遠離災害，又有什麼患害呢？」狐突歎息說：「時間就是事情的徵象，衣服就是身份的表章，佩帶的物品就是表現心中的思想，所以要他敬慎的做一件事，就要在時序開始時下命令。表章他的身份的衣服，就必然用純色。表現他心中的意思，就要佩帶得合度。現在在時序結束時下命令，正是阻止他敬慎完成任務。給他穿雜色的衣服，使他與太子的身份不合。給他佩帶金玦，使他背棄自己的中心思想。用服裝來疏遠他，時間來禁阻他，龐雜就是薄涼，隆冬的十二月就表示肅殺之意，金子性寒，玦暗示分離，還有什麼可以依恃呢？雖然要勉力，狄人可以盡滅嗎？」梁餘子養說：「率領軍隊的人，要在宗廟接受任命，在祭社稷的時候接受祭肉，並且有一定的常服。既不能得穿常服，而穿雜色的衣服，命運如何由此可以知道了。死而蒙不孝的惡名，不如逃走。」罕夷說：「雜色奇異而非常的衣服，金玦表示不讓太子復回，雖然回去了又有什麼作為呢？國君已經別有存心。」先丹木說：「這樣的衣服，雖是發狂的人也能有所懷疑。若是說要盡滅敵人然後回國，敵人可以殺盡嗎？縱然殺盡了敵人，也還有內部的讒言，不如躲開。」狐突想要離去，羊舌大夫說：「不可以逃避。違背君父的命令是不孝的，拋棄任務是不忠的。雖然知道他的寒薄，也不可以輕取惡名。你就盡力戰死吧！」太子將要出戰，狐突勸諫說：「不可。從前辛伯告訴周桓公說：『內寵與王后並立，外寵旁分政事，得寵的兒子，地位等於太子，大的都邑與國都相等，這些都是亂事的本源。』周桓公沒有聽從辛伯的話，所以遭遇了災難。現在亂事的本源都已經形成了，你準定能被立為君嗎？與其危害自身而加速招來禍害，不如盡力孝順以安定人民，你且好好考慮吧！」

㈩傳 成風①聞成季之繇②，乃事之③，而屬僖公焉④，故成季立之⑤。

【今註】㈠成風：是莊公的妾，僖公的母親。㈡繇：音同晝。為卦兆的占辭。㈢乃事之：就事奉他。㈣而屬僖公焉：並且將僖公託付給他。屬音主。㈤故成季立之：所以季友立他為君。

【今譯】成風聽了成季卦兆的占辭，就尊重他，凡事聽他的意見，並且把僖公託付給他。所以成季立僖公為國君。

(十一) 傳 僖之元年①，齊桓公遷邢於夷儀②。二年封衛于楚丘③，邢遷如歸④，衛國忘亡⑤。

【今註】㊀僖之元年：這一段證明我所謂左氏春秋與孔子所修的春秋是兩部書，詳細情形已見序中。㊁夷儀：在今河北省邢台縣西有夷儀城。㊂楚丘：在今河北省滑縣東六十里。㊃邢遷如歸：邢遷都等於回家。㊄衛國忘亡：衛國忘記了他的亡國。

【今譯】僖公的元年，齊桓公把邢國都城遷到夷儀。二年，建立衛國於楚丘。邢國遷都如同回到家園，衛國重建忘記他的亡國。

(十二) 傳 衛文公①大布之衣②，大帛之冠③，務材訓農④，通商惠工⑤，敬教勸學⑥，授方任能⑦。元年⑧，革車三十乘⑨，季年⑩，乃三百乘⑪。

【今註】㊀衛文公：文公是戴公的弟弟，戴公卒於此年。㊁大布之衣：用粗布做的衣裳。㊂大帛之冠：是厚綢子做的帽子。㊃務材訓農：務必種植林木，並且訓練百姓努力農業。㊄通商惠工：使商業往來，並且加惠於百工。㊅敬教勸學：敬事教育，並勸人民努力學問。㊆授方任能：教授百事的相宜，任用有才能的人。㊇元年：是指衛文公元年，即這一年。㊈革車三十乘：指牛革包的車子只有三十兩。⑩季年：即文公的最末一年，等於魯僖公的二十五年。⑪乃三百乘：於是增加到三百輛，有十倍的車輛。

【今譯】衛文公用粗布做衣裳，用厚綢做帽子，努力種植林木，並且訓練百姓努力農業，流通商業，加惠百工，敬事教育，勸導學業，傳授百事的方法，任用賢能的官員。在他即位的第一年，只有革車三十輛，到他的最後一年，就增加到三百輛。

卷六　僖公上

僖公元年

【今註】名申，莊公的庶子，閔公的哥哥，他的母親是成風。根據謚法小心畏忌曰僖。

(一)經 元年（公元前六百五十九年）春王正月。

傳 元年春，不稱即位①，公出故也②。公出復入不書，諱之也③。諱國惡④，禮也。

【今註】㈠不稱即位：不將即位寫在春秋上。㈡公出故也：因為僖公不在國都的原故。㈢諱之也：辟諱，所以不寫。㈣諱國惡：避諱國家的壞事情。

【今譯】元年，春，不記載僖公即位，因為僖公不在國都的緣故。僖公離開國都以後又回來，也沒有記載，這是諱避不寫。諱避國家的壞事情是合禮的。

(二)經 齊師，宋師，曹師次于聶北救邢。

傳 諸侯救邢，邢人潰，出奔師①。師遂逐狄人②具邢器用而遷之，師無私焉③。

【今註】㈠出奔師：師是指駐於聶北諸侯的軍隊。邢人逃到聶北諸侯的軍隊中。㈡遂逐狄人：諸侯的軍隊於是追逐狄人。㈢師無私焉：諸侯的軍隊並沒有私取邢人的物件。

【今譯】諸侯的軍隊去援救邢國，邢國人潰敗，逃奔到諸侯的軍隊中，諸侯的軍隊於是驅逐狄人，收拾邢國的器用而幫助邢國人遷都。諸侯的軍隊沒有私取邢國的器用。

㈢經 夏六月，邢遷夷儀。齊師，宋師，曹師城邢。

傳 夏，遷邢于夷儀①，諸侯城之救患也②，凡侯伯救患，分災，討罪③，禮也。

【今註】㈠夷儀：在今河北省邢台縣西夷儀城。㈡諸侯城之救患也：各諸侯全給他修建城池，救邢國的患難。㈢救患，分災，討罪：救患難，分邢國的災難，討敵人的侵犯。

【今譯】夏天，邢國遷到夷儀。諸侯的軍隊幫助修築城池，救助邢國的患難。凡是侯伯，救助患難，分擔災難，討伐有罪的國家，都是合於禮的。

㈣經 秋七月戊辰，夫人姜氏薨于夷①，齊人以歸②。

【今註】㊀夷：杜預注是魯地。㊁齊人以歸：齊國把她的屍首還給魯國。傳在閔公二年。

【今譯】秋天，七月戊辰，莊公的夫人姜氏在夷逝世。齊國人把她的屍首歸還魯國。（傳在閔公二年）

(五)經 楚人伐鄭。

經 八月，公會齊侯，宋公，鄭伯，曹伯邾人于檉。

傳 秋，楚人伐鄭①，鄭即齊故也②。盟於犖③，謀救鄭也。

【今註】㊀楚人伐鄭：由此經起，始改稱荊為楚。㊁鄭即齊故也：是鄭與齊聯合的原故。㊂犖：音洛，就是經所謂的檉。在今河南省淮陽縣境。水經注名為澇城。

【今譯】秋天，楚國人攻伐鄭國，因為鄭國聯合齊國的緣故。魯僖公會盟齊侯、宋公、鄭伯、曹伯以及邾人於犖，為了謀劃救鄭。

(六)經 九月，公敗邾師于偃。

傳 九月，公敗邾師于偃①，虛丘之戍將歸者也②。

【今註】㊀偃：在今山東省費縣南。㊁虛丘之戍將歸者也：虛丘杜注稱為邾地，但服虔注則稱為魯地。在今山東省費縣界。此句指在虛丘戍守邾國軍隊，將回邾而為魯師所敗。

【今譯】九月，魯僖公在偃把邾國軍隊打敗，打敗的是戍守虛丘將要回國的邾國軍隊。

(七)經 冬十月壬午，公子友帥師敗莒師於酈，獲莒拏。

傳 冬，莒人來求賂①，公子友敗諸酈②，獲莒子之弟拏③，非卿也，嘉獲之也④。公賜季友汶陽之田⑤及費⑥。

【今註】㈠來求賂：求還慶父的賄賂。㈡酈：魯地。㈢拏：音同拿。是莒子兄弟的名字。㈣非卿也，嘉獲之也：普通是有關於卿的事情，就寫在春秋上，他不是卿，就因為魯國歡喜逮獲他，所以才加以記載。㈤汶陽之田：汶陽田在汶水以北，據水經注說：蛇水「逕汶陽之田、齊所侵也」。在今山東省寧陽縣境。㈥費：音秘。在今山東省費縣。

【今譯】冬天，莒國人來要求賄賂作為送慶父回魯國的代價。公子友把莒國人敗於酈，捉獲莒子的弟弟拏，他不是卿，本來不必記載，但魯國因為嘉許季友逮獲他，所以記載下來。僖公賜給季友汶水以北的田以及費邑。

(八)經 十有二月，丁巳，夫人氏之喪至自齊。

傳 夫人氏之喪至自齊，君子以齊人之①殺哀姜也，為已甚矣②！女子從人者也③。

【今註】㊀之：按石經宋本、淳熙本、岳本，足利本人下有之字，即四庫叢刊影宋本，而十三經注疏本無之字。㊁為已甚矣：是太厲害了吧！㊂女子從人者也：女子嫁了以後就隨從夫家。

【今譯】莊公夫人姜氏的喪柩從齊國來到魯國。君子以為齊國的人殺哀姜，是太過份了。女子既嫁就聽從夫家的處置。

僖公二年

(一)經 二年（公元前六百五十八年）春王正月，城楚丘。

傳 二年春，諸侯城楚丘，而封衛焉①，不書所會後也②。

【今註】㊀而封衛焉：因為衛懿公死，衛國又被敵人所滅，所以說等於重封衛國。㊁不書所會後也：不寫在春秋上，因為魯國到會過遲的原故。

【今譯】二年春天，諸侯修築楚丘的城池，而重封衛國。沒有記載會盟的事。因為魯國到會過遲的緣故。

(二)經 夏五月，辛巳，葬我小君哀姜。

【今註】有經無傳。

【今譯】夏天，五月辛巳，安葬我魯國的小君哀姜。（無傳）

(三) 經 虞師，晉師滅下陽。

傳 晉荀息①請以屈產之乘②與垂棘之璧③，假道④於虞以伐虢。公曰：「是吾寶也⑤。」對曰：「若得道於虞，猶外府也⑥。」公曰：「宮之奇存焉⑦。」對曰：「宮之奇之為人也，懦而不能強諫⑧。且少長於君⑨，君暱之⑩，雖諫，將不聽。」乃使荀息假道於虞，曰：「冀⑪為不道，入自顛軨⑫，伐鄍⑬三門。冀之既病，則亦唯君故⑭。今虢為不道，保於逆旅⑮，以侵敝邑之南鄙⑯，敢請假道，以請罪于虢⑰。」虞公許之，且請先伐虢。宮之奇諫，不聽，遂起師⑱。夏，晉里克，荀息帥師會虞師伐虢，滅下陽⑲。先書虞，賄故也⑳。

【今註】㈠荀息：晉大夫。㈡屈產之乘：在左傳及穀梁傳注皆以為是屈邑所產的馬，惟獨公羊傳何休注說屈產是地名，為山西出名馬的地方。今山西省石樓縣東南四里有屈產泉。㈢垂棘之璧：垂棘是地名，為垂棘所出的美玉，但垂棘今地名不詳。㈣假道：虞國在晉國、虢國之間。古時路過旁的國，先商請假道。㈤是吾寶也：這是晉國的寶物。㈥若得道於虞，猶外府也：要能在虞國假道，則虞國等於晉國的外府。外府所藏亦等於是晉國物件，可隨時取用。㈦宮之奇存焉：宮之奇是虞大夫。存焉是仍舊在。㈧懦而不能強諫：性情很懦弱，而又不能強力來諫諍。㈨少長於君：自幼年起就長於公的宮中。㈩君暱之：暱音逆。虞君很親暱他。㈡冀：國名，為晉所滅。在今山西省河津縣東北十五里有冀亭。㈢顛軨：在今山西省平陸縣東北七十里有顛軨坂，亦見水經注。軨音ㄌㄧㄥˊ㈢伐鄍：鄍是虞邑，在今山西省平陸縣東北二十五里。㈣冀之既病，則亦唯君故：冀國的衰弱，就是因為你的緣故，他恭維虞國，意在假道。㈤保於逆旅：逆旅是客棧。現在虢人佔據各種客棧，以寇晉國的邊邑。㈥南鄙：是晉國南方的邊邑。㈦請罪于虢：詢問晉國對虢國有什麼罪狀。㈧遂起師：就發軍隊。㈨滅下陽：下陽是虢邑，在山西省平陸縣東北二十里。㈢先書虞賄故也：今春秋上寫的虞在晉以前，就是因為虞國得到晉國的賄賂。

【今譯】　晉國的大夫荀息請求用屈產所出的名馬，以及垂棘所出的美玉，向虞國借路去攻伐虢國。晉獻公說：「這是晉國的寶物呀！」荀息回答說：「若是能夠得到虞國的道路，虞國就等於晉國的外府。寶物藏在外府，等於是藏在晉國。」獻公說：「他們還有宮之奇在呢？」回答說：「宮之奇這個人，性情懦弱而不能強力諍諫他的國君，並且從小就和虞國國君一起生長宮中，虞君對他很親暱，他雖諫勸，必定不會聽從。」於是派荀息向虞國假道，說：「從前冀國不守正道，從顛軨入侵你們虞國，進攻鄍邑的三門。冀國的衰弱，就是因為有你的緣故。現在虢國不守正道，派軍隊佔據了客棧，以侵略我國南邊的邊境，敢請向你借條過路，以便向虢國請問晉國有什麼罪狀。」虞公允許了，並且請求由他先去討伐虢國。宮之奇諍諫，虞公不聽。就發動軍隊。夏天，晉國的大夫里克和荀息，率領軍隊會合虞國軍隊去攻伐虢國，滅了下陽。經上先寫虞師，因為他接受賄賂的緣故。

㈣經　秋九月，齊侯，宋公，江人，黃人盟于貫。

傳　秋，盟于貫①，服江黃也②。

【今註】㈠貫：貫一作貰：宋地，在今山東省曹縣西南十里蒙澤故城，即古貰國。㈡服江黃也：江國在今河南新息縣西南八十里。江國與黃國本來是服從楚國的，現在開始服從齊國。

【今譯】秋天，會盟于貫。說服江國與黃國親向齊國。

㈤經　齊寺人貂①，始漏師于多魚②。

【今註】㈠寺人貂：寺人即太監，貂是他的名字。㈡始漏師于多魚：始漏師是指開始泄漏軍隊的計劃。多魚，必是齊地，杜注地名缺其處。

【今譯】齊國的太監貂，開始在多魚洩漏齊桓公的軍事機密。

㈥經　虢公敗戎于桑田①，晉卜偃②曰：「虢必亡矣！亡下陽不懼，而又有功，是天奪之鑒③，而益其疾也④。必易晉⑤而不撫其民矣！不可以五稔⑥。」

【今註】㊀桑田：虢田，在今河南省靈寶縣二十五里稱桑驛。㊁卜偃：晉大夫。㊂是天奪之鑒：鑒是銅鏡子，所用以自照形狀。此指天把鏡子奪掉，使不能用以自照。㊃益其疾也：更增加他的疾病。㊄必易晉：必定輕視晉國。㊅不可以五稔：虢國的亡必不能過五年。

【今譯】虢公把戎人打敗於桑田。晉國卜偃說：「虢國必定要亡國了。失去了下陽不加以戒懼，反而又有了戰功，這是天把他的鏡子奪掉，使他不能自照而知警戒，加重他的弱點。他必定輕視晉國，因而不安撫他的人民。不超過五年，虢國必會亡國。」

(七)經　冬十月不雨①。

【今註】㊀冬十月不雨：傳見僖公三年。

【今譯】冬天，十月，沒有下雨。（傳見僖公三年）

(八)經　楚人侵鄭。

傳　冬，楚人伐鄭，鬬章①囚鄭聃伯②。

【今註】㊀鬬章：楚大夫。㊁聃伯：聃音ㄋㄢˊ。聃原是文王子聃季的封國，後來為鄭國所滅。聃伯是鄭大夫。

【今譯】冬天，楚國人攻伐鄭國。鬬章俘獲鄭國大夫聃伯。

僖公三年

(一)經　三年（公元前六百五十七年）春王正月，不雨，夏四月不雨。

傳　三年春，不雨。夏六月雨①。自十月不雨至于五月②，不曰旱不為災也③。

【今註】㊀夏六月雨：經作夏四月不雨。石經則將六月作四月。㊁自十月不雨至于五月：十月不雨見於僖公二年的經。㊂不曰旱不為災也：不寫在竹簡上說旱，是因為未造成災害的緣故。

【今譯】三年春天，沒有下雨。夏天，六月下雨。從去年十月至今年五月，一直沒下雨，而不說旱，因為沒有造成災害。

(二)經　徐人取舒①。

【今註】㊀徐人取舒：徐在今安徽泗縣北八十里徐城。舒在今安徽舒城縣。有經無傳。

【今譯】徐國人輕取舒國。（無傳）

㈢ 經 六月雨①。

【今註】㊀六月雨：已見於傳㈠。

【今譯】六月，下雨。（傳見㈠）

㈣ 經 秋，齊侯，宋公，江人，黃人會于陽穀。

傳 秋，會于陽穀①，謀伐楚也。

【今註】㊀陽穀：齊地。在今山東省陽穀縣東北三十里陽穀故城。

【今譯】秋天，會盟於陽穀，謀劃討伐楚國。

㈤ 經 冬，公子友如齊涖盟。

傳 齊侯為陽穀之會來尋盟。冬，公子友如齊涖盟①。

【今註】㊀如齊涖盟：意思是受齊國的盟誓。

【今譯】齊桓公為了陽穀之會派人來魯國尋求盟誓。冬天，公子友到齊國參加盟誓。

㈥ 經 楚人伐鄭。

傳楚人伐鄭，鄭伯欲成①，孔叔②不可，曰：「齊方勤我③，弃德不祥④。」

【今註】㈠鄭伯欲成：鄭伯想講和。㈡孔叔：鄭大夫。㈢不齊方勤我：齊國正幫助我們對付災難。㈣弃德不祥：違背恩德是不好的。

【今譯】楚國人攻伐鄭國，鄭伯想要和談，孔叔不贊成，說：「齊國正在幫助我們對付災難，違背了恩德是不好的。」

㈦經齊侯與蔡姬①乘舟于囿②，蕩公③，公懼變色④，禁之不可⑤。公怒歸之，未之絕也⑥，蔡人嫁之。

【今註】㈠蔡姬：蔡國是姬姓，在另一節中說：「齊侯之夫人三：王姬，徐嬴，蔡姬。皆無子。」㈡乘舟于囿：在花園中划蕩小船。㈢蕩公：搖動齊桓公。㈣公懼變色：齊侯害怕，臉上變了顏色。㈤禁之不可：禁止她搖蕩，她也不聽從。㈥未之絕也：並沒有完全斷絕關係。

【今譯】齊桓公和蔡姬，在花園裏的池中划船。震蕩了齊桓公，桓公害怕，變了臉色，禁止蔡姬搖蕩，她也不聽。桓公非常生氣，把她送回蔡國，並未完全斷絕關係，蔡國人又把她嫁給別人。

僖公四年

(一)經四年（公元前六百五十六年）春王正月，公會齊侯，宋公，陳侯，衛侯，鄭伯，許男，曹伯侵蔡，蔡潰。遂伐楚次于陘。

經夏，許男新臣卒。

經楚，屈完來盟于師，盟于召陵。

經四年春，齊侯以諸侯之師侵蔡①，蔡潰，遂伐楚，楚子使與師言②曰：「君處北海，寡人處南海③，唯是風馬牛不相及④也。不虞君之涉吾地也，何故⑤？」管仲對曰：「昔召康公⑥，命我先君大公⑦，曰『五侯九伯，女實征之⑧，以夾輔周室⑨。』賜我先君履⑩，東至于海⑪，西至于河⑫，南至于穆陵⑬，北至于無棣⑭。爾貢包茅不入⑮，王祭不共⑯，無以縮酒⑰，寡人是徵⑱。昭王南征而不復⑲，寡人是問⑳。」對曰：「貢之不入，寡君之罪也㉑，敢不共給。昭王之不復㉒，君其問諸水濱㉓。」師進，次于陘㉔。夏，楚子使屈完如師㉕。師退，次于召陵㉖。

齊侯陳諸侯之師㉗，與屈完乘而觀之㉘。齊侯曰：「豈不穀是為㉙，先君之好是繼㉚，與不穀同好如何。」對曰：「君惠徼福於敝邑之社稷㉛，辱收寡君㉜，寡君之願也。」齊侯曰：「以此眾戰，誰能禦之㉝，以此攻城，何城不克㉞？」對曰：「君若以德綏諸侯㉟，誰敢不服：君若以力㊱，楚國方城以為城㊲，漢水以為池㊳，雖眾，無所用之。」屈完及諸侯盟㊴。

【今註】㈠以諸侯之師侵蔡：諸侯之師指宋公，陳侯、衛侯、鄭伯、許男、曹伯的軍隊。㈡楚子使與師言：楚成王派人與軍隊交涉。㈢君處北海，寡人處南海：你住在渤海左近，我住在南海，南海是指雲夢澤，楚都郢在澤西。㈣唯是風馬牛不相及：牝牡相誘曰「風」，風馬牛不相及，言雖馬牛風逸，牝牡相誘亦不相及。比喻齊、楚距離甚遠，本不相干。㈤不虞君之涉吾地也，何故：涉是侵入。侵入到我的地方，甚麼緣故。㈥昔召康公：召康公即召公奭與周公共相王室。㈦大公：大音泰。大公（姜太公）是封齊的始祖，他當時從周武王滅商。㈧五侯九伯，女實征之：五等的諸侯及九州的伯爵，你全能管理他。㈨以夾輔周室：他同周公聯合輔佐周王。㈩賜我先君履：履是代表可以管理的地方。賞給大公管理的地方。⑪東至于海：齊國東邊是海。⑫西至于河：西到黃河。⑬南至于穆陵：穆陵在今山東臨朐縣南一百里大峴山上之穆陵關。南到穆陵關。⑭北至于無棣：無棣是齊邑，在今山東無棣縣北三十里。⑮爾貢包茅不入：包茅是裹東的菁茅，用以漉酒，這種為南方所產。此句乃是責備楚國不貢獻包茅。⑯王祭不共：不能供給王室的祭祀。⑰無以縮酒：因為沒有包茅，所以不能漉酒。⑱寡人是徵：所以我向你索要。⑲昭王南征而不復：在昭王五十一年的時候，昭王南巡渡漢水，漢水的人以膠舟進，中流溶解，昭王及祭公皆淹死，這句話即指此事。⑳寡人是問：顧亭林說：「齊侯以為楚罪而問之。」㉑貢之不入，寡君之罪也：他承認不貢獻包茅是楚國的罪。㉒昭王之不復：關於昭王不回來的事。㉓君其問諸水濱：你去問漢水邊上的人，因為彼時楚國力尚未達到漢水的邊界。㉔次于陘：陘音刑。楚地，在今河南偃城縣境。軍隊駐在陘的地方。㉕楚子使屈完如師：屈完是楚大夫。楚成王派屈完到諸侯軍隊中來，觀齊師的強或弱。㉖次于召陵：召陵故城在今河南省偃城縣東三十五里。軍隊駐在召陵的地方。㉗齊侯陳諸侯之師：齊桓公陳列諸侯的軍隊。㉘乘而觀之：乘是共乘車。此指共乘車來看諸侯的軍隊。㉙豈不穀是為：不穀是諸侯的謙稱，意思說諸侯並非為他自己。㉚先君之好是繼：這是為的繼續先君的舊好。㉛君惠徼福於敝邑之社稷：你給我們社稷的福祉。㉜辱收寡君：願意收留我們的君。㉝以此眾戰，誰能禦之：拿這眾多的軍隊作戰，誰能夠防禦。㉞以此攻城，何城不克：拿這些軍隊攻城，沒有城池不被打下。㉟以德綏諸侯：要用德性安定諸侯。㊱君若以力：你要用武力。㊲楚國方城以為城：方城是山名，在今河南葉縣南。楚國以方城做城。㊳漢水以為池：楚國以漢水做護城河。㊴屈完及諸侯盟：屈完就同諸侯盟誓。

【今譯】四年春天，齊桓公用諸侯的聯軍侵入蔡國。蔡國潰敗，於是討伐楚國。楚成王派人與聯軍交涉說：「你住在北方，我住在南海，我們距離這樣遠，就是馬牛風逸，牝牡相誘亦不相及。沒料到你侵入我的地方，這是為什麼緣故？」管仲回答說：「從前召康公命令我國的先君姜太公說：『五等的諸侯及九州的伯爵，你全能征討他們，以與周公共同輔佐周室。』賜給我國的先君管理的地方，東邊到海，西邊到黃河，南邊到穆陵，北邊到無棣。你應進貢的包茅沒有送來，不能供給周王的祭祀，無法漉酒，我為此來向你索要。昭王南巡而沒有復回，我為此來向你質問。」楚國的使者回答說：「貢物沒有送進，是我楚君的罪過。怎敢不供給周室之用？昭王沒有復回，你且去問漢水邊上的人。」諸侯的聯軍便進軍，駐紮在陘。夏天，楚成王派屈完到聯軍去觀看聯軍的強弱。聯軍退到召陵駐紮。齊桓公陣列了諸侯的聯軍，與屈完乘車檢閱。齊桓公說：「諸侯支持我，並非為我個人，這是為了繼續先君的舊好，你認為楚國和我同心和好如何？」回答說：「你給我們社稷帶來福祉，願意收留我們的國君，這是我君的意願。」齊桓公說：「用這樣多的軍隊作戰，誰能抵禦；用這樣多的軍隊攻打城池，那一個城池不能打下。」回答說：「你若用德性撫綏諸侯，誰敢不服從？你若用武力，楚國用方城做城，用漢水做護城河，軍隊雖眾多，也沒有用處。」屈完和諸侯盟誓。

(二)經　齊人執陳轅濤塗。

傳　陳轅濤塗①謂鄭申侯②曰：「師出於陳，鄭之間③，國必甚病④。若出於東方，觀兵於東夷⑤，循海而歸，其可也。」申侯曰：「善。」濤塗以告。齊侯許之。申侯見，曰：「師老矣⑥！若出於東方而遇敵，懼不可用也⑦。若出於陳，鄭之間，共其資糧屝屨⑧，其可也。」齊侯說，與之虎牢⑨，執轅濤塗⑩。

【今註】㈠轅濤塗：陳大夫。㈡申侯：鄭大夫。㈢師出於陳，鄭之間：軍隊要經過陳國與鄭國交界處。㈣國必甚病：陳國同鄭國因為供應煩費，必定甚受苦。㈤觀兵於東夷：觀兵是顯示他的軍隊很雄壯，為的給東夷看。東夷是指郯、莒、徐夷諸國。㈥師老矣：軍隊很疲倦，不堪再用。㈦若出於東方而遇敵，懼不可用也：若由東方返齊國，遇見敵人，恐怕不可以作戰。㈧共其資糧屝屨：供給食物同草鞋。㈨虎牢：即鄭制邑，在今河南汜水縣西。㈩執轅濤塗：齊國遂將轅濤塗捕獲。

【今譯】陳國的大夫轅濤塗對鄭國的大夫申侯說：「軍隊經過陳國和鄭國交界的地方，我們兩國必定甚受其苦。若是經過東方，讓東方的夷人觀看軍隊的雄威，然後沿著海邊回來，這樣才可以。」申侯說：「好極了。」濤塗把這個意見告訴齊桓公，桓公答應了他。申侯也去見齊桓公說：「軍隊已經疲倦了，若是經過東方而遇到敵人，恐怕不可以打仗。若是經過陳國鄭國的交界，充份供應軍隊的糧食和草鞋，這樣才可以。」齊侯很高興，把虎牢賜給申侯。而把轅濤塗抓起來。

㈢ 經 秋及江人，黃人伐陳。

傳 秋，伐陳討不忠也①。

【今註】㈠討不忠也：因為陳轅濤塗不忠於齊國，故討伐他。

【今譯】秋天，討伐陳國，聲討他的不忠。

㈣ 經 八月，公至自伐楚①。

【今註】㈠公至自伐楚：因為告于宗廟，所以寫在竹簡上。有經無傳。

【今譯】八月，魯僖公討伐楚國之後回到魯國。（無傳）

㈤ 經 葬許穆公。

傳 許穆公卒於師，葬之以侯禮也①。凡諸侯薨于朝會加一等②，死王事加二等③，於是有以袞斂④。

【今註】㈠葬之以侯禮也：許是男爵，而以侯禮來葬加一等。㈡凡諸侯薨于朝會加一等：諸侯命有三等：公為上等，侯及伯為中等，子及男為下等。㈢死王事加二等：為王戰死就加二等來葬斂。㈣有以袞斂：袞音ㄍㄨㄣˇ。袞是公的衣服，凡加二等者，可以公的衣服來殯斂。

【今譯】許穆公在軍中逝世，用侯爵的禮節來葬他。凡是諸侯在朝會時逝世，用加一等的禮節，為周王戰死，用加二等的禮節，於是，可以用公的衣服來殯斂。

(六)經 冬十有二月，公孫茲帥師會齊人、宋人、衛人、鄭人、許人、曹人侵陳。

傳 冬，叔孫戴伯①帥師會諸侯之師侵陳，陳成②，歸轅濤塗③。

【今註】㈠叔孫戴伯：即公孫茲，叔牙子，戴是謚號。㈡陳成：陳國要求講和。㈢歸轅濤塗：因為陳服罪，所以歸還其大夫。

【今譯】冬天，叔孫戴伯率領軍隊，會合諸侯的軍隊侵入陳國，陳國人要求講和。於是把轅濤塗送回陳國。

(七)傳 初，晉獻公欲以驪姬為夫人，卜之不吉①；筮之吉②，公曰：「從筮。」卜人曰：「筮短龜長，不如從長③。且系繇④曰，專之渝，攘公之羭⑤，一薰一蕕，十年尚猶有臭⑥，必不可。」弗聽，立之。生奚齊。其娣生卓子。及將立奚齊⑦，既與中大夫成謀⑧。姬謂大子曰：「君夢齊姜，必速祭之⑨。」大子祭于曲沃⑩，歸胙于公⑪。公田⑫。姬寘諸宮六日⑬，公至，毒而獻之⑭。公祭之地，地墳⑮。與犬，犬斃。與小臣⑯，小臣亦斃。姬泣曰：「賊由大子⑰。」大子奔新城⑱。公殺其傅杜原款⑲。或謂大子：「子辭，君必辯焉⑳。」大子曰：「君非姬氏，居不安，食不飽。我辭，姬必有罪㉑。君老矣，吾又不樂㉒。」曰：「子其行乎㉓？」大子曰：「君實不察其罪㉔，被此名也以出，人誰納我㉕。」十二月戊申，縊于新城。姬遂譖二公子㉖，曰：「皆知之。」重耳奔蒲，夷吾奔屈㉗。

【今註】㊀卜之不吉：用龜來占卜不吉。㊁筮之吉：但是用筮草來占卜，則吉兆。㊂筮短龜長，不如從長：筮草短而占卜的龜象長，還是應當從龜的占卜。㊃繇：音同晝。卦兆的占辭。㊄專之渝，攘公之羭：渝是變，音ㄩˊ。若專心愛驪姬，必然發生變亂，必能奪掉獻公的美德。㊅一薰一蕕，十年尚猶有臭：薰是香草，指申生等；蕕是臭草，指驪姬等；香與臭共居，十年尚留下臭味。㊆立奚齊：立奚齊為太子。㊇與中大夫成謀：中大夫據國語卷八晉語所說指里克。晉語「里克曰：吾秉君以殺太子吾不忍，通復故交吾不敢，中立其免乎！」㊈君夢齊姜，必速祭之：因為獻公夢見申生的母親齊姜，必定趕緊去祭他。㊉大子祭于曲沃：申生往曲沃去祭祀。⑪歸胙于公：胙是祭肉。送祭肉到獻公處。⑫公田：獻公正在打獵。⑬姬寘諸宮六日：驪姬把祭肉擱在宮中六天的功夫。⑭公至，毋而獻之：獻公回來以後，驪姬就下毒藥於祭肉上，而獻給獻公。⑮公祭之地，地墳：獻公以肉祭地，地就隆起。⑯與小臣：晉朝韋昭注：「小臣，官名，掌陰事陰命，閹士也。」⑰賊由大子：指奸謀弒逆實由太子。⑱新城：即曲沃。⑲杜原款：是申生的師傅。⑳子辭，君必辯焉：你說明祭肉已存六天，獻公必然要查考這件事。㉑我辭，姬必有罪：我要辯護，驪姬必定得罪而死。㉒君老矣，吾又不樂：獻公已老，如驪姬獲罪，是我又使他不快樂。㉓子其行乎：你還是逃奔它國吧！㉔君實不察其罪：獻公不細察我犯的罪。㉕人誰納我：誰還會接納我。㉖二公子：指重耳與夷吾。㉗重耳奔蒲，夷吾奔屈：蒲與屈皆見莊公二十八年註。

【今譯】起初，晉獻公想要以驪姬做夫人，用龜來占卜，不吉利。用草來占卜，吉利。晉獻公說：「依照筮草占卜的結果做吧！」卜人說：「筮草之數短而龜象長，不如依照長的。並且卜辭說：『若是因專愛而生變亂，就要破壞了公的美德。香草和臭草放在一起，十年還留下臭味。』必定不可以依照筮草占卜的吉兆。」晉獻公不聽。就立驪姬做夫人，生了奚齊，她的妹妹生了卓子。等到後來將要立奚齊為太子，已經和中大夫商量過，驪姬對太子申生說：「獻公夢見了你的母親齊姜，必要趕快去祭他。」太子申生就到曲沃去祭，把祭肉送回給獻公。獻公正在打獵，驪姬把祭肉放在宮中六天。等獻公回來以後，就下了毒藥，然後才獻給獻公。獻公把肉放置在地上，地就隆起，把肉給狗吃，狗就死了，給小臣，小臣也死。驪姬哭泣著說：「奸謀弒逆實由太子。」太子出奔到新城。獻公殺了他的師傅杜原款。有人告訴太子說：「你若說明祭肉已擱了六天，獻公必然要查明這件事。」太子說：「獻公若沒有姬氏，他住不能安適，吃不能飽。我若說明，姬必定有罪。獻公老了，我這樣做又讓他不快樂。」別人又說：「你姑且出奔他國吧！」太子說：「獻公實在不察明我的罪，擔負著企圖弒父的罪名出奔，人家誰要容納我？」十二月戊申，太子就在新城自縊。驪姬於是就說其他二位公子的壞話，說：「他們都知道太子的陰謀。」重耳就逃奔到蒲，夷吾就逃奔到屈。

僖公五年

㈠傳 五年（公元前六百五十五年），春王正月辛亥朔，日南至①。公既視朔②，遂登觀台以望而書③，禮也。凡分，至，啟，閉④必書雲物⑤，為備故⑥也。

【今註】㈠日南至：周的正月，是現在農曆的十一月，南至即是冬至。㈡公既視朔：每月初一，告朔日於廟，名曰視朔。㈢遂登觀台以望而書：觀台是在台上建築屋子，以備遠望，而書是把此事記下來。㈣分、至、啟、閉：分是指春分及秋分；至是指冬至及夏至；啟是立春同立夏；閉是立秋同立冬。㈤雲物：表示雲彩的變換。㈥為備故：為的可以預先察知祥瑞與否。

【今譯】五年，春，周王曆正月，辛亥，初一這一天是冬至，太陽在最南端。僖公既親自告朔於宗廟以後，就登上觀台去瞭望，記載這件事稱許僖公的合禮。凡是春分、秋分、夏至、冬至、立春、立夏、立秋、立冬各節氣，都要記載雲彩的轉變，以備預先察知妖祥，早做準備。

㈡經 五年春，晉侯殺其世子申生。

傳 晉侯使以殺大子申生之故來告。初①，晉侯使士蔿為二公子②築蒲與屈③，不慎寘薪焉④。夷吾訴之，公使讓之⑤。士蔿稽首⑥而對曰：「臣聞之，無喪而慼，憂必讎焉⑦。無戎而城，讎必保焉⑧。寇讎之保，又何慎焉⑨。守官廢命，不敬⑩。固讎之保，不忠⑪，失忠與敬，何以事君？詩云：『懷德惟寧，宗子惟城⑫。』君其修德而固宗子⑬，何城如之？三年將尋師焉⑭，焉用慎⑮？」退而賦曰：「狐裘尨茸⑯，一國三公，吾誰適從⑰？」及難⑱，公使寺人披⑲伐蒲，重耳曰：「君父之命不校⑳。」乃徇㉑曰：「校者，吾讎也㉒。」踰垣而走，披斬其祛㉓，遂出奔翟㉔。

【今註】 ㈠初：是追述早幾年的事情。㈡二公子：指文公重耳與惠公夷吾。㈢蒲與屈：註見莊公二十八年。㈣不慎寘薪焉：築城的時候不謹慎，就把薪材擱置在裡邊。㈤讓之：讓是責讓。㈥稽首：古人坐在席上，而將首拜頭至地。㈦無喪而慼，憂必讎焉：沒有原故而憂慮，憂必立刻就來。㈧無戎而城，讎必保焉：沒有兵戎，而修城池，讎敵必加強他的防衛。㈨寇讎之保，又何慎焉：這是為了寇讎加強他的防衛，這又有什麼可慎重的呢？㈩守官廢命，不敬：若不堅築城池，則有官守而廢君的命令，那就是不恭敬。⑪固讎之保，不忠：若築的城池堅固，就是為寇讎加強他的防衛，就是不忠。⑫懷德惟寧，宗子惟城：出詩、大雅、生民之什、板篇。意思是說懷德以安寧，則宗子像城一樣的堅固。⑬君其修德而固宗子：你只要修德性而使宗子堅固。⑭三年將尋師焉：三年以後將用兵。⑮焉用慎：何必謹慎呢？⑯狐裘尨茸：狐狸的皮裘很雜亂。尨茸是雜亂貌，尨音ㄇㄥˊ。⑰吾誰適從：我聽誰的話好？這是士蔿自己做的詩。⑱及難：等到驪姬發生禍難的時候。⑲寺人披：寺人等於太監，披是寺人的名字。⑳君父之命不校：對君父的命令，不能反對。㉑徇：是號令於眾。㉒校者，吾讎也：要是來抵抗的，就是我的讎人。㉓袪：音驅，袖口。㉔翟：翟就是狄，在今山西省汾陽與太原兩縣之間。

【今譯】晉獻公派人把殺太子申生的理由來告訴魯國知道。起初，晉獻公派士蔿為重耳及夷吾兩位公子修築蒲和屈兩城，築城時不謹慎，把柴薪放在牆裏。夷吾把這件事告訴獻公，獻公派人去責備士蔿。士蔿拜首而回答說：「我聽說過，沒有喪事而哀戚，憂患必立刻到來；沒有戰事而築城，必使寇讎加強他的防衛。結果使寇讎加強防衛，有什麼可謹慎的呢？若不堅築城牆，既受了官職而不盡國君的命令，就是不敬；然而使寇讎加強防衛，就是不忠。失去了忠心與恭敬，還用什麼服事國君呢？詩經說：『懷著德性以安寧國家，同宗的子弟必如城池一樣堅固。』國君只要修整他的德性而使宗子堅固，何必築城呢？三年以後將要用兵，現在何必謹慎呢？」士蔿退而賦詩道：「狐裘毛色雜亂，一國有三個主人，我聽誰的話才好？」等到驪姬發難的時候，獻公派寺人披討伐蒲城，重耳說：「君父的命令不能反對。」就向眾人發佈命令說：「抵抗的人就是我的仇人。」他自己就跳過城垣逃走。寺人披趕上切斷了他的衣袖，重耳於是出奔到翟。

(三) 經 杞伯姬①來，朝其子②。

【今註】㈠伯姬：是魯莊公的女兒。㈡朝其子：等於其子來朝。有經無傳。

【今譯】杞伯姬來魯國歸寧，她的兒子同來朝見。（無傳）

(四) 經 夏，公孫茲如牟。

傳 夏，公孫茲①如牟②，娶焉③。

【今註】㈠公孫茲：是叔牙之子，即叔孫戴伯。㈡牟：牟音謀。在今山東省萊蕪縣東二十里。㈢娶焉：因為他藉著聘問就在那裡娶妻。

【今譯】夏天，公孫茲到牟國聘問，並且在牟國娶妻。

(五)經 公及齊侯，宋公，陳侯，衛侯，鄭伯，許男，曹伯會王世子于首止。

傳 會于首止①，會王大子鄭②謀寧周③也。

【今註】㈠首止：杜注衛地，但春秋傳說彙纂以為應該是宋地。在今河南省睢縣。㈡會王大子鄭：會周王的太子，名鄭。㈢謀寧周：惠王將廢太子鄭而立王子帶，故齊桓公率諸侯會王太子以安定他的位置。

【今譯】諸侯會於首止，會見周王的太子鄭，謀求安定太子鄭在周的地位。

(六)傳 陳轅宣仲①怨鄭申侯之反己於召陵②，故勸之城其賜邑③，曰：「美城之，大名也④。子孫不忘，吾助子請⑤。」乃為之請於諸侯而城之美。遂譖諸鄭伯曰：「美城其賜邑，將以叛⑥也。」申侯由是得罪。

【今註】㈠轅宣仲：即轅濤塗。㈡召陵：註見僖公四年。㈢故勸之城其賜邑：所以勸他修理齊桓公所賜他的虎牢。㈣美城之，大名也：將城修的甚美，這是一件出名的事情。㈤吾助子請：我幫著你來請求。㈥將以叛：這是為著造反。

【今譯】陳國的大夫轅宣仲怨恨鄭國的大夫申侯在召陵反對他，就勸鄭申侯修築他所得到的城邑，說：「將城修得華美，這是一件出名的事情，你的子孫將不會忘記你，我願幫助你去請求。」於是，就為他向諸侯請求，而把虎牢修築得很華美，然後就向鄭文公說申侯的壞話：「他把他得到的城邑修得華美，為的是將藉以叛變。」申侯因此得罪。

(七)

經　秋八月，諸侯盟于首止，鄭伯逃歸不盟。

傳　秋，諸侯盟，王使周公召鄭伯曰：「吾撫女以從楚①，輔之以晉，可以少安②。」鄭伯喜於王命，而懼其不朝於齊也③，故逃歸不盟。孔叔④止之，曰：「國君不可以輕，輕則失親⑤，失親患必至⑥，病而乞盟，所喪多矣⑦！君必悔之⑧。」弗聽，逃其師而歸。

【今註】㊀吾撫女以從楚：女音同汝。我安撫你預備追隨楚國。㊁輔之以晉，可以少安：再以晉國相輔助，可以稍微安定。㊂而懼其不朝於齊也：而又怕沒有到齊國朝見。㊃孔叔：鄭大夫。㊄國君不可以輕，輕則失親：國君的舉動不可以輕佻，輕佻則丟掉親黨。㊅失親患必至：要丟掉親黨，禍患必定來到。㊆病而乞盟，所喪多矣：有禍患再求盟於人，所損失的必定更多。㊇君必悔之：你必定很後悔。

【今譯】秋，諸侯會盟於首止，周惠王派周公去召見鄭文公，對他說：「我安撫你以便使你隨從楚國，再以晉國輔助，這樣你就可以稍微安定。」鄭文公心喜周王的命令，又懼怕自己沒到齊國朝見，所以就逃開而不參加會盟。孔叔阻止他說：「國君的舉動不可以輕率，輕率就要失去親黨的支援；失去了親黨的支援，禍患必會到來。等到禍患到來再乞求參加盟會，所損失的必定很多。你一定要後悔的。」鄭文公不聽，逃離他的軍隊，自己先回國。

(八)

經　楚人滅弦，弦子奔黃。

傳　楚鬭穀於菟①滅弦②，弦子奔黃③，於是江④黃道⑤栢⑥方睦於齊，皆弦姻也⑦。弦子恃之而不事楚⑧，又不設備，故亡。

【今註】㊀鬭穀於菟：楚大夫，即令尹子文。㊁弦：在今河南省潢川縣西南有弦城。㊂黃：古國名，子爵。在今河南潢川縣西十二里有黃城。㊃江：江國在今河南省新息縣西南八十里。㊄道：在今河南省確山縣東北二十里有道城。㊅栢：國名。在今河南省西平縣西南有栢亭。㊆皆弦姻也：全是弦國的親戚。㊇弦子恃之，而不事楚：弦子仗著他們，又不事奉楚國。

【今譯】楚大夫鬭穀於菟消滅了弦國，弦子逃奔到黃國。這時候，江國、黃國、道國、栢國正好都與齊國親睦，他們又都是弦國的姻親，弦子仗著他們，而不服事楚國，又不準備防禦工事，所以亡國。

(九)經九月，戊申朔，日有食之。

【今註】有經無傳。

【今譯】九月，戊申，初一，發生日蝕。（無傳）

(十)經冬，晉人執虞公。

傳晉侯①復假道②於虞以伐虢。宮之奇③諫曰：「虢，虞之表④也，虢亡，虞必從之⑤。晉不可啟⑥，寇不可翫⑦。一之謂甚，其可再乎⑧？諺⑨所謂『輔車相依，脣亡齒寒者⑩』，其虞虢之謂也。」公曰⑪：「晉，吾宗也，豈害我哉？」對曰：「大伯，虞仲⑫，大王之昭⑬也。大伯不從，是以不嗣⑭。虢仲，虢叔，王季之穆⑮也。為文王卿士，勳在王室，藏於盟府⑯。將虢是滅，何愛於虞？且虞能親於桓，莊⑰乎？其愛之也，桓莊之族何罪，而以為戮，不唯偪乎⑱？親以寵偪，猶尚害之，況以國乎⑲？」公曰：「吾享祀豐潔，神必據我⑳。」對曰：「臣聞之，鬼神非人實親，惟德是依㉑。故周書㉒曰：『皇天無親，惟德是輔㉓。』又曰：『黍稷非馨，明德惟馨㉔。』又曰：『民不易物，惟德繄物㉕。』如是，則非德民不和，神不享矣㉖。神所馮依，將在德矣㉗。若晉取虞，而明德以薦馨香，神其吐之乎㉘？」弗聽，許晉使㉙。宮之奇以其族行㉚，曰：「虞不臘矣㉛，在此行也，晉不更舉矣㉜。」八月甲午，晉侯圍上陽㉝。問於卜偃㉞曰：「吾其濟乎㉟？」對曰：「克之。」公曰：「何時？」對曰：「童謠㊱云：『丙之晨，龍尾伏辰㊲，均服振振㊳，取虢之旂。鶉之賁賁㊴，天策焞焞㊵，火中成軍㊶，虢公其奔。』其九月，十月之交乎？丙子旦，日在尾，月在策，鶉火中，必是時也。」冬十二月丙子朔，晉滅虢，虢公醜㊷奔京師㊸。師還，館于虞㊹，遂襲虞，滅之。執虞公及其大夫井伯㊺，以媵秦穆姬㊻，而脩虞祀㊼，且歸其職貢於王㊽。故書曰：「晉人執虞公。」罪虞，且言易也。

【今註】㈠晉侯：即晉獻公。㈡假道：要求借路。㈢宮之奇：虞大夫。㈣表：是表裡。㈤虞必從之：虞必定追隨著他。㈥啟：啟是啟他的貪心。㈦寇不可翫：翫音ㄨㄢˋ，謂相習而不經意。對於敵寇不可以疏忽也。⑧其可再乎：這一件已經不可以，還能兩重嗎？⑨諺：是民間俗諺。⑩輔車相依，脣亡齒寒者：輔是指者面頰，車是指的牙床骨。這是說虞如牙齒在裡邊，虢如嘴唇在表面，所以去一不可。⑪公曰：虞君說。⑫大伯、虞仲：大音泰。他們全是周大王的兒子。⑬大王之昭：大王的兒子在昭位，因為在祖先系統中，每隔一代相同，所謂昭生穆，穆生昭。⑭大伯不從，是以不嗣：因為大伯不聽從大王的話，所以他沒有接著他做君。⑮王季之穆：是王季的兒子在穆位。⑯勳在王室，藏於盟府：他們是在王室有功，而藏在盟府。盟府是周室管盟勳的官。⑰桓，莊：是指著桓叔同莊伯的族人，對於晉獻公為從祖的兄弟。⑱不為偪乎？左傳莊公二十五年，晉獻公患桓、莊之族的壓迫，盡把他們殺掉。⑲親以寵偪，猶殺害之，況以國乎：雖然親近的人，但是他有勢力，就生壓迫，所以把他誅戮，何況國家呢？⑳吾享祀豐潔，神必據我：我對祭祀非常的豐滿，神必保佑我。㉑惟德是依：唯獨對有德的才憑依。㉒周書：是逸書。㉓皇天無親，惟德是輔：天沒有親近的人，只有對有德的人才輔助。㉔黍稷非馨，明德惟馨：祭祀所用的穀物，不一定是香，唯獨君的明德，方能馨香遠聞。㉕民不易物，惟德繄物：物指者祭祀用的物品。民不能夠改變祭品，惟人君的明德方能與祭品有關。㉖則非德民不和，神不享矣：如此則要不是明德，民就不能和善，神也不能享受。㉗神所馮依，將在德矣：神所憑依的，皆在於明德。馮音及意皆同憑。㉘而明德以薦馨香，神其吐之乎：晉國有明德，以馨香來祭祀，神還能不吃，吐掉它嗎？㉙許晉使：允許晉國的假道。㉚宮之奇以其族行：宮之奇與他的全族，全都離開虞國。㉛虞不臘矣：虞不能再舉行臘祭。臘是每年過年時舉行的。㉜在此行也，晉不更舉矣：在這一次，晉可以成功，晉不必再舉兵。㉝上陽：是虢國的都城，在今河南省陝縣。㉞卜偃：晉大夫。㉟吾其濟乎：我能夠成功嗎？㊱童謠：兒童的歌謠。㊲丙之晨，龍尾伏辰：丙之辰是丙日的朔旦。龍尾是星名。日月的相會叫做辰，因為太陽在尾星上，所以尾星不見。㊳均服振振：均服是黑衣服，為行軍所用。振振是很興盛的樣子。㊴鶉之賁賁：鶉是火星，賁賁是鶉星的形狀。㊵天策焞焞：天策是傳說星。焞焞是星星沒有光耀。㊶火中成軍：於是在鶉火中，軍事能成功。㊷虢公醜：醜是虢公的名字。㊸京師：是周朝的都城。㊹館于虞：住在虞國。㊺井伯：是虞大夫。㊻穆姬：是晉獻公之女，嫁於秦穆公者。㊼而修虞祀：代表虞國祭祀境內山川的神。㊽歸其職貢於王：把他的職貢歸於周王朝。

【今譯】晉獻公又向虞國借路以攻伐虢國。宮之奇向虞公進諫說：「虢國，等於是虞國的外表，虢國亡了，虞國必隨著滅亡。晉國的貪心不可開啟，對於敵寇不可疏忽。一次已經可說是太過份了，難道還可以再有第二次嗎？諺語所說，輔和車互相依賴；嘴唇沒有了，牙齒就受寒，這種說法，就是指著虞和虢而說的。」虞公說：「晉國是我的同宗，他難道會害我嗎？」回答說：「大伯和虞仲都是大王的兒子，大伯因為不聽大王的命令，所以不能嗣位。虢仲和虢叔都是王季的兒子，他們做文王的卿士，對王室有功勳，功勳記載在盟府典藏的簡冊裏。然而，晉國將要把虢滅掉，他對虞國又有什麼愛護？而且，虞國能夠比桓、莊之族更親於晉國嗎？就說晉國愛護虞國，但是桓、莊之族有什麼罪狀，而為晉獻公所殺盡，不是因為他們對他最親近，使他感覺壓迫嗎？雖然是親近的人，但因其得寵而逼迫，都是要加以殺害。何況是就國家來說呢？」虞公說：「我供奉祭祀的東西很豐美潔淨，神必定會保佑我。」回答說：「我聽說，鬼神並不是親於人，只有德性才是唯一的依據。所以周書說『天沒有親近的人，它只是輔佐有德的人。』又說：『黍稷不是馨香的來源，只有光明的德性才能馨香遠聞。』又說：『人民不能改變祭物，只有人君的德行關係祭物的效用。』這樣說來，那麼若是沒有德行，人民不和協，神也不享用祭品。神所依據的，將在於德行了。若是晉國取得了虞國，而用光明的德性去供薦馨香，神難道會不接受嗎？」虞公不聽。答應晉國使臣的要求。宮之奇帶著他的族人離開虞國，說：「虞國今年將不能舉行臘祭了。在這一次，晉國就可成功，不必另外再出兵。」八月，甲午，晉獻公包圍上陽，問卜偃說：「我可以成功嗎？」回答說：「你能攻克。」獻公說：「什麼時候？」回答說：「童謠唱道：『丙日的清晨，看不見尾星。同色的軍裝，多麼壯盛，打著取虢的旗幟。鶉星光耀的出現，天策星暗而無光；當火星高升，軍事成功，虢公將要出奔。』這樣說來，將在九月十日之間吧！丙子日的早晨，太陽在尾星附近，月亮在天策附近，鶉星正在南方，必定是在那時候。」到了冬天，十二月，丙子朔，晉國消滅虢國，虢公醜出奔到京師。晉國軍隊回國時，駐紮在虞國，於是就偷襲虞國，消滅了它，抓住了虞公，以及他的大夫井伯，派他護送獻公的女兒穆姬出嫁到秦國。晉國代表虞國祭祀境內山川的神，並且把它的職貢送給周王。所以經上記載說：「執虞公。」以數落虞公的罪狀，並且說明晉國滅虞的容易。

僖公六年

㈠經 六年（公元前六百五十四年）春王正月。

【今註】有經無傳。左傳的規則，凡四季必書，不管有事或無事。

【今譯】六年，春，周王曆正月。（無傳）

㈡傳 六年春，晉侯使賈華①伐屈，夷吾不能守②，盟而行③。將奔狄，郤芮④曰：「後出同走，罪也⑤。不如之梁⑥，梁近秦而幸焉⑦。」乃之梁。

【今註】㈠賈華：晉大夫。㈡夷吾不能守：夷吾沒有方法守屈。因為在僖公五年，晉侯伐蒲的時候，重耳就說：「君父之命不校」可見他不是不能守。㈢盟而行：與屈人盟而逃走。㈣郤芮：晉大夫。㈤後出同走，罪也：較重耳後逃出，而走到同一國，這豈不是罪過。㈥之梁：往梁國。㈦而幸焉：得到秦的親信。

【今譯】六年，春，晉獻公派賈華討伐屈城，夷吾不能守住屈城，就和屈人訂盟而後逃走。他將要逃奔到狄人的地方，郤芮說：「你在重耳之後逃走，而同逃到一個地方，這豈不是表示與重耳同謀嗎？不如到梁國去，梁國鄰近秦國而且為秦國所親幸，可藉以求秦國的幫助。」於是夷吾到梁國去。

㈢ 經 夏，公會齊侯、宋公、陳侯、衛侯、曹伯伐鄭，圍新城。

傳 夏，諸侯伐鄭，以其逃首止之盟①，故也。圍新密②，鄭所以不時城也③。

【今註】㊀首止之盟：在僖公五年。㊁新密：即現在的新城。㊂所以不時城也：所以不按著該修城的時候。

【今譯】夏，魯僖公會合諸侯各國討伐鄭國，因為鄭國逃避首止之盟，所以討伐。諸侯的軍隊包圍了新密，但經上說是新城，這是因為鄭國在不適當的時候修城的緣故。

㈣ 經 秋，楚人圍許，諸侯遂救許。

傳 秋，楚子圍許以救鄭，諸侯救許，乃還①。

【今註】㊀乃還：楚子就回國。

【今譯】秋，楚成王出兵圍攻許國，以救鄭國，諸侯援救許國，楚成王才退回。

㈤ 經 冬，公至自伐鄭。

【今註】有經無傳。

【今譯】冬，魯僖公在討伐鄭國之後回到魯國。（無傳）

㈥傳 冬，蔡穆侯①將許僖公②以見楚子於武城③，許男面縛銜璧④，大夫衰絰⑤，士輿櫬⑥。楚子問諸逢伯⑦，對曰：「昔武王克殷，微子啟如是⑧。武王親釋其縛，受其璧而祓之⑨，焚其櫬⑩，禮而命之⑪，使復其所⑫。」楚子從之。

【今註】㊀蔡穆侯：名肸，哀侯獻舞的兒子。㊁許僖公：名業，穆公新臣的兒子。㊂武城：楚地，一名武延城，在今河南省南陽縣北。㊃面縛銜璧：面縛是讓手綁在後面，使人只能看到他的面部，所以稱之謂面縛。銜璧是因為手被綑著，故用口銜著玉石，以為摯見之禮。㊄衰絰：衰音崔，絰音蝶。衰絰是喪服。㊅輿櫬：櫬音ㄔㄣˋ，用車拉著棺材。㊆逢伯：楚大夫。㊇微子啟如是：微子啟是紂的庶兄，他曾經行過這種禮節。㊈受其璧而祓之：祓音服，拔除不祥的禮節。此句謂受他的玉璧而為他行拔除不祥的禮節。㊉焚其櫬：將他的棺材燒掉。㈡禮而命之：用禮節命令他。㈢使復其所：使回到他原在的地所。

【今譯】冬，蔡穆侯陪著許僖公在武城見楚成王。許國男爵叫人把他的手縛在背後，用口銜著璧，又叫許國的大夫穿著喪服，士用車拉著棺材，一起進見楚成王。楚成王向逢伯請問這件事的道理，逢伯回答說：「從前周武王克服了殷朝，微子啟就是這樣做的。武王親自解開他捆著的手，接受了他的璧，而為他行拔除不祥的禮節，燒掉那棺材，用禮節命令他，使他回到他原有的地方。」楚成王就依照逢伯的話去做。

僖公七年

㈠經　七年（公元前六五三年）春，齊人伐鄭。

傳　七年春，齊人伐鄭。孔叔①言於鄭伯曰：「諺有之，曰『心則不競，何憚於病②？』既不能彊，又不能弱，所以斃也③，國危矣④！請下齊以救國⑤。」公曰：「吾知其所由來矣！姑少待我⑥。」對曰：「朝不及夕，何以待君⑦。」

【今註】㈠孔叔：鄭大夫。㈡心則不競，何憚於病：心就不能強，何必畏懼於疾病。㈢所以斃也：這種情形，所以必要死掉。㈣國危矣：國家很危險。㈤請下齊以救國：請投降給齊國，以救鄭國。㈥吾知其所由來矣，姑少待我：我知道為什麼原因，你姑且稍等我。㈦朝不及夕，何以待君：現在早晨不能等到晚上，怎麼樣等著你。

【今譯】七年，春天，齊國人討伐鄭國。孔叔對鄭文公說：「諺語說：『心志本來就不強，何必畏懼柔弱的表現呢？』既然不能堅強，又不能柔弱，這就是死亡之道。我們的國家已經危急了，請你服從齊國，以救國家。」鄭文公說：「我知道齊國來攻伐的原因。你姑且稍微等一下。」回答說：「現在我們不能從早上等到晚上，我們怎麼能等你呢？」

㈡經　夏，小邾子①來朝。

【今註】㊀小邾子：即郳犂來，始得王命而來朝。因是邾國的分封，所以稱小邾子。無傳。

㈢經　鄭殺其大夫申侯。

傳　夏，鄭殺申侯以說于齊①，且有陳轅濤塗之譖②也。初，申侯申出③也，有寵於楚文王④。文王將死，與之璧，使行⑤，曰：「唯我知女，女專利而不厭⑥，予取予求，不女疵瑕⑦也。後之人，將求多於女⑧，女必不免⑨。我死，女必速行，無適小國，將不女容焉⑩。」既葬，出奔鄭，又有寵于厲公。子文⑪聞其死也，曰：「古人有言曰，知臣莫若君，弗可改也已⑫。」

【今註】㊀鄭殺申侯以說于齊：鄭伯殺申侯，以使齊桓公高興。㊁譖：音ㄗㄣˋ，以讒誣的話來害人。㊂申侯申出：出是指著申國君的姐妹所生。此意是說申侯是申國的外甥。㊃楚文王：名熊貲，是武王熊通的兒子，他開始遷都於郢。㈤使行：使他往旁國去。㈥唯我知女，女專利而不厭：女音義同汝。只有我深知道你，你只喜歡利益而沒有滿足。㈦予取予求，不女疵瑕：你跟我要錢財，我不以你為罪累。疵音ㄘ，毀謗的意思。㈧後之人，將求多於女：將來接著我做君的，將對你要求甚多。㈨女必不免：你必不能逃避。㈩無適小國，將不女容焉：不要到小國去，小國將不能容納你。㈡子文：即令尹子文，是鬬穀於菟的字。㈢知臣莫若君，弗可改也已：沒有比君再能知道臣的，這句話不能改變。

【今譯】夏天，鄭文公殺了申侯，以取悅於齊桓公。一方面利用陳國大夫轅濤塗所說的壞話做藉口。起初，因為申侯是申國國君的姊妹所生，所以得到楚文王的寵愛。文王將要死的時候，給申侯一塊璧，叫他離開楚國，對他說：「只有我知道你最深，你只喜歡得到利益而且永遠不滿足。你向我索取，向我要求，我並不以為是你的過失。將來接著我做國君的人將對你過份的要求，你必定不能免於罪。我死了，你必定要快快離開。不要到小國去，因為小國必定不能容納你的。」楚文王下葬以後，申侯就出奔到鄭國，又為鄭厲公所寵。這時，楚國的令尹子文聽到他死亡的消息，就說：古人有一句話說：「沒有比國君更能知道臣子的了。」這句話實在不能改變的。

㈣經　秋七月，公會齊侯，宋公，陳世子款，鄭世子華盟于甯母。

傳　秋，盟于甯母①，謀鄭故也②。管仲言於齊侯曰：「臣聞之，招攜以禮③，懷遠以德④，德禮不易，無人不懷⑤。」齊侯脩禮於諸侯，諸侯官受方物⑥。鄭伯使大子華⑦聽命於會⑧，言於齊侯曰：「洩氏，孔氏，子人氏三族⑨，實違君命，若君去之以為成⑩，我以鄭為內臣⑪，君亦無所不利焉。」齊侯將許之。管仲曰：「君以禮與信屬諸侯⑫，而以姦終之⑬，毋乃不可乎？子父不奸⑭之謂禮，守命共時⑮之謂信，違此二者，姦莫大焉。」公曰：「諸侯有討於鄭，未捷⑯。今苟有釁⑰，從之不亦可乎。」對曰：「君若綏之以德，加之以訓辭⑱，而帥諸侯以討鄭，鄭將覆亡之不暇，豈敢不懼。若總其罪人以臨之⑲，鄭有辭⑳矣，何懼。且夫合諸侯以崇德也，會而列姦㉑，何以示後嗣㉒。夫諸侯之會，其德刑禮義，無國不記㉓。記姦之位㉔，君盟替㉕矣。作而不記，非盛德也㉖。君其勿許，鄭必受盟。夫子華既為大子，而求介㉗於大國以弱其國，亦必不免。鄭有叔詹，堵叔，師叔三良為政㉘，未可間也。」齊侯辭焉㉙。子華由是得罪於鄭。

【今註】㊀甯母：魯地。在今山東省魚臺縣東二十里穀城鎮。㊁謀鄭故也：商討對付鄭國的問題。㊂招攜以禮：招撫不服從的人用禮貌。㊃懷遠以德：懷柔遠人用德惠。㊄德禮不易，無人不懷：德與禮保持不變，就沒有人不懷念你。㊅諸侯官受方物：諸侯官員接受齊侯命令，規定各國應該貢獻天子的物品。㊆鄭伯使大子華：鄭伯是鄭文公，名捷。大子華是鄭伯的大子。大音泰。㊇聽命於會：到會中來聽候命令。㊈洩氏，孔氏，子人氏三族：皆鄭大夫。㊉若君去之以為成：你若把他們三族去掉，就可以講和。⑪我以鄭為內臣：我以鄭國為你的臣子。⑫君以禮與信屬諸侯：你以禮貌和信實使令諸侯。⑬而以姦終之：而以邪謀來終了。⑭子父不奸：奸同干犯一樣，兒子與父親不相干犯。⑮守命共時：守君命以恭敬當時的事情。⑯未捷：未能打勝。⑰今苟有釁：現在假如敵國有隙可乘。⑱綏之以德，加之以訓辭：用德性來安撫他，再加上教訓。⑲總其罪人以臨之：總是率領。率領他的罪人（指子華）以威脅他。⑳鄭有辭：鄭國很有理由回答。㉑會而列姦：開會而把姦佞列入。㉒何以示後嗣：怎麼能傳給子孫。㉓無國不記：沒有一國不記在竹簡上。㉔記姦之位：把姦人（指子華）記在位子上。㉕君盟替：你的盟會就失敗了。㉖作而不記，非盛德也：作事情而不記載竹簡上，這不是很盛的德性。㉗求介：求獲得力量。㉘三良為政：三良即指洩氏，孔氏，子人氏三族。為政是掌政治。㉙齊侯辭焉：齊桓公也就辭謝子華的建議。

【今譯】秋天，在甯母會盟，為了商討鄭國的問題。管仲對齊桓公說：「我聽說過，招撫離心的人要用禮；懷柔遠方的人要用德。德和禮始終不變，沒有人不感懷你。」齊桓公就對諸侯各國以禮相待，諸侯各國的官員領受了齊桓公發給他們的命令，規定他們所應貢獻給天子的物品。鄭文公派太子華到會，聽取齊桓公的命令，他對齊桓公說：「洩氏、孔氏、及子人氏三族，實在是違背你的命令，若是你把他們除掉，做為講和的條件，我願意以鄭國做齊國的內臣。對你也不是沒有利處。」齊桓公將要允許太子華的要求，管仲說：「你以禮和信用聯合了諸侯，而以奸計來結束，這不是不可以的嗎？兒子與父親不互相干犯，叫做禮；堅守命令共赴時事，叫做信。違背了這兩個原則，就是莫大的姦逆。」齊桓公說：「諸侯曾討伐鄭國而沒有成功，現在鄭國若有釁隙，趁機收拾它，不是很好嗎？」管仲回答說：「你若以德性綏服他，再加以教訓他的辭令，而後率領諸侯討伐鄭國，鄭國將為了挽救覆亡而無暇他顧，難道還敢不怕？你若是率領了鄭國的罪人去威脅他，鄭國就有話可說，還有什麼要怕的呢？並且聯合諸侯是為了尊崇道德，會盟而使姦佞同列，怎麼能傳示子孫呢？諸侯的會盟，有關的德行、刑罰、禮節、道義，沒有一個國家不把這些事情記載下來。各國記載了姦佞與列的事，那麼你所召集的盟會也就失敗了。所作的事不記載下來，並不是盛德。你且不要允許他才好。鄭國必定會接受盟約。而那個子華既做了太子，反而向大國求援，以削弱自己國家的力量，他也必將不免於禍患。鄭國現在有叔詹、堵叔、師叔，這三個好人掌理政治，是沒有機會可以利用的。」齊桓公拒絕了子華的要求。而子華因此得罪於鄭國。

(五) 經 曹伯班①卒。

【今註】㊀曹伯班：即曹昭公。有經無傳。

【今譯】曹昭公逝世。（無傳）

(六)經 公子友如齊①。

【今註】㊀公子友如齊：盟誓以後而去聘，表示招待不周。有經無傳。

【今譯】公子友到齊國去聘問。（無傳）

(七)經 冬，葬曹昭公①。

【今註】㊀曹昭公：即曹伯班。

【今譯】冬天，安葬曹昭公。（無傳）

(八)傳 冬，鄭伯使請盟於齊①。

【今註】㊀鄭伯使請盟於齊：鄭伯要求與齊國盟誓，此即前文管仲所略：「鄭必受盟。」

【今譯】冬天，鄭文公派人到齊國請求與齊國盟誓。

(九)傳 閏月①惠王崩，襄王②惡大叔帶之難③，懼不立，不發喪而告難於齊④。

【今註】㊀閏月：古代的方法，把閏月必安置在年終，所謂「歸餘於終。」㊁襄王：是惠王的太子鄭。㊂大叔帶之難：大叔帶是襄王的弟弟。惠王的皇后很想立他做王。難是指患難。大音泰。㊃不發喪而告難於齊：在沒有發喪以前，就派人告患難於齊桓公。

【今譯】閏月，周惠王駕崩。周襄王因為耽心大叔帶要發難，害怕而不敢立。就不發佈惠王喪事的訃聞，而把大叔帶將發難的事向齊國報告。

僖公八年

(一)經 八年（公元前六五二年）春王正月，公會王人、齊侯，宋公，衛侯，許男，曹伯，陳世子款盟于洮，鄭伯乞盟。

傳 八年春，盟于洮①，謀王室②也。鄭伯乞盟，請服也③。襄王定位，而後發喪④。

【今註】㊀洮：曹地。在今山東省濮縣西南五十里。㊁謀王室：因為襄王深懼太叔帶會作亂，所以諸侯會盟以加以計謀。㊂鄭伯乞盟，請服也：鄭伯請加入盟誓，這時方才服從。㊃襄王定位，而後發喪：襄王的位置定了，而後發表惠王的喪事。

【今譯】八年，春天，魯僖公會合王室的代表，齊侯、宋公、衛侯、許男、曹伯、以及陳世子款盟誓於洮，為的是商討安定王室的計謀。鄭伯乞求參加盟誓：至此才服從於齊國。襄王的王位穩定以後，然後才發佈惠王的喪事。

㈡經夏，狄伐晉。

傳晉里克帥師，梁由靡御，虢射為右①，以敗狄于采桑②。梁由靡曰：「狄無恥，從之必大克③。」里克曰：「懼之而已，無速眾狄④。」虢射曰：「期年，狄必至，示之弱矣⑤。」夏，狄伐晉，報采桑之役也⑥。復期月⑦。

【今註】㈠梁由靡御，虢射為右：梁由靡，虢射皆晉大夫。㈡采桑：在今山西省鄉寧縣西，大河津濟處。㈢狄無恥，從之必大克：狄人不以逃走為羞恥，追逐他必定大勝。㈣懼之而已，無速眾狄：只要抵抗他就好，不可引發眾多狄人來進攻。㈤示之弱矣：因為這已經表示著晉軍很衰弱。㈥報采桑之役：這是為的報復采桑的戰役。㈦復期月：不止一年，並且一年又過了一個月。

【今譯】晉國的里克率領了軍隊，梁由靡為他駕著戰車，虢射做車右，在采桑把狄人打敗。梁由靡說：「狄人不以逃走為可恥，我們從後追逐，必定可以大獲勝利。」里克說：「把他們打敗為的只是讓他們有所畏懼。不可引發眾多狄人來攻擊我們。」虢射說：「一年以後，狄人必定會來攻，因為這一次已表現了晉軍的薄弱。」夏天，狄人攻伐晉國。這是為了報復采桑那次戰役。在采桑之役一年又一個月以後，應驗了虢射的話。

㈢經 秋七月，禘于大廟，用致夫人。

傳 秋，禘而致哀姜焉①，非禮也②。凡夫人不薨于寢③，不殯于廟④，不赴于同⑤，不祔于姑⑥，則弗致⑦也。

【今註】㊀禘而致哀姜焉：禘音同弟，古時重大祭典。祭太廟而使哀姜入廟。㊁非禮也：這不合於禮制。㊂凡夫人不薨於寢：凡是夫人不死在寢宮。㊃不殯于廟，不在廟裡出殯。㊄不赴于同：不將訃聞送到各同盟國。㊅不祔于姑：因為古代夫妻兩個人圖騰不相同，所以他不能夠附在他丈夫的廟中，可是照原則說，兩個圖騰的人，必須為交換婚，所以下一代的夫人同上一代的姑恰是同圖騰，可以相祔。祔音附。㊆則弗致：四件不舉行，則不入廟。

【今譯】秋天，舉行禘祭於太廟，以安置哀姜的神主。這是不合禮的。凡是夫人不在寢宮逝世，不在太廟出殯，不將訃聞送到同盟的國家，不祔祭於她的姑，那麼就不必安置她的神主在太廟中。

㈣經 冬，十有二月丁未，天王崩。

傳 冬，王人來告喪，難故①也，是以緩。

【今註】㊀難故：因為太叔帶的難。

【今譯】冬天，周王的人來報告惠王的喪事，因為有太叔帶之難，所以延緩。

(五)傳 宋公①疾，大子茲父②固請曰：「目夷長且仁③，君其立之。」公命子魚④。子魚辭曰：「能以國讓，仁孰大焉⑤。臣不及也，且又不順⑥。」遂走而退。

【今註】㊀宋公：即桓公御說。㊁茲父：是桓公的嫡子襄公。㊂目夷長且仁：目夷是茲父的庶兄。他年長而且仁厚。㊃子魚：即公子目夷。㊄能以國讓，仁孰大焉：能拿國家來禮讓，再沒有比這種仁更大的。㊅且又不順：因為立庶不立嫡，是不合於禮。

【今譯】宋桓公病得很厲害，太子茲父堅持向桓公請求說：「目夷比我年長而且仁厚，請你且立他繼承君位。」桓公就命子魚繼位，子魚推辭說：「能夠把國家讓給別人，再沒有比這種仁德更大的了。我不如他，而且我的地位不合於繼任為君。」於是就走開了。

僖公九年

(一)經 九年（公元前六五一年）春王三月，丁丑，宋公御說卒。

傳 九年春，宋桓公卒①，未葬，而襄公會諸侯，故曰子②。凡在喪，王曰小童③，公侯曰子④。

【今註】 ㈠宋桓公卒：即是宋公御說卒。㈡襄公會諸侯，故曰子：襄公就去會盟諸侯，所以稱他為子。㈢凡在喪，王曰小童：凡是未葬，王就叫做小童。㈣公侯曰子：公或侯皆稱為子。

【今譯】 九年春天，宋桓公逝世。尚未下葬，而宋襄公就會見諸侯，所以稱他為「子」。凡是在喪事未完以前，王就稱為「小童」，公侯都稱為「子」。

㈡經 夏，公會宰周公，齊侯、宋子、衛侯、鄭伯、許男、曹伯于葵丘。

傳 夏，會於葵丘①，尋盟，且修好②，禮也。王使宰孔③賜齊侯胙④，曰：「天子有事于文武⑤，使孔賜伯舅胙⑥。」齊侯將下拜⑦。孔曰：「且有後命⑧。天子使孔曰，以伯舅耋老⑨，加勞賜一級，無下拜⑩。」對曰：「天威不違顏咫尺⑪，小白余敢貪天子之命，無下拜⑫，恐隕越于下，以遺天子羞⑬，敢不下拜。」下拜登受⑭。

【今註】㈠葵丘：在今河南省考城縣東三十里。㈡尋盟、且修好：重申從前的盟約，並且是為的修舊好。㈢宰孔：即宰周公，為天子宰。㈣賜齊侯胙：胙音ㄗㄨㄛˋ是祭祖先用的祭肉，因為周代行封建制度，所以將親戚列入同姓，杜預說：「尊之比二王後。」是他不明白周代的封建制度。賜齊侯胙是以祭肉賜齊桓公。㈤有事於文武：謂有祭祀于周文王，周武王。㈥賜伯舅胙，是天子稱異姓諸侯、為伯舅、叔舅，見於禮記。但經我細研究，何人須稱伯舅及何人須稱叔舅，並不是看這個人年紀的長幼，而是看始封的諸侯，對當時的天子長或幼。賜伯舅胙亦指賞給齊桓公祭肉。㈦將下拜：將到階下來拜謝。㈧且有後命：更有以後的命令。㈨耋老：耋音ㄉㄧㄝˊ，年八十曰耋，見說文；而左傳杜預注七十曰耋。耋老是高年的意思。㈩加勞賜一級，無下拜：因為你辛苦，所以加賜一等級，不必下台去拜謝。⑪天威不違顏咫尺：皇帝的威嚴不離開我的顏面過遠。咫是等於八寸，天是指皇帝。⑫小白余敢貪天子之命，無下拜：小白是齊桓公自稱。此句指我那裡敢貪圖於天子的命令，不必下台去拜謝。⑬恐隕越于下，以遺天子羞：恐怕天威顛墜到台階的下邊，使天子蒙受羞恥。⑭下拜登受：下台拜謝，然後上堂受祭肉。

【今譯】夏天，諸侯會見於葵丘，重申過去的盟約，並且續修舊日的和好。這是合禮的。周襄王派他的冢宰孔把祭肉賜給齊桓公，對他說：「天子祭文王和武王，所以派孔來賜祭肉給伯舅。」齊桓公將到階下拜謝，孔就說：「且慢，還有一個命令。天子派我來曾說道，因為伯舅年事已高，所以加賜一級，不必下階拜謝。」齊桓公回答說：「天的威嚴在我的面前不遠。我，小白，若是敢貪圖於天子的命令，而不下階拜謝；我恐怕天威顛墜到下面，而使天子因而蒙受羞恥。我怎敢不下階拜謝呢？」於是就到台階下拜謝，然後到堂上領受祭肉。

(三) 經 秋七月，乙酉，伯姬①卒。

【今註】㊀伯姬：是魯僖公的長女。據公羊、穀梁傳說伯姬未嫁人。有經無傳。

【今譯】秋天，七月乙酉，僖公的大女兒逝世。（無傳）

(四) 經 九月戊辰，諸侯盟於葵丘。

傳 秋，齊侯盟諸侯于葵丘，曰：「凡我同盟之人，既盟之後，言歸于好①。」宰孔先歸，遇晉侯②，曰：「可無會也③。齊侯不務德而勤遠略④，故北伐山戎⑤，南伐楚⑥，西為此會也。東略之不知，西則否矣⑦，其在亂乎！君務靖亂，無勤於行⑧。」晉侯乃還。

【今註】㊀言歸于好：言歸於好四字以上為盟誓之辭。㊁晉侯：晉獻公，也來參加葵丘之會。㊂可無會也：不必去聚會。㊃齊侯不務德而勤遠略：齊桓公不講究德性，而做遠的侵略。㊄北伐山戎：見莊公三十一年。㊅南伐楚：見僖公四年。㊆東略之不知，西則否矣：往東邊侵略則不知道，往西邊則絕對不會。㈧君務靖亂，無勤於行：你務必安定晉國的亂，不必勤勉於外國的行動。

【今譯】　秋天，齊桓公會盟諸侯於葵丘。他說：「凡是與我同盟的人，既然盟誓以後，要棄絕任何不和的事而歸於和好。」天子的冢宰孔首先回去，在路上遇到晉獻公，對晉獻公說：「可以不必去會盟。齊侯不講求德行而努力於遙遠的侵略。所以他向北邊討伐山戎，向南邊討伐楚國，在西邊他召集了這次會盟。我不知道他向東邊要做些什麼事，但是他將不會向西邊侵略的。晉國的亂事還在嗎？你務必要安定晉國的內亂，不必勤勉地從事國外的活動。」晉獻公於是打道回國。

㈤

經　甲子晉侂諸卒。

傳　九月，晉獻公卒，里克不鄭①，欲納文公②，故以三公子之徒③作亂。初，獻公使荀息④傅奚齊⑤，公疾⑥召之，曰：「以是藐諸孤⑦，辱在大夫⑧，其若之何。」稽首⑨而對曰：「臣竭其股肱之力⑩，加之以忠貞⑪。其濟，君之靈也⑫；不濟，則以死繼之⑬。」公曰：「何謂忠貞？」對曰：「公家之利，知無不為，忠也⑭。送往事居，耦具無猜，貞也⑮。」及里克將殺奚齊，先告荀息曰：「三怨將作⑯，秦晉輔之⑰，子將何如？」荀息曰：「將死之。」里克曰：「無益也。」荀叔⑱

曰：「吾與先君言矣，不可以貳。能欲復言而愛身乎⑲？雖無益也，將焉辟之⑳？且人之欲善，誰不如我，我欲無貳，而能謂人已乎㉑？」

【今註】㈠丕鄭：晉大夫。㈡欲納文公：希望請公子重耳來做君。㈢三公子之徒：謂申生，重耳，夷吾的黨徒。㈣荀息：晉大夫。㈤傅奚齊：為奚齊的師傅。㈥公疾：病重叫疾。㈦以是藐諸孤：這是一個比我旁的兒子全小的兒子。㈧辱在大夫：這是屈辱你。㈨稽首：古人坐到席上，稽首而拜，就是叩首至地。㈩臣竭其股肱之力：我用我的四肢的力量。⑪加之以忠貞：再加上忠心同貞正。⑫其濟，君之靈也：如果成功，是你的保佑。⑬不濟，則以死繼之：要不成功，則接著盡死。⑭公家之利，知無不為，忠也：與公家有利的事，所知道的沒有不作，就是忠。⑮送往事居，耦具無猜，貞也：往是死者，居是生者。此句意思是送死者，事奉生者，皆無所懷疑。這就是貞正。⑯三怨將作：就是三公子的黨徒將發作。⑰荀叔：即荀息。⑱秦晉輔之：秦國同晉國全都幫他的忙，反對奚齊。⑲能欲復言而愛身乎：能把說的話收回，而專門來愛自己的身體。⑳雖無益也，將焉辟之：雖然沒有好處，那能躲避他。㉑我欲無貳，而能謂人已乎：我想著沒有貳心，豈能希望旁人有貳心。

【今譯】九月，晉獻公逝世。晉國的大夫里克和丕鄭想要接納公子重耳做國君，所以藉著三位公子的徒從作亂。起初，晉獻公派荀息做奚齊的師傅。當獻公病重的時候，召喚荀息來對他說：「這個兒子比旁的兒子都小，這是屈辱了你，將怎麼辦才好？」荀息深深地低頭叩拜回答道：「我願意用盡我全身的力量，加上我的忠心和貞正。如果成功，是您的保佑；如果不成功，我就盡死效力。」獻公說：「什麼叫做忠貞？」回答說：「凡是對公家有利的事，知道的，沒有不做，叫做忠，送死和事生，兩方面都沒有猜疑，叫做貞。」等到里克將要殺奚齊，先告訴荀息說：「三位公子的徒從將要舉事，秦國和晉國要輔佐他們，你將怎麼辦呢？」荀息說：「我將効死。」裏克說：「沒有用處的！」荀息又說：「我已經對先君說過了，不可以改變。怎能收回已經說了的話，而貪愛自己的身體呢？雖然沒有用處，那能逃避呢？況且人們想要做好，誰不像我一樣呢？我自己願意沒有貳心，而能夠說別人可以有貳心嗎？」

(六) 經 冬，晉里克殺其君之子奚齊。

傳 冬十月，里克殺奚齊于次①，書曰：「殺其君之子②。」未葬也。荀息將死之③。人曰：「不如立卓子而輔之。」荀息立公子卓以葬④。十一月，里克殺公子卓于朝，荀息死之，君子曰：「詩所謂，『白圭之玷，尚可磨也，斯言之玷，不可為也⑤。』荀息有焉⑥。」

【今註】㊀次：是居喪所住的地方。㊁書曰，殺其君之子：寫在春秋上說，殺了他的君的兒子。㊂荀息將死之：荀息就要自殺。㊃立公子卓以葬：立公子卓為君，以辦理獻公的喪禮。㊄白圭之玷，尚可磨也，斯言之玷，不可為也：此詩出大雅蕩之什抑篇。假設很白的玉石有缺點，尚可以磨治；如果一句話的有缺陷，就沒有方法再磨治。玷音店，是玉之缺點。㊅荀息有焉：荀息能夠實行他的諾言，這等於抑篇所說。

【今譯】冬天十月，里克殺奚齊於他居喪的地方。記載說：「殺他的國君的兒子。」因為晉獻公尚未下葬。荀息將要効死。有人說：「不如立卓子而輔佐他。」荀息就立了公子卓，以辦理獻公的喪禮。十一月，里克殺公子卓於朝廷，荀息就為了効死而自殺。君子說道：「詩所說，白的玉圭上有缺點，還可以磨掉；所說的話有缺點，就沒有辦法了。」荀息的行為就是含有這種意義。

(七)傳　齊侯以諸侯之師伐晉，及高梁①而還，討晉亂也。令不及魯②，故不書。

【今註】㊀高梁：水經敘汾水，南逕高梁故城西，在揚縣之南十八里。則高梁在今山西省洪桐縣之南。㊁令不及魯：命令不達到魯國。

【今譯】齊桓公用諸侯的軍隊討伐晉國，到了高梁就回師。為的是聲討晉國的亂事。出師的命令沒有到達魯國，所以魯國的史書沒有記載。

(八) 傳

晉郤芮①使夷吾重賂秦以求入②，曰：「人實有國，我何愛焉③。入而能民，土於何有④？」從之。齊隰朋⑤帥師會秦師納晉惠公⑥。秦伯⑦謂郤芮曰：「公子誰恃⑧。」對曰：「臣聞亡人無黨，有黨必有讎⑨。夷吾弱不好弄⑩，能鬬不過⑪，長亦不改，不識其他⑫。」公謂公孫枝⑬曰：「夷吾其定乎⑭？」對曰：「臣聞之，唯則定國⑮。詩曰，不識不知，順帝之則⑯，文王之謂也⑰。又曰，不僭不賊，鮮不為則⑱，無好無惡，不忌不克之謂也⑲。今其言多忌克，難哉⑳！」公曰：「忌則多怨，又焉能克，是吾利也㉑。」

【今註】㈠郤芮：是晉大夫，郤克的祖父。㈡重賂秦以求入：重音ㄓㄨㄥˋ。加重的賄賂秦國，以求進入晉國。㈢人實有國，我何愛焉：這個國家是人家的，我對他有什麼捨不得？㈣入而能民，土於何有：進到晉國，而能夠治理人民，土地又算什麼？㈤隰朋：齊大夫。隰音習。㈥晉惠公：即夷吾。㈦秦伯：即秦穆公。㈧公子誰恃：公子仗著什麼人。㈨臣聞亡人無黨，有黨必有讎：我聽說逃亡的人，必定沒有黨派，有了黨派必定有讎人。㈩弱不好弄：他年幼的時候，並不喜歡戲弄。⑪能鬬不過：他每回同人鬬事的時候，也不求過於勝利。⑫長亦不改，不識其他：到了年長，也不改變他的性格，其他的我就不知道。㊂公孫枝：字子桑，是秦大夫。㊃夷吾其定乎：夷吾入晉，能否安定晉國。㊄唯則定國：根據法律，就可以安定國家。㊅不識不知，順帝之則：出詩、大雅、文王之什、皇矣篇。帝是指天，則是指法則：他雖然不明白天的法則，但他自然能夠推行。㊆文王之謂也：這就指著文王。㊇不僭不賊，鮮不為則：出詩、大雅、蕩之什、抑篇。僭是過差，賊是傷害。不過差，也不傷害，沒有不能為人法則的。㊈無好無惡，不忌不克之謂也：忌是猜忌，克是好勝。此指不偏好，也不怨惡，就是不猜忌不好勝的意思。㊉今其言多忌克，難哉：現在他的話，多猜疑好勝，這真難於安定國家。㊀忌則多怨，又焉能克，是吾利也：猜忌則多招致怨惡，又如何能夠好勝，這是對我很有利的。

【今譯】晉國的大夫郤芮建議夷吾加重的賄賂秦國以求幫助他進入晉國，對他說：「這個國家實在是別人的，我對它有什麼捨不得；但若是進入晉國而能治理人民，又何必怕沒有土地呢？」夷吾就聽從郤芮的話。這時，齊國的大夫隰朋率領軍隊會合秦國的軍隊，將使晉惠公（即夷吾）回晉國。秦穆公對郤芮說：「公子倚仗什麼人呢？」回答說：「我聽說亡命的人沒有黨派，有了黨派必定有仇人，夷吾年幼時不喜歡戲弄，和別人打鬬也不求勝；他長大了以後，這些習性都沒有改變。我只知道這樣，不知道其他的事。」秦穆公又對公孫枝說：「夷吾將能夠安定晉國嗎？」回答說：「我聽說，只有法律能安定國家。詩大雅說：『雖然不認識也不知道天的法則，但能順著去做。』這是指著文王而說的。詩又說：『不過份也不傷害，沒有不能做為法則。』這就是說沒有偏好也沒有怨惡，不猜忌也不好勝的意思。現在我看夷吾的話，多猜疑而好勝，恐怕很難吧！」穆公說：「他好猜忌就會多招怨恨，又怎麼能夠制勝？這對我是有利的。」

(九)傳 宋襄公即位，以公子目夷①為仁②，使為左師③，以聽政④，於是宋治。故魚氏世為左師⑤。

【今註】㈠公子目夷：目夷即子魚。㈡為仁：宋襄公以他為仁讓。㈢左師：是官名。㈣以聽政：管理政治。㈤故魚氏世為左師：魚氏是目夷的後人。所以目夷的後人代代做左師的官。

【今譯】宋襄公即位以後，因為公子目夷的仁讓，就派他做左師以聽理政事。於是宋國政治上軌道。所以魚氏就世代做宋國的左師。

僖公十年

(一)經 十年（公元前六百五十年）春王正月，公如齊①。

【今註】㈠公如齊：魯僖公到齊國去。有經無傳。

【今譯】十年，春天，正月，魯僖公到齊國去。（無傳）

(二)經 狄滅溫，溫子奔衛。

傳 十年春，狄滅溫①，蘇子無信也②。蘇子叛王即狄③，又不能於狄④，狄人伐之。王不救，故滅。蘇子奔衛⑤。

【今註】㈠溫：溫縣故城在今河南省溫縣西南三十里。㈡蘇子無信也：蘇子沒有信實。㈢即狄：同狄人聯合。㈣又不能於狄：又不能夠與狄人合好。㈤蘇子奔衛：蘇子為周武王司寇蘇公之後，他封邑在溫，所以蘇子就逃到衛國。

【今譯】十年春天，狄人消滅了溫國。因為蘇子不講信用。蘇子背叛周襄王而與狄人聯合，但他又不能與狄人和好，所以狄人討伐他。周襄王不去救他，所以滅亡。蘇子逃奔到衛國。

(三)經 晉里克弒其君卓，及其大夫荀息。

【今註】此經的傳已見於僖公九年，而經卻寫在今年春天，概從赴告。

【今譯】晉國大夫里克弒了他的國君卓，以及大夫荀息。（傳在九年）

(四)經 夏，齊侯，許男伐北戎①。

【今註】㈠伐北戎：即北伐山戎。有經無傳。

【今譯】 夏天，齊桓公和許僖公北伐山戎。（無傳）

(五)

經 晉殺其大夫里克。

傳 夏，四月，周公忌父①，王子黨②會齊隰朋立晉侯③，晉侯殺里克以說④。將殺里克。公使謂之曰：「微子，則不及此⑤。雖然，子弒二君，與一大夫，為子君者，不亦難乎⑥？」對曰：「不有廢也，君何以興⑦？欲加之罪，其無辭乎⑧？臣聞命矣！」伏劍而死。於是丕鄭⑨聘於秦，且謝緩賂⑩，故不及。

【今註】 ㈠周公忌父：即周國卿士。㈡王子黨：周大夫。㈢晉侯：是晉惠公。㈣以說：自為解說，不是篡位。㈤微子、則不及此：要不是你，我就不能得君位。㈥為子君者，不亦難乎：做你的君，不是也很難嗎？㈦不有廢也，君何以興：要不是廢除旁人，你怎麼能夠興起。㈧欲加之罪，其無辭乎：要想加罪狀給我，你不怕沒有說辭。㈨丕鄭：是晉大夫里克黨羽。㈩謝緩賂：為晉國緩交賄賂致歉。

【今譯】 夏天四月，周公忌父、王子黨會合齊國大夫隰朋立晉惠公。晉惠公殺了里克以自為解說。將殺里克時，惠公先派人對他說：「若是沒有你，我就不能有君位。雖然如此，但是你弒殺了二個國君和一個大夫。做你的國君的人，不是很為難嗎？」回答說：「若不廢除了旁人，你怎麼能興起？你想要加我罪狀，不怕沒有話說。我遵命就是了。」伏身就著劍自殺了。這時候，丕鄭正到秦國去聘問，並且對緩交賄賂表示歉意，所以沒有連累到。

㈥經 秋七月。

【今註】有經無傳。左氏春秋習慣，雖無事亦必書四季。

【今譯】秋天，七月（無傳）。

㈦傳 晉侯改葬共大子①。秋，狐突適下國②，遇大子，大子使登僕③而告之曰：「夷吾無禮，余得請於帝矣④，將以晉畀秦⑤，秦將祀余。」對曰：「臣聞之，神不歆非類⑥，民不祀非族⑦，君祀無乃殄⑧乎？且民何罪，失刑乏祀⑨，君其圖之⑩！」君曰：「諾！吾將復請。七日⑪，新城西偏將有巫者而見我焉！」⑫許之，遂不見。及期而往，告之曰：「帝許我罰有罪矣，敝於韓⑬。」

【今註】㊀改葬共大子：共音同恭，大音同泰。共是太子申生的諡號。改葬是改行葬禮的意思。㊁狐突適下國：狐突是重耳舅父。適下國是往曲沃。㊂登僕：登車為僕去駕車。㊃夷吾無禮，余得請於帝也：所謂夷吾無禮，不止一端，故很難詳知道。「賈逵云，烝於獻公夫人賈君，故曰無禮。馬融云、申生不自明而死，夷吾改葬之，章父之過，故曰無禮。」余得請於帝是說我已經請過上帝。㊄將以晉畀秦：畀音同敝，賜與。將把晉國送給秦國。㊅神不歆非類：歆是享受。若非我族類的人來祭祀，神也不享受。㊆民不祀非族：人民也不祭祀非我族類的人。㊇君祀無乃殄：殄音同腆（ㄊㄧㄢˇ），滅絕的意思。你的祭祀不就絕滅了嗎！㊈且民何罪，失刑乏祀：並且人民犯什麼罪，因怒夷吾而濫施刑罰於人民，又把晉國給秦國而自絕祭祀。㊉君其圖之：那麼你還是深思熟慮吧！⑪七日：七天以後。⑫新城西偏將有巫者而見我焉：新城是指的曲沃。在曲沃城裡的西邊，將有一個巫人，你就由他可以見到我。⑬帝許我罰有罪矣，敝於韓：上帝已經答應我，將懲罰那個有罪的人，使他在韓地打敗仗。韓即韓原，為晉地。一統志：「在陝西韓城縣西南八里。」江永說：「就秦伯之軍涉河作戰，及晉侯曰寇矣而言，應在山西河津萬泉之間。」故韓地應在今榮河縣東北，萬泉縣西。

【今譯】　晉惠公改葬太子申生。秋天，狐突到曲沃去，遇到太子，太子叫他駕車，而告訴他說：「夷吾無禮，我已經向上帝請求過，將把晉國給秦國，秦國將要祭祀我。」狐突回答說：「我聽說過，神不享受不同族類的祭祀，人民也不祭祀不同族類的神。你的祭祀不是要斷絕了嗎？況且人民有什麼罪，你向他們濫施刑罰，又斷了自己應享的祭祀。你且好好考慮吧！」太子申生就說：「好吧！我將再向上帝請求。七天以後，在新城的西邊，將有巫人，你可以由他見到我。」狐突答應他，太子就不見了。到了預定的日期，狐突就到城西邊太子告訴他說：「上帝允許我處罰有罪的人，將讓他在韓打敗。」

(八)經 冬，大雨雪①。

【今註】㊀大雨雪：下的雪很大。有經無傳。

【今譯】冬天，下大雪。（無傳）

(九)傳 丕鄭之如秦也，言於秦伯①曰：「呂甥，郤稱，冀芮②實為不從③，若重問以召之④，臣出晉君⑤，君納重耳，蔑不濟矣⑥。」冬，秦伯使泠至報問⑦，且召三子⑧。芮曰：「幣重而言甘，誘我也⑨。」遂殺丕鄭，祁舉⑩及七輿大夫⑪左行共華，右行賈華，叔堅，騅歂，纍虎，特宮，山祁，皆里丕之黨也⑫。丕豹⑬奔秦，言於秦伯曰：「晉侯背大主而忌小怨⑭，民弗與也，伐之必出⑮。」公曰：「失眾，焉能殺⑯。違禍，誰能出君⑰。」

【今註】㊀秦伯：秦穆公。㊁呂甥，郤稱，冀芮：呂甥等三人是晉大夫。㊂實為不從：他們實在不肯給你賄賂。㊃重問以召之：問是聘問的布幣。若加重他的布幣以召到秦國。㊄臣出晉君：我就把晉惠公驅逐出境。㊅君納重耳，蔑不濟矣：你就把重耳納回晉國，沒有不成功的。㊆泠至報問：

泠至是秦大夫。報問是報答晉國的聘問。⑧三子：是呂甥、郤稱，冀芮三大夫。⑨幣重而言甘，誘我也：用的布幣很多，而說的話甜蜜，這是引誘我。⑩祁舉：晉大夫。⑪七輿大夫：是管侯伯七命的副車，共七乘。其下所舉左行共華以下七人，即七輿大夫的名字。⑫皆里丕之黨也：全都是里克丕鄭的黨羽。⑬丕豹：是丕鄭之子。⑭背大主而忌小怨：違背大主，大主指秦穆公。小怨指里丕等。⑮民弗與也，伐之必出：民不會贊成他，若秦國伐他，則晉國人必驅逐他的君。⑯失眾，焉能殺：如果失掉眾人，安能殺里丕的黨羽。⑰違禍，誰能出君：你是躲避禍亂，誰還能驅逐君出晉國。

【今譯】丕鄭到秦國去聘問，對秦穆公說：「呂甥、郤稱、和冀芮三個人，實在是他們不給你賄賂。若是加重送他們聘問的布幣，召他們來秦國。我就把晉惠公驅逐出境，然後你把重耳納回晉國，絕對不會不成功。」冬天，秦穆公派泠至到晉國去報聘，並且召請三位大夫。郤芮說：「用的布幣很多而說的話甜蜜，這是為了引誘我。」於是就殺死丕鄭、祁舉以及七輿大夫左行共華、右行賈華、叔堅、騅歂、纍虎、特宮、山祁、七人，都是里克丕鄭的黨徒。丕鄭的兒子丕豹逃奔到秦國，對秦穆公說：「晉惠公背叛了大的恩主，而忌恨小的仇怨，人民不會擁護他的。你討伐他，必定可以把他趕走。」秦穆公說：「他如果失去了眾人的擁護，怎麼能殺死里克丕鄭的黨羽。你既是逃避禍事而來的，誰還能驅逐你的國君呢？」

僖公十一年

(一)經 十有一年（公元前六百四十九年）春，晉殺其大夫丕鄭父。

傳 十一年春，晉侯使以丕鄭之亂來告①。

【今註】㊀丕鄭之亂來告：所以春秋上寫明，晉殺其大夫丕鄭父。

【今譯】十一年春天，晉惠公的使者把丕鄭的亂事通告魯國。

(二)傳 天王使召武公①，內史過②賜晉侯命③，受玉惰④，過歸告王曰：「晉侯其無後乎⑤？王賜之命而惰於受瑞⑥，先自弃也已，其何繼之有？禮，國之幹也⑦，敬，禮之輿也⑧，不敬則禮不行⑨，禮不行則上下昏，何以長世⑩？

【今註】㊀召武公：周卿士。㊁內史過：周大夫。㊂賜晉侯命：賜晉惠公的圭章。㊃受玉惰：他接受圭章時，行禮很懶惰。㊄晉侯其無後乎：晉惠公恐怕沒有子孫。㊅王賜之命而惰於受瑞：王給他命圭，而接受的時候很懶惰。㊆禮國之幹也：禮是國家的根本。㊇敬，禮之輿也：敬是禮的車輛。㊈不敬則禮不行：不恭敬則禮沒有車輛不能走。㊉何以長世：那怎麼可以使後代增長。長音ㄓㄤˇ。

【今譯】周襄王派召武公和內史過賜命晉惠公。晉惠公接受玉圭時，行禮懶惰。內史過回去告訴襄王說：「晉侯將沒有後嗣的吧！王賜命給他，而他懶於接受祥瑞的玉圭，自己先就自棄了，還有什麼繼嗣的希望呢？禮，是國家的根本；敬，是禮的車輿。不恭敬，禮就不能推行；禮不能推行，上下的秩序就不明白，怎麼能夠延長後世呢？

㈢經　夏，公及夫人姜氏會齊侯於陽穀①。

【今註】㈠陽穀：齊地。在今山東省陽穀縣東北五十里。有經無傳。

【今譯】夏天，魯僖公和夫人姜氏在陽穀與齊桓公會面。（無傳）

㈣傳　夏，揚拒泉皐伊雒之戎①，同伐京師入王城，焚東門，王子帶召之也②。秦晉伐戎以救周，秋，晉侯平戎于王③。

【今註】㈠揚拒泉皐伊雒之戎：江永春秋地理考實：「今河南洛陽縣西南，有前城，有戎城，即泉皐也。」又揚拒去偃師不遠，昭公二十二年劉子奔揚。疑即此。伊水洛水之間，河南雒陽縣西南有戎城。㈡王子帶召之也：王子帶就是甘昭公，召戎來相助，以備奪周的王位。㈢晉侯平戎于王：晉侯使人在周與戎之間講求和平。

【今譯】夏天，居住在揚拒、泉皐及伊水、洛水附近的戎人，共同攻伐京師。進入周王的都城，焚燬東門。因為王子帶召戎人來相助，以備篡奪王位。秦國和晉國出兵討伐戎人以救周室。秋天，晉惠公調停戎人，使他們與周王保持和平。

㈤ 經 秋八月大雩①。

【今註】㈠大雩：是祭名。有經無傳。

【今譯】秋天，八月，舉行大雩求雨的祭典。（無傳）

㈥ 經 冬，楚人伐黃。

傳 黃人①不歸楚貢②冬楚人伐黃③。

【今註】㈠黃人：黃，嬴姓國，故城在今河南省潢川縣西十二里。㈡不歸楚貢：不歸獻楚國的貢物。㈢楚人伐黃：黃人依仗齊國的原故，所以楚國就派兵征討黃國。

【今譯】黃國人不向楚國進貢，楚國人就討伐黃國。

僖公十二年

㈠ 經 十有二年（公元前六百四十八年）春王三月，庚午①日有食之。

【今註】㈠庚午：不書朔，史官記載的有錯誤。有經無傳。

【今譯】十二年春天，周王曆三月庚午，日蝕。（無傳）

(二)傳 十二年春，諸侯城衛楚丘之郛①，懼狄難也。

【今註】㈠楚丘之郛：郛是外郭。楚丘是衛地，在今河南省滑縣東六十里。

【今譯】十二年春天，諸侯修築衛國楚丘城的外郭，因為怕狄人來侵犯。

(三)經 夏，楚人滅黃。

傳 黃人恃諸侯之睦於齊也，不共楚職①，曰：「自郢②及我九百里③，焉能害我？」夏，楚滅黃。

【今註】㈠不共楚職：不供給對楚國的供物。㈡郢：楚都。在今湖北省江陵縣北十五里，是為紀郢。㈢及我九百里：他來到我這裡，相距九百里。

【今譯】黃國人依恃著諸侯各國與齊國親睦的情勢，就不供應對於楚國的貢物，說道：「從郢都來到我這裏有九百里，怎麼能侵害我呢？」夏天，楚國竟消滅了黃國。

(四)經 秋七月。

傳 王以戎難故，討王子帶①，秋王子帶奔齊。

【今註】㈠討王子帶：王子帶前年曾召戎來伐周國。

【今譯】周襄王為了戎人來侵王城的緣故，討伐王子帶。秋天，王子帶逃奔到齊國。

㈤經　冬十有二月丁丑，陳侯杵臼卒。

傳　冬，齊侯使管夷吾平戎于王①，使隰朋平戎于晉②，王以上卿之禮饗管仲③，管仲辭④曰：「臣賤有司也⑤，有天子之二守國高在⑥，若節春秋來承王命⑦，何以禮焉⑧，陪臣⑨敢辭！」王曰：「舅氏⑩余嘉乃勳，應乃懿德⑪，謂督不忘⑫，往踐乃職，無逆朕命⑬。」管仲受下卿之禮⑭而還。君子曰：「管氏之世祀⑮也，宜哉！讓不忘其上⑯。詩曰『愷悌君子，神所勞矣⑰！』」

【今註】㈠平戎于王：使周王與戎和平相處。㈡平戎於晉：使晉惠公與戎和平相處。㈢王以上卿之禮饗管仲：因為管仲是齊國下卿，周襄王為加禮，故以上卿的禮節款待他。㈣辭：懇辭。㈤臣賤有司也：我是職位卑下的官吏。㈥有天子之二守國高在：國是國歸父，高是高傒，皆是天子所命的上卿。那就有天子所派的上卿國子與高子都在。㈦若節春秋來承王命：若按著春秋的時節，來聽承王的命令。㈧何以禮焉：又如何以禮節對待他。㈨陪臣：是諸侯的臣向天子自稱。㈩舅氏：因為他是伯舅的臣子，故稱他為舅氏。㈡余嘉乃勳，應乃懿德：我嘉勉你的功勳，而報答你的美德。㈢謂督不忘：督是真正。此句是說真正的不忘。㈢往踐乃職，無逆朕命：你就去做你應當做的事，不要違背了我的命令。㈣管仲受下卿之禮：據王引之說：管仲以下，受以上應當有一終字。此句指管仲受本位的禮節。㈤世祀：世守其祀。㈥讓不忘其上：謙讓不忘他上邊的人。㈦愷悌君子，神所勞矣：此詩出大雅、文王之什、旱麓篇。愷悌等於樂易。此句指樂易的君子，是神所歡迎的。

【今譯】冬天，齊桓公派管夷吾去調停周襄王與戎人的關係，使他們和平相處。派隰朋去調停晉國與戎人的關係，使他們和平相處。周襄王用上卿的禮節款待管仲，管仲推辭說：「我不過是職位卑下的官吏，齊國還有天子的守臣國子和高子，若是他們在春秋時節，來聽承王的命令，要用什麼禮節對待他們呢？我只是諸侯的臣子，敢請辭謝。」周襄王說：「你，伯舅的使臣，我嘉許你的勳勞，報答你的美德，為了表示真正不忘，請你履行你的職務，不要違背我的命令。」管仲終於接受了下卿的禮節而後回國。君子說：「管氏的後世，世代守著他的祭祀，不是應該的嗎？他能謙讓而不忘記在他上面的人。詩大雅說：『那和樂安易的君子，是神所歡迎的』。」

僖公十三年

㈠經　十有三年（公元前六百四十七年）春，狄侵衛①。

【今註】㈠狄侵衛：傳在十二年春，諸侯城衛楚丘之郛，懼狄難也。

【今譯】十三年春天，狄人侵犯衛國。

㈡傳 十三年春，齊侯使仲孫湫①聘于周，且言王子帶②，事畢，不與王言，歸復命曰③：「未可，王怒未怠④，其十年乎⑤？不十年，王弗召也。」

【今註】㈠仲孫湫：齊大夫。㈡且言王子帶：見僖公十二年「秋，王子帶奔齊。」意思說使他回到周國。㈣歸復命曰：歸到齊國以後，又回答齊桓公說。㈣王怒未怠：王的怒氣還沒有止息。㈤其十年乎：必須要等到十年以後嗎？

【今譯】十三年春天，齊桓公派仲孫湫到周去聘問，並且同周王談王子帶的事。聘問的事情完畢以後，仲孫湫並沒有同周王談起王子帶的事，回到齊國後，向齊桓公報告說：「還不能說，王的怒氣還沒消，大概要等十年吧？不到十年，王不會召王子帶回去的。」

㈢經 公會齊侯，宋公，陳侯，衛侯，鄭伯，許男，曹伯于鹹。

傳 夏，會于鹹①，淮夷病杞故②，且謀王室③也。

【今註】㈠鹹：衛地。今河北省濮陽縣東南六十里有鹹城。㈡淮夷病杞故：淮水的夷人侵犯杞國的

緣故 ㊂且謀王室：並且因為保衛王室。

【今譯】夏天，魯僖公與齊侯、宋公、陳侯、衛侯、鄭伯、許男、曹伯會于鹹，因為淮夷侵犯杞國的緣故，並且謀求保衛王室。

㈣ 經 秋九月，大雩①。

【今註】㊀雩：是指祭祀。杜注說因為過了時，寫在春秋上。有經無傳。

【今譯】秋天九月，舉行大雩（求雨）的祭典。（無傳）

㈤ 傳 秋，為戎難故，諸侯戍周①，齊仲孫湫致之②。

【今註】㊀諸侯戍周：諸侯全派人去戍守周都城。㊁致之：率領他們。

【今譯】秋天，為了戎人侵犯王室的緣故，諸侯派兵戍守周王城。由齊國的大夫仲孫湫率領他們。

㈥ 經 冬，公子友如齊。

【今註】有經無傳。

【今譯】冬天，公子友到齊國去。（無傳）

(七)傳 冬，晉荐饑①，使乞糴②于秦。秦伯③謂子桑④：「與諸乎⑤？」對曰：「重施而報，君將何求⑥。重施而不報，其民必攜⑦。攜而討焉，無衆必敗⑧。」謂百里⑨：「與諸乎。」對曰：「天災流行，國家代有⑩，救災恤鄰，道也⑪。行道有福。」丕鄭之子豹在秦，請伐晉⑫。秦伯曰：「其君是惡，其民何罪⑬。」秦於是乎輸粟于晉，自雍及絳⑭相繼，命之曰汎舟之役⑮。

【今註】㊀荐饑：荐饑是屢次的穀不熟。荐是重或厚的意思。㊁乞糴：糴音同笛，謂買入穀類。乞糴是要求買穀類。㊂秦伯：即秦穆公。㊃子桑：即公孫枝，是秦大夫。㊄與諸乎：是否給他。㊅重施而報，君將何求：假設施捨很重而得到厚報，你當然很滿意。㊆其民必攜：晉國的人民必定不滿意而叛。㊇攜而討焉，無衆必敗：人民叛亂，再加以討伐，他沒有人民，必定失敗。㊈百里：秦大夫百里奚。㊉國家代有：各國全都輪流的有。⑪救災恤鄰，道也：救災害，幫助鄰國，這是合于道德的。⑫請伐晉：丕豹欲替其父丕鄭報仇，所以請求伐晉國。⑬其君是惡，其民何罪：他的君不好，他的人民有什麼罪呢？⑭雍及絳：雍是秦國都，在今陝西省鳳翔縣南七里。絳是晉國都，在今山西省太平縣南二十五里。⑮汎舟之役：因為船全都相連接，所以稱為汎舟之役。

【今譯】冬天，晉國屢次發生饑荒，派人到秦國去請求糴買穀物。秦穆公對大夫子桑說：「要給他嗎？」回答說：「若是你施捨厚重而得到厚報，你還要求什麼呢？若是你施捨厚重而得不到回報，晉國的人民必定離心。他的人民離心而你去討伐他，他沒有眾人的支持，必定要失敗。」秦穆公又問百里奚，要不要賣穀物給晉國，百里奚回答說：「天災流行，每一個國家都輪得到，救助災害，體恤鄰邦，這是合于正道的。實行正道的人將享受福氣。」但是丕鄭的兒子丕豹正居留在秦國，請秦穆公討伐晉國。秦穆公說：「他的君主不好，但是他的人民有什麼罪？」秦國於是就把粟輸到晉國。從秦國的國都雍至晉國的國都絳，一路舟楫相繼不絕。所以就稱這一次為汎舟之役。

僖公十四年

(一)經 十有四年（公元前六百四十六年）春，諸侯城緣陵。

傳 十四年春，諸侯城緣陵①而遷杞焉②，不書其人，有闕③也。

【今註】㈠緣陵：杞地，故城在今山東省昌樂縣東南七十里。㈡而遷杞焉：把杞國都城遷到緣陵。史記陳杞世家，杞，姒姓國，夏禹之後，武王封東樓公於杞，居雍丘。在今山東省安邱縣東北三十里有杞城鎮。㈢不書其人，有闕：不寫修建緣陵的人，因為器材不完備，城池未堅固。

【今譯】十四年春天，諸侯修築緣陵的城牆，而把杞國遷到緣陵。沒有記載修城的人，因為器材短缺城池修得不堅固。

(二)經 夏六月，季姬及鄫子遇於防，使鄫子來朝。

傳 鄫季姬來寧①，公怒止之②，以鄫子之不朝也。夏，遇於防③，而使來朝。

【今註】㊀鄫季姬來寧：魯國的女兒，為鄫國的夫人來省視母家。鄫是姒姓子爵國，在今山東省臨沂縣西南一百一十里。㊁公怒止之：魯僖公惱怒了，就叫她住在魯國。㊂防：魯地，在今山東省曲阜縣東二十里。

【今譯】鄫國的夫人季姬來魯國歸寧，魯僖公不高興地阻止她，因為鄫子不來朝聘的緣故。夏天，季姬和鄫子在防相遇，就要鄫子來朝見。

(三)經 秋八月辛卯，沙鹿崩。

傳 秋八月辛卯，沙鹿①崩，晉卜偃曰：「期年將有大咎，幾亡國②。」

【今註】㊀沙鹿：江永云：「衛地。」而杜預說是晉地，「不言晉沙鹿者，凡有災害繫於所災所害之處，不繫於所屬之國，故不繫晉也。」沙鹿在今河北省大名縣東四十五里。㊁期年將有大咎，幾亡國：在一年之內將有大的凶災，幾乎亡了國家。

【今譯】秋天，八月辛卯，沙鹿山崩，晉國的卜人偃說：「在一年之內將有大的凶咎，幾乎將使國家滅亡。」

㈣ 經 狄侵鄭。

【今註】有經無傳。

【今譯】狄人侵犯鄭國。（無傳）

㈤ 經 冬，蔡侯肸①卒。

【今註】㊀蔡侯肸：蔡穆侯名肸。肸音同隙。

【今譯】冬天，蔡穆侯肸逝世。（無傳）

㈥ 傳 冬，秦饑，使乞糴于晉，晉人弗與①。慶鄭②曰：「背施無親③，幸災不仁④，貪愛不祥⑤，怒鄰不義⑥，四德皆失，何以守國⑦？」虢射⑧曰：「皮之不存，毛將安傅⑨。」慶鄭曰：「棄信背鄰，患孰卹之⑩。無信患作，失援必斃，是則然矣⑪！」虢射曰：「無損於怨而厚於寇⑫，不如勿與。」慶鄭曰：「背施幸災，民所棄也。近猶讎之，況怨敵乎⑬？」弗聽。退曰：

「君其悔是哉！」

【今註】㈠晉人弗與：晉人不給秦穀。㈡慶鄭：晉大夫。㈢背施無親：背施忘恩，就是不親善。㈣幸災不仁：以旁人的災害為幸，這是不仁的。㈤貪愛不祥：貪愛自己的物品，不以分救有災害的人，是不祥的。㈥怒鄰不義：使鄰國發怒，這是不義的。㈦四德皆失，何以守國：四德是親、仁、祥、義；皆失是都沒有了。何以守國，是指用什麼方法來守國家。㈧虢射：是晉大夫，為惠公的舅父。射讀音亦。㈨皮之不存，毛將安傅：皮是表示晉惠公所許秦國的列城五，毛是表示晉國借給秦國的穀。此句指重要的還沒有辦理，次要的辦也無用。㈩棄信背鄰，患孰恤之：失了信，背叛鄰國，發生患難，誰能夠撫恤他？⑪是則然矣：這是必然的事。⑫無損於怨而厚於寇：對於結的怨不能減少，而加厚寇讎的力量。⑬近猶讎之，況猶敵乎：近處的人，猶能變成仇敵，何況有怨的敵人。⑭君其悔是哉：你對於這件事，必定後悔。

【今譯】冬天，秦國發生饑荒，派人到晉國去請求糴買穀物。晉人不給。晉大夫慶鄭說：「背棄了別人施捨的恩惠，就是不親善。慶幸別人的災害，就是不仁。貪愛自己的物品，不以救助別人，是不祥的。使鄰國發怒是不義的。這四種德行都做不到，怎麼能守得住國家？」虢射說：「皮都沒有了，毛要附著在那裏？」慶鄭又說：「失去了信用，背棄了鄰國，一旦發生禍患，誰來幫助他？因為無信而發生禍患，失去了援助必定會死亡，這是必然的了。」虢射又說：「既然不能減少秦國的怨恨，輸送穀物反而是加厚敵人的力量，不如不要給他。」慶鄭就說：「背棄了人家施捨的恩惠而慶幸他的災害，這是人民所要反對的。親近的人都要仇視他，何況有仇怨的敵人呢？」但是晉侯不聽。慶鄭也就退下，說道：「你對於這件事必定要後悔的。」

僖公十五年

(一)經　十有五年（公元前六百四十五年）春王正月，公如齊。

【今註】有經無傳。

【今譯】十五年春天，周王曆正月，僖公到齊國去。（無傳）

(二)經　楚人伐徐。三月，公會齊侯，宋公，陳侯，衛侯，鄭伯，許男，曹伯盟于牡丘，遂次于匡，公孫敖帥師及諸侯之大夫救徐。

傳　十五年春，楚人伐徐①，徐即諸夏②，故也。三月盟於牡丘③，尋葵丘之盟④，且救徐也。孟穆伯⑤帥師及諸侯之師救徐，諸侯次于匡⑥以待之。

【今註】㈠徐：是嬴姓國，在今安徽省泗縣北八十里。㈡即諸夏：即是接近。諸夏指中原各國對蠻夷而言。㊂牡丘：春秋傳說會纂謂牡丘在今山東省聊城東北七十里。㊃葵丘之盟：在僖公九年。㊄孟穆伯：魯大夫。㊅匡：衛地。山東通志載：「匡城在魚臺縣南十五里鳳凰山北，即次于匡之地。」

【今譯】十五年春天，楚國人攻伐徐國。因為徐國親近中原諸夏各國的緣故。三月，諸侯各國會盟於牡丘，重申葵丘之盟約，並且商討援救徐國。魯大夫孟穆伯率領魯國的軍隊，和諸侯各國的軍隊一起去救徐國，諸侯停留在匡城等候。

㈢ **經** 夏五月，日有食之。

傳 夏五月，日有食之，不書朔與日①，官失之也②。

【今註】㊀不書朔與日：不寫明是初一與某日。㊁官失之也：這是記載人的疏忽。

【今譯】夏天，五月，發生日蝕。沒有記載初一和某日，這是負責記載的史官的疏忽。

㈣ **經** 秋七月，齊師曹師伐厲。

傳 秋伐厲①，以救徐也②。

【今註】㊀厲：姜姓國，在今湖北省隨縣北四十里。㊁以救徐也：因為厲是楚的與國，為的是救徐國。

【今譯】秋天，齊國軍隊與曹國軍隊攻伐厲國，為的是救徐國。

(五)經 八月螽①。

【今註】㊀螽：音同忠（ㄓㄨㄥ）。為蝗類的總名。有經無傳。

【今譯】八月發生螽災。（無傳）

(六)經 九月，公至自會。

【今註】有經無傳。

【今譯】九月，僖公參加牡丘之會後，回到魯國。（無傳）

(七)經 季姬歸于鄫。

【今註】有經無傳。去年，季姬來歸寧，不書在春秋上，這次反書有記載，是因為表示與季姬已經斷絕關係。

【今譯】僖公的三女兒回到鄫國。（無傳）

(八)傳 晉侯之入①也，秦穆姬屬賈君②焉。且曰：「盡納羣公子③。」

晉侯烝④于賈君，又不納羣公子，是以穆姬怨之⑤。晉侯許賂中大夫⑥，既而皆背之⑦，賂秦伯以河外列城五⑧，東盡虢略⑨，南及華山⑩，內及解梁城⑪，既而不與⑫。晉饑，秦輸之粟⑬，秦饑，晉閉之糴⑭，故秦伯伐晉。卜徒父⑮筮之，吉。涉河，侯車敗⑯，詰之⑰。對曰：「乃大吉也，三敗必獲晉君。其卦遇蠱䷑⑱，曰『千乘三去，三去之餘，獲其雄狐⑲。』夫狐蠱，必其君也⑳。蠱之貞，風也。其悔，山也㉑。歲云秋矣，我落其實而取其材，所以克也㉒，實落材亡，不敗何待㉓。」三敗及韓㉔。晉侯謂慶鄭曰：「寇深矣㉕。若之何。」對曰：「君實深之，可若何㉖？」公曰不孫㉗。卜右㉘，慶鄭吉，弗使。步揚㉙御戎，家僕徒㉚為右，乘小駟㉛，鄭入㉜也。慶鄭曰：「古者，大事㉝必乘其產㉞，生其水土，而知其人心㉟，安其教訓，而服習其道㊱，唯所納之，無不如志㊲。今乘異產以從戎事，及懼而變，將與人易㊳。亂氣狡憤，陰血周作，張脈僨興，外彊中乾㊴，進退不可，周旋不能㊵，君必悔之。」弗聽。九月，晉侯逆㊶秦師，使韓簡㊷視師㊸。復曰：「師少於我，鬥士倍我㊹。」公曰：「何故？」對曰：「出因其資㊺，入用其寵㊻，饑食其粟㊼，三施而無報，是以來也㊽。今又擊之，我怠秦奮，倍猶未也㊾。」公曰：「一夫不可狃㊿，況國乎？」遂使請戰，曰：「寡人不佞，能合其眾而不能離也(51)。君若不還，無所逃命(52)。」秦伯使公孫枝對曰：「君之未入，寡人懼之(53)。入而未定列，猶吾憂也(54)。苟列定矣，敢不承命(55)。」韓簡退曰：「吾幸而得囚(56)。」壬戌，戰于韓原，晉戎馬還濘而止(57)。公號慶鄭(58)。慶鄭曰：「愎諫違卜，固敗是求，又何逃焉(59)。」遂去之。梁由靡(60)御韓簡，虢射為右，輅秦伯，將止之(61)。鄭以救公誤之(62)，遂失秦伯。秦獲晉侯以歸。晉大夫反首拔舍從之(63)。秦伯使辭焉，曰：「二三子何其慼也(64)。寡人從君而西也，亦晉之妖夢是踐，豈敢以至(65)。」晉大夫三拜稽首(66)：「君履后土而戴皇天，皇天后土，實聞君之言(67)。羣臣敢在下風(68)。」穆姬聞晉侯將至，以太子罃，弘⑲，與女簡璧⑳登臺而履薪焉㉑。使以免服衰絰逆㉒。且告曰：「上天降災，使我兩君匪以玉帛相見，而以興戎。若晉君朝以入，則婢子夕以死。夕以入，則朝以死。唯君裁之。㉓」乃舍諸靈臺㉔。大夫請以入㉕。公曰：「獲晉侯，以厚歸也㉖，既而喪歸，焉用之㉗。大夫其何有㉘焉。且晉人慼憂以重我㉙，天地以要我㉚，不圖晉憂，重其怒也㉛。我食吾言，背天地也㉜。重怒難任，背天不祥㉝，必歸晉君。」公子縶㉞曰：「不如殺之，無聚慝焉㉟。」子桑曰：「歸之而質其大子，必得大成㊱。晉未可滅而殺其君，祇以成惡㊲，且史佚㊳有言曰『無始禍㊴，無怙亂㊵，無重怒。重怒難任，陵人不祥㊶。』」乃許晉平。晉侯使郤乞㊷告瑕呂飴甥㊸，且召之。子金教之言曰：「朝國人而以君命賞㊹。且告之曰，孤雖歸，辱社稷矣，其卜貳圉㊺也。」眾皆哭。晉於是乎作爰田㊻。呂甥曰：「君亡之不恤而羣臣是憂㊼，惠之至也，將若君何？」眾曰：「何為而可？」對曰：「征繕以輔孺子㊽。諸侯聞之，喪君有君，羣臣輯睦，甲兵益多(99)。好我者勸，惡我者懼，庶有益乎②！」眾說③。晉於是乎作州兵④。初，晉獻公筮嫁伯姬於秦，遇歸妹䷵之睽䷥⑤。史蘇⑥占之曰：「不吉。其繇⑦曰：『士刲羊，亦無衁也⑧。女承筐，亦無貺也⑨。西鄰責言，不可償也⑩。』歸妹之睽，猶無相也⑪。震之離，亦離之震⑫，為雷為火，為嬴敗姬⑬。車脫其輹，火焚其旗⑭，不利行師，敗于宗丘⑮。歸妹睽孤，寇張之弧⑯，姪其從姑⑰。六年其逋，逃歸其國，而棄其家⑱，明年，其死於高梁之虛⑲」。及惠公在秦，曰：「先君若從史蘇之占，吾不及此夫。」韓簡侍，曰：「龜，象也⑳；筮，數也㉑：物生而後有象㉒，象而後有滋㉓，滋而後有數㉔，先君之敗德，及可數乎㉕！史蘇是占，勿從何益！詩曰：『下民之孽，匪降自天，僔沓背憎，職競由人㉖。』」

【今註】㈠晉侯之入：晉惠公回國時。㈡秦穆姬屬賈君：秦穆姬是秦穆公的夫人，賈君是晉獻公的次妃。屬是屬託。㈢盡納羣公子：凡晉獻公驅逐出國的各公子，皆使他們回晉國。㈣烝：娶其父妾曰丕。㈤穆姬怨之：穆姬因而怨望他。㈥許賂中大夫：中大夫指晉國的執政者，如里克、丕鄭等。許賂是以前許給賄賂他們。㈦既而皆背之：後來不久全都違背了。㈧河外列城五：河外是指著黃河環曲的南面，其中有五個城。㈨東盡虢略：東邊一直到今河南省嵩縣西北。㈩南及華山：華山在今陝西省華陰縣南十里。⑪內及解梁城：解音同懈（ㄒㄧㄝˋ）。一直到晉的內地解梁城，解梁城在今山西省臨晉縣西南五姓湖北之解城。⑫既而不與：後來就全不給他。⑬晉饑，秦輸之粟：見僖公十三年。⑭秦饑，晉閉之糴：見僖公十四年。⑮卜徒父：是秦國掌卜的大夫。⑯侯車敗：晉侯的車戰敗。⑰詰之：詢問他。⑱其卦遇蠱䷑：蠱音古，是卦名。此指遇見蠱卦䷑。⑲千乘三去，三去之餘，獲其雄狐：千乘指軍隊而言。晉國的軍隊失敗了三次，失敗後，獲到他的雄狐。雄狐指晉君而言。⑳夫狐蠱，必其君也：狐又遇見蠱卦，這必指著他的君。㉑蠱之貞，風也。其悔，山也：內卦為貞，外卦為悔，巽為風，秦象；艮為山，晉象。㉒歲云秋矣，我落其實而取其材，所以克也：現在已經是秋天，我得到他的果實又得到他的木材，所以必定戰勝。㉓實落材亡，不敗何待：果實也落了，木材也沒有了，那必定會戰敗。㉔三敗及韓：晉惠公軍隊果然三度失敗，一直敗到韓地。韓在今陝西省韓城縣南。㉕寇深矣：敵寇已經深入。㉖君實深之，可若何：你召秦國使他的軍隊深入，這有什麼辦法呢？㉗不孫：孫與遜音意皆相通。此指不能遜順。㉘卜右：古人對職位必定占卜，占卜須以何人為車右。㉙步揚：晉大夫，是郤犨的父親。㉚家僕徒：晉大夫。㉛小駟：馬名。㉜鄭入：鄭國所貢獻給晉國的。㉝大事：成公十二年「國之大事，在祀與戎。」此云大事，係專指戎事。㉞必乘其產：必定乘用他自己國家所產的馬。㉟生其水土，而知其人心：他生在合於他自己水土的地方，而又明知他的國家的人心。㊱安其教訓，而服習其道：安於其國的教訓，而認識其國的道路。㊲唯所納之，無不如志：必定聽從乘車人的指導，沒有不聽從他的志向。㊳今乘異產以從戎事，及懼而變，將與人易：這種乘坐異國所產的馬，以從事兵戎戰事，到了臨戰畏懼而變化的時候，他同人心不一樣。㊴亂氣狡憤，陰血周作，張脈僨興，外彊中乾：在亂的空氣，使馬發生狡猾的動作，於是他的血脈渾身環繞，他的脈搏也興起來，外邊樣子好像很強，但真正並無力量。㊵進退不可，周旋不能：到那時想要他進或退皆不能，要他迴旋也不能辦到。㊶逆：迎接。㊷韓簡：晉大夫。㊸視師：來偵察秦國的軍隊。㊹師少於我，鬥士倍我：秦國的軍隊比晉國少，但是能作戰的人卻超過一倍。㊺出因其資：由晉國逃出的時候，用他的資助。㊻入用其寵：入晉國的時候，用他的幫助。㊼饑食其粟：晉國饑荒的時候，就吃秦國的穀米。㊽三施而無報，是以來也：秦國施捨三次，而沒有得到晉國的報答，所以秦國就來了。㊾今又擊之，我怠秦奮，倍猶未也：現在晉國又攻擊秦國，我國懈怠，而秦國奮怒，不止是加倍的力量。㊿一夫不可狃，況國乎：一個人還不可以習慣不以為意，何況是一個國家。(51)寡人不佞，能合其眾而不能離也：我沒才幹，只能合我們的軍隊，而不能使他們分散。(52)君若不還，無所逃命：你要不回去，我只好跟你作戰。(53)君之未入，寡人懼之：你沒有入到晉國以前，我很怕你不能進入。(54)入而未定列，猶吾憂也：你已經進去，而位置沒有完全定，這仍舊是我的憂愁。(55)苟列定矣，敢不承命：假設位置已經定軌，我敢不接受你的命令嗎？(五六)吾幸而得囚：我要是被囚虜，這還是幸事。(五七)戰于韓原，晉戎馬還濘而止：在韓的平原上作戰，晉侯的馬車陷入泥淖中旋轉不前。濘是泥也；還是便旋也。韓原是晉地，江永謂「就秦伯之軍涉河作戰，及晉侯曰寇深矣而言，應在山西河津萬泉之間。」(五八)公號慶鄭：晉惠公就號呼慶鄭來救援他。(五九)愎諫違卜，固敗是求，又何逃焉：愎音同必，謂意氣自用，不受他人勸諫。此句謂不聽慶鄭的諫言，又違背了占卜，只有求得失敗，又何必逃走呢？(六〇)梁由靡：晉大夫，梁由是姓，靡是名。(六一)輅秦伯，將止之：輅音同路，為車軨前橫木。此句謂用手拉著秦穆公車前的橫木，將擒獲他。(六二)慶鄭以救公誤之：慶鄭以救晉侯，使他錯過時機。(六三)晉大夫反首拔舍從之：晉國的大夫們使頭髮散亂，毀壞衣服，故意表示憂慼以追從秦國的軍隊後面。(六四)二三子何其慼也：春秋時代的貴族互稱為子，若是多數時，則稱為二三子。何其慼是說你們為什麼如此的悲傷。(六五)寡人從君而西也，亦晉之妖夢是踐，豈敢以至：妖夢指申生所說上帝准許他罰有罪的話。此句指我追隨著晉君西往秦國去，這也是為的實行晉國的妖夢，那裡敢有旁的意思。(六六)三拜稽首：三次跪拜，並且首至地。(六七)皇天后土，實聞君之言：天地全部聽到你所說的話。(六八)羣臣敢在下風：羣臣在君的下邊聽著。(六九)大子罃，弘：大子罃是秦穆公子康公；弘是罃的同母弟。(七〇)簡璧：是秦穆公女。(七一)登臺而履薪焉：杜注：「古之宮閉者，皆居之臺以抗絕之。穆姬欲自罪，故登臺而薦之以薪，左右上下者皆履柴乃得通。」(七二)使以免服衰絰逆：免音讀問，袒免的衣服。使迎接秦伯的人穿著喪服。(七三)上天降災……唯君裁之：按正義云，左傳本無此言，後人妄增之，今定本亦無。葉抄釋文云：「此凡四十二字，檢古本皆無。尋杜注亦不得有，有是後人加也。」正義作使我兩君兩見不以玉帛，與諸本亦異；並且杜預對於婢子亦無注，直到僖公二十二年「寡君之使婢子，侍執巾櫛以固子也。」方有注。(七四)乃舍諸靈臺：靈台即周之靈台，在今陝西省鄠縣。(七五)大夫請以入：秦國的大夫請執晉侯以入秦國。(七六)獲晉侯，以厚歸也：我的執晉侯以歸，以表示厚獲俘囚。(七七)既而喪歸，焉用之：假設夫人因而自殺，這是以喪歸，我又有什麼用處。(七八)大夫其何有：你們又何所得。(七九)且晉人慼憂以重我：這是說晉人反首拔舍，表示慼憂以加重我的罪狀。(八〇)天地以要我：用天地以要挾我。(八一)不圖晉憂，重其怒也：要不管晉人的憂慼，就加重晉人的憤怒。(八二)我食吾言，背天地也：我吞回我說的話，那豈不是違背了天地。(八三)重怒難任，背天不祥：晉人的怨恨使我擔當不起，違背上天的意思，是不吉祥的。(八四)公子縶：秦大夫。縶音讀直。(八五)不如殺之，無聚慝焉：慝音同特，惡念，隱惡的意思。不如把晉侯殺掉，不要使他回到晉國相聚為惡。(八六)歸之而質其大子，必得大成：如果把晉侯送回去，而把他的太子留在秦國為人質，必能有大的成就。大子的大音泰。(八七)晉未可滅而殺其君，祇以成惡：晉現在無法把他滅了，而殺了他的君，恰好成為罪惡。(八八)史佚：是周武王時太史名佚。佚音逸。(八九)無始禍：不要為禍亂的開始。(九〇)無怙亂：不要利用人家亂的時候，使自己得到利益。(九一)重怒難任，陵人不祥：使人更增加怒難於擔任，欺陵人是不吉祥的。(九二)郤乞：晉大夫。(九三)瑕呂飴甥：即呂甥也。姓瑕呂，名飴甥，字子金，為晉大夫。(九四)朝國人而以君命賞：召見國人在朝上，而以君的命令賞賜他們。(九五)其卜貳圉：可以占卜，立圉為君。圉是惠公太子懷公。(九六)爰田：將公田的稅收，分賞於眾人，名曰爰田。(九七)君亡之不恤而羣臣是憂：君出亡而不自憐恤，只是憂慮羣臣。(八)征繕以輔孺子：征是賦稅，繕是甲兵，以輔佐太子圉。(九)羣臣輯睦，甲兵益多：羣臣全都和睦，軍隊也更多。(一〇)好我者勸，惡我者懼，庶有益乎：喜歡我的人就得到勸助，恨我的人更害怕，這或者對我有好處。(一一)眾說：說音義同悅。(一二)州兵：五黨為州，州等於二千五百家，每州各繕治甲兵。(一三)遇歸妹䷵之睽䷥：兌下震上謂之歸妹，兌下離上謂之睽，歸妹變成睽卦，之是變。睽音葵（ㄎㄨㄟˊ）。(一四)史蘇：晉國卜筮的史官。(一五)其繇：繇音讀ㄓㄡˋ，是卦兆的占辭。(一六)士刲羊亦無衁也：刲音虧（ㄎㄨㄟ），割也。衁音荒，血也。士人割羊，也沒有血。(一七)女承筐，亦無貺也：女人拿著筐，亦無所得，貺音況。(一八)西鄰責言，不可償也：西鄰責備的話，不可以報答。(一九)歸妹之睽，猶無相也：歸妹卦變成睽，也沒有方法相輔助。(二〇)震之離，亦離之震：震變成離，也離變成震。(二一)為雷為火，為嬴敗姬：震為雷，離為火，結果嬴姓打敗了姬姓。(二二)車脫其輹，火焚其旗：輹是車下縛。震為車，離為火，車脫開了繩索，火就焚燒了他的旗子。(二三)不利行師，敗于宗丘：宗丘等於宗邑。作戰不利，所以沒出國就戰敗。(二四)歸妹睽孤，寇張之弧：歸妹孤絕失位，故遇寇敵的弓矢，這是睽卦上九爻的意思。(二五)姪其從姑：姪就跟著姑姑走，這是說子圉為人質於秦國。(二六)六年其逋，逃歸其國，而棄其家：六年的功夫，就要逃回晉國，而子圉放棄了他的夫人秦女懷嬴。(二七)高梁之虛：晉地，在今山西省臨汾縣東北三十七里。(二八)龜：象也：龜甲所以象示事情。(二九)筮，數也：筮草所以代表氣數。(三〇)物生而後有象：事物生了以後才能象示事情。(三一)象而後有滋：象示以後就滋生其他的事物。(三二)滋而後有數：滋生而後有氣數。(三三)先君之敗德，及可數乎：晉獻公失德的地方，還能夠數出數目嗎！言甚多，不可盡數。㊂下民之孽，匪降自天，僔沓背憎，職競由人：此詩，小雅十月之交篇。此句意思是小民的妖孽，並非降自上天，因為對談則相和，背則相怨，這種原因皆由人而來。

【今譯】晉惠公回國時，秦穆公夫人囑託他照料晉獻公的次妃賈君，並且說：「要全部接納諸位元公子回國。」後來，晉惠公娶了賈君，又不接納諸位公子回國，因此秦穆公夫人怨恨他。晉惠公曾允許把賄賂給晉國執政的中大夫里克和丕鄭等人，後來也都違背諾言。又用黃河環曲南面的五個城賄賂秦穆公，這五個城東邊一直到虢國的邊境，南邊到華山，另一方，深入晉國境內的解梁城。後來，也全不給。晉國發生饑荒、秦國輸送粟米給晉國。後來秦國發生饑荒，晉國關閉秦國糴穀的市。由以上種種原因，所以秦穆公討伐晉國。秦國的卜人徒父用筮草占卜，說道：「吉利：渡過黃河，晉侯的車戰敗。」秦穆公進一步詢問他，回答說：「這乃是大吉大利的。晉侯的軍隊敗三次，必定可以捉獲晉的國君。占卜遇到蠱卦☶☴，蠱卦的卦辭說：『千乘的車隊出戰失敗三次，三次以後，就可捉獲他的雄狐。』那蠱卦的雄狐必定是他的國君。蠱的內卦為貞，代表風；外卦為悔，代表山。現在歲時已到秋季，我們是風，吹下了他山上的果實，而且取得他的木材，所以我們必定戰勝。果實落了，木材也沒有了，晉國只有失敗。」後來晉惠公的車隊果然失敗三次，一直退到韓地。晉惠公對大夫慶鄭說：「敵寇已經深入了，怎麼辦呢？」慶鄭回答說：「實在是因為您的緣故，才招引敵軍深入，這有什麼辦法呢？」晉惠公說：「你對我不遜順。」接著，惠公占卜車右的人選，結果是慶鄭合於吉兆。但惠公因他對自己不遜而不用他。而使步揚駕戎車，家僕徒為車右，乘用鄭國所獻的馬─小駟。慶鄭因此說道：「占時候凡是有戰事，必定乘用自己國家所產的馬，因為土產的馬生在他的水土，而知道他的人心；安於他的教訓，而熟習他的道路。乘車的人有所命令，沒有不聽從他的志向。現在乘用外國所產的馬，以從事於戰爭，等到馬畏懼而生變的時候，將與人的命令不一致。在紛亂的氣氛之下，馬受擾亂刺激，於是它的血脈環繞全身，血脈亢張，脈搏加快，外表看似強健，實際則沒有力量。既不能進攻退守，又不能周旋應戰，您必定要後悔的。」晉惠公不聽他的話。到了九月，晉惠公迎戰秦國的軍隊，派大夫韓簡偵察秦軍，韓簡回來報告說：「秦國的軍隊比我國少，但是能戰的鬥士超過我國一倍。」晉惠公說：「這是什麼道理。」回答說：「您出國逃亡的時候，利用他的幫助；您回國的時候，又利用他的寵愛，晉國饑荒，吃秦國的粟米，三次施給您恩惠而您不報答，因此來攻伐。現在又出兵攻擊秦國軍隊，我軍懈怠，而秦軍奮勇。恐怕他的力量不只比我國加倍。」晉惠公說：「即使是一個平凡的人，都不能使他習慣於別人的退讓，何況一個國家呢？」於是就派韓簡去請秦軍出戰，說道：「我沒有才幹，只能結合我的軍隊，而不能使他們分離。您，秦國的君主，若是不退回去，我也不能逃避你挑戰的命令。」秦穆公派公孫枝回答說：「您還沒有進入晉國以前，我怕您不能進入；您進入了而還沒有定位以前，我還是擔憂。假使您的位置已經定了，我敢不接受你的命令嗎？」韓簡退回來，說道：「我若是被俘了，還算是幸運的。」壬戌，晉軍和秦軍交戰於韓地的原野。晉惠公的戰車和馬旋轉掉進泥濘中。惠公呼叫慶鄭，慶鄭說：「剛愎而不聽諫言，違背占卜的吉兆，固然只有得到失敗，又何必逃避呢？」於是就不顧而去。梁由靡駕著韓簡的戰車，虢射為車右，迎戰秦穆公，拉著秦穆公車前的橫木，將擒獲他。慶鄭叫他們去救晉惠公，因而失去了擒獲秦穆公的機會。秦國終於捉獲了晉惠公而回。晉國的大夫們散亂著頭髮，毀壞了衣服，追隨在秦國軍隊的後面。秦穆公派人辭退他們說：「諸位先生為什麼這樣悲傷呢？我隨著晉君到西邊去，也不過是為了實踐晉國的妖夢，那裏敢有別的意思！」晉國的大夫們三次跪拜，叩頭到地，說道：「您腳踏著后土，頭頂著皇天，皇天后土都聽到你所說的話。我們敢請在下面聽著。」秦穆公夫人聽說晉惠公將要到了，就帶著太子罃，和他的弟弟弘，妹妹簡璧，登上高臺，踏著預先叫人舖好的柴薪，以表示處罰自己的罪。派人穿著喪服去迎接秦穆公，並告訴他說：「上天降下災禍，使兩位君主不以玉璧絲帛相見，而以發動戰爭相見。若是晉君早上進入秦國，那麼我就在晚上死；晚上進入，我就早上死。完全聽您的裁決。」秦穆公就把晉惠公留在靈臺。秦國的大夫請求執著晉惠公進入國都。秦穆公說：「俘獲了晉侯，原來是表示厚獲而歸，假如晉侯進入，而夫人自殺，反而帶著喪回國有什麼用處呢？諸位大夫又能得到什麼呢？」況且晉國人悲傷憂愁以加重我的罪狀，用天地的威靈要脅我。若是不考慮晉國人的憂愁，就會加重他們的憤怒。我若是背棄了諾言，就是違背了天地。加重了晉國人的憤怒，我將難以擔當，違背了天意則是不祥。還是要送晉君回國才好。」公子縶說：「不如殺了晉君，使他不再能聚眾作惡。」子桑說：「送他回國，而把晉國的太子留在秦國做人質。必定可以有大成就。晉國還不可以消滅，而殺了他的國君，恰好成為罪惡。而且周武王時的太史佚曾說過：『不要惹起禍亂，不要以別人的亂事為自己的利益，不要加重別人的憤怒，加重了憤怒，難以擔當；欺陵別人是不吉祥的。』」於是就允許晉國講和。晉惠公派郤乞去告訴瑕呂飴甥，並且召他來迎接。瑕呂飴甥就教郤乞說：「你要召國人來朝廷會集，而用惠公的命令賞賜他們，並告訴他們說：『我雖回國，已使國家受辱了。不如占卜，另立圉為國君。』」眾人聽了都哭起來。晉國於是就在這時創立爰田的制度，把公田的稅收，歸惠公所有的部份，分給眾人。呂甥就說：「國君對於自己的存亡不關心，而憂慮諸位大臣的福利，這是最高的恩惠，我們要怎樣報答國君呢？」會眾就說：「無論怎麼做都可以！」呂甥回答說：「徵收賦稅，修繕甲兵，以輔佐太子。諸侯聽說，我們晉國國君雖出亡在外，但國內有國君主政，並且所有的臣子都和睦，軍隊也增加。對我友好的國家因此得到勸諫，對我敵視的國家因此得到戒懼，這樣也許才有益處。」會眾都很悅服，晉國於是就在這時成立了州兵的制度。起初，晉獻公用筮草占卜，把大女兒嫁到秦國，遇到歸妹䷵卦變到睽䷥卦。史蘇占卜說：「不吉利。歸妹卦辭說：『士人刲羊，也沒有血，女子拿著筐承接，也無所得。西邊的鄰人將有責讓的話，也不能報償。』由歸妹卦變到睽卦，也是得不到幫助。因為震卦變到離卦，也等於是離卦變到震卦。震代表雷，離代表火，這是表示嬴姓打敗姬姓。車脫了繩索，火焚燒了旗幟，這是表示不利於軍隊出動的。並且暗示將在宗邑附近打敗。由歸妹卦變到睽卦之極，遇到孤絕之象，故將遇到張著弓弧的敵寇。然後是姪兒隨從姑母，六年之後，他將逃亡，回到晉國，而放棄他的家室。第二年，將死於高粱之虛。」等到晉惠公被執留在秦國，他說：「先君若是聽從史蘇的占卜，我不會落到今天這個地步吧！」韓簡侍候在旁，說道：「龜甲占卜以象徵事物，筮草占卜以代表氣數。事情發生了以後才有現象，有了現象又滋生其他事情，事情滋生然後才能決定氣數。先君敗壞德行的事蹟，還可以盡數嗎？史蘇那次占卜，雖然他不聽從，並不因此增加你的災難。詩小雅說：『一般人的妖孽，不是從天上降下來的；對面談和，背後相嫉，都是由人自己造成的。』」

(九)經 己卯晦震夷伯之廟。

傳 震夷伯①之廟，罪之也②，於是展氏有隱慝③焉。

【今註】㊀夷伯：魯大夫。㊁罪之也：以他為有罪。㊂展氏有隱慝：展氏有不明顯的惡處；展氏是夷伯的後人。

【今譯】地震震壞了夷伯的廟，這是懲罰他的罪。從此，夷伯的後人展氏有了隱藏的罪惡。

(十)經 冬，宋人伐曹。

傳 冬，宋人伐曹，討舊怨也①。

【今註】㊀討舊怨也：是莊公十四年，曹與諸侯伐宋的舊怨。

【今譯】冬天，宋國人討伐曹國，為的是聲討舊的仇怨。

(十一)經 楚人敗徐于婁林。

傳 楚敗徐于婁林①，徐恃救也②。

【今註】 ㈠婁林：徐地，在今安徽省泗縣東北。㈡徐恃救也：徐仗恃齊國的救援。

【今譯】 楚國把徐國打敗於婁林，因為徐國仗恃著齊國的援救。

(十二)經 十有一月壬戌，晉侯及秦伯戰于韓，獲晉侯。

【今註】 杜注；壬戌是九月十三日，因為傳是根據晉國用的夏正，而經所說的十一月是周正，周正的十一月恰好與夏正的九月相等，此事已見前引之傳文。

【今譯】 十一月壬戌，晉惠公和秦穆公戰於韓。秦國俘獲了晉惠公。（傳見前）

(十三)傳 十月，晉陰飴甥①會秦伯，盟于王城②。秦伯曰：「晉國和乎③？」對曰：「不和。小人恥失其君而悼喪其親④，不憚征繕以立圉⑤也。曰必報讎，寧事戎狄⑥；君子愛其君而知其罪，不憚征繕以待秦命⑦，曰必報德，有死無二⑧，以此不和。」秦伯曰：「國謂君何？」對曰：「小人慼，謂之不免⑨，君子怨，以為必歸⑩。小人曰『我毒秦，秦豈歸君⑪？』君子曰『我知罪矣，秦必歸君⑫。』貳而執之，服而舍之，德莫厚焉，刑莫威焉⑬；服者懷德，貳者畏刑⑭；此一役也，秦可以霸⑮。納而不定，廢而不立，以德為怨⑯，秦不其然⑰。」秦伯曰：「是吾心也⑱。」改館晉侯，饋七牢焉⑲。蛾析⑳謂慶鄭曰：「盍行乎㉑？」對曰：「陷君於敗，敗而不死，又使失刑，非人臣也㉒，臣而不臣，行將焉入㉓？」十一月，晉侯歸。丁丑，殺慶鄭而後入。是歲，晉又饑。秦伯又餼之粟㉔。曰：「吾怨其君而矜其民㉕。且吾聞唐叔㉖之封也，箕子㉗曰『其後必大。』晉其庸可冀乎㉘？姑樹德焉，以待能者㉙。」於是秦始征晉河東，置官司焉㉚。

【今註】 ㈠陰飴甥：即呂甥。㈡王城：秦地。在今陝西省朝邑縣東三十步。㈢晉國和乎：晉國是否全體和睦嗎？㈣小人恥失其君而悼喪其親：小人階級以丟掉他的君為羞恥，而又喪悼他的親人為秦所殺。㈤不憚征繕以立圉：不厭煩徵兵並修城以立太子。㈥必報讎，寧事戎狄：必定對秦國報這仇怨，怎可事奉戎狄？㈦以待秦命：等待秦國的命令。㈧必報德，有死無二：必定報答秦國的恩惠，就是死也不管。⑨小人慼，謂之不免：小人階級發愁，以為晉君不免於死。⑩君子恕，以為必歸：君子階級寬恕，以為晉君必回晉國。⑪我毒秦，秦豈歸君：我忘記秦的恩惠。秦國安能將晉君歸還？⑫我知罪矣，秦必歸君：我已經知道罪狀了，秦國必定將晉君歸還。⑬貳而執之，服而舍之，德莫厚焉，刑莫威焉：他有貳心，就把他逮起來；他要服從就把他饒恕，這種德沒有再比他厚的，這種刑罰沒有再比他威重的。⑭服者懷德，貳者畏刑：服從的人就懷望他的德惠，有貳心的人就怕刑罰。⑮此一役也，秦可以霸：這一戰事，秦可以稱霸主。⑯納而不定，廢而不立，以德為怨：納進晉君而不決定，廢晉君又不立，把恩德變成怨恨。⑰秦不其然：秦大概不致於如此。⑱是吾心也：這正合於我的心。⑲改館晉侯，饋七牢焉：更改晉侯的館舍，贈送給他七牢。牛、羊、豕各一為一牢；七牢是七牛，七羊，七豕。⑳蛾析：蛾音同蟻（一），是晉大夫。㉑盍行乎：何不出走呢？㉒陷君於敗，敗而不死，又使失刑，非人臣也：這是指著韓之敗，由於晉侯呼慶鄭，而慶鄭不往救，但是打敗以後，又不能死，逃往它處，又使晉君不能殺戮他。㉓臣而不臣，行將焉入：做人臣而不守臣的規則，逃亡將到那裡去？㉔又饋之粟：又送給他穀子。㉕吾怨其君而矜其民：我很怨恨他的君，而哀憐他的人民。㉖唐叔：是武王子，晉始封的君。㉗箕子：是殷王帝乙之子，紂的庶兄。㉘其後必大，晉其庸可冀乎：他的後人必定光大，晉國是不可以謀取的。㉙姑樹德焉，以待能者：姑且在那裡樹恩德，以等待能幹的人來。㉚秦始征晉河東，置官司焉：秦國開始設官以征晉國河東的賦稅，這就是惠公以前所許贈送給秦國的河外列城五。河東是晉地，指今山西省永濟，滎河之間。

【今譯】　十月，晉大夫陰飴甥會見秦穆公在王城盟誓。秦穆公說：「晉國內部全體和睦嗎？」回答說：「不和睦，小人階級因為失掉了國君感到恥辱，並且因他們的親人為秦國人所殺而感到悲痛。不憚煩的征賦治兵以立圉為君，發誓說，必要報仇雪恥。怎可事奉戎狄？君子階級則愛護他們的國君，而知道他的罪行。不憚煩的征賦治兵以等待秦國的命令，說道，必定要報答恩德，只有效死而無二心。因此兩種階級的人並不和協。」秦穆公說：「全國的人對國君的態度怎樣？」回答說：「小人階級憂戚，認為國君不免於死；君子階級寬恕，認為國君必能回國。小人階級說，我們對秦國不報答，秦國難道會送我們的國君回國？君子階級說，我們認了自己的罪，秦國必定送回我們的國君。他有貳心就把他逮起來；他服罪，就把他放回，沒有比這更厚重的德行；沒有比這更威嚴的刑罰。服從的人感懷這種德行，有貳心的人畏懼這種刑罰。就靠這次戰役，秦國可以稱霸。若是，既納歸晉君，而不安定他的地位；廢了他而不立為君，把恩德變成怨恨，料想秦國不致於這樣做吧！」秦穆公說：「這正是我的心意。」於是更換晉惠公的館舍，贈給他七副太牢，晉大夫蛾析對慶鄭說：「何不出走呢？」慶鄭回答說：「使國君陷於失敗，打敗了又不效死，逃到他處，又使國君不能施刑。這不是為人臣子所應做的。為人臣子而不守臣道，逃亡又能逃到那裏呢？」十一月，晉惠公回國。丁丑，殺了慶鄭，然後進入國都。這一年，晉國又發生饑荒，秦穆公又送粟米給晉國，說：「我怨恨他的國君，而哀憐他的人民。並且我聽說唐叔的受封，箕子曾說：『他的後代必定昌盛。』晉國難道是可以希冀的嗎？

我姑且建樹德行，以等待能幹的人吧！」於是在這時候，秦國開始在晉國河東之地征稅，設置了官職，掌管其事。

卷七　僖公中

僖公十六年

(一)經十有六年（公元前六百四十四年）春王正月戊申朔，隕石于宋五，是月，六鷁退飛過宋都。

傳十六年春，隕石于宋五①，隕星也②，六鷁退飛過宋都，風也③。周內史叔興④聘于宋，宋襄公問焉，曰：「是何祥也，吉凶焉在⑤？」對曰：「今茲魯多大喪⑥，明年，齊有亂⑦，君將得諸侯而不終⑧。」退而告人曰：「君失問⑨，是陰陽之事，非吉凶所生也⑩。吉凶由人⑪，吾不敢逆君故也⑫。」

【今註】㈠隕石于宋五：天上落下五塊石頭在宋國都城。㈡隕星也：這是天上的星星掉下來。㈢六鷁退飛過宋都，風也：六隻水鳥向後退著飛，過宋國的都城上，這是因為風力所壓迫。鷁音同亦，水鳥名，色白，不畏風。㈣叔興：內史的名字。㈤是何祥也，吉凶焉在：這是何種的預兆，吉或凶何在？焉等於安。㈥今茲魯多大喪：今年魯國多大喪。多大喪指季友與公孫茲之死。㈦齊有亂：齊國有亂。這是指著齊桓公死後，五公子爭立的事情。㊇君將得諸侯而不終：宋襄公將得到諸侯，而不能終為霸主。㊈君失問：你問的方法不對。㊉是陰陽之事，非吉凶所生也：這是陰同陽的事情，不是吉或凶有關係的。⑪吉凶由人：吉或凶皆由人支配。⑫吾不敢逆君故也：我因為不敢違背他的意見的原故。

【今譯】　十六年春天，天上落下石頭在宋國都城，這是天上的星星掉下來，有六隻鳥向後退著飛，飛過宋國的都城上，這是因為風力所壓迫。周的內史叔興到宋國聘問，宋襄公問他，說：「這是何種的預兆，吉或凶何在？」回答說：「今年魯國多大喪，明年，齊國有亂，你將得到諸侯，而不能終為霸主。」回來就告訴別人說：「宋襄公問的方法不對，這是陰同陽的事情，不是與吉或凶有關係的。吉或凶皆由人支配而成，這是因為我不敢違背宋襄公意見，才這麼回答他。」

(二)經　三月壬申，公子季友①卒。

【今註】　㊀公子季友：這是三桓季氏的祖先。有經無傳。

【今譯】　三月壬申，公子季友逝世。（無傳）

(三)經　夏四月丙申，鄫季姬卒。

【今註】　有經無傳。

【今譯】夏天，四月丙申，嫁到鄫國的季姬逝世。（無傳）

㈣經 秋七月甲子，公孫茲①卒。

【今註】㈠公孫茲：是公子叔牙之子。有經無傳。

【今譯】秋天，七月甲子，公孫茲逝世。（無傳）

㈤傳 夏，齊伐厲①，不克，救徐而還②。

【今註】㈠齊伐厲：在僖公十五年，齊伐厲以救徐。㈡救徐而還：救了徐國就班師。

【今譯】夏天，齊國討伐厲國，沒有戰勝，救了徐國就班師。

㈥傳 秋，狄侵晉，取狐廚，受鐸①，涉汾②及昆都③，因晉敗也。

【今註】㈠狐廚，受鐸：是晉的二邑。狐廚在今山西省襄陵縣西北狐谷亭。受鐸應當在狐廚附近。㈡涉汾：渡過汾水。汾是今縱貫山西省的汾河。汾水出太原，從平陽南流折而西入河。㈢昆都：晉邑，地在汾水之南。在今山西省襄陵縣南有昆都聚。

【今譯】秋天，狄人侵犯晉國，取得狐廚、受鐸二城，渡過汾河，到達了昆都城，這是因為晉國被打敗的緣故。

㈦傳 王以戎難告於齊①，齊徵諸侯而戍周②。

【今註】㊀王以戎難告於齊：周王以戎的侵略告知齊桓公。㊁齊徵諸侯而戍周：齊就召諸侯，派兵戍守周國。

【今譯】周王以戎的侵略告於齊桓公，齊就召諸侯，派兵戍守周國。

㈧傳 冬十一月，乙卯，鄭殺子華①。

【今註】㊀鄭殺子華：管仲在僖公七年曾說：子華想去掉鄭國的三良，必定被殺。

【今譯】冬天，十一月，乙卯，鄭國人殺了公子華。

㈨經 冬，十有二月，公會齊侯、宋公、陳侯、衛侯、鄭伯、許男、邢侯、曹伯于淮。

㈩傳 十二月，會於淮①，謀鄫且東略也②，城鄫③。役人病④，有夜登丘而呼⑤曰：「齊有亂⑥。」不果城而還。

【今註】㊀淮：杜註：「臨淮郡左右。」未能實指何地。江永：「晉臨淮郡盱眙。」案指今安徽省盱眙縣，五河縣，或江蘇淮陰縣濱淮之地。㊁謀鄫且東略也：謀救鄫國且向東方發展。㊂城鄫：給鄫國都城修城。㈣役人病：修城的工人生病。㈤有夜登丘而呼。有一堆人夜裡上到小崗上大喊。㈥齊有亂：齊國有亂。

【今譯】十二月，在淮水附近會見，為謀救鄫國且向東方發展，於是給鄫國都城修城，修城的工人生病了，有堆人在夜裡，上到小崗上大喊：「齊國有亂。」結果沒有築城就回來了。

僖公十七年

㈠經　十有七年（公元前六百四十三年）春，齊人，徐人伐英氏。

傳　十七年春，齊人為徐伐英氏①，以報婁林之役也②。

【今註】㈠齊人為徐伐英氏：英氏是偃姓國，在今安徽省六安縣西南，有英氏城。齊人為徐國討伐英氏。㈡以報婁林之役也：婁林之役在十五年。婁林，徐地，在今安徽省泗縣東北。

【今譯】十七年春天，齊人為徐國討伐英氏，以報婁林戰役的仇。

㈡傳　夏，晉大子圉為質于秦，秦歸河東而妻之①，惠公之在梁也②，梁伯妻之，梁嬴孕過期③，卜招父④與其子卜之。其子曰：「將生一男一女。」招曰：「然。男為人臣，女為人妾⑤。」

故名男曰圉，女曰妾⑥，及子圉西質⑦，妾為宦女焉⑧。

【今註】㈠秦歸河東而妻之：秦國本已經征稅於晉國的河東，此事在僖公十五年。現在秦國將河東歸還，而使秦女懷嬴嫁子圉。㈡惠公之在梁也：惠公以前在梁國的時候。㈢梁嬴孕過期：梁國是嬴姓，她懷子過十月未能產。㈣卜招父：梁國太卜。㈤男為人臣，女為人妾：男的是做人的臣下，女的是為人的妾。㈥故名男曰圉，女曰妾：圉是養馬的人；凡不行聘禮就叫做妾。㈦西質：到秦國為人質。㈧妾為宦女焉：妾就做秦國的宦女。宦女等於妾。

【今譯】夏天，晉太子圉于秦國做人質，現在秦國將河東歸還，而使秦女懷嬴嫁給子圉。惠公以前在梁國的時候，梁伯以女兒嫁他，但梁嬴懷子過了十個月尚未能產，於是卜招父同其子占卜。其子說：「將要生一個男孩和一個女孩。」卜招父則說：「對。男的是做人的臣下，女的是為人的妾。」所以命名男的叫圉，女的叫妾，等到太子圉到秦國為人質，妾就做秦國的宦女。

㈢經　夏滅項。

傳　師滅項①，淮之會，公有諸侯之事②，未歸而取項③，齊人以為討而止公④。

【今註】㈠師滅項：魯國的軍隊滅了項國。項是國名，在今河南省項城縣東北六十里，有古項城。

㈡公有諸侯之事：諸侯之事是指著會同講禮的事。公是魯僖公。㈢未歸而取項：他沒有回來，魯國的當政者就取得了項國。㈣齊人以為討而止公：齊人因為這件事，將魯君執獲。因為是國內的事，所以諱言執獲，變而言止。

【今譯】魯國的軍隊滅了項國，在淮水的會見，魯僖公有會同講禮的事，沒有回國，魯國的當政者就取得了項國，齊人因為這件事，將魯僖公執獲。

㈣

經 秋，夫人姜氏會齊侯於卞。

經 九月公至自會。

傳 秋，聲姜①以公故，會齊侯於卞②。九月，公至③，書曰：「至自會④。」猶有諸侯之事焉⑤，且諱之也⑥。

【今註】㈠聲姜：魯僖公夫人，是齊國的女兒。㈡卞：在今山東省泗水縣東五十里。㈢公至：僖公回來。㈣書曰至自會：特別寫在竹簡上說，僖公由會中回來。㈤猶有諸侯之事焉：好像仍舊有會同講禮的事情。㈥且諱之也：並且避諱說被執，故託會以告廟。

【今譯】秋天，魯僖公夫人因為僖公被執獲的原故，會見齊侯在卞城。九月，僖公回來，春秋特別記載說：「僖公由會中回來。」好像仍舊有會同講禮的事情，並且避諱說僖公被執。

(五)經冬十有二月，乙亥，齊侯小白卒。

傳齊侯之夫人三，王姬、徐嬴、蔡姬①皆無子。齊侯好內②，多內寵，內嬖如夫人③者六人：長衛姬生武孟④，少衛姬生惠公⑤，鄭姬生孝公⑥，葛嬴生昭公⑦，密姬生懿公⑧，宋華子生公子雍⑨。公與管仲屬⑩孝公於宋襄公，以為大子。雍巫⑪有寵於衛共姬⑫，因寺人貂⑬以薦羞⑭於公，亦有寵。公許之立武孟。管仲卒，五公子皆求立⑮。冬，十月乙亥，齊桓公卒，易牙入，與寺人貂因內寵以殺羣吏⑯，而立公子無虧。孝公奔宋。十二月乙亥，赴⑰。辛巳夜，殯⑱。

【今註】㈠王姬、徐嬴、蔡姬：王姬是周王的女兒；徐嬴是徐國的女兒，蔡姬是蔡國的女兒，即是曾以蕩舟使齊桓公發怒的那個人。春秋的習慣，女子從姓，所以各以該國的姓分稱。㈡好內：喜歡女色。㈢內嬖如夫人：如夫人的禮秩等於夫人。內嬖是內裡最寵愛的。㈣長衛姬生武孟：長音同掌（ㄓㄤˇ）。長衛姬即衛共姬，是衛國的女兒。武孟即公子無虧。㈤少衛姬生惠公：少衛姬亦是衛國的女兒。惠公即公子元。㈥鄭姬生孝公：鄭姬是鄭國的女兒。孝公即公子昭。㈦葛嬴生昭公：葛嬴是葛國的女兒，嬴姓，故城在今河南省寧陵縣北十五里。昭公即公子潘。㈧密姬生懿公：密姬是密國的女兒。懿公即公子商人。⑨宋華子生公子雍：宋華子是宋華氏的女兒子姓。公子雍未能立為君。⑩屬：託付。屬音ㄓㄨˇ。⑪雍巫：即易牙，巫是名字，雍是做飯的人。⑫衛共姬：即長衛姬。⑬寺人貂：即豎貂，為有寵於桓公的太監。⑭薦羞：羞與饈通。是貢獻好吃的食物。⑮五公子皆求立：五公子即孝公以外的公子無虧，公子元，公子潘，公子商人，公子雍。皆求立是指皆想即位為君。⑯因內寵以殺羣吏：用內官的權寵段各種官吏。⑰赴：以喪事訃告諸侯。⑱殯：是殮。杜註說經過六十七天乃殯。

【今譯】齊桓公的夫人有三個，即王姬、徐嬴、蔡姬，皆沒有生育孩子。桓公喜歡女色，且多內裡寵愛的，內裡最寵愛的如夫人有六個：長衛姬生公子無虧，少衛姬生公子元，鄭姬生公子昭，葛嬴生昭公，密姬生公子商人，宋華子生公子雍。齊桓公同管仲託付公子昭給宋襄公，立他為太子。此時雍巫為長衛姬所寵愛，因為寺人貂的關係貢獻好吃的食物，亦為桓公所喜愛，於是為長衛姬請立公子無虧，公答應了。管仲逝世後，公子無虧，公子元，公子潘，公子商人，公子雍等五公子皆想即位為君。冬天，十月乙亥，齊桓公逝世。易牙進入宮內，同寺人貂用內官的權寵殺各種官吏，而擁立公子無虧即位。於是公子昭逃奔到宋國。十一月乙亥，以喪事訃告諸侯。辛巳的夜晚才入殮。

僖公十八年

㈠【經】十有八年（公元前六百四十二年）春王正月，宋公、曹伯、衛人、邾人伐齊。

【傳】十八年春，宋襄公以諸侯伐齊。三月，齊人殺無虧①。

【今註】㈠齊人殺無虧：杜預註說，以取悅於宋國，故齊人殺公子無虧。

【今譯】十八年春天，宋襄公率領諸侯討伐齊國。三月，齊人殺公子無虧，以取悅宋國。

㈡【傳】鄭伯始朝于楚①，楚子賜之金②，既而悔之，與之盟曰：「無以鑄兵③。」故以鑄三鐘④。

【今註】㈠鄭伯始朝于楚：因為齊桓公死了，中國沒有霸主，所以鄭伯頭一次到楚國上朝。㈡楚子賜之金：楚成王賞給他銅。春秋時仍稱銅為金。㈢無以鑄兵：不要用以鑄造兵器。㈣故以鑄三鐘：因此就鑄了三個鐘。

【今譯】鄭伯頭一次到楚國上朝，楚成王賞給他銅，不久就後悔，遂與鄭伯盟誓說：「不要用銅來鑄造兵器。」因此就鑄了三個鐘。

㈢【經】夏師救齊。

【今註】有經無傳。

【今譯】夏天，魯國軍隊救援齊人。（無傳）

㈣經 五月戊寅，宋師及齊師戰於甗，齊師敗績。

傳 齊人將立孝公，不勝四公子之徒①，遂與宋人戰。夏五月宋敗齊師於甗②，立孝公而還。

【今註】㈠不勝四公子之徒：齊國人打不過四公子的黨羽。四公子指公子元，公子雍，公子潘與公子商人。㈡甗：齊地，在今山東省歷城縣與長清縣之間。甗音同演（一ㄢˇ）。

【今譯】齊人欲立公子昭為君，卻又打不過四公子的黨羽，於是同宋人作戰。夏天，五月，宋人戰敗齊國軍隊在甗地，推立公子昭即位後就班師。

㈤經 狄救齊①。

【今註】㈠狄救齊：專門為幫助四公子的黨羽。有經無傳。

【今譯】狄人援救齊國。（無傳）

㈥經 秋八月，丁亥，葬齊桓公。

傳秋，八月，葬齊桓公①。

【今註】㊀葬齊桓公：孝公即位以後，方能葬。

【今譯】秋天，八月，安葬齊桓公。

(七)經冬，邢人，狄人伐衛。

傳冬，邢人，狄人伐衛，圍菟圃①，衛侯以國讓父兄子弟及朝眾②，曰：「苟能治之，燬請從焉③。」眾不可，而後師於訾婁④，狄師還。

【今註】㊀菟圃：衛地，應與訾婁相近。㊁衛侯以國讓父兄子弟及朝眾：衛侯以他的國家讓位於他的長輩，晚輩，及朝廷上的眾人。㊂苟能治之，燬請從焉：假設能夠治理衛國，我也將聽從他的命令。燬是衛文公名字。㊃訾婁：衛地，在今河南省滑縣西南六十里，與河北長垣縣接界。

【今譯】冬天，邢人，狄人討伐衛國，包圍菟圃城，衛侯以他的國家讓位於他的長輩，晚輩及朝廷上的眾人，說：「假設能夠治理衛國，我也將聽從他的命令。」眾人不聽衛侯讓位，衛侯後來陳師在訾婁城，狄人軍隊就退去。

(八)傳 梁伯益其國，而不能實也①，命曰新里②，秦取之。

【今註】㈠梁伯益其國而不能實也：梁伯增擴他的國土，但是他沒有人民來充實它。㈡命曰新里：把新城命名為新里。新里在今陝西省澄縣東北二十里，即梁新城。

【今譯】梁伯增擴他的土地，但是他沒有人民來充實它，於是把新城命名為新里，後為秦國取得。

僖公十九年

(一)傳 十有九年（公元前六百四十一年）春，遂城而居之①。

【今註】㈠遂城而居之：這是連著十八年傳所說的「命曰新里，秦取之。」所以他也不講秦國。

【今譯】十九年春天，秦國取得新里城後，而移民去居住。

(二)經 十有九年，春王三月，宋人執滕子嬰齊。

傳 宋人執滕宣公①。

【今註】㈠滕宣公即滕子嬰齊。

【今譯】宋人執獲滕宣公。

(三)經 夏六月，宋公，曹人，邾人盟于曹南①。

【今註】㈠曹南：曹國都城的南邊。

【今譯】夏天，六月，宋公，曹人，邾人在曹國都城的南邊會盟。

(四)經 鄫子會盟於邾，己酉邾人執鄫子用之。

傳 夏，宋公使邾文公①，用鄫子于次睢之社②，欲以屬東夷③，司馬子魚④曰：「古者六畜不相為用⑤，小事不用大牲⑥，而況敢用人乎？祭祀以為人也。民，神之主也⑦，用人其誰饗之⑧！齊桓公存三亡國，以屬諸侯⑨，義士猶曰薄德⑩，今一會而虐二國之君⑪，又用諸淫昏之鬼⑫，將以求霸，不亦難乎⑬？得死為幸⑭！」

【今註】㈠邾文公：邾國君。㈡次睢之社：據張華博物志說：「琅邪臨沂縣東界次睢有大叢社，土民謂之食人社，即次睢之社。」在今山東省臨沂縣境。㈢欲以屬東夷：為的可以懷服東方的夷人。東夷是居淮北泗睢以東之夷人。㈣司馬子魚：即公子目夷。㈤古者六畜不相為用：這是指著說，祭馬神就不用馬。㈥小事不用大牲：為小的事情不用大的犧牲來祭祀。㈦民神之主也：人民是神的主人。㈧用人其誰饗之：用人來祭祀，誰能夠享受。㈨存三亡國，以屬諸侯：三王國指著魯、衛、邢。存三個將亡的國家，以保護諸侯。㈩義士猶曰薄德：有義氣的人尚且說他的德性很薄。⑪今一會而虐二國之君：宋襄公三月會諸侯執滕子，同一月又執鄫子。虐二國之君就指著滕子與鄫子。⑫又用諸淫昏之鬼：又用來祭祀不合於禮的鬼神。⑬將以求霸，不亦難乎：將用來求做霸主，這不也是很難的嗎？⑭得死為幸：君能得到好死，這是很慶幸的事。

【今譯】夏天，宋襄公派邾文公去到次睢之社，用鄫子來祭祀，想藉以管制東方的夷人。司馬子魚就說：「古時候的祭祀，六種牲畜不自相用於祭祀。小的事情不用大的犧牲來祭祀，何況敢用人來祭祀嗎？祭祀是為了人，人民是神的主宰，用人來祭祀，誰能夠享受呢？齊桓公使三個將要滅亡的國家存續下去藉以懷服諸侯。有正義的人還說他的德性很薄，現在一次會盟就虐待兩個國家的君主，又把他們用於祭祀不合於禮的鬼神，將藉此求做霸主，不也是很難的嗎？你能夠得好死就是很幸運的。」

(五)經　衛人伐邢。

傳　秋，衛人伐邢，以報菟圃之役①，於是衛大旱，卜有事於山川②，不吉。甯莊子③曰：「昔周饑，克殷而年豐④，今邢方無道，諸侯無伯⑤，天其或者欲使衛討邢乎？」從之，師興而雨⑥。

【今註】㈠菟圃之役：在僖公十八年。㈡卜有事於山川：占卜來祭祀山同川的神。㈢甯莊子：是衛大夫。㈣克殷而年豐：滅了殷國以後，就五穀豐收。㈤邢方無道，諸侯無伯：「邢國正在沒有道理，諸侯也沒有霸主。㈥師興而雨：軍隊動員以後，天就降下雨來。

【今譯】秋天，衛國人攻伐邢國，為的是報復菟圃之役的仇恨，在這時衛國正好發生大旱災，占卜是不是要祭祀山同川的神？結果是不吉利。衛大夫寧莊子就說：「從前周朝發生饑荒，滅了殷以後，就五穀豐收，現在邢國的政治正不上軌道，諸侯也沒有霸主，難道是上天將要派衛國去討伐邢國嗎？」衛國君聽從寧莊子的話，軍隊動員以後，天就下雨了。

㈥

經　秋，宋人圍曹。

傳　宋人圍曹，討不服也①。子魚言於宋公曰：「文王聞崇②德亂而伐之。軍三旬而不降③，退修教而復伐之，因壘而降④。詩曰：『刑于寡妻，至於兄弟，以御于家邦⑤。』今君德毋乃猶有所闕⑥，而以伐人，若之何？盍姑內省德乎？無闕而後動⑦。」

【今註】㈠討不服也：因為在曹都城南方盟誓的時候，曹國沒有修地主的禮節。㈡崇：崇侯虎。㈢軍三旬而不降：圍了三十天而崇國不投降。㈣退修教而復伐之，因壘而降：退回來再修教化而又討伐他，方到城壘，他就投降。㈤刑于寡妻，至於兄弟，以御于家邦：先立禮法對於妻子，擴充到兄弟，漸及於全國。這是毛詩文王之篇。㈥今君德毋乃猶有所闕：現在你的德行是否尚有所闕失。㈦

無闕而後動：如果德行沒有闕失，然後方能動軍隊。

【今譯】宋國人包圍曹國討伐曹國的不服從。宋公子子魚就對宋襄公說：「周文王聽到崇侯沒有德性，而討伐他。圍了三十天，崇侯不投降，退回來再修整教化而又討伐他，軍隊才到城底下，崇侯就投降。詩經上說：『先立禮法對於自己的妻子，再擴充到兄弟，漸及於全國。』現在你的德行豈不是還有闕失嗎？而想要討伐別人，這怎麼可以呢？何不姑且反省自己的德行，等到沒有闕失，然後再採取行動。」

㈦經冬，會陳人、蔡人、楚人、鄭人、盟於齊。

傳陳穆公請脩好於諸侯①，以無忘齊桓之德②。冬，盟于齊③修桓公之好也。

【今註】㈠修好於諸侯：與諸侯盟會。㈡以無忘齊桓之德：以免忘記齊桓公的德行。㈢盟于齊：在齊國都城盟會，所以齊孝公也加入。

【今譯】陳穆公請求和諸侯各國和平，以表示不忘記齊桓公的德行。到了冬天，會盟於齊國的都城，表示重申齊桓公時的友好。

㈧經梁亡。

傳 梁亡，不書其主，自取之也①。初，梁伯好土功②，亟城而弗處③，民罷而弗堪④，則曰：某寇將至。」乃溝公宮⑤。曰：「秦將襲我⑥。」民懼而潰⑦，秦遂取梁。

【今註】㊀不書其主，自取之也：春秋上不寫何人所滅，這是由於梁國自己找的。㊁土功：修建城池的工作。㊂亟城而弗處：亟修建城池而又不去居住。㊃民罷而弗堪：人民很辛苦而不能忍受。罷音意皆同疲。㊄乃溝公宮：使人民在公宮的四面圍成溝渠，作為防禦。㊅秦將襲我：秦國將暗中侵略我。㊆民懼而潰：人民全害怕就奔潰了。

【今譯】梁國亡了，沒有記載梁國君主的名字，因為梁國的滅亡是自找的。起初，梁伯喜好修建城池，極力的修建城池，卻又沒有去居住，人民疲憊而不能忍受，梁伯於是就說：「某一個敵寇將來。」使人民在梁伯的宮室四面圍成溝渠。又說：「秦國將暗中侵略我。」人民害怕，就全體潰散，於是秦國就取得了梁國。

僖公二十年

㈠經 二十年（公元前六百四十年）春，新作南門。

傳 二十年春，新作南門①，書不時也②。凡啟塞從時③。

【今註】㊀新作南門：這是魯都城的南門，本名稷門，僖公更加高大，所以改名高門。㊁書不時也：因為這不是土功的時候，所以特別加以記載。㊂凡啟塞從時：門戶橋樑叫做啟，城郭叫做塞，啟塞都要按著時候。

【今譯】二十年春天，僖公將魯都城的南門更加高大，春秋記上一筆，因為這不是土功的時候。因為凡是修築門戶橋樑及城郭都要按著時候。

㈡經 夏，郜子①來朝。

【今註】㊀郜子：郜是姬姓國，在今山東省城武縣東南八十里。有經無傳。

【今譯】夏天，郜子來魯國朝聘。

㈢經 五月乙巳，西宮災①。

【今註】㊀西宮災：西宮是魯僖公的別宮；災是失火。有經無傳。

【今譯】五月，乙巳那一天，魯僖公的別宮失火。

㈣經 鄭人入滑。

傳 滑人①叛鄭而服於衛；夏，鄭公子士②，洩堵寇③帥師入滑④。

【今註】㈠滑人：滑，地應在鄭衞之間，今河南睢縣西北的滑亭。㈡公子士：鄭文公子。㈢洩堵寇：鄭大夫。㈣帥師入滑：他們兩人就領著兵進入滑的都城。

【今譯】滑人背叛鄭國而順服衞國；夏天，鄭文公子士及鄭大夫洩堵寇就率領軍隊攻打滑國。

㈤經　秋，齊人，狄人盟于邢。

傳　秋，齊，狄盟于邢，為邢謀衞難也①，於是衞方病邢②。

【今註】㈠為邢謀衞難也：這是為邢國計劃對付來自衞國的患難。於是衞方病邢：這時衞國方成為邢國的患難。

【今譯】秋天，齊人和狄人在邢國會盟，這是為邢國計劃對付來自衞國的患難，這時候，衞國才真正成為邢國的患難。

㈥經　冬，楚人伐隨。

傳　隨以漢東諸侯①叛楚。冬，楚鬭穀於菟②帥師伐隨，取成而還③。君子曰：「隨之見伐，不量力也④，量力而動，其過鮮矣⑤。善敗由己，而由人乎哉⑥！詩曰：『豈不夙夜，謂行多露⑦。』」

【今註】㈠漢東諸侯：諸侯分在漢水以東的，據說多半是姬姓。㈡鬭穀於菟：即令尹子文；於音烏，菟音徒。㊂取成而還：取成就是盟誓講和。而還是班師回來。㊃隨之見伐，不量力也：隨國的被楚國討伐，是他自己不知道他的力量有多少。㊄量力而動，其過鮮矣：要研究自己的力量，然後動作，他的過錯就會很少。㊅善敗由己，而由人乎哉：成功與失敗全在乎自己，難道是由旁人嗎？㊆豈不夙夜，謂行多露：這是詩經召南篇的詩，意思說，豈不肯早晨或晚上而去，但是怕走路遇見很多露水。

【今譯】　隨國藉著在漢水以東的姬姓諸侯背叛楚國。到冬天，楚國的令尹子文就率領軍隊征伐隨國，於是楚與隨兩國盟誓講和，楚軍即班師回來。君子說：「隨國的被楚國討伐，是他自己不知道他的力量有多少。凡先研究自己的力量，然後行動，他的過錯就會很少。成功與失敗全在乎自己，難道是由旁人嗎？詩經上說：『難道是不肯早晨或晚上而去，只是怕走路時，遇見很多露水。』」

㈦傳　宋襄公欲合諸侯，臧文仲聞之曰：「以欲從人則可，以人從欲鮮濟①。」

【今註】　㊀以欲從人則可，以人從欲鮮濟：將自己的私心隨從眾人的好處則可以，以眾人從自己的私欲少能成功。

【今譯】　宋襄公想要聯合諸侯各國，魯大夫臧文仲聽到了這件事就說：「將自己的私心隨從眾人的好處則可以，以眾人從自己的私欲則少能成功。」

僖公二十一年

㈠經二十有一年（公元前六百三十九年）春，狄侵衛①。

【今註】㊀狄侵衛：這是為邢的原故。有經無傳。

【今譯】二十一年春天，狄人侵伐衛國。（無傳）

㈡經宋人，齊人，楚人，盟于鹿上。

傳二十一年春，宋人為鹿上①之盟，以求諸侯於楚②，楚人許之。公子目夷曰：「小國爭盟，禍也③。宋其亡乎，幸而後敗④。」

【今註】㊀鹿上：鹿上，宋地，在今安徽省太和縣西有原鹿城。江永說：「原鹿在宋之西南 於楚差近。」㊁以求諸侯於楚：是跟楚國要求准許諸侯來。㊂小國爭盟，禍也：小國指著宋國，與人家爭做盟主，這是禍害。㊃宋其亡乎，幸而後敗：宋豈不要亡國，宋軍如果被楚國的軍隊打敗，這是幸運的。

【今譯】二十一年春天，宋人在鹿上舉行盟誓，並且跟楚國要求准許諸侯各國前來，楚國人答應了。

宋公子目夷說：「宋國以一個小國而與人爭做盟主，這是種禍害。宋國豈不要亡國嗎？宋軍若被楚國的軍隊打敗，這還是幸運的。」

㈢

經 夏大旱。

傳 夏大旱，公欲焚巫尪①，臧文仲曰：「非旱備也②，脩城郭，貶食，省用，務穡，勸分，此其務也③。巫尪何為？天欲殺之，則如勿生；若能為旱，焚之滋甚④！」公從之。是歲也，饑而不害⑤。

【今註】 ㈠公欲焚巫尪：巫尪是女巫，尪音ㄨㄤ。僖公要想燒死女巫。㈡非旱備也：這不是防備旱災該做的。㈢修城郭，貶食，省用，務穡，勸分，此其務也：修理城同外城，減少吃食，儉省用途，增產糧食，使糧食有無相濟，這就是真正要做的事務。㈣若能為旱，焚之滋甚：她們若能為旱災，把她們燒死，旱災一定更加甚。㈤饑而不旱：農作物歉收，但是沒有傷害到老百姓。

【今譯】 夏天大旱，魯僖公要想燒死女巫，臧文仲就說：「這並不是防備旱災該做的，只有修理城同外城，減少吃食，儉省用途，增產糧食，使糧食有無相濟，這才是真正要做的事務。女巫有什麼用呢？上天要殺死他，不如不要生他；假使她們能夠造成旱災，把她們燒死，旱災一定更加厲害。」僖公順了他的說法。這一年，雖有饑荒，卻不傷害人民。

㈣ 經 秋，宋公，楚子，陳侯，蔡侯，鄭伯，許男，曹伯會于盂，執宋公以伐宋。

傳 秋，諸侯會宋公於盂①，子魚曰：「禍其在此乎？君欲已甚②，其何以堪之？」於是楚執宋公以伐宋。冬，會于薄以釋之③，子魚曰：「禍猶未也，未足以懲君④。」

【今註】㈠盂：宋地，今河南省睢縣西北有盂亭。㈡君欲已甚：君的私欲已經很厲害。㈢會于薄以釋之：於是又會盟于薄，就放回宋襄公。薄是宋地，在今河南省商邱西北。㈣禍猶未也，未足以懲君：禍害尚沒有完全來到，這尚不足以懲戒宋君。

【今譯】秋天，諸侯在盂地與宋公會。子魚就說：「禍害將要在此地發生嗎？君的私欲已經很厲害，諸侯將不能忍受他的作為。」於是楚國人拘拿宋公去征伐宋國。到了冬天，又會盟于薄地，就放回宋襄公。子魚說道：「禍害尚沒有完全來到，這尚不足以懲戒宋君。」

㈤ 經 冬，公伐邾①。

【今註】㈠公伐邾：這是為邾國滅了須句國的原故。有經無傳。

【今譯】冬天，魯僖公征伐邾國。（無傳）

(六)經 楚人使宜申來獻捷①。

【今註】㊀楚人使宜申來獻捷：宜申是楚大夫鬬宜申。獻捷是楚國戰勝宋國的戰利品。無傳。

【今譯】楚國人派遣大夫宜申到魯國獻上戰勝宋國的戰利品。（無傳）

(七)經 十有二月，癸丑，公會諸侯盟于薄，釋宋公。

【今註】此經的傳見㈣。

【今譯】此經的傳見㈣。

(八)傳 任，宿，須句，顓臾，風姓也①，實司大皥與有濟之祀②，以服事諸夏③。邾人滅須句，須句子來奔，因成風也④。成風為之言於公曰：「崇明祀，保小寡，周禮也⑤；蠻夷猾夏，周禍也⑥。若封須句，是崇皥濟而修祀紓禍⑦也。」

【今註】㊀任、宿、須句，顓臾、風姓也：任在今山東省任城縣。宿在今山東省東平縣東二十里。須句在山東省須冒縣西北。顓臾在今山東省費縣西北八十裏有顓臾城。㊁實司大皥與有濟之祀：他們管理大皥與有濟的祭祀。大音泰，皥音號。㊂以服事諸夏：以服從事奉諸夏；可見春秋的時候並沒有把大皥列入諸夏之中，所以杜預說「與諸夏同服王事。」不是春秋人的思想。㊃因成風也：因為成風的原故，須句是成風的母家。㈤崇明祀，保小寡周禮也：因為大皞與有濟的祭祀，所以應當推崇他，保護小國寡民，這是周的禮節。㈥蠻夷猾夏，周禍也：猾等於亂。蠻夷是指著邾國。蠻夷來亂夏的制度，這是周代的禍亂。㈦修祀紓禍：修建從前的祭而緩和禍亂。

【今譯】任、宿、須句與顓臾同為姓風的國家。他們是管理大皞與有濟的祭祀，用來服從事奉諸夏。邾國人滅了須句國，須句的子爵來投奔魯國，因為成風的原故。成風為了他們對魯僖公說：「因為大皞與有濟的祭祀，所以應當推崇他，保護小國寡民，這是周的禮節。蠻夷（指邾國）來亂夏的制度，這是周代的禍亂。如果加封了須句國，則是推崇大皞與有濟，並且修建從前的祭祀而緩和禍亂。」

僖公二十二年

㈠經 二十有二年（公元前六百三十八年）春，公伐邾取須句。

傳 二十二年春，伐邾取須句，反其君焉，禮也①。

【今註】㈠反其君焉，禮也：將他的國君歸返須句的國都，這是合於撫恤寡小的禮的。

【今譯】二十二年春天，征伐邾國而取得須句國，並且歸返他的國君，這是合於撫恤寡小的禮節。

㈡傳 三月，鄭伯如楚。

【今譯】三月，鄭伯到了楚國。

㈢經夏，宋公、衛侯、許男、滕子伐鄭。

傳夏，宋公伐鄭，子魚曰：「所謂禍在此矣①！」

【今註】㈠所謂禍在此矣：我所說的禍亂就在這裡。

【今譯】夏天，宋公侵伐鄭國，子魚說：「我所說的禍亂就在這裡啊！」

㈣經初，平王之東遷也①，辛有適伊川②，見被髮而祭於野者③曰：「不及百年，此其戎乎④？其禮先亡矣⑤！」秋，秦晉遷陸渾之戎于伊川⑥。

【今註】㈠平王之東遷也：在平王東遷洛邑的時侯。㈡辛有適伊川：辛有是周大夫往伊水邊上去。㈢見被髮而祭於野者：看見散著頭髮而在野地裡祭祀的人。㈣不及百年，此其戎乎：不到一百年，這就會變成戎的區域。㈤其禮先亡矣：因為他們是披散著頭髮祭祀，所以已經沒有禮節了。㈥秦晉遷陸渾之戎于伊川：陸渾在今河南省嵩縣東北五十裏。伊川，杜註：「伊川，周地，伊水也。」此句謂秦國同晉國聯合把陸渾的戎遷到伊水邊上。陸渾之戎是允姓，居住在今甘肅省安西縣西南的瓜州城。

【今譯】最初周平王東遷洛邑的時候，周大夫辛有往伊水邊上去，看見散著頭髮而在野地裡祭祀的人；說道：「不到一百年，這裡就會變成戎的區域了，因為他們已經沒有禮節了。」秋天，秦國同晉國聯合把陸渾的戎遷到伊水邊上。

(五)傳 晉大子圉①為質於秦，將逃歸②，謂嬴氏③曰：「與子歸乎？」對曰：「子晉大子，而辱於秦，子之欲歸，不亦宜乎④？寡君之使婢子⑤，侍執巾櫛⑥，以固子⑦也。從子而歸，棄君命也⑧。不敢從，亦不敢言⑨。」遂逃歸⑩。

【今註】 ㊀大子圉：即晉懷公，大音泰。㊁將逃歸：預備逃回晉國。㊂嬴氏：即懷嬴，為秦穆公女。㊃子之欲歸，不亦宜乎：你想回晉國，不也是應當的嗎？㊄婢子：杜預註：「婢子，婦人之卑稱也。」這可以證明在韓之戰以前，秦穆公的夫人穆姬自稱婢子這句話，是不見於左傳原本的，否則杜預不必在此註。㊅侍執巾櫛：櫛音ㄐㄧㄝˊ。侍奉你並給你拿手巾同梳子，表示謙虛的意思。㊆以固子：為的使你能安心在秦國。㊇從子而歸，棄君命也：同你回晉國，這豈不是廢君的命令。㊈不敢從，亦不敢言：我不敢與你一同回晉國，也不敢說你逃走。㊉遂逃歸：於是子圉逃回晉國。

【今譯】 晉國太子圉在秦國做人質時，預備逃回晉國，對妻子懷嬴說：「我與你同回去？」回答說：「你是晉國的太子，卻在秦國受到曲辱，你想回到晉國，不也是應當的嗎？父王派我來侍奉你，為的使你能安心在秦國。我同你回晉國，這豈不是廢棄君王的命令了。我不敢與你一同回晉國，也不敢說你逃走。」於是子圉逃回晉國。

㈥傳　富辰①言於王曰：「請召大叔②。詩曰：『比其鄰，昏姻孔云③。』吾兄弟之不協，焉能怨諸侯之不睦④？」王說⑤，王子帶自齊復歸於京師，王召之也⑥。

【今註】㈠富辰：周大夫。㈡請召大叔：大叔即王子帶，在僖公十二年奔齊國。大音泰。請召是叫他回周都。㈢協比其鄰，昏姻孔云：先同他的鄰居和協，於是近親的婚姻就完全歸附了。這是詩經小雅的一句詩。㈣吾兄弟之不協，焉能怨諸侯之不睦：我們兄弟的不和協；安能怨望諸侯的不和睦。㈤說：音義同悅。㈥王召之也：這是周王召他回來的。

【今譯】周大夫富辰對周王說：『請叫王子帶回周都。詩經說：「先同他的鄰居和協，於是近親的婚姻就完全歸附了。」我們兄弟間的不和協，怎能夠怨望諸侯的不和睦呢？』周王聽了很高興，於是王子帶又回到了周的京都，這是周王召他回來的。

㈦經　秋八月，丁未，及邾人戰於升陘。

傳　邾人以須句故出師，公卑邾①，不設備而禦之②。臧文仲曰：「國無小不可易也③；無備，雖眾不可恃也④。詩曰：『戰戰兢兢，如臨深淵，如履薄冰⑤。』又曰：『敬之敬之，天惟顯思，命不易哉⑥！』先王之明德，猶無不難也，無不懼也⑦。況我小國乎？君其無謂邾小，蠭蠆有毒⑧，而況國乎？』弗聽，八月丁未，公及邾師戰於升陘⑨，我師敗績⑩，邾人獲公冑⑪，縣諸魚門⑫。

【今註】 ㊀公卑邾：魯僖公看不起邾國。㊁不設備而禦之：沒有設防備就加以抵抗。㊂國無小不可易也：國不管他是否小，也不可輕易的對付他。㊃無備，雖眾不可恃也：要沒有預備，雖軍隊眾多也不可以仗恃。㊄戰戰兢兢，如臨深淵，如履薄冰：戰戰兢兢表示恐懼的樣子，如同面臨深水，如同腳踩在薄的冰上。這是詩經小雅的一句詩。㊅敬之敬之，天惟顯思，命不易哉：為國君者應當敬天，天是很明白的，並且承受天命並不容易。這是詩經周頌的詩。㊆先王之明德，猶無不難也，無不懼也：先王有那麼多的德性，仍舊無所不畏難，無所不恐懼。㊇蠭蠆有毒：蠭音風，同「蜂」；蠆音釵，是蠍的一種。蜂同蠍子全有毒。㊈升陘：魯地。在今山東省曲阜縣西南二十里。㊉我師敗績：魯國的軍隊整個崩潰。⑪邾人獲公冑：邾人得到僖公的戰盔。⑫縣諸魚門：魚門是邾國的都城門。縣同懸，掛在魚門上。

【今譯】 邾國人因為須句的原故而去征討，魯僖公因為看不起邾國，沒有設防備就加以抵抗。臧文仲說道：「國家不管他是否小，也不可輕易的對付他。要是沒有備戰，軍隊眾多也是不可以仗恃的。詩經上說：『時刻有戒懼的心，如同面臨深水，如同腳踩在薄的冰上。』又說：『為國君者應當敬天，天意是很明白的，並且承受天命並不容易。』先王雖有那麼多的德性，仍舊什麼都畏難，什麼都害怕。何況我們還是小國呢！君你不要說邾國很小，既然蠭同蠆全有毒，何況是一個國家呢？」僖公不聽，八月丁未，魯公同邾國軍隊交戰於升陘地，魯國的軍隊整個崩潰，邾人得到僖公的戰盔，而把它懸掛在邾國的都城門上。

(八) **傳** 楚人伐宋以救鄭。宋公將戰。大司馬固①諫曰：『天之弃商久矣②，君將興之，弗可赦也已③。』弗聽。

【今註】 ㈠大司馬固：杜預註說：「大司馬固，莊公之孫，公孫固也。」另一說：固諫是動詞，為強力的諫諍，而大司馬是公子魚。㈡天之棄商久矣：上天不保護商，已經很久了。（宋是商朝的後裔）㈢君將興之，弗可赦也已：你要再想興盛宋國，這種罪過是不可赦免的。

【今譯】 楚國人去討伐宋國為的援救鄭國。宋公將要迎戰。大司馬公子魚強力的諫諍道：上天不保護商，已經很久了。你若要再想興望宋國，這種罪過是不可赦免的。』宋公不聽從。

(九) **經** 冬十有一月，己巳朔，宋公及楚人戰于泓，宋師敗績。

傳 冬十一月，己巳朔，宋公及楚人戰於泓①。宋人既成列②，楚人未既濟③。司馬④曰：「彼眾我寡，及其未既濟也，請擊之。」公曰：「不可。」既濟，而未成列⑤，又以告。公曰：「未可。」既陳而後擊之⑥，宋師敗績，公傷股⑦，門官殲焉⑧。國人皆咎公⑨。公曰：「君子不重傷⑩，不禽二毛⑪。古之為軍也，不以阻隘也⑫。寡人雖亡國之餘⑬，不鼓不成列⑭。」子魚曰：「君未知戰，勍敵之人⑮，隘而不列，天贊我也⑯。阻而鼓之，不亦可乎？猶有懼焉⑰。且今之勍者，皆吾敵也，雖及胡耇⑱，獲則取之，何有於二毛？明恥教戰，求殺敵也⑲。傷未及死，如何勿重⑳，若愛重傷，則如勿傷。愛其二毛，則如服焉㉑。三軍以利用也，金鼓以聲氣也㉒。利而用之，阻隘可也㉓。聲盛致志，鼓儳可也㉔。」

【今註】㈠泓：水名，在今河南省柘城縣北三十里，是渦水的支流。㈡宋人既成列：宋人已經排成行列。㈢楚人未既濟：楚人尚未能完全渡過泓水。㈣司馬：即公子目夷，子魚也。㈤既濟，而未成列：已經渡過泓水，但是沒有排好隊伍。㈥既陳而後擊之：等到楚人已經排好陣勢，然後宋人就來攻打。㊆公傷股：宋襄公的腿受傷。㊇門官殲焉：殲音尖，謂殺盡。門官是守門的官吏全都被殺盡。㊈國人皆咎公：春秋時代所稱為的國人皆指著貴族，左傳中能找出不少的例子，貴族們全都歸罪於宋襄公。㊉君子不重傷：君子也指著貴族。不重傷是對已經受傷的敵人，不再使他受傷。⑪不禽二毛：二毛指著頭髮有黑白兩種顏色的人，即指年長之人。不禽是不擒獲。⑫古之為軍也，不以阻隘也：古人的打仗，不因為關塞險阻以求勝。⑬寡人雖亡國之餘：宋是商的後人，所以自稱為亡國之餘。⑭不鼓不成列：鼓是進攻的行動。所以不用進攻不成列的敵人。⑮君未知戰，勍敵之人：勍音擎（ㄑㄧㄥˊ），彊，勇武貌。你不知道打仗，在強敵的面前。⑯隘而不列，天贊我也：在險隘的地方楚國沒有方法成列陣勢，這是天幫我們的忙。⑰猶有懼也：這樣子還有怕不能夠戰勝。⑱胡耇：是老壽的人。周書謚法解，彌年壽考曰胡。爾雅：耇壽也。⑲明恥教戰求殺敵也：明恥辱教導人民作戰，目的在求殺死敵人。⑳傷未及死如何勿重：受傷尚沒有死亡，為什麼不可以再殺害他？㉑愛其二毛，則如服焉：要喜歡他兩個顏色頭髮的人，則不如服從他。㉒三軍以利用也，金鼓以聲氣也：三軍必因戰有利而動，金同鼓是用聲響鼓舞士氣。㉓利而用之，阻隘可也：軍隊有利而動那麼就是碰到地形有阻隘時也可以獲勝。㉔聲盛致志，鼓儳可也：金鼓的聲音使士氣旺盛，就是碰著惡劣地形，不能做成陣勢，也仍可獲勝。

【今譯】　冬天十一月初一的這天，宋公和楚國人交戰於泓地。宋人已經排成行列，而楚人尚未能完全渡過泓水。司馬公子魚說：「他們軍隊眾多而我軍寡少，在他們還未能全渡過泓水時，請速擊潰他們。」宋公說：「這不可以。」在楚軍已經渡過泓水，但是還未排好隊伍，公子魚又勸告宋公先戰。宋公說：「還是不可以。」等到楚人已經排好陣勢，然後宋人就來攻打，宋國軍隊打了敗仗，宋襄公的腿受了傷，守門的官吏也全都被殺盡。貴族們都歸罪於宋襄公。宋公說：「貴族是對已經受傷的敵人，不再使他受傷。不擒獲頭髮有黑白兩種顏色的人。古時做國君的人，打仗不因為關塞險阻以求勝。我宋國雖是亡國之後，但還是不進攻不成列的敵人。」子魚說：「你不知道作戰，在強敵的面前，在險隘的地方，楚軍沒有方法成列陣勢，這是上天幫我們的忙。敵人受阻而我軍就可進攻，這不也是可以嗎？這樣子還會怕不能戰勝，況且現今所有與我們競爭的，皆是我們的敵人，雖然是老人家，擒獲到就殺了何必顧到是否頭髮花白的老年人呢？明恥辱教導人民作戰，目的在求殺死敵人。受傷尚沒有死亡，為什麼不可以再殺害他？如不忍殺害他，那就乾脆不要傷他。要愛憐他是頭髮花白的老年人，到不如去服從他。三軍必因戰有利而動，金同鼓是用聲響來鼓舞士氣。能善利用軍隊，就是碰到地形有阻隘時也可以獲勝。金鼓的聲音使士氣旺盛，就是碰著惡劣地形，不能做成陣勢，也仍可以獲勝。」

(十)傳　丙子晨，鄭文公夫人芊氏、姜氏①勞楚子于柯澤②，楚子使師縉③示之俘馘④。君子曰：「非禮也。婦人送迎不出門，見兄弟不踰閾⑤，戎事不邇女器⑥。」丁丑，楚子入饗於鄭⑦，九獻⑧，庭實旅百⑨，加籩豆六品⑩。饗畢夜出，文芊送於軍，取鄭二姬⑪以歸。叔詹曰：「楚王其不沒乎⑫！為禮卒於無別⑬，無別不可謂禮⑭，將何以沒⑮？」諸侯是以知其不遂霸也⑯。

【今註】㈠芊氏，姜氏：芊氏是楚國的女兒，姜女是齊國的女兒。㈡柯澤：鄭地，在今河南省新鄭縣東南。㈢師縉：楚國的樂師。㈣示之俘馘：馘音國（ㄍㄨㄛˊ）殺敵獻左耳曰馘。給她們看俘虜同敵人死的割的左耳。㈤婦人送迎不出門，見兄弟不踰閾：閾音域，門限也。女人送賓客皆不出大門，見自己的兄弟也不能超越屋子的門限。㈥戎事不邇女器：意思是說俘虜或者死敵的左耳，皆不是能近婦人的物品。㈦入饗於鄭：到鄭國都城去受饗宴。㈧九獻：獻酒九次。㈨庭實旅百：院中所陳列的物品有好幾百件。㈩加籩豆六品：還要增加在禮用的食器上加以食物六種。(十一)二姬：是文芊的女兒。(十二)楚王其不沒乎：不沒是不能壽終；楚王恐怕要不能壽終。(十三)為禮卒於無別：行禮到末了卻弄成男女無分別。(十四)無別不可謂禮：男女沒有分別就不可以說行禮。(十五)將何以沒：他怎麼能夠壽終。(十六)諸侯是以知其不遂霸也：所以諸侯也就明白，他不能夠成為霸主。

【今譯】丙子早晨，鄭文公的夫人芊氏、姜氏勞問楚王在柯澤地，楚子派師縉拿給他們看俘虜同敵人死的割下的左耳。君子說：「這不合於禮節。女人送迎賓客皆不出大門，見自己的兄弟也不能超越屋子的門限，而俘虜或者死敵的左耳，皆是不能近婦人的物品。」丁丑，楚子到鄭國都城去受饗宴，獻酒九次，院中所陳的物品有好幾百件，還要增加在禮用的食器上加以食物六種。饗宴完後，文芈夫人夜送于軍，並帶回鄭伯的二個女兒。叔詹說：「楚王恐怕要不能壽終。因為行禮到末了卻弄成男女無分別。男女沒有分別，就不可以說行禮，他怎麼能夠壽終呢？」所以諸侯也就明白他不能夠成為霸主。

僖公二十三年

(一)經 二十三年（公元前六百三十七年）春，齊侯伐宋圍緡。

傳 二十三年春，齊侯伐宋，圍緡①，以討其不與盟於齊也②。

【今註】 ㈠緡：宋地，在今山東省金鄉縣東北二十三里。 ㈡以討其不與盟于齊也：因為僖公十九年，諸侯皆盟於齊國，以免忘了齊桓公的德性，而宋獨不往會，而僖公二十一年，宋人又召齊共盟于鹿上，所以現在加以討伐。

【今譯】 二十三年春天，齊侯討伐宋國，並且包圍緡邑，是為了討伐他不參加諸侯與齊國的盟會。

(二)經 夏五月，庚寅，宋公茲父卒。

傳 夏五月，宋襄公卒①，傷於泓故也②。

【今註】㈠宋襄公卒：宋襄公曾與魯國三次同盟，所以春秋上寫他的名字。㈡傷於泓，故也：這就是公子魚所說得死為幸。

【今譯】夏天五月，宋襄公死，因他在泓水受了腿傷，這就是公子魚所說的得死為幸。

㈢經秋，楚人伐陳。

傳秋，楚成得臣①帥師伐陳，討其貳於宋也②，遂取焦、夷③城頓④而還。子文以為之功⑤，使為令尹⑥。叔伯⑦曰：「子若國何⑧？」對曰：「吾以靖國也⑨！夫有大功而無貴仕⑩，其人能靖者與有幾⑪？」

【今註】㈠成得臣：就是楚大夫子玉。㈡討其貳於宋也：這是討伐陳國與宋國勾結。㈢焦、夷：焦是陳邑，在今安徽省亳縣。夷亦是陳邑，杜註一名城父，故城在今安徽省亳縣東南七里。㈣城頓：頓是姬姓國，在今河南省商水縣東南。在那裡修頓國的城。㈤以為之功：以為這是他的功勞。㈥使為令尹：叫子玉接著子文做令尹。㈦叔伯：楚大夫薳呂臣。㈧子若國何：你如何對國家交待。㈨吾以靖國也：我是為安定國家。㈩夫有大功而無貴仕：要是這個人有大的功勞而沒有貴顯的位子。⑪其人能靖者與有幾：這種人能安定國家能有幾個呢？

【今譯】秋天，楚大夫子玉帥領軍隊征伐陳國，因陳國背著楚而與宋國勾結，於是攻下焦、夷，並修了頓國的城牆才班師回國。子文以為這是他的功勞，叫子玉接著子文做令尹。楚大夫薳呂臣說：「你如何對國家交待？」回答說：「我是為安定國家！若這個人有大的功勞，而沒有貴顯的位子，這種人能安定國家又能有幾個呢？」

(四)傳　九月，晉惠公卒。懷公立命無從亡人①，期期而不至②，無赦。狐突③之子毛及偃④，從重耳在秦⑤，弗召。冬，懷公執狐突曰：「子來則免⑥。」對曰：「子之能仕，父教之忠，古之制也。策名委質，貳乃辟也⑦。今臣之子，名在重耳有年數矣⑧，若又召之，教之貳也⑨。父教之貳，何以事君⑩？刑之不濫，君之明也，臣之願也⑪。淫刑以逞，誰則無罪⑫？臣聞命矣！」乃殺之。卜偃稱疾不出⑬，曰：「周書有之，乃大明服⑭。己則不明，而殺人以逞，不亦難乎？民不見德而唯戮是聞⑮，其何後之有⑯？」

【今註】㈠懷公命無從亡人：王念孫說：『懷公下脫立字……太平御覽人事部五十九，治道部二，兩引此文，皆作懷公立命無從亡人，則宋初本尚有未脫立字者。』此謂不許隨從公子重耳，亡人指重耳。㈡期期而不至：上「期」是動詞，為約定時期。下「期」是名詞，為過了時期。而不至是到時不來到。㊂狐突：是晉公子重耳的外祖父。㊃毛及偃：狐毛及狐偃皆是重耳的舅父。㊄從重耳在秦：他們隨從著重耳在秦國。㊅子來則免：你的兒子要來了就可以赦免你。㊆策名委質，貳乃辟也：策名是把名字寫在竹簡上。委質是貢獻贄見的禮物。貳乃辟也是指改變心意，這是犯罪的。㊇名在重耳有年數矣：他的名字寫在重耳那裡已經有若干年了。㊈教之貳也：這是教給他變心意。㊉父教之貳，何以事君：父親教兒子背叛，那怎麼樣能夠事奉君上。㊁刑之不濫，君之明也，臣之願也：刑法的不濫加施行，這是君上的賢明，也是做臣子的願望。㊂淫刑以逞，誰則無罪：濫施刑罰，以快君心，那麼誰還沒有罪呢？㊂稱疾不出：藉口生疾以免除上朝。㊃周書有之，乃大明服：周書是尚書康誥篇的文辭。乃大明服是說君能賢明，人民自然服從。㊄唯戮是聞：人民只聽見殺戮。㊅其何後之有：這怎麼樣能有後代？

【今譯】　九月，晉惠公死。懷公命晉人不許隨從公子重耳，若過了約定時期，而不回來的，則不可赦免。狐突的兒子毛及偃都跟隨重耳在秦國，狐突未召他們回國。冬天，懷公捉拿狐突說：「你的兒子要來了就可以赦免你。」回答說：「若兒子到了能做官的年齡，做父親的教導他應忠心於職守，這是古時的禮制。要把名字寫在竹簡上，並貢獻贄見的禮物，若改變心意，這是犯罪的。現在我的二個兒子，追隨重耳已有數年了，若把他召回來，這是教給他改變心意。做父親的人教兒子叛變，那又怎麼能夠事奉君上？刑法的不濫加施行，這是君上的賢明，也是做臣子的願望。濫施刑法，以快君心，那麼誰能免於罪呢？臣子願聽君上的命令。」於是狐突被殺。卜偃藉口生病，以避免上朝，說道：

「周書有句話，是說君能賢明，人民自然服從。自己既不夠賢明，而又任意殺戮以逞其快心，這不是很難辨的嗎？人民不見德性，只聽見殺戮，這又怎麼樣能夠有後代呢？」

(五)

經　冬，十有一月，杞子卒。

傳　十一月杞成公①卒。書曰「子」杞夷也②。不書名，未同盟也③，凡諸侯同盟，死則赴以名④，禮也。赴以名則亦書之，不然則否，辟不敏也⑤。

【今註】㈠杞成公：成公名王臣，為杞國君。㈡書曰子杞夷也：春秋上寫著杞子，因為杞國用夷人的禮節。㈢不書名，未同盟也：不寫他的名宇，因為魯國沒有同他同盟。㈣死則赴以名：要是他死的時候，就以他的名字來訃告。㈤不然則否，辟不敏也：要沒有同盟，而又不以他的名字來訃告，就不寫在春秋上，因為這是避免不審慎。

【今譯】十一月，杞成公死。春秋上寫著杞子，因為杞國用夷人的禮節。不寫他的名字，因為魯國沒有同他同盟，凡是諸侯加入了同盟，他死的時候，就以他的名字來訃告，這是種禮。用他的名字來訃告，春秋上也就寫上名字，要沒有同盟，而又不以他的名字來訃告，就不寫在春秋上，因為這是避免不審慎。

㈥傳晉公子重耳之及於難也①，晉人伐諸②蒲城。蒲城人欲戰③，重耳不可，曰：「保君父之命而享其生祿，於是乎得人④。有人而校，罪莫大焉⑤。吾其奔也。」遂奔狄。從者狐偃，趙衰⑥，顛頡⑦，魏武子⑧，司空季子⑨。狄人伐廧咎如⑩，獲其二女叔隗季隗，納諸公子⑪。公子取季隗，生伯儵⑫，叔劉。以叔隗妻趙衰，生盾⑬。將適齊，謂季隗曰：「待我二十五年不來而後嫁。」對曰：「我二十五年矣，又如是而嫁，則就木焉⑭，請待子。」處狄十二年而行⑮。過衛，衛文公不禮⑯焉。出於五鹿⑰，乞食於野人⑱，野人與之塊⑲，公子怒，欲鞭之。子犯⑳曰：「天賜也㉑。」稽首受而載之㉒。及齊，齊桓公妻之㉓，有馬二十乘㉔。公子安之㉕，從者以為不可㉖。將行，謀於桑下㉗。蠶妾在其上㉘，以告姜氏。姜氏殺之，而謂公子曰：「子有四方之志㉙，其聞之者，吾殺之矣。」公子曰：「無之㉚。」姜曰：「行也。懷與安，實敗名㉛。」公子不可。姜與子犯謀，醉而遣之㉜。醒，以戈逐子犯。及曹，曹共公㉝

聞其駢脅[34]，欲觀其裸[35]，浴，薄而觀之[36]。僖負羈[37]之妻曰：「吾觀晉公子之從者皆足以相國[38]，若以相，夫子[39]必反其國。反其國，必得志於諸侯[40]。得志於諸侯而誅無禮，曹其首也。子盍蚤自貳[41]焉。」乃饋盤飧，寘璧焉[42]。公子受飧，反璧[43]。及宋，宋襄公贈之以馬二十乘。及鄭，鄭文公[44]亦不禮焉。叔詹[45]諫曰：「臣聞天之所啟，人弗及也。晉公子有三焉，天其或者將建諸[46]，君其禮焉。男女同姓，其生不蕃[47]，晉公子，姬出也，而至於今[48]，一也。離外之患，而天不靖晉國，殆將啟之[49]，二也。有三士足以上人而從之[50]，三也。晉，鄭同儕[51]，其過子弟[52]，固將禮焉[53]，況天之所啟乎[54]？」弗聽。及楚，楚子饗之[55]，曰：「公子若反晉國，則何以報不穀[56]？」對曰：「子女玉帛則君有之[57]，羽毛齒革則君地生焉。其波及晉國者，君之餘也[58]，其何以報君？」曰：「雖然，何以報我[59]？」對曰：「若以君之靈得反晉國，晉楚治兵，遇於中原，其辟君三舍[60]，若不獲命[61]，其左執鞭弭，右屬櫜鞬，以與君周旋(62)。」子玉請殺之。楚子曰：「晉公子廣而儉(63)，文而有禮(64)。其從者肅而寬(65)，忠而能力(66)。晉侯無親，外內惡之(67)。吾聞姬姓，唐叔之後，其後衰者也，其將由晉公子乎(68)？天將興之，能誰廢之。違天必有大咎(69)。」乃送諸秦。秦伯納女五人，懷嬴與焉(70)。奉匜沃盥，既而揮之(71)。怒曰：「秦，晉匹也，何以卑我(72)。」公子懼。降服而囚(73)。他日，公享之(74)。子犯曰：「吾不如衰之文也(75)，請使衰從。」公子賦河水(76)，公賦六月(77)，趙衰曰：「重耳拜賜(78)。」公子拜稽首(79)，公降一級而辭焉(80)。衰曰：「君稱所以佐天子者命重耳(81)，重耳敢不拜(82)？」

【今註】㊀重耳之及於難也：重耳遭受到驪姬的患難。㊁伐諸：伐他，他指公子重耳。㊂欲戰：想著抵抗。㊃保君父之命而享其生祿，於是乎得人：保有君父的命令而受他的養祿，然後才能聚人得眾。㊄有人而校，罪莫大焉：有很多的人眾，而與君父校勝負。㊅趙衰：衰音崔（ㄘㄨㄟ）為趙夙的弟弟。㊆顛頡：晉文公的大夫。㊇魏武子：即魏犫，畢萬的兒子。㊈司空季子：即胥臣。㊉廧咎如：是赤狄的別種隗姓，廧音ㄑㄧㄤˊ，咎音ㄍㄠ。⑪納諸公子：嫁給公子重耳。⑫伯儵：儵音酬（ㄔㄡˊ）。⑬生盾：盾即趙宣子，後為晉國的忠臣。⑭我二十五年矣，又如是而嫁，則就木焉：我今年已經二十五歲，再過二十五年而再嫁人，那將入到棺木。⑮處狄十二年而行：晉文公以僖公五年出奔狄，到僖公十六年方才離開狄國，所以說他居住在狄國共十二年⑯衛文公不禮：衛文公不以禮款待他。⑰五鹿：衛地，在今河北省濮陽縣南三十里。⑱乞食於野人：同野人要吃食。野人就是農夫。論語孔子曰：「先近於禮樂，野人也。」與此同意。⑲與之塊：給他一個土塊。⑳子犯：就是狐偃。㉑天賜也：得一塊上這是代表得國家的祥瑞，所以說它是天所賞賜的。㉒稽首受而載之：稽首就是首至地等於漢朝以後的磕頭。㉓齊桓公妻之：齊桓公將女兒嫁給他。㉔有馬二十乘：每四匹馬為一乘，二十乘共八十匹。㉕公子安之：公子不想回到晉國就安居在齊國。㉖從者以為不可：侍從的人以為這不可以。㉗謀於桑下：在桑樹底下討論。㉘蠶妾在其上：養蠶的女子在桑樹上。㉙子有四方之志：你有到四方去的志願。所謂四方是東、西、南、北。㉚無之：沒有這回事。㉛行也，懷與安，實敗名：走吧，懷念同安居，這全是毀名譽的事。㉜醉而遣之：將他灌醉就送他上車離開齊國。㉝曹共公：名襄。㉞駢脅：駢就是合，脅就是肋骨，駢脅是說肋骨合比的意思。㉟欲觀其裸：想看見他赤身的樣子。㊱薄而觀之：接近去看他。㊲僖負羈：是曹大夫。㊳相國：做國家的宰相。㊴夫子：春秋的時候貴族相互稱皆曰子，可是在貴族不在而前的時候就稱他為夫子。㊵必得志於諸侯：必定在諸侯之中得志。㊶盍蚤自貳：你何不早點自己跟他接納。㊷乃饋盤飧，寘璧焉：就送了他一盤食品，暗中在裏頭安置一塊玉。㊸反璧：公子退還那塊玉表示明白他的意思。

㊹鄭文公：名捷。㊺叔詹：鄭大夫。㊻天其或者將建諸：天意或者將建立他為晉國君。㊼男女同姓，其生不蕃：男女同姓結婚，生下的後人不會很繁昌。㊽晉公子，姬出也，而至於今：晉公子的母親是大戎狐姬，而他一直能活到現在。㊾離外之患而天不靖晉國，殆將啟之：公子重耳，他逃奔在外，而上天並不安定晉國，這將是啟發他為晉國的君。㊿有三士足以上人而從之：他有三個從者皆能超過旁人而追隨他。(51)晉，鄭同儕：晉國與鄭國同等級。(52)其過子弟：所經過的子弟。(53)固將禮焉：全都將以禮貌對他。(54)況天之所啟乎：何況是上天所啟發的人？(55)楚子饗之：楚子宴享他。(56)則何以報不穀：將怎麼樣來報答我？不穀，乃是古時候王者自稱，因楚自稱王也。(57)子女玉帛則君有之：子女指人民，玉帛是指寶玉同錢幣。(58)其波及晉國者，君之餘也：凡是能夠送到晉國的，那全是你所餘剩的。(59)何以報我：你如何報答我呢？(60)其辟君三舍：那我必定躲避你九十里。三十里為一舍。(61)若不獲命：晉軍若三次後退，而楚人仍舊進攻。(62)其左執鞭弭，右屬櫜鞬，以與君周旋：櫜音高（ㄍㄠ）為斂藏兵器之具，如弓衣，甲衣等。鞬音堅，為馬上盛弓矢之器。鞭是馬鞭，弭是弓套。此句謂左手拿著馬鞭與弓套，右手拿著甲衣與盛弓矢的器具，與你相追逐。(63)晉公子廣而儉：晉公子志向很寬廣而生活很節儉。(64)文而有禮：溫文而有禮貌。(65)其從者肅而寬：他的從人全都敬肅而寬大。(66)忠而能力：對於晉公子有忠心而能夠効力。(67)晉侯無親外內惡之：晉惠公沒有親人，外人同晉國人全都恨惡他。(68)其後衰者也，其將由晉公子乎：姬姓是後來才衰落的，他的興起將由於晉公子嗎？(69)天將興之，誰能廢之，違天必有大咎：天意將使他興起，誰又能廢除他，

違背了天意必定得大的罪過。⑩秦伯納女五人，懷嬴與焉：秦穆公嫁給他五個女兒，懷嬴在其中。⑪奉匜沃盥，既而揮之：匜音移沃盥器，奉音義皆同捧。他捧著洗面同洗手的器具，後來他卻拿水灑濺在重耳身上。⑫秦、晉匹也，何以卑我：秦同晉是兩個對等的國家，你怎麼能卑賤我。⑬降服而囚：去了上身的衣服而自己以囚犯自待。⑭公享之：秦穆公享宴公子重耳。⑮吾不如衰之文也：我不如趙衰的文雅。⑯重耳拜賜：重耳趕緊下臺階拜受秦穆公的恩賜。⑰六月：是小雅六月篇。⑱河水：佚詩。⑲公子降拜稽首：公子由臺上下去行稽首禮。⑳公降一級而辭焉：秦穆公下一個台階來辭謝。㉑君稱所以佐天子者命重耳：君是指秦穆公。你稱道如何扶佐天子來命令重耳。㉒重耳敢不拜：重耳不敢不拜首道謝。

【今譯】　晉公子重耳遭受到驪姬讒害的那次患難時，晉獻公差人去到蒲城伐他。蒲城人想要抵抗，重耳不肯說：「保有君父的命令，而受他的養祿，然後才能聚人得眾。有很多的人眾，而與君父校勝負，再沒有比這更大的罪惡了，我還是逃罷。」便逃到狄國去，跟他的有狐偃、趙衰、顛頡、魏武子、司空季子。後來狄人攻打廧咎如，虜了他的二個女兒，名叫叔隗、季隗，狄人便送給公子，公子只娶了季隗，生兩個兒子伯儵，叔劉。把叔隗給了趙衰做妻子，生了趙盾。公子快要到齊國去了，對季隗說：「等我二十五年，如果我不來，你再出嫁。」季隗回答道：「我已經二十五歲了，再過這些年紀出嫁，怕便要入到棺木了，請終身等你就是了。」重耳留在狄中，過了十二年，方才他去。經過衛國，衛文公不用禮待他。走到五鹿，向鄉野人討食吃，鄉野人卻給他一塊土，公子發怒，要想鞭打他。子犯說：「得一塊土這是得國的祥瑞，恐怕是天賜的呢！」便叩頭謝他，受著土塊，載在車上。到了齊國，齊桓公將女兒嫁給他，有馬八十匹。公子不想回到晉國，就安齊國，侍從的人全以為這不可以，將要往他國去，相聚在桑樹底下討論。恰有個養蠶的女子在桑樹上聽到他們的計謀，便去告訴姜氏，姜氏怕她洩漏，把她殺了，卻對公子說道：「你有經營四方的志願，聽得你計謀的人，我已經把她殺了。」公子道：「我沒有這回事！」姜氏道：「你去吧！懷念同安居，這全是毀名譽的事。」公子卻不肯他去，姜氏和子犯商量後，把重耳灌醉，送他上車離開齊國。公子酒醒後，惱怒他們的作弄，拿了戈追趕子犯。到了曹國，曹共公聽說重耳的肋骨是成片生的，想看他赤身的樣子，等到重耳洗浴時，共公便逼近去看他。曹大夫僖負羈的妻子對他丈夫說：「我看晉公子的隨從，都可以做國家的宰相。如果重耳用他們輔佐，定能回到晉國。回到晉國以後，必定能做諸侯的霸主。既做霸主以後，如果誅責前日無禮的各國，曹國必定是第一個了，你何不早點自己接納他？」僖負羈便送他一盤食品，暗中在底下放了一塊玉。公子接受了食物，卻把玉還給他。到了宋國，宋襄公送他八十匹馬。到了鄭國，鄭文公也不以禮貌待他。鄭大夫叔詹諫說：「臣聽說天意要開啟他，別人便不能及他。晉公子有三件事，天意或者將建立他為晉國的國君，您應該以禮待他。凡男女同姓結合的，他的子孫一定不蕃盛。晉公子的母親是大戎狐姬，而他卻能活到現在，這是第一種天意。他遭受驪姬之難，逃奔在外，而上天並不安定晉國，這將是啟發他為晉國的國君。這是第二種天意。他有狐偃，趙衰，賈佗三個從者，皆才具超過他人，而始終跟隨重耳，這是第三種天意。晉、鄭本是同等的國家，就是晉國的子弟經過，鄭國應該以禮對他，何況是上天所啟發的人呢？」鄭文公不聽他的話。到了楚國，楚成王設宴饗他，而且說道：「公子若回到晉國，用什麼東西來謝我？」公子回答說：「人民貨幣，是你有的，至於飛鳥的羽毛，走獸的齒革，是你國土上產的，凡是能夠送到晉國的，那全是你所餘剩的。叫我用什麼報答你呢？」成王道：「話雖如此，你到底如何報答我呢？」公子回答說：「若靠你的威靈，能夠回到晉國，倘使將來晉、楚二國有戰事，在中原之地相遇，那麼我們晉兵必定退避九十里，來報答你的恩德。若楚人仍舊進攻，那麼只有左手執鞭和弓，右邊掛了箭袋弓袋，與你相追逐了。」子玉請成王殺死他。楚王說：「晉公子志願雖大，但生活很節儉。溫文而有禮貌。他的隨從皆敬肅而寬大，對於晉公子有忠心且能効力。晉惠公沒有親人，諸侯臣民都厭惡他。我聽說姬姓是唐叔的後代，他的衰是最遲的。恐怕要從晉公子興起來呢！天意將使他興起，誰又能廢除他，違背了天意，必定有大災禍的。」便送他到秦國去。秦穆公將五個女兒嫁給他，懷嬴也在其中。一天懷嬴捧了臉盆侍候公子洗臉，後來卻拿水灑濺重耳，怒道：「秦晉是對等的國家，為什麼看輕我？」公子害怕，便去了上身的衣服而自己以囚犯自待。有一天，秦穆公享宴公子重耳。子犯說：「我不如趙衰的文雅，請使趙衰隨從你罷。」公子賦河水一章詩，穆公賦六月一章詩；趙衰說：「重耳！拜受秦賜罷！」公子便走下階去拜謝；行叩首禮。穆公走下一層階辭謝。趙衰說：「你君把幫助天子的詩吩咐重耳，重耳怎敢不拜呢？」

僖公二十四年

(一)經二十有四年（公元前六百三十六）春王正月。

傳二十四年春王正月，秦伯納之①，不書不告入也②。及河，子犯以璧授公子曰：「臣負羈絏③從君，巡於天下，臣之罪甚多矣！臣猶知之，而況君乎？請由此亡④。」公子曰：「所不與舅氏同心者，有如白水⑤。」投其璧於河⑥。濟河，圍令狐⑦，入桑泉⑧，取臼衰⑨。二月甲午，晉師軍於廬柳⑩。秦伯使公子縶如晉師。師退，軍於郇⑪。辛丑，狐偃及秦、晉之大夫盟于郇⑫。壬寅，公子入于晉師，丙午，入于曲沃。丁未，朝于武宮⑬。戊申，使殺懷公于高梁⑭，不書亦不告也，呂郤畏偪⑮，將焚公宮而弒晉侯⑯，寺人披請見⑰，公使讓之，且辭焉⑱，曰：「蒲城之役，君命一宿女即至⑲。其後余從狄君以田渭濱⑳，女為惠公來求殺余，命女三宿，女中宿至㉑，雖有君命，何其速也㉒？夫袪猶在，女其行乎㉓！」對曰：「臣謂君之入也，其知之矣㉔！若猶未也，又將及難㉕，君命無二，古之制也㉖。除君之惡，惟力是視㉗。蒲人，狄人，余何有焉㉘。今君即位，其無蒲，狄乎㉙！齊桓公置射鉤而使管仲相㉚、君若易之，何辱命焉㉛？行者甚眾，豈唯刑臣㉜。」公見之，以難告㉝。三月，晉侯潛會㉞秦伯于王城。己丑晦，公宮火，瑕甥，郤芮不獲公，乃如河上㉟。秦伯誘而殺之。晉侯逆㊱夫人嬴氏㊲以歸。秦伯送衛於晉三千人，實紀綱之僕㊳。初，晉侯之豎頭須，守藏者也㊴，其出也，竊藏以逃㊵，盡用以求納之㊵。及入，求見。公辭焉以沐㊷，謂僕人㊸曰：「沐則心覆，心覆則圖反，宜吾不得見也㊹。居者為社稷之守、石者為羈絏之僕㊺，其亦可也，何必罪居者？國君而讎匹夫，懼者甚眾矣㊻。」僕人以告，公遽見之㊼。狄人歸季隗于晉而請其二子㊽。文公妻趙衰，生原同，屏括、樓嬰㊾。趙姬請逆盾與其母㊿。子餘辭。姬曰：「得寵而忘舊，何以使人，必逆之(51)。」固請，許之(52)來，以盾為才(53)，固請于公，以為嫡子而使其三子下之(54)，以叔隗為內子，而己下之(55)。

【今註】 ㈠秦伯納之：秦穆公派兵護送重耳入晉國。㈡不書不告入也：春秋不書此事，因為晉國也沒有告訴魯國說重耳返晉國。㈢臣負羈紲：羈音雞（ㄐㄧ），馬絡頭，紲是馬繮的意思。我背著領馬的工具。㈣請由此亡：請你自己回到晉國，我就從此逃去。㈤所不與舅氏同心者，有如白水：舅氏指狐偃，此句是重耳的誓詞。我若與你不同心，就等於這白水一樣。㈥投其璧于河：就把他那塊玉石扔到河水裡。㈦令狐：在今陝西省猗氏縣西十五里。㈧桑泉：在今山西省臨晉縣東十三里。㈨臼衰：在今山西省解縣西北二十五里有臼城。㈩廬柳：在今山西省猗氏縣西北。⑪郇：舊為姬姓國，文王子所封，後滅於晉。在今山西省猗氏縣西南。⑫狐偃及秦、晉之大夫盟于郇：狐偃同秦國，晉國的大夫全在郇參加盟誓。⑬丁未，朝于武宮：王引之以為應當做「丁未入於絳，朝于武宮」。因為武宮在絳，不在曲沃，必先入於絳，而後朝于武宮。武宮是文公之祖武公的廟。⑭高梁：晉地，在今山西省洪洞縣南臨汾縣東北。⑮呂郤畏偪：呂郤是指呂甥，與郤芮皆晉惠公的舊臣。畏偪是恐怕公子重耳對他們壓迫。⑯將焚公宮而弒晉侯：將燒晉文公的宮室，並且把晉文公殺掉。⑰寺人披請見：寺人是太監，名字叫披。請見是請求見晉文公。⑱公使讓之，且辭焉：晉侯讓僕人責讓他，並且辭謝不見。⑲蒲城之役，君命一宿，女即至：在晉獻公派人伐公子重耳於蒲城的時候，當時命你第二天來，而你當天就來到。⑳以田渭濱：在渭水河邊上打獵。㉑女為惠公來求殺餘，命女三宿，女中宿至：女音同汝。你當時被晉惠公派來，來求狄國的君來殺我，命你經過三天來到，而你中間那天就來。㉒雖有君命，何其速也：雖然這是奉了君的命令，但是為何有這等的快？㉓夫袪猶在，女其行乎：袪音驅，即袖口。這個衣袖仍舊存在，那麼你還是去吧！㉔臣謂君之入也，其知之矣：我以為你回到晉國以後，必定已經能知道為君的道理。㉕若猶未也，又將及難：你要尚未能知道，又將遇上禍難。㉖君命無二，古之制也：君的命令不能改變，這是古來的制度。㉗除君之惡，惟力是視：除君的不滿意的人，只有盡力。㉘蒲人，狄人，余何有焉：蒲人及狄人，對我有什麼意義？㉙今君即位其無蒲、狄乎：現在你即了君位，難道就沒有什麼蒲人，狄人了。㉚齊桓公置射鉤而使管仲相：齊桓公忘記射帶鉤的羞辱，而使管仲任宰相。㉛君若易之，何辱命焉：你要改變齊桓公的行為，那又何必你下命令？㉜行者甚眾，豈唯刑臣：因此出走的人恐怕很多，豈止是我這種受刑的人。因為寺人披是太監，故以刑臣自稱。㉝公見之，以難告：晉文公就見了他，他就以呂，郤將燒燬公的宮室告訴他。㉞潛會：暗中會見。㉟乃如河上：就到河邊上去。㊱逆：迎接。㊲夫人嬴氏：就是秦穆公之女文嬴。㊳秦伯送衛於晉三千人，實紀綱之僕：秦穆公派兵共三千人保衛晉侯，這實在是路上管理各種事的人。㊴晉侯之豎頭須守藏者也：頭須是人名，豎是小吏。晉文公的小吏名叫頭須，是替他看守庫藏的。㊵其出也，竊藏以逃：在晉文公出奔的時候，他就把庫藏偷盜走了。㊶盡用以求納之：他完全用這批貨財，以求諸侯，使文公回晉國。㊷公辭焉以沐：晉文公辭謝他說正在洗頭。㊸謂僕人：頭須就對晉文公的僕人說。㊹沐則心覆心覆則圖反，宜吾不得見也：洗澡則心正翻過來，心翻過來則圖謀必是反過來，所以這時間我來求見而見不到這是相合的。㊺居者為社稷之守，行者為羈絏之僕：住到國內的人是為社稷而守，出奔在外邊的人是為的執行領馬工具的僕人。㊻其亦可也何必罪居者，國君而讎匹夫，懼者甚眾矣：這就可以了，何必以居住國內的為罪狀。一國的君而反對一個無權的人，那麼因此引起畏懼的人就很多了。㊼公遽見之：晉文公馬上就見他。㊽請其二子：請留著他所生的二個兒子伯鯈，叔劉。㊾文公妻趙衰，生原同，屏括，樓嬰：晉文公以女兒嫁給趙衰，生三個兒子，名字是趙同，趙括，趙嬰。而原，屏，樓是他們的封邑。㊿趙姬請逆盾與其母：趙姬是文公的女兒，請求迎接趙盾和他的母親。(51)得寵而忘舊，何以使人，必逆之：新得了寵幸而忘了舊人，怎麼樣能夠使用旁人，必定要去迎接他。(52)固請許之：堅持的邀請，趙盾就允許他。(53)來以盾為才：來了以後，趙姬以趙盾為有才幹。(54)以為嫡子，而使其三子下之：以趙盾為趙氏的嫡子，而使他所生的三個兒子次於他。(55)以叔隗為內子，而己下之：內子等於嫡夫人。以叔隗為嫡夫人，而趙姬自己請求次於她。

【今譯】二十四年春天，秦穆公將晉文公送到晉國去不寫在春秋上，因為晉國沒來通知魯國，說晉文公回到晉國。到了黃河，狐偃拿玉璧交給公子說：「我拿著各種牽馬的繮繩隨著你在天下走，我的罪狀已經很多，我還知道，何況你呢？請就由此離開你。」公子說：「若不同舅舅同心，我敢以黃河為誓。」把他的玉璧投在黃河裏。過了黃河就圍了令狐，進了桑泉拿下臼衰。二月甲午，晉懷公所派的抵抗的軍隊在廬柳屯居。秦穆公叫公子摯到晉國軍隊裡去。晉軍就退下來一直到郇城。辛丑這天，狐偃同秦、晉兩國的大夫在郇盟誓。壬寅，公子重耳進到晉國的軍隊中。丙午這天，進到曲沃。丁未這天，到文公的祖父武公的廟中朝見。戊申派人在高梁這地方把懷公殺掉。不寫在春秋上，也因為晉國沒有通知魯國。呂甥郤芮恐怕文公逼害，想把他的宮殿燒掉，同時弒掉晉文公。寺人披請求見他，公派人責讓他，並且辭不見，說：「蒲城那件事，君叫你第二天去，你當天就來了。後來我跟著狄君到渭水邊上打獵，你為惠公來想殺我，命你三天後來，你中間那天就來了，雖然有君的命令：但是來的怎麼那麼快呢？我的衣服袖子仍舊存在，你可以走了。」回答說：「臣以為你已經回國了，必定知道做政治的道理，要是還沒有知道，你恐怕又將遇著禍難。君的命令必須服從，是自古以來的制度。除掉君所痛恨的人只有盡著力量來做。蒲地方的人同狄人我又何必管，現在你即位以後難道就沒有蒲狄了。齊桓公不管射鉤的事情，而使管仲做宰相，你要改變了方法，何必再說呢？要走的人很多，豈只我刑臣一個人。」文公見了他，他把呂甥郤芮的計謀告訴文公。三月，晉文公偷著在王城這地方與秦穆公相會。己丑晦這天，公宮著火，呂甥郤芮得不到文公就到了黃河邊上。秦穆公引誘他們將他們殺掉。晉文公就迎接夫人嬴氏回來。秦穆公派三千人送他回晉國，號稱紀綱之僕。當初晉文公有一個小豎叫頭須是給他看著錢財的，等到文公出國的時候他把那些錢財全偷著逃走了。俟來他就用這筆錢來請求別的國人來使文公回國。到了文公回來以後，他要求見。文公辭他說正在洗頭，他就對僕人說：「洗頭時心翻覆了，心翻覆所想的正相反，所以我不能見。住在這裡的是看守著國家，跟著出亡的就是拿著馬韁繩的僕人，這全可以的，何必以住的人為罪呢？國君而拿匹夫做讎人，害怕的人恐怕很多了。」僕人告訴晉文公，公趕緊見他，狄人把季隗歸到晉國，而請留下他的兩個兒子。晉文公把女兒嫁給趙衰生了原同，屏括，樓嬰。趙姬請把趙盾同他母親接來。趙衰辭謝。趙姬說：「得到新的寵愛而忘掉舊人這怎麼樣來用人呢？非要迎接他不可。」於是就請求晉文公答應他。來了以後，以趙盾為有才幹屢次要求晉文公使他做嫡子，而使她的三個兒子在他底下，以叔隗為嫡妻，而自己在底下。

(二)

傳　晉侯賞從亡者①，介之推不言祿②，祿亦弗及③。推曰：「獻公之子九人，唯君在矣④！惠懷無親，外內棄之，天未絕晉，必將有主⑤，主晉祀者，非君而誰？天實置之⑥，而二三子⑦以為己力不亦誣乎？竊人之財，猶謂之盜，況貪天之功，以為己力乎⑧？下義其罪，上賞其姦⑨，上下相蒙，難與處矣⑩！」其母曰：「盍亦求之，以死誰懟⑪？」對曰：「尤而效之，罪又甚焉⑫！且出怨言，不食其食⑬。」其母曰：「亦使知之若何⑭？」對曰：「言，身之文也⑮。身將隱，焉用文之，是求顯也⑯。」其母曰：「能如是乎，與女偕隱⑰。」遂隱而死。晉侯求之不獲，以緜上為之田⑱，曰：「以志吾過，且旌善人⑲。」

【今註】　㈠晉侯賞從亡者：晉文公賞賜追隨他出晉國的人。㈡不言祿：不說到祿位。㈢祿亦弗及：

所以祿位也輪不到他。㊃唯君在矣：只有你還存在。㊄天未絕晉，必將有主：上天如果不想使晉國斷絕，必將有主持的人。㊅天實置之：這件事實在是上天所安置的。㊆二三子：是第三位指定代名詞。指的是從晉文公出亡在外的人。㊇況貪天之功，以為己力乎：何況貪求上天的功勞變成自己的力量嗎？㊈下義其罪，上賞其姦：在下者有罪，卻自以為義，在上者不但不罰他的罪，反而賞他。㊉上下相蒙，難與處矣：蒙是欺騙。上下互相欺騙，這種人很難與他相處。⑪盍亦求之，以死誰懟：懟音對，怨恨的意思。為何不去稍為表示，假設死了，那怨誰呢？⑫尤而效之，罪又甚焉：責備而又效法他，則豈不又加重罪狀。⑬且出怨言，不食其食：並且我說過怨望的話，不願意吃他的食。怨言指「上下相蒙，難與處矣」這句話。⑭亦使知之若何：也讓他知道怎麼樣。⑮言，身之文也：說話是代表身體的文章。⑯身將隱，焉用文之，是求顯也：身體將要隱遁何必還用文章來做，這是表示要求得顯赫的意思。⑰能如是乎，與女偕隱：能這樣子嗎？我將與你一同隱遁。⑱以緜上為之田：用緜上為他的封田。緜上是告地，在今山西省介休縣西。⑲以志吾過，且旌善人：這為的紀念我的過錯，且用以旌表有美德的人。

【今譯】晉文公將賞同他出亡的人，介之推不講從亡，所以俸祿也到不了他身上。介之推說：「獻公的兒子九個人，祇有你還存在，惠公、懷公沒有親屬，國外同國內全都反對他們，天要不會使晉國絕後，必將有主人，主持晉國祭祀的人，不是你又是誰呢？這是天安排的，而他們以為是自己的力量，不也是胡說嗎？偷到旁人的財物，尚且稱他為盜賊，況且貪圖天的勞以為自己的功勞嗎？下邊以他的罪過為有義，在上的賞他的姦邪，上下互相的欺騙，這種很難同他們相處在一塊。」他母親說：「何不去求他，死了還會怨恨誰？」介之推回答說：「說他們不對而又仿效他，豈不更加厲害嗎？並且我已經說了怨望的話不吃他的飯。」他母親說：「祇叫他知道怎麼樣呢？」介之推說：「言語就是身上的文章，身體將要隱藏，何必再用文章，這豈不是求顯明嗎？」他母親說：「能這樣辦嗎？我同你一同隱藏吧！」就隱藏到死了。晉文公去尋找他們得不到，把縣上的田地封給他說：「這為的志我的過錯，並且旌表一個好人。」

㈢傳　鄭之入滑也①，滑人聽命。師還，又即衛②。鄭公子士，洩堵俞彌③帥師伐滑。王使伯服，游孫伯④如鄭請滑⑤。鄭伯怨惠王之入而不與厲公爵也⑥，又怨襄王之與衛滑也⑦，故不聽王命，而執二子⑧。王怒，將以狄伐鄭。富辰⑨諫曰：「不可。臣聞之，大王以德撫民⑩，其次親親以相及⑪也。昔周公弔二叔之不咸⑫，故封建親戚以藩屏周⑬。管⑭，蔡，郕，霍，魯，衛，毛⑮，聃⑯，郜，雍⑰，曹，滕，畢⑱，原，酆⑲，郇，文之昭也⑳。邘㉑，晉，應㉒韓㉓武之穆也㉔。凡，蔣㉕，邢，茅㉖，胙㉗，祭㉘，周公之胤也㉙。召穆公思周德之不類㉚，故糾合宗族于成周，而作詩㉛曰：『常棣之華，鄂不韡韡㉜，凡今之人，莫如兄弟㉝。』其四章曰：『兄弟鬩于牆，外禦其侮㉞。』如是，則兄弟雖有小忿，不廢懿親㉟。今天子不忍小忿以棄鄭親㊱，其若之何㊲？庸勳，親親，暱近，尊賢，德之大者也㊳；即聾，從昧，與頑，用嚚，姦之大者也㊴。弃德，崇姦，禍之大者也㊵。鄭有平，惠之勳㊶，又有厲宣之親㊷，弃嬖寵而用三良㊸，於諸姬為近㊹。四德具矣。耳不聽五聲之和為聾㊺，目不別五色之章為昧㊻，心不則德義之經為頑㊼，口不道忠信之言為嚚㊽，狄皆則之，四姦具矣。周之有懿德也，猶曰莫如兄弟，故封建之。其懷柔天下也，猶懼有外侮㊾。扞禦侮者莫如親親㊿，故以親屏周。召穆公亦云(51)。今周德既衰，於是乎又渝周，召以從諸姦，(52)，無乃不可乎？民未忘禍，王又興之，其若文武何(53)？」王弗聽，使頹叔，桃子出狄師(54)。

【今註】㈠鄭之入滑也：滑是姬姓國，在今河南偃師縣南二十里。鄭國軍隊佔領滑國。㈡師還，又即衛：等到軍隊回去，滑文又同衛人聯合。㊂洩堵俞彌：洩是姓，堵俞彌為鄭大夫。洩堵俞彌即洩堵寇，亦稱堵俞彌。㊃伯服，游孫伯：皆周大夫。㊄如鄭請滑：到鄭國去請求免除對滑國的討伐。㊅鄭伯怨惠王之入而不與厲公爵也：鄭伯指鄭文公。鄭文公怨望周惠王入到成周而不給鄭厲公爵杯。此事在魯莊公二十一年。㊆又怨襄王之與衛滑也：又怨望周襄王助衛國請滑。㊇執二子：就是拘捕伯服與游孫伯。㊈富辰：周大夫。㊉大上以德撫民：大音泰。以德撫民指著無親疏遠近。⑪其次親親以相及：再次等先講最親近的，然後及於疏遠。⑫昔周公弔二叔之不咸：二叔指著夏同殷的末世。有人以為二叔是指著蔡叔與管叔者非，因為管，蔡也在文王十六國之內，而封在前。此句謂從前周公哀傷夏同殷的末世與其親戚不能和善。⑬故封建親戚以蕃屏周：所以廣封他的兄弟以為周室的屏藩。⑭管：姬姓國，在今河南省鄭縣縣治。⑮毛：姬姓國，在今河南省宜陽縣境。⑯聃：姬姓國，在今河南省新鄭縣東。⑰雍：姬姓國，在今河南省修武縣西。⑱畢：姬姓國，在今陝西省咸陽縣北五里。⑲酆：姬姓國，在今陝西省鄠縣東五里。⑳文之昭也：文王的後而屬於昭級。古人由於初民的傳統，分為昭，穆兩級，所以為定婚姻的制度，我在《中國古代社會新研》這部書中說：中國古代的昭、穆等於現在初民社會的婚級。㉑邘：姬姓國，在今河南省沁陽縣西北三十里。㉒應：姬姓國，在今河南省魯山縣東三十里。㉓韓：姬姓國，在今陝西省韓城縣南十八里。㉔武之穆也：四國皆是武王的後人，而屬於穆級。周書酒誥：「乃穆考文王，肇國在西土。」詩載見：「率見昭考，以孝以享。」毛傳：「昭考武王也。」於是：「昭生穆，穆生昭。」循環不已。㉕蔣：姬姓國，在今河南省固始縣西北七十里。㉖茅：姬姓國，在今山東省金鄉縣西北四十里。㉗胙：姬姓國，在今河南省延津縣東北二十五里。㉘祭：姬姓國，在今河北省長垣縣東北。㉙周公之胤也：周公的後代。㉚召穆公思周德之不類：召穆公即召虎，他想到周的後人不能和洽。㉛故糾合宗族於成周而作詩：這篇屬於毛詩小雅鹿鳴之什。㉜常棣之華，鄂不韡韡：韡音韋（ㄨㄟˊ）韡韡是光明貌。常棣是棣樹。此句意思是常棣樹的花，沒有不發光的。㉝凡今之人，莫如兄弟：凡是現在的人，沒有比兄弟再好的。㉞兄弟鬩于牆，外禦其侮：兄弟在牆內可以相爭奪，但是在牆外則要一起抵抗外人的侮辱。㉟不廢懿親：但是不忘記他們美的親屬。㊱今天子不忍小忿，以棄鄭親：現在天子不能忍讓小的爭執，以至於放棄鄭國的親屬。㊲其若之何：這怎麼可以？㊳庸勳、親親、暱近、尊賢，德之大者也：用勳勞，親敬親屬，親近近人尊重賢者，皆是德行的最大的。㊴接近聾人，隨從眼睛看不清楚者，心中不明道義者，口中不能說忠信話的人，這類皆是禍亂之最大的。㊵棄德崇姦禍之大者也：捨德行聚集奸邪，禍的最大的。㊶鄭有平惠之勳：鄭國在周平王惠王時皆有功勞，左傳記載「我周之東遷晉鄭是依。」周惠王出奔，鄭厲公又納王，皆見左傳。㊷又有厲宣之親：鄭國始封的桓公友是周厲王的兒子，周宣王的母弟，所以說鄭國又與周厲王宣王皆極親近。㊸棄嬖寵而用三良：僖公七年鄭殺嬖臣申侯，十六年又殺寵子子華，用三良臣是指的叔詹、堵叔、師叔。㊹於諸姬為近：在各姬同姓國中距離王都最近。㊺耳不聽五聲之和為聾：耳不能分辨宮商角徵羽的調和名為聾。㊻目不別五色之章為昧：眼睛不能辨別青黃藍白黑五種顏色為昧。㊼心不則德義之經為頑：心不聽從德及義的準繩名為頑。㊽口不道忠信之言為嚚：口中不能說忠及信的言辭名為嚚㊾猶懼有外侮：尚且怕有外來的侮。㊿扞禦侮者莫如親親：能抵抗外侮的以親近親屬為最。(五一)召穆公亦云：按國語周語常棣這篇實是周公所作，召穆公重新賦所以說亦云。(五二)於是乎又渝周召以從諸姦：渝等於變，又變亂周公召公親近兄弟的道理，而從姦亂的方式。(五三)其若文武何？那如何對得起文王武王嗎？(五四)使頹叔桃子出狄師：頹叔、桃子皆周大夫，桃子作姚子。使他們令狄人出軍隊。

【今譯】　鄭國的攻入滑國，滑人就聽從命令。等到鄭國軍隊回來以後他又同衛國聯合。鄭國的公子士，洩堵俞彌帥領軍隊來討滑國。王就派伯服游孫伯到鄭國請求不要攻滑。鄭厲公很恨惠王的入到都城而又不給鄭厲公酒杯，又恨襄王為衛國要求不要攻滑，所以不聽王的命令就把兩人全逮起來。周襄王也惱怒，將用狄國軍隊伐鄭國。富辰就諫說：「不可以。我聽見說過，最好是以德來撫助人民，第二種就是先親而後疏。從前周公因為夏、殷兩末世不遵重王的命令所以大封建親戚為周室的屏藩。管、蔡、郕、霍、魯、衛、毛、聃、郜、雍、曹、滕、畢、原、酆、郇、這是文王的後人而列入昭級的。邘、魯、應、韓是武王的後人列入穆級的。凡、蔣、邢、茅、胙、祭全是周公的後人。從前召穆公想到周之後人不和洽，所以聯合宗族在成周都城做了一首詩說：「常棣的花沒有不光輝的，現在的人沒有兄弟不親愛的。」第四章又說：「兄弟在屋裡打架，可是對外共同抵抗。」如此兄弟雖有小的不高興但不會廢掉美的親戚。現在天子不忍小忿怒，而棄掉鄭的親戚，這怎麼可以？庸勳、親親、暱近、尊賢、這是德性最大的，即聾，從昧，與頑，用嚚，這是姦行的最大的。棄德崇拜姦行這是禍的最大的。鄭國對平王惠王有功，與厲王宣王親近，放棄喜愛的人而用三良。在諸姬姓中為最近。四種德性全都完具了。耳不德到五聲的和諧叫做聾，眼睛不能看到五色的文章叫做昧，心裡不能聽從德義的經叫做頑，嘴裡不說忠信的話叫做嚚，狄人全以為準則，這四種姦行全都完具了。周最好的時候，尚且說，沒有比兄弟再好的，所以大事封建。這是為的安定天下，尚且怕有外邊的侮辱，可以抵抗外侮的，沒有再比親親更好的，所以拿親戚來屏藩周。召穆公也這麼說。現在周的德性已經衰弱，又變了周召的道理來隨從各姦性，這大約是不可以的，人民沒有忘了禍亂，王又興起他，這怎麼對得起文王、武王呢？」王不聽這些話，叫周大夫頹叔，桃子使狄國的軍隊出來。

㈣

經　夏，狄伐鄭。

傳　夏，狄伐鄭，取櫟①。王德狄人②，將以其女為后。富辰諫曰：「不可。臣聞之曰，報者倦矣，施者未厭③。狄固貪惏④，王又啟之⑤。女德無極，婦怨無終⑥，狄必為患。」王又弗聽。初，甘昭公⑦有寵於惠后⑧，惠后將立之，未及而卒。昭公奔齊⑨，王復之⑩。又通於隗氏⑪。王替⑫隗氏。頹叔，桃子曰：「我實使狄，狄其怨我⑬。」遂奉大叔以狄師攻王⑭。王御士⑮將禦之。王曰：「先后其謂我何⑯，寧使諸侯圖之

⑰。」王遂出。及坎欿⑱，國人納之⑲。秋，頹叔，桃子奉大叔以狄師伐周。大敗周師，獲周公忌父，原伯，毛伯⑳，富辰。王出適鄭，處於氾㉑。大叔以隗氏居于溫㉒。

【今註】㊀櫟：鄭地，在今河南省禹縣。㊁王德狄人：周襄王感謝狄人。㊂報者倦矣，施者未厭：報答的人已經很疲倦，施捨的人不能滿足。㊃狄固貪惏：惏音ㄌㄢˊ，同『婪』。狄人固然很貪心，好殺人取財。㊄王又啟之：而王又開啟他的貪心。㊅女德無極，婦怨無終：婦女的心願永遠沒有完，而婦女的忿怨也永遠沒有停止。㊆甘昭公：就是王子帶食邑在甘邑。甘在今河南省洛陽縣西二十五里。㊇有寵於惠后：為周惠王皇后所寵愛。惠後是周襄王及叔帶的母親。㊈昭公奔齊：即叔帶奔齊在魯僖公十二年。㊉王復之：王又召他回周的都城，在魯僖公二十二年。⑪又通於隗氏：又私通於周襄王所立的狄后。⑫王替：王廢掉隗氏為皇后。⑬我實使狄，狄其怨我：是我出使迎隗氏來，如今隗氏被廢，狄人將怨恨我。⑭遂奉大叔以狄師攻王：於是奉著叔帶用狄人的軍隊攻擊周王的軍隊。⑮王御士：據周禮說：「王之禦士十二人。」⑯先後其謂我何：先后是周惠王的皇后。此句意思為誅大叔帶，恐違背先后的志願。⑰寧使諸侯圖之：寧可讓諸侯來計謀他。⑱坎欿：周邑，在今河南省鞏縣東。⑲國人納之：春秋的時候，所謂國人，全都是指著貴族而言。納之是說迎接他回周都。⑳周公忌父，原伯，毛伯：皆是襄王的黨羽。㉑氾：鄭地，在今河南省襄城縣南一里。

㈢溫：周地，在今河南省溫縣西南三十里。

【今譯】夏天，狄國人伐鄭國，佔據了櫟這地方。周襄王很以狄人為德將以他的女兒做王后。富辰就勸說：「不可以，我聽見說過。報答的人已經疲倦，施捨的沒有厭煩，狄國人固然很貪心，周襄王你又開啟他。女人的心願沒有完的，婦人的怨望也沒有完，狄人必定為患難。」周襄王又不聽。最早的時候，王子帶很得惠后寵愛。惠后想立他為王沒有成功，惠后就死了，王子帶就逃奔到齊國，後來王又叫他回來。他又同隗氏通姦。王廢掉隗氏。頹叔桃子說：「是我出使迎隗氏來，如今隗氏被廢，狄人一定很怨恨我們。」就同王子帶用狄人的軍隊攻打周襄王，王的左右軍隊將抵抗。周襄王說：「先王太后會怎樣批評我呢？寧可叫諸侯來管。」周襄王就出去到了坎欿這地方，國裏貴族全叫他回來。秋天，頹叔桃子，事奉王子帶用狄國軍隊來伐周國，大敗周國軍隊，捕獲周公忌父，原伯，毛伯，富辰。王到鄭國去，住到氾這地方。王子帶同隗氏住到溫這地方。

㈤傳　鄭子華之弟子臧出奔宋①，好聚鷸冠②，鄭伯聞而惡之③，使盜誘之④。八月，盜殺之于陳，宋之間，君子曰：「服之不衷，身之災也⑤，詩曰：『彼己之子，不稱其服⑥。』子臧之服，不稱也夫⑦。詩曰：『自詒伊慼⑧』其子臧之謂矣！夏書⑨曰：『地平天成稱也⑩！』」

【今註】㊀鄭子華之弟子臧出奔宋：因為鄭子華在魯僖公十六年被殺，所以他的弟弟子臧出奔到宋國。㊁好聚鷸冠：鷸音玉，水鳥名，嘴長，背灰色，常棲田澤，捕食小魚及昆蟲。此句意思是喜歡將水鳥的羽毛，做成一頂帽子。㊂鄭伯聞而惡之：鄭伯聽見就不喜歡他。㊃使盜誘之：使強盜來引誘他。㊄服之不衷，身之災也：穿衣服不合適，這是對身體很有災害的。㊅彼己之子，不稱其服：他這個人對於他穿的衣服很不合適。㊆子臧之服，不稱也夫：子臧的衣服，是很不合適的。㊇自詒伊慼：自己找到憂慮。這是小雅詩篇。㊈夏書：是逸書。㊉地平天成稱也：地平了他的教化，天也成了他的施為，上下相稱為宜。

【今譯】鄭國子華的弟弟子臧逃到宋國去，喜歡用鷸鳥的羽毛做的帽子，鄭伯聽見很不高興，使盜引誘他，八月殺在陳、宋的中間。君子說：「衣服的不合適是身體的災害。詩經曹風說：『這個人穿的衣服不合適。』子臧的衣服是很不合適的。詩經小雅說：『自己找的麻煩。』這是指著子臧說的。夏逸書說：『地平同天成這全是因為相稱的關係。』」

㈥傳宋及楚平①，宋成公如楚。還，入於鄭②。鄭伯將享之③，問禮於皇武子④。對曰：「宋，先代之後也⑤，於周為客，天子有事，膰焉⑥。有喪，拜焉⑦。豐厚可也⑧。」鄭伯從之，享宋公有加⑨，禮也。

【今註】㈠宋及楚平：宋同楚國和談。㈡還入於鄭：回來的時候，進入鄭國首都。㈢鄭伯將享之：鄭伯將用宴享禮來待他。㈣皇武子：是鄭國的卿。㈤宋先代之後也：宋國是先代殷王的後人。㈥於周為客，天子有事，膰焉：膰音煩（ㄈㄢˊ），祭祀所用的熟肉。對於周朝等於客人，周王祭祖廟，送祭肉給他。㈦有喪，拜焉：要如果周朝有喪事，宋國來弔，王特別拜謝他。㈧豐厚可也：對於各種禮節全加以豐滿富厚。㈨享宋公有加：對於宋公的享宴特別加豐。

【今譯】宋國同楚國和談，宋成公到楚國去。回來路過鄭國。鄭伯將享宴他，問禮於皇武子。回答說：「宋國是先代的後人，對周朝為客人，天子有事情祭宗廟就給他祭肉。有喪事國王就答謝他。豐滿可以。」鄭伯就聽從他的話，享宴宋成公有加禮，這很合於禮節的。

(七)經　冬，天王出居於鄭。

傳　冬，王使來告難①，曰：「不穀不德②，得罪於母之寵子帶③，鄙在鄭地氾④，敢告叔父⑤。」臧文仲對曰：「天子蒙塵于外⑥，敢不奔問官守⑦。」王使簡師父告于晉，使左鄢父告于秦⑧，天子無出⑨，書曰：「天王出居於鄭⑩。」辟母弟之難也⑪。天子凶服降名⑫，禮也。鄭伯與孔將鉏，石甲父，侯宣多⑬，省視官具于氾，而後聽其私政⑭，禮也。

【今註】㈠王使來告難：周王派人來告訴他的禍難。㈡不穀不德：我沒有德性。㈢得罪于母之寵子帶：宋本於母字下有弟者非，考文提要：「據僖五年，正義弟作氏，是也。」開罪於母親最喜歡的弟弟子帶。㈣鄙在鄭地氾：我現在處在鄭國的地方氾。㈤敢告叔父：曲禮說：「天子謂同姓諸侯曰伯父。」按伯父，叔父的分別，皆看當時始封的諸侯與彼時天子的親疏關係而定。比如魯國最初始封者是周公，而周公是武王的弟弟，所以對於魯國天子永遠稱他為叔父。㈥蒙塵于外：蒙塵意思說為塵土所騷擾。于外，是指在都城以外。㈦敢不奔問官守：不敢不跑去問候周王的各官。㈧使簡師父告于晉，使左鄢父告于秦：派遣簡師父與左鄢父分告於晉、秦。㈨天子無出：天子沒有出奔。㈩天王出居於鄭：天王出來到鄭國居住。⑪辟母弟之難也：這是躲避母弟的患難。⑫天子凶服降名：天子穿著素衣服，並自稱不穀。⑬孔將鉏，石甲父，侯宣多：皆是鄭大夫。⑭省視官具于氾，而後聽其私政：先來看所供給周王用的器具在氾的地方，然後再聽他鄭國的政治。

【今譯】冬天，周襄王派人來告訴禍難說：「我沒有德性得罪了王子帶，現住在氾的地方，我派人敬告於叔父。」臧文仲回答說：「天子在外邊蒙塵，敢不去問候他的官守。」周襄王並派簡師父到晉國告訴，左鄢父到秦國告訴。天子沒有出奔，春秋上寫著說：「大王到鄭國去住。」這是躲避母弟的禍難。天子穿著素服自稱不穀，這全合於禮節的。鄭伯同孔將鉏，石甲父，侯宣多，先到氾去看供周王的器具，而後再聽鄭國的私政，這是合於禮的。

(八) 傳 衛人將伐邢，禮至①曰：「不得其守，國不可得也②。我請昆弟仕焉③。」乃往得仕④。

【今註】㈠禮至：衛大夫。㈡不得其守國不可得也：守是指著邢正卿國子，此句指若得不到邢國的政權，邢國就無法得到。㈢我請昆弟仕焉：我請我的兄弟去出仕。㈣乃往得仕：去到邢國就得到官做。

【今譯】衛國人將伐邢國，禮至說：「沒有掌到邢國的政權沒法得到他的國家，我請派我的兄弟去做官。」就去了，得到官做。

(九) 經 晉侯夷吾卒①。

【今註】晉文公定了位置，而後告訴魯國，與魯國沒有同盟過，例外的將他的名字寫在竹春秋。有經無傳。

【今譯】晉惠公夷吾死了。

僖公二十五年

(一) 經 二十有五年（公元前六百三十五年）春王正月，丙午，衛侯燬滅邢。

傳 二十五年春，衛人伐邢，二禮從國子巡城①，掖以赴外殺之②。正月丙午，衛侯燬滅邢，同姓也，故名③。禮至自以為銘④曰：「余掖殺國子，莫余敢止⑤。」

【今註】㈠二禮從國子巡城：二禮指禮至與他的弟弟。從國子巡城是說隨從邢國的執政巡視都城。㈡掖以赴外殺之：掖音亦（ㄧˋ）以手扶人臂也，見說文；後通用作扶持的意思。此句謂扶持他到外面，把他殺掉。㈢滅邢，同姓也：因為邢同衛全是姬姓，所以在春秋上寫衛侯的名字。㈣銘：是在器物上刻了他立功勳的詞句。㈤余掖殺國子，莫余敢止：我扶持國子去殺掉，沒有人敢阻擋我。

【今譯】二十五年春天，衛國人攻伐邢國，禮至與他的弟弟隨從邢國的執政巡視都城，扶持他到外面，就把他殺掉。正月丙午，衛侯燬滅了邢國，因全都是姬姓，故竹簡上寫衛侯的名字。禮至自己做了個器物，上刻了他立功勳的詞句：「我扶持國子去殺掉，沒有人敢阻擋我。」

㈡

傳 秦伯師于河上①，將納王②。狐偃言於晉侯曰：「求諸侯莫如勤王③，諸侯信之，且大義也④。繼文之業，而信宣於諸侯，今為可矣⑤？」使卜偃卜之，曰：「吉，遇黃帝戰于阪泉之兆

⑥。」公曰：「吾不堪也。⑦」對曰：「周禮未改，今之王，古之帝也⑧。」公曰：「筮之。」遇大有䷍之睽䷥⑨，曰：「吉。遇公用享于天子之卦⑩。戰克而王饗⑪，吉孰大焉⑫？且是卦焉，天為澤以當日⑬，天子降心以逆公⑭，不亦可乎？大有去睽而復，亦其所也⑮。」晉侯辭秦師而下⑯。三月甲辰，次於陽樊⑰。右師圍溫，左師逆王⑱。

【今註】㈠秦伯師于河上：秦穆公駐軍隊在黃河邊上。㈡將納王：將派軍隊使王回到都城。㈢求諸侯莫如勤王：想得到諸侯來聽從你，沒有再高過勤勞於王室的了。㈣諸侯信之，且大義也：諸侯因此就會信服你，並且這是大的義氣。㈤繼文之業，而信宣於諸侯，今為可矣：接續晉文侯扶佐周平王的事業，而大信宣告於諸侯，現在是可以的。㈥遇黃帝戰於阪泉之兆：遇見黃帝眼神農在阪泉的地方打勝仗的龜兆。㈦吾不堪也：我實在不能相配。㈧周禮未改，今之王，古之帝也：周禮尚沒有改過，現在的周王等於古代的皇帝。㈨遇大有䷍之睽䷥：由大有卦變到睽卦。㈩遇公用享于天子之卦：這是大有九三的爻辭。⑪戰克而王饗：打仗戰勝而王來享宴他。⑫吉孰大焉：沒有再比這個吉祥的。⑬天為澤以當日：上天用水澤以對付太陽。⑭天子降心以逆公：天子降下心來以迎接你。⑮大有去睽而復亦其所也：大有去掉睽卦，而仍舊討論大有，這仍舊有天子降心的現象。⑯晉侯辭秦師而下：晉侯就辭謝秦國的軍隊，就順著黃河向東下。㈦次于陽樊：晉國軍隊停止在陽樊。陽樊即樊，在河南省濟源縣東南三十里。㈧左師逆王：當時晉國仍同晉獻公時代的制度，分為左右二軍。左師就去迎接周王。

【今譯】　秦穆公駐軍隊在黃河邊上，將派軍隊使王回到都城。狐偃就對晉侯說：「想得到諸侯來聽從你，沒有再高過勤勞於王室的了。諸侯因此就會信服你，並且這是大的義氣。接續晉文侯扶佐周平王的事業，而大信宣告於諸侯，現在是可以的。」差卜偃去占卜，他說：「是吉祥的，遇見黃帝跟神農在阪泉的地方打勝仗的龜兆。」晉侯說：「我實在不能相配。」回答道：「周禮尚沒有改過，現在的周王等於古代的皇帝。」公又說：「再用筮占」，由大有卦變到睽卦，說道：「大吉。這是大有九三的爻辭。打仗戰勝而受到的享宴。沒有再比這個吉祥的。並且這個卦，是上天用水澤以對付太陽，天子降下心來以迎接你，這不也是可以嗎？大有去掉睽卦，而仍舊討論大有，這仍舊有天子降心的現象。」晉文公就辭謝秦國的軍隊，就順著黃河向東下。三月甲辰，晉國軍隊停止在陽樊。右師去包圍溫地，左師去迎接周王。

㈢經　夏四月，癸酉，衛侯燬卒①。

【今註】　㈠衛侯燬卒：衛侯五次與魯同盟所以寫上他的名字。有經無傳。

【今譯】　夏天四月，癸酉，衛侯燬死了。（無傳）

(四)傳夏四月丁巳，王入于王城。取大叔于溫，殺之於隰城①。戊午，晉侯朝王。王饗禮命之宥②。請隧弗許③，曰：「王章也④，未有代德而有二王⑤，亦叔父之所惡也。」與之陽樊、溫、原，欑茅⑥之田。晉於是始啟南陽⑦。陽樊不服，圍之，倉葛⑧呼曰：「德以柔中國，刑以威四夷，⑨宜吾不敢服也。此誰非王之親姻，其俘之也⑩。」乃出其民⑪。

【今註】㈠隰城：周地，在今河南省武陟縣西南十五里。㈡王饗禮命之宥：宥音一ㄡˋ幫助的意思。在宴席以後，加上幣帛以助歡樂。㈢請隧弗許：普通的葬禮皆用懸柩而下，但是王的葬禮，是用一個斜坡逐漸的將柩木下去，這種斜坡就叫做隧。㈣王章也：這是王的制度。㈤未有代德而有二王：所謂代德是說用新德替代舊德而有兩個王，因為有了隧道，就等於另有一個王。㈥欑茅：杜註以欑茅為一邑，括地志及一統志，以欑茅為二邑，姑存兩說。欑為周地，在今河南省修武縣西北二十里。茅亦周地，在今河南省獲嘉縣東北二十里。㈦南陽：南陽在晉國太行山脈以南，黃河以北，所以名為南陽。㈧倉葛：是陽樊人。㈨德以柔中國，刑以威四夷：德行是為的安撫中國，刑是為的威震四夷。㈩此誰非王之親姻，其俘之也：這裡的人誰不是王的親戚，為何將他們做俘虜看待。⑪乃出其民：就把他人民放出城。

【今譯】　夏天四月丁巳，周王回到都城。捕獲大叔于溫地，把他在隰城殺了。戊午，晉侯朝覲周王。在宴會以後，加上幣帛以助歡樂。請用王的葬禮，王不允許就說：「這是王的制度，從來沒有用新德替代舊德後，會有兩個王，這也是叔父所不喜歡的。」給了他陽樊，溫原，欑茅的田地，於是晉國才開發了南陽地方。陽樊人不服氣，就包圍他。有名倉葛高呼叫：「德行是為的安撫中國，刑是為的威震四夷。以夷狄待我，故我不降服。這裡的人誰不是王的親戚，為何將他們做俘虜看待呢？」就把他的人民放出城，只讓晉侯得到土地。

(五)　經　宋殺其大夫①。

【今註】　㊀宋殺其大夫：因為大夫無罪，所以照例不稱他的名字。有經無傳。

【今譯】　宋國殺其大夫。（無傳）

(六)　經　秋，楚人圍陳，納頓子于頓。

傳　秋，秦晉伐鄀①，楚鬬克②屈禦寇③，以申息之師戍商密④。秦人過析⑤，隈入而係輿人以圍商密⑥，昏而傅焉⑦。宵坎血加書⑧，偽與子儀子邊盟者。商密人懼曰：「秦取析矣，戍人反矣⑨。」乃降秦師。囚申公子儀，息公子邊以歸。楚令尹子玉追秦師弗及，遂圍陳，納頓子于頓⑩。

【今註】㊀鄀：鄀音若（ㄖㄨㄛˋ），是古國名在今河南省內鄉縣西南一百二十里。㊁鬬克：即申公子儀。㊂屈禦寇：即息公子邊。㊃以申息之師戍商密：用申邑及息邑的軍隊戍守商密。商密為鄀地，在今河南省內鄉縣。㊄秦人過析：秦國軍隊經過析的地方。析為楚邑，在今河南省內鄉縣，析亦名曰羽。㊅隈入而係輿人以圍商密：隱藏著進去並係縛眾人詐為克析所得俘虜，包圍商密。㊆昏而傅焉：到夜晚就去爬城。傅是爬城。㊇坎血加書：把地下挖了坑，埋上盟誓所用的血，再加上盟書。㊈秦取析矣，戍人反矣：秦國把析地佔領，看守的人造反了。㊉納頓子于頓：於是把頓子納到頓國。頓是姬姓國，在今河南省商水縣東南。

【今譯】秋天，秦、晉兩國同伐鄀國，楚申公子儀，息公子邊用申邑及息邑的軍隊戍守商密。秦國軍隊經過析的地方，隱藏著進去並係縛眾人詐為克析所得俘虜，包圍商密，到傍晚就去爬城。深夜就把地下挖了坑，埋上盟誓所用的血，再加上盟書，偽裝是與子儀子邊同盟的人。商密人很害怕，說道：「秦國把析地佔領，看守的人造反了。」於是投降秦軍。囚禁申公子儀息公子邊即回來。楚國令尹子玉追擊秦師未追上，便包圍陳，於是把頓子納到頓國。

(七)經 葬衛文公①。

【今註】㈠衛文公：即衛侯燬。有經無傳。

【今譯】埋葬衛文公。（無傳）

㈧

傳冬，晉侯圍原，命三日之糧①。原不降，命去之②。諜出③，曰：「原將降矣！」軍吏④曰：「請待之。」公曰：「信，國之寶也，民之所庇⑤也。得原失信，何以庇之，所亡滋多⑥。」退一舍而原降，遷原伯貫⑦于冀⑧。趙衰為原大夫，狐溱⑨為溫大夫。

【今註】㈠命三日之糧：命令軍隊預備下三天的糧食。㈡命去之：命令軍隊離開原地。㈢諜出：間諜出來了。㈣軍吏：是軍隊中的小官。㈤信，國之寶也，民之所庇也：信實是國家的寶貝，人民所得以被保護的。㈥得原失信，何以庇之，所亡滋多：得到原地而失了信實，人民如何得到保護，所失落的必然很多。㈦原伯貫：是周守原的大夫。㈧冀：是國名，在今山西省河津縣東北五里。㈨狐溱：溱音珍（ㄓㄣ），是狐毛的兒子。

【今譯】冬天，晉侯包圍原地，命令軍隊預備下三天的糧食。原人不投降，命令軍隊離開原地。間諜出來了，報說：「原人將投降了！」軍中小官吏又說：「請等待。」晉文公說：「信實是國家的寶貝，人民所得以被保護的。得到原地而失去了信實，人民將如何得到保護，所失落的必然很多。」退後三十里而原人投降，遷原伯貫到冀國。趙衰做了原的大夫，狐溱做了溫大夫。

㈨經冬十有二月癸亥，公會衛子莒慶盟於洮。

傳衛人平莒于我①，十二月盟於洮②，脩衛文公之好，且及莒平也③。

【今註】㊀衛人平莒於我：衛國人使魯人與莒國修好，莒國因為僖西元年酈之役怨恨魯國的原故。㊁洮：魯地在今山東省泗水縣。㊂脩衛文公之好，且莒平也：這是重脩衛文公與魯國的相好，並且與莒國和平，因為衛成公稱為衛子，是他自己要求降低名份，以完成他父親的志向。

【今譯】衛國人使魯人與莒國修好，十二月會盟於洮地，這是重脩衛文公與魯國的相好，並且與莒國和平。

㈩傳晉侯問原守於寺人勃鞮①，對曰：「昔趙衰以壺飧從徑，餒而弗食②。」

【今註】㊀寺人勃鞮：後漢書，宦者傳曰：「其能者則勃貂管蘇，有功于楚晉。」註云：「勃貂即寺人披，一名勃鞮，字伯楚。」㊁昔趙衰以壺飧從徑，餒而弗食：從前趙衰帶著食物從著晉文公，他自己餓了而不敢吃。

【今譯】晉侯向太監勃鞮問誰可做原的大夫，回答說：「從前趙衰帶著食物從著你，他自己餓了而不敢吃。」所以叫他作守原的大夫。

僖公二十六年

(一)經　二十有六年（公元前六百三十四年）春王正月己未，公會莒子衛，甯速盟于向。

傳　二十六年春王正月，公會莒茲丕公①。甯莊子盟于向②，尋洮之盟也③。

【今註】㈠茲丕公：莒國君的號因為莒國是夷人，所以沒有諡號，以號稱呼。㈡甯莊子盟于向：甯莊子是衛大夫，即甯速。向是魯地，在今山東省臨沂縣西南一百二十里。㈢尋洮之盟也：洮盟在魯僖公二十五年。

【今譯】魯僖公同莒子丕公同衛國的甯速，在向這地方會盟，重申洮的盟誓。

(二)經　齊人侵我西鄙，公追齊師至酅不及。

傳　齊師侵我西鄙，討是二盟也①。

【今註】 ㈠討是二盟也：為的是討伐向同洮的盟誓。又經中的酅，音希（ㄒㄧ）為齊地，在今山東省東阿縣西南。

【今譯】 齊國軍隊先侵犯我們的西鄙，就是為這兩個盟誓。

㈢

經　夏，齊人伐我北鄙。衛人伐齊。

傳　夏，齊孝公①伐我北鄙，衛人伐齊，洮之盟故也②。公使展喜③犒師，使受命于展禽④，齊侯未入竟⑤，展喜從之⑥，曰：「寡君聞君親舉玉趾⑦，將辱於敝邑⑧，使下臣犒執事⑨。」齊侯曰：「魯人恐乎？」對曰：「小人恐矣，君子則否⑩。」齊侯曰：「室如縣罄，野無青草⑪，何恃而不恐⑫？」對曰：「恃先王之命⑬。昔周公大公股肱周室，夾輔成王⑭，成王勞之，而賜之盟⑮，曰：『世世子孫，無相害也』⑯。載在盟府，大師職之⑰。桓公是以糾合諸侯，而謀其不協⑱。彌縫其闕，而匡救其災⑲，昭舊職也⑳。及君即位諸侯之望㉑曰其率桓之功㉒。我敝邑用不敢保聚㉓，曰豈其嗣世九年而棄命廢職㉔，其若先君何㉕？君必不然，恃此以不恐。」齊侯乃還。

【今註】㊀齊孝公：齊桓公的兒子，名昭。㊁洮之盟故也：這由於與衛國和魯國在洮地的盟誓。㊂展喜：魯大夫，為公子展的後代。㊃使受命于展禽：使他受犒師的言辭于展禽。展禽名獲字禽。柳下是其所食的封邑，諡曰惠，所以我們又稱為柳下惠。㊄齊侯未入竟：竟同「境」，此言齊孝公尚未進到魯國的領土上來。㊅展喜從之：展喜去迎接他。㊆親舉玉趾：親自來到我們魯國。㊇將辱於敝邑：將來到我們國家。㊈使下臣犒執事：下臣是展喜謙稱，使我犒勞你的執事的人。㊉小人恐矣，君子則否：小人階級則害怕，至於貴族的君子則不然。⑪室如縣罄，野無青草：縣同懸垂也。罄，盡也，縣罄就是垂盡的意思。又阮元校勘記說：「罄有房室中空之象，室無資糧，故曰如縣罄也。」野無青草是說現在正是夏四月，即殷曆的二月，野地裡連青草也沒有。⑫何恃而不恐：仗著什麼而不害怕。⑬恃先王之命：這是仗著周先王的命令。⑭昔周公大公股肱周室，夾輔成王：大音泰。從前周公，大公為周王室的股肱，兩邊夾輔著成王。⑮成王勞之，而賜之盟：成王看見他們很辛苦，而賞給他們盟誓。⑯世世子孫，無相害也：歷代的子孫，互相的不侵害。⑰載在盟府，大師職之：大音泰。這個盟誓的書，存在周朝的盟府裡，太師則是管理司盟的官，就職掌盟書。⑱桓公是以糾合諸侯，而謀其不協：齊桓公因此聚合諸侯，而化解他們的不合作。⑲彌縫其闕，而匡救其災：凡是他的缺漏的地方，就想法補救他。⑳昭舊職也：這是為的昭明他的舊職務。㉑及君即位諸侯之望：等到你即位以後，諸侯的希望。㉒其率桓之功：希望你一定要尊重桓公的功勞。㉓我敝邑用不敢保聚：所以我們國家也不敢保守聚眾。㉔豈其嗣世九年而棄命廢職：豈能剛接著做了九年的君，就丟掉了從前的命令，廢棄了職務。㉟其若先君何：那怎麼樣對得起先君桓公。

【今譯】夏天，齊孝公又侵伐我的北鄙，衛國人也伐齊國，這是洮的盟誓的關係，魯僖公使展喜去犒勞齊國軍隊，使他受犒勞的言詞於展禽，齊孝公沒有到魯境界，展喜就找到他說：「我們的魯君聽見你要親自到鄙國來，使下臣犒勞你的官吏。」齊孝公說：「魯國人害怕了嗎？」回答說：「小人就害怕，君子沒有。」齊孝公又說：「屋裡毫沒有吃食，野外也沒有青草，仗著什麼還不害怕呢！」回答說：「仗著先王的命令。從前周公同姜太公為周室的輔佐，互相兩面輔助成王，成王看見他們的功勞而賞給他們的盟誓說：『輩輩的子孫不要相侵害。』盟誓的書藏在盟府裏大師管理他。桓公所以聯合諸侯，化解他們的不和，彌縫他們的闕失，匡救他的災害，這是昭明他的舊職務。等到你即位以後，諸侯的希望，說你可以遵行桓公的功業。我們敝國也不敢聚眾保守，就說豈是他即位九年的工夫，就廢除了命令棄掉職守，這怎樣對得起先君？你一定不這樣，就仗著這個而不害怕。」齊孝公就回去了。

㈣經　公子遂如楚乞師。

傳　東門襄仲①，臧文仲如楚乞師②。臧孫見子玉而道之伐齊宋③，以其不臣也④。

【今註】㊀東門襄仲：就是魯國公子遂，因住在魯都城的東門，故以東門為氏。㊁乞師：要求幫助軍隊。㊂而道之伐齊宋：道音導。想領著他去伐齊，宋兩國。㊃以其不臣也：因為他對於周王室不太禮貌。

【今譯】東門襄仲公子遂同臧文仲到楚國求援軍，臧文仲見著子玉就勸他伐齊國同宋國，因為他們對於周室不禮貌。

(五)

經　秋，楚人滅夔，以夔子歸。

傳　夔子不祀祝融與鬻熊①，楚人讓之②，對曰：「我先王熊摯有疾③，鬼神弗赦而自竄于夔④，吾是以失楚，又何祀焉⑤？」秋，楚成得臣⑥，鬭宜申⑦帥師滅夔，以夔子歸。

【今註】㊀夔子不祀祝融與鬻熊：夔音葵（ㄎㄨㄟˊ）芊姓國，在今四川省巫山縣南。祝融是火正，鬻熊是祝融的後人。夔子不祭祀他的祖先祝融與鬻熊。㊁讓之：責讓他。㊂先王熊摯有疾：摯音志（ㄓˋ）先王熊摯有病了。㊂鬼神弗赦而自竄于夔：鬼神不赦免我的疾病，所以自己逃到夔這地方。按熊摯是楚國的嫡子，但是因為有病，所以封到夔的地方。㊄吾是以失楚又何祀焉：我所以失掉楚國的君位，那又何必祀奉祖先？㊅成得臣：即令尹子玉。㊆鬭宜申：即司馬子西。

【今譯】夔國的君不祭祀祝融同鬻熊，楚國人責讓他，回答說：「我們的先王熊摯有病，鬼神全不赦免他，而自己跑到夔的地方，我所以丟掉楚國，又何必祭祀呢？」秋天，楚國子玉鬬宜申帥著軍隊滅了夔。把夔的君帶到楚國去。

㈥**經**冬，楚人伐宋圍緡，公以楚師伐齊取穀。

傳宋以其善於晉侯也①，叛楚即晉②。冬，楚令尹子玉、司馬子西帥師伐宋圍緡③。公以楚師伐齊，取穀④。凡師能左右之曰以⑤，寘桓公子雍於穀，易牙奉之以為魯援⑥，楚申公叔侯戍之⑦，桓公之子七人，為七大夫於楚⑧。

【今註】㊀宋以其善於晉侯也：因為從前晉文公出亡的時候，宋襄公曾送給他馬二十乘，見魯僖公二十三年左傳。㊁叛楚即晉：跟楚國反叛，而與晉國親近。㊂緡：宋地，在今山東省金鄉縣東北二十里。㊃穀：齊地，在今山東省東阿縣縣治。㊄凡師能左右之曰以：凡是軍隊能夠指揮他，就叫做以。㊅易牙奉之以為魯援：易牙是齊國的寺人（太監），奉著公子雍以為魯國的援助。㊆楚申公叔侯戍之：楚國的申公，名叫叔侯的率軍隊來戍守。㊇桓公之子七人，為七大夫於楚：桓公的兒子有七個人，皆在楚國做大夫。

【今譯】宋國因為對晉文公很好，叛離了楚國，而與晉國和睦。冬天，楚令尹子玉司馬子西帥領軍隊討伐宋國圍了緡的地方。魯僖公拿楚國軍隊去伐齊國，佔領了穀這地方。凡是軍隊能夠指揮他叫做以。把桓公的兒子雍擺到穀這地方，齊國的太監易牙事奉他以援救魯國，楚國的申叔侯領著軍隊來看守，桓公的兒子七個人在楚國全做了大夫。

卷八　僖公下

僖公二十七年

㈠經二十有七年（公元前六百三十三年）春，杞子來朝。

傳二十七年春，杞桓公來朝①，用夷禮，故曰子②。公卑杞，杞不共也③。

【今註】㊀杞桓公來朝：杞國君來到魯國朝見。㊁用夷禮故曰子：他雖然是夏的後人，但與東夷雜居，故變成東夷化，所以春秋上就以杞子稱呼他。㊂公卑杞，杞不共也：共同恭。魯國君輕視杞國，就是因為杞國不恭敬魯國的原故。

【今譯】二十七年春杞桓公來到魯國朝見，因為他用東夷的禮節，春秋上所以稱他杞子，魯僖公輕視杞君，因為他對魯國不恭敬。

㈡經夏六月庚寅，齊侯昭卒。

傳夏，齊孝公①卒，有齊怨，不廢喪紀，禮也②。

【今註】㈠齊孝公：即齊桓公的兒子公子昭。㈡有齊怨，不廢喪紀，禮也：在魯僖公二十六年，齊國再伐魯國，對於弔贈的數量也不廢除，這是很合於禮的。

【今譯】夏天，齊孝公死了，雖然有齊國的怨恨，但是對於弔喪全不廢除，這是合於禮的。

㈢經　秋，八月乙未葬齊孝公。

【今註】有經無傳。

【今譯】秋天，八月乙未這天給齊孝公行葬禮。

㈣經　乙巳，公子遂帥師入杞。

傳　秋，入杞，責無禮①也。

【今註】㈠責無禮：責他對魯國不恭敬的失禮。按「責無禮，本或作責禮也。」釋文亦作責禮，按淳化本以下，皆作責無禮，今從淳化本。

【今譯】魯國軍隊攻入杞國，這是責備他沒有禮貌。

㈤經　冬，楚人、陳侯、蔡侯、鄭伯、許男圍宋。

傳　楚子將圍宋。使子文治兵於睽①。終朝而畢②，不戮一人。子玉復治兵於蔿③。終日而畢，鞭七人，貫三人耳④。國老皆賀子文⑤，子文飲之酒。蔿賈⑥尚幼，後至不賀。子文問之。對曰：「不知所賀⑦。子之傳政於子玉，曰以靖國也⑧。靖諸內而敗諸外，所獲幾何⑨？子玉之敗，子之舉也⑩，舉以敗國，將何賀焉⑪？子玉剛而無禮，不可以治民⑫。過三百乘，其不能以入矣⑬？苟入而賀，何後之有⑭？」冬楚子及諸侯圍宋。宋公孫固如晉告急⑮。先軫⑯曰：「報施救患，取威定霸，於是乎在矣⑰？」狐偃曰：「楚始得曹而新昏於衛⑱，若伐曹衛，楚必救之，則齊宋免矣⑲？」於是乎蒐于被廬⑳，作三軍㉑，謀元帥㉒。趙衰曰：「郤穀㉓可。臣亟聞其言矣㉔？說禮樂而敦詩書㉕。詩書，義之府也，禮樂，德之則也㉖，德，義，利之本也㉗。夏書㉘曰：『賦納以言，明試以功，車服以庸㉙。』君其試之。」乃使郤穀將中軍，郤溱㉚佐之。使狐偃將上軍，讓於狐毛而佐之㉛。命趙衰為卿㉜，讓於欒枝㉝，先軫，使欒枝下軍，先軫佐之。荀林父㉞御戎，魏犨為右。晉侯始入而教其民㉟。二年，欲用之㊱。子犯曰：「民未知義，未安其居㊲。」於是乎出定襄王㊳，入務利民，民懷生矣㊴，將用之。子犯曰：「民未知信，未宣其用㊵。」於是乎伐原以示之信㊶，民易資者，不求豐焉，明徵其辭㊷。公曰：「可矣乎？」子犯曰：「民未知禮，未生其共㊸。」於是乎大蒐以示之禮㊹，作執秩以正其官㊺。民聽不惑而後用之㊻。出穀戍，釋宋圍㊼。一戰而霸，文之教也㊽。

【今註】㊀使子文治兵於睽：睽為楚邑，其地應在湖北江陵縣郢都附近。這時候子文已經不做令尹了，所以叫子文治兵習號令。㊁終朝而畢：一早晨就訓練完了。㊂子玉復治兵於蔿：子玉當時為令尹，就在蔿的地方治兵習號令，為在睽左近。㊃鞭七人，貫三人耳：拿鞭子打了七個人，用箭穿了三個人的耳朵。㊄國老皆賀子文：國老指著楚國的卿大夫及致仕的人。這班人全都給子文道喜。㊅蔿賈：即是伯嬴，為孫叔敖的父親。㊆不知所賀：不知為什麼來慶賀你。㊇曰以靖國也：說為的是能安定國家。㊈靖諸內而敗諸外，所獲幾何：在國內安定而在國外失敗，那所獲的好處又有多少。㊉子玉之敗，子之舉也：子玉的失敗是由於你的推薦。㊁舉以敗國，將何賀焉：推舉他是為的來使國家失敗，那又何必來道賀。㊂子玉剛而無禮，不可以治民：子玉這個人剛強而沒有禮貌，不能夠來治理人民。⑬過三百乘，其不能入矣：如果帶領的軍隊超過了三百輛車，就不能夠使全部的軍隊返到國家。據司馬法說：「三百乘為二萬二千五百人。」⑭苟入而賀，何後之有：假設能夠全軍隊回到國家，然後再賀，那又有什麼晚呢？⑮公孫固如晉告急：公孫固是宋莊公的孫子。如晉告急是往晉國求援。⑯先軫：即晉國下軍佐原軫。⑰報施救患，取威定霸，於是乎在矣：報答宋國的送馬的施捨，救宋國的患難，得到了威風，定了霸主的地位，就在這一舉了。⑱楚始得曹而新昏於衛：楚方才得到曹國的聯繫，而新近與衛國有婚姻的約盟。⑲則齊、宋免矣：自從僖公二十六年，楚國使申叔侯戍守穀的地方，以壓迫齊國，那齊國、宋國就可以免被災殃。⑳蒐于被廬：蒐是春天打獵的禮節。晉國常常以春蒐的禮節改革政令。被廬為晉地，應在晉都東南境。㉑作三軍：閔公元年，晉獻公始作二軍，現在又恢復大國的禮節三軍。㉒謀元帥：元帥就是中軍的帥，總管三軍的政令。㉓郤穀：晉大夫郤芮的兒子。㉔臣亟聞其言矣：我常聽見他說過的話。㉕說禮樂而敦詩書：說等於悅。喜歡禮同樂而嗜好詩同書。㉖詩、書，義之府也；禮、樂，德之則也：詩同書是藏義的府庫；禮同樂是德性的規則。㉗德、義，利之本也：德同義是利的根本。㉘夏書：即虞夏書中的話。㉙賦納以言，明試以功，車服以庸：用言辭以觀其志向，拿功事以考驗他，用車及官服以報答他的功，這是尚書虞夏書中的話。㉚郤溱：是晉國中軍佐，郤溱是郤穀的族人。㉛讓於狐毛而佐之：狐毛是狐偃的哥哥。此句謂狐偃將上軍將讓給狐毛，而他自己為上軍佐。㉜命趙衰為卿：命趙衰做卿，也就是三軍將佐之一。㉝欒枝：是欒賓的孫子，亦稱欒貞子。㉞荀林父：即中行桓子。㉟晉侯始入而教其民：晉文公方才回到國裡就教令他的人民，這是僖公二十四年的事。㊱二年，欲用之：經過兩年，就要用他打仗。㊲民未知義，未安其居：百姓尚未能知道義禮，還未能夠安於生活。㊳於是乎出定襄王：於是就派遣他的軍隊，安定周襄王，這是僖公二十五年的事。㊴入務利民，民懷生矣：回到國裡就想使人民得有福利，於是人民就獲得了生機。㊵民未知信，未宣其用：人民尚沒有知道信用，沒能宣佈信用的用處。㊶伐原以示之信：討伐原的地方，以象徵晉國的信用。伐原在僖公二十五年。㊷民易資者，不求豐焉，明徵其辭：人民做生意的，不求更多的錢財，明白的重視他所定的契約。㊸民未知禮，未生其共：人民尚不知道禮節，還不能產生他的恭敬。㊹大蒐以示之禮：大蒐是把年長的同年少的排列秩序，分明軍隊的貴同賤。㊺作執秩以正其官：定了執秩專為主持爵秩的官。㊻民聽不惑而後用之：人民聽上面的話，就沒有疑惑，然後用他們作戰。㊼出穀戍，釋宋圍：迫使楚國從穀地撤兵，解救宋國之圍。㊽一戰而霸，文之教也：這指著明年在城濮的那個勝仗，晉文公就成了霸王，這是晉文公對人民的教化成功。

【今譯】　楚王將圍宋都城，使子文在睽這地方治理軍隊。一早晨就完了，不殺戮一個人。子玉又治理軍隊在蔿這地方，一天方才完畢，他鞭打了七個人，貫穿了三個人的耳朵。楚國的老人全都恭賀子文，子文將酒供給他們喝了。蔿賈尚很年輕到的很晚也不賀喜。子文問他，回答說：「不知道所賀的在那裡？你想把政權傳給子文目的是使國家安定。在內裡安定，而在外邊失敗，所得的能有多少？子文的失敗是你的推舉，推舉來使國家失敗，這又何必賀呢？子文這個人是剛而無禮，他不可以管理人民。過了三百輛車，他就沒方法回來了。假設等他回來，我再賀喜那有什麼晚呢？」冬天，楚王同諸侯圍了宋國都城。宋國公孫固到晉國去告急。先軫就說：「報各種恩施，救災患，取威嚴而定霸業，全在這裡。」狐偃說：「楚開始得了曹國，而同衛國先定婚姻，若先伐曹衛兩國，楚國必定去救援，則齊宋可以免了。」於是就在被廬舉行大蒐，改作三軍，推舉中軍元帥。趙衰說：「郤穀可以。我常聽見他說的話，他喜歡禮樂，而又好閱詩書。詩書是義的府藏，禮樂是德性的法則，德義是利的本源。夏書說：『聽他的言語，再拿功勞來試驗他，然後拿車服來獎勵他，你何不試試呢！』」就使郤穀將中軍，郤溱輔佐他。派狐偃將上軍，讓給他哥哥狐毛而自己輔佐他。派趙衰做卿，他就讓給欒枝同先軫。叫欒枝將下軍，先軫為他的輔佐。荀林父趕著車，魏犨做戎右。晉文公剛回到晉國而教訓他的人民。二年以後就想用他。狐偃說：「人民尚沒有知道義禮，不能安定在他的居處。」於是就出去使安定周襄王，回到晉國安定他的人民，人民就懷著生存的意思，又將用他們，狐偃說：「民沒有知道信，沒有宣示他的信用。」於是就伐原這地方以表示信用，人民作生意的並不求著多得錢，以言辭為規定。晉文公說：「可以了嗎？」狐偃說：「人民尚沒有知道禮節，未生到恭順。」於是就大蒐來表示禮節，作執秩以表示他的官職，然後人民就不疑惑，才用他。迫使楚國從穀地撤兵，解救宋都城的圍困。一戰就成了霸主，這是晉文公的教化成功。

僖公二十八年

㈠經二十有八年（公元前六百三十二年）春晉侯侵曹。晉侯伐衛。

傳二十八年春，晉侯將伐曹，假道於衛，衛人弗許，還自南河濟①，侵曹，伐衛②。正月戊申，取五鹿③。二月，晉郤縠卒，原軫將中軍，胥臣佐下軍，上德也④。晉侯齊侯盟於斂盂⑤，衛侯請盟，晉人不許。衛侯欲與楚，國人不欲，故出其君以說于晉⑥，衛侯出居於襄牛⑦。

【今註】㈠還自南河濟：按水經注：「河水又逕東燕城故城，河水於是有棘津之名，又謂之石濟，故南津也。春秋僖公二十八年還自南河濟即此」。江永說：「棘津在今河南汲縣南七里，為有名之津濟處」。阮刻本誤作『河南』今據四部叢刊本改正。㈡春秋記侵曹伐衛為兩事，杜注以為「曹衛兩次來告。」㈢五鹿：衛地，在今河北省濮陽縣南三十里。㈣原軫以下軍佐越級將中軍，所以說是尊重德行。胥臣即司空季子，遂接原軫下軍佐任。㈤斂盂：衛地；紀要：「今河北濮陽縣東南有斂盂聚。」㈥以說于晉：以便對晉人解說。㈦襄牛：衛地，江永說：「以衛人出君，不應出諸國境，襄牛即衛之襄邱，今山東濮縣東南，濮水所經也。」

【今譯】二十八年春天，晉文公將伐曹國，從衛國借道，衛人不肯，他回去從南河渡過黃河，侵略曹國，討伐衛國，正月戊申佔據了五鹿，二月，晉國的中軍元帥郤縠死了。先軫就升為中軍元帥，胥臣就為下軍的佐，這是以德性為上。晉文公與齊侯在斂盂這地方盟誓，衛侯要請加入盟誓，晉人不答應。衛侯想著跟楚國聯合，他的國裏人全不願意。所以就把衛侯驅逐出去，以便對晉人解說，衛侯就住到襄牛這地方。

(二)經　公子買戍衛，不卒戍刺之。

傳　公子買戍衛①，楚人救衛不克，公懼於晉，殺子叢以說焉②：謂楚人曰：「不卒戍也③。」

【今註】㊀公子買戍衛：公子買魯大夫，字子叢，奉魯僖公命令，率軍隊往戍守衛國。㊁公懼於晉，殺子叢以說焉：魯僖公畏懼晉國的力量，所以將公子買殺掉以解說。意在將戍衛出自公子買，而非僖公所命令。㊂謂楚人曰：「不卒戍也。」：魯國告訴楚國人說：他不能完成戍守的責任。按魯史官在春秋上兩次寫「刺」字，即此處及成公十六年「刺公子偃」，皆用周禮「司刺掌三刺之法以贊司寇聽獄訟。」暗中實在是為的避內諱殺大夫。

【今譯】魯國的公子買到衛國戍守，楚國人派兵救衛國，沒有成功，魯僖公怕了晉國，就殺公子買向晉人解說，又對楚國人解說：「他沒能完成他的戍守責任。」

(三)經　楚人救衛①。

【今註】　此經無傳。

【今譯】　楚國人救衛國。

㈣經三月丙午晉侯入曹，執曹伯畀宋人①。

【今註】　此經無傳。

【今譯】　三月丙午，晉侯進入曹國逮著曹伯給了宋人。

㈤經夏四月己巳，晉侯齊師宋師秦師及楚人戰於城濮，楚師敗績。

㈥傳晉侯圍曹，門焉多死①。曹人尸諸城上②。晉侯患之，聽輿人之謀③。曰：「稱舍於墓④。」師遷焉⑤，曹人兇懼⑥。為其所得者棺而出之⑦。因其兇也而攻之⑧。三月丙午，入曹。數之與其不用僖負羈⑨。而乘軒者⑩三百人也，且曰獻狀⑪。令無入僖負羈之宮⑫。而免其族⑬。報施也⑭。魏犨，顛頡怒曰：「勞之不圖⑮，報於何有⑯？」爇⑰僖負羈氏。魏犨傷於胷⑱，公欲殺之而愛其材⑲。使問，且視之，病，將殺之⑳。魏犨束胷㉑見使者㉒曰：「以君之靈，不有寧也㉓。」距躍三百㉔，曲踊三百㉕。乃舍之㉖。殺顛頡以狥於師㉗，立舟之僑㉘以為戎右。宋人使門尹般㉙如晉師告急㉚。公曰：「宋人告急，舍之則絕㉛，告楚不許㉜，我欲戰矣。齊秦未可㉝，若之何？」先軫曰：「使宋舍我，而賂齊秦㉞，藉之告楚㉟。我執曹君，而分曹衛之田以賜宋人。楚愛曹衛必不許也。喜賂怒頑能無戰乎㊱？」公說㊲，執曹伯，分曹衛之田以畀宋人㊳。楚子入居於申㊴使申叔去穀㊵，使子玉去宋，曰：「無從晉師㊶。晉侯在外十九年矣，而果得晉國㊷。險阻艱難備嘗之矣㊸，民之情偽盡知之矣㊹！天假之年，而除其害㊺。天之所置，其可廢乎？軍志曰：『允當則歸㊻』又曰：『知難而退㊼！』又曰：『有德不可敵㊽！』此三志者，晉之謂矣！」子玉使伯棼請戰㊾，曰：「非敢必有功也，願以間執讒慝之口㊿！」王怒，少與之師，唯西廣東宮(51)與若敖之六卒(52)實從之。子玉使宛春(53)告於晉師曰：「請復衛侯而封曹，臣亦釋宋之圍。」子犯曰：「子玉無禮哉！」君取一，臣取二(54)，不可失矣(55)！先軫曰：

「子與之，定人之謂禮56，楚一言而定三國57，我一言而亡之58。我則無禮，何以戰乎59！不許楚言，是棄宋也。救而棄之，謂諸侯何60？楚有三施，我有三怨61，怨讎已多，將何以戰62？不如私許復曹衛以攜之63，執宛春以怒楚，既戰而後圖之64」。公說，乃拘宛春於衛，且私許復曹衛。曹、衛告絕於楚65。子玉怒，從晉師，晉師退。軍吏曰：「以君辟臣，辱也。且楚師老矣66，何故退？」子犯曰：「師直為壯，曲為老67，豈在久乎？微楚之惠不及此68，退三舍辟之所以報也69。背惠食言，以亢其讎70，我曲楚直，其眾素飽，不可謂老71！我退而楚還，我將何求？若其不還，君退臣犯，曲在彼矣72！」退三舍，楚眾欲止，子玉不可。夏四月戊辰，晉侯、宋公、齊國歸父、崔夭73，秦小子慭74次于城濮75。楚師背酅而舍76，晉侯患之，聽輿人之誦曰：「原田每每，舍其舊而新是謀77。」公疑焉。子犯曰：「戰也！戰而捷，必得諸侯，若其不捷，表裏山河，必無害也78！」公曰：「若楚惠何？」欒貞子曰：「漢陽諸姬，楚實盡之(79)。思小惠而忘大恥，不如戰也(80)！」晉侯夢與楚子搏(81)，楚子伏己而盬其腦(82)，是以懼。子犯曰：「吉！我得天(83)，楚伏其罪，吾且柔之矣(84)！」子玉使鬭勃請戰(85)曰：「請與君之士戲，君馮軾而觀之，得臣與寓目焉(86)。」晉侯使欒枝對曰：「寡君聞命矣！楚君之惠，未之敢忘，是以在此為大夫退，其敢當君乎？既不獲命矣，敢煩大夫謂二三子(87)，戒爾車乘，敬爾君事，詰朝將見(88)。」晉車七百乘，韅、靷、鞅、靽(89)。晉侯登有莘之虛(90)以觀師，曰：「少長有禮，其可用也！」遂伐其木以益其兵。己巳，晉師陳于莘北(91)，胥臣以下軍之佐當陳蔡，子玉以若敖之六卒將中軍曰：「今日必無晉矣！」子西將左，子上將右(92)。胥臣蒙馬以虎皮(93)，先犯陳蔡，陳蔡奔，楚右師潰。狐毛設二旆而退之(94)，欒枝使輿曳柴而偽遁(95)，楚師馳之。原軫郤溱以中軍公族橫擊之(96)，狐毛狐偃以上軍夾攻子西，楚左師潰，楚師敗績。子玉收其卒而止，故不敗。晉師三日館穀(97)，及癸酉而還。甲午至於衡雍(98)，作王宮于踐土(99)。鄉役之三月②，鄭伯如楚致其師。為楚師既敗而懼，使子人九行成於晉③，晉欒枝入盟鄭伯。五月丙午，晉侯及鄭伯盟于衡雍。丁未，獻楚俘④于王，駟介百乘，徒兵千⑤。鄭伯傅王，用平禮也⑥。己酉，王享醴，命晉侯宥。王命尹氏及王子虎，內史叔興父策命晉侯為侯伯⑦，賜之大輅之服，戎輅之服⑧，彤弓一，彤矢百；玈弓矢千⑨，秬鬯一卣⑩，虎賁三百人⑪。曰：「王謂叔父，敬服王命，以綏四國，糾逖王慝⑫。」晉侯三辭從命，曰：「重耳敢再拜稽首，奉揚天子之丕顯休命⑬。」受策以出，出入三覲⑭。

【今註】㈠門焉多死：晉國軍隊攻曹國的城門，皆多死傷。㈡曹人尸諸城上：曹國人把死人的屍首就陳列在曹都城的城牆上，以使城下的晉軍害怕。㈢晉侯患之，聽輿人之謀：晉侯很以這件事為憂患，輿人是指著眾人。聽輿人之謀是說聽從眾人的計謀。㈣稱舍於墓：宣稱使軍隊住在曹人的墓田中，暗示將要發掘曹人墳墓。㈤師遷焉：晉國的軍隊就遷入曹人的墓地住。㈥曹人兇懼：曹都城上的人甚為恐慌。㈦為其所得者棺而出之：被曹人所得晉國人的屍首，就全都斂入棺材中而搬到城外。㈧因其兇也而攻之：因為曹人很害怕，晉國軍隊就利用這個機會加緊攻城。㈨數之以其不用僖負羈：責罵他，因為他不用僖負羈。㈩而乘軒者：軒是大夫所坐的車。此謂做大夫官位的人。⑪獻狀：是把這些大夫所有的功狀全交上來。⑫令無入僖負羈之宮：命令他們不要進入僖負羈的家中去。⑬而免其族：而免除了他的族中人被殺害。⑭報施也：是報答上一回僖負羈送他盤餐時，中間藏有玉璧，這是一種惠施。⑮勞之不圖：大家從亡的勞苦，為什麼不圖報。⑯報於何有：那麼又有什麼可以報答的呢？⑰爇：音同若（ㄖㄨㄛˋ）燒的意思。⑱傷於胸：在胸部受傷。⑲公欲殺之而愛其材：晉文公想要殺他，而又想到他的才能。⑳病，將殺之：如果他受傷的很重，就把他殺掉。㉑束胸：是用布把胸部的傷痕包起來。㉒見使者：晉文公派來的使者。㉓以君之靈，不有寧也：因為君的神靈，不敢自己安寧。㉔距躍三百：向遠處跳了三百次。㉕曲踊三百：向高處跳了三百次。㉖乃舍之：就赦免他不殺。㉗以狗於師：把顛頡的頭在軍隊中示眾。㉘舟之僑：是從前虢國的臣，他在閔公二年逃到晉國。㉙門尹般：是宋大夫。㉚如晉師告急：往晉國軍營中求援。㉛宋人告急，舍之則絕：宋人來求援，如果不管他，那麼就是晉國要跟他絕交。㉜告楚不許：如果告訴楚國使他退兵，他也不會答應。㉝齊、秦未可：齊國同秦國尚未肯打仗。㉞使宋舍我，而賂齊秦：使宋國不要再求我，而用賄賂來求救齊國同秦國。㉟藉之告楚：之是指著齊國同秦國。經由這兩國向楚國請求。㊱喜賂怒頑，能無戰乎：使齊國同秦國喜歡宋國的賄賂而發怒楚國的冥頑，能夠不發生戰事嗎？㊲公說：晉文公歡喜了。㊳以畀宋人：將田地送給宋國人。㊴入居於申：申在方城以內，申是姜姓國，在今河南省南陽縣北二十里。申被楚國所滅以後，就列入在方城以內，所以說入居於申。㊵使申叔去穀：在僖公二十六年，楚子使申叔戍穀城，現在叫他離去穀城。㊶無從晉師：不要追趕晉國的軍隊。㊷而果得晉國：果然得到晉國的君位。㊸險阻艱難，備嘗之矣：各種冒險困難的事全都嘗到過。㊹民之情偽，盡知之矣：各國人民的真性情及假做作，全都能夠知道了。㊺天假之年，而除其害：獻公之子九人，現在唯文公存在，所以說上天使他長壽，而除掉晉惠公同晉懷公與呂甥，郤芮的侵害。㊻軍志曰「允當則歸」：兵書上說：「要能夠滿意，就回來。」㊼知難而退：知道有困難的地方就告退。㊽有德不可敵：遇到有德性的人就不可以抵擋他。㊾使伯棼請戰：伯棼是鬭伯比的孫子鬭越椒。派遣伯棼到楚王那裡去，請求與晉國作戰。㊿非敢必有功也，願以間執讒慝之口：我不敢說必定成功勞，但是用戰事可以堵塞說我壞話的人。(51)唯西廣東宮：楚國有左右廣，只給他一半只有西廣。東宮是指太子宮的軍隊。(52)與若敖之六卒：若敖是子玉的祖父。六卒是子玉同宗的兵六百人。(53)宛春：楚大夫。(54)子玉無禮哉，君取一，臣取二：子玉很無禮貌，晉國君只得到解除宋都的包圍，而子玉反得到復衛侯，封曹君的二種功勞。(55)不可失矣：那麼這個機會不可以錯過。(56)子與之，定人之謂禮：你稱許過，安定人的國家，這是一種禮。(57)楚一言而定三國：楚國一句話，就能夠安定衛、曹、及宋三國。(58)我一言而亡之：我一句話就把他們三國全亡掉了。(59)我則無禮，何以戰乎：我就不合於禮，怎麼樣能夠打仗。(60)救而棄之謂諸侯何：救他而將他拋棄，諸侯將如何的評論晉國。(61)楚有三施，我有三怨：楚國對衛、曹、宋三種施捨，而我有三種怨恨。(62)怨讎已多，將何以戰：怨恨同讎人已經很多，將怎麼樣打仗？（六三）不如私許復曹衛以攜之：我們不如暗中答應使曹衛恢復國家，以使他們對楚國離心。（六四）執宛春以怒楚，既戰而後圖之：將楚國的使臣宛春逮捕起來，使楚國人發怒，等到定了勝負以後，再商量辦法。（六五）曹、衛告絕於楚：曹國同衛國就派人到楚國絕交。（六六）以君辟臣，辱也。且楚師老矣：晉文公是君，楚子玉是臣，用君來躲避臣，這是一種羞辱；並且楚國軍隊已經很疲勞。（六七）師直為壯、曲為老：軍隊如果有理等於強壯，沒有理便是衰老。（六八）微楚之惠不及此：要沒有楚國的恩惠就不能到今天這種程度。（六九）退三舍辟之，所以報也：一舍為三十里。退九十里來躲避他，這即所以報答他的恩惠。（七〇）背惠食言，以亢其讎：背了楚國的恩惠，而自反悔在楚國當時說的話，來抵抗他的讎人楚國。（七一）我曲楚直，其眾素飽，不可謂老：我們沒有理，而楚國有理，而他的軍隊素來很壯飽，不可以說他是衰老。（七二）若其不還，君退臣犯，曲在彼矣：若他不退軍隊，君退了而臣來侵犯，就是臣沒有理。（七三）國歸父、崔夭：皆是齊大夫。（七四）小子慭：秦穆公的兒子。慭音同印（ㄧㄣˋ）。（七五）次於城濮：駐軍隊在城濮。城濮：衛地，濮水所經，在今山東省濮縣東南六十里的臨濮集。（七六）楚師背酅而舍：楚國軍隊背後靠著丘陵而駐紮。酅音希（ㄒㄧ），衛地，在今山東省濮縣。（七七）原田每每，舍其舊而新是謀：原田每每是指高處的田地，草長得很茂盛。比喻晉國軍隊如同高處的田地，草那般的茂盛，舍其舊的恩惠而能謀新的戰功。（七八）若其不捷，表裡山河，必無害也：如果晉國戰事不能打勝，外臨著黃河，而內裡有太行山，這也不會有什麼害處。（七九）漢陽諸姬，楚實盡之：水北叫陽。漢水北邊各姬姓國，皆為楚國所滅。（八〇）思小惠而忘大恥，不如戰也：想小的恩惠，而忘了這種大的恥辱，不如打一仗。㈧一晉侯夢與楚子搏：楚子是楚成王。晉文公夢見與楚成王用手打架。㈧二楚子伏己而盬其腦：盬音古（ㄍㄨˇ），吸腦子裡的血，晉侯夢見楚子伏在自己的身上，而吸他腦子的血。㈧三吉，我得天：因為在夢中晉文公頭仰著，所以說是看著天，就是得到天佑。㈧四楚伏其罪，吾且柔之矣：楚成王趴著就等於他承認自己的罪過，我們已經將他柔服了。㈧五子玉使鬬勃請戰：鬬勃，楚大夫。即子上，子玉派他往晉軍請求開戰。㈧六君馮軾而觀之，得臣與寓目焉：馮音義同憑，軾是車前的伏手。你可以倚伏車軾來觀看，我也可以參看兩軍的戰鬬。㈧七謂二三子：二三子是指的多數，請他轉告楚國其餘將領。㈧八戒爾車乘，敬爾君事，詰朝將見：戒備你們的作戰車輛，恭敬做你們君的事務，明天清早請見面。㈧九韅、靷、鞅、靽：在馬背叫韅，音ㄒㄧㄢˇ，在馬胸叫作靷，音ㄧㄣˇ，在馬腹叫作鞅，音ㄧㄤ；在後者叫作靽，音ㄅㄢˋ。這四種說晉國軍備的齊整。㈨〇晉侯登有莘之虛：杜預注：「有莘故國名。」續山東考古錄：「莘國故城在曹縣北十八里，今莘仲集。孟子伊尹耕於有莘之野，春秋城濮之戰，晉侯登有莘之墟，又晉師陳於莘北均在此。」㈨一晉師陳于莘北：晉國軍隊在有莘之墟北方排列成陣勢。㈨二子西將左，子上將右：子西即鬬宜申，子上即鬬勃。㈨三胥臣蒙馬以虎皮：晉下軍佐將馬上蒙蓋著老虎皮以使楚軍隊畏懼。㈨四狐毛設二旆而退之：晉上軍將立著的兩個大旗向後退著走，表示晉上軍的敗退。㈨五欒枝使輿曳薪而偽遁：欒枝領下軍而處在上軍的位置，使車後邊帶著薪枝假作逃遁，令楚人看見塵土飛揚。㈨六原軫郤溱以中軍公族橫擊之：原軫郤溱帥領晉中軍即晉侯自己的軍隊橫著攻擊楚軍的左師。㈨七三日館穀：

晉軍在這裏吃楚軍存餘的食糧三天。(九八)衡雍：鄭地，彙纂：「今河南原武縣西北五里有衡雍城。」(九九)作王宮于踐土：踐土，鄭地，在今河南省廣武縣東北。(一〇〇)鄉役之三月：這次戰役前的三月。(一〇一)使子人九行成於晉：子人九，鄭大夫，以子人為氏，名九。使他往晉國請求和平。(一〇二)獻楚俘：貢獻楚國的俘囚。(一〇三)駟介百乘，徒兵千：帶甲的馬四百匹，步兵一千人。(一〇四)鄭伯傅王，用平禮也：傅等於相，鄭伯相王行禮，這是用周平王享晉文侯的禮節。(一〇五)策命晉侯為侯伯：用策來命晉文公為諸侯之長。(一〇六)賜之大輅之服，戎輅之服：賞給他金的車同戰爭的戎車，各帶有合禮當穿的衣服。(一〇七)彤弓一，彤矢百：玈弓矢千：彤弓彤矢是赤色的弓箭，玈弓玈矢是黑色的弓箭。(一〇八)秬鬯一卣：秬音巨（ㄐㄩˋ）是黑黍，鬯音唱（ㄔㄤˋ），古時祭祀所用之香酒。秬鬯是用黑黍製成的香酒，盛在卣中。卣音由（ㄧㄡˇ）古時盛酒器。(一〇九)虎賁三百人：虎賁是周王的衛隊。(一一〇)以綏四國，糾逖王慝：以安定各國，使諸侯見惡于周王的，避而遠去。(一一一)奉揚天子之丕顯休命：敬奉並宣揚周王偉大明達的美命。(一一二)出入三覲：從來到去共朝見周王三次。

【今譯】 晉侯圍住曹國，攻他的都城門，晉人死的很多，曹人把晉國的死屍在城上陳列給他們看，晉侯恐怕搖動軍心，非常的憂愁，聽眾人的計謀說：「宣稱駐軍曹人墓地。」晉兵便遷到曹人的墓地上去，曹人害怕得很，把所得的屍體都棺殮送出城去，想免除被發塚的禍患。晉軍隊卻因為曹人的恐懼乘勢再攻他的城門，三月丙午這一天，攻進曹國，責備曹君為何不用僖負羈，那些乘坐大夫車子的，倒有三百人呢？而且說：「獻上他們的功狀來。」又下令：「不可進入僖負羈的家中，不要傷害他的族人。」這是報答他盤飧的施與。魏犫顛頡生氣的說：「我們從亡的功勞沒有圖報，他有什麼值得報施呢？」便把僖負羈家中放火焚燒，魏犫胸部受了傷，文公想把他殺死，卻愛惜他的才幹，差人去賞問魏犫，而且看他的病狀，等復命後，要是傷的厲害再殺他。魏犫卻束縛了胸部的傷口，來見使者說：「因為君的威靈，不敢有病自圖安逸呢！」便遠跳三百次，高跳三百次。文公因此便赦了他不殺，單殺了顛頡傳示軍中，立了舟之僑做戎右，代著魏犫。宋國差門尹般到晉軍中來告訴急難，文公說：「宋人前來告急，如果不理睬，便和我斷絕，如果請楚國解了宋圍，楚國又不許。我想和楚國交戰了，齊秦二國倒不肯助我，怎麼辦呢？」先軫說：「只使宋人捨了我，私下去賄求齊秦，經由齊秦，請楚國放過宋國，我一方面令人拘執了曹君，卻分曹衛的田地，賜給宋人。楚人愛惜曹衛，一定不允許齊秦的請求的，齊秦喜歡宋國私賄，怒著楚國的頑鈍，能夠不同他戰爭的麼？」文公心中快樂，便拘執了曹伯，分曹衛的田地，給與宋人。楚子見晉軍這般行動，便進去住在申城，使申叔收回守穀的軍隊，差子玉撤回圍宋的軍隊，而且對他們說：「不要和晉軍爭戰，晉侯出亡在外已經十九年了，卻果真得到了晉國，各種的險阻艱難，都已嘗徧了，所以志慮很堅定；各國人民的情偽，都通統知道了，所以見識很明確；加以天賜給他長壽，又除去惠懷呂郤的禍害，他是天所安置的，難道可以廢除麼？兵書上說：『允當了便回去，不要過分』又說：『知道難於取勝，便當退回』又說：『有德的是不可以對敵。』這三句話，好像是對晉國而說的。」子玉差伯棼到楚王面請去請兵出戰說：「不敢自以為必定可以有功勞的，但願一戰堵塞了說壞話人的嘴。」成王怒他不肯離開宋國，反來請兵要和晉軍戰，便故意少給他軍隊，只有西廣東宮和若敖氏的六卒，實在跟從於他。子玉使宛春告訴晉軍說：「請你復了衛侯封了曹伯，臣也解掉宋圍就回去。」子犯說：「子玉真真沒禮，君只得一件好處，臣卻取兩件好處，萬不可再失這個機會了。」先軫說：「你稱許過，安定他人的國家，叫做有禮，楚國一句話卻安定了三個國，我一句話卻亡掉他，我便沒禮，怎樣作戰呢？況且不允許楚國的話，分明是棄掉宋國。既來救宋，又棄掉他，叫那些諸侯怎麼批評呢？楚國有三件恩惠，我卻有三件怨恨，怨讎既已眾多，怎能戰呢？不如私下允許恢復曹衛，教他們自去斷絕楚國，再拘執了宛春激怒楚國，等到勝負既決，再定計謀。」晉文公聽了很愉快，就在衛國拘執宛春，又私下允許，恢復曹衛，使曹衛到楚國去告絕。子玉大怒，便跟著晉師要戰，晉師退卻，軍吏說：「以君避著臣，未免羞辱，而且楚兵連年在外，疲敝已極，為什麼退師避他呢？」子犯說：「用兵要理直才算強壯，理曲了便算衰老，難道在乎長久出征於外的嗎？不是楚王的恩惠，我的君也不能到這地步，退了三舍避他，就是所以報答楚王的恩惠；如果違背楚國的恩惠又自食避楚的言語，來抵當楚人的怨讎。那末我的理曲，楚國的理直。他眾人理直氣盈滿，不可說他衰老。我退了，楚國若便收兵，我還想什麼？如果他不收兵回去，這是君退避，臣犯了逆，曲在他們了。」就退避三舍九十里，楚軍都要停止，只有子玉不肯。夏間四月中戊辰那天，晉侯、宋公、齊大夫國歸父、崔夭、秦穆公的小兒子憖，都駐軍在城濮，楚軍背了險阻紮營，晉侯憂愁險阻難攻，聽眾人歌誦說：「晉軍好像原田上的草很是茂盛，可以謀立新功，不要記念舊恩了！」文公聽了這話心疑眾人說已捨舊謀新，子犯說：「決計戰吧！戰勝了必定可得諸侯的心，如果戰不勝，我們晉國表裏都是山河，也沒有大害的。」文公說：「對於楚國的恩惠怎樣呢？」欒貞子說：「漢水以北的姬姓各國，都被楚國滅掉了，這是最大的羞恥呢！想著楚國贈送的小惠卻忘掉滅亡諸姬的大羞恥！不如和他一戰吧！」那天晉侯正夢見和楚子空手相打，楚子伏在他上面用口吸他的腦漿，因此心中害怕。子犯說：「這倒是吉兆，我向上，得了天的幫助；楚向下，伏著他的罪，而且我已經柔服他了。」子玉差鬬勃來請戰說：「請和君的兵士玩戲一回，君只靠在車前橫木上看吧！讓我得臣也可以同看呢？」晉侯差欒枝回答說：「寡君聞知貴國要下出戰的命令了，從前楚君所贈送的恩惠，心中不敢忘記，所以退讓在此，為了你大夫退避，那裏敢當你的君呢？既然得不到停止的命令，敢請大夫轉致你們的二三子說：『戒備你們的車馬，敬奉你們君事，等明天天亮的時候，見面就是了。』」晉國有兵車七百乘，馬的前後上下都套起皮帶非常整備，晉侯走上從前有莘國的高地，察看晉師的強弱，說：「少的在前，長的在後，很有軍紀，可以使用得的了。」便砍了許多樹木，增添攻戰的器具。己巳這一天，晉兵列於城濮，胥臣用下軍助手的名義去抵敵陳蔡。子玉把宗黨的兵六百人，作為親兵自衛，帶領了中軍說：「今天定要滅掉晉師了！」子西領了左軍。子上領了右軍。胥臣用老虎皮蒙住馬身上，先去犯陳蔡，陳蔡人奔逃，楚國的右師便潰敗。狐毛建立了兩面大旗，假裝大將退卻的樣子，欒枝又使人把柴繫在車後，使塵埃飛揚起來，詐作眾人奔走的情形，楚師以為晉軍已敗退，便追趕他們。原軫郤溱便領了中軍和公族的兵從橫面邀擊他，狐毛狐偃拿上軍夾攻子西，楚國的左師也就潰退。楚師便大敗，子玉卻收住他的中軍停留不戰，所以不敗。

晉軍大勝以後，休息三天，吃楚軍遺留的糧食，到癸酉方才回來。甲午那天，到了衡雍，替周王造一所宮在踐土那裏。當戰事未發生以前的三月，鄭伯曾到楚國去引誘他出兵，現在因為楚兵既敗，心中恐懼，便差子人九到晉國去求和。晉欒枝便進鄭國去和鄭伯訂盟。五月丙午那天，晉侯和鄭伯盟於衡雍。丁未獻楚國的俘囚給周天王，有帶甲的馬四百匹、步兵一千個。鄭伯贊相了周王，是用周平王享晉文侯仇的禮節呢！己酉那天，天王用醴酒享晉侯，又勸晉侯多用些酒，因而吩咐卿士尹氏王子虎內史叔興父用策書命令晉侯做侯伯，賜他祭祀時用的一套禮服，和金色大車；又兵事時用的一套戎衣，和兵車，又有紅弓一件，紅箭一百枝，黑弓十件，黑箭一千枝，使他得專有征伐的威權。又有黑黍釀成的香酒一瓶，虎賁的衛隊三百個，並且說：「王說叔父要恭敬服從王的命令，要撫四方的諸侯，凡對見惡於周王的諸侯要糾正他，使他們遠離。」晉侯三次推辭不敢當，方才依了命令說：「重耳敢再拜叩頭，奉揚天子偉大明達的美命呢！」受了策書出來，從來到去覲見過三次。侗案在民國四十三年「中國戰史論集」中曾發表「城濮之戰」一文，頗為學界所稱賞，文略如下：

「在城濮之戰以前楚成王力謀向北方發展。在南方的陳（今河南淮陽縣）及蔡（今河南上蔡縣）久已歸入他的勢力範圍；河南中部的鄭（今河南新鄭縣）也與楚人有勾結；山東的魯國（今山東曲阜縣）因為常受齊國的侵擾，故也求援於楚國。楚曾派兵會同魯國去討伐齊國的穀城（今山東東阿縣）遂將他的勢力伸入山東。在今山東定陶的曹國，也早與楚國結好；在黃河以北的衛國（今河北滑縣）也與楚國通婚姻。這時楚雖尚未能囊括中原，但中原各國多已服從；不服從楚國的只有宋國（今河南商邱縣）。若沒有城濮之戰，楚國必將漸漸併吞諸國。周室的覆亡，中國的統一，不必等到秦始皇時方才實現，而且統一中國的將是楚而不是秦。劉項雖然能夠顛覆秦國，但漢及以後各代，所有制度皆承秦而來，秦楚制度不同，若楚統一中國，後世政治的面貌必與由秦所統一者不同。而楚之不能統一中國，城濮之戰實為其重要因素，也就是說，這一戰役關係於我國後來的歷史，亦極重大。故本節的述說不厭其詳明。因為不服從楚國的只有宋，在魯僖公二十七年（西元前六三三年），楚人遂圍宋都，宋國請援於晉，晉國的戰略，不直接救宋，反先伐曹、衛。次年攻入曹都。晉人以為如此，楚人必移師救曹衛，則宋圍可解。但是楚國的元帥子玉，仍舊圍宋不卻。到了三月，宋又派遣使者求救於晉。這時，齊國和秦國雖然都站在晉國的一方，反對楚國，但是並未決意作戰。故晉文公不得不用外交手段，「使宋舍我，而賂齊、秦，藉之告楚。我執曹君，而分曹、衛之田以賜宋人。楚人愛曹、衛必不許也。喜賂怒頑，能無戰乎？」（左傳僖公二十八年）齊秦得宋賄賂以後，要求楚國停戰；但晉國並不願楚國應允停戰，所以，另一方面，故意拘執曹君，又將曹、衛之田分與宋人，以激怒楚國，使楚國不允許停戰。齊、秦既喜得宋的賄賂，又怒楚的冥頑自然願意作戰，楚帥子玉，果然墜入晉的計策中。但子玉也是一個能手，提出反和平條件；假如晉侯使曹、衛復國，他便不再圍宋，晉人對這一條件是應允與拒絕兩難，於是使用第二次外交策略。晉一面暗中與曹、衛交涉，答應他們復國；另一面將楚國使者拘禁，以再激怒子玉。曹、衛因為與晉地勢相近，也就與楚國斷絕，子玉果然大怒，戰事遂不可阻止。夏四月，晉楚二軍會於城濮（舊說在山東濮縣南臨濮集，但其地望似嫌過北，另一說在河南陳留縣境似較合理）。楚以元帥子玉將中軍，子西將左軍，子上將右軍，右軍且雜有陳、蔡二國的軍隊。晉以原軫郤溱將中軍，狐毛、狐偃將上軍，胥臣佐下軍，各對楚軍為陣。欒枝則以下軍將的地位率領下軍的一部，列於上軍陣後。晉國軍隊的組織，每軍各有一將一佐，各率有一部份軍隊。當時晉楚二方合戰前的陣容略如下圖：

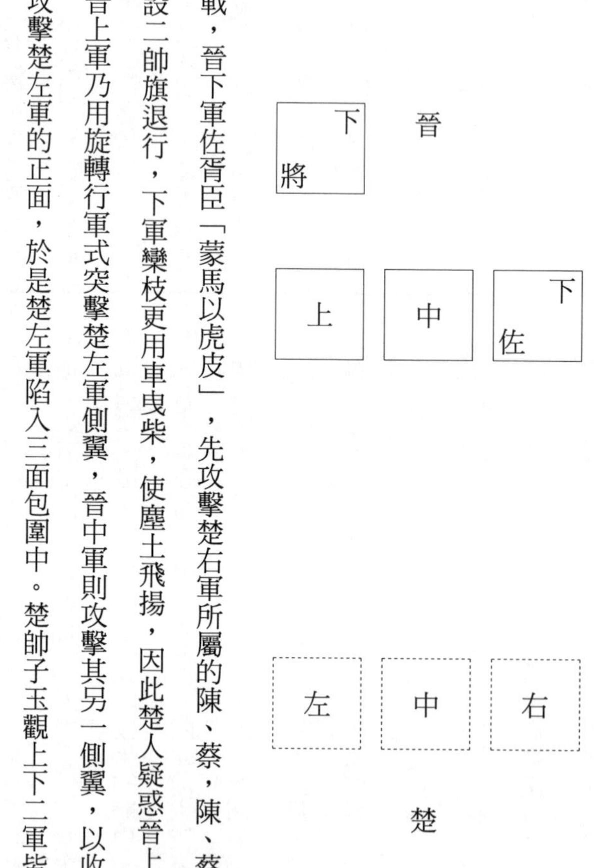

既合戰，晉下軍佐胥臣「蒙馬以虎皮」，先攻擊楚右軍所屬的陳、蔡，陳、蔡潰亂，楚右軍遂敗。晉上軍設二帥旗退行，下軍欒枝更用車曳柴，使塵土飛揚，因此楚人疑惑晉上軍已經敗退，遂往前追逐。晉上軍乃用旋轉行軍式突擊楚左軍側翼，晉中軍則攻擊其另一側翼，以收夾擊之效，而欒枝的下軍則攻擊楚左軍的正面，於是楚左軍陷入三面包圍中。楚帥子玉觀上下二軍皆敗，獨力難支，遂收兵而退。合戰中的形勢圖如下：

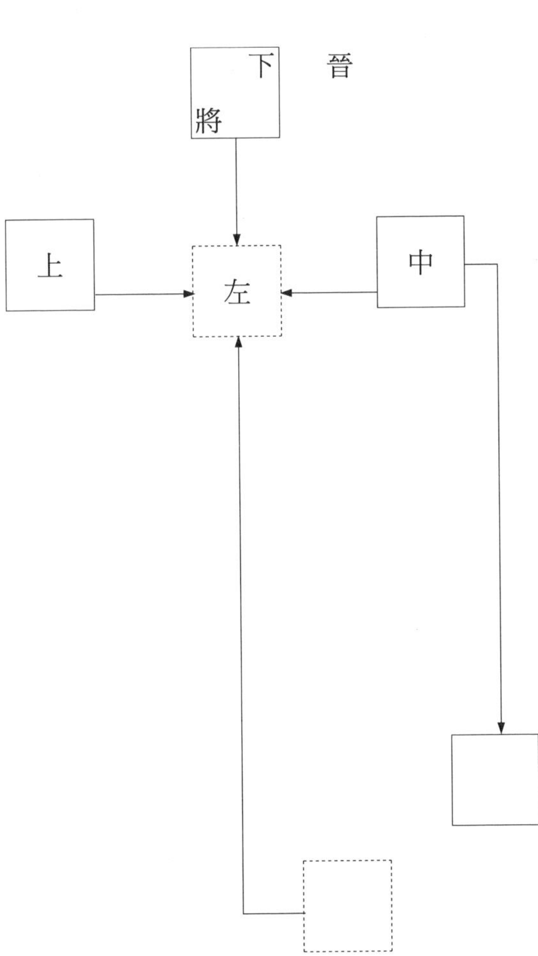

城濮戰役楚的失敗，有幾種原因在。第一：楚成王本意就不願作戰，所以他「使子玉去宋，曰：『無從晉師』」；等到子玉不從，請成王增加軍隊時，王又「少與之師」可見楚王與將兵的元帥，其戰略根本不同。在將要合戰的時候，因為晉軍稍退，楚國的眾軍官亦想就此不戰而罷，但子玉堅持不可，可見前方將領的意志，亦不見得一致。在晉國方面，則上下一致主戰，故楚國的戰鬭意志可說低於晉國。第二：晉國用種種的策略以激動子玉，其詳情已見前述，而子玉不能忍耐，策略不免有些紊亂。第三：楚若出傾國之兵，亦未必失敗，可惜楚王不肯多遣預備隊，以致前方兵力不足。觀晉文公在戰前之畏懼戰敗，及子玉在敗後之尚能保全中軍的完整退卻，楚國若不犯以上幾點錯誤則勝負實未可知。古人說：「師克在和」，可於此役見之。

(七) 經 衛侯出奔楚。

五月癸丑，公會晉侯，齊侯，宋公，蔡侯，鄭伯，衛子，莒子盟於踐土。

傳 衛侯聞楚師敗，懼，出奔楚，遂適①陳，使元咺②奉叔武③以受盟。癸亥，王子虎盟諸侯于王庭④，要言⑤曰：「皆獎王室，無相害也⑥。有渝此盟，明神殛之⑦。俾隊其師，無克祚國⑧。及其玄孫，無有老幼⑨。」君子謂是盟也信⑩，謂晉於是役也，能以德攻⑪。

【今註】㊀適：往。㊁元咺：咺音ㄒㄩㄢˇ，衛大夫。㊂叔武：是衛侯的弟弟，暫時攝理衛國的政事，也就往受盟會，所以在春秋上寫為衛子。㊃王庭：踐土宮中所修的庭院。㊄要言：即是盟誓所說。㊅皆獎王室，無相害也：全都互相獎助周王室，不要互相的侵害。㊆有渝此盟，明神殛之：如果要是變了這個盟誓，大神全都來誅殺他。㊇俾隊其師，無克祚國：隊音義同墜。就把他的軍隊燬壞了，不能再享受國家。㊈及其玄孫，無有老幼：一直到他孫子的孫子，不論年老的同年輕的。㊉

君子謂是盟也信：君子說這個盟會很合於信義。㈡謂晉於是役也，能以德攻：說晉國在這次戰役中，能以德先教化民，然後再用他們去打仗。

【今譯】衛侯聽見楚軍打敗仗害了怕，就逃往楚國，先到了陳國。就派元咺陪侍他弟弟叔武來受盟誓。癸亥，王子虎在王庭對諸侯盟誓，誓言上說：「全要獎助王室，不要互相侵害。假設違背了這個盟誓，明神就來殺害他，把他軍隊也毀掉，沒有方法享有國家，一直到他的孫子的孫子，不管年輕或年老。」君子說這盟誓很可靠，說晉國在這戰事裡，能夠以文德來攻擊。

㈧經　陳侯如會①。

【今註】㈠陳侯如會：陳本來與楚國聯合，因楚打敗而畏懼，所以轉向晉國，來不及盟會，所以只稱為如會。有經無傳。

【今譯】陳侯到會去。

㈨經　公朝于王所①。

【今註】㈠王所：指著在踐土所修的王宮。有經無傳。

【今譯】魯僖公到王住的地方去朝見。

(十)經　楚殺其大夫得臣。

傳　初，楚子玉自為瓊弁玉纓①，未之服也②。先戰，夢河神③謂己曰：「畀余，余賜女孟諸之麋④。」弗致也⑤，成大心與子西使榮黃諫⑥，弗聽。榮季曰：「死而利國，猶或為之⑦，況瓊玉乎？是糞土也⑧。而可以濟師，將何愛焉⑨？」弗聽，出告二子曰：「非神敗令尹，令尹其不勤民，實自敗也⑩。」既敗，王使謂子玉曰：「大夫若入，其若申息之老何⑪？」子西孫伯曰：「得臣將死⑫。二臣止之曰：『君其將以為戮⑬。』」及連穀而死⑭。晉侯聞之，而後喜可知也⑮。曰：「莫余毒也已⑯。蔿呂臣⑰實為令尹⑱。奉己而已，不在民矣⑲。」

【今註】㊀自為瓊弁玉纓：弁是拿鹿皮做的帽子，瓊弁是鑲上玉，而又拿玉做的帽纓子。自為是自己做的。㊁未之服也：他沒有穿用過。㊂先戰夢河神：在城濮戰爭以前，夢見黃河的神。㊃畀余，余賜女孟諸之麋：你要給了我這頂帽子，我就把宋國孟諸澤的水草送給你。㊄弗致也：他沒有送給河神。㊅成大心與子西，使榮黃諫：大心是子玉的兒子，子西是子玉的同族。榮黃即榮季。派榮黃去諫諍子玉。㊆死而利國，猶或為之：如果對國家有利的話，死也可以做。㊇況瓊玉乎，是糞土也：何況是玉石，這等於糞土。⑨而可以濟師，將何愛焉：就可以打仗成功，這有什麼可愛的？⑩非神敗令尹，令尹其不勤民，實自敗也：不是河神使令尹打敗仗，令尹不關愛人民，實在是自己打敗仗。⑪大夫若入，其若申息之老何：大夫你要回到楚國，那麼怎麼對得起申同息二邑的父老呢？因為這二邑的子弟，有很多戰死在城濮。⑫得臣將死：得臣將要自殺。⑬君其將以為戮：楚王將拿他公開的誅戮。⑭及連穀而死：到了連穀的地方就死了。連穀在今河南方城縣以東。⑮晉侯聞之，而後喜可知也：晉文公聽見以後，就自然的露出笑容。⑯莫余毒也已：沒有人再能害我了。⑰蔿呂臣：楚大夫。⑱實為令尹：將要做令尹。⑲奉己而已，不在民矣：只是為的保守自己，目的不在人民的利益。

【今譯】　最初的時候，楚國子玉自己做了玉石的帽子同玉石的帽纓子，而他沒有穿過。在打仗以前，夢見黃河的神對他自己說：「給了我，我將把孟諸的麋祿賞給你。」而他不給。子玉的兒子成大心同子西，派榮黃去規諫，子玉不聽。榮黃就說：「死對國家有利，仍舊可以做，何況是玉石呢？這是等於糞土，而可以使軍隊成功，又何必喜愛他呢？」仍舊不聽。出去告訴那二人說：「這不是神使令尹失敗，令尹不關愛人民，這是自己敗亡的。」既然打敗以後，楚成王派人告訴他說：「大夫若回來，怎麼樣能對得起申同息兩個地方的人民？」成大心同子西告訴王說：「子玉將死了，我們兩個人阻止他不死說：『你要將他殺了。』」到了連穀，子玉就自殺了。晉文公聽說了以後，高興得見於顏色。說：「沒人再能害我。蔿呂臣以後做令尹，就是為自己，不是為的人民。」

(十一)經　六月，衛侯鄭自楚復歸于衛，衛元咺出奔晉。

傳　或訴元咺於衛侯①曰：「立叔武矣②！」其子角③從公，公使殺之。咺不廢命，奉夷叔以入守④。六月，晉人復衛侯⑤，甯武子與衛人盟于宛濮⑥，曰：「天禍衛國，君臣不協⑦，以及此憂也。今天誘其衷，使皆降心以相從也⑧。不有居者，誰守社稷⑨？不有行者，誰扞牧圉⑩？不協之故，用昭乞盟於爾大神，以誘天衷⑪。自今日以往，既盟之後，行者無保其力，居者無懼其罪⑫；有渝此盟，以相及也⑬。明神先君，是糾是殛⑭。」國人聞此盟也，而後不貳，衛侯先期入⑮，甯子先，長牂守門⑯，以為使也，與之乘而入⑰。公子歂犬，華仲⑱前驅，叔武將沐⑲，聞君至，喜。捉髮走出⑳，前驅射而殺之㉑，公知其無罪也，枕其股而哭之㉒。歂犬走出，公使殺之㉓，元咺出奔晉㉔。

【今註】㊀或訴元咺於衛侯：有人告訴衛侯說元咺的壞話。㊁立叔武矣：叔武是衛侯的弟弟，說他擅立叔武為君。㊂角：是元咺的兒子元角。㊃咺不廢命，奉夷叔以入守也：夷叔即是叔武的謚號。

元咺不放棄他的職務，就奉夷叔去守衛國都城。㊄晉人復衛侯：晉國人把衛侯復職。㊅宛濮：衛地，在今河北省長垣縣西南二十里。有宛亭，近濮水。㊆天禍衛國，君臣不協：上天使衛國禍亂，君同臣全都不相和睦。這是指著衛侯當初欲聯合楚國，而衛國貴族不願意。㊇今天誘其衷，使皆降心以相從也：現在天引誘他的衷心，使他們互相的改變思想，也互相的服從。㊈不有居者，誰守社稷：要沒有居住在國內的人，誰能看守社稷，也就是保衛國家。㊉不有行者，誰扞牧圉：要沒有奔走在外的人，誰能夠放牧牛馬。⑪不協之故，用昭乞盟於爾大神，以誘天衷：這種不和協的原故，所以在你們各大神面前盟誓，用以引誘天心。⑫行者無保其力，居者無懼其罪：奔走在外邊的；必須盡力量；居住在國內的不要畏懼犯罪。⑬有渝此盟，以相及也：如果要變了這個盟誓，就會受到懲罰。⑭明神先君，是糾是殛：大神同祖先，就糾正他們，並且將他們殺害。⑮國人聞此盟也，而後不貳、衛侯先期入：貴族們聽見這個盟誓以後全都沒有貳心，衛侯在約定的時間之前就進入衛國都城。據杜預注，說他是不相信叔武。⑯長牂守門：長牂是衛大夫，他看守著城門。⑰以為使也，與之乘而入：以為他是衛侯派的使臣，給他車輛一同進去。⑱公子歂犬，華仲：歂音船。歂犬和華仲全是衛大夫。⑲叔武將沐：叔武將要洗頭。⑳捉髮走出：沒洗完澡，捉著頭髮就走出。㉑前驅射而殺之：前驅拿著箭來射殺他。㉒枕其股而哭之：把頭枕在他的腿上而哭他。㉓歂犬走出，公使殺之：因為歂犬射殺了叔武，就逃走，衛侯就叫人殺了他。㉔元咺出奔晉：元咺就逃到晉國，因為想述說殺叔武的原故。

【今譯】有人訴說元咺的壞話，對衛侯說：「立了叔武」他的兒子角跟著衛侯，衛侯把他殺了。元咺也不廢除命令，事奉著叔武，到衛國都城來看守。六月，晉人使衛侯回國，甯俞同衛人在宛濮盟誓說：「天將禍災給衛國，君臣不和，以達到這種憂愁。現在天使他們和諧，使他們全能相隨從。不有在裡邊的人，誰能看守國家？沒有在外邊人，誰能夠幫著餵養牛馬？因為不和協的原故，因此對於你們大神們乞求盟誓，以得到天意。從今天以後，既然盟誓了，在外邊人要為國家盡他的力量，而在裡邊的人不要怕有罪，有違背了這個盟誓，就會受到懲罰，明神同先君全都來殺掉他。」貴族們聽到這個盟誓，然後沒有二心，衛侯提前進入國都，甯俞領先，衛大夫長牂看著城門，以為他是使臣，跟他坐著車一起進來。公子歂犬同華仲在前邊走，叔武將要洗頭，聽見君來了很高興，抓著頭髮就走出來，前驅把他用箭射殺，衛侯知道他沒罪，把頭枕到他的腿上來哭他，歂犬逃走，公派人殺他，元咺就逃到晉國去。

(十二)經　陳侯款①卒。

【今註】㈠陳侯款：陳侯與魯僖公曾四次同盟。有經無傳。

【今譯】陳侯款死了。

(十三)經　秋，杞伯姬來①。

【今註】㊀杞伯姬來：杞伯姬是莊公的女兒。來是到魯國歸寧。有經無傳。

【今譯】秋天，杞伯姬到魯國歸寧。

㈩㈣ 經 公子遂如齊①。

【今註】㊀如齊：到齊國聘問。有經無傳。

【今譯】魯國公子遂到齊國去聘問。

㈩㈤ 傳 城濮之戰，晉中軍風于澤①，亡大旆之左旃②。祁瞞奸命③，司馬殺之以徇于諸侯，使茅茷代之④。師還，壬午濟河，舟之僑先歸，士會攝右⑤。秋七月丙申，振旅愷以入于晉⑥。獻俘，授馘，飲至，大賞，徵會，討貳⑦。殺舟之僑以徇于國，民於是大服。君子謂文公其能刑矣，三罪而民服⑧。詩云：「惠此中國，以綏四方⑨。」不失賞刑之謂也⑩。

【今註】㊀風于澤：中軍牛馬在湖澤裡因風走失。㊁亡大旆之左旃：旆音沛（ㄆㄟˋ），為旗幟的通稱。旃音古，是大旆上面用綢子所做的綴飾品。㊂祁瞞奸命：祁瞞是掌軍馬及旗章的官吏。奸命是他管這兩件事，而不能實行的甚好。㊃使茅茷代之：茅茷是晉大夫，他替祁瞞的職位。㊄士會攝右：士會是士蔿的孫子，他代理舟之僑的職位。㈥振旅愷以入於晉：愷是勝利的樂章。奏著勝利的軍樂以進入晉國的都城。㈦獻俘，授馘，飲至，大賞，徵會，討貳：馘音ㄍㄨㄛ。在宗廟中獻楚國的俘虜，並割下死人的耳朵。在廟中喝酒，大賞有戰功的人，徵召諸侯預備在溫會盟，討伐對晉國有貳心的人。㈧三罪而民服：三罪指著顛頡，祁瞞，舟之僑三人伏罪。民服是說人民全都服從。㈨惠此中國，以綏四方：把中國加以恩惠，以安定四方。這是詩大雅生民之什民勞篇。㈩不失賞刑之謂也：這是指賞刑適當而言。

【今譯】城濮打仗的時候，晉國的中軍牛馬因為風而失散，又丟掉大旆的左旃。祁瞞管這二件事，而沒有做好，司馬就把他殺了，徇示給諸侯看，叫茅筏替代他。軍隊回來，壬午過黃河，舟之僑先回去，士會替代做車右。秋天七月丙申，凱旋著軍隊進入晉國都城，獻楚國俘虜在廟裡，割下了耳朵也同獻，大喝酒，大賞賜，徵集諸侯討有貳心的。殺了舟之僑在國中宣佈，人民於是大服從。君子說文公能夠使三人服罪，而人民全都服從。詩經大雅說：「把中國加以恩惠以安定四方。」這是指賞刑適當而言。

(十六)經冬，公會晉侯，齊侯，宋公，蔡侯，鄭伯，陳子，莒子，邾人，秦人於溫。

傳冬，會於溫，討不服也①。

【今註】㈠討不服：是討伐衛國同許國的不服從晉國。經中郲人，在石經嶽本則將郲人作郲子，與穀梁同。

【今譯】冬天在溫的地方開會，為的是討伐不服從的國家。

㈦傳 衛侯與元咺訟①，甯武子為輔，鍼莊子為坐②，士榮為大士③。衛侯不勝④，殺士榮，刖⑤鍼莊子，謂甯俞忠而免之，執衛侯歸之于京師⑥，寘諸深室⑦，甯子職納櫜饘焉⑧。元咺歸于衛，立公子瑕⑨。

【今註】㈠訟：是打官司。㈡甯武子為輔，鍼莊子為坐：甯武子即甯俞，做打官司輔助的人，因為春秋時代以為君不可與臣打官司。所以使鍼莊子為被告。㈢士榮為大士：士榮做治獄的官。㈣衛侯不勝：衛侯沒有打勝。㈤刖：刖音月，斷足，古肉刑名。㈥執衛侯歸之于京師：把衛侯逮起來送到周的都城。㈦寘諸深室：深室就是囚犯住的地方。寘諸是擱到。㈧甯子職納櫜饘焉：甯俞就專管他的衣服，同飲食。㈨立公子瑕：立公子瑕為君。公子瑕即是公子適。

【今譯】衛侯跟元咺打官司，甯俞做輔，鍼莊子做坐，士榮做治獄的官，衛侯沒能打勝，把士榮殺了，把鍼莊子的腳剁斷，說甯俞忠實，免他罪，把衛侯送到京師去，擱到深的囚室裡，甯俞管他的吃食，元咺回到衛國，立了公子瑕為君。

(十八)經天王狩于河陽，壬申公朝于王所。

傳是會也，晉侯召王，以諸侯見，且使王狩①。仲尼曰：「以臣召君，不可以訓。」故書曰：「天王狩于河陽②。」言非其地也，且明德也③。壬申，公朝于王所。

【今註】㊀且使王狩：且叫周王打獵。㊁河陽：晉地，在今河南省孟縣西三十里。㊂言非其地也，且明德也：意思說這地方狩獵不對，但是由於表明晉文公的功德。

【今譯】這次開會，晉文公召王去，叫諸侯來見他，並且使王打獵。仲尼說：「用臣來召見君，不可以作訓。」所以春秋上寫著說：「天王狩于河陽。」意思說地方不對，且表示晉國的功德。壬申，魯僖公在王的地方朝見。

(十九)經晉人執衛侯歸之於京師，衛元咺自晉復歸於衛。

【今註】此經的傳見十三。

(廿)經諸侯遂圍許，曹伯襄復歸于曹，遂會諸侯圍許。

傳丁丑，諸侯圍許，晉侯有疾，曹伯之豎侯獳，貨筮史①，使曰：「以曹為解②，齊桓公為會而封異姓③，今君為會而滅同姓，曹叔振鐸，文之昭也④，先君唐叔，武之穆也。且合諸侯而滅兄弟，非禮也。與衛偕命，而不與偕復，非信也⑤；同罪異罰，非刑也⑥。禮以行義，信以守禮，刑以正邪⑦，舍此三者，君將若之何⑧？」公說，復曹伯，遂會諸侯于許⑨。

【今註】㈠曹伯之豎侯獳貨筮史：曹伯的傭人名叫侯獳，用錢買晉國占卦的史官。㈡以曹為解：用曹國為解說。㈢齊桓公為會而封異姓：齊桓公開會就封邢國同衛國，他們全是與齊國不同姓。㈣曹叔振鐸文之昭也：曹國的始封君，是周文王的兒子。㈤與衛偕命，而不與偕復，非信也：當時城濮戰役中，曾經私下許諾在戰後恢復曹、衛的國君，而不同衛國恢復君位，這不是信實。㈥同罪異罰非刑也：曹與衛同樣的罪，而衛國君已經復國，這罰的不同，表示不合於刑罰。㈦禮以行義，信以守禮，刑以正邪：禮是用以實行義禮，信實是用以守禮節，刑罰是用以正邪辟。㈧舍此三者，君將若之何：捨掉禮、信同刑三種辦法，你將怎麼辦？㈨遂會諸侯于許：遂使曹伯加入在許的盟會。

【今譯】丁丑，諸侯圍了許國都城，晉侯有了病，曹伯的傭人侯獳給占卜的史官賄賂，叫他說：「以滅曹為解說齊桓公開會而封了異姓為邢同衛，現在你開會而滅了同姓，因為曹叔振鐸是文王的兒子而是昭級的，晉國的先君唐叔是武王的兒子，屬於穆級。並且合諸侯，而滅了同姓這是不合於禮的。與衛國同被答應恢復，而不跟他一同恢復，這不是信實，同樣的罪狀，不同的罰款，這不是合於刑法的。禮是用以行義，信是用以守禮，刑是用以正邪，舍掉這三件你將怎麼辦呢？」晉文公很高興就恢復曹伯地位，使曹伯加入在許的盟會。

(廿) 傳 晉侯作三行以禦狄①，荀林父將中行，屠擊將右行，先蔑將左行②。

【今註】㊀晉侯作三行以禦狄：行音杭（ㄏㄤˊ）。晉文公另加中、右、左三行以抵抗狄人，因為避免天子六軍的稱呼，所以在三軍外另加三行。㊁屠擊，先蔑：皆晉大夫。

【今譯】晉文公在三軍以外另加中、右、左三行以抵抗狄人。荀林父將領中行，屠擊將領右行，先蔑將領左行。

僖公二十九年

(一) 經 二十有九年（公元前六百三十一年）春介葛盧來。

傳 二十九年春，（介）葛盧來朝①舍于昌衍之上②，公在會③饋之芻米④，禮也。

【今註】㊀介葛盧來朝：阮本校勘記說：「石經、宋本、淳熙本、岳本、纂圖本、監本、毛本、春下有介字，是也。」又按史通言語篇也說「如介葛之聞牛」，足證唐寫本亦作「介葛盧」今照加。介是東夷國，葛盧是其國的君名，彙纂：「今山東膠縣西南七十里有黔陬城，即古介國也。」㊁舍于昌衍之上：魯地，一統志：「在今山東曲阜縣東南八十里之昌平城，即昌衍也。」侗按昌平城自民國劃歸鄒縣管轄。㊂公在會：僖公在翟泉開會，不在魯國。㊃饋之芻米：以蒭草及食糧送給介葛盧。

【今譯】二十九年春天，介葛盧來魯國朝見。使他住在昌衍的上面，魯僖公在開會，給他餵馬的蒭草及食糧，這是合禮的。

(二)經　公至自圍許①。

【今註】㊀自去年圍許都城，至是始撤軍隊，此經無傳。

【今譯】魯僖公從圍許國回來。

(三)經　夏六月，會王人、晉人、宋人、齊人、陳人、蔡人、秦人盟于翟泉。

傳　夏，公會王子虎、晉狐偃、宋公孫固、齊國歸父、陳轅濤塗、秦小子憖①盟于翟泉②，尋踐土之盟③，且謀伐鄭也④。卿不書，罪之也。在禮，卿不會公侯，會伯子男可也⑤。

【今註】㊀秦小子憖：秦穆公子，因為他遲到，所以列在蔡人之後。㊁盟于翟泉：翟泉又作狄泉，彙纂：「在今河南洛陽縣東北二十五里，故洛陽城中。」㊂尋踐土之盟：這是重申踐土的前盟。㊃且謀伐鄭也：這是為計謀明年秦晉圍鄭張本。㊄會伯子男可也：以卿的地位只能會公侯以下的諸侯。

【今譯】夏天，魯僖公會周卿士王子虎、晉國狐偃、宋國公孫固、齊國國歸父、陳國轅濤塗、秦國小子憖在翟泉開會，是為重申踐土的盟誓，並且計謀討伐鄭國。卿不寫在春秋上，因會他們不合理。按照禮節，卿不能會公侯，他們只能會伯子男。

㈣經 秋，大雨雹。

傳 秋，大雨雹，為災也①。

【今註】㊀大雨雹，為災也：天降下雹子，因為成災所以寫在竹簡上。

【今譯】秋天，天降大雨下雹子，在魯國成災。

㈤經 冬，介葛盧來。

傳 介葛盧來。以未見公，故復來朝①，禮之加燕好②。介葛盧聞牛鳴曰：「是生三犧皆用之矣，其音云③。」問之而信④。

【今註】㊀以未見公，故復來朝：上次他來魯國時，魯僖公正往翟泉開會，他不得見，故再來朝。㊁禮之加燕好：燕是晏享，好是貨財，特別對於晏享及貨財皆加增。㊂是生三犧皆用之矣，其音云：他生過三匹小牛，皆被用作祭品，他的聲音如此。㊃問之而信：問過旁人果然如此。

【今譯】冬天，介葛盧來，因為上次沒看見魯僖公，所以又來朝，對他以禮相待，加以燕好。介葛盧聽見牛叫說：「生了三個小牛，皆用做祭祀，他的聲音如此。」問了旁人，果然。

僖公三十年

㈠經　三十年（公元前六百三十年）春王正月①。

【今註】㊀此亦必具四時的例子。

【今譯】春天周王的正月。

㈡經　夏狄侵齊。

傳　三十年春，晉人侵鄭，以觀其可攻與否。狄聞晉之有鄭虞也①，夏狄侵齊②。

【今註】㈠狄聞晉之有鄭虞也：狄國聽說晉國有了鄭的危害。㈡狄侵齊：齊晉是聯合國，現晉國亦有事，無法救齊。

【今譯】三十年春晉國人侵略鄭國，以觀看他可以打不可以。狄國聽說晉國有鄭國的危害，夏天狄國就侵略齊國。

㈢經　衛殺其大夫元咺及公子瑕。

㈣經　衛侯鄭歸於衛。

傳　晉侯使醫衍酖衛侯①，甯俞貨醫使薄其酖②，不死。公為之請，納玉於王與晉侯，皆十瑴③，王許之，乃釋衛侯。衛侯使賂周歂，治廑④曰：『苟能納我，吾使爾為卿⑤。』周治殺元咺及子適子儀⑥。公入祀先君；周、治既服，將命⑦，周歂先入，及門⑧，遇疾而死⑨，治廑辭卿⑩。

【今註】㈠衍醫生的名字，晉文公使醫生名衍的，用藥酒毒殺衛侯。㈡甯俞貨醫使薄其酖：甯俞賄賂醫衍將毒藥減輕。㈢皆十瑴：玉一雙為瑴，魯僖公獻給晉侯及周王每人各十對玉。㈣周歂及治廑皆是衛大夫。㈤苟能納我，吾使爾為卿：若能納我返國為君，我必使你們為卿。㈥子儀：他是子適的母弟。㈦周、治既服，將命：周歂治廑既已穿著卿的禮服，並將入祖廟受命。㈧及門：到祖廟門時。㈨遇疾而死：恰好遇見病死了。㈩冶廑辭卿：冶廑因而畏懼就辭為卿。

【今譯】　晉文公叫醫衍給衛侯毒藥吃。甯俞給了醫生的錢使用的毒藥很少，所以衛侯能夠不死。魯僖公為他申請送王跟晉文公玉各十雙，周王就答應了，秋天就放衛侯出來。衛侯派人給周歂，冶廑說：「你若能接納我為君，我必定使你做卿。」他們二人就殺了元咺，同子適子儀。衛侯去祭衛國的先君，周冶即服了卿服，將到廟去受命，周歂先進去，到了廟門恰好有病就死了。冶廑害怕，趕緊辭讓卿的位置。

㈤

經　晉人秦人圍鄭。

傳　九月甲午，晉侯秦伯圍鄭，以其無禮於晉①，且貳於楚也②。晉軍函陵③，秦軍氾南④。佚之狐⑤言於鄭伯曰：「國危矣⑥！若使燭之武⑦見秦君，師必退。」公從之。辭曰：「臣之壯也，猶不如人⑧；今老矣，無能為也已⑨！」公曰：「吾不能早用子！今急求子，是寡人之過也⑩！然鄭亡，子亦有不利焉⑪！」許之，夜縋而出⑫。見秦伯曰：「秦晉圍鄭，鄭既知亡矣⑬！若亡鄭而有益於君，敢以煩執事⑭！越國以鄙遠，君知其難也⑮！焉用亡鄭以倍隣⑯？隣之厚，君之薄也⑰。若舍鄭以為東道主⑱，行李之往來，共其乏困⑲，君亦無所害。且君嘗為晉君賜矣⑳，許君焦瑕㉑，朝濟而夕設版焉㉒，君之所知也。夫晉何厭之有㉓？既東封鄭，又欲肆其西封㉔，若不闕秦將焉取之㉕？闕秦以利晉㉖，唯君圖之。」秦伯說，與鄭人盟，使杞子逢孫楊孫戍之㉗，乃還。子犯請擊之。公曰：「不可！微夫人之力㉘不及此。因人之力而敝之，不仁㉙；失其所與，不知㉚；以亂易整，不武㉛；吾其還也！」亦去之。初鄭公子蘭㉜出奔晉，從晉侯伐鄭，請無與圍鄭㉝，許之，使待命於東㉞。鄭石甲父，侯宣多㉟逆以為大子，以求成于晉㊱，晉人許之。

【今註】㈠以其無禮於晉：晉公子重耳過鄭，鄭文公亦不禮焉，見僖公二十三年左傳。㈡且貳於楚也：「鄭伯如楚攻其師」見僖公二十八年左傳。㈢晉軍函陵：河南通志說：「在今河南新鄭縣北十三里，山形如函，故名函陵。」㈣秦軍氾南：一統志說：『在河南中牟縣南三十里，一稱東氾，所以別於南氾也。」㈤佚之狐：鄭大夫。㈥國危矣：國家已甚危險了。㈦燭之武：鄭大夫。㈧臣之壯也，猶不如人：我強壯的時候尚且不如旁人。㈨今老矣，無能為也已：現在老了，更不能有所作為啦！⑩今急而求子，是寡人之過也：現在事情急而求你，這真是我的錯誤！⑪然鄭亡，子亦有不利焉：但是鄭國若被滅亡，你亦有甚多的不利。⑫夜縋而出：乘著夜晚由城上縋著出去。⑬鄭既知亡矣：鄭國弱小既然自知必亡。⑭敢以煩執事：那就敢有勞秦國的執事的人員。⑮越國以鄙遠，君知其難也：經過旁的國家以達到遠的地方，你亦知道這種困難。⑯焉用亡鄭以倍鄰：焉就是安，何必使鄭國滅亡以增加他的鄰國的封疆。⑰鄰之厚君之薄也：與鄰國有富厚就與你薄淺。鄰國指晉而言。⑱以為東道主：鄭國可以為秦國往東方去的主人。⑲行李之往來，共其乏困：行李是指著使臣，意說使臣路過，鄭國可以供給各種缺乏的事務。⑳且君嘗為晉君賜矣：晉君指晉惠公夷吾。㉑許君焦瑕：地理志說：「陝縣有故焦城」在今河南省陝縣南二里。至於瑕，顧炎武日知錄說：「晉有二瑕，其一左傳成公六年諸大夫皆曰必居郇瑕之地，在今山西臨晉縣境。其一文公十三年，晉侯使詹嘉處瑕，以守桃林之塞。漢書地理志：『故曰胡，武帝建元元年更名湖。』古瑕胡二字通用，是瑕轉為胡，又改為湖，而瑕邑即桃林之塞也。酈道元以郇瑕之瑕為詹嘉之邑誤矣。」春秋大事表以「陝縣西南三十里有曲沃城，即晉之瑕邑。」㉒朝濟而夕設版焉：晉惠公早晨由秦回晉渡過黃河，晚上就設版築以拒秦國軍力。㉓夫晉何厭之有：晉國又何能滿足的時候？㉔既東封鄭，又欲肆其西封；既然東邊的封疆已達到鄭國，當然更想擴充他的西方。㉕若不闕秦，將焉取之：假如不取秦國土地，那將什麼辦呢？㉖闕秦以利晉：使秦國國土受損而使晉國有利。㉗使杞子；逢孫，楊孫戍之：杞子，逢孫，楊孫三人皆是秦大夫。逢音旁。使他們三人以軍隊看守鄭國。㉘微夫人之力：夫人是指秦穆公，意在說那個人。㉙因人之力而敝之，不仁：用他人的力量成功而打敗他，這是不合於仁心。第一句是指著晉文的返回晉國，是受到秦穆的幫助。㉚失其所與，不知：失掉與他合作的不合於聰明。知音義同智。㉛以亂易整，不武：用戰亂換去整齊不合於武猛。㉜鄭公子蘭：即鄭穆公。㉝請無與圍鄭：請求不要參加圍鄭都。㉞使待命於東：使他在晉國東境等候命令。㉟鄭石甲父，侯宣多：石甲父及侯宣皆鄭大夫。㊱以求成於晉：用此以求達成和平與晉國。

【今譯】 九月甲午那天，晉侯秦伯一同率兵圍攻鄭國，因為他對晉文公無禮而且有了二心，和楚國通好的緣故。晉兵駐紮在函陵，秦兵駐紮在氾南。鄭大夫佚之狐對鄭伯說：「國家危險了，若派燭之武去見秦君，秦兵定肯退回去的。」鄭伯聽從他的言語，便去喊燭之武，燭之武推辭說：「臣年壯的時候，還不及他人，如今老了，越加沒用了。」鄭伯說：「我不能早些用你，現在事情急了才來請求你，這都是寡人的過失，不過鄭國滅亡以後，於你也有不利的呢！」燭之武祇得應許了，夜間把身子用繩懸到城外。燭之武見秦伯說：「秦晉兩軍圍住鄭國，鄭國已經早知道要滅亡了。如果鄭國滅亡以後，有益於你君的。自然敢煩勞你們執事的。不過要走過他國，卻把遠地方做邊界，你君也該知道難保的罷。為什麼要滅亡了鄭國，增加那鄰國的土地呢？鄰國的土地多了，你的土地就顯得少了。如果捨掉鄭國，使他做個東道的主人，將來貴國有使臣往來，也可以供給種種缺少的東西，在你君也並沒有什麼不利啊！而且你君曾經有好處給晉君的了，晉君允許把焦瑕二邑給你，那知他朝晨渡過黃河，晚上就築城守住，這也是你君所知道的。晉國那裏有饜足的心思；若是東邊滅了鄭國，推廣他的封疆，便又要擴充他西面的疆土了。如果不是削弱你秦國，教他到什麼地方去取呢？弱了秦國，強著晉國，只請你君自己思量罷！」秦伯聽了這話，非常快樂，便和鄭人訂盟，反而使大夫杞子逢孫揚孫替鄭國守城。自己卻領了兵回去。子犯請追擊秦兵。文公說：「不可以的，沒有穆公的幫助，我不能到這地步。依靠秦國得了國，如今反要打敗他，這便叫做不仁，失掉共事的人，這便叫做不智，本來和睦的變成不和睦，這便叫做不武。我們也回去吧！」於是晉國也帶著兵回去了。最初的時候，鄭穆公逃到晉國，跟著晉侯討伐鄭國，請求不要參加圍鄭國都城，晉侯答應了他。使他在晉國東境等侯命令。鄭大夫石甲父、侯宣多，迎接他以做太子，用這以求達成與晉國和平，晉人允許了。

(六)經　介人侵蕭①。

【今註】　此經無傳。

【今譯】　介人侵了蕭國。

(七)經　冬天王使周公來聘。

傳　王使周公閱①來聘，饗有昌歜，白黑形鹽②。辭曰：「國君文足昭也，武可畏也③，則有備物之饗④，以象其德；薦五味，羞嘉穀，鹽虎形⑤，以獻其功，吾何以堪之！」

【今註】㊀周公閱：亦稱宰周公，是周王室的三公而兼冢宰的名閱。㊁饗有昌歜，白黑形鹽：昌歜是用昌蒲作的菜泥；黑是用黍熬成，白是用稻成的，皆表示虎的形狀。歜音ㄔㄨˋ ㊂國君文足昭也，武可畏也：凡國的君長，文章可以昭顯，武功可以被畏懼。㊃則有備物之饗：備物是指著文武兼有。㊄薦五味，羞嘉穀，監虎形：甘鹹苦辛酸為五味，吃黍稻兩種嘉穀，並有虎形狀的鹽。

【今譯】周王派了周卿士周公閱來魯國聘問，晏享中有昌歜，白黑形態的鹽。他辭讓說：「國君凡是文可以昭明者。武可以被人畏懼，就有備物的饗食，以表示他的德性，吃五味之饗食，另外吃嘉穀，鹽、就貢獻老虎形的，這表示他的功勞，我怎麼能夠配呢？」

㈧經　公子遂如京師，遂如晉。

傳　東門襄仲①將聘于周，遂初聘于晉②。

【今註】㊀東門襄仲：即公子遂。㊁遂初聘於晉：乘這機會，就往聘晉國，這是春秋時魯始聘晉國。

【今譯】公子遂將聘問周國，遂頭一次聘問晉國。

僖公三十一年

㈠經　三十有一年（公元前六百二十九年）春，取濟西田。

(二)經 公子遂如晉。

傳 三十一年春，取濟西田①，分曹地也。使臧文仲往，宿於重館②。重館人告曰：「晉新得諸侯，必親其共③。不速行將無及也④！」從之，分曹地自洮⑤以南，東傅于濟⑥，盡曹地也。襄仲⑦如晉，拜曹田也。

【今註】㊀取濟西田：獲取濟水以西的田地。㊁宿於重館：在重館住宿，一統志說：「在今山東魚臺縣西北十一里。」按地當屬魯。㊂晉新得諸侯，必親其共：按共音義皆同恭。晉國新近得獲諸侯，必親近對他最恭順的。㊃不速行將無及也：不趕快前往，就甚難得到分曹國的田地。㊄洮：洮水名。㊅東傅于濟：東邊直達到濟水。㊆襄仲：東門襄仲即公子遂。

【今譯】三十一年春天，魯國取濟水以西的田地，這是分曹國的土地。叫臧文仲去，住到重館這地方。重館人告訴他說：「晉國新近得到各諸侯，必須親而加以恭敬，不快去將來不及。」臧文仲就聽他的話。分到曹的地方，自洮水以南，東邊連到濟水，這全是曹地。公子遂到晉國去，這是拜謝曹國的田地。

(三)經 夏四月，四卜郊，不從，乃免牲，猶三望。

傳 夏四月，四卜郊①，不從，乃免牲②，非禮也。猶三望③，亦非禮也。禮不卜常祀④，而卜其牲日⑤。牛卜日曰牲⑥，牲成而卜郊，上怠慢也⑦。望郊之細也⑧，不郊亦無望可也⑨。

【今註】㈠四卜郊：四次占卜郊祭天的日子。㈡不從，乃免牲：占卜不聽從，就捨除牛牲。按先卜得吉日，始定祭所用牛為牲。㈢猶三望：對於分野之星及國中山川皆於郊祀遠望去祭祀他們。㈣禮不卜常祀：按時須舉行祭祀者按禮不須占卜。㈤而卜其牲日：只占卜用牛的日子吉或否。㈥牛卜日曰牲：占卜用日以後的牛就叫作牲。㈦牲成而卜郊，上怠慢也：在已經定名為牲以後，方才卜郊天，這是在上的怠慢。㈧望郊之細也：望祭星辰與山川，是郊祭的細節。㈨不郊亦無望可也：不行郊天亦不必行望祭禮。

【今譯】夏天四月，四次占卜郊天，占卜全不聽從，就免去了祭的牲口，這是不合於禮的。尚且三次望祭山川，也不是合禮。禮對常祭禮就不占卜，就是占卜他用牛的日子，牛占卜的日子以後就叫做牲。有牲以後而再占卜郊天，這表示怠慢。望祭山川是郊天的細節，不郊天也可以不望了。

㈣傳 秋，晉蒐于清原①，作五軍以禦狄②，趙衰為卿③。

【今註】㈠清原：一統志：「在（山西省）稷山縣東南，與聞喜縣壤地相接」。㈡作五軍以禦狄：

以前晉在三軍以外，另作三行。今作五軍是在三軍以外，更作上下新軍。㊂僖公二十七年說：「命趙衰為卿，讓於欒枝先軫」，現在又命他為新軍帥。

【今譯】秋天，晉國在清原大蒐，作五個軍隊以防備狄人，趙衰做卿。

(五) 經 秋七月①。

【今註】㊀此亦必具四時的例子。下不再註。

【今譯】秋天七月。

(六) 經 冬杞伯姬來求婦①。

【今註】㊀杞伯姬來求婦：杞伯姬為她的兒子來求魯女為婦，此經無傳。

【今譯】冬天，杞伯姬到魯國為他的兒子來求夫人。

(七) 經 狄圍衛。十有二月，衛遷於帝丘。

傳 冬，狄圍衛，衛遷於帝丘①，卜曰：「三百年②。」衛成公夢康叔③曰：「相奪予享④！」公命祀相。甯武子不可，曰：「鬼神非其族類，不歆其祀⑤，杞鄫何事⑥？相之不享，於今久矣！非衞之罪也！不可以間成王周公之命祀⑦！請改祀命。」

【今註】㊀帝丘：寰宇記說：「衞自文公徙楚丘，凡三十餘年，其子成公遷都於此。」今河北濮陽縣西南三十里，有顓頊城。㊁卜曰：三百年：占卜說可在這裏建都三百年。㊂康叔：周文王子，衞國的始封君。㊃相奪予享：相是夏后啟之孫，他奪了我的祭享。㊄鬼神非其族類不歆其祀：鬼神要不是他同族同類的人，不享受祭祀。㊅杞鄫何事：杞國同鄫國全是夏的後人，他們有祭祀的義務，為什麼他們不祭祀呢？㊆不可以間成王周公之命祀：不可以離間周成王與周公所命令的應該的祭祀。

【今譯】狄國圍了衞國，衞國遷到帝丘去，占卜說：「可以延長三百年。」衞成公夢見康叔說：「相奪了我的享祀。」公就命人祭祀相，甯俞認為不可以。說：「鬼神不是同族的不能夠受他的祭祀，杞國同鄫國，他們管什麼事情？相不受祭祀已經很久了，這不是衞國的罪狀；不可以使成王周公所命令的祭祀改變。請修改祭祀相的命令。」

(八)傳 鄭洩駕①惡公子瑕②，鄭伯亦惡之，故公子瑕出奔楚。

【今註】㊀洩駕：鄭大夫。㊁公子瑕：鄭文公的兒子。

【今譯】鄭大夫洩駕痛惡公子瑕，鄭伯也恨他，所以公子瑕逃到楚國去。

僖公三十二年

(一)經三十有二年春王正月。

傳三十有二年春楚鬬章①請平於晉②，晉陽處父報之③，晉楚始通④。

【今註】㈠鬬章：楚大夫。㈡請平於晉：請求與晉國和平相處。㈢晉陽處父報之：陽處父晉大夫，到楚國去報聘。㈣晉楚始通：晉與楚開始相往來。

【今譯】三十二年春，楚大夫鬬章請求與晉國和平，晉大夫陽處父來報聘他。楚晉開始交通。

(二)經夏四月己丑，鄭伯捷①卒。

【今註】㈠鄭伯捷：就是鄭文公。

【今譯】夏天四月己丑，鄭文公死了。

(三)經衛人侵狄。

(四)經衛人及狄盟。

傳 夏狄有亂，衛人侵狄，狄請平焉①。秋衛人及狄人盟②。

【今註】㈠狄請平焉：狄人請求和平。㈡衛人及狄盟：衛人同狄國人結盟好。

【今譯】狄有亂事，衛人侵狄，狄人就請和平，秋天衛人同狄人盟會。

㈤

經 冬十有二月，己卯，晉侯重耳卒。

傳 冬晉文公卒，庚辰將殯於曲沃①，出絳，柩有聲如牛②，卜偃使大夫拜曰：『君命大事，將有西師過軼我③，擊之必大捷焉④！』杞子自鄭使告于秦曰：「鄭人使我掌其北門之管⑤，若潛師以來，國可得也！」穆公訪諸蹇叔⑥，蹇叔曰：「勞師以襲遠非所聞也⑦！師勞力竭，遠主備之⑧，無乃不可乎？師之所為，鄭必知之，勤而無所，必有悖心⑨，且行千里，其誰不知？」公辭焉⑩。召孟明，西乞，白乙⑪，出師於東門之外。蹇叔哭之曰：「孟子⑫！吾見師之出而不見其入也！」公使謂之曰：「爾何知？中壽⑬，爾墓之木拱矣⑭！」蹇叔之子與師，哭而送之曰：「晉人禦師必於殽⑮。殽有二陵焉：其南陵，夏后皐之墓也⑯！其北陵，文王之所辟風雨也！必死是間，余收骨焉⑰！」秦師遂東。

【今註】㊀將殯於曲沃：古人在死以後將棺陳列在他祖廟中名為殯。㊁柩有聲如牛：他的棺材裏邊出來的聲音如同牛叫一般。㊂將有西師過軼我：將來有西方的軍隊經過我們這裡。㊃擊之必大捷焉：我們要去攻打他，必定可以打大勝仗。㊄鄭人使我掌其北門之管：鄭國的人使我掌管北門的鎖鑰。㊅穆公訪諸蹇叔：秦穆公訪問秦大夫蹇叔。㊆勞師以襲遠，非所聞也：勞動軍隊去遠處偷襲，這不是我所知道的。㊇師勞力竭，遠主備之：軍隊很勞苦，而力量也已用完。遠方的主人已有防備。㊈勤而無所，必有悖心：勤勞而沒有結果，軍隊裡必發生壞的心。㊉公辭焉：秦穆公不接受他的勸告。⑪孟明、西乞、白乙：孟明是百里孟明視，西乞是西乞術，白乙是白乙丙，皆是秦國的將帥。⑫孟子：就是蹇叔對孟明的稱呼。⑬爾何知？中壽：你懂得什麼？據古人的解釋上壽一百二十歲，中壽一百，下壽八十。⑭爾墓之木拱矣：你的墳上的樹已經合抱。意思說已經很老了。⑮晉人禦師必於殽：晉國的軍隊抵抗秦國的必在殽這個地方。河南府志：「殽有東西二山，東殽在洛寧縣北二十里，二陵在焉。西殽在陝縣東南七十里。兩殽相去三十五里，古道穿二殽之間，魏武帝西討巴漢，惡其險而更開北道，至今便之。」⑯夏后皐之墓也：夏后皐是夏桀的祖父。⑰余收爾骨焉，我將在兩個墳之間，去收你的屍骨。

【今譯】冬天，晉文公死了，庚辰這一天，將要出殯到曲沃去，剛巧走出絳都的時候，靈柩中發出一種聲音，好像牛鳴一般。卜偃使大夫再拜，而且說：「這是君王吩咐將有軍事，要有西方的兵隊衝過我國，我們如果去邀擊他，定能大勝的呢！」杞子從鄭國差人回去告訴秦穆公說：「鄭國人差我掌管他北門的鎖鑰，如果你們暗中發兵到來，就可以取得鄭國。」穆公把這事訪問蹇叔。蹇叔說：「勞動了兵眾，去襲攻遠地方的國，我沒有聽見過呢！兵士勞苦了，其力必定耗盡，鄭國的人已在防備我了。這事恐怕是不可做的呢！且出兵的舉動，鄭國定能知道的，倘使秦兵勞苦了，卻沒有所得，定要生背離的心念。何況走這千里的遠路，還有那個不知道呢！」穆公不聽他的話，便叫孟明，西乞，白乙，使他們領兵走出東門的外面。蹇叔哭送說：「孟子，我只看見你們軍隊出去，卻看不見你們再進來的了！」穆公差人對他說：「你知道什麼，你只享得中壽，你墳上的樹木，已有兩手合抱那麼大了。」蹇叔的兒子也在軍隊中，蹇叔哭送他說：「晉定在殽地，抵敵我兵，殽地有南北兩個陵，南陵便是夏后臯的墳墓；北陵便是周文王避風雨的地方，你必定死在那裡的，我來收你的屍骨罷！」秦兵就此向東出發。

僖公三十三年

㈠經　僖公三十有三年春王二月，秦人入滑。

傳三十三年春，秦師過周北門①左右免冑而下②，超乘者三百乘③。王孫滿④尚幼，觀之，言于王曰：「秦師輕而無禮，必敗⑤。輕則寡謀，無禮則脫⑥，入險而脫，又不能謀⑦，能無敗乎？」及滑⑧，鄭商人弦高將市於周⑨，遇之，以乘韋先牛十二犒師⑩，曰：「寡君聞吾子將步師出於敝邑⑪。敢犒從者⑫。不腆敝邑，為從者之淹⑬，居則具一日之積，行則備一夕之衛⑭。」且使遽告於鄭⑮。鄭穆公使視客館⑯，則束載厲兵秣馬矣⑰。使皇武子辭焉，曰：「吾子淹久於敝邑，唯是，脯資餼牽竭矣⑱。為吾子之將行也⑲，鄭之有原圃，猶秦之有具囿也⑳，吾子取其麋鹿以閒敝邑㉑，若何㉒？」杞子奔齊。逢孫，揚孫奔宋。孟明曰：「鄭有備矣，不可冀也㉓！攻之不克，圍之不繼，吾其還也㉔。」滅滑而還。

【今註】㈠秦師過周北門：秦國的軍隊經過周的北門外邊。江永以為即昭公二十四年之乾祭門在今洛陽縣西北。㈡左右免冑而下：軍隊全都摘下鐵帽子下車。㈢超乘者三百乘：跳著上車的一共有三百輛車。㈣王孫滿：是周王孫，名字叫滿。㈤秦師輕而無禮必敗：秦國的軍隊輕狂而不合禮節，必定會戰敗。㈥輕則寡謀，無禮則脫：輕狂就沒有計謀，不合禮節，就容易疏忽。㈦入險而脫，又不能謀：進入險的地方，而竟有輕易的意思，又不能夠計謀。㈧及滑：滑是姬姓國，在今河南省偃師縣南二十里。㈨鄭商人弦高將市於周：鄭國的商人弦高將到周國去做生意。㈩以乘韋先牛十二犒師：古代將獻於人的物件，必定先獻輕者，而後獻重者。所以這次弦高先用熟皮革貢獻然後再用十二匹牛送給秦國軍帥。⑪將步師出於敝邑：你們領著軍隊經過我的國家。⑫敢犒從者：我敢來犒勞你們的左右。⑬不腆敝邑，為從者之淹：我這不富厚的地方，可以供給你們的停留。⑭居則具一日之積，行則備一夕之衛：你們要居留，就可以供給你們一天所用的芻糧。你們要走，也可以做為一夜的保衛。⑮且使遽告於鄭：並且趕緊派人乘車報告於鄭國。⑯鄭穆公使視客館，鄭穆公派人看秦國所派的杞子等三個大夫所住的客舍。⑰則束載厲兵秣馬矣：看見他們已經預備車輛，整理軍隊餵馬飽食，大概是預備迎接秦國的軍隊。⑱吾子淹久於敝邑，為是脯資餼牽竭矣：你們在此住了很久，恐怕你們的米糧同肉食，皆已經吃完了。⑲為吾子之將行也：為此你們要走了。⑳鄭之有原圃，猶秦之有具囿也，水經注說：「圃田澤西限長城東極官渡，北佩渠水，東西四十許里，南北二十許里，中有沙岡上下二十四浦。」據洪亮吉說：「具囿就是具圃，在現今陝西省隴縣西邊。」㉑吾子取其麋鹿以閒敝邑：你們去拿那裡有的鹿，使我們能夠空閒些。㉒若何：怎麼樣。㉓鄭有備矣，不可冀也：鄭國已有了防備，不能有什麼希望。㉔攻之不克，圍之不繼，吾其還也：我們要打他不容易戰勝，包圍他們後來軍隊難續援助，我祇好回秦國去罷！

【今譯】三十三年春天，秦兵走過周朝王城的北門，車上的左右都去了頭盔，跳下車來，又跳躍上車的，共有三百乘，這時候王孫滿年紀還小，看見秦兵這樣，對周王說：「秦兵輕狂無禮，定要打敗的。因為輕狂了，便少謀略，沒有禮法了，便一定疎忽，進了險地卻很疏忽，又沒有謀略，能夠不給人們打敗的麼？」秦兵到了滑國，鄭國有個商人叫弦高的，正要到周朝去做買賣，路上碰到秦兵，用熟牛皮四張先獻去，隨後又用牛十二頭犒賞秦國的兵士，而且說：「寡君聞知你們領了兵要走過敝邑，所以敢來犒勞跟隨的人，敝邑很不富厚，因為供給你們的停留，如果住宿著，便替你們預備一天芻米、薪菜，如果行動了便替你們預備一夜的保衛。」一面又差驛站上迅速報告鄭伯，使他防備。鄭穆公聞知這事，差人去打探杞子等三大夫的館舍，卻早已裝束完備磨快兵器，餵飽馬匹，等侯秦師了。穆公便差皇武子辭謝秦大夫說：「你們大夫長久留在敝邑，恐怕是糧食牲畜已經要完了，為此你們快要離去，我鄭國的有原圃和你秦國的有具圃是一樣的。你們不妨自己去取些麋鹿，也讓敝邑略得空閒些，不知大夫等以為怎樣？」杞子聽了這話，知道密謀已經走漏，便逃奔到齊國去，逢孫揚孫逃奔到衛國去，孟明說：「鄭國已經有了防備，無所希望了，攻他不能勝，圍住他，兵少也沒有用，我們不如回去吧！」滅了滑就回來了。

㈡經 齊侯使國歸父來聘。

傳 齊國莊子①來聘，自郊勞至於贈賄②，禮成而加之以敏③，臧文仲言於公曰：「國子為政，齊猶有禮，君其朝焉④！臣聞之，服於有禮，社稷之衛也⑤。」

【今註】㊀國莊子：即國歸父。㊁自郊勞至於贈賄：郊勞是來的時候迎接的禮，贈賄：是送他走的禮。㊂禮成而加之以敏：這各種禮成以後更加上了敏捷。㊃國子為政，齊猶有禮，君其朝焉：國子國歸父掌政權時齊國猶能行禮，你必須要去往齊國朝見。㊄服於有禮，社稷之衛也：服從有禮的國家，這等於對本國的保衛。

【今譯】齊國的國莊子到魯國聘問自從郊勞到贈賄，禮節成了以後，而加上以敏捷，臧文仲對魯僖公說：「國子掌政權，齊國還有很多禮，你為何不到齊國朝見呢？我聽見說過對有禮的國家來服從，這是對社稷的保衛。」

㈢經夏四月辛巳晉人及姜戎敗秦師於殽。

㈣經癸巳，葬晉文公。

傳晉原軫曰：「秦違蹇叔而以貪勤民①，天奉②我也。奉不可失，敵不可縱③，縱敵患生，違天不祥④，必伐秦師。」欒枝曰：「未報秦施而伐其師，其為死君乎⑤？」先軫曰：「秦不哀吾喪而伐吾同姓⑥，秦則無禮，何施之為？吾聞之，一日縱敵，數世之患也⑦。謀及子孫，可謂死君乎⑧？」遂發命，遽興姜戎⑨，子墨衰絰⑩，梁弘御戎，萊駒為右⑪，夏四月辛巳，敗秦師於殽，獲百里孟明視，西乞術，白乙丙以歸。遂墨以葬文公，晉於是始墨⑫。文嬴⑬請三帥⑭，曰：「彼實搆吾二君，寡君若得而食之，不厭，君何辱討焉，使歸就戮于秦，以逞寡君之志，若何⑮。」公許之⑯。先軫朝，問秦囚⑰。公曰：「夫人請之，吾舍之矣。」先軫怒，曰：「武夫力而拘諸原，婦人暫而免諸國⑱，墮軍實而長寇讎⑲，亡無日矣。」不顧而唾⑳。公使陽處父追之㉑，及諸河，則在舟中矣。釋左驂㉒，以公命贈孟明㉓。孟明稽首㉔曰：「君之惠，不以纍臣釁鼓㉕，使歸就戮于秦。寡君之以為戮，死且不朽㉖。若從君惠而免之，三年將拜君賜㉗。」秦伯素服郊次㉘，鄉師而哭㉙，曰：「孤違蹇叔，以辱二三子，孤之罪也。不替孟明㉚，孤之過也。大夫何罪㉛？且吾不以一眚掩大德㉜。」

【今註】㊀秦違蹇叔而以貪勤民：秦國違背了蹇叔的忠諫，反因貪心想奪得鄭國而勞苦秦國的人民。㊁天奉我也：這是天給我們機會。㊂奉不可失，敵不可縱：給我們的機會不可失掉，對於敵人不可放縱。㊃縱敵患生，違天不祥：放縱敵人禍患就會發生，違背天意，這是不祥瑞的。㊄未報秦施而伐其師，其為死君乎：沒有報答秦國的施惠而反討伐秦國的軍隊，不是違背了死去文公的心意？㊅秦不哀吾喪而伐吾同姓：秦國不哀痛我們晉文公的喪事，反而討伐我們同姓的國家，就是殽。㊆一日縱敵，數世之患也：一天放縱敵人這等於世代的患難。㊇謀及子孫，可謂死君乎：這是對於後代子孫的謀算，怎麼能夠說我們違背文公心意。㊈遽興姜戎：遽然就興起姜戎的軍隊。按姜戎在晉國的南部。㊉子墨衰絰：子是指晉襄公，將他的喪服染成黑的顏色。⑪梁弘御戎，萊駒為右：梁弘同萊駒，皆是晉國大夫。⑫晉於是始墨，晉國從此開始用墨塗在喪服上。⑬文嬴：秦穆公的女兒，晉文公的夫人。⑭請三帥：請把孟明等三帥遣送到秦國，使秦國處理。⑮彼實搆吾二君，寡君若得而食之，不厭，君何辱討焉，使歸就戮于秦，以逞寡君之志，若何：他們實在使我們兩君不歡，秦國的君若得到他們而吃掉了，還不厭足，你何必殺他們，使他們回到秦國去被殺，用以滿足秦君的志向，怎麼樣？⑯公許之：晉襄公就准許了。⑰先軫朝，問秦囚：先軫上朝，問到秦國的囚犯。⑱武夫力而拘諸原，婦人暫而免諸國：晉國的軍隊用了很大的力量，方能把他們拘執在野外，而文嬴一句話，就居然能把他們放縱到晉國以外。⑲墮軍實而長寇讎：毀壞了晉國的軍力，並且增長了秦國人的仇心。⑳不顧而唾：他就不回看襄公，而唾口水於地上。㉑公使陽處父追之，陽處父晉大夫，派他追回秦國的三將領。㉒釋左驂：陽處父把他所坐的車在轅的副馬解下。㉓以公命贈孟明：他拿晉襄公的命令送給孟明。㉔稽首：叩頭。㉕君之惠，不以纍臣釁鼓：你的恩惠不把我這個囚徒來殺害。按古人殺人以後，必把被殺的血塗到鼓上，所謂釁鼓。㉖使歸就戮于秦，寡君之以為戮，死且不朽：使我們到秦國被殺，我們秦國的君若把我治罪，我雖然死了，死且值得。㉗若從君惠而免之，三年將拜君賜：要是從你的恩惠，而免除將我們殺掉，那麼三年以後必定要報答你的賞賜。㉘秦伯素服郊次：秦穆公穿著素的衣服在城外等待。㉙鄉師而哭：迎著歸來的三個人，就哭泣不止。㉚不替孟明：不取消孟明出兵的命令。㉛大夫何罪：你們三位大夫有什麼罪呢？意思說過在秦穆公自己。㉜吾不以一眚掩大德：一眚等於是小的過錯，等於一個有了疾病一樣，不能掩蓋打仗的大功。按眚是眼睛小病。

【今譯】 晉大夫原軫說：「秦穆公違反了蹇叔的忠諫，卻因貪得勤勞他的人民，這是天給我勝秦的機會，天賜的不可錯過，敵人也是不可放縱的；放縱敵人是要生禍患的；違背天道是不吉祥的；定要去攻打秦兵才好。」欒枝說：「沒有報答秦君的恩，卻去攻伐他的軍隊，難道因為文公已死，便忘掉秦國的恩嗎？」先軫說：「秦國不哀我有喪事，卻來伐我同姓的鄭國，秦國實在無禮，還管什麼恩呢！我聽說一天放縱了敵人，倒要有好幾代的禍患呢？如今我們要給子孫打算，可說違背先君的麼？」便發出號令，立即徵發姜戎的軍隊。襄公把縗衣染作黑色，再加上麻衣，梁弘替他趕了兵車，萊駒做了車右。夏天四月辛巳那天，打敗秦兵在二殽的中間，捉住百里孟明視、西乞術、白乙丙回來。便著了黑色喪服葬晉文公，晉國從此便定黑色做喪服。襄公的母親文嬴替秦國討回三帥去說：「都是他們構陷我們二君的仇怨的，我們寡君恨這三人，如果活捉得他們，那怕吃了他的肉，心中還沒有饜足呢？為什麼要煩勞你討伐他們呢！趕緊使他們回去就刑戮於秦國，也可暢快我寡君的心願，不知你君以為怎樣？」襄公就應許他。後來先軫上朝，問起秦國的囚徒到那裏去了？襄公說：「夫人來請求我，已經放回他們了。」先軫怒著說：「武夫盡力在疆場拘獲，婦人猝然一說，便寬免他在國中，這種枉費晉國的軍實，卻增添秦人的仇恨，滅亡沒有日子了。」便不顧襄公在前，咳起痰來唾在地上。襄公就差陽處父去追趕三帥，到了黃河邊上，三帥卻已經在船中了。陽處父便解下左邊的驂馬，假託是襄公的命令，拿馬送給孟明，想等他回轉來謝，把他捉住。孟明知道是詐，便在船中叩頭辭謝說：「蒙你君的恩惠，不把我囚臣殺了塗在鼓上，卻使我們回去就刑戮於秦國去，如果寡君治我敗亡的罪，把我正法了，那末我身雖死，也是死得值得。如果我們蒙受晉君的恩惠免去死罪，那麼三年之後還要來拜答君賜呢！」將到秦國，穆公著了素服，在郊外等候，向著兵眾哭著說：「我違反了蹇叔的忠諫，使你們二三子受困辱於晉國，這都是我的罪過，不取消孟明出兵的命令，使他失敗，這都是我的差處，大夫等有什麼罪？並且我終究不肯為了一敗的小過失，就掩住他們終身的大德行的。」

(五) 經 狄侵齊。

傳 狄侵齊，因晉喪也①。

【今註】㊀因晉喪也：因為晉文公死了，有喪事，所以不能保護齊國。

【今譯】狄國侵略齊國，因為晉國的喪事。

㈥經公伐邾取訾婁。

㈦經以報升陘之役。

傳公伐邾取訾婁①，以報升陘之役②。邾人不設備③，秋襄仲復伐邾④。

【今註】㊀取訾婁：邾邑，彙纂說：「在今山東濟寧縣境。」㊁以報升陘之役：升陘之役在僖公二十二年。㊂人不設備：邾國並不因為魯國的侵略而設防備。㊃秋襄仲復伐邾：因此公子遂又復伐邾國。

【今譯】魯僖公伐邾，取訾婁這地方，以報復升陘這次戰役。邾人並不因此設防。秋天，公子遂又出兵伐邾國。

㈧經晉人敗狄於箕。

傳狄伐晉，及箕①。八月戊子，晉侯敗狄於箕，郤缺②獲白狄子③。先軫曰：「匹夫逞志於君④而無討，敢不自討乎⑤。」免胥入狄師，死焉⑥。狄人歸其元⑦，面如生。初，臼季使過冀⑧，見冀缺耨⑨。其妻饁之⑩，敬，相待如賓。與之歸⑪，言諸文公曰：「敬，德之聚也。能敬必有德。德以治民⑫，君請用之，臣聞之，出門如賓⑬，承事如祭⑭，仁之則也。」公曰：「其父有罪⑮，可乎？」對曰：「舜之罪也，殛鯀。其舉也，興禹⑯。管敬仲，桓之賊也，實相以濟⑰。康誥⑱曰：『父不慈，子不祗⑲，兄不友，弟不共，不相及也⑳。』詩曰：『采葑采菲，無以下體㉑。』君取節焉可也㉒。」文公以為下軍大夫。反自箕，襄公以三命命先且居，將中軍㉓，以再命命先茅之縣賞胥臣㉔，曰：「舉郤缺，子之功也。」以一命命郤缺為卿㉕，復與之冀㉖，亦未有軍行㉗。

【今註】 ㈠及箕：江永說：「白狄居河西，度河而伐晉，箕地當近河。成十三年傳云：『秦入我河縣，焚我箕郜。』是近河而有箕。今山西隰州蒲縣東北有箕城，晉敗白狄於箕，當在此。若太谷之箕，去白狄遠，當別是一地。」江永之說極是。㈡郤缺：郤芮的兒子。㈢白狄子：白狄國君，子爵。㈣匹夫逞志於君：就是從前對晉襄公不顧而唾的事。㈤敢不自討乎：君並沒有討我的罪，現在還能自己不討自己嗎？㈥免胄入狄師死焉：摘去鐵帽子，就衝鋒作戰，死在狄人的軍隊裡。㈦狄人歸其元：狄人把他的頭歸還晉國。㈧臼季使過冀：冀是晉國的城邑，紀要：「今山西河津縣東十五裏有如賓鄉，即其地。」㈨見冀缺耨：看見冀缺正在野外除草。㈩其妻饁之：他的妻子給他送飯去。⑪與之歸：臼季就同冀缺回到晉國。⑫敬，德之聚也，能敬必有德，德以治民，君請用之：恭敬是德性的聚會。能夠恭敬必定有德性，德性是用以治理人民。請你務必錄用它。⑬出門如賓：出門就等於見到大的賓客。⑭承事如祭：就一件事情等於祭祀。⑮其父有罪可乎：郤缺的父親郤芮想殺晉文公。見僖公二十四年。⑯舜之罪也，殛鯀。其舉也，興禹：舜定罪的時候就殺了鯀，後來舉賢才能的時候就使禹興起。⑰管敬仲，桓之賊也，實相以濟：管仲是曾經反對齊桓公，後來他做齊桓公宰相而成功。⑱康誥：是尚書周書篇名。⑲父不慈，子不祇：父不慈惠，兒子不恭敬。⑳兄不友，弟不共，不相及也：兄長也不友愛，弟弟也不恭敬，這是互不相連的。㉑采葑采菲，無以下體：這是時邶風穀風篇句，因為葑同菲的菜全是上邊好下邊壞的菜，所以說不要管他下邊。㉒君取節焉可也：你知道取他好的一段就可以了。㉓襄公以三命命先且居將中軍：因為先軫是死在狄人手裡，所以就命令先軫的兒子先且居繼續做中軍將領。㉔以再命命先茅之縣賞胥臣：以再次命令把先茅這一縣賞給胥臣。一統志說：「故茅亭即茅邑，在今山西平陸縣西南。」㉕命命郤缺為卿：叫郤缺為卿。㉖復與之冀：又把他父親故邑還給他㉗亦未有軍行：雖然到卿的位置，但在軍隊裡沒有職務。

【今譯】白狄攻伐晉國，到了箕城。八月戊子這天，晉襄公在箕打敗狄人，郤缺擒獲白狄的君。先軫說：「一個普通的人放肆於君主面前，卻沒有那個罰他，怎敢不自己責罰嗎？」便去了頭盔，殺進狄兵中去，戰死在那裏，後來狄人送還他的頭顱，他的臉孔還和活人一般呢？最初臼季出使他國，走過晉國的冀邑，看見冀缺在田中鋤草，他的妻子送飯食出來，夫妻相敬，和對客人一樣。臼季便和他一同回歸晉國來，薦給文公說：「恭敬是德性結聚成功的，能夠恭敬的人，一定有德行；有德行的人，方纔可用以治民呢！君可以用他的了。臣聽說：出門好像看見大賓，幹事好像祭祀神明，這就是仁慈的標準。」文公說：「他的父親有罪，可以用的麼？」臼季回答說：『從前舜的治罪呢！曾經殛死鯀的，後來推舉呢？卻又起用著禹；管敬仲是桓公的仇敵，桓公靠他幫助才成功霸業。書經康誥篇上說：「父不能慈愛，子不能孝順，兄不能友愛，弟不能恭敬，都各有情況，不能帶累及的。」詩經谷風上說：『采葑采菲的，不可因根部的不好，便丟掉他的葉。』君祇要取他一節就可以了。」文公便使他做下軍大夫。晉軍從箕城回來，襄公用三次命令吩咐先且居代他父親帶領中軍，用兩次命令吩咐把先茅的食邑賞給胥臣說：「舉郤缺是你的功勞，所以賞你的。」用一次命令吩咐郤缺做卿，還給他冀的食邑，也並沒有軍隊給他。

(九)經　冬十月公如齊。十有二月，公至自齊。乙巳，公薨於小寢。

傳　冬公如齊朝①且弔有狄師也②，反薨於小寢③即安也④。

【今註】㊀冬公如齊朝：僖公往齊國去朝見。㊁且弔有狄師也：並且也弔慰狄國軍隊的侵犯。㊂反薨於小寢：回來就死在他夫人的床上。㊃即安也：就便安息。

【今譯】冬天魯僖公到齊國朝見，並且弔慰他有狄國的軍隊，回來就死在小寢裡，可見他是隨便的安息。

(十)經 隕霜不殺草①李梅實②。

【今註】㊀隕霜不殺草：下霜而未把草摧毀掉。㊁李梅實：李同梅全長菓實，因為這時間是周的十一月，等於夏的九月。

【今譯】下霜而未把草摧毀掉，李樹同梅花全都結果。

(十一)經 晉人陳人鄭人伐許。

傳 陳鄭伐許討其貳於楚①也，楚令尹子上侵陳蔡，陳蔡成②，遂伐鄭，將納公子瑕③。門于桔柣之門④，瑕覆于周氏之汪⑤，外僕髡屯禽之以獻⑥。文夫人斂而葬之鄶城之下⑦。

【今註】㊀討其貳於楚：討伐許國有聯合楚國的心。㊁陳蔡成：陳同蔡全都講和了。㊂將納公子瑕：公子瑕是鄭文公的兒子在僖公三十一年奔楚國。㊃門于桔柣之門：桔柣之門是鄭國的城門。㊄

瑕覆于周氏之汪：公子瑕的車翻在周氏之汪這地方。周氏之汪是水池的名字。㈥外僕髡屯禽之以獻：鄭國的僕人將公子瑕殺死獻給鄭文公。㈦鄶城之下：服虔云：「鄶城故鄶國之墟。」一統志：「在今河南密縣東北五十里，接新鄭縣界。」

【今譯】　晉同陳國鄭國討伐許國，這是討他於楚國有貳心。楚國令尹子上侵略陳國同蔡國，陳國同蔡國與楚國和平。楚國就接著伐鄭國。將使公子瑕回國。在桔柣之門攻城，瑕就翻了車在周氏之汪這裡，僕人髡屯把他殺了，獻給鄭文公。鄭文公夫人把他收殮葬在鄶城的下面。

㈩傳　晉陽處父侵蔡，楚子上救之，與晉師夾泜①而軍。陽子患之，使謂子上曰：「吾聞之，文不犯順，武不違敵②。子若欲戰，則吾退舍，子濟而陳③，遲速唯命。不然紓我④，老師費財，亦無益也⑤！」乃駕以待⑥。子上欲涉，大孫伯曰：「不可，晉人無信，半涉而薄我，悔敗何及⑦，不如紓之⑧。」乃退舍⑨，陽子宣言曰：「楚師遁矣⑩。」遂歸，楚師亦歸，太子商臣譖子上曰：「受晉賂而辟之，楚之恥也。罪莫大焉⑪。」王殺子上⑫。

【今註】　㈠夾泜：一統志：「原出今河南魯山縣南之堯山，經寶豐葉縣至舞陽縣北之霍堰入汝水。」

夾泜是晉楚兩軍各在泜水的一邊列陣。㈡文不犯順武不違敵：照文來說就不侵犯順理一方，照武來說，不迴避敵人。㈢子若欲戰，則吾退舍，子濟而陳：你要想打仗，我就可以退讓，讓你渡過河，擺成陣式。㈣遲速唯命，不然紓我：你要渡的早晚，可隨你的便，你要不渡河，就使我緩和。㈤老師費財，亦無益也：把軍隊駐得很久，花費財力，這也沒有什麼用處。㈥乃駕以待：他就駕好車輛等待著。㈦大孫伯：就是子玉的兒子，名成大心。晉人無信，半涉而薄我，悔敗何及：晉國人是沒有信用的，我們渡河的一半而他們就打我們，那時候打敗了，後悔也無用了。㈧不如紓之：不如緩慢的讓他們。㈨乃退舍：一舍是三十里，楚國軍隊退後使晉國的軍隊渡河。㈩楚師遁矣：楚國軍隊逃走了。㈡受晉賂而辟之，楚之恥也，罪莫大焉：子上受晉國的賄賂而躲避他們，這是楚國的恥辱，他的罪沒有比這再大的。㈢王殺子上：楚成王就把子上殺了。

【今譯】　晉國的陽處父侵略蔡國，楚國的令尹子上來救他，跟晉國的軍隊在泜水的兩邊陳列陣式。陽處父以為憂患，就派人對子上說：「我聽見說過，論文是不犯順，論武是不迴避敵人的。你要想作戰，我就退三十里，你過了水來陳列陣式，早晚全聽你的命令。要不如此，就使我緩和，使軍隊久守，費財用，這沒有什麼用處。」他就把車預備好等著。子上想著渡過河。成大心就說：「不可以，晉人是沒有信用的，我們假若半渡過河去，而他打我們，這失敗了後悔來不及，不如讓他們。」於是楚人就退了三十里，陽處父就宣佈說：「楚國軍隊逃走了。」晉國人就回國，楚國軍隊也回楚國，太子商臣就說子上的壞話：「受到晉國的賄賂，而躲避，這是楚國的恥辱，這種罪沒有再大的。」楚成王就殺掉子上。

㈢傳葬僖公緩①，作主，非禮也②，凡君薨，卒哭而祔③，祔而作主，特祀於主④，烝嘗禘於廟⑤。

【今註】㈠葬僖公緩：在文西元年寫著四月葬僖公，所以這是很緩慢的。㈡作主非禮也：文公二年才作主，這也是不合禮節的。㈢凡君薨卒哭而祔：凡是君死了以後等到哭完了，就把他祔在祖先的廟中。㈣祔而作主，特祁於主：祔在祖廟中就作了神主，特別的祭祀就在木主的前邊。㈤烝嘗禘於廟：冬天祭祀就叫做烝，秋天祭祀就叫嘗。等到君死以後，三年就大禘，烝同嘗同禘三種禮節，曾舉行在祖廟中。

【今譯】明年四月，方才給僖公下葬，又作神主牌位，這全不是合禮的。凡是君死了以後，先哭了就祔在廟中，然後做神主牌位，特別祭祀這個神主牌位，至於秋冬季就在太廟中。

卷九　文公上

文公元年

㈠經元年（公元前六百二十六年）春王正月，公即位①。

【今註】㈠公即位：公指文公，名興，僖公的兒子，他的母親為聲姜，據諡法「慈惠愛民曰文」，又「忠信接禮曰文。」即位是舉行即位的典禮，有經無傳。

【今譯】文公元年春王正月文公即位。

㈡經二月癸亥日有食之①。

【今註】㈠二月癸亥日有食之：這二月初一不寫朔，這是史官的過失。

【今譯】二月癸亥，魯國有日蝕。

㈢經天王使叔服來會葬。

傳元年春，王使內史叔服來會葬①，公孫敖②聞其能相人也，見其二子焉③。叔服曰：「穀也食子，難也收子④。穀也豐下，必有後於魯國⑤。」

【今註】㊀春王使內史叔服來會葬：內史是官名，叔服是人名，來會同行葬禮。㊁公孫敖：是慶父的兒子。㊂聞其能相人也，見其二子焉：聽見他能夠給人相面，就使他的兩個兒子來見叔服。㊃穀也食子，難也收子：穀是孟文伯，難是孟惠叔。穀可以奉承你的祭祀，難可以葬你。難音ㄋㄨㄛˊ同挪。㊄穀也豐下，必有後魯國：穀的面貌下邊方，他的子孫必定能在魯國有後代。

【今譯】周天王叫內史叔服參加僖公的葬事，公孫敖聽見說他能夠給人相命，使他的兩個兒子全去看他。叔服就說：「穀可以供奉祭祀，難是能夠給你下葬，穀的臉下邊很長，必定在魯國有後人。」

(四)傳 於是閏三月非禮也①。先王之正時也，履端於始，舉正於中，歸餘於終②。履端於始，序則不愆③，舉正於中，民則不惑④，歸餘於終，事則不悖⑤。

【今註】㊀於是閏三月非禮也：照曆法上說，閏月應當在僖公末年。現在改在今年三月立閏，所以說他不合禮。㊁先王之正時也，履端於始，舉正於中，歸餘於終：先王在規正曆法的時候，在每年最初，就開始，就是正月，而把以後的時間皆合於中氣，然後將剩餘的日子，歸到末了，成為閏月。

㊂履端於始，序則不愆：把正月擺在開頭，前後各月的次序就不會有過失。㊃舉正於中，民則不惑：把各月皆合於中氣，寒暑皆不失掉常態。所以人民就沒有所疑惑了。㊄歸餘於終，事則不悖：把剩下的日子，歸到末了，事實全沒有變化，所以並沒有被亂。

【今譯】這時閏有閏三月，這是不合於禮的。先王規正曆法，每年最初開始正月，以後各月皆合於中氣，而把剩下的日子擱到末了，在最早就開始，四時的次序就不會有錯誤，各月份都合中氣，人民就不會疑惑，把剩餘的日子擱到末了，事情就不會亂。

(五)

經　夏四月丁巳葬我君僖公。

傳　夏四月丁巳葬僖公①。

【今註】㊀夏四月丁巳葬僖公：杜預說：「這條傳的後邊已見僖公三十三年末。」

【今譯】夏天四月丁巳，給僖公行葬禮。

(六)

經　天王使毛伯來錫公命。

傳　王使毛伯衛來錫公命①，叔孫得臣如周拜②。

【今註】㊀王使毛伯衛來錫公命：毛國伯爵現在為王卿士，毛是伯爵，名衛。凡是諸侯即位的時候周天子必定賞賜給他命圭。㊁叔孫得臣如周拜：叔孫得臣就到周國都城去拜謝。

【今譯】周天王派毛伯衛來賞賜魯文公的命圭。叔孫得臣就到周國王城去拜謝。

(七)經　晉侯伐衛。

傳　晉文公之季年，諸侯朝晉，衛成公不朝①，使孔達侵鄭②，伐緜訾及匡③。晉襄公既祥④，使告於諸侯伐衛，及南陽⑤。先且居曰：「效尤禍也⑥。請君朝王，臣從師⑦。」晉侯朝王于溫，先且居胥臣伐衛⑧。五月辛酉，朔，晉師圍戚⑨，六月戊戌取之，獲孫昭子⑩。衛人始告於陳，陳共公曰：「更伐之，我辭之⑪。」衛孔達帥師伐晉。君子以為古⑫，古者越國而謀⑬。

【今註】㈠衛成公不朝：衛成公不到晉國去朝見。㈡使孔達侵鄭：孔達是衛國大夫。㈢伐緜訾及匡：江永說：「緜訾，當與匡接近。」水經注說：「濮水又東逕匡城北，孔子去衛適陳，遇難於匡者也。一統志：『匡在今河北長垣縣西南十五里。』」㈣晉襄公既祥，晉襄公既然經過他父親晉文公的祥祭以後。按儀禮疏：『自祔以後十三月小祥。』」㈤南陽：現今河內的地方。㈥效尤禍也：仿效錯誤，這是一種禍害。因為衛國不朝晉侯，假使晉國也不朝周王，那就等於效尤。㈦臣從師：我去領兵打衛國。㈧先且居胥臣伐衛：且音ㄐㄩ，近於疽。晉國的統帥，就領著軍隊去伐衛國。㈨戚：明一統志：「在今河北濮陽縣北七里，有古戚城。」㈩孫昭子：衛大夫，他是守戚的大夫。㈡更伐之，我辭之：你要再伐晉國，我就有方法說話。㈢君子以為古：君子以為很合於古法。㈢古者越國而謀：古代的國家到別國去計謀。

【今譯】在晉文公晚年的時候，諸侯全到晉國朝見，唯獨衛成公不去上朝，並且派孔達侵略鄭國，伐緜訾同匡這兩地，晉襄公既然過了一年的喪事，叫人告訴諸侯們伐衛，打到南陽。先且居說：「仿效錯誤是禍害，請你朝見周王，我率領著軍隊。」晉襄公到溫這地方去朝見周王，先且居同胥臣討伐衛國。五月辛酉朔，晉國軍隊圍了衛國戚這地方。六月戊戌佔領了他，捕獲孫昭子。衛人叫人告訴陳國，陳共公說：「你再伐他，我可有理由了。」衛國孔達率領軍隊伐晉國，君子以為這很合於古法，古時候越過了國家去計謀。

(八)經　秋，公孫敖會晉侯於戚。

傳　秋，晉侯疆戚田①，故公孫敖會之②。

【今註】㈠秋晉侯疆戚田，晉侯取到衛國戚的田地，將它劃疆界。㈡公孫敖會之：魯大夫去跟他開會。

【今譯】秋天，晉襄公疆理戚的地方的田地，公孫敖就參加了開會。

(九) 經 冬，十月丁未楚世子商臣弒其君頵。

傳 初，楚子①將以商臣②為太子，訪諸令尹子上。子上曰：「君之齒未也③，而又多愛，黜乃亂也④。楚國之舉，恆在少者⑤。且是人也，蠭目而豺聲，忍人也⑥，不可立也。」弗聽。既又欲立王子職⑦而黜太子商臣。商臣聞之而未察⑧，告其師潘崇⑨曰：「若之何而察之？」潘崇曰：「享江芊⑩而勿敬也。」從之。江芊怒曰：「呼⑪！役夫⑫，宜君王之欲殺女而立職也。」告潘崇曰：「信矣。」潘崇曰：「能事諸乎⑬？」曰：「不能。」「能行乎⑭？」曰：「不能。」「能行大事乎⑮？」曰：「能。」冬十月，以宮甲⑯圍成王。王請食熊蹯而死⑰，弗聽。丁未，王縊。謚之曰靈⑱，不瞑⑲，曰成⑳，乃瞑。穆王立，以其為大子之室與潘崇㉑，使為大師，且掌環列之尹㉒。

【今註】㈠楚子：楚成王。㈡商臣：楚穆王。㈢君之齒未也：你的年歲尚沒有老。齒等於年。㈣而又多愛，黜乃亂也：你且有很多喜愛的妃嬪，如果立了一個太子，再廢他，那就會發生亂事。㈤楚國之舉，恒在少者：楚國的習慣，所立的常是年輕的兒子。㈥且是人也，蠭目而豺聲，忍人也：並且這個人眼睛鼓起來，而有豺狼的聲音，是很狠的人。㈦王子職：王子是商臣的庶弟。㈧未察：並沒有能明白知道。㈨潘崇：是楚大夫穆王的老師。㈩享江芊而勿敬也：江芊是楚成王的妹妹嫁給江國，你請江芊吃飯而不要對他恭敬。⑪呼：是一種罵人的聲音。⑫役夫：是職業賤的人。⑬能事諸乎：能不能侍奉王子職？⑭能行乎：能不能逃到別的國家去？⑮能行大事乎：大事指的是弒君。⑯宮甲：太子住的宮的軍隊。⑰王請食熊蹯而死：因為熊蹯很難熟，所以楚成王一再拖時間，以等著救援。⑱王縊，謚之曰靈：成王上了吊，給他壞的謚號，叫靈。⑲不瞑：不閉上眼。⑳曰成乃瞑：將謚號改為成，就閉上眼了。㉑以其為太子之室與潘崇：將他做太子的時候所住的房子給潘崇。㉒使為大師且掌環列之尹：使他成為大師之官，掌管王宮衛隊的首領。大，音泰。

【今譯】 最初的時候，楚成王將把商臣做太子，訪問了令尹子上，子上說：「你的年紀尚輕，而且又很多寵愛，如立太子以後再改變，就變成亂事。楚國立太子，常常立年輕的人，並且商臣眼睛鼓出，而有豺狼的聲音，這是一個狠心的人，不可以立。」楚成王不聽。後來又想立王子職，把太子商臣廢掉。商臣聽見了，但是未能辨的清楚，告訴他的師父潘崇說：「怎麼樣能夠辨的清楚呢？」潘崇說：「就是享宴你的姑母江芊，而對她不要恭敬。」就照這樣辦了。江芊就發怒了說：「啊，你這個賤人，所以君王想廢了你，而立王子職。」他就告訴潘崇說：「可靠了。」潘崇說：「你能夠事奉王子職嗎？」回答說：「不能夠。」「能夠出奔到外國嗎？」又回答說：「也不能夠。」「能夠辦大事情嗎？」回答說：「可以。」冬天十月，用太子宮中的軍隊包圍了成王，王要求吃了熊掌再死，不聽。丁未，楚成王上吊。給他諡號叫做靈，他不閉眼，叫做成，他方才閉眼。穆王立了以後，把當太子所住的房屋給潘崇，叫他做太師的官，並且掌握著宮中的軍隊。

(十) 經 公孫敖如齊。

傳 穆伯如齊，始聘焉①，禮也。凡君即位卿出並聘。踐脩舊好，要結外援②，好事隣國以衛社稷忠信卑讓之道也③。忠德之正也，信德之固也，卑讓德之基也④。

【今註】㊀穆伯如齊，始聘焉：穆伯是公孫敖到齊開始聘問，這是合於禮的。㊁踐修舊好，要結外援：這是為的在實行修整舊的盟好，並且要從外國得到援助。㊂好事鄰國以衛社稷忠信卑讓之道也：為的跟鄰國要好，以保衛國家，這是忠誠信實而禮讓的道理。㊃忠德之正也，信德之固也，卑讓德之基也：忠是德性的正路，信是德性的固守，卑讓是德性的根基。

【今譯】 公孫敖到齊國去，開始聘問，這是合於禮的。凡是君即位以後，卿就出國聘問。為的修舊好，並且增加與外國的聯絡，對鄰國要好，以保衛國家，這是忠信卑讓的道理。忠是德性的正路，信實是德性的穩固，卑讓是德性的基礎。

(十一) 傳 殽之役，晉人既歸秦帥，秦大夫及左右皆言於秦伯曰：「是敗也，孟明之罪也，必殺之。」秦伯曰：「是孤之辠①也。周芮良夫之詩②曰：『大風有隧，貪人敗類③，聽言則對，誦言如醉④，匪用其良，覆俾我悖⑤。』是貪故也⑥，孤之謂矣。孤實貪以禍夫子，夫子何罪？」復使為政。

【今註】㊀是孤之辠也：這是我的錯誤，辠音最。㊁芮良夫之詩：芮良夫是周大夫伯芮，這是刺周厲王的事。㊂大風有隧，貪人敗類：杜註：「隧蹊徑也，周大夫芮伯刺厲王，言貪人之敗善類，若大風之行，毀壞眾物，所在成蹊徑。」㊃聽言則對，誦言如醉：意思說昏亂的君王，聽見道聽塗說的話，就可以答對，但是如果人家給他讀書典的話，他就如同喝醉的人不細聽。㊄匪用其良，覆俾我悖：他不聽用良臣的話，使我做的事情，等於背亂。㊅是貪故也：這就是因為貪心的原故。㊆孤實貪以禍夫子：夫子指孟明。我實在貪心，因而害了孟明。

【今譯】在從前殽的戰役的時候，晉國人既然歸回三個秦國將帥，秦大夫同秦穆公的左右，他們全對秦穆公說：「這個敗仗是孟明的罪過，必須要殺掉他。」秦穆公說：「這是我的罪過。從前周代的芮良夫有話說：『大風等於一個隧道，貪人毀害了善類，不明白的君聽見道聽塗說的話就高興，聽見典雅的話，就如喝醉酒一樣，不用他的良臣，就使我悖亂。』這是貪的原故，就是等於指著我說的。我實在是貪，害了孟明，孟明有何罪呢？」就叫他重新掌政權。

文公二年（公元前六百二十五年）

(一)經　二年春王二月甲子，晉侯及秦師戰于彭衙，秦師敗績。

傳　二年春，秦孟明視帥師伐晉，以報殽之役。二月，晉侯禦之。先且居將中軍，趙衰佐之①。王官無地御戎②，狐鞫居③為右。甲子，及秦師戰於彭衙④。秦師敗績。晉人謂：「秦拜賜之師⑤。」戰於殽也，晉梁弘御戎，萊駒為右。戰之明日，晉襄公縛秦囚，使萊駒以戈斬之。囚呼，萊駒失戈。狼瞫⑥取戈斬囚，禽之以從公乘，遂以為右。箕之役，先軫黜之⑦，而立續簡伯。狼瞫怒。其友曰：「盍死之。」瞫曰：「吾未獲死所⑧。」其友曰：「吾與汝為難⑨。」瞫曰：「周志⑩有之，勇則害上，不登于明堂⑪。死而不義，非勇也。共用⑫之謂勇。吾以勇求右，無勇而黜，亦其所也。謂上不我知，黜而宜，乃知我矣⑬。子姑待之。」及彭衙，既陳，以其屬馳秦師死焉。晉師從之，大敗秦師。君子謂狼瞫於是乎君子⑭，詩曰：

「君子如怒，亂庶遄沮⑮。」又曰：「王赫斯怒，爰整其旅⑯。」怒不作亂，而以從師⑰，可謂君子矣。秦伯猶用孟明，孟明增脩國政⑱，重施於民。趙成子⑲言於諸大夫曰：「秦師又至，將必避之⑳，懼而增德，不可當也㉑。詩曰：『毋念爾祖，聿脩厥德㉒。』孟明念之矣，念德不怠其可敵乎㉓？」

【今註】㈠趙衰佐之：趙衰為中軍佐，替代郤溱。㈡王官無地御戎：王官是氏，無地是人名，御戎是軍車。㈢狐鞫居：即續簡伯，鞫音菊。㈣彭衙：秦邑，即陝西白水縣東北之衙縣故城，今為彭衙堡。㈤秦拜賜之師：因為當時孟明被秦國放歸的時候曾經說：「三年將拜君賜。」㈥狼瞫：是晉國的勇士。瞫音ㄕㄣˇ。㈦先軫黜之：先軫就把狼瞫免職。㈧吾未獲死所：我還沒得到死的地方。㈨吾與汝為難：我跟你去造反。㈩周志：周國的志書。⑪勇則害上，不登於明堂：勇敢而又害了上邊的人，就不會到明堂去受降賜。⑫共用：以死力來供給國家的用途。⑬黜而宜，乃知我矣：現在我被免職是很合理的，上邊已經知道我。⑭君子謂狼瞫於是乎君子：因為狼瞫先攻擊秦師而死。晉師跟著他打了勝仗，所以君子說狼瞫等於是個君子。⑮君子如怒，亂庶遄沮：見詩經小雅節南山之什巧言篇。意思說君子要發了怒，戰亂就可以停止。⑯王赫斯怒，爰整其旅：見詩經大雅，文王之什皇矣篇。意思說文王要是發起脾氣來整頓他的軍隊，就可以討伐禍亂了。⑰怒不作亂，而以從師：

發怒而不為禍亂，反倒遵從軍隊的辦法。⑱增脩國政：孟明就修整秦國的政治，特別加重對人民的施捨。⑲趙成子：即趙衰。⑳秦師又至，將必辟之：秦國的軍隊，又要來了，我們祇好躲避他。㉑懼而增德，不可當也：他害怕，增加了德性，那是不可以抵抗的。㉒詩曰：「毋念爾祖，聿脩厥德」：這是詩經大雅的一篇，意思說，你要時常想念你的祖先文王之德，來修明自己的德行。㉓念德不怠，其可敵乎：思念德性，永遠不停止，那怎樣能夠敵擋。

【今譯】 文公二年春王二月，秦國孟明率領軍隊去伐晉國，用以報復殽的戰役，二月晉襄公率兵去抵禦，先且居率領中軍，趙衰佐助他，王官無地趕著車，狐鞫居作車右。甲子這天，同秦國的軍隊在彭衙開戰，秦國大敗，晉國人稱他為道謝的軍隊。以前在殽打仗的時候，晉國梁弘趕著車，萊駒作車右。作戰的第二天，晉襄公囚著秦人，使萊駒用戈殺他，囚大叫，使萊駒失了戈，狼瞫取起戈就將囚殺掉，擒萊駒，更登上公的車，就成了晉襄公的車右。箕那次戰役，先軫降下了他，更以續簡伯為車右。狼瞫生了氣，他的朋友說：「何不去死呢？」他說：「我不知往那裏去死。」他的朋友又說：「我同你去殺先軫。」狼瞫就說：「周國的志書上說，勇敢而又害了上邊的人，他死了以後就不能登上到明堂去。死了而不合義禮這不是勇敢。為國家來拼命這叫做勇，我是拿勇敢來得到車右，沒有勇敢而就被降下，也很合理的。說是上邊人不知道我，把我降下是應該的。知道我了，你就慢慢的看著吧。」到了彭衙，已經擺成陣，帶著他的屬兵，攻打秦國軍隊就死了。晉國軍隊隨上去，把秦國軍隊大大打敗了。君子說狼潭這個人是個君子。詩經小雅說過，君子若發怒，亂就可以止住。又說王要發怒，就趕緊整理他的軍隊。發怒而不作亂反倒領著兵，可以說是君子了。秦穆公仍舊用孟明，孟明就增加修理秦國的政治，對人民很施捨，趙衰對晉國大夫們說：「秦國軍隊假設又來，我們必定躲避他，害怕而增加德性，這是不可以抵擋的。詩經大雅說：『你要時常想念祖先文王之德，修明自己的德行。』孟明是想念這詩，想念德性又不懈怠，這還能夠抵擋嗎？」

(二)經　丁丑，作僖公主。

傳　丁丑，作僖公主，書不時也①。

【今註】㈠作僖公主，書不時也：按僖公葬已過十個月方才作神主，所以說是不合時期。

【今譯】丁丑這天，作僖公的神主牌，這是表示不合於時候。

(三)經　三月乙巳及晉處父盟。

傳　晉人以公不朝來討，公如晉。夏四月己巳，晉人使陽處父盟公以恥之①，書曰及晉處父盟，以厭之也②，適晉不書，諱之也。

【今註】㈠晉人使陽處父盟公以恥之：陽處父是晉大夫使他與魯君盟誓，使魯君得到羞恥。㈡以厭之也：為的用以表示對他討厭。

【今譯】晉國人因為文公不去朝見，就來討伐魯國，文公就到晉國去了，夏四月己巳，晉人叫陽處父來與公盟誓，這是為的羞恥魯國。春秋上寫著同晉國處父盟誓，這表示對晉國人的損。到晉國去不寫到春秋上，這是避諱的關係。

㈣ 經 夏六月，公孫敖會宋公、陳侯、鄭伯、晉士縠盟于垂隴。

傳 公未至，六月穆伯會諸侯及晉司空士縠①盟于垂隴②，晉討衛故也。書士縠，堪其事也③。陳侯為衛請成于晉，執孔達以說④。

【今註】㊀司空士縠：晉國的司空是官名，士縠是士蔿的兒子。㊁盟于垂隴：垂隴是鄭地，在今河南省廣武縣，東北有舊隴城。㊂書士縠，堪其事也：司空不是卿，因為他很能夠做卿的事情，所以寫上士縠的名字。㊃執孔達以說：就使衛國把孔達捉拿起來，以作解說。說字也可作悅字解。

【今譯】魯文公沒到晉國以前六月，公孫敖同諸侯開會，同晉國的司空士縠在垂隴這地方盟誓，這是為的要討伐衛國的使晉國高興。上寫著士縠，因為他能夠擔任卿的事情。陳侯為衛國向晉國請求和平，就使衛國把孔達逮起來，以作解說。

㈤ 經 自十有二月不雨，至於秋七月①。

【今註】㊀自十有二月不雨，至於秋七月：雖然不下雨，但是並不成災害，五穀均能豐收。此經無傳。

【今譯】　自去年冬天不下雨至今秋天七月。

㈥經　八月丁卯，大事于大廟，躋僖公。

傳　秋八月丁卯，大事于大廟①躋僖公②，逆祀也③。於是夏父弗忌為宗伯④，尊僖公，且明見曰⑤：「吾見新鬼大，故鬼小⑥。先大後小，順也⑦。躋聖賢明也⑧，明順禮也⑨。」君子以為失禮，禮無不順。祀，國之大事也。而逆之，可謂禮乎⑩？子雖齊聖不先父食久矣⑪！故禹不先鯀，湯不先契⑫，文武不先不窋⑬，宋祖帝乙，鄭祖厲王猶上祖也⑭，是以魯頌曰：「春秋匪懈，享祀不忒，皇皇后帝，皇祖后稷⑮。」君子曰：「禮，謂其后稷親而先帝也⑯。」詩曰：「問我諸姑遂及伯姊⑰。」君子曰：「禮，謂其姊親而先姑也⑱。」仲尼曰：「臧文仲其不仁者三，不知者三。下展禽⑲，廢六關⑳妾織蒲㉑，三不仁也。作虛器㉒，縱逆祀㉓，祀爰居㉔，三不知也。」

【今註】　㈠大事于大廟：大事是祭享，大廟是祖廟。大與ㄊㄞˋ泰同音。㈡躋僖公：僖公是閔公的哥哥。將僖公排在閔公之上。㊂逆祀也：因為僖公長為閔公的臣子，可是現在擺在閔公的上面，所以稱為逆祀。㊃夏父弗忌為宗伯：夏父是氏，弗忌是名字，宗伯是掌宗廟昭穆的禮節。㊄且明見曰：表明他親眼看見。㊅吾見新鬼大，故鬼小：新鬼指新死的僖公，故鬼指久已死的閔公。㊆先大後小順也：將大鬼擺在前面，小鬼擺在後面，這是順理成章的。㊇躋聖賢明也：使聖賢居在高位，是明白的事情。㊈明順禮也：明同順才是合禮的。㊉祀國之大事也，而逆之，可謂禮乎：祭祀是國家的大事情，而把它不順著次序，可以說是合禮嗎？⑪子雖齊聖不先父食久矣：兒子雖是聖賢，可是在祭祀中不能比他父親先享受。這是久已常見的事情。⑫故禹不先鯀，湯不先契：所以禹不比他父親在先，而湯也不能比他十三世祖契在先。⑬文武不先不窋：周文王同周武王，不能在後稷的兒子不窋之先。窋音ㄓㄨˊ。⑭宋祖帝乙，鄭祖厲王，猶上祖也：宋國以微子的父親帝乙為祖先。鄭國以鄭桓公的父親周厲王為祖先。可見對於祖上的恭敬。⑮春秋匪懈享祀不忒，皇皇后帝，皇祖后稷：春天秋天全不懈怠，祭享不能有錯誤，后帝是很高美的，皇祖就是后稷。⑯禮，謂其后稷親而先帝也：這是合禮，說這句話指著后稷雖然親近，但是要把上天帝擺在前面。⑰問我諸姑，遂及伯姊：問我的諸位姑姑，遂後到長姊姊，這是毛詩邶風的詩句。⑱禮，謂其姊親而先姑也：這是合禮的，因為姊姊雖是親，但是姑姑仍舊在先。⑲下展禽：展禽就是柳下惠。⑳廢六關：六關是魯國的六關，比如塞關，陽關等。㉑妾織蒲：他的家人織蒲蓆與人民爭利。㉒作虛器：這就是所謂居蔡，山節，藻梲，沒有位置，而作這種器具，所以叫做虛器。㉓縱逆祀：就是上文所說的聽從夏父弗忌的話。㉔

祀爰居：海鳥曰爰居，止於魯東門外，文仲以為神，命國人祭祀也。

【今譯】 秋天八月丁卯，在祖廟中祭祀，把僖公的神主擺在上邊，這是不合禮的祭祀。這時間夏父弗忌做宗伯的官，他尊重僖公，並且能看見鬼，就說：「我看見新鬼很大，舊鬼很小。把大的擺在前邊，把小的擺在後邊，這是很平順的。把聖賢擺在上面，這是很明白的，明和順全是合禮的。」君子以為這是很失了禮節，禮沒有不順的。祭祀，是國家的大事，而反過，可以說他是合於禮嗎？兒子雖然是聖人，久已不先他父親吃飯。所以禹不先鯀，湯也不先契，周文武不在不窋先，宋以帝乙為祖先，鄭以厲王為祖先，全是尊重祖先的。所以魯頌說：「春天秋天全不能懈怠，祭享不能錯誤，后帝是很高美的，皇祖就是后稷。」君子說：「這很合於禮，說后帝是親，而把上帝推在上邊。」詩經又說過：「問我的諸位姑姑的好，遂連到長的姊姊。」君子說：「這也是禮，雖然姊姊親，而姑姑要在前。」仲尼說：「臧文仲有不仁的三件事，不智的三件事。不使展禽在高位，廢除六個關口，他的妾全都織蒲草，這是三種不仁的事。作沒有用的器具，放縱夏父弗忌的話，又祭祀爰居的鳥，這是三種不智的事情。」

(七) 經 冬晉人宋人陳人鄭人伐秦。

傳 冬晉先且居，宋公子成，陳轅選，鄭公子歸生①，伐秦，取汪及彭衙②而還，以報彭衙之役。卿不書，為穆公故尊秦也③，謂之崇德④。

【今註】㈠宋公子成，陳轅選，鄭公子歸生：他們全是宋國同陳國同鄭國的卿。㈡取汪及彭衙：汪是秦地，在今陝西省白水縣境內，江永說：「這應當與彭衙相近，」㈢卿不書，為穆公故尊秦也：不寫卿的名字，這是為了秦穆公的緣故，對秦國特別尊敬。㈣崇德：為的尊重德性。

【今譯】冬天，晉國的先且居，宋公子成，陳轅選，鄭公子歸生討伐秦國，拿了汪及彭衙就回來了，這是報復彭衙的戰役。卿不寫上，因為秦穆公的原故，尊重秦國，說是崇德。

(八)經　公子遂如齊納幣。

傳　襄仲如齊納幣①，禮也。凡君即位，好舅甥脩昏姻娶元妃以奉粢盛，孝也②。孝，禮之始也③。

【今註】㈠襄仲如齊納幣：襄仲就是公子遂，到齊國訂婚。㈡好舅甥脩昏姻娶元妃以奉粢盛孝也：舅是岳父，甥是女婿，修婚姻的好合，娶嫡夫人，為的是來共同祭祀，這是孝的道理。㈢孝，禮之始也：孝是禮的開始。

【今譯】公子遂到齊國訂婚，這是很合於禮的。凡是在君即位以後，修甥舅的好，修婚姻，娶長妃，以為的祭祀，這是孝順的。孝是禮的開始。

文公三年（公元前六百二十四年）

(一)經 三年春王正月叔敖得臣會晉人，宋人、陳人、衛人、鄭人伐沈，沈潰。

傳 三年春，莊叔會諸侯之師伐沈，以其服於楚也，沈潰①。凡民逃其上曰潰，在上曰逃②。

【今註】㊀以其服於楚也，沈潰：因為沈國服於楚國，按沈國姬姓，在今安徽省臨泉縣。㊁凡民逃其上曰潰，在上曰逃：凡是人民逃走，就叫潰散。假使在上的將帥逃走，就叫逃。

【今譯】三年春叔孫得臣同諸侯的軍隊討伐沈國，因為他服從了楚國，沈國軍隊就潰散了，凡是人民逃走叫做潰，在上位者逃走就叫做逃。

(二)傳 衛侯如陳，拜晉成也①。

【今註】㊀衛侯如陳，拜晉成也：衛侯到陳國去。拜謝陳侯使衛國和晉國講和。

【今譯】衛侯到陳國去拜謝陳侯使衛國和晉國要好。

㈢ 經 夏五月，王子虎卒。

傳 夏四月乙亥，王叔文公卒①。來赴，弔如同盟禮也②。

【今註】㈠王叔文公卒：王叔文公即王子虎，他曾與僖公同盟於翟泉。㈡來赴，弔如同盟禮也：來發給魯國訃文。祭弔如同盟的國家，這是合於禮的。

【今譯】夏天四月乙亥，王子虎死了，來給魯國訃文，祭弔如同盟國，這是合於禮的。

㈣ 經 秦人伐晉。

傳 秦伯伐晉，濟河焚舟①，取王官及郊②，晉人不出，遂自茅津濟③，封殽尸而還。遂霸西戎，用孟明也。君子是以知秦穆公之為君也，舉人之周也④，與人之壹也⑤。孟明之臣也，其不懈也，能懼思也⑥，子桑之忠也，其知人也，能舉善也⑦。詩曰：「于以采蘩，于沼於沚。于以用之，公侯之事⑧。」秦穆有焉！「夙夜匪懈，以事一人⑨。」孟明有焉！「詒厥孫謀，以燕翼子⑩。」子桑有焉。

【今註】㈠濟河焚舟：渡過黃河，就把渡河的船用火燒掉，表示作戰有必死的心。㈡取王官及郊：

王官是晉地，據一統志說：「在虞鄉南，近王官谷，王官谷在虞鄉縣東南十里。」郊晉地，按與王官為近，在今虞鄉縣東南。㊂遂自茅津濟：元和志：「大陽故關，在河南陜縣西北四里，即茅津也。因津濟處有南北兩岸，河北岸之茅津，在平陸之西南，其南岸之津濟處，在陜縣西北。今之大陽渡，即古之茅津渡也。」㊃舉人之周也：舉用人是不以一件壞事去掩蓋他的好處。㊄與人之壹也：跟人的交往是完全沒有二心。㊅其不懈也，能懼思也：他不懈怠，而且打過敗仗以後，就能細細的害怕來思想。㊆其知人也，能舉善也：子桑就是公孫枝，他能夠知道孟明的能力，所以他就舉孟明為卿。㊇于以采蘩，于沼於沚。于以用之，公侯之事：蘩是很薄的水草，在水池裡，以供給公侯的祭祀。這是詩經，邶風篇的。㊈夙夜匪懈，以事一人：晝夜毫不懈怠，以侍奉天子。這是詩經大雅的詩句。⑩詒厥孫謀，以燕翼子：給後人的計謀，為的保衛子孫。這是詩經大雅歌周武王的事。

【今譯】　秦穆公領兵去伐晉，渡過黃河，便燒燬船隻，表示士卒有必死之心。取了晉國的王官和郊兩地，晉人不出兵，避著秦師。便從茅津渡過河去，埋葬前回戰死在殽地的屍骨，方才回來。便做西方戎狄的霸主，這是信用孟明的功效。君子因此知道秦穆公的做君主，他推舉人的周到，用人的專一。像孟明的做臣，能夠不鬆懈，能夠有畏懼的思想。像子桑的忠心，他能識得人，能夠薦舉好人。詩經采蘋篇上說：「到那裏去采白蒿？到方池小潭中去；什麼用呢？是供給公侯祭祀的。」一些小好處都不肯丟掉，像秦穆公就有這般形景了！烝民篇上說：「從早到夜，不敢鬆懈，去服事著天子。」像孟明就有這般形景了。文王有聲篇上說：「能夠把好的謀畫傳給子孫，使子孫安成。」像子桑就有這般形景了。

㈤ 經 雨螽于宋。

傳 秋雨螽于宋，隊而死也①。

【今註】 ㊀秋雨螽于宋，隊而死也：螽是蝗蟲，跟下雨般的墜地而死。

【今譯】 秋天在宋國下蝗蟲，掉到地下就死了。

㈥ 經 秋楚人圍江。

傳 楚師圍江，晉先僕伐楚，以救江①。

【今註】 ㊀晉先僕伐楚，以救江：先僕是晉大夫，去打楚國，救江國。

【今譯】 楚國的軍隊圍了江，晉國大夫先僕討伐楚國，以救江國。

㈦ 經 冬公如晉。十有二月，己巳，公及晉侯盟。

傳 冬晉以江故告于周，王叔桓公①晉陽處父伐楚以救江。門于方城②，遇息公子朱而還③。

【今註】 ㊀王叔桓公：就是王叔文公的兒子。㊁門于方城：在今河南省方城縣東北四十里。㊂遇息公子朱而還：子朱是楚大夫討伐江國的統帥。

【今譯】冬天，晉國把江這件事，告訴周國，王叔桓公會同晉國陽處父伐楚國，以救江國。攻打方城的門，碰見息公子朱就回來了。

(八)

傳 晉人懼其無禮於公也，請改盟①，公如晉及晉侯盟。晉侯饗公，賦菁菁者莪②。莊叔以公降拜③，曰：「小國受命於大國，敢不慎儀④，君貺之以大禮，何樂如之⑤！抑小國之樂，大國之惠也⑥。」晉侯降辭⑦，登成拜⑧。公賦嘉樂⑨。

【今註】㊀請改盟：改正文公二年，陽處父與魯國的盟誓。㊁晉侯饗公，賦菁菁者莪：晉侯擺宴會並且歌菁菁者莪這篇詩。㊂莊叔以公降拜：莊叔叫魯公下來拜謝。㊃敢不慎儀：不敢不慎重儀節。㊄君貺之以大禮，何樂如之：你還賞賜給他大的禮節，這真是何等的快樂。㊅抑小國之樂，大國之惠也：並且小國的快樂是由於大國的恩惠。㊆晉侯降辭：晉襄公就降下台階來辭謝。㊇登成拜：兩國君都上去行拜禮。㊈公賦嘉樂：於是文公就歌唱嘉樂這篇詩。這是詩經大雅的詩篇。

【今譯】晉國因為他對魯文公沒有禮貌就害怕了，請求改了盟誓，魯文公到晉國去同晉襄公盟誓。晉襄公宴會文公，歌唱菁菁者莪這篇詩。叔孫得臣叫魯文公降下台階去拜謝說：「小國受大國的命令，敢不慎重儀注，君又以大禮來賜給他，這何等的樂！並且小國的樂是由於大國的恩惠。」晉侯下來辭讓，再上臺階成禮。魯文公歌唱嘉樂這篇詩。

文公四年（公元前六百二十三年）

(一)經 四年春公至自晉①。

【今註】㊀此經無傳。

【今譯】四年春天，文公自晉國回來。

傳 四年春，晉人歸孔達於衛，以為衛之良也，故免之①。夏衛侯如晉拜②，曹伯如晉會正③。

【今註】㊀以為衛之良也，故免之：文公二年，衛人曾執孔達，為使晉人高興，晉國以為他是衛國的良臣，就把他赦免了。㊁夏衛侯如晉拜：衛侯朝謝晉國為釋放孔達。㊂曹伯如晉會正：曹伯也到晉國去，受貢賦之數目。

【今譯】四年春，晉國人把孔達歸還給衛國，以為他是衛國的良臣，所以把他赦免了。夏天，衛侯到晉國拜謝，曹伯也到晉國詢問貢賦的數目。

(二)經夏逆婦姜於齊。

傳逆婦姜於齊，卿不行非禮也①，君子是以知，出姜之不允於魯也②，曰：「貴聘而賤逆之②，君而卑之，立而廢之④，棄信而壞其主⑤，在國必亂，在家必亡。不允宜哉⑥。詩曰：『畏天之威于時保之。』敬主之謂也⑦。」

【今註】㈠逆婦姜于齊卿不行非禮也：去迎接婦姜在齊國，卿自己不去，這不合於禮節。㈡君子是以知出姜之不允於魯也：這可以知道，出姜是不為魯國所尊敬。因為文公死了以後，出姜就被遣送回齊國，所以稱呼她為出姜。㈢貴聘而賤逆之：當時是公子遂去訂婚的，而現在卿不去，派低賤的官吏去迎接她。㈣君而卑之，立而廢之：君是等於小君，不以夫人禮迎她是卑視她，立了以後又廢掉她。㈤棄信而壞其主：背了信實，而毀壞他的主人。㈥不允宜哉：不被尊敬，這是很相宜的。㈦畏天之威于時保之，敬主之謂也：敬畏上天的威嚴，於是保全福祿，這是恭敬主人的原因。

【今譯】夏天，到齊國去迎接婦姜，這次魯國的卿不去，這是不合禮的。君子所以知道出姜不被魯國所尊敬，說：「派貴人去聘問，而派低賤的人去迎接，以她為小君而看不起她，立了以後又把她廢掉，丟棄信用而壞了內主，有這種事在國家必定要亂，在家裡必定要亡。她不為人民所尊敬，這很合宜的。詩經周頌也說：『怕上天的威嚴，就為的保持福祿。』這是對主人的尊敬所說的。」

(三) 經 狄侵齊。

【今註】 此經無傳。

【今譯】 狄人侵略齊國。

(四) 經 秋楚人滅江。

傳 楚人滅江，秦伯為之降服，出次不舉過數①，大夫諫，公曰：「同盟滅，雖不能救，敢不矜乎②？吾自懼也③！」君子曰：「詩云：『惟彼二國，其政不獲，惟此四國，爰究爰度④。』其秦穆之謂矣？」

【今註】 ㈠秦伯為之降服，出次不舉過數：秦穆公為這件事穿著素服，不住正殿，不舉行宴會，超過固定的禮數。㈡同盟滅，雖不能救，敢不矜乎：同盟被滅雖然不能援救他，不敢不自我莊敬。㈢吾自懼也：我為自己而害怕。㈣惟彼二國其政不獲，惟此四國，爰究爰度：那二國政治不安定，可是這四國是真正對於政治有所研究的。

【今譯】 秋天楚國人把江國滅掉，秦伯因為這原故，穿著素服，不住正寢，去掉所有的宴會。大夫們全諫他。他說：「同盟被滅掉，雖不能去救護他，敢不自我莊敬嗎？我是為自己害怕。」君子說：

「詩經大雅一句話：『那兩個國家政治不很安定，可是這四個國家，能夠研究有度謀。』這就是指著秦穆公所說的。」

(五)經 晉侯伐秦。

傳 秋晉侯伐秦，圍刓新城①，以報王官之役②。

【今註】㈠圍刓新城：刓音元，在今陝西省澄城縣境。江永以為刓與新城是兩個地方，俞樾以為新城就是刓，不是兩個地方。一統志說：「新城在今陝西省澄城縣東北二十里。」㈡王官之役：見文公三年。

【今譯】晉侯伐秦國，圍了刓同新城兩個地方，這是為的報復王官的戰役。

(六)經 衛侯使甯俞來聘。

傳 衛甯武子①，來聘，公與之宴，為賦湛露及彤弓②。不辭，又不答賦，使行人私焉③。對曰：「臣以為肄業及之也④。昔諸侯朝正於王⑤，王宴樂之，於是乎賦湛露，則天子當陽諸侯用命也⑥。諸侯敵王所愾而獻其功⑦，王於是乎賜之彤弓一，彤矢百，玈弓矢千，以覺報宴⑧。今陪臣來繼舊好⑨，君辱貺之，其敢干大禮以自取戾⑩。」

【今註】㈠甯武子：即甯俞。㈡為賦湛露及彤弓：湛露及彤弓兩篇詩，皆屬於毛詩小雅。㈢不辭，又不答賦，使行人私焉：他不辭讓，也不另賦旁的詩篇來答謝，魯文公就使掌管兵科的行任官，偷偷的問他。㈣臣以為肄業及之也：我以為是偶然的練習到此。㈤昔諸侯朝正於王：諸侯在周王那裡上朝而受政教，叫朝正。㈥王宴樂之：於是乎賦湛露，則天子當陽，諸侯用命也：王給他宴會。於是樂工歌唱湛露這篇詩，這就是天子在上邊，諸侯全服從命令。㈦諸侯敵王所愾而獻其功：愾是又恨又怒。諸侯反對王所憤怒的人，而獻他的功勞。㈧彤弓一，彤矢百，玈弓矢千，以覺報宴：彤弓是紅顏色的弓，玈弓是黑顏色的弓，玈音盧。彤矢是紅顏色的箭。㈨今陪臣來繼舊好：現在我來繼續舊的和好。⑩君辱貺之其敢干大禮以自取戾：你特別賜給我宴會，我何敢干犯大禮，以自己取得罪。

【今譯】衛國甯速來魯國聘問，魯文公給他宴會，叫樂工們歌唱湛露同彤弓兩篇詩。他不辭謝也不回答歌唱，魯文公派行人去私問。他回答說：「我以為你們練習，來歌唱到這兩篇詩。從前諸侯在周王那裡朝正的時候，王給他宴會，於是就給他歌唱湛露，就是天子在正面，諸侯全聽話。諸侯反對王所恨的人而獻他的功勞，周王就賞給他彤弓一個，彤矢一百個，玈弓矢一千，以明示慶功宴會。我現在來續舊的要好，你就給我這種賞賜，我那裡敢干犯大的禮節，以自取到罪戾。」

(七) 經 冬，十有一月壬寅夫人風氏薨。

傳 冬，成風薨①。

【今註】㊀成風薨：僖公的母親即文公的祖母死了。

【今譯】冬天，僖公的母親成風死了。

文公五年（公元前六百二十二年）

(一) 經 三年春王正月，王使榮叔歸含且賵。

(二) 經 三月辛亥葬我小君成風。王使召伯來會葬。

傳 五年春王使榮叔來含且賵①，召昭公來會葬②，禮也。

【今註】㊀王使榮叔來含且賵：周王派卿士榮叔來送口中所含的珠玉，並且贈送車馬。㊁召昭公來會葬：昭伯也是天子的卿士。

【今譯】五年春，周襄王叫周卿士榮叔來參加成風葬禮，送來口裡含的珠玉，且送陪葬的車馬，召昭公來參加葬禮，這是很合禮的。

(三) 經 夏公孫敖如晉。

【今註】此經無傳。

【今譯】夏天，公孫敖到晉國去。

㈣經 秦人入鄀。

傳 初，鄀叛楚即秦①，又貳於楚②，夏，秦人入鄀③。

【今註】㈠鄀叛楚即秦：鄀國叛了楚國而聯合秦國。㈡又貳於楚：後來他又聯合楚國。㈢秦人入鄀：所以秦人就侵入鄀國的都城。

【今譯】最早的時候，鄀國人對楚國反叛，而同秦國聯合，後來又跟楚國聯合，夏天，秦國人就進到鄀國。

㈤經 秋楚人滅六。

傳 六人叛楚即東夷①，秋楚成大心，仲歸②，帥師滅六。

【今註】㈠六人叛楚即東夷：六是偃姓國，皐陶後。一統志：「在今安徽六安縣北十三里。」反叛了楚國，而聯合了東方的各種夷人。㈡楚成大心，仲歸：成大心同子家。

【今譯】秋天，因為六國人對楚國反叛，聯合東夷，楚國成大心同仲歸率領軍隊滅了六國。

(六)傳冬，楚子燮滅蓼①，臧文仲聞六與蓼滅曰：「皋陶庭堅不祀忽諸②，德之不建，民之無援，哀哉③。」

【今註】㊀楚子燮滅蓼：楚子燮是楚大夫。㊁皋陶庭堅不祀忽諸：皋陶，庭堅不能受祭祀，這是忽然間的事。㊂德之不建，民之無援，哀哉：德性不建立，人民也沒有救援，這真是可哀的事情。

【今譯】冬天，楚國子燮滅了蓼，臧文仲聽見六同蓼被滅了就說：「皋陶同庭堅忽然不得到祭祀，德性的不建立，人民也不被援助，這是可哀的事。」

(七)傳晉陽處父聘于衛，反過甯①，甯嬴從之②及溫而還。其妻問之，嬴曰：「以剛。商書曰：『沈漸剛克，高明柔克③。』夫子壹之，其不沒乎！天為剛德，剛不干時④，況在人乎？且華而不實，怨之所聚也⑤。犯而聚怨，不可以定身⑥。余懼不獲其利，而離其難。是以去之。」晉趙成子⑦，欒貞子⑧霍伯⑨臼季⑩皆卒。

【今註】㊀甯：一統志：「今河南獲嘉縣治，即古修武，亦即甯邑，晉陽處父聘于衛，反過甯即此。」㊁甯嬴從之：甯嬴是晉國旅館的大夫。就跟著他去了。㊂沈漸剛克，高明柔克：沈漸就是滯溺，能由剛強的人來勝利他。但是直爽的人能以溫柔來戰勝他。㈣夫子壹之，其不沒乎？天為剛德，剛不干時：這位先生純為剛強，將來不得好死，天是以剛強為德性，但是由長長的寒暑推移，氣候永遠不一樣。㈤華而不實，怨之所聚也：並且只開花而不結果實，這是怨所招聚的。㈥犯而聚怨不可以定身：侵犯旁人，而得到很多怨恨，這是沒法安定身體的。㈦趙成子：晉大夫趙衰。㈧欒貞子：欒枝。㈨霍伯：先且居。㈩臼季：是胥臣。

【今譯】晉國陽處父到衛國聘問，反回晉國時，路過甯這地方，甯這地方的大夫甯嬴跟著他去，一直到溫這地方就回來了。他的夫人問他陽處父怎麼樣，他說：「完全用的剛強。洪範說過：『要是沈漸的就用剛可以制他，性情高明的，就用柔和可以治理他。』他的個性純剛，他不能夠得到好死。天有剛的德性，尚且有四時變化，何況在人呢？並且說的話超過他的行為，這是怨望所聚集的。用剛來侵犯人，又聚集很多怨恨，這是不可以安身的，我很恐怕得不到好處，而反得到他的禍難，所以離開他。」晉國的趙衰同欒枝，先且居以及胥臣全都死了。

文公六年（公元前六百二十一年）

㈠經文公六年春，葬許僖公①。

【今註】此經無傳。

【今譯】六年春，給許僖公下葬。

(二)傳 春晉蒐於夷，舍二軍①，使狐射姑將中軍②，趙盾佐之③。陽處父至自溫，改蒐于董④，易中軍⑤。陽子成季之屬也，故黨於趙氏。且謂趙盾能，曰：「使能，國之利也，是以上之⑥。」宣子於是乎始為國政⑦，制事典⑧，正法罪⑨，辟獄刑⑩，董逋逃由質要⑪，治舊洿⑫，本秩禮⑬，續常職⑭，出滯淹⑮，既成以授大傅陽子與大師賈佗⑯，使行諸晉國以為常法⑰。

【今註】㈠晉蒐於夷舍二軍：在僖公三十一年，晉始作五軍，現在又拋去二軍回復三軍制度。夷是晉地，江永以為就是莊公十九年的夷，但是師大程發軔教授以為不對，應該距離晉國的都城絳不遠。㈡使狐射姑將中軍：替代先且居。射音亦。㈢趙盾佐之：趙盾是趙衰的兒子，他替代趙衰。㈣改蒐于董：水經注：「涑水西逕董澤，陂南即古池，東西四里，南北三里，春秋文公六年，蒐於董，即斯澤也。」㈤易中軍：改換以趙盾為中軍帥，而將狐射姑由中軍帥改成中軍佐。㈥使能，國之利也，是以上之：使派能幹的人，是國家的利益，所以把趙盾改為中軍帥，比較地位更高。㈦宣子於是乎始為國政：宣子是趙盾的謚號，於是開始管理國家的政治。㈧制事典：制定各種規章。㈨正法罪：使法律的輕重全都合適。㈩辟獄刑：治理刑獄事件。⑪董逋逃由質要：清查因欠債而逃走的人。並用契約來防止逃債。㈢治舊洿：清理舊的錯誤。㈢本秩禮：分別貴同賤。㈣續常職：把所廢的官職全恢復。㈤出滯淹：選拔賢能。㈥大師賈陀：大音太。賈陀是曾經隨著晉文公流亡在外的人。㈦以為常法：拿它做為經常的法典。

【今譯】　晉國在夷這地方打獵，去掉兩個軍，叫狐射姑為中軍將，趙盾來輔佐他。陽處父從溫這地方回來，就又在董的地方打獵，換了中軍的將佐。因為陽處父是趙衰的屬下，所以跟趙盾為黨並且說趙盾很能幹，就說：使很能幹的，是對國家有利的，所以把他擺在上面。趙盾就開始管理晉國的政權，制定規章，正法律的輕重，辦理刑獄事件，清查因欠債而逃亡的人，並用契約來防止逃債，清理舊的錯誤，分別貴賤，把廢的官職更立好，又拔賢能官，這個法典修成以後，就交給太傅陽處父同大師賈陀，使他們在晉國行使，以為常用的法典。

㈢經　夏季孫行父如陳。

傳　臧文仲以陳衛之睦也，欲求好於陳①，夏季文子聘於陳且娶焉②。

【今註】　㈠臧文仲以陳衛之睦也，欲求好於陳：臧文仲因為陳國同衛國很和睦，所以想同陳國要好。

㈡季文子聘於陳且娶焉：季文子即季孫行父，因此就往陳國聘問，並且在那裡娶陳侯的女兒。

【今譯】　臧文仲因為陳國同衛國全很和睦，就希望同陳國要好，夏天，季文子到陳國聘問，並且娶了他的夫人回來。

㈣經秋季孫行父如晉。

㈤經八月乙亥，晉侯驩卒。

傳秋，季文子將聘于晉，使求遭喪之禮以行。其人曰：「將焉用之①？」文子曰：「備豫不虞，古之善教也②，求而無之實難③，過求何害④。」八月乙亥，晉襄公卒，靈公少，晉人以難故欲立長君⑤，趙孟曰：「立公子雍，好善而長。先君愛之，且近於秦，舊好也。置善則固，事長則順，立愛則孝，結舊則安⑥，為難故，故欲立長君，有此四德者，難必抒矣⑦。」賈季⑧曰：「不如立公子樂⑨，辰嬴嬖於二君⑩，立其子，民必安之。」趙孟曰：「辰嬴賤，班在九人⑪其子何震之有⑫？且為二君嬖淫也⑬，為先君子，不能求大，而出在小國，辟也⑭，母淫子辟，无威，陳小而遠，無援⑮，將何安焉⑯。杜祁以君故，讓偪姞而上之⑰，以狄故讓季隗而已次之，故班在四⑱，先君是以愛其子，而仕諸秦，為亞卿焉⑲。秦大而近，足以為援，母義子愛，足以威民⑳，立之，不亦可乎？」

使先蔑士會㉑如秦逆公子雍。賈季亦使召公子樂于陳，趙孟使殺諸郫㉒。賈季怨陽子之易其班也㉓，而知其無援於晉也㉔，九月，賈季使續鞫居㉕殺陽處父，書曰：「晉殺其大夫，侵官也。」

【今註】㈠將焉用之：有什麼用處。㈡備豫不虞，古之善教也：預先預備好了，就不會發生困難，這是古人的好教導。㈢求而無之實難：如臨時要尋找，不易得到，那就是困難。㈣過求何害：求得過份有什麼錯誤。㈤晉人以難故，欲立長君：晉人因為國家多難，所以想立年長的為君。㈥置善則固，事長則順，立愛則孝，結舊則安：立了善良的人則政治可以安穩，侍奉年長的君這是很順理的，立了先君所愛的兒子，這是很孝順，並且秦國是晉國的舊好，跟舊好的國家結合，就可以安全。㈦有此四德者，難必抒矣：有以上四種德性的人，國家的困難必定會抒除。㈧賈季：就是狐射姑。㈨公子樂：也是晉文公的兒子。㈩辰嬴嬖於二君：辰嬴是懷嬴，秦穆公的女兒先嫁晉懷公，後來秦穆公又叫她嫁給晉文公。⑪班在九人：在晉文公的各夫人中他列在第九位。⑫其子何震之有：她的兒子有什麼威力（影響力）。⑬且為二君嬖淫也：曾經為二君喜愛，這是等於淫亂。⑭而出在小國辟也：而他出在小的陳國，這是固陋。⑮陳小而遠無援：陳國小而且又遠這是沒法幫助他回來的。⑯將何安焉：那麼這將何以安定。⑰杜祁以君故，讓偪姬而上之：杜祁是杜國的女孩子，祁是她的姓，以君故，是因晉襄公的緣故，使偪姞的地位在她上面。偪姞是偪國的女兒姬姓，是襄公的生母。⑱以狄故讓季隗而己次之，故班在四：季隗是狄國的女兒，文公在狄國的時候所娶，所以杜祁讓她，因而她的地位排於第四。⑲而仕諸秦，為亞卿焉：叫他到秦國做官，為第二等的卿官。⑳母義子愛足以威民：母親謙讓，很有義氣，兒子又為父親所愛，這足以使人民威信。㉑先蔑士會：先蔑是士伯，士會就是隨季。全是晉大夫。㉒郫：是晉地，一統志：「邵原廢縣，在濟源縣西一百二十里，古曰郫亦曰郫邵，今為邵原鎮。」㉓易其班也：因為怨恨陽處父將他的中軍帥，變成中軍佐。㉔而知其無援於晉也：因為族人少，而又得罪人多，所以晉國沒人援助他。㉕鞫居：是狐射姑的族人。

【今譯】 秋天，季文子將到晉國去聘問，要求遇見喪事的禮節去辦。他的隨從人說：「這那裏有用。」文子說：「預備意外的事，是古時候的好教訓，臨時要找那是很難，多要求有什麼害處？」八月乙亥，晉襄公死了，他的兒子靈公年幼，晉人因為禍難的原故，想立年長的君，趙盾說：「立文公的兒子公子雍，喜歡善事而年長。先君也很喜歡他，並且他近於秦國，秦國是與晉國舊好的國家，立一個善良的人，政局就能堅固，事奉長君也很順理，立了先君所愛就是孝順，聯合舊的友好，就安定，因為禍難的原故，所以想立年長的君，有了這四件事，這禍難必定可以解除了。」狐射姑說：「不如立公子樂，他的母親辰嬴為兩個君所喜歡，立了她的兒子為君，人民必定安定。」趙盾說：「辰嬴是很低賤的，班次在第九人，她的兒子有什麼威嚴，並且她是兩個君所喜歡，是淫亂的。為先君的兒子，不能到大國去，而出在小國，這是固陋，母親是淫亂，兒子固陋，沒有威嚴，陳國很小而離晉國遠，沒法援助，這怎麼安定呢？杜祁因為襄公的原故，所以使偪姞在她的上邊，因為狄國的原故，讓季隗而自己在下邊，所以班次在第四，文公因而喜愛她的兒子，叫他到秦國做亞卿的官，秦國很大又近，可以做援助，母親很有義氣，兒子被憐愛，足以使人民畏懼，立他，不也可以嗎？」就派先蔑士會到秦國去迎接公子雍。狐射姑也派人去陳國去迎接公子樂，趙盾派人在郫這地方把他殺掉。狐射姑因為恨陽處父，換了他的班次，又知他在晉國沒有援助，九月，狐射姑使續簡伯殺了陽處父，春秋上寫著：「晉國殺他大夫。」這是因為陽處父侵奪官職。

(六)傳秦伯任好卒①，以子車氏之三子奄息，仲行，鍼虎為殉②，皆秦之良也。國人哀之，為之賦黃鳥③。君子曰：「秦穆之不為盟主也宜哉，死而棄民④。先王違世猶詒之法⑤而況奪之善人乎？詩曰：『人之云亡，邦國殄瘁⑥。』無善人之謂，若之何奪之⑦？古之王者知命之不長，是以竝建聖哲⑧，樹之風聲⑨，分之采物⑩著之話言⑪，為之律度⑫，陳之藝極⑬，引之表儀⑭，予之法制⑮，告之訓典⑯，教之防利⑰，委之常秩⑱，導之以禮則，使毋失其土宜⑲，象肆賴之⑳，而後即命㉑，聖王同之㉒。今縱無法以遺後嗣，而又收其良以死㉓，難以在上矣㉔！

君子是以知秦之不復東征也㉕。

【今註】㈠秦伯任好卒：任好是秦穆公的名字，他死了 ㈡以子車氏之三子奄息、仲行、鍼虎為殉：子車是秦國大夫的氏，奄息，仲行，鍼虎是他族中的三個兒子，跟秦穆公一起下葬，殉是活葬的意思，這種殉葬是古代的方法，到春秋已經廢除，不過秦國是西戎化的東夷，可能在這時候，仍舊保持古代的風俗。㈢黃鳥：秦國人就給他賦黃鳥這篇詩，現見於毛詩秦風中。㈣死而棄民：死了以後而拋棄了人民。㈤先王違世猶詒之法：先王死的時候，尚且留下法律。㈥人之云亡，邦國殄瘁：這是詩經大雅的一句，他說善人要死了，就使他的國家整個全像得了病一樣。㈦無善人之謂，若之何奪之：這是講沒有善人的話，為什麼還要把善人奪掉。㈧古之王者知命之不長，是以竝建聖哲：古代的王者，知道命已不長，就養成很多聖哲，使他們管理人民。㈨樹之風聲：依土地同風俗建立了聲教的方法。㈩分之采物：采物指的是旗子，衣服各有不同。⑪著之話言：寫下很多好的言語。⑫為立律度：律度是指得鐘律同度量。⑬陳之藝極：貢獻了很多的標準。⑭引之表儀：還給他引申出來很多威儀。⑮予之法制：給他各種法律制度。⑯告之訓典：訓典是先王所著的書冊。⑰教之防利：教他防備壞事，興發利益。⑱委之常秩：給他各官常用的職務。⑲導之以禮則，使毋失其土宜：用禮來導引他，叫他不要丟掉他這方面所應該用的事物。⑳眾隸賴之：大家全都聽從他的。㉑而後即命：然後方才死。㉒聖王同之：聖智的王跟古代一樣。㉓今縱無法以造後嗣，而又收其良以死：現在雖然沒有方法留下後來做君的人，又把他的善良的人殉葬了。㉔難以在上矣：難以在上面做君王。

㉕君子是以知秦之不復東征也：所以秦國從此以後沒有辦法東征各諸侯而稱霸。

【今譯】 秦穆公死了，把子車氏的三個兒子奄息，仲行，鍼虎做了殉葬的人，這全是秦國的良臣，秦國人很哀痛他們，為他們賦黃鳥這篇詩。君子說：「秦穆公不能作盟主，這是很相宜的，死了而拋棄人民。先王離開這個世界，尚且留下法典。何況又把善人奪掉呢？詩經大雅說過：『善人要死了，邦國全得到了病。』這是指著沒有善人，為什麼還要奪掉他。」古代的王者，知道他的壽命不能長，所以養成很多聖哲，來管理人民，因土地風俗建立教化方法，還有旌旗衣服給他們分配等級，寫下很多善言，製作鐘律度量，貢獻了很多法則，引了很多威儀，並給他法制，告訴他先王的訓典，教給他防惡興利，還給他長的官職，以禮指導他，使他不要失掉他的土宜，眾人全仰賴他，而後才死。聖王也同這相同。現在既然沒有法留給後嗣的人，而又收他的良臣去死，這很難為在上位了，君子所以知道秦國不能再往東邊征伐。

(七)【經】冬十月公子遂如晉葬晉襄公。

(八)【經】晉殺其大夫陽處父。

(九)【經】晉狐射姑出奔狄。

【傳】冬十月襄仲如晉葬襄公，十一月丙寅，晉殺續簡伯①。賈季奔狄②。宣子使臾駢送其帑③。夷之蒐，賈季戮臾駢，臾駢之人欲盡殺賈氏以報焉④。臾駢曰：「不可，吾聞前志⑤有之曰：『敵惠敵怨，不在後嗣，忠之道也⑥。』夫子禮於賈季，我以其寵報私怨，無乃不可乎？介人之寵非勇也⑦，損怨益仇非知也⑧。以私害公非忠也⑨，釋此三者，何以事夫子？」盡具其帑與其器用財賄⑩，親帥扞之送至諸竟⑪。

【今註】㈠續簡伯：即續鞫居。㈡賈季奔狄：賈季即狐射姑逃到狄國去了。㈢宣子使臾駢送其帑：趙盾叫臾駢（晉大夫）把他的家產及妻子全都送到狄國去了。㈣夷之蒐，賈季戮臾駢，臾駢之人欲盡殺賈氏以報焉：在夷蒐的時候，賈季曾經刑辱臾駢，所以臾駢的部屬，就想盡殺賈氏的人報仇。㈤吾聞前志：我聽說從前的書上講過。㈥敵惠敵怨，不在後嗣，忠之道也：敵人有恩惠同敵人有怨恨，對他的後人，沒有關係。這是忠厚的道理。㈦介人之寵非勇也：利用人家的寵愛這不是勇敢。㈧損怨益仇非知也：消除了對賈氏的怨恨，卻造成趙盾對我的仇恨，這是不智慧。知音義同智。㈨以私害公非忠也：因私人的事而害了公事，這不是忠正。㈩盡具其帑與器用財賄：完全將他的妻子與他所用的物品錢財。⑪親帥扞之送致諸竟：親自保衛護送到晉國同狄人的邊境上。

【今譯】冬天十月，公子遂到晉國，為的晉襄公的下葬。十一日丙寅，晉國殺了續簡伯，狐射姑也逃到狄國，趙盾派臾駢送他的妻子去。夷那次打獵的時候，狐射姑曾刑辱臾駢，臾駢的部下，想把狐射姑的人全殺掉，以報這個仇。臾駢說：「不可以。我聽見古書中說：『同敵人有恩惠，或者敵人有怨望，全與他後嗣無干，這是忠的道理。』趙盾對狐射姑很有禮貌，我拿他的寵愛，來報私的怨恨，這是不可以的。利用人的寵愛，這不是勇敢，消除了怨恨，增加了仇敵，這不是智，因為私事來害公家，這不是忠，祇有這三種，怎麼能夠事奉趙盾？」把他的家族跟他的物件同財賄，親自率領他們送到邊境上。

(十)經　閏月不告朔猶朝于廟。

傳　閏月不告朔①，非禮也。閏以正時②，時以作事③，事以厚生④。生民之道於是乎在矣。不告閏朔，弃時政也，何以為民⑤？

【今註】㈠閏月不告朔：閏月而不告朔於廟中。㈡閏以正時：因為時間見差錯，就加上閏月以修正他。㈢時以作事：時間正了，就可以按著時間來做事情。㈣事以厚生：作事會有收穫，可改善生活。㈤不告閏朔，弃時政也，何以為民：在閏月而不告朔於廟，這是丟掉時間同政令，怎樣治理民間呢？

【今譯】閏月初一不在廟中告朔，這是不合禮的。閏是可以正四時的，時間正了就可以按時作事情。作事情可以使人民生活好，為人民的生存道理，就在這裡。現在閏月不告朔在廟，這是丟掉時政，怎麼樣治理人民。

文公七年（公元前六百二十年）

(一)經 文公七年春公伐邾。

(二)經 三月甲戌，取須句，遂城郚。

傳 文公七年春，公伐邾，間晉難也①。三月甲戌，取須句②，寘文公子焉③，非禮也。

【今註】 ㊀公伐邾，間晉難也：公侵伐邾國，因為晉國有難，所以他就侵犯小國。㊁須句：風姓國，在今山東省東平縣東北有須句故城。㊂寘文公子焉：寘是安置，將邾文公的兒子擺在那裡，因為他反叛邾國，逃到魯國，而魯文公使他為守須句的大夫。

【今譯】 七年春天，魯文公伐邾國，乘著晉國有患難。三月甲戌，佔領須句這地方，把邾文公的兒子安置到那裡，這是不合禮的。

(三)經 夏四月，宋公王臣卒。

(四)經 宋人殺其大夫。

傳 夏四月，宋成公卒①，於是公子成為右師②，公孫友為左師③，樂豫為司馬④，鱗矔為司徒⑤，公子蕩為司城⑥，華御事為司寇⑦。昭公將去羣公子，樂豫曰：「不可，公族公室之枝葉也⑧，若去之，則本根無所庇陰矣⑨！葛藟猶能庇其本根⑩，故君子以為比⑪，況國君乎？此諺所謂庇焉而縱尋斧焉者也⑫。必不可，君其圖之。親之以德皆股肱也⑬，誰敢攜貳⑭？若之何去之。」不聽。穆襄之族率國人⑮以攻公、殺公叔固，公孫鄭于公宮⑯。六卿和公室⑰，樂豫舍司馬以讓公子卬⑱，昭公即位而葬，書曰宋人殺其大夫，不稱名，眾也⑲，且言非其罪也⑳。

【今註】㊀宋成公卒：即宋公王臣死了。㊁公子成為右師：公子成是宋莊公的兒子。宋國以左師，右師為主要官名。㊂公孫友為左師：公孫友是公子目夷的兒子。㊃樂豫為司馬：樂豫是宋戴公的玄孫。㊄鱗矔為司徒：鱗矔是宋桓公的孫子。㊅公子蕩為司城：公子蕩也是宋桓公的兒子，宋國司城就是各國所稱的司空。㊆華御事為司寇：華御事是華元的父親。㊇公族，公室之枝葉也：公族等於公室的樹枝同葉子。㊈本根無所庇陰矣：樹的本身及樹根，就沒有可被保護的。㊉葛藟猶能庇其本根：按藟就是藤，葛樹及藤的枝葉很多，所以他能保護他的本根。㈡故君子以為比：所以詩經上王風有葛藟一篇為九族與弟兄的比喻。㈢此諺所謂庇焉，而縱尋斧焉者也：這是俗話所說名為保護而實放縱斧頭去砍。㈢親之以德，皆股肱也：拿德性與他親近，都可以成為四肢。㈣誰敢攜貳：誰還敢離心離德不合作。㈤穆襄之族率國人：宋穆公及宋襄公的子孫就是昭公想去的那班人率領貴族，按春秋時，國人例指貴族。㈥殺公孫固，公孫鄭于公宮：這二人全在宮中，所以為他們所殺。㈦六卿和公室：這六個卿給公室講和。㈧以讓公子卬：公子卬是宋昭公的弟弟。㈨宋人殺其大夫，不稱名，眾也：宋人殺他們的大夫不指那一個人，因為很多。㈩且言非其罪也：並且說被殺的人並不是有罪的。

【今譯】 夏四月，宋成公死了，這時間公子成做右師，公孫友做左師，樂豫做司馬，鱗矔做司徒，公子蕩做司城，華御事做司寇。昭公想把羣公子去掉。樂豫說：「不可以，公族是公室的枝葉。要是去掉他，則本根沒有保護了！葛藟尚能夠保護他的本根，所以君子拿這為比，何況是國君呢？這是俗諺所說，名為保護，而實在用斧頭，必不可以，你細想想，拿德性來親近他，全都是股肱，誰還敢有貳心，為什麼去掉他？」不聽。穆公同襄公的子孫的族人，率領貴族去攻擊昭公，殺了公孫固，和公孫鄭在公宮裡面。六卿調和公室，樂豫讓掉司馬的官給昭公弟弟公子卬，昭公即位才下葬。春秋上寫著說宋人殺大夫，不稱名字，因為死者很眾多，並且說不是他們犯了罪。

㈤經 戊子晉人及秦戰於令狐。

㈥經 晉先蔑奔秦。

傳 秦康公①送公子雍于晉②，曰：「文公之入也，無衛。故有呂郤之難。」乃多與之徒衛③。穆嬴④日抱太子⑤以啼於朝，曰：「先君何罪，其嗣亦何罪，舍適嗣不立而外求君，將焉寘此⑥？」出朝，則抱以適趙氏，頓首於宣子⑦曰：「先君奉此子也而屬諸子⑧，曰：『此子也才，吾受子之賜，不才吾唯子之怨⑨。』今君雖終，言猶在耳，而棄之，若何？」宣子與諸大夫皆患穆嬴且畏偪⑩，乃背先蔑而立靈公⑪，以禦秦師。箕鄭居守⑫，趙盾將中軍，先克⑬佐之。荀林父佐上軍⑭。先蔑將下軍。先都⑮佐之。步招御戎，戎津為右⑯。及堇陰⑰，宣子曰：「我若受秦，秦則賓也，不受寇也⑱。既不受矣，而復緩師，秦將生心⑲。先人有奪人之心⑳，軍之善謀也。逐寇如追逃㉑，軍之善政也。」訓卒，利兵，秣馬，蓐食，潛師夜起㉒。戊子，敗秦師于令狐㉓，至於刳首㉔。己丑，先蔑奔秦，士會㉕從之。先蔑之使也，荀林父止之㉖，曰：「夫人太子猶在㉗，而外求君，此必不行㉘。子以疾辭若何？不然將及㉙。攝卿以往可也，何必子㉚。同官為寮，吾嘗同寮㉛，敢不盡心乎。」弗聽。為賦板之三章㉜，又弗聽。及亡㉝，荀伯盡送其帑㉞，及其器用財賄於秦，曰：「為同寮故也。」士會在秦三年，不見士伯，其人㉟曰：「能亡人於國，不能見於此，焉用之㊱。」士季曰：「吾與之同罪，非義之也，將何見焉㊲。」及歸㊳，遂不見㊴。

【今註】㈠秦康公：秦穆公的兒子。㈡公子雍：是晉文公的兒子。㈢多與之徒衛：多給他衛兵。㈣穆嬴：秦穆公的女兒，晉襄公的夫人。㈤太子：就是晉靈公。㈥將焉寘此：意思說，何以安置少君。㈦宣子：就是趙盾。㈧先君奉此子也，而屬諸子：晉襄公當時把這小孩子交給你的時候，而託你照顧。㈨此子也才，吾受子之賜，不才，吾唯子之怨：這個小孩子，若能成材，我就拜受你的恩賜；要是沒有才幹，我就只有怨恨你。㈩且畏偪：很怕國人以正義來壓迫。⑪靈公：即晉靈公。⑫箕鄭居守：箕鄭是晉國上軍的將。留守在晉國。⑬先克：先且居的兒子。⑭荀林父佐上軍：因為箕鄭留守，所以他以上軍佐獨自作戰。⑮先都：是先克的族人。⑯步招御戎，戎津為右：步招同戎津全是晉國大夫，為中軍的御者同車右。⑰堇陰：晉地，左通補釋：「在今山西縈河縣境。」⑱我若受秦秦則賓也；不受，寇也：我要接受秦國護送公子雍，那麼秦人就是賓客；，若不接受，就是敵寇。⑲既不受矣，而復緩師，秦將生心：既然不接受，但是又緩兵不進，秦國將發生異心。⑳先人有奪人之心：先發動可以壓倒敵人的戰心。㉑逐寇如追逃：追敵人如追逃犯一樣。㉒訓卒，利兵，秣馬，蓐食，潛師夜起：訓練軍隊，把軍器磨得尖銳，餵馬的草料，在沒起床的時候，就吃飯，夜裡偷著發動軍隊。㉓令狐：一統志說：「在今陝西省郃陽縣東南。」㉔刳首：水經注：「刳首在猗氏縣西三十里。」㉕士會：士蔿的孫子。㉖止之：勸他不要去。㉗夫人太子猶在：穆嬴同晉襄公的太子仍舊在。㉘此必不行：這件事必定行不通。㉙不然將及：你要不辭掉必將及於禍害。㉚攝卿以往可以，何必子：可以派人代理卿的職位，去辦這件事，何必你自己。㉛同官為寮，吾嘗同寮：在僖公二十八年荀林父將中行，先蔑將左行，所以說是同官。㉜板之三章：板是詩大雅，生民之什之末篇。第三章說：「我雖異事，及爾同寮，我即爾謀，聽我囂囂。我言維服，勿以為實，先民有言，詢於芻蕘。」意思說，芻蕘的話，尚且不可以忽視，何況是同寮？㉝及之：等到先蔑逃奔到秦國。㉞帑：即他的妻子。㉟其人：即士會左右的人。㊱能亡人於國，不能見於此，焉用之：能一起從晉國逃亡，而不能在秦國相見，有什麼用處？㊲吾與之同罪，非義之也，將何見焉：我與他皆有迎接公子雍的罪狀，不是以他為義氣，那麼為什要相見。㊳及歸，士會回晉國是在文公十三年。㊴遂不見：就不相見。

【今譯】　秦康公送公子雍到晉國去說：「文公回到晉國，沒有保衛，所以有呂郤的禍難。」就給他很多衛兵。穆嬴每天抱著太子到朝上哭啼說：「先君有什麼罪，他的後人有什麼罪，不要太子而到外邊去求君，那麼對於這個人怎麼辦呢？」出了朝，就抱著他到趙盾家，衝著趙盾就叩頭說：「先君把這個兒子交給你說：『這個兒子成材，我是得到你的恩賜，不成材，我祇有怨恨你。』現在先君雖然死了，你還能記得，而放棄他，怎麼辦呢？」趙盾跟諸大夫全都以穆嬴為患，並且怕貴族用大義來責備他，就背叛了先蔑而把靈公立為晉君，以抵抗秦國的軍隊。箕鄭在國內看守。趙盾將中軍，先克輔佐他。荀林父佐上軍，先蔑將下軍，先都來輔佐他。步招趕著車，戎津為戎右。到了菫陰，趙盾說：「我要接受秦國，秦人就是客人，不接受，他就是賊寇。既然已經受不了，再緩兵不動，秦必定要生了旁的心。先打就可有奪人的心的效果，這是軍隊中善好的計劃。追逐賊寇跟追逃犯一樣，這是軍隊的好政策。」訓練軍隊磨刀槍，餵了馬，早晨就吃飯，暗中在夜裡就起兵，戊子這天，把秦的軍隊在令狐打敗一直到刳首這地方。己丑這天，先蔑逃到秦國去，士會也隨著他。先蔑最初出使的時候，荀林父勸他不要去說：「夫人同太子全在，反到外邊去求君，這必不能辦得通的。你拿病告辭怎麼樣。不然禍必定到你身上。攝卿的官去好了，何必你呢？同官叫做同僚，我們曾同僚，敢不盡心來想。」先蔑不聽。荀林父又給他歌唱板的第三章又不聽。到了逃到秦國去後，荀林父又把他的妻子全送去，並把用的傢俱同財賄全送到秦國去。荀林父說：「這是為同僚的原故。」士會在秦國三年的工夫，沒有去看先蔑。他隨從的人說：「能夠同他從晉國一起逃出來，而在此地不見他，何必如此。」士會說：「我與他同樣的犯罪，不是以他為義氣，又何必見他。」一直到他回晉國，始終不見先蔑。

(七)經 狄侵我西鄙。

傳 狄侵我西鄙，公使告于晉。趙宣子使因賈季問酆舒①且讓之②。酆舒問於賈季曰：「趙衰，趙盾孰賢？」對曰：「趙衰冬日之日也③；趙盾夏日之日也④。」

【今註】㈠酆舒：是狄人的宰相。㈡且讓之：責讓他的侵伐魯國。㈢趙衰冬日之日也：趙衰是冬天的太陽溫暖，令人可愛。㈣趙盾夏日之日也：趙盾是夏天的太陽，令人害怕。

【今譯】秋，狄人侵略我的西邊，魯文公叫人告訴晉國。趙盾使正在狄國的狐射姑問狄國的宰相酆舒，並且責讓他。酆舒問狐射姑說：「趙衰同趙盾那一個好。」回答說：「趙衰是冬天的太陽，趙盾是夏天的太陽。」

(八)經 秋八月公會諸侯晉大夫盟于扈。

傳 秋八月齊侯宋公衛侯鄭伯許男曹伯會晉趙盾盟于扈①，晉侯立故也。公後至，故不書所會。凡會諸侯不書所會後也②，後至不書其國③辟不敏也④。

【今註】㊀扈：一統志：「今河南原武縣西北有扈亭。」㊁凡會諸侯，不書所會，後也：凡是會諸侯，不詳寫所會盟的人名，就是因為後到的緣故。㊂後至不書其國：後到的不寫他的國名。㊃辟不敏也：避免不敏之譏。

【今譯】八月，齊侯宋公衛侯鄭伯許男曹伯與晉國的趙盾在扈這地方盟誓，這是因為晉靈公新立的原故。魯文公到的很晚，所以春秋上不寫與會之人，凡是跟諸侯盟會，要不寫上所會的人，就因為到的太晚，到的晚不寫上他的國名，是為了避免不敏之譏。

(九)經 冬，徐伐莒。

(十)經 公孫敖如莒涖盟。

傳 穆伯①娶于莒曰戴己，生文伯②，其娣聲己生惠叔③。戴己卒，又聘于莒。莒人以聲己辭④，則為襄仲聘焉⑤。冬徐伐莒，莒人來請盟。穆伯如莒涖盟，且為仲逆⑥，及鄢陵⑦，登城見之美⑧，自為娶之。仲請攻之，公將許之。叔仲惠伯⑨諫曰：「臣聞之，兵作於內為亂，於外為寇⑩。寇猶及人，亂自及也⑪！今臣作亂而君不禁，以啟寇讎⑫，若之何？」公止之。惠伯成之⑬，使仲舍之⑭，公孫敖反之⑮，復為兄弟如初，從之。

【今註】㊀穆伯即公孫敖。㊁文伯：是穀。㊂惠叔：難。㊃莒人以聲己辭：莒國人以為聲己仍舊存在，就辭謝他的聘妻事。㊄則為襄仲聘焉：於是就為東門襄仲聘為妻子。㊅穆伯如莒涖盟，且為仲逆：穆伯就到莒國去，參加盟約。並且為東門襄仲迎接他的夫人。㊆鄢陵：莒地，據春秋大事表說在今山東省沂水縣。㊇登城見之美：穆伯到城上看見莒女甚為美貌。㊈叔仲惠伯：叔牙的孫子。㊉兵作於內為亂，於外為寇：軍隊在國內作戰就是亂事，在外邊是賊寇。⑪亂自及也：亂是與自己發作的。⑫今臣作亂而君不禁，以啟寇讎：現在國內的臣子作亂，而你不禁止，就開啟了外寇入侵。⑬惠伯成之：惠伯就給兩個人講和。⑭使仲舍之：使東門襄仲捨莒女不娶。⑮公孫敖反之：公孫敖送還莒女。

【今譯】公孫敖在莒國取了一位夫人叫做戴己，生了穀，她的女弟聲己生了難。戴己死了，又到莒國去聘另一位夫人。莒人就以聲己仍舊存在為辭謝，他就替公子遂聘了。冬天徐國伐莒國，莒人來請求魯國會盟。公孫敖到莒國去參加盟約，並且替公子遂迎娶新夫人，到了鄢陵這地方，上到城上看見莒國女子很美，他就自己娶了。公子遂請求攻公孫敖，文公想允許他。叔仲惠伯諫說：「我聽見說過，兵在裡邊發作叫做亂，從外邊來叫做寇。寇的禍亂祇能到了旁人，亂就到了自己，現在臣作亂，而君不禁止，引來了外寇，怎麼辦？」魯文公就阻止他。叔仲惠伯就給他們調停，叫公子遂放棄莒女，公孫敖也將莒國的女子退還莒國，於是他們重新回復了兄弟的友情。

(十一)傳晉郤缺言於趙宣子曰：「日衛不睦，故取其地。今已睦矣，可以歸之。叛而不討，何以示威①？服而不柔，何以示懷②？非威非懷，何以示德③？無德何以主盟？子為正卿，以主諸侯，而不務德，將若之何？夏書曰：『戒之用休④，董之用威⑤，勸之以九歌勿使壞⑥。』九功之德皆可歌也，謂之九歌。六府三事，謂之九功，水、火、金、木、土、穀謂之六府。正德，利用，厚生謂之三事⑦，義而行之謂之德禮⑧。無禮不樂所由叛也⑨。若吾子之德，莫可歌也，其誰來之⑩。盍使睦者歌吾子乎⑪？」宣子說之。

【今註】㈠叛而不討，何以示威：反叛而不討其罪，怎麼能夠表示威嚴。㈡服而不柔，何以示懷：服從了而不安定他，怎樣能夠表示安定遠人。㈢非威非懷，何以示德：既不有威嚴，也不能安定遠人，怎麼樣能夠表示德行。㈣夏書曰，戒之用休：夏書是逸書，褒獎有賢行的人用恩賞。㈤董之用威：督促有罪的人用威信。㈥勸之以九歌，勿使壞：拿九歌這篇來勸他，不要再壞。㈦水、火、金、木、土、穀謂之六府，正德、利用、厚生謂之三事：水、火、金、木、土、穀就叫做六府。正德行、利財用、厚生民的生活，這叫做三事。㈧義而行之謂之德禮：依照這個來做，就叫做德同禮。

㈨無禮不樂所由叛也：要是沒有禮節，亦就不歡樂，這是他人之所以反叛。㈩若吾子之德，莫可歌也，其誰來之：要是你的德行沒有可以歌唱的，誰還會來歸你。㈡盍使睦者歌吾子乎：何不使羨慕你的人來歌唱你的功德嗎？

【今譯】晉國郤缺對趙盾說：「從前衛國跟晉國不和睦，所以佔領了他的地方。現在已經和好了，可以還給他的地方。反叛了而不討他罪，何以表示威嚴？服從了而不安定他，何以表示懷柔？不用威嚴、不用懷柔，怎麼樣表示德行，沒有德行怎麼樣來做盟主？你是正卿，管理諸侯的事，而不務行德性，這要怎麼辦呢？夏書說：『褒獎有賢行的人用恩賞，有罪就用威信來督促他，拿九歌來勸他，使他不要壞了。』九功的德性，全可以歌唱，就叫做九歌。六府同三事叫做九功。水火金木土穀叫六府，正德、利用、厚生叫三事。依照這些來辨叫做德禮。沒有禮就不樂，這是人民所以反叛了。假設你的德性，沒有被人可以歌唱的，誰還來服從你。何不使和睦的人來歌唱你呢？」趙盾聽說很高興。

文公八年（公元前六百一十九年）

㈠經　八年春王正月。

傳　八年春，晉侯使解揚①歸匡戚之田於衛②，且復致公婿池之封③，自申至于虎牢之竟④。

【今註】㈠解陽：晉大夫。㈡歸匡戚之田於衛：匡本來是衛的地方，中間屬過鄭國，戚本來是衛國的地方，匡在今河南省洧川縣東北的匡城。戚，據明一統志說：「在今河北省濮陽縣北七里，有古戚城。㈢且復致公婿池之封，晉國的女婿名字叫池，且回復他的封邑。㈣自申至于虎牢之竟：申是鄭地，彙纂：「在今河南汜水縣界。」虎牢鄭地，在今河南省泗水縣西二里。

【今譯】八年春天，晉靈公派解揚歸還匡戚的田地給衛國，並且更把公婿池的封地也還給衛國，由申這地方起一直到虎牢邊境。

㈡經夏四月。

傳夏秦人伐晉取武城①以報令狐之役②。

【今註】㈠武城：晉地，在今陝西省華縣東北十三里。㈡令狐之役：見文公七年。

【今譯】夏天秦人伐晉國，佔領了武城這地方，這是為的報復令狐的戰役。

㈢經秋八月戊申，天王崩。

傳秋襄王崩①。

【今註】㈠襄王崩：這公孫敖往周都城弔唁的原因。

【今譯】秋天，周襄王死了。

(四)經 冬十月壬午公子遂會晉趙盾盟於衡雍。

(五)經 乙酉公子遂會雒戎盟于暴。

傳 晉人以扈之盟來討①，冬襄仲會晉趙孟盟於衡雍②，報扈之盟也③，遂會伊雒之戎④。書曰公子遂，珍之也。

【今註】 ㈠晉人以扈之盟來討：因為在扈盟約的時候，魯文公後到，所以晉國來討魯國。㈡衡雍：鄭地，據彙纂說：「在今河南省原武縣西北三里有衡雍城。㈢扈之盟也：這是回報扈的盟約。㈣遂會伊雒之戎：會見伊水同雒水的戎。據春秋地名補注：「暴在今河南省原武縣境。」時戎將侵晉，因公子遂之會而止。

【今譯】 晉國人因為扈盟的事，文公到的晚，就來討伐魯國。冬天公子遂會晉國趙盾在衡雍盟誓，這是報答扈的盟會，他就會見伊雒的戎，春秋上寫著公子遂，這表示對他很珍貴。

(六)經 公孫敖如京師，不至而復。丙戌，奔莒。

傳 穆伯如周弔喪①，不至以幣奔莒，從己氏焉②。

【今註】 ㈠穆伯如周弔喪：穆伯到周都城弔祭周王的喪事。㈡從己氏焉：跟從莒國的女子己氏。

【今譯】 公孫敖到周國去弔喪，沒有到他那裏就帶著幣帛逃到莒國，為的追隨莒國的女子。

(七)經 螽①。

【今註】㊀螽是蝗蟲，為有經無傳。

【今譯】魯國有蝗蟲。

(八)經 宋人殺其大夫司馬，宋司城來奔。

傳 宋襄夫人襄王之姊也①，昭公不禮焉②，夫人因戴氏之族③以殺襄公之孫孔叔，公孫鍾離及大司馬公子卬④，皆昭公之黨也。司馬握節以死，故書以官⑤。司城蕩意諸來奔⑥效節於府人而出⑦。公以其官逆之，皆復之⑧，亦書以官，皆貴之也⑨。

【今註】㊀宋襄夫人，襄王之姊：宋襄公的夫人是周襄王的姊姊。㊁昭公不禮焉：是昭公的嫡祖母，而昭公對她沒有禮貌。㊂戴氏之族：華氏、樂氏、黃氏，全是戴公的後人。㊃大司馬公子卬：公子卬是昭公的弟弟，他做大司馬的官。㊄司馬握節以死，故書以官：司馬手握著符信死了，所以特別寫上司馬的官名。㊅司城蕩意諸來奔：宋國的司城官名叫蕩意諸，逃到魯國來。㊆效節於府人而出：把他的符信交給府裡的人才逃出來。㊇公以其官逆之，皆復之：魯文公以他的官階來迎接他，並且他的官屬也全都逃來魯國，所以魯文公全都把他們送回宋國。送回的事在文公十一年。㊈亦書以官，皆貴之也：所以書上寫的宋司城來奔全是尊貴他們。

【今譯】宋襄公的夫人是周襄王的姊姊，昭公對她沒有禮貌。夫人用戴氏的族人殺了襄公的孫子孔叔，公孫鍾離和大司馬公子卬，這全是昭公的黨羽，司馬死的時候，手裡拿著符節，所以春秋上寫著他的官名。司城蕩意諸也逃到魯國，把他的符節交給府人才逃出來。魯文公拿他的官階迎接他，連他的官屬，全都送回到宋國。也寫著他的官名，全表示對他的珍貴。

(九)傳　夷之蒐①晉侯將登箕鄭父，先都②，而使士穀，梁益耳將中軍③，先克曰：「狐趙之勳不可廢也④。」從之。先克⑤奪蒯得田于堇陰⑥故箕鄭父先都士穀梁益耳蒯得作亂⑦。

【今註】㈠夷之蒐：在文公六年。㈡將登箕鄭父，先都：升他為上軍的將領。㈢而使士穀梁益耳將中軍：士穀本來是司空，現在叫他將中軍，使梁益耳為中軍佐。㈣狐趙之勳不可廢也：狐偃同趙衰有從晉文公在外出亡的功勞。㈤先克：是中軍佐。㈥奪蒯得田於堇陰：在文公七年晉國抵抗秦國的軍隊在堇陰，以軍事奪蒯得的田地。㈦故箕鄭父，先都、士穀，梁益耳蒯得作亂：這是為明年晉人殺先克、先都、士穀、梁益耳等人的原因。

【今譯】夷那次打獵晉侯將把箕鄭父、先都升到上軍裡，而使士穀、梁益耳將中軍，先克說：「狐趙的勳勞不可以廢免。」晉靈公也就聽從他。先克奪到蒯得的田地在堇陰，所以箕鄭父、先都、士穀、梁益耳、蒯得作亂。

文公九年（公元前六百十八年）

(一)傳 先九年春王正月，己酉，使賊殺先克①。乙丑，晉人殺先都，梁益耳②。

【今註】㊀使賊殺先克：這是箕鄭所派的人殺先克。㊁晉人殺先都、梁益耳：晉國的政府殺先都、梁益耳。

【今譯】九年春天正月己酉，晉國使賊殺先克。乙丑，晉人殺先都、梁益耳。

(二)經 文公九年春，毛伯來求金。

傳 毛伯衛來求金，非禮也①。不書王命未葬也②。

【今註】㊀毛伯衛來求金，非禮也：天子不應該對諸侯私求財貨，所以說他非禮。㊁不書王命未葬也：不寫周王派他來，因為那時周王未下葬。

【今譯】周王的卿士毛伯衛到魯國要求金子，這是不合禮的。不寫王的命令，因為周襄王尚沒有行葬禮。

(三)經夫人姜氏如齊①，

【今註】㊀夫人姜氏如齊：在沒到齊國以前，曾經先告魯國的祖廟，所以寫在春秋上。

【今譯】文公的夫人姜氏到齊國去。

(四)經二月，叔孫得臣如京師，辛丑，葬襄王。

傳二月，莊叔如周，葬襄王①。

【今註】㊀莊叔如周葬襄王：莊叔就是叔孫得臣，到周國參加襄王的葬禮。

【今譯】二月，叔孫得臣到京師去，辛丑，為周襄王行葬禮。

(五)經晉人殺其大夫先都①。

【今註】㊀晉人殺其大夫先都：因為先都作亂，晉人討伐他，所以在春秋上寫著他的名字。此經無傳。

【今譯】晉人殺了他們的大夫先都。

(六)經三月夫人姜氏至自齊①。

【今註】㊀此經無傳。

【今譯】 三月文公的夫人姜氏從齊國回來。

(七)經 晉人殺其大士穀，及箕鄭父。

傳 三月甲戌，晉人殺箕鄭父，士穀，蒯得①。

【今註】 ㈠晉人殺箕鄭父、士穀、蒯得：他們與先人都有同樣的罪過，所以晉國政府殺他們。

【今譯】 三月甲戌，晉人殺箕鄭父、士穀、蒯得。

(八)經 楚人伐鄭。

傳 范山①言於楚子曰：「晉君少，不在諸侯，北方可圖也。」楚子師於狼淵②以伐鄭，囚公子堅公子尨及樂耳③，鄭及楚平。

【今註】 ㈠范山：楚大夫。㈡楚子師于狼淵：據河南通志說：「在臨潁縣西北繁城鎮。」楚子率軍隊到此，為討伐鄭國。㈢公子堅，公子尨及樂耳：他們都是鄭大夫。

【今譯】 楚大夫范山告訴楚王說：「晉國的君年輕，不能夠統治諸侯，我們可以圖謀北方。」楚王將軍隊派到狼淵以討伐鄭國，把鄭國的大夫公子堅公子尨同樂耳囚禁起來，鄭人同楚國講和。

(九)經 公子遂會晉人宋人衛人許人救鄭。

傳 公子遂會晉趙盾、宋華耦、衛孔達、許大夫救鄭，不及楚師①，卿不書緩也，以懲不恪②。

【今註】㊀不及楚師：沒趕得及楚國的軍隊。㊁卿不書緩也，以懲不恪：各國的卿在春秋上全不寫名字，因為他們過於緩慢，這是以懲戒不恭敬。

【今譯】公子遂同晉趙盾，宋華耦，衛孔達，許大夫去救鄭國，來不及趕到楚國軍隊，春秋上不寫卿的名字，因為他們太慢了，為的懲戒不恭敬。

(十) 經 夏狄侵齊①。

【今註】㊀夏狄侵齊：此經無傳。

【今譯】夏天狄人侵略齊國。

(土) 經 秋八月曹伯襄卒①，

【今註】㊀曹伯襄：即曹共公。此經無傳。

【今譯】秋八月曹伯襄死了。

(十二)經　九月癸酉地震①，

【今註】㊀地震：古人以為地震是一種災害。

【今譯】九月癸酉，魯國有地震。

(十三)傳　夏楚侵陳，克壺丘①，以其服於晉也②。

【今註】㊀壺丘：陳邑，一統志說：「在今河南省，新蔡縣東南。」㊁以其服於晉也：因為陳與晉國有聯合。

【今譯】夏天楚國侵略陳國，得到壺丘這地方，因為陳國服從晉國。

(十四)傳　秋楚公子朱①自東夷伐陳，陳人敗之獲公子茷②。陳懼③乃及楚平④。

【今註】㊀楚公子朱：即息公。㊁公子茷：也是楚國的公子。㊂陳懼：陳國因為小國勝大國，所以害怕了。㊃乃及楚平：就同楚國和好。

【今譯】秋天，楚國公子朱由東夷伐陳國，陳人打敗他，捕獲了公子茷，但是陳國人很害怕，就同楚國和平了。

(十五)經　冬楚子使椒來聘。

傳　冬楚子越椒來聘，執幣傲①。叔仲惠伯曰：「是必滅若敖氏之宗②，傲其先君，神弗福也③。」

【今註】㊀楚子越椒來聘，執幣傲：子越椒是令尹子文的侄子，拿著貨幣很驕傲。㊁是必滅若敖氏之宗：這必定要使若敖的宗族全部滅亡。㊂傲其先君，神弗福也：替他祖先驕傲，神不會保佑他。若敖氏是子越椒的祖先，所以有此說。

【今譯】冬天，楚國子越椒來聘問，拿著幣很不恭敬。叔仲惠伯說：「這必定要滅掉若敖氏的宗族，為他先君驕傲，這神不會降福的。」

(十六)經　秦人來歸僖公成風之隧。

傳　秦人來歸僖公成風之隧，禮也①。諸侯相弔賀也，雖不當事，苟有禮焉書也，以無忘舊好②。

【今註】㊀秦人來歸僖公成風之隧，禮也：秦國人來送僖公同僖公的母親成風的喪衣，這是合禮的。㊁諸侯相弔賀也，雖不當事，苟有禮焉，書也，以無忘舊好：雖然不合於時間，假設合於禮貌，春秋也加以記載，以表示不忘舊的和好。

【今譯】秦人來送僖公同成風的喪衣，這是很合禮的。諸侯的互相弔賀，雖然不趕上時候，假設有禮，春秋也加以記載，以表示不忘舊的恩好。

文公十年（公元前六百十七年）

㈠經　十年春王三月，辛卯，臧孫辰卒①。

【今註】㊀臧孫辰即臧文仲，因為魯文公參與小殮，所以寫明日期。按此經無傳。

【今譯】十年春三月，辛卯，臧文仲死了。

㈡經　夏，秦伐晉。

傳　晉人伐秦，取少梁①。夏秦伐晉，取北徵②。

【今註】少梁：彙纂說：「今陝西韓城縣南二十二里，有少梁城。」㊁北徵：一統志說：「漢誤徵為澄，今陝西澄城縣西南二十五里，有北徵故城。」

【今譯】晉國人伐秦國，佔據了少梁。夏秦康公伐晉國，佔據了北徵。

㈢經　楚殺其大夫宜申。

傳 初，楚范巫矞似①謂成王，子玉，子西曰：「三君皆將強死②！」城濮之役③，王思之，故使止子玉曰：「毋死！」不及；止子西，子西縊而縣絕④。王使適至⑤，遂止之，使為商公⑥。沿漢泝江將入郢⑦。王在渚宮⑧，下見之，懼而辭曰：「臣免於死，又有讒言，謂臣將逃，臣歸死於司敗也⑨！」王使為工尹⑩。又與子家⑪謀弒穆王。穆王聞之，五月，殺鬭宜申⑫及仲歸。

【今註】㊀楚范巫矞似：楚國范邑的巫人名叫矞似。㊁三君皆將強死：你們三位皆將不得善終。強死意指無疾病而死。㊂城濮之役：此役在僖公二十八年。㊃子西縊而縣絕：子西上弔恰遇見懸掛的帶子壞了。縣音義皆同懸。㊄王使適至：楚成王所派來的使臣恰巧來到。㊅使為商公：江永說：「楚成王時，楚地未能至商州。其使子西為商公或是商密之地。」一統志說：「商密在今河南淅川縣西。」㊆沿漢泝江將入郢：沿漢水順流而下至江，又泝流至郢。㊇王在渚宮：渚宮在今湖北省江陵縣城內西北隅。㊈臣歸死於司敗也：楚與陳皆謂司寇為司敗，意說我將死於刑官。㊉工尹：掌百工的首長。⑪子家：就是仲歸。⑫殺鬭宜申：就是子西。

【今譯】最早的時候，楚國范這地方的巫人矞似，告訴楚成王同子玉子西說：「你們三位皆不得善終。」城濮之戰以後，成王想到這事，就使人叫子玉說：「不要死！」來不及，又叫子西不要死，子西已經上吊，而吊的繩子斷了。成王派去的使臣恰好到了，於是他就沒死，派他做商公，沿著漢水，到了江水將入楚國的郢都。王正在渚宮，下來看他，他害怕了就說：「我免除了被死，現在又有人造我謠言，說我將逃走，我要到刑官那裡去死。」王就叫他做工尹的官。又跟仲歸打算弒穆王，穆王聽見說了，五月，就把子西同仲歸全殺了。

(四)經　自正月不雨至于秋七月①。

【今註】㊀這經的意義與文公二年同。此經無傳。

【今譯】從正月不下雨一直到七月。

(五)經　及蘇子盟于女栗。

傳　秋七月，及蘇子盟于女栗①，頃王立故也②。

【今註】㊀女栗：地名，自杜預以後各家皆註闕。㊁因為周頃王初立的原因。

【今譯】秋七月，同周王卿士蘇子在女栗盟誓，因為周頃王新立的緣故。

(六)經　冬，狄侵齊①。

【今註】㊀此經無傳。

【今譯】冬天，狄國侵略齊國。

(七)經　楚子蔡侯次于厥貉。

傳　陳侯鄭伯會楚子于息。冬，遂及蔡侯次於厥貉①，將以伐宋。宋華御事曰：「楚欲弱我也！先為之弱乎②？何必使誘我③？我實不能，民何罪④？」乃逆楚子，勞且聽命⑤，遂道以田孟諸⑥。宋公為右盂，鄭伯為左盂⑦，期思公復遂⑧為右司馬，子朱及文之無畏⑨為左司馬。命夙駕載燧⑩，宋公違命⑪，無畏抶其僕以徇⑫。或謂子舟曰：「國君不可戮也！」子舟曰：「當官而行，何彊之有⑬？詩曰：『剛亦不吐，柔亦不茹。毋縱詭隨，以謹罔極⑭。』是亦非辟彊也，敢愛死以亂官乎⑮。」

【今註】㊀厥貉：彙纂說在今河南省項城縣境。㊁楚欲弱我也！先為之弱乎：楚國是想減弱我國，何不先表示減弱？㊂何必使誘我：何必使他來引誘我。㊃我實不能，民何罪：我們實在沒有能力，但是人民有什麼罪狀？㊄乃逆楚子，勞且聽命：就去迎接楚王，慰勞楚王，並且聽候楚國的命令。㊅遂道以田孟諸：就引導他到孟諸去田獵。孟諸是宋國的大湖，在今河南省商邱縣東北。㊆宋公為右盂，鄭伯為左盂：右盂左盂都是打獵時候的陣名。㈧期思公復遂：期思是楚國的邑名，彙纂說古蔣國之都，在河南固始縣西北七十里。復遂是人名。㈨子朱及文之無畏：子朱是楚大夫，文之無畏也是楚大夫。㈩命夙駕載燧：叫他們很早就預備駕車，並且帶著點火的燧。⑪宋公違命：宋國的君違背了這個命令。⑫無畏抶其僕以徇：無畏打他的僕人，使各處觀看。⑬當官而行，何彊之有：做官就是執行事情，何必畏懼強有力的人。⑭剛亦不吐，柔亦不茹，毋縱詭隨，以謹罔極：這是詩經大雅的話，剛強也不受，柔軟也不欺負他，不縱容小人，大罪就不敢作，就是要慎重。⑮是亦非辟彊也敢愛死以亂官乎：這可見我不是躲避強有力的人，豈敢怕死，而亂官常呢？

【今譯】陳侯鄭伯在息與楚王相會，就同蔡侯住在厥貉這地方，將去討伐宋國。宋華御事說：「楚想使我衰弱，何不先表示衰弱呢？何必使他引誘我？我實在無能力，人民又有何罪呢？」就去迎接楚王，加以慰勞，並且表示服從命令，遂引導楚王到孟諸去打獵，宋公任右盂，鄭伯任左盂，期思公復遂為右司馬，子朱及文之無畏為左司馬，早就命令駕車並載著燧火，宋公不聽命令，文之無畏打宋公的僕人並示眾，表示懲戒。有人對無畏說：「國君不可以恥辱的！」無畏說：「作官家的事情，何必怕彊有力的人呢？詩大雅說，『剛也不怕，柔也不欺，小罪不赦，大罪就不敢作。』我不是躲避強者。豈敢怕死以亂官常嗎？」

(八) 傳 厥貉之會，麇子逃歸①。

【今註】麇子：江永及顧棟高皆說在今湖北省鄖縣縣境內。

【今譯】在厥貉開會的時候，麇子逃回去了。

卷十　文公下

文公下

文公十一年（公元前六百十六年）

(一)經　十有一年春楚子伐麇。

傳　十一年春，楚子伐麇①成大心敗麇師於防渚②，潘崇復伐麇，至於錫穴③。

【今註】㊀楚子伐麇：因為楚國討伐麇子，去年逃厥貉的盟誓的原故。㊁防渚：麇地，據紀要說：「房陵城，在今湖北省，房縣縣治。」㊂錫穴：也是麇地，據大事表說：「以錫穴即今湖北鄖縣縣治。」

【今譯】十一年春楚王伐麇國，成大心敗麇國的軍隊在防渚，潘崇文伐麇，一直打到錫穴。

(二)經　夏叔仲彭生會晉郤缺于承筐。

傳　夏叔仲惠伯①會晉郤缺于承筐②謀諸侯之從於楚者③。

【今註】㊀叔仲惠伯：魯大夫，就是叔仲彭生。㊁承筐：就是筐城，在今河南省睢縣。㊂謀諸侯之從於楚者：商討如何對付服從楚國的諸侯。

【今譯】夏天，魯叔仲彭生到承筐去與晉國郤缺開會。商討如何對付服從楚國的諸侯。

(三)經 秋曹伯來朝。

傳 秋曹文公來朝，即位而來見也①。

【今註】㈠即位而來見也：他做君位以後來魯國朝見。

【今譯】秋天，曹文公來魯國朝見，這是因為他初即位而來見的。

(四)經 公子遂如宋。

傳 襄仲聘于宋，且言司城蕩意諸而復之①，因賀楚師之不害也②。

【今註】㈠且言司城蕩意諸而復之：在文公八年蕩意諸逃到魯國，到現在魯國又對宋國說，准他回宋國。㈡因賀楚師之不害也：並且賀喜楚國的軍隊，對宋國沒有妨害，這是因為文公十年楚國的軍隊厥貉一直想侵略宋國。

【今譯】公子遂往宋國聘問，並提及司城蕩意諸使他重回到宋國，並道賀楚國軍隊的無妨害。

(五)經 狄侵齊。

(六)經冬十月甲午，叔孫得臣敗狄于鹹。

傳鄋瞞侵齊①遂伐我，公卜使叔孫得臣追之吉，侯叔夏御莊叔②，緜房甥為右，富父終甥駟乘③。冬十月甲午，敗狄於鹹④，獲長狄僑如⑤，富父終甥摏其喉，以戈殺之⑥，埋其首於子駒之門⑦，以命宣伯⑧。初宋武公之世⑨，鄋瞞伐宋。司徒皇父帥師禦之⑩，耏班禦皇父充石⑪，公子穀甥為右，司寇牛父駟乘⑫，以敗狄于長丘⑬，獲長狄緣斯⑭，皇父之二子死焉⑮，宋公於是以門賞耏班，使食其征⑯，謂之耏門。晉之滅潞⑰也，獲僑如之弟焚如⑱，齊襄公之二年，鄋瞞伐齊，齊王子成父獲其弟榮如⑲，埋其首於周首之北門⑳。衛人獲其季弟簡如㉑，鄋瞞由是遂亡㉒。

【今註】㊀鄋瞞侵齊：鄋（音ㄙㄡ）瞞是狄國的君名，漆姓。㊁侯叔夏禦莊叔：侯叔夏是魯大夫，他為叔孫得臣駕車。㊂緜房甥為右，富父終甥駟乘：緜孫與富父終甥皆是魯大夫，普通三個人共一個車，這因為對於長狄害怕，所以車上另有第四個人，因而名為駟乘。㊃鹹：據山東通志說：「在山東鉅野縣南。」㊄長狄僑如：僑如是鄋瞞國君長，身高有三丈。㊅摏其喉以戈殺之：用戈撞他的喉管，殺掉他。㊆埋其首於子駒之門：子駒之門是魯都的國門，將他的頭埋於此地。㊇以命宣伯：命就是名，宣伯是叔孫得臣的兒子，這也是古代社會的一種習慣。㊈宋武公之世：這是在春秋前的事情。⑩司徒皇父帥師禦之：司徒皇父是宋戴公的兒子，領著軍隊來抵抗。⑪耏班御皇父充石：耏（音而）班是宋大夫，充石是皇父的名字。⑫公子穀甥為右，司寇牛父駟乘：公子穀甥同司寇牛父皆宋大夫，因為長狄甚為可怕，所以四個人共一輛車以抵抗。⑬以敗狄于長丘：長丘是宋地，左通補釋說在今河南封邱縣南八里，有長邱亭。⑭緣斯：是僑如的祖先。⑮皇父之二子死焉：皇父同穀甥午父皆戰死。⑯宋公於是以門賞耏班使食其征：門是指著關稅的門。使耏班享用這種關稅。⑰晉之滅潞：晉國滅潞國的時候。⑱焚如：焚如是僑如弟弟的名字。⑲榮如：是焚如的弟弟。⑳周首之北門：山東通志說：「周首在今山東省，東阿縣東北，與平陰縣接界。」㉑簡如：是僑如最小的弟弟。㉒鄋瞞由是遂亡：長狄也就從此絕種。

【今譯】鄋瞞先去侵掠齊國，遂便中來侵掠魯國。魯文公占卜派叔孫得臣追他甚吉，便派侯叔夏去駕得臣的兵車，綿房甥做車右，富父終甥做同車的第四個人。冬天十月甲午這天，叔孫得臣在鹹這地方打敗了狄人，捉住長狄僑如，富父終甥用戈摏著他的喉嚨，殺了他，埋他的屍首在魯國的子駒門外邊，得臣就把他的名字來叫他的第三個兒子。以前宋武公的時候，鄋瞞來伐宋國，宋國的司徒皇父率領軍隊去抵抗，耏班給皇父充石駕車，公子穀甥做車右，司寇牛父做同車的第四個人，在長丘這地方打敗狄人，捉住長狄緣斯，皇父及穀甥同牛父皆受傷死了，宋公因此將此門賞給耏班，使他享受關門的稅，就叫作郞門。晉國滅赤狄潞氏的時候，捕著僑如的弟弟焚如。齊襄公的二年，鄋瞞來伐齊，齊大夫王子成父擒著焚如的弟弟榮如，埋他的首在周首的北門。當狄人退走的時候，衛國人捉著他的小弟弟簡如。鄋瞞從此就絕種了。

(七) 傳 郕大子朱儒自安於夫鍾①。國人弗徇②。

【今註】 ㈠郕大子朱儒自安於夫鍾：郕國的太子名字叫朱儒，居住在夫鍾。夫鍾是郕邑在今山東省寧陽縣西北。㈡國人弗徇：國人也不順從他，這就是明年郕伯來奔魯國的原因。

【今譯】 郕國太子朱儒自己住在夫鍾這地方，郕國的貴族全不服從他。

文公十二年（公元前六百十五年）

(一) 經 十有二年春王正月，郕伯來奔。

傳 十二年春郕伯卒，郕人立君①。大子以夫鍾與郕邽來奔②，公以諸侯逆之，非禮也，故書曰郕伯來奔，不書地，尊諸侯也③。

【今註】 ㈠郕人立君：因為太子自己住在外邑，所以郕人就自己立了另外的君。㈡夫鍾與郕邽來奔：杜注以為郕邽也是邑，但是太平御覽皇親部十二引服虔注曰：郕圭邑名也，一曰郕邦之寶圭，太子以其國寶與地夫鐘來奔也，王引之謹案寶圭之說是也，郕大子以郕圭來奔，猶莒太子僕以其寶玉來奔耳（見十八年）郕為伯爵當執躬圭，圭為郕國之寶故謂之曰郕圭，猶王子朝所用之圭稱成周之寶圭也。（見昭公二十四年）。㊂不書地，尊諸侯也：不寫以夫鐘來奔，這所謂尊敬諸侯的原因。

【今譯】十二年春天，郕伯死了，郕人自己立了君，太子將夫鐘與郕邽兩個地方，一同逃到魯國來，魯文公拿諸侯的禮節來迎接他，這是不合於禮的，所以春秋上寫著郕伯來奔，不寫地，這是為的尊諸侯。

㈡經　杞伯來朝。

㈢經　二月庚子，子叔姬卒。

傳　杞桓公來朝，始朝公也①，且請絕叔姬而無絕昏②，公許之。二月，叔姬卒，不言杞絕也③。書叔姬，言非女也④。

【今註】㊀朝公：開始朝見魯文公。㊁且請絕叔姬而無絕昏：請魯女叔姬斷絕關係，但是不要斷絕婚姻，這意思是立她的從嫁的女娣為夫人。㊂不言杞絕也：不稱為杞叔姬，就因為她已經跟杞國斷絕關係。㊃書叔姬，言非女也：祇寫上叔姬，意思是說，她是已結婚的女兒。因為女子要沒有結婚就死，那就不加記載。

【今譯】杞桓公來魯國朝見，頭一次來朝魯文公，並且請求與叔姬斷絕，而不要斷絕婚姻的關係，文公就答應他。二月，叔姬死了，不說杞叔姬，就是因為她與杞國斷絕關係。只說叔姬，表示她不是未嫁的女子。

㈣ 經 夏楚人圍巢。

傳 楚令尹大孫伯卒，成嘉為令尹①。羣舒②叛楚。夏，子孔執舒子平③及宗子，遂圍巢④。

【今註】 ㊀成嘉為令尹：成嘉字子孔，是若敖的曾孫。㊁羣舒：是偃姓的各國。比如，舒庸舒鳩這類。在今安徽省盧江舒城二縣境。㊂子孔執舒子平：成嘉逮著舒國的軍長叫平。㊃及宗子，遂圍巢：同宗君的軍長，就把巢國圍住了。

【今譯】 楚國令尹大孫伯死了，成嘉接著他做令尹。各舒國全都背叛了楚國。夏天，成嘉把舒子平同宗子全逮著，就圍了巢的國。

㈤ 經 秋，滕子來朝。

傳 秋，滕昭公來朝，亦始朝公也①。

【今註】 ㊀始朝公也：也是開始來朝見魯文公。

【今譯】 秋天，滕昭公來魯國朝見，也是開始朝見魯文公。

(六) 經 秦伯使術來聘。

傳 秦伯使西乞術來聘，且言將伐晉。襄仲辭玉①曰：「君不忘先君之好，照臨魯國，鎮撫其社稷，重之以大器②，寡君敢辭玉。」曰：「不腆敝器，不足辭也③。」主人三辭，賓客曰④：「寡君願徼福于周公魯公以事君，不腆先君之敝器⑤，使下臣致諸執事，以為瑞節⑥。要結好命，所以藉寡君之命，結二國之好，是以敢致之。」襄仲曰：「不有君子，其能國乎？國無陋矣⑦。」厚賄之。

【今註】 ㈠襄仲辭玉：公子遂辭謝玉器不受。㈡重之以大器：大器是指著玉做的圭璋之類的東西。㈢不腆敝器，不足辭也：不豐富的壞玉器，這不值得辭謝。㈣賓客曰：石經，宋本淳熙本，嶽本足利本。客作荅。㈤不腆先君之敝器：因為在出聘以前，必定先告於宗廟，所以稱為先君之敝器。㈥使下臣致諸執事，以為瑞節：使我將他送到掌事人的手中，以作為祥瑞的信物。㈦不有君子，其能國乎，國無陋矣：要沒有這種君子的人，還能維持國家嗎？，所以這種國家，並不會簡陋。

【今譯】 秦伯派西乞術來聘問，並且說將伐晉國。公子遂辭掉他所送的玉說：「你君不忘先君的要好，來光臨著魯國，鎮撫他的國家，還加上大的玉器，寡君不敢接受玉。」他回答說：「不值錢的玉器，你不要辭。」主人三次辭讓，客人說：「寡君願意對周公魯公的幸福以事奉你君，所以用不值錢先君的玉器，使我給你管事的人，作為祥瑞的。這為得到要好的命分，是為的藉寡君的命令，結兩國的要好。所以敢把這玉送到。」公子遂說：「不有這種君子人，還能夠立國嗎？現在他的國家就不會簡陋了。」給他很好的禮物。

(七)

經 冬十有二月戊午晉人秦人戰于河曲。

傳 秦為令狐之役故，冬秦伯伐晉，取羈馬①，晉人禦之，趙盾將中軍，荀林父佐之，郤缺將上軍，臾駢佐之②，欒盾將下軍③，胥甲佐之④。范無恤禦戎，以從秦師于河曲。臾駢曰：「秦不能久，請深壘固軍以待之。」從之，秦人欲戰，秦伯謂士會曰：「若何而戰？」對曰：「趙氏新出其屬曰臾駢，必實為此謀，將以老我師也⑤！趙有側室曰穿，晉君之壻也。有寵而弱，不在軍事⑥，好勇而狂⑦，且惡臾駢之佐上軍也，若使輕者肆焉，其可⑧！」秦伯以璧祈戰于河⑨，十二月戊午，秦軍掩晉上軍，趙穿追之不及。反怒曰：「裹糧坐甲，固敵是求，敵至不擊，將何俟焉⑩？」軍吏曰：「將有待也⑪。」穿曰：

「我不知謀。將獨出。」乃以其屬出。宣子曰：「秦獲穿也，獲一卿矣⑫！秦以勝歸，我何以報？」乃皆出戰交綏⑬。秦行人夜戒晉師曰：「兩君之士，皆未慭也⑭，明日請相見也！」臾駢曰：「使者目動而言肆，懼我也⑮，將遁矣，薄諸河必敗之。」胥甲趙穿當軍門呼曰：「死傷未收而弃之，不惠也⑯。不待期而薄人於險，無勇也⑰。」乃止，秦師夜遁，復侵晉入瑕⑱。

【今註】㈠羈馬：晉邑寰宇記：「名涉邱，今山西永濟縣南三十六里，有羈馬城。」㈡臾駢佐之：臾駢替代荀林父。㈢欒盾：是欒枝的兒子。是替代先蔑的位置。㈣胥甲佐之：胥甲是胥臣的兒子，替代先都的位置。㈤趙氏新出其屬曰臾駢，必實為此謀，將以老我師也：趙盾新派出他的部屬叫臾駢，必定是他的計劃，使我們的軍心變老。㈥有寵而弱，不在軍事：他得到晉君的寵愛而年青，不懂得作戰的事情。㈦好勇而狂：喜歡打仗而又狂妄無知。㈧若使輕者肆焉，其可：肆是去挑戰而又後退。要使一個輕銳的人去挑戰，那就可以。㈨秦伯以璧祈戰於河：秦康公拿玉璧向河水祈求戰勝。㈩裹糧作甲，固敵是求，敵至不擊，將何俟焉：吃著糧食，穿著鐵甲這是專門為著得到敵人，敵人來了而不打他，還等什麼呢？㈡將有待也：因為是等到可以的時候再說。㈢秦獲穿也，獲一卿矣：

秦國如果得到趙穿，這等於得到晉國一個卿。㊂秦以勝歸，我何以報？乃皆出戰交綏：秦國戰勝回去，我怎樣報告國家，於是全體出去作戰。交綏，就是兩方面一交戰就後退。㊃兩君之士皆未憖也：憖方言說等於傷，兩方面的人全沒有受傷。㊄使者目動而言肆，懼我也：秦國派來的人，眼睛亂動，表示心在不安，而說的話非常之狂，可見他是怕我。㊅死傷未收而弃之不惠也：死傷的人沒有收埋起來，而遺棄他們，這不是恩惠的事情。㊆不待期而薄人於險，無勇也：秦國本來約著明天打仗，而現在不等到明天，又在河邊險要的地方去打，這是沒有勇氣。㊇秦師夜遁，復侵晉入瑕：秦軍漏夜逃走，又侵了晉國，到瑕這個城，瑕是晉地，在今河南省閿鄉縣西。

【今譯】秦人因為令狐那次戰敗的緣故，冬天秦伯便領兵來伐晉，取了晉國羈馬的地方。晉人出兵抵禦他，趙盾帶了中軍、荀林父幫著他，郤缺帶了上軍，臾駢幫著他，欒盾帶了下軍，胥臣幫著他，范無恤做駕戎車的，一同跟上秦師于河曲那裏。臾駢說：「秦兵不能久留的，只請開深壕溝，高築營壘，堅固的屯紮住，等到秦兵自己退去的時候，再攻擊他。」趙盾聽了他的話，不同秦國開戰。秦人要想速戰；秦伯問士會說：「怎樣可以使晉人出戰呢？」士會說：「趙盾屬下的大夫，新出來佐上軍的，名叫臾駢，一定是他想出這法子的，他是要使我們的兵心鬆懈呢！趙氏有個側室的支子，名叫趙穿，他卻是晉君的女婿，很有榮寵，但是年紀還輕，不知道什麼軍事，喜歡勇武又很輕狂，並且恨臾駢擔任上軍佐！如果差輕銳的兵士，去激怒他，或者可以一戰的。」秦伯便用璧玉祈求戰勝於黃河中。十二日戊午那天，秦伯聽了士會的計策，差輕銳的兵士掩去攻打晉國的上軍，上軍不出動，只趙穿獨自追來，卻是追不到，回去便大怒說：「包裹了糧食，被著甲衣坐等，不過是要抵禦敵人啦，如今敵人來了，卻不去追擊，還等什麼呢？」軍吏回答說：「要等侯可擊的機會呢！」趙穿說：「我不懂什麼計謀的，我只獨自出戰便了。」就領了自己的屬下人等出去。趙盾說：「秦國如果捉住了趙穿，便是捉得我們一個卿了，秦國若因此得勝回去，我們怎樣回報國家？」就大家出戰，兩邊都接戰了一下便退著。秦國的軍使夜間約晉師說：「我們兩軍的兵士，都沒有缺少，只等明天再請相會吧！」與駢說：「秦國軍使眼睛很流動，言語很放肆，他在懼我了，怕要逃走了。我只逼他們到黃河邊，一定可打敗他的。」胥甲趙穿兩人，便立在軍門前大叫說：「死的傷的還沒有收拾，卻丟掉他去追趕敵人，這便是沒有恩義了，不等到相約的時候，卻去逼人家於險要地方，這便是沒有勇武了。」晉師便停止不進。秦兵果然趁夜間逃走，又侵掠晉地，進了瑕那地方。

(八)經　季孫行父帥師城諸及鄆。

傳　城諸①，及鄆②，書時也。

【今註】㊀諸：今山東諸城縣西南，一名季孫城。㊁鄆：「統志說：「今山東沂水縣東北四十里，有員亭，在沭水西岸，即鄆城也，是為東鄆。」又成四年城鄆，是為西鄆。

【今譯】修理諸城同鄆城，春秋上寫著，因為合於時宜。

文公十三年（公元前六百十四年）

(一)經　十有三年春王正月。

傳　十三年春，晉侯①使詹嘉②處瑕以守桃林之塞③。晉人患秦之用士會也，夏，六卿④相見於諸浮⑤。趙宣子曰：「隨會在秦，賈季在狄⑥，難日至矣，若之何。」中行桓子⑦曰：「請復⑧賈季，能外事⑨，且由舊勳⑩。」郤成子曰：「賈季亂，且罪大⑪。不如隨會，能賤而有恥，柔而不犯⑫，其知足使⑬也，且無罪⑭。」乃使魏壽餘⑮偽以魏叛者以誘士會，執其帑⑯於晉，使夜逸。請自歸于秦⑰。秦伯許之。履士會之足于朝⑱，秦伯師于河西⑲，魏人在東⑳，壽餘曰：「請東人之能與夫二三有司言者，吾與之先㉑。」使士會㉒，士會辭曰：「晉人，虎狼也，若背其言，臣死，妻子為戮，無益於君，不可悔也㉓。」秦伯曰：「若背其言，所不歸爾帑者，有如河㉔。」乃行。繞朝㉕贈之以策㉖，曰：「子無謂秦無人，吾謀適不用也

㉗。」既濟，魏人譟而還㉘。秦人歸其帑㉙，其處者為劉氏㉚。

【今註】㈠晉侯：晉靈公。㈡詹嘉：是晉大夫。㈢桃林之塞：地理通釋說：「自潼關至函谷關歷陝華二州之地，俱謂之桃林塞。今陝西華陰縣以東，河南靈寶縣以西皆是也。」水經注：「謂桃林在河南閿鄉縣南谷中。㈣六卿：就是中軍、上軍、下軍各將佐。㈤諸浮：晉地，六卿相見當在晉都城左近的地方。㈥隨會在秦，賈季在狄：隨會即士會他在秦國，賈季即狐射姑，他逃到狄國。㈦桓子：就是荀林父。㈧請復：請狐射姑回國。㈨能外事：能夠懂得外邊的事情。㈩且由舊勳：並且由於狐偃從亡晉文公的舊功勞。⑾賈季亂，且罪大：賈季作亂，並且有殺陽處父的罪狀。⑿不如隨會，能賤而有恥，柔而不犯：不如隨會好，能夠做低賤的事而有羞恥，能夠和柔，而不可以不義的事情來侵犯他。⒀其知足使：並且他的智慧都可以使用。⒁且無罪：他是趙盾派他到秦國迎接公子雍的，他並沒有罪。⒂魏壽餘：畢萬的後人。⒃執其帑：晉國把他的妻子逮起來。⒄請自歸於秦：自己要求逃到秦國去。⒅履士會之足於朝：偷著踐踩士會的腳在秦國的朝庭上。⒆秦伯師於河西：秦伯就把軍隊擺在黃河的西岸，以預備偷襲魏地，魏在今山西省芮城縣。⒇魏人在東：魏人在黃河的東岸。㉑請東人之能與夫二三有司言者，吾與之先：請黃河東岸的人能同魏地的官員說話的，我同他先去。㉒使士會：秦康公派士會去。㉓晉人，虎狼也，若背其言，臣死，妻子為戮，無益於君，不可悔也：晉國人等於是虎狼的性格，他要說降而不投降，我死了以後，妻子全被殺了，這對於你全無益處，要這樣子，你也不可以後悔。㉔若背其言，所不歸爾帑者，有如河：如果魏人違反他的話，而我不把你的妻子送還給你，可以黃河為誓言。㉕繞朝：是秦大夫。㉖贈之以策：把馬鞭子送給他。㉗子無謂秦無人，吾謀適不用也：你不要說秦國無人，我的計劃恰巧不為秦國所採用。用以表示他明白晉國的計謀。㉘既濟，魏人譟而還：既然過了河，魏人喜歡得了士會，就歡照擁護士會同回。㉙秦人歸其帑：秦康公也就不違背他的誓言，就將士會的妻子，歸還到晉國。㉚其處者為劉氏：士會剩下的人留秦不回晉國的就改為劉氏。

【今譯】十三年春天，晉侯差大夫詹嘉住在瑕那裏守住桃林的要塞，防備秦兵。晉人又憂愁著秦國的用士會。到了夏天，六卿便聚會在諸浮，趙盾說：「隨會在秦國，賈季在狄國，遭難的日子到了，怎麼辦呢？」中行桓子說：「請讓賈季回國吧！他能夠擔任外邊的事，而且他的父親是有舊功勞的。」郤成子說：「賈季造反，況且罪也很大，不如士會的好，士會能夠處在卑賤地位有廉恥，雖然柔順，卻不可拿不義的事冒犯他。他的智謀足夠使用呢！況且又並沒有罪。」便派魏壽餘假裝是拿魏地反叛晉國的，去引誘士會，一面又捉住壽餘的妻子，拘禁在晉國，使他趁夜中偷逃出去。請求把私地自願投降秦國，秦伯允許他，壽餘便在朝中私下踏士會的腳，教他回歸晉國。秦伯要取那魏地紮軍隊在河西那裏，魏人都在河東方面。壽餘說：「請打發一個東方人能夠曉諭那邊兩三個官員的，我和他先去。」秦伯便打發士會。士會推辭說：「晉人是像虎狼一般的，如果他們口不應心起來，臣便要被晉人殺死，妻子又要被你秦國殺戮，毫沒有益處於你君，將來怕懊悔也來不及的。」秦伯說：「如果他們違反了說出的話，不把魏地降我，我若不送歸你的妻子的，就像這河一般！」士會便動身，剛要走的時候，秦大夫繞朝用根馬鞭子送給他說：「你不要說秦國沒有人，我的計謀恰不被用啊！」士會等既然渡過黃河去，魏人便大家喊著擁他回去，秦人也果然送還士會的妻子，他有留在秦國的家人，後來便變姓劉氏。

(二) 經 夏五月壬午陳侯朔卒①。

【今註】㊀此經無傳。

【今譯】夏天五月陳侯朔死了。

(三) 經 邾子蘧篨卒。

傳 邾文公卜遷于繹①，史曰：「利於民，而不利於君②。」邾子曰：「苟利於民，孤之利也！天生民而樹之君，以利之也③。民既利矣！孤必與焉④。」左右曰：「命可長也，君何弗為？」邾子曰：「命在養民⑤，死之短長時也，民苟利矣遷也，吉莫如之！⑥」遂遷于繹，五月，邾文公卒。君子曰：「知命⑦。」

【今註】㊀繹：一統志說今鄒縣東南二十二裏有繹山，是年邾遷都於繹山旁，今繹山山陽有邾城是也。㈡史曰利於民而不利於君：占卜的說對人民有利，而對於你沒有利。㈢天生民而樹之君，以利之也：天生了人民而給他們立了君長，是為的對他們有利。㈣民既利矣，孤必與焉：人民既然有利，我必定也有份。㈤命在養民：君王的命分是為養育人民的。㈥死之短長時也，民苟利矣，遷也，吉莫如之：生死的短長，是因為時代的關係，假若對人民有益，那就遷移，這沒有再比這吉祥了。㈦君子曰知命：史官說這是知道天命的。

【今譯】　邾文公命令太史占卜遷到繹去，可好不好？太史說：「利於人民卻不利於君的。」邾文公說：「如能利於人民，就是我的利了。天生了人民，再設立個君主，原是要使他們有利的，現在人民既然有了利，我一定也有份兒的了！」左右都說：「不遷去，壽命可長些呢，君為什麼不做呢？」邾文公說：「君王的命分，是為養育人民，至於死的長短，只是時間的關係呢！人民如果有利的，便一定遷去就是了，吉利沒有再像這麼的了！」便遷到繹去。五月中邾文公死了，當時的君子說：「像邾文公才算知道天命呢。」

㈣經　自正月不雨，至于秋七月①。

【今註】　㈠自正月不雨至於秋七月：這意思與文公二年的意思相同。此經無傳。

【今譯】　從正月開始不下雨一直到秋天七月。

(五) 經 大室屋壞。

傳 秋七月，大室之屋壞①，書不共也②。

【今註】㈠大室之屋壞：大音泰。大室是魯國的祖廟，他的屋子壞了。㈡書不共也：因為官員不恭敬，所以記載在春秋上。

【今譯】七月，大廟的屋壞了，寫在這裏，表示官員的不恭敬。

(六) 經 冬，公如晉，衛侯會公於沓。

(七) 經 狄侵衛。

(八) 經 十有二月己丑公及晉侯盟。

(九) 經 公還自晉，鄭伯會公于棐。

傳 冬公如晉朝，且尋盟。衛侯會公於沓①，請平於晉。公還，鄭伯會公于棐②，亦請平於晉，公皆成之③。鄭伯與公宴於棐，子家賦鴻雁④，季文子曰：「寡君未免於此！⑤」文子賦四月⑥，子家賦載馳之四章⑦，文子賦采薇之四章⑧。鄭伯拜，公答拜。

【今註】㊀沓：杜預以下各家皆注地闕，疑必在衛境內。㊁棐：鄭地，彙纂說：「一稱棐林，今河南新鄭縣東二十五里，林鄉城是也。」㊂亦請平於晉，公皆成之：衛國及鄭國全請求同晉國講和，魯文公皆為他們完成這件事。㊃子家賦鴻雁：子家是鄭大夫公子歸生，唱鴻雁這首詩。鴻雁見詩小雅。㊄寡君未免於此：我的君長也沒能夠不如此，同是有弱微小國的憂患。㊅文子賦四月：文子是季文子，他唱四月這首詩，四月見詩小雅。㊆載馳之四章：載馳是鄘風。㊇采薇之四章：采薇是詩小雅。第四章裏說：「豈敢定居，一月三捷。」意思說他不敢安居不管，仍舊欲往晉國為鄭國奔走。

【今譯】冬天，魯文公到晉國去朝見，並且重申從前的盟誓。衛侯到沓這地方去會見魯文公，請他為晉國介紹和平。等到魯文公回來時，鄭伯在棐這地方會見魯文公，也為的和晉國和平，魯文公皆給他們成全。鄭伯跟魯文公在棐宴會時，鄭國子家歌唱鴻雁那篇詩。季孫行父說：「我國君也未能免於這事。」季孫行父歌唱四月這篇詩。子家文歌唱載馳第四章，季孫行父就歌唱了采薇的四章。鄭伯就拜謝，魯文公答拜。

文公十有四年（公元前六百十三年）

㈠經　十有四年春王正月公至自晉①。

【今註】㊀此經無傳，是因為回到魯國，告於祖廟。

【今譯】十四年春正月，魯文公從晉國回來。

傳 十四年春，頃王崩，周公閱與王孫蘇爭政①，故不赴②。凡崩薨不赴，則不書③，禍福不告，亦不書，懲不敬也④。

【今註】㈠周公閱與王孫蘇爭政：周公閱與王孫蘇都是周王的卿士。他們爭奪政權。㈡故不赴：所以沒有訃告給各諸侯。㈢凡崩薨不赴，則不書：凡是天子的崩，同諸侯的薨，要不赴告，那麼就不寫到竹簡上。㈣禍福不告，亦不書，懲不敬也：禍亂同福祚不赴告，也不寫在春秋上，這是懲戒怠慢不恭敬的。

【今譯】周頃王死了，卿士裏周公閱同王孫蘇爭政權，也不訃告魯國，凡是周王死了不赴告就不寫到春秋上，他有禍福，不告也不寫，這是為的懲戒不恭敬。

㈡經 邾人伐我南鄙。

㈢經 叔彭生帥師伐邾。

傳 邾文公之卒也①，公使弔焉不敬②，邾人來討伐我南鄙，故惠伯伐邾③。

【今註】㈠邾文公之卒也：邾文公死在去年。㈡公使弔焉不敬：魯文公使人去弔祭，不恭敬。㈢

故惠伯伐邾：惠伯即叔彭生，去打邾國。

【今譯】　邾文公死的時候，魯文公派人去弔他，不恭敬，邾人所以來討伐，侵掠魯國南邊邊境，所以叔仲惠伯去討伐邾國。

㈣經　夏五月乙亥齊侯潘卒。

傳　子叔姬①齊昭公生舍②，叔姬無寵，舍無威③，公子商人驟施於國④，而多聚士，盡其家貸於公有司以繼之⑤。夏五月，昭公卒，舍即位。

【今註】　㈠子叔姬：是魯國的女子。㈡齊昭公生舍：齊昭公就是公子潘生的兒子叫舍。㈢叔姬無寵舍無威：子叔姬不得齊侯的寵愛而舍也沒有威嚴。㈣公子商人驟施於國：公子商人是齊桓公的兒子，叫齊懿公，屢次在國裏施捨。㈤而多聚士，盡其家貸於公，有司以繼之：並且養很多壯士，用盡家財不足，就問齊國的官家借錢，仍舊養士。

【今譯】　子叔姬嫁給齊昭公生了兒子叫舍，叔姬不被寵愛，舍也沒有威嚴，公子商人經常在齊國施捨，並且聚了很多勇士，盡把他的家產用掉又同公家借了很多。夏五月，昭公死了，舍就即位。

㈤傳　邾文公元妃，齊姜生定公①，二妃晉姬生捷菑②。文公卒，邾人立定公，③捷菑奔晉④。

【今註】㊀定公：名貜且。㊁捷菑：是晉國的女兒所生。㊂邾人立定公：因為定公是年長，所以邾人就立他為君。㊃捷菑奔晉：捷菑逃到晉國，因為他母親是晉國的女兒。

【今譯】邾文公的元妃齊姜生了定公，二妃晉姬生了捷菑，文公死了以後，邾國人立了定公，捷菑逃到晉國去。

㈥經 六月公會宋公、陳侯、衛侯、鄭伯、許男、曹伯、晉趙盾，癸酉同盟于新城。

傳 六月同盟于新城①，從於楚者服②，且謀邾也③。

【今註】㊀新城：宋地，一統志：「在今河南商邱縣西南」。㊁從於楚者服：於是服從楚國的譬如，陳、鄭、宋三國從此皆服從晉國。㊂且謀邾也：並且計劃送邾國的捷菑回國。

【今譯】六月在新城同盟，這次服從楚國的陳鄭宋，全服從晉國，並且計謀邾國的事情。

㈦經 七月有星孛入于出斗。

傳 秋七月乙卯，夜，齊商人弒舍而讓元。元曰：「爾，求之久矣！我能事爾，爾不可，使多蓄憾，將免我乎①？爾為之。」有星孛入于北斗，周內史叔服②曰：「不出七年，宋齊晉之君皆將死亂③。」

【今註】㊀爾求之久矣：我能事爾，爾不可，使多蓄憾，將免我乎：你想做君很久了，我可以侍奉你，你不能夠侍奉我，使你不做君長，這存在的怨恨很多，那時間你必定不能赦免我。㊁周內史叔服：周國的內史官，名字叫叔服的。㊂不出七年，宋齊晉之君皆將死亂：在三年以後宋國是昭公，五年以後齊國是懿公，七年以後晉國是靈公，這皆在七年以內，他們全被弒。

【今譯】秋天七月乙卯夜，齊國商人殺了舍，而讓位給他的哥哥齊惠公。齊惠公說：「你想這件事很久了，我能夠侍奉你，你不能事奉我，使你多增加懷恨，你能赦免我嗎？不如你做吧！」有星星到了北斗，周國的內史叔服說：「過不了七年，宋齊晉的君全部在亂事中死了。」

(八)經　公至自會①。

【今註】㊀此經無傳。

【今譯】魯文公從開會回來。

(九)經　晉人納捷菑於邾弗克納。

傳　晉趙盾以諸侯之師八百乘①，納捷菑於邾。邾人辭曰：「齊出貜且長②。」宣子曰：「辭順而弗從，不祥③。」乃還。

【今註】㊀八百乘：照司馬法說最多是六萬人。㊁齊出貜且長：齊國所生的兒子貜且年長。㊂辭順而弗從，不祥：說的話很合理，要不聽他，是不吉祥的。

【今譯】晉國趙盾用諸侯的兵八百輛車，到邾國去納捷菑。邾國人辭讓說：「齊國女子所出生的貜且年長。」趙盾說：「他說得有理，不聽他的，就不吉祥。」就回晉國。

(十)傳　周公將與王孫蘇訟于晉。王叛王孫蘇①而使尹氏與聃啟訟周公于晉②，趙宣子平王室而復之③。

【今註】㊀王叛王孫蘇：王是周匡王，本來許王孫蘇合作，現在不與他合作了。㊁尹氏與聃啟訟周公于晉：派尹氏，是周王的卿士，聃啟是周大夫，告周公在晉國。㊂趙宣子平王室而復之：趙盾使王室裏的人能夠和親，使周公與王孫蘇都回到周都城。

【今譯】周公將同王孫蘇到晉國去訴訟，周匡王違叛了王孫蘇，而派尹氏同聃啟告周公到晉國，趙盾平治王室叫王孫蘇回來。

(十一)傳 楚莊王立，子孔潘崇將襲羣舒，使公子燮與子儀守而伐舒蓼①，二子作亂②，城郢③而使賊殺子孔，不克而還。八月二子以楚子出將如商密④，廬戢黎及叔麇誘之⑤遂殺鬭克及公子燮⑥。初，鬭克囚于秦⑦，秦有殽之敗，而使歸求成，成而不得志⑧，公子燮求令尹而不得⑨，故二子作亂。

【今註】㈠舒蓼：就是羣舒。㈡二子作亂：二子就是鬭克與公子燮叛亂。㈢城郢：郢是楚國國都，在今湖北省江陵縣。㈣二子以楚子出將如商密：國語楚語說：「楚莊王文弱，子儀為師，王子燮為傅。」㈤廬戢黎及叔麇誘之：盧是楚地，一統志說：「中廬城在襄陽城南，今湖北南漳縣東五十里，有中廬城故址。」㈥遂殺鬭克及公子燮：鬭克號子儀，就把鬭克及公子燮殺了。㈦鬭克囚于秦：鬭克在秦國被囚禁。㈧成而不得志：成是求和，但是已經和平了，而鬭克沒有得到楚國的賞賜。㈨公子燮求令尹而不得：公子燮求做令尹的官，而沒有成，令尹等於是楚國的宰相。

【今譯】楚莊王立了，子孔潘崇將襲擊各舒國，派公子燮與子儀看守而攻伐舒蓼，公子燮跟子儀作亂，修了郢都城，而派人去殺子孔，沒能成功就回來了。八月，公子燮與子儀挾持楚王離都城，將到商密去，廬戢黎同叔麇引誘他們，就殺了子儀與公子燮。最早時，子儀在秦國被囚禁，恰好遇到殽的敗仗，就派他去要求和平，和平成了，而他沒得到賞賜，公子燮因為求做令尹而沒成功，所以他們兩人作亂。

(十二)經 九月甲申公孫敖卒於齊。

傳 穆伯之從己氏也①，魯人立文伯②，穆伯生二子於莒，而求復③，文伯以為請，襄仲使無朝聽命，復而不出④。二年而盡室以復適莒，文伯疾而請曰：「穀之子弱⑤，請立難也⑥！」許之，文伯卒，立惠叔。穆伯請重賂以求復⑦，惠叔以為請，許之。將來，九月卒於齊，告喪請葬，弗許⑧。

【今註】㈠穆伯之從己氏也：這件事在文公八年，公孫敖到莒國找己氏女子。㈡魯人立文伯：文伯就是穆伯的兒子穀。㈢而求復：要求回魯國。㈣襄仲使無朝聽命，復而不出：公子遂叫他不要上朝，所以他回來而不能出門。㈤穀之子弱：他的兒子就是孟獻子，這時年紀尚輕。㈥請立難也：請就趕緊立我的弟弟，難。㈦穆伯請重賂以求復：穆伯用很重的賄賂，要求回國。㈧請葬弗許：以卿的禮節來下葬，不准許。

【今譯】公孫敖從前到莒國跟著己氏時，魯人立了穀，公孫敖在莒國生了兩個兒子，要求再回魯國，穀給他請求。公子遂叫他不要上朝，所以回來也不出門。二年的工夫，又把全家送到莒國去。穀有了病，就要求說：「穀的兒子尚年輕，請立我的弟弟難。」魯國人許他，穀死了立了難。公孫敖用重的賄賂又要求回來，難受他去要求，答應他。將回魯國，九月，死在齊國，請用卿的葬禮，不答應。

(十三)經 齊公子商人弒其君舍①。

【今註】 ㈠齊公子商人弒其君舍：見傳秋七月乙卯，夜，齊商人弒舍而讓元。

【今譯】 齊公子商人殺他的君舍。

(十四)經 宋子哀來奔。

傳 宋高哀為蕭封人，以為卿①，不義宋公而出②，遂來奔。書曰：「宋子哀來奔。」貴之也③。

【今註】 ㈠宋高哀為蕭封人，以為卿：宋國的高哀，先做宋國附庸的蕭封人，後來升到宋國的卿。㈡不義宋公而出：不以宋國的君為合理，而逃出。㈢書曰宋子哀來奔，貴之也：春秋上寫著，宋子哀來奔，這是尊貴他。

【今譯】 宋國高哀為蕭地方的封人，做了卿的位置，不以宋公為合理就逃奔到魯國。春秋上寫著：「宋子哀來奔。」這很尊貴他。

(十五)傳 齊人定懿公，使來告難，故書以九月①。齊公子元不順懿公之為政也，終不曰公，曰夫己氏②。

【今註】㈠故書以九月：齊國人不服從懿公，所以三個月後，方才安定，因而春秋上祇寫上九月。
㈡夫己氏：等於說那個人。

【今譯】齊國人已經安定了懿公，所以來告弒君的事，春秋上寫著九月，齊惠公不以懿公的政令為合理，所以不稱他做公，稱他做夫己氏。

(十六)經　冬單伯如齊。

(十七)經　齊人執單伯。

(十八)經　齊人執子叔姬。

傳　襄仲使告于王，請以王寵求昭姬於齊①，曰：「殺其子，焉用其母，請受而罪之②。」冬，單伯如齊，請子叔姬，齊人執之③，又執子叔姬。

【今註】㈠昭姬於齊：昭姬即子叔姬。㈡殺其子，焉用其母，請受而罪之：殺了她的兒子舍，何必用他的母親，請接受加給她罪行。㈢齊人執之：齊國人以為依仗周王的勢力，所以把單伯逮起來。

【今譯】公子遂告訴周王，請求以王的寵往齊國求子叔姬，說：「殺他的兒子何必用他的母親，請把她送到魯國，來給他定罪。」冬天，周卿士單伯到齊國去請子叔姬，齊人把他逮起來，又逮子叔姬。

文公十五年（公元前六百十二年）

(一)經 十有五年春季孫行父如晉。

傳 十五年春季文子如晉，為單伯與子叔姬故也①。

【今註】㊀為單伯與子叔姬故也：就是為單伯與子叔姬被齊國扣押的緣故。

【今譯】十五年春，季孫行父到晉國去，因為單伯同子叔姬的緣故。

(二)經 三月宋司馬華孫來盟。

傳 三月宋華耦來盟①，其官皆從之②，書曰：「宋司馬華孫。」貴之也。公與之宴辭曰：「君之先臣督得罪於宋殤公，名在諸侯之策③。臣承其祀，其敢辱君④！請承命於亞旅⑤。」魯人以為敏⑥。

【今註】㊀宋華耦來盟：宋國的司馬，名叫華耦來盟會。㊁其官皆從之：他的屬員全都跟從他來，這是為的表示對魯國的敬意。㊂君之先臣督得罪於宋殤公，名在諸侯之策：你從前的臣子，華督他曾經弒宋殤公，見桓公二年左傳，華耦是他的曾孫，華耦以為這件事全都寫在各諸侯的竹簡上。㈣臣承其祁，其敢辱君：我接著他的奉祀，那裏敢羞辱你君長。㈤請承命於亞旅：請你不要親自招待我，祇派上大夫就可以了。亞旅即上大夫。㈥魯人以為敏：因為他無故宣揚他祖先的罪狀，魯國人以為他是敏捷，意思相反的說是不贊成的。

【今譯】三月宋華耦來盟誓，他的屬官全跟著他來，竹簡上寫著說：「宋司馬華孫。」這是尊貴他。魯文公請他吃飯，他辭謝說：「你的先臣華督，得罪了宋殤公，所以他的名字寫在諸侯的竹簡上。我是繼續他的祭祀，豈敢欺辱你君！請派上大夫階級的人來照顧就可以。」魯國人譏諷他太敏捷。

㈢經　夏曹伯來朝。

傳　夏曹伯來朝，禮也。諸侯五年再相朝，以修王命①，古之制也。

【今註】㈠以修王命：這是為了表示遵守周王的命令。

【今譯】夏天曹伯來魯朝見，這是合禮的，諸侯每五年裏兩次來朝見，為的表示遵守王的命令，這是自古以來的制度。

㈣經　齊人歸公孫敖之喪。

傳　齊人或為孟氏謀①，曰：「魯爾親也，飾棺寘諸堂阜②，魯必取之。」從之。卞人以告③，惠叔猶毀，以為請④，立於朝以待命，許之。取而殯之⑤，齊人送之。書曰：「齊人歸公孫敖之喪。」為孟氏，且國故也⑥。葬視共仲⑦。聲己不視，帷堂而哭⑧。襄仲欲勿哭，惠伯⑨曰：「喪親之終也，雖不能始，善終可也⑩，史佚有言曰：『兄弟致美⑪。』救乏、賀善、弔災、祭敬、喪哀⑫，情雖不同，毋絕其愛，親之道也。子無失道，何怨於人？」襄仲說，帥兄弟以哭之⑬。他年其二子來⑭，孟獻子⑮愛之聞於國。或譖之曰：「將殺子⑯。」獻子以告季文子。二子曰：「夫子以愛我聞，我以將殺子聞，不亦遠於禮乎？遠禮不如死⑰。」一人門于句鼆⑱，一人門于戾丘⑲，皆死⑳。

【今註】㊀齊人或為孟氏謀：齊國有人為孟孫氏來計謀。㊁魯爾親也，飾棺寘諸堂阜：魯國是你的親屬，你把公孫敖的棺材擺在齊魯邊界上的堂阜。一統志：「在今山東蒙陰縣西北三十里，有夷吾亭，即鮑叔解夷吾處。」㊂卞人以告：卞的大夫來報告。卞是魯邑，在今山東省泗水縣東五十里。㊃惠叔猶毀以為請：惠叔這時仍在喪中，請求准許他下葬。㊄取而殯之：就拿他的棺材到孟孫氏的寢堂來出殯。㊅書曰：「齊人歸公孫敖之喪。」為孟氏，且國故也：春秋上寫著，齊國人送還公孫敖的棺材，這是為的孟孫氏，並且為的魯國的緣故。㊆葬視共仲：共仲是公孫敖的父親慶父。都是因為有罪，所以降等下葬。㊇聲己不視，帷堂而哭：聲己是惠叔的母親，他怨恨公孫敖喜歡莒國的女子，所以她不看他的棺材，在帳子裏哭泣。㊈惠伯：是叔彭生。㊉喪親之終也，雖不能始，善終可也：喪是親的終了，雖不能開始做的很好，仍舊當使他的終了很好。⑪兄弟致美：兄弟之間各盡他們的美德。⑫救乏，賀善、弔災、祭敬、葬哀：有缺乏錢財就救他，如果有善的事情，就對他視賀，如果有災難的時候，就給他憑弔、祭祀必定恭敬，喪事必定哀祭。⑬襄仲說帥兄弟以哭之：公子遂就率領著弟兄們去哭他。⑭他年其二子來：他年公孫敖在莒國所生的兩個兒子來了。⑮孟獻子：是穀的兒子孟孫蔑。⑯將殺子：他們將殺你。⑰夫子以愛我聞，我以將殺子聞，不亦遠於禮乎，遠禮不如死：夫子是指孟獻了，以愛憐我聞於全國，我將以要殺他聞於全國，這不是很違背了禮節嗎？違背禮節就不如死。⑱句鼆：魯邑，詳地無考。⑲戾丘：是魯邑，大概與句鼆皆在今山東省曲阜縣以北。⑳皆死：二人都戰死了。

【今譯】 齊國有人為孟孫氏來計謀，說：「魯國是你的親屬，你把公孫敖的棺材擺在齊魯邊界上的堂阜，魯人必定來取它。」孟孫氏就照這樣做。卞的大夫來報告，雖還在喪事中，就請求准許敖還葬，並且立在朝庭上等著命令，魯國答應了，就把棺材拿回來，在孟孫氏的寢室中來出殯，齊國人也來送，春秋記載說：「齊國人送還公孫敖的喪。」這是為的孟孫氏，並且為的魯國的原故。下葬的禮節比照慶父皆下一等，聲己怨恨他娶莒國女子，她不來看，把堂上擋著幔子而哭，公子遂也怨恨想不要哭，叔仲惠伯說：「喪事是親的末了，雖然不能始，對終好就可以了，史佚說過：『兄弟各盡其美。』救貧乏、賀好事、弔災害、祭祀恭敬、喪事哀悼，這些事情雖不一樣，但是總有一份情，這是親親的道理，你不要失掉道理，何必怨旁人。」公子遂高興，率領兄弟們，一起哭他。隔了一年，他在莒國所生的兩個兒子來，孟孫蔑喜歡他們兩人，全國全知道。有人說壞話：「他要殺孟孫蔑。」孟孫蔑告訴季孫行父。這兩人說：「他很喜歡我們全國都知道，而傳言我們將殺他，這不也離著禮節很遠嗎？離禮節還不如死。」一個人在句鼆這個門打仗，一個在戾丘的門打仗，全都戰死了。

(五)

經 六月辛丑朔，日有食之，鼓用牲于社。

傳 六月辛丑朔，日有食之，鼓用牲於社，非禮也①。日有食之，天子不舉②，伐鼓于社③，諸侯用幣於社，伐鼓于朝④，以昭事神，訓民事君，示有等威⑤，古之道也。

【今註】㈠鼓用牲于社，非禮也：打鼓而用牛羊祭祀社神，這是不合於禮的。㈡天子不舉：天子就不吃很美的食物。㈢伐鼓于社：在社神的廟中打鼓，這是表示，責備陰神。㈣諸侯用幣於社，伐鼓於朝：諸侯用貨幣請求救援，而不敢責備社神。可是到自己的朝庭上打鼓，以表示自己責備自己。㈤以昭事神，訓民事君，示有等威：這是表示，侍奉神明，訓練民人，侍奉君長，都有等級的。

【今譯】六月辛丑朔，魯國有日食，敲鼓用牛來祭祀社神，這是不合禮的。日食的時候，天子不吃好東西，在社神廟中敲鼓，諸侯用貨幣來祭社神，在朝廷上打鼓，以此表示事神，教訓人民，事君，都有等差，這是自古以來的道理。

(六)經　單伯至自齊。

傳　齊人許單伯請而赦之，使來致命①，書曰：「單伯至自齊。」貴之也②。

【今註】㊀使來致命：使到魯國來表示他已經得到送還子叔姬的命令。㊁書曰：「單伯至自齊」貴之也：春秋上寫著單伯從齊國來，這是尊貴他。

【今譯】齊國人允許單伯的請而赦免他，使他來報告。春秋上寫著：「單伯從齊國來。」這是尊貴他。

(七)經　晉郤缺帥師伐蔡，戊申入蔡。

傳　新城之盟①，蔡人不與②，晉郤缺以上軍下軍伐蔡③，曰：「弱不可以怠④。」戊申，入蔡，以城下之盟而還⑤，凡勝國曰滅之⑥，獲大城焉，曰入之⑦。

【今註】㊀新城之盟：在文公十四年。㊁蔡人不與：蔡國人不參加盟會。㊂晉郤缺以上軍下軍伐蔡：晉國郤缺統率上下兩軍，攻打蔡國。㊃弱不可以怠：靈公太弱小，所以對於軍政上不可以懈怠。㊄以城下之盟而還之：在城邊上訂盟誓就退回。㊅凡勝國曰滅之：戰勝了一個國家，取消他的社稷，叫做滅。㊆獲大城焉，曰入之：獲了一個大城市，而不完全將他佔領，這叫做入。

【今譯】新城的盟誓，蔡人不參加，晉國郤缺帥著上軍同下軍去伐蔡國，他說：「靈公太弱小，所以對於軍政上不可以懈怠。」戊申，攻入蔡國，在城門下訂了盟誓就回來。凡是勝利一個國家叫做滅，得到大城叫做入。

(八)經 齊人侵我西鄙。

(九)經 季孫行父如晉。

傳 秋齊人侵我西鄙，故季文子告于晉①。

【今註】㈠季文子告於晉：季孫行父，到晉國去告訴。

【今譯】秋天齊國人侵魯國西邊邊疆，所以季孫行父到晉國去告訴。

(十)經 冬十有一月，諸侯盟於扈。

傳 冬十一月晉侯、宋公、衛侯、蔡侯、鄭伯、許男、曹伯，盟于扈①尋新城之盟②且謀伐齊也③。齊人賂晉侯，故不克而還

④。於是有齊難，是以公不會⑤。書曰諸侯盟于扈，無能為故也⑥。凡諸侯會，公不與，不書、諱君惡也⑦。與而不書，後也。

【今註】㈠扈：在今河南省原武縣。㈡尋新城之盟：這是為的重申新城的盟會。㈢且謀伐齊也：且計劃討伐齊國。㈣齊人賂晉侯，故不克而還：齊人給晉侯賄賂，所以沒有戰勝就退兵了。㈤於是有齊難，是以公不會：因為那時有齊國的患難，所以文公不參與會。㈥無能為故也：因為他沒有能夠做什麼事情。㈦不書，諱君惡也：不寫在竹簡上，就是避諱君的惡事。

【今譯】冬天十一月晉侯、宋公、衛侯、蔡侯、鄭伯、許男、曹伯在扈盟會，重申新城的盟誓，並且計謀討伐齊國。齊國人賄賂了晉侯，所以沒戰勝就回來。因為有齊國的患難，所以魯文公沒去開會。春秋上寫著諸侯在扈開會，而不列諸侯之名，是因為沒有能成功的緣故。凡是諸侯開會，公不參加就不寫，為避諱君的惡名。參加而不寫到春秋上，因為遲到的原故。

(十一) 經 十有二月齊人來歸子叔姬。

傳 齊人來歸子叔姬，王故也①。

【今註】㈠王故也：這是周王的原故。

【今譯】齊國人來歸還子叔姬，這是為周王的原故。

㈩一經 齊侯侵我西鄙。

㈩二經 遂伐曹入其郛。

傳 齊侯侵我西鄙，謂諸侯不能也①，遂伐曹，入其郛②，討其來朝也③。季文子曰：「齊侯其不免乎！己則無禮，而討於有禮者，曰：『女何故行禮④？』禮以順天，天之道也⑤！己則反天，而又以討人，難以免矣！詩曰：『胡不相畏，不畏於天⑥。』君子之不虐幼賤，畏于天也⑦！在周頌曰：『畏天之威，于時保之⑧！』不畏于天，將何能保？以亂取國，奉禮以守，猶懼不終⑨。多行無禮，弗能在矣⑩！」

【今註】㈠謂諸侯不能也：他以為諸侯不能討伐齊國。㈡郛：是城的外郭。㈢討其來朝也：因為曹君在今年夏天來朝魯文公。所以討伐他。㈣女何故行禮：你為什麼要行禮。㈤禮以順天，天之道也：禮簡是以順奉上天，這是天的道理。㈥胡不相畏，不畏于天：為什麼不互相害怕，因為不怕上天。這是詩經小雅的一句詩。㈦君子之不虐幼賤，畏於天也：有仁義的人，不虐待年幼的同貧賤的人，因為他是怕天。㈧畏天之威，于時保之：畏懼天的威嚴就能夠保存福祿。㈨以亂取國，奉禮以守，猶懼不終：用亂事來取得的國家，而奉禮節以看守，尚且怕不能夠完成。⑩多行無禮，弗能在矣：多做無禮的事情，就不能存在保全他的國家。

【今譯】齊侯又侵我西邊，說是諸侯不能伐齊，齊伐曹國，進了他的外城，討伐曹君到魯國來朝見。季孫行父說：『齊懿公恐怕不免於禍難！自己沒有禮，而討伐有禮的說：『你為什麼行禮？』禮是來順天的，這是天的道理！自己反了天命，而又來討伐別人，這是難以免除禍難了！詩經小雅說：『為什麼不互相敬畏，因為你不怕天了。』君子的不虐待幼小同貧賤，因為是怕天，周頌說：『怕天的威嚴，於是能保著福祿。』不怕天，將怎樣能保呢？拿亂事取得國家，奉了禮節來保守，尚且恐怕不能保全，多行無禮的事的人，就不能存在。」

文公十有六年（公元前六百一十一年）

(一)經十有六年春季孫行父會齊侯于陽穀，齊侯弗及盟。

傳十六年春王正月及齊平。公有疾，使季文子會齊侯於陽穀①，請盟，齊侯不肯，曰：「請俟君間②？」

【今註】㈠公有疾使季文子會齊侯于陽穀：魯文公有病，使季文子，即季孫行父，到陽穀去會齊侯。陽穀在今山東省陽穀縣，東北五十里。㈡請俟君間：請等到魯文公病好再說。

【今譯】十六年春天同齊國和平。魯文公有病，使季孫行父在陽穀會見齊懿公，請求盟誓，齊侯不肯，說：「等你好了再說吧。」

(二)經　夏五月，公四不視朔。

(三)經　六月戊辰，公子遂及齊侯盟于郪丘。

傳　夏五月公四不視朔，疾也①。公使襄仲納賂于齊侯，故盟於郪丘②。

【今註】㊀公四不視朔，疾也：諸侯每個月必定告朔于廟，現在因為疾病的原故，四個月不能告朔。

㊁郪丘：齊地，釋地說：「在臨淄南側之天齊淵。」

【今譯】夏天五月，魯文公四次不告朔，這是因為有病的原故。派公子遂對齊懿公納賄賂，所以在郪丘這地方盟誓。

(四)經　秋八月辛未，夫人姜氏薨。

(五)經　毀泉台。

傳　有蛇自泉宮出，入于國，如先君之數①。秋八月辛未，聲姜薨②，毀泉臺③。

【今註】㈠如先君之數：魯世家，魯公伯禽，子考公酋，弟煬公熙，子幽公宰，弟魏公濆（音ㄅ一ˋ），子厲公擢，弟獻公具，子順公濞（音ㄆ一ˋ），弟武公敖，子懿公戲，弟孝公稱，子惠公弗皇，子隱公息姑，弟桓公允，子莊公同，子閔公開，兄僖公申。周公不之魯，從魯公數起為十七君。㈡聲姜薨：聲姜是魯僖公的夫人，魯文公的母親。㈢泉臺：在今山東省曲阜縣南郊。

【今譯】有長蛇從泉宮出來，到了都城裏，跟先君的數目一樣，就是有十七個蛇。秋天八月辛未，魯僖公的夫人聲姜死了，因此就把泉臺毀掉。

㈥經楚人、秦人、巴人滅庸。

傳楚大饑，戎①伐其西南，至於阜山②，師于大林③。又伐其東南，至於陽丘④，以侵訾枝⑤，庸⑥人率羣蠻以叛楚。麇人⑦率百濮⑧聚於選⑨，將伐楚。於是申息⑩之北門不啟⑪，楚人謀徙於阪高⑫。蔿賈曰：「不可，我能往，寇亦能往，不如伐庸。夫麇與百濮謂我饑不能師，故伐我也。若我出師，必懼而歸。百濮離居，將各走其邑，誰暇謀人。」乃出師，旬有五日⑬，百濮乃罷⑭。自廬以往⑮，振廩同食⑯，次于句澨⑰，使廬戢黎⑱侵庸，及庸方城⑲，庸人逐之，囚子揚窻⑳，三宿而逸㉑，曰：「庸師眾，羣蠻聚焉，不如復大師㉒，且起王卒，會而後進。」師叔㉓曰：「不可，姑又與之遇㉔，以驕之，彼驕我怒㉕而後可克。先君蚡冒㉖所以服陘隰㉗也。」又與之遇，七遇皆北㉘，唯裨、鯈、魚人實逐之㉙，庸人曰：「楚不足與戰矣。」遂不設備。楚子乘馹㉚會師于臨品㉛，分為二隊。子越㉜自石溪㉝，子貝㉞自仞㉟以伐庸。秦人、巴人㊱從楚師，羣蠻從楚子盟㊲。遂滅庸。

【今註】㈠戎：是山夷。㈡阜山：在今湖北房縣南一百五十里。㈢大林：楚邑，太平御覽伍端休江陵紀曰：「江陵城西北六十里有林，春秋師於大林，即此。」㈣陽丘：楚邑，陽丘的地方，應該在湖南岳陽，石首一帶。㈤訾枝：左傳地名補注：「謂訾枝，即今之枝江縣。」㈥庸：國名，在今湖北省，竹山縣東四十里，有上庸故城。㈦麇：在今湖南省岳陽縣。㈧百濮：在今湖北省，石首縣以南，直到湖南省常德等地，為百濮散處的地方。㈨選：楚地，在今湖北省枝江縣南境。㈩申息：楚邑名，在今河南南陽，信陽一帶，為楚國之北屏。⑪北門不啟：向北方的城門全不開，以防備北方各國的侵入。⑫阪高：險要的高地，彙纂：「當在湖北省，襄陽府西境。」⑬旬有五日：十五天。⑭百濮乃罷：百濮就離散了。⑮自廬以往：廬在今湖北省，當陽遠安之境，就從廬去伐庸。⑯振麇同食：振是發，發開倉庫，上下同吃飯。⑰句澨：彙纂說在今湖北省均縣的西邊。⑱廬戢黎：戢黎是廬大夫。⑲方城：括地志：「今湖北竹山縣東南四十里有方城山。山南有城長十餘里。名曰方城。」⑳子揚窻：戢黎明的官屬。㉑三宿而逸：住了三天就逃走了。㉒復大師：把大的軍隊招來。㉓師叔：楚大夫潘尫。㉔姑又與之遇，以驕之：姑且再與他相遇，益發使他驕傲。㉕彼驕我怒：他驕傲，我們更發怒。㉖蚡冒：楚武王的父親。㉗陘隰：大約在湖北省宜昌宜都之間。㉘七遇皆北：七次遇見，楚國全打敗仗。㉙裨、鯈、魚人實逐之：這三種人大約在湖北省，巫山、巫溪、溪山、到竹山的地方，與上庸相近。㉚駟：駟是一種車輛。㉛會師于臨品：臨品是地名，大約在今湖北省均縣境內，把軍隊全集中在此。㉜子越：司馬子良之子鬬椒。㉝石溪：在今湖北省均縣竹山之交。㉞子貝：是楚大夫。㉟仞：彙纂說在今湖北省，均州界。㊱巴：姬姓國，即今四川巴縣。㊲羣蠻從楚子盟：各種蠻夷全都同楚王盟會。

【今譯】　楚國大饑餓，戎人伐他的西南，一直到阜山，車隊駐紮到大林，又伐他的東南，一直到陽丘，去侵掠訾枝，庸人領著羣蠻對楚國反叛。麇人率領著百濮在選這地方相聚，也要伐楚國，這時申同息的北門不敢開，楚人想遷到阪高這地方。蔿賈說：「不可以，我能去敵人也能去，不如討伐庸國，因為麇同百濮全以為我們飢餓了，不能派軍隊，所以討伐我們，若我派軍隊出去，必定害怕而回去。百濮是分著住，將各走到他城裏去，誰還能夠計謀旁人？」就出軍隊，十五天的工夫，百濮軍隊就退了。就從廬去伐庸，把倉庫中的食物同吃，到了句澨，叫廬戢黎侵伐庸國，到了庸國的方城，庸人追逐他，捕獲了黎的官員，但過了三夜，子揚窗就逃走了說：「庸的軍隊很多，羣蠻聚在一起不如再領大軍隊來，並且把王的軍隊全興起，合在一塊再往前進。」師叔說：「不可以，姑且再與他碰到一塊，使他驕傲，他驕傲，我們憤怒，然後可以打勝仗。這是先君蚡冒所以佔領陘隰兩地的方法。」又跟他碰在一塊，七次全打敗仗，庸國的三個城邑的人追逐他，庸人說：「楚國不值得跟他打仗。」於是就不設防備。楚王乘著普通的車在臨品會軍隊，分成兩隊。子越由石溪，子貝由仞，兩路來伐庸國。秦國人巴國人跟著楚國軍隊，羣蠻跟楚王盟誓，就把庸國滅了。

(七)

經　冬十有一月宋人弒其君杵臼。

傳　宋公子鮑①禮於國人②，宋飢，竭其粟而貸之③，年自七十以上無不饋詒也，時加羞珍異④無日不數於六卿之門⑤，國之材人，無不事也⑥，親自桓以下，無不恤也⑦。公子鮑美而艷，襄夫人欲通之⑧，而不可⑨，夫人助之施⑩，昭公無道，國人奉公子鮑以因夫人。於是華元為右師⑪，公孫友為左師，華耦為司馬⑫，鱗矔為司徒，蕩意諸為司城，公子朝為司寇⑬。初，司城蕩卒。公孫壽⑭辭司城，請使意諸為之⑮。既而告人曰：「君無道，吾官近，懼及焉⑯。弃官則族無所庇⑰，子身之貳也，姑紓死焉⑱！雖亡子，猶不亡族⑲！」既夫人將使公田孟諸而殺之。公知之盡以寶行⑳。蕩意諸曰：「盍適諸侯？」公曰：「不能其大夫，至于君祖母以及國人㉑，諸侯誰納我？且既為人君而又為人臣，不如死。」盡以其寶賜左右，以使行。夫人使謂司城去公，對曰：「臣之而逃其難，若後君何㉒？」冬十一月甲寅，宋昭公將田孟諸，未至，夫人王姬使帥甸攻而殺之㉓，蕩意諸死之㉔。書曰：「宋人弒其君杵臼，君無道也㉕。」「文公即位，使母弟須為司城㉖，華耦卒，而使蕩虺為司馬㉗。

【今註】㈠公子鮑：是宋昭公庶出的弟弟。㈡禮於國人：春秋時代所謂國人，皆指著貴族而言。㈢宋飢竭其粟而貸之：宋國荒年的時候，就盡用他所藏的穀子接濟人民。㈣無不饋詒也，時加羞珍異：沒有不煮飯給他們吃，並且時常加上珍貴的菜蔬。㈤無日不數於六卿之門：沒有一天不到宋國六卿的家中。六卿是指著右師、左師、司馬、司徒、司城、司寇。㈥國之材人，無不事也：宋國所有的賢材，沒有他不事奉的。㈦親自桓以下，無不恤也：親族裏，自從他的曾祖，宋桓公以下的族人，沒有不週濟的。㈧公子鮑美而艷，襄夫人欲通之：公子鮑長得美，而且漂亮，宋襄公的夫人，即宋昭公的祖母，欲與他通姦。（九）而不可：公子鮑不願意。（十）夫人助之施：襄夫人就幫助他施捨。（十一）華元為右師：華元是華督的曾孫。（十二）華耦為司馬：華耦替代公子卬。（十三）公子朝為司寇：替代華御事。（十四）公孫壽：是公子蕩的兒子。（十五）請使意諸為之：就請讓他的兒子蕩意諸寫司城。（十六）君無道，吾官近，懼及焉：現在的君沒有道理，我所做的官又很接近君，恐怕將來有禍亂發生，就會連到自己。（十七）弃官則族無所庇：要丟掉這個官，我們全族就沒有人保護。（十八）子身之貳也，姑紓死焉：兒子等於本身的附體，姑且緩慢死的日期。（十九）雖亡子，猶不亡族：雖然丟了兒子，不敢於丟了全族。（二十）公知之盡以寶行：昭公知道了，把他的寶物全都帶走。（二一）不能其大夫，至于君祖母，以及國人：不能跟宋國的大夫，甚至國君的祖母，並且同所有宋國的貴族和好。（二二）臣之而逃其難，若後君何：給他做過臣子，而遇見患難就逃避，那麼對以後的君長，怎麼樣侍奉？（二三）夫人王姬使帥甸攻而殺之：襄夫人王姬使旁人率領野外的軍隊，攻昭公殺掉他。（二四）蕩意諸死之：蕩意諸隨著昭公被殺了。（二五）宋人弒其君杵臼，君無道也：宋國人把他們的君長，即宋昭公名杵臼殺了，是人君無道。（二六）使母弟須為司城：替代蕩意諸。（二七）蕩虺為司馬：蕩虺是蕩意諸的弟弟。

【今譯】宋文公對國人很有禮貌，宋國有飢餓，把他的粟米就出借，年在七十歲以上，沒有不送的，並且加很多好吃的，每天常去見六卿，國中有賢材的人，沒有不事奉，親戚自他曾祖桓公以下，沒有不憐恤的。宋文公很美，宋襄公的夫人想著要同他通姦，但是宋文公不答應，夫人就幫助他施捨，昭公無道，貴族們全奉著文公，又因著夫人。那時華元做右師，公孫友做左師，華耦做司馬，鱗鱹做司徒，蕩意諸做司城，公子朝做司寇。最初時，司城蕩死了。他的兒子公孫壽辭掉司城的官，使他的兒子意諸來做。後來就告訴人說：「君沒有道，我的官離著君很近，恐怕會連上。丟掉官則全族沒人保護，兒子是我第二，姑且緩慢不死，雖然丟了兒子，就不會丟了全族。」後來襄夫人將使昭公到孟諸打獵而把他殺掉。昭公知道盡帶著他的寶貝就走。蕩意諸說：「何不逃到諸侯那裏去。」昭公說：「跟他大夫，甚至祖母襄夫人並連貴族們都處不好，諸侯誰肯接納我？並且既為人君，又做人的臣子，那不如死。」拿他的寶物，賞給左右的人們，並且使他們趕緊逃。襄夫人派人對蕩意諸說，叫他離開昭公，回答說：「給他做了臣子，而逃避他的禍難，那怎樣侍奉後來的君？」冬天十一月甲寅，宋昭公將去孟諸打獵，還沒有到，襄夫人就叫野外的軍隊來攻殺他，蕩意諸就死了。春秋上寫著：「宋人殺了他的君杵臼。」這是君沒有道。文公即位，使母弟須做司城，華耦死了，就使蕩意諸的弟弟蕩虺做了司馬。

文公十有七年（公元前六百一十年）

(一)經 文公十有七年春，晉人，衛人，陳人，鄭人，伐宋。

傳 十七年春，晉荀林父，衛孔達，陳公孫寧，鄭石楚伐宋。討曰：「何故弒君①？」猶立文公而還。卿不書，失其所也②。

【今註】㈠討曰：「何故弒君？」：討伐的話說，你們為何把君殺了？㈡卿不書，失其所也：祇寫上人而不寫卿的姓名，這是因為他失掉他所應該做的事。

【今譯】十七年春，晉荀林父，衛孔達、陳公孫寧，鄭石楚討伐宋國，討伐的原因說：「為什麼你們把君殺了？」還立了文公才同去。春秋祇寫上人而不寫卿的名字，這是因為他失掉他所應該做的事。

㈡經夏四月癸亥，葬我小君聲姜。

傳夏四月癸亥，葬聲姜，有齊難是以緩①。

【今註】㈠有齊難是以緩：因為有齊國的患難，所以下葬的很晚。

【今譯】夏天四月癸亥給聲姜下葬，因為有齊國的患難，所以下葬的很晚。

㈢經齊侯伐我西鄙，六月癸未，公及齊侯盟于穀。

傳齊侯伐我北鄙①，襄仲請盟，六月盟於穀②。

【今註】㈠北鄙：是魯國北方境地。㈡穀：齊地，在今山東省東阿縣治。

【今譯】齊侯討伐魯國北邊，公子遂請和他們盟會。六月在穀這地方盟誓。

㈣經諸侯會于扈。

傳晉侯蒐于黃父①，遂復合諸侯于扈②，平宋也③。公不與會，齊難故也④。書曰諸侯，無功也⑤。於是晉侯不見鄭伯⑥，以為貳於楚也。鄭子家⑦使執訊而與之書⑧，以告趙宣子，曰：「寡君即位三年，召蔡侯而與之事君⑨。九月，蔡侯入於敝邑以行⑩，敝邑以侯宣多之難⑪，寡君是以不得與蔡侯偕。十一月，克減侯宣多而隨蔡侯以朝于執事⑫。十二年六月，歸生佐寡君之嫡夷⑬，以請陳侯於楚而朝諸君⑭。十四年七月，寡君又朝，以蕆陳事⑮。十五年五月，陳侯自敝邑往朝于君。往年正月，燭之武往朝夷也⑯。八月，寡君又往朝。以陳蔡之密邇於楚而不敢貳焉，則敝邑之故也⑰。雖敝邑之事君，何以不免⑱？在位之中⑲，一朝于襄，而再見于君⑳，夷與孤之二三臣相及於絳㉑，雖我小國，則蔑以過之矣㉒。今大國曰：『爾未逞吾志。』敝邑有亡，無以加焉㉓。古人有言曰：『畏首畏尾，身其餘幾㉔？』又曰：『鹿死不擇音㉕。』小國之事大國也，德則其人也㉖，不德則其鹿也㉗。鋌而走險㉘，急何能擇。

命之罔極，亦知亡矣㉙。將悉敝賦以待於鯈㉚，唯執事命之。文公二年六月壬申，朝于齊㉛。四年二月壬戌。為齊侵蔡㉜，亦獲成於楚㉝。居大國之間而從於強令㉞，豈其罪也。大國若弗圖，無所逃命㉟。」晉鞏朔㊱行成於鄭㊲，趙穿公壻池㊳為質焉。

【今註】㊀晉侯蒐于黃父：晉侯，晉靈公。黃父一名黑壤，晉地，即今山西沁水縣烏嶺。㊁扈：鄭邑，今河南原武縣西北有扈亭，先是，文公十五年冬十一月晉侯會宋公、衛侯、蔡侯、陳侯、鄭伯、許男、曹伯、盟于扈，至是，因黃父之蒐，再會于扈，所以說復合諸侯。㊂平宋也：上年冬十一月，宋昭公杵臼為襄夫人王姬使衛伯所攻殺，立公弟鮑，是為宋文公。晉靈公再合諸侯于扈，欲以平宋亂。㊃公不與會齊難故也：謂魯文公未與此會。時齊侯伐魯北鄙，文公方被脅盟於穀，故云齊難。㊄書曰諸侯無功也：謂春秋只書「諸侯會于扈。」無功也。「蓋欲平宋亂而又不能。」㊅鄭伯：鄭穆公，公名蘭，文公捷的兒子。㊆子家：公子歸生字，鄭國的執政大夫。㊇執訊而與之書：通訊問的官。子家為書與趙盾，使執訊攜書往晉，故云與之書。㊈寡君即位三年召蔡侯而與之事君：即鄭穆公三年，當魯文公二年。時蔡未服晉，故鄭召蔡莊侯而與之事晉。㊉以行：往朝晉君。⑪侯宣多之難：鄭穆公為侯宣多所立，遂持寵專權，故云侯宣多之難。⑫克減侯宣多而隨蔡侯以朝于執事：

謂略得減抑侯宣多。下面所以隨蔡侯以朝於執事明難未盡即行，言汲汲要朝晉。⑬寡君之嫡夷：鄭穆十二年即魯文十一事寡君之嫡夷，指鄭穆之太子，即鄭靈公。⑭請陳侯于楚而朝諸君：請命于楚，與陳共公俱朝于晉。⑮以蕆陳事：鄭穆十四年即魯文公十三年。以蕆陳事，完成陳侯朝晉之事。蕆讀如諂，勑成前好曰蕆。⑯燭之武往朝夷也：魯文十四年往年，去年指鄭穆十七年，即魯文十六年。燭之武往朝夷也，謂燭之武將太子夷往朝晉。⑰以陳蔡之密邇於楚而不敢貳焉，則敝邑之故也：陳國蔡國離楚國很近，但是不敢有二心，就是因為我們鄭國的緣故。⑱雖敝邑之事君，何以不免：雖然我們事奉你，為何不能免於罪。⑲在位之中：在我即位的時候。⑳一朝于襄，而再見於君：一次朝見晉襄公，再朝見於你，君指著晉靈公。㉑相及於絳：不斷的往來於晉國都城，絳。㉒則蔑以過之矣：我沒有再能超過這種情形。㉓爾未逞吾志，敝邑有亡，無以加焉：你現在說，你還未能完成我的志願，就是我們亡了國，也沒能夠做得更好。㉔畏首畏尾，身其餘幾：頭也怕，尾也怕，身上所剩餘的就沒有了。㉕鹿死不擇音：音等於樹蔭。鹿要死的時候，不選擇樹蔭的地方。㉖德則其人也：大國對我有德，小國就以人道來事奉。㉗不德則其鹿也：大國對小國沒有德，小國就像鹿一樣。㉘鋌而走險：鋌是走得很快，急了就不怕危險了。㉙命之罔極，亦知亡矣：晉國的命令沒有限度，那鄭國也就知道，必定亡國了。㉚將悉敝賦以待於鯈：將預備好軍隊，以等候於鯈這地方，鯈在鄭國晉國的邊界上。㉛朝于齊：鄭文公的二年，就是魯僖公的二十三年，到齊國朝見。㉜為齊侵蔡：這是指的鄭文公的四年，就是魯僖公的二十五年，為齊國侵略蔡國。㉝亦獲成於楚：鄭國與楚國也獲得和約。㉞居大國之間，而從於強令：在兩個大國的中間，祇好服從強令。㉟大國若弗圖無所逃命：你們要不細想辦法，我們也就沒法逃命。㊱晉鞏朔：鞏朔是晉大夫。㊲行成於鄭：與鄭國講和。㊳趙穿公壻池：趙穿是晉國的卿，公壻池是晉國的女婿。

【今譯】晉侯春獵於黃父，就趁便再合諸侯於扈地，是要想平定宋國的亂事，魯文公沒有參加這會，因為有齊國兵災的緣故。春秋上單寫著諸侯，因為譏刺平宋沒有成功的緣故。這一次，晉侯卻不見鄭伯，因為他有二心於楚國。鄭子家就差通訊的官拿封信送給趙盾，告訴他說：「寡君即位的第三年，便去招了蔡侯一同事奉你君；九月間，蔡侯到了敝邑，正要想動身，只因敝邑有侯宣多的亂事，寡君所以竟不能和蔡侯同來晉國；到了十一月中，克平了侯宣多的亂事，卻跟了蔡侯來朝你們的執事；到了十二年六月中，我歸生又幫扶著寡君的世子夷，到楚國去招請了陳侯，和他同來朝你；十四年七月中，寡君又來朝見，完成那陳國的事；十五年五月，陳侯便從敝邑動身去朝見你君，去年正月間，燭之武又趕著同世子夷來朝見；到了八月中，寡君又親自來朝。像陳蔡的靠近楚國，卻不敢有二心，這都是敝邑催逼了他們的緣故呢！雖然敝國一心事奉你君，為什麼免不掉罪，只我寡君在位的中間，一次朝見你們襄公，兩次見了你君，夷又和燭之武生等接連著到你絳都來，雖然我們是個小國，卻也不能再比這好的了。現在你大國倒說：『你們服事我，還不能逞我的心。』照這般說來，敝邑也只有滅亡的了，不會再好的了。古人有句話說：『畏首畏尾，身體還有多少呢？』又說：『鹿要死了，不揀躲蔭的地方了。』我們小國的服事你們大國，如果大國好好相待的，小國就以人道事奉，如果不好好相待的，小國便要像那鹿一般呢！挺著腿子走到危險地方，急極了，也顧不得什麼了！你們大國的命令，既沒有完，敝邑也明知要完了，只得完全發動敝邑當兵的人來，等侯在邊界儵那裏了，憑你們執事的吩咐吧！我們文公的二年六月壬申那天朝過齊國，四年二月壬戌那天，又為齊國侵伐過蔡國，也因此和楚國講過和的。居住在大國的中間，也只可依著強國的吩咐，難道這就是他的罪嗎？你們大國若再不體諒我們，我們也沒有法子逃避你對我的命令了。」趙盾看了這信，便使大夫鞏朔到鄭國去訂和，又差趙穿和公壻池到鄭國去做人質了。

㈤ 經 秋公至自穀①。

【今註】㊀此經無傳。

傳 秋周甘歜①，敗戎于邥垂②，乘其飲酒也③。

【今註】㊀甘歜：是周大夫。歜音ㄔㄨˋ。㊁邥垂：在今河南省伊川縣北境。㊂乘其飲酒也：乘戎人正在飲酒的時候。

【今譯】秋天，周大夫甘歜在邥垂這地方打敗戎人，這是乘著戎人正在飲酒的時候。

㈥ 傳 冬十月鄭大子夷①，石楚②，為質於晉③。

【今註】㊀大子夷：是鄭靈公。㊁石楚：鄭大夫。㊂為質于晉：到晉國去做人質。

【今譯】冬天十月鄭靈公和鄭大夫石楚到晉國去做人質。

(七)經冬公子遂如齊。

傳襄仲如齊，拜穀之盟，復曰①：「臣聞齊人將食魯之麥②，以臣觀之，將不能③，齊君之語偷④，臧文仲有言曰：『民主偷必死⑤。』」

【今註】㊀復曰：回來就說。㊁臣聞齊人將食魯之麥：我聽見齊國人說，將吃魯國收成的麥子。㊂以臣觀之將不能：由我看起來，這是不可能的。㊃齊君之語偷：齊國的君，說話中間很苟且。㊄民主偷必死：為人民的主人要苟且，就必定要死。

【今譯】公子遂到齊國去拜謝穀的盟會，又說：「我聽說齊國人將吃魯國收成的麥子，以我看起來，這是不可能的，齊國的君話說得很苟且，臧文仲有話說：『人民的主人要苟且，就必定死。』」

文公十有八年（公元前六百〇九年）

(一)經十有八年春王二月丁丑公薨於臺下。

傳十八年春，齊侯戒師期①，而有疾②，醫曰：「不及秋將死③。」公聞之，卜曰：「尚無及期④。」惠伯令龜⑤，卜楚丘占之曰：「齊侯不及期，非疾也⑥。君亦不聞令龜有咎⑦。」二月丁丑公薨。

【今註】㈠齊侯戒師期：齊侯預備伐魯國，已經定了日期。㈡而有疾：齊懿公有病。㈢不及秋將死：不到秋天，就會死了。㈣尚無及期：希望不要到打仗的時期，他就先死了。㈤惠伯令龜：惠伯是叔仲惠伯，他命令占卜的人占卜。㈥齊侯不及期，非疾也：齊侯不能到打仗的時候，但是不是疾病所致。㈦君亦不聞，令龜有咎：魯君將聽不到齊侯死訊，下令占卜的人亦有凶咎。

【今譯】文公十八年春，齊懿公規定伐魯日期，可是有了病。醫生說到不了秋天他就要死。魯文公聽了就占卜說：「最好是到不了齊國動軍隊的時期。」叔仲惠伯令占卜，卜楚丘占卜說：「齊侯不能活到出軍隊的時候，並不是因為病，你魯君也不能聽見，下令占卜的人也有凶咎。」二月丁丑，魯文公死了。

㈡經秦伯罃卒①。

【今註】㈠此經無傳。

【今譯】 秦伯罃死了。

(三) 經 夏五月戊戌齊人弒其君商人。

傳 齊懿公之為公子也①，與邴歜之父爭田弗勝②，及即位，乃掘而刖之③，而使歜僕④，納閻職⑤之妻，而使職驂乘⑥。夏五月公游于申池⑦，二人浴于池⑧，歜以扑抶職⑨，職怒，歜曰：「人奪女妻而不怒，一抶女庸何傷⑩。」職曰：「與刖其父而弗能病者何如⑪？」乃謀弒懿公，納諸竹中，歸舍爵而行⑫。齊人立公子元⑬。

【今註】 ㈠齊懿公之為公子也：齊懿公做公子的時候。㈡與邴歜之父爭田弗勝：和邴歜的父親爭田地，但是沒能得到勝利。㈢乃掘而刖之：邴歜的父親已經死了，把他的屍首掘出來，把他的腳切斷。㈣而使歜僕：而命令邴歜給他駕車。㈤閻職：是齊國的官吏。㈥驂乘：陪他乘車。㈦申池：齊都城，南城的西門，門外的池塘叫申池。㈧二人浴于池：邴歜同閻職，在池塘裏洗澡。㈨歜以扑抶職：邴歜用木棍打閻職。㈩一抶女庸何傷：打一次有什麼要緊？(十一)與刖其父而弗能病者何如：把他的父親的腳削不來，而不能怨恨他，又怎麼樣？(十二)歸舍爵而行：殺了懿公，然後去喝酒，再從容的逃走。(十三)公子元：齊桓公的兒子，齊惠公。

【今譯】齊懿公作公子的時候，與邴歜的父親爭田地，而未能勝利。等到他即位以後，邴歜之父已死，就將他掘出把他的腳切斷了，並且派邴歜駕車，另把閻職的太太收過來，而叫閻職在車上陪乘。夏五月，齊懿公到申池去遊玩，邴歜同閻職往池中洗藻，歜用木棍打職，職生了氣。歜就說：「人奪了你的妻反不發怒，那麼打一下又有什麼傷損呢？」職說：「那麼切斷他的父親的腳又不恨怎麼樣？」就議妥弒了懿公，置放在竹子中間，回家飲了酒才走。齊國就立了惠公。

(四)經 六月癸酉，葬我君文公。

傳 六月葬文公①。

【今註】㊀六月葬文公：六月魯文公下葬。

【今譯】六月為魯文公行葬禮。

(五)經 秋公子遂，叔孫得臣如齊。秋，襄仲莊叔如齊，惠公立故，且拜葬也①。

【今註】㊀惠公立故，且拜葬也：襄仲是為賀齊惠公的即位，莊叔是為道謝齊國派人來會葬魯文公。

【今譯】秋，公子遂及叔孫得臣往齊國，分著為賀齊惠公並謝他派使臣來參加魯文公的葬禮。

㈥經冬十月子卒。

傳文公二妃敬嬴①生宣公。敬嬴嬖而私事襄仲②，宣公長而屬諸襄仲③，欲立之，叔仲不可④，仲見于齊侯而請之⑤，齊侯新立而欲親魯⑥，許之。冬十月，仲殺惡及視⑦，而立宣公。書曰：「子卒。」諱之也。仲以君命召惠伯⑧，其宰公冉務人⑨，止之曰：「入必死。」叔仲曰：「死君命可也！」公冉務人曰：「若君命可死，非君命何聽⑩！」弗聽乃入，殺而埋之馬矢之中⑪，公冉務人奉其帑以奔蔡，既而復叔仲氏⑫。

【今註】㈠敬嬴：魯文公的第二位夫人。㈡敬嬴嬖而私事襄仲：敬嬴很得魯文公的寵愛，但是又偷著侍奉東門襄仲。㈢宣公長而屬諸襄仲：宣公長大以後，文公把他交給襄仲。㈣欲立之叔仲不可：襄仲想立宣公為君，但是叔仲惠伯不肯。㈤仲見于齊侯而請之：東門襄仲看見齊惠公，就請求立魯宣公。㈥齊侯新立而欲親魯：齊惠公剛剛新立，而又想與魯國親善。㈦仲殺惡及視：惡是文公的太子，視是同母的弟弟。㈧仲以君命召惠伯：東門襄仲，假以惡的命令，召叔仲惠伯。㈨公冉務人：是叔仲惠伯的家宰。㈩非君命何聽：要不是君的命令何必聽他。⑪馬矢之中：就把他埋在馬糞裏頭。⑫既而復叔仲氏：不久，就回復叔仲氏，以表示不絕他的後人。

【今譯】　魯文公的第二位妃子敬嬴生宣公，敬嬴甚得文公寵幸而又私事公子遂，宣公長大就交給公子遂。公子遂甚想立他，但叔仲惠伯以為不可。公子遂見了齊惠公就請求立宣公，惠公新立表示與魯親善，就允諾了他。冬，十月，公子遂殺太子惡同他的母弟視，而立了宣公。春秋上寫著「子卒」是為避諱。公子遂以惡的命令召叔仲惠伯，他的家宰公冉務人勸他不要進宮去，說：「進去必死。」他說：「死君的命令可以。」公冉務人說：「若是君命可以死，但若不是君命又順從誰呢？」他不聽就進宮去了，遂被殺埋在馬糞的中間。公冉務人帶著他的妻子逃到蔡國，後來又重新回復叔仲氏。

(七)經　夫人姜氏歸于齊。

傳　夫人姜氏歸于齊，大歸也①。將行哭而過市曰：「天乎，仲為不道，殺適立庶②。」市人皆哭，魯人謂之哀姜③。

【今註】　㊀大歸也：就是一去不再回來。㊁天乎，仲為不道，殺適立庶：天啊！東門襄仲，不合道理，殺了嫡出的太子，立了庶出的宣公。適，通嫡。㊂魯人謂之哀姜：魯國人就稱他為哀姜。

【今譯】　文公的夫人姜氏回到齊不再回來。將走的時候哭著過市場說：「天呀！仲是不講道理，殺了嫡子而立庶子。」全市人皆哭，魯國稱他叫哀姜。

(八)經　季孫行父如齊①

【今註】 ㈠此經無傳。

【今譯】 季孫行父到齊國去了。

㈨ 經 莒弒其君庶其。

傳 莒紀公生大子僕，又生季佗①。愛季佗而黜僕，且多行無禮於國。僕因國人以弒紀公。以其寶玉來奔②，納諸宣公。公命與之邑，曰：「今日必授。」季文子③使司寇出諸竟④，曰：「今日必達⑤。」公問其故，季文子使大史克⑥對曰：「先大夫臧文仲教行父事君之禮，行父奉以周旋，弗敢失隊⑦，曰：『見有禮於其君者，事之如孝子之養父母也。見無禮於其君者，誅之如鷹鸇之逐鳥雀⑧也。』先君周公制周禮曰：『則以觀德，德以處事，事以度功，功以食民⑨。』作誓命曰⑩：『毀則為賊，掩賊為藏，竊賄為盜，盜器為姦⑪，主藏之名，賴姦之用⑫，為大凶德。有常無赦⑬。』在九刑，不忘⑭。行父還觀⑮莒僕，莫可則也。孝敬忠信為吉德，盜賊藏姦為凶德。夫莒僕，則其孝敬，則弒君父矣；則其忠信，則竊寶玉矣。其人則盜賊也。其器則姦兆也。保而利之則主藏也。以訓則昏，民無則焉，不度於善而皆在於凶德⑯，是以去之。昔高陽氏⑰有才子八人：蒼舒、隤敳、檮戭、大臨、尨降、庭堅、仲容、叔達⑱，齊聖廣淵，明允篤誠，天下之民謂之八愷⑲。高辛氏⑳有才子八人，伯奮、仲堪、叔獻、季仲、伯虎、仲熊、叔豹、季狸㉑，忠肅共懿，宣慈惠和，天下之民謂之八元㉒。此十六族也，世濟其美，不隕其名㉓，以至于堯，堯不能舉。舜臣堯㉔，舉八愷，使主后土㉕，以揆百事㉖，莫不時序㉗，地平天成㉘。舉八元，使布五教㉙，于四方，父義，母慈，兄友，弟共，子孝，內平外成㉚。昔帝鴻氏㉛有不才子，掩義隱賊，好行凶德，醜類惡物，頑嚚不友，是與比周㉜。天下之民謂之渾敦㉝。少皞氏㉞有不才子，毀信廢忠，崇飾惡言，靖譖庸回，服讒蒐慝，以誣盛德㉟。天下之民謂之窮奇㊱。顓頊氏㊲有不才子，不可教訓，不知話言，告之則頑，舍之則嚚，傲狠明德，以亂天常㊳。天下之民謂之檮杌㊴。此三族也㊵，世濟其凶，增其惡名。以至于堯不能去。縉雲氏㊶不才子，貪于飲食，冒于貨賄，侵欲崇侈，不可盈厭，聚斂積實，不知紀極，不分孤寡，不恤窮匱㊷。天下之民以比三凶㊸，謂之饕餮㊹。舜臣堯，賓於四門㊺，流四凶族渾敦，窮奇，檮杌，饕餮，投諸四裔，以禦螭魅㊻。是以堯崩而天下如一，同心戴舜以為天子。以其舉十六相，去四凶也，故虞書㊼數㊽舜之功，曰：『慎徽五典，五典克從。』無違教也㊾。曰：『納於百揆，百揆時序。』無廢事也㊿，曰：『賓於四門，四門穆穆。』無凶人也51。舜有大功二十52而為天子。今行父雖未獲一吉人，去一凶矣。於舜之功，二十之一也，庶幾免於戾53乎！」

【今註】㈠莒紀公生大子僕又生季佗：莒紀公名字叫庶其。紀是號。莒夷無謚，故有別號。大子僕是庶其長子。季佗一名來，繼祀公，號渠丘公。㈡來奔：奔到魯國。這一年二月，文公薨，宣公雖以明年正月即位，時已主國，故莒僕以寶玉獻給宣公。㈢季文子：名行父，莊公母弟季友之子孫，魯國的宗卿，亦稱季孫行父，後為季孫氏。㈣使司寇出諸竟：季文子乘莒僕未及見公，即使司寇驅之出於魯境。司寇是刑官。竟通境。㈤必達：必須達到與上「必授」對照。㈥大史克：魯國的史官。即里革。㈦行父奉以周旋，弗敢失隊：奉先訓，以遵循。失隊即蹉失，隊音義通墜。㈧如鷹鸇之逐鳥雀：喻禦姦當盡心力打擊，不要使他遁逃。鸇音ㄓㄢ。㈨則以觀德，德以處事，事以度功，功以食民：則是君臣、父子、夫婦、朋友的法則。合於這法則就是吉德，違此法則就是凶德，故用以觀察德。德的凶吉所以處制事的是非，事的是非所以量度功的成否，功的成否所以食養人民的厚薄。㈩誓命：中命以要信守的文辭。⑪毀則為賊，掩賊為藏，竊賄為盜，盜器為姦：毀則是壞法典，掩賊是掩庇盜賊，竊賄是竊取財物，盜器是盜取國器。⑫主藏之名，賴姦之用：以掩飾賊為名，事實上用姦器。⑬有常無赦：言犯此則國有常刑，無得赦免。⑭在九刑不忘：言載在刑書，不能棄而忘，誓命以下所列之罪皆九刑之書，今亡。⑮還觀：還猶周旋，還觀，等於觀察。⑯不度於善而皆在於凶德：言莒僕不居於孝敬忠信的善行，而皆在於盜賊藏姦的凶德。⑰高陽氏：就是帝顓頊。⑱蒼舒、隤敳、檮戭、大臨、尨降、庭堅、仲容、叔達：此八個人皆是顓頊的苗裔，隤讀如頹（ㄊㄨㄟˊ）。敳讀如瑰（ㄍㄨㄟ）。檮讀如桃ㄊㄠˊ。戭讀如衍ㄧㄢˇ。⑲齊聖廣淵，明允篤誠，天下之民謂之八愷：此並序八人，總言其德，或據其行，一字為一事，其義亦更相通。齊是舉措皆中，聖是博達眾務，廣是器宇宏大，淵是知能周備，明是曉解事務，允是言行相副，篤是志性良謹，誠是秉性純直。天下的人民為其美名的謂八愷，言其和於羣物。⑳高辛氏：是帝嚳的稱號。㉑伯奮、仲堪、叔獻、季仲、伯虎、仲熊、叔豹、季狸：杜預注：「此即稷、契、朱虎、熊羆之倫。」㉒忠肅共懿宣慈惠和，天下之民謂之八元：這也是總言其德於義亦得相通。元就是說他們能善於事也。㉓此十六族也世濟其美不隕其名：疏：「此十六人耳，而謂之族者，以其名有親屬，故稱為族，世濟其美，後世承前世之美，不隕其名，不墜前世之美名。言世代有賢人，積善而至其身也。」㉔舜臣堯：謂舜作堯臣的時候。㉕后土：地官，禹作司空，平水土，即掌土地的官。㉖以揆百事：揆度百工的事，猶言調度庶政。㉗莫不時序：百事皆得其次序，所以時程功無廢舉。㉘地平天成：言水土既平，天道亦成。㉙五教：又謂之五典，即下文父義、母慈、兄友、弟共、子孝。尚書契作司徒，五教在寬，故知契在八元之中。㉚內平外成：言內而諸夏，外而夷狄，俱獲平成。㉛帝鴻氏：就是黃帝。㉜掩義隱賊，好行凶德，醜類惡物，頑嚚不友，是與比周：醜惡也，比近也，周密也。「心不則德義之經為頑。口不道忠信之言為嚚。」有義的人則掩蔽而不用。作賊盜的人則隱庇而必用。平日所好，惟行凶德，凡惡人之不可親友的，則與之比近而周密。㉝渾敦：表示不開通的貌，杜預注謂即驩兜。㉞少皞氏：就是少皞金天氏。㉟毀信廢忠，崇飾惡言，靖譖庸回，服讒蒐慝，以誣盛德：毀去了忠信，聚積壞的語言，信用邪人施行讒言以謗賢人盛德之士。㊱窮奇：杜預注說就是共工。㊲顓頊氏：即前舉的高陽氏。㊳不可教訓不知話言，告之則頑，舍之則嚚，傲狠明德，以亂天常：他不受教訓，不知好話，告訴以德義則不入於心，聽其自然則不說忠信的話言。傲慢狠暴，不修明德，以悖亂天地的常理。㊴檮杌：杌讀如ㄨˋ，杜預注指鯀。㊵此三族：謂渾敦、窮奇、檮杌三族。㊶縉雲氏：黃帝時官名，賈逵曰：「縉雲氏，姜姓也，炎帝之苗裔，黃帝時在縉雲之官名。」㊷貪于飲食冒于貨賄，侵欲崇侈，不可盈厭，聚斂積實，不知紀極，不分孤寡，不恤窮匱：言專逞己欲，不恤他人。冒亦是侵欲謂侵人之欲以自肥。崇侈謂崇尚奢侈，不可盈厭，不見滿足積實，求足無底止，不知紀極，意與「不可盈厭」同，不分孤寡，不肯分惠於孤寡的人，不恤窮匱，不憐哀困乏的人。㊸天下之民以比三凶：縉雲氏後非帝王子孫，故別以比三凶。三凶即渾敦、窮奇、檮杌。㊹謂之饕餮：貪財為饕，讀如滔ㄊㄠ；貪食為餮，讀如帖ㄊㄧㄝˋ「饕餮是壞名惡目。」㊺賓于四門：據甲骨文賓是祭的一種，賓四門等於祭四門。㊻螭魅：讀如蚩ㄔ味ㄇㄟˋ山林異氣所生，為人害者，實獸類物，亦作魑魅。投諸四裔，放之於四遠的郊區地方，以禦魑魅，使當魑魅的災害。尚書堯典：「流共工于幽州、放驩兜于崇山，竄三苗于三危，殛鯀於羽山，四罪而天下咸服。」㊼虞書：尚書的開首，包括堯典、大禹謨、臯陶益稷等三篇。此從閻若璩說。㊽數：列舉而指數他們。㊾愼徽五典，五典克從：見堯典。無違教也，大史克釋文之辭。典等於常，五典即五教。徽等於美，此言舉八元之功。㊿納於百揆，百揆時序：亦見堯典。「無廢事也」，這是史克的文辭，此言舉八愷的功勞。(51)賓於四門，四門穆穆：亦見堯典，穆穆靜美貌。「無凶人也」，這是史克的文辭，這言去四凶的功勞。(52)舜有大功二十：舜舉十六相，去四凶，故說有大功二十。(53)戾：等於過惡。

【今譯】 莒紀公生了個太子叫僕，後來又生了一個小兒子名叫季佗。紀公愛季佗卻不喜歡僕，又多幹了沒有禮的事情在國中；所以僕就靠了國人的助力，弒掉他的父親，攜帶著國中的寶玉，逃到魯國來，把寶玉獻給宣公。宣公吩咐大夫給他一塊地方，說道：「在今天一定要給他的。」季文子便差司寇把莒僕趕出魯國的境界，說道：「限今天一定要達到目的的。」宣公便問他這是什麼緣故，季文子差太史名克的代他回答道：「從前先大夫臧文仲教訓我行父事君的禮，行父依了他的教訓去幹事，一直不敢丟失。他曾對臣道：『看見有禮於君的，要服事他像孝子奉養父母的一般，看見沒有禮於君的，要誅伐他像鷹鸇驅逐鳥雀一般。』先君周公者作周禮說：『五倫的法則，是觀察人們的德行，德行是幹事的，幹事是要酌量使他成功的，成功是全在保養人民的。』所以做著誓命道：『毀壞了五倫的法則，便是賊，掩匿了賊便是窩藏，偷了財貨便是盜，盜取了國器便是姦，坐實了窩藏的名聲，依仗著姦盜的器用，這是極大的凶德，有一定的刑罰，不赦他的。』這都載在九刑的書中，不會忘掉的。行父從幾方面覺察莒僕這個人，竟沒有一件事可以效法的。孝敬忠信，算為吉德，盜賊藏姦，算是凶德，像那莒僕，如果要學他的孝敬，那麼他不是弒過君父的嗎？如果學他的忠信，那末他不是偷過寶玉的嗎？他這人，就是盜賊呢！他的器用就是贓證呢！如果保護者利用他，就是窩家呢！如果把這事做教訓，便成個昏頭昏腦的人了，人民沒有可以學著他的地方，他不酌量到好一方面去，卻都是在著不好一方面，所以纔逐出他的。從前高陽氏有能幹的兒子八個人，名叫蒼舒、隤敳、檮戭、大臨、尨降、庭堅、仲容、叔達，為人都齊聖廣淵，明允篤誠，天下的人民稱他叫八愷，高辛氏有能幹的兒子八個人，名叫伯奮、仲堪、叔獻、季仲、伯虎、仲熊、叔豹、季狸，性都忠肅端美，仁慈平和的，天下的人民稱他叫八元。這十六族，世代能成功他的優美，不墮落他的名聲。直到堯的時候，堯不能舉用他們，等到舜做了堯的臣子，方纔舉用八愷，使他們經管各處的水土，商酌百工的事體，沒有一事不依照時候順次幹的。水土既平以後，天時也自然能調勻了。又舉用八元，使他們宣佈五種教化於四方，於是父義、母慈，做兄的友愛，做弟的恭敬，做兒子的孝順。國內既太平，國外也自然依順了。從前帝鴻氏有個不能幹的兒子，見有義的人，便擱阻著不用，見賊盜的人，便保庇著他，平日喜歡做壞事，凡凶惡不可親近的人，他卻專和他們結黨，天下的人民，喊他叫做渾敦。少皥氏有個不能幹的兒子，毀壞誠信，廢棄忠直，裝飾著惡語算好，專說壞話，用幹邪事的人，每聽信了壞話，拿著些訛頭，便去欺侮好人，天下的人民喊他叫做窮奇。顓頊氏有個不能幹的兒子，既不可教訓，又不知道說好話，告訴他卻不進耳管，離開他卻只是學壞，驕傲狠毒，成了天性，完全違反了天然的常理，天下的人民，喊他叫做檮杌。這三族呢，世世代代成功他的，不好之處，增添他的惡名聲。到了堯的時候，堯也不能攆去他們。縉雲氏有個不能幹的兒子，專是貪玩貪財，侵犯著他人要的東西，一味講究奢侈，沒有饜足的時候，積聚的貨財，多得算也算不清，卻從來不肯分給些孤兒寡婦，不肯周濟些窮人的，天下的人民，拿他比三凶，喊他叫做饕餮。到舜做了堯的臣子，開了四城門接待賢人，一方面又攆掉這種惡人，把渾敦、窮奇、檮杌、饕餮，都趕他到四面荒遠的地方，使他們去攔擋惡妖怪。所以堯死後，天下就同心愛戴著舜，把他奉為天子，只因為他能夠舉用十六相，去掉四凶的緣故。所以虞書上記舜的功業道：『能夠小心做好五常的道理。五常能夠依他的話。』這便是說沒有違背他的教訓，又道：『放他到百官中去，百官的事都有了次序。』這便是說他沒有荒廢的事啊！又道：『接待四門的賢人，四門都肅靜得很。』這是說沒有壞人啊！虞舜有了大功二十種，便做了天子，如今行父雖然沒有得到一個好人，卻去掉一個壞人了，和舜的功業比起來，是二十分中的一分呢！那怕不能說是有功，也差不多說可免掉罪了罷？」

㈩傳 宋武氏之族道昭公子①，將奉司城須以作亂。十二月，宋公殺母弟須及昭公子，使戴莊桓之族攻武氏于司馬子伯之館，遂出武穆之族，使公孫師為司城。公子朝卒，使樂呂為司寇，以靖國人。

【今註】㊀道昭公子：引導昭公的兒子。

【今譯】宋國武氏的族人，引導昭公的兒子，奉著司城須作亂事。十二月宋文公殺了母弟須同昭公的兒子，派戴、莊桓各公的後人，在司馬子伯的館中去攻打武氏，把武公穆公的後人全逐出宋國，使公孫師任司城。公子朝死了，派樂呂任司寇，以安定宋國人民。

校訂後記

春秋左傳今註今譯一書，初版於民國六十年印行，距今已二十年整。此書由李宗侗教授主其事，另有襄助者先後三人。大部分由李教授口述，襄助者筆記，難免有誤解誤記之處；又註者與譯者常非同一人，因之又有註文與譯文各說各話現象。二十年來，為本書提出訂正意見之學術界人士甚多。北投張鼎銘先生撰有「李宗侗註譯春秋左傳糾謬」約三萬五千言；臺南葛振東先生撰有「讀春秋左傳今註今譯筆記」，指出本書錯誤三百四十四條。這二位先生曾為本書投注了不少心力。

去年九月，本人應臺灣商務印書館之請，為本書作校訂。雖明知此一校訂工作出力不討好，但為了對左傳這部經書盡一點心力，仍勉為其難應允。校訂工作自去年九月迄今，歷時半年完成，校訂之前，曾擬就以下四點處理原則：

一、本書今註今譯文字，有其特殊語法。凡是文意尚屬可解，雖語句拗澀不順，亦不予更動。

二、全書體例不一，如春秋紀年下所標示西元紀年之位置不一，又如「文公十有四年」「昭公十四年」等書寫方式不一，凡此均無礙於文意，不予更動。

三、今註部分，原註如有其依據，雖有另一家註釋較此為勝，亦不予更動。

四、本書標點，問題最多。其中以、，。三符號錯雜使用情形最為普遍，無頁無之；該加未加或點錯位置者亦時有所見。上述情形中如明顯影響文意者均加訂正，其他不予更動。

半年來，雖為本書之校訂朝夕從事，但難免偶有疏忽之時；且所為者究係校訂工作，亦難免有不易使力之處。竟工之日，只能說：對左傳這部經書已盡了一點心力。

葉慶炳　八十年三月十二日識於臺北晚鳴軒

古籍今註今譯

春秋左傳今註今譯　上冊

編　　者－王雲五
註 譯 者－李宗侗
校 訂 者－葉慶炳
發 行 人－王春申
總 編 輯－李進文
編輯指導－林明昌
責任編輯－徐平
校　　對－趙偵宇、趙蓓芬

營業組長－王建棠
行銷組長－張家舜
出版發行－臺灣商務印書館股份有限公司
23141 新北市新店區民權路 108-3 號 5 樓（同門市地址）
電話：(02)8667-3712　傳真：(02)8667-3709
讀者服務專線：0800056196
郵撥：0000165-1
E-mail：ecptw@cptw.com.tw
網路書店網址：www.cptw.com.tw
Facebook：facebook.com.tw/ecptw

局版北市業字第 993 號
初版：1971 年 1 月
二版：2009 年 11 月
三版二刷：2022 年 5 月
印刷廠：沈氏藝術印刷股份有限公司
定價：新台幣 700 元
法律顧問：何一芃律師事務所

春秋左傳今註今譯 ／ 王雲五主編；李宗侗註譯；葉慶炳校訂 -- 三版. --新北市：臺灣商務，2019.08
面 ； 公分. --（古籍今註今譯）

ISBN 978-957-05-3223-4（上冊：平裝）
ISBN 978-957-05-3224-1（中冊：平裝）
ISBN 978-957-05-3225-8（下冊：平裝）
ISBN 978-957-05-3226-5（全套：平裝）

1. 左傳 2. 註釋

621.732 108012326

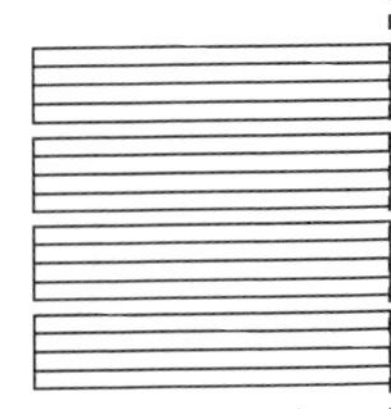

廣 告 回 信
板 橋 郵 局 登 記 證
板橋廣字第1011號

免 貼 郵 票

23141

新北市新店區民權路108-3號5樓

臺灣商務印書館股份有限公司 收

請對摺寄回，謝謝！

傳統現代 並翼而翔

Flying with the wings of tradtion and modernity.

讀者回函卡

感謝您對本館的支持，為加強對您的服務，請填妥此卡，免付郵資寄回，可隨時收到本館最新出版訊息，及享受各種優惠。

■ 姓名：＿＿＿＿＿＿＿＿＿＿ 性別：□ 男 □ 女

■ 出生日期：＿＿＿＿年＿＿＿＿月＿＿＿＿日

■ 職業：□學生 □公務(含軍警) □家管 □服務 □金融 □製造 □資訊 □大眾傳播 □自由業 □農漁牧 □退休 □其他

■ 學歷：□高中以下（含高中）□大專 □研究所（含以上）

■ 地址：＿＿＿＿＿＿＿＿＿＿

■ 電話：(H)＿＿＿＿＿＿＿＿ (O)＿＿＿＿＿＿＿＿

■ E-mail：＿＿＿＿＿＿＿＿＿＿

■ 購買書名：＿＿＿＿＿＿＿＿＿＿

■ 您從何處得知本書？

□網路 □DM廣告 □報紙廣告 □報紙專欄 □傳單
□書店 □親友介紹 □電視廣播 □雜誌廣告 □其他

■ 您喜歡閱讀哪一類別的書籍？

□哲學・宗教 □藝術・心靈 □人文・科普 □商業・投資
□社會・文化 □親子・學習 □生活・休閒 □醫學・養生
□文學・小說 □歷史・傳記

■ 您對本書的意見？（A/滿意 B/尚可 C/須改進）

內容＿＿＿＿編輯＿＿＿＿校對＿＿＿＿翻譯＿＿＿＿
封面設計＿＿＿＿價格＿＿＿＿其他＿＿＿＿

■ 您的建議：＿＿＿＿＿＿＿＿＿＿

※ 歡迎您隨時至本館網路書店發表書評及留下任何意見

臺灣商務印書館 The Commercial Press, Ltd.

23141新北市新店區民權路108-3號5樓 電話：(02)8667-3712
讀者服務專線：0800-056196 傳真：(02)8667-3709
郵撥：0000165-1號 E-mail：ecptw@cptw.com.tw
網路書店網址：www.cptw.com.tw
臉書：facebook.com.tw/ecptw